文 / 白 / 对 / 照

资治通鑑

第七册

〔宋〕司马光　编撰

〔清〕康熙 乾隆　御批

〔清〕申涵煜　点评

萧祥剑　主编

中华文化讲堂　译

团结出版社

目 录

资治通鉴卷第七十七　魏纪九

起柔兆困敦，尽重光大荒落，凡六年。

【译文】　起丙子（公元256年），止辛巳（公元261年），共六年。

【题解】　本卷记录了魏帝曹髦甘露元年至魏帝曹奂景元二年共六年间魏、蜀、吴等三国大事：魏将诸葛诞反对司马昭篡魏遭其嫉恨，看到毋丘俭等被司马昭诛灭而心感不安，于是率众降吴并守寿春；司马昭率军施反间计破杀诸葛诞，平定寿春叛乱；魏帝曹髦因不满司马昭的控制率兵讨伐他，被杀，司马昭改立常道乡公曹奂为傀儡；吴国掌权者孙峻病死，其堂弟孙綝把持朝政，并将欲废自己的滕胤与吕据分别击破、灭族；吴主孙亮与近臣谋诛孙綝，事情泄露被废；孙綝改立孙休为吴主，后被吴主所杀；蜀将姜维多次伐魏均被击退；蜀国宦官黄皓把持政权，致使朝纲混乱；鲜卑拓跋氏逐渐在北方兴起并南进，为北魏的崛起作铺垫。

高贵乡公下

甘露元年（丙子，公元二五六年）春，正月，汉姜维进位大将军。

二月，丙辰，帝宴群臣于太极东堂，与诸儒论夏少康、汉高祖优劣，以少康为优。

夏，四月，庚戌，赐大将军昭衮冕之服，赤舄副焉。

丙辰，帝幸太学，与诸儒论《书》《易》及《礼》，诸儒莫能及。帝常与中护军司马望、侍中王沈、散骑常侍裴秀、黄门侍郎钟会等讲宴于东堂，并属文论，特加礼异，谓秀为儒林丈人，沈为文籍先生。帝性急，请召欲速，以望职在外，特给追锋车、虎贲五人，每有集会，辄奔驰而至。秀，潜之子也。

【译文】甘露元年（丙子，公元256年），六月改年号为甘露。春季，正月，汉姜维晋升为大将军。

二月，丙辰日（初九），魏帝曹髦在太极东堂宴请群臣，和许多学者讨论夏少康和汉高祖的优劣，魏帝曹髦认为少康出生在灭亡之后，可以降服诸侯，所以比较优秀。

夏季，四月，庚戌日（初四），魏帝曹髦赐给大将军司马昭衮服和冕冠，又赐给人君穿的红色鞋子来搭配以上服饰。

丙辰日（初十），魏帝曹髦来到太学，和众多学者讨论《尚书》《易经》和《礼记》，许多学者还比不过魏帝曹髦。魏帝曹髦曾经和中护军司马望、侍中王沈、散骑常侍裴秀、黄门侍郎钟会等在东堂讲学饮宴，并写文章叙述，对他们非常有礼貌，把裴秀称为儒林丈人，把王沈称为文籍先生。魏帝曹髦个性急躁，召见的时候就期望大家快速到达，因为司马望是外职官员，就特别赏赐他追锋车和虎贲五人，每当有召见，经常奔跑到达。裴秀，是裴潜的儿子。

六月，丙午，改元。

姜维在钟提，议者多以为维力已竭，未能更出。安西将军邓艾曰："洮西之败，非小失也，士卒雕残，仓廪空虚，百姓流离。今以策言之，彼有乘胜之势，我有虚弱之实，一也。彼上下相习，五兵犀利，我将易兵新，器仗未复，二也。彼以船行，吾以陆军，劳逸不同，三也。狄道、陇西、南安、祁山各当有守，彼专为一，我分为四，四也。从南安、陇西因食羌谷，若趣祁山，熟麦千顷，为之外仓，五也。贼有黠计，其来必矣。"

秋，七月，姜维复率众出祁山，闻邓艾已有备，乃回，从董亭趣南安；艾据武城山以拒之。维与艾争险不克，其夜，渡渭东行，缘山趣上邽。艾与战于段谷，大破之。以艾为镇西将军，都督陇右诸军事。维与其镇西大将军胡济期会上邽，济失期，不至，故败，士卒星散，死者甚众，蜀人由是怨维。维上书谢，求自贬黜；乃以卫将军行大将军事。

【译文】 六月，丙午朔日（初一），魏国把年号改为甘露。

蜀国大将姜维在凉州钟提，朝里人讨论，都认为姜维的战斗力已经下降，不会再向他们出兵。但安西将军邓艾说："洮西那次战役，我方并不只是小的失败，实际上士卒伤残严重，粮食仓库都已空虚，百姓流离失所。现在讨论彼我双方的情况，大概有五点：对方有获胜的士气可用，我方却是空虚而又衰竭，这是第一。对方的将领和士兵，相互都非常了解和相信，兵器齐备而犀利，我方却是新将新兵，兵器还未完备，这是第二。对方在船上行动，我方却在陆上奔行，劳逸不同，这是第三。我方要守卫的是狄道、陇西、南安、祁山四个地方，兵力非常散乱，对方却可集中兵力专门进攻一个地方，这是第四。对方如果由陇西、南安攻击，就可以用羌人的粮食作为军粮，如果向祁山进军，又有千顷以上成熟的麦子可以成为他们的外部粮仓，这是第五。按照以上五点比较，加上敌人狡猾的计谋很多，他们一定会再次出兵。"

秋季，七月，蜀国大将姜维再次带领士兵出祁山，听说安西将军邓艾早有准备，于是撤退，又从董亭进攻南安；邓艾防守武城山抵挡。姜维和邓艾争夺险地没有获胜，利用夜晚渡过渭水东行，缘山准备进攻上邽，姜维在段谷和邓艾相遇并进行了一番恶战，姜维战败。魏国封邓艾为镇西将军，都督陇右各军军事。姜维和蜀汉的镇西大将军胡济相约在上邽会合，胡济没有按时赶到，姜维战败，士兵四散逃跑，死伤惨重，蜀人因此都埋怨姜维。姜维上奏请罪，自己要求贬职，蜀汉就把他降至卫将军，代行大将军职权。

【申涵煜评】人见维屡伐魏，以为足继武侯之志，不知维一羁旅降虏耳，何至为蜀出死力？盖一感丞相知遇，一贪自己功名也。善乎费祎之言，曰："丞相且不能定中原，吾辈宜谨守社稷。"真识时务，重根本者，觉《仇国论》尚为饶舌。

【译文】人们见姜维多次出军伐魏，认为他是要继承诸葛亮的志向，不知道姜维只是一个投降的俘虏罢了，怎么会为蜀汉出生入死呢？出兵伐魏一方面为了感谢诸葛亮的知遇之恩，另一方面也是自己贪图功名罢了。费祎说得很对，他说："丞相尚且不能平定中原，我们这辈人还是要安守社稷吧！"这才是真正识时务，重视国家根基的人，我觉得《仇国论》实在是多嘴多舌。

八月，庚午，诏司马昭加号大都督，奏事不名，假黄钺。癸酉，以太尉司马孚为太傅。九月，以司徒高柔为太尉。

文钦说吴人以伐魏之利，孙峻使钦与票骑将军吕据及车骑将军刘纂、镇南将军朱异、前将军唐咨自江都入淮、泗，以图青、徐。峻饯之于石头，遇暴疾，以后事付从父弟偏将军綝。丁亥，峻卒。吴人以綝为侍中、武卫将军、都督中外诸军事，召吕据等还。

己丑，吴大司马吕岱卒，年九十六。始岱亲近吴郡徐原，慷慨有才志，岱知其可成，赐巾褠，与共言论，后遂荐拔，官至侍御史。原性忠壮，好直言，岱时有得失，原辄谏争，又公论之；人或以告岱，岱叹曰："是我所以贵德渊者也！"及原死，岱哭之甚哀，曰："徐德渊，吕岱之益友，今不幸，岱复于何闻过！"谈者美之。

【译文】 八月，庚午日（二十六日），魏帝曹髦下诏任命司马昭加号大都督，有事向皇上上奏可以不说姓名，出师持黄钺。癸酉日（二十九日），魏帝曹髦任命太尉司马孚为太傅。九月，任命司徒高柔为太尉。

文钦劝说吴国，说进攻魏国有很多有利之处，吴国孙峻命令文钦和骠骑将军吕据及车骑将军刘纂、镇南将军朱异、前将军唐咨等人从江都进入淮水、泗水地区，以图攻取青州、徐州。孙峻在石头城为诸将士饯行，突然染上重病，把后事托付给堂兄弟偏将军孙綝。丁亥日（十四日），孙峻去世。吴国任命孙綝做侍中、武卫将军、都督内外各军事，召回吕据等人。

己丑日（十六日），吴国大司马吕岱去世，终年九十六岁。起初，吕岱与吴郡徐原来往亲密，徐原为人大方有才气，吕岱知道他一定会成事，于是赏赐给他士冠和礼服，并且经常和他议事，后来又举荐他为官，一直升至侍御史。徐原性子耿直，直言不讳，吕岱有错误时，徐原经常用直言和他争辩，又当众议论；有人悄悄告诉吕岱，吕岱却感叹地说："这就是我尊敬徐原的原因！"等到徐原去世，吕岱痛哭哀伤，说："徐原是吕岱的良友，现在他不幸去世，吕岱再从什么地方听自己的错误呢？"因此议论的人都赞美吕岱贤能。

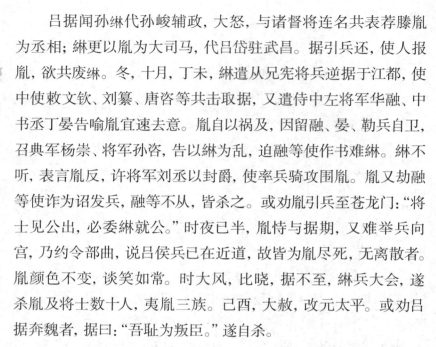

吕据闻孙綝代孙峻辅政，大怒，与诸督将连名共表荐滕胤为丞相；綝更以胤为大司马，代吕岱驻武昌。据引兵还，使人报胤，欲共废綝。冬，十月，丁未，綝遣从兄宪将兵逆据于江都，使中使敕文钦、刘纂、唐咨等共击取据，又遣侍中左将军华融、中书丞丁晏告喻胤宜速去意。胤自以祸及，因留融、晏、勒兵自卫，召典军杨崇、将军孙咨，告以綝为乱，迫融等使作书难綝。綝不听，表言胤反，许将军刘丞以封爵，使率兵骑攻围胤。胤又劫融等使诈为诏发兵，融等不从，皆杀之。或劝胤引兵至苍龙门："将士见公出，必委綝就公。"时夜已半，胤恃与据期，又难举兵向宫，乃约令部曲，说吕侯兵已在近道，故皆为胤尽死，无离散者。胤颜色不变，谈笑如常。时大风，比晓，据不至，綝兵大会，遂杀胤及将士数十人，夷胤三族。己酉，大赦，改元太平。或劝吕据奔魏者，据曰："吾耻为叛臣。"遂自杀。

以司空郑冲为司徒，左仆射卢毓为司空。毓固让票骑将军王昶、光禄大夫王观、司隶校尉琅邪王祥，诏不许。

【译文】吕据听说孙綝代替孙峻辅佐朝政，内心很生气，就和诸督将一起举荐滕胤做丞相；孙綝派滕胤做大司马，代替吕岱的职务驻守武昌。吕据带兵返回京城，命人向滕胤通报，准备一起发事罢黜孙綝。冬季，十月，丁未（初四），孙綝命令堂兄孙宪带领士兵在江都抵挡吕据，让中使下令文钦、刘纂、唐咨等一起进攻吕据，并且命侍中左将军华融、中书丞丁晏去告诉滕胤理应快些到武昌去。滕胤自认为自身难保，就把华融、丁晏留下用兵自卫，召回典军杨崇、将军孙咨，宣布孙綝要叛乱，逼迫华融写信斥责孙綝。孙綝不相信这些事，向皇帝上奏说滕胤叛乱，应允封给将军刘丞爵位，让他带兵围困滕胤。滕胤又劫

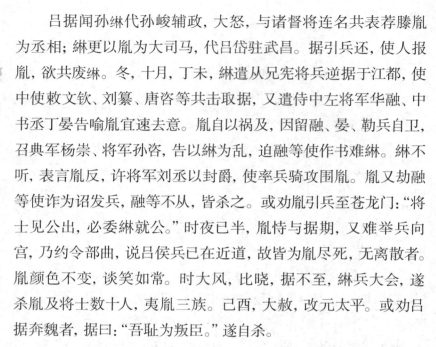

资治通鉴

持华融等人，让他们下假诏书出兵，华融等没有服从，滕胤就把他们杀了。有人劝说滕胤带兵去苍龙门，说将士们看到滕胤出来，一定会放弃孙綝而跟随他。当时已过半夜，滕胤仗着和吕据有约好的期限，又很难向宫中发兵，于是向部队下令不得散乱，说吕据的兵已经靠近，因此，大家都为滕胤拼死抵抗，没有一人逃跑。滕胤并不恐惧，神色安然，而且谈笑风生。当时刮起了大风，天已经亮了，吕据的兵还没有抵达，而孙綝的兵已经集合，结果杀死滕胤和他手下的将士几十人，并诛灭了滕胤三族。己酉日（初六），天下大赦，年号改为太平。有人劝吕据逃跑去魏国，吕据说："我耻于做叛臣。"于是自杀而亡。

魏帝曹髦任命司空郑冲做司徒，左仆射卢毓做司空。卢毓决意辞让并推荐骠骑将军王昶、光禄大夫王观、司隶校尉琅邪人王祥，但魏帝曹髦诏令不准。

祥性至孝，继母朱氏遇之无道，祥愈恭谨。朱氏子览，年数岁，每见祥被楚挞，辄涕泣抱持母；母以非理使祥，览辄与祥俱往。及长，娶妻，母虐使祥妻，览妻亦趋而共之。母患之，为之少止。祥渐有时誉，母深疾之，密使鸩祥。览知之，径起取酒，祥争而不与，母遽夺反之。自后，母赐祥馔，览辄先尝。母惧览致毙，遂止。汉末遭乱，祥隐居三十馀年，不应州郡之命，母终，毁瘁，杖而后起。徐州刺史吕虔檄为别驾，委以州事，州界清静，政化大行。时人歌之曰："海沂之康，实赖王祥；邦国不空，别驾之功！"

十一月，吴孙綝迁大将军。綝负贵倨傲，多行无礼。峻从弟宪尝与诛诸葛恪，峻厚遇之，官至右将军、无难督，平九官事。綝遇宪薄于峻时，宪怒，与将军王惇谋杀綝。事泄，綝杀惇，宪服药死。

【译文】王祥生性至孝，他的继母朱氏待他很不好，但是王祥却对她更加尊敬。朱氏的亲生儿子王览，那年才几岁，每次见到王祥被荆条打，就哭着拉住母亲；母亲让王祥做难以做到的事，王览就和王祥一同去。等长大了，他们都娶了妻子，母亲又暴虐地使唤王祥的妻子，王览的妻子也赶快跑去跟着嫂嫂一起干，母亲心有顾忌，才稍稍减少了虐待。王祥逐渐有了一些好声望，母亲深深地忌恨他，悄悄在酒中下毒要加害王祥。王览知道了，立即拿过酒杯就要喝，王祥急忙抢夺，又抢不过来，母亲突然夺过去把酒倒掉了。从此以后，母亲每次给王祥吃的东西，王览一定要先品尝，母亲害怕把王览毒死，于是不敢再下毒了。东汉末年天下大乱，王祥隐居了三十多年，不接受州郡的征召外出为官，母亲去世，他心力交瘁，拄着拐杖才可以站起来。徐州刺史吕虔下公文召他做别驾，委托他处理州里的事情，结果州内清静，政化大行，当时的人歌唱道："海沂的康宁，实在依赖于王祥；国家没有空虚，这是别驾的功劳！"

十一月，吴国孙綝升为大将军。孙綝自负高贵，很是骄傲，做事经常没有礼貌。孙峻的堂弟孙宪曾参与诛杀诸葛恪的事情，所以孙峻待他不薄，官升到右将军、无难督，地位和九卿一样。但是孙綝对孙宪不如孙峻活着的时候，为此，孙宪很生气，准备和将军王惇谋杀孙綝，可惜事情败露，孙綝杀掉王惇，孙宪则服毒而死。

二年（丁丑，公元二五七年）春，三月，大梁成侯卢毓卒。

夏，四月，吴主临正殿，大赦，始亲政事。孙綝表奏，多见难问，又科兵子弟十八已下，十五以上三千馀人，选大将子弟年少有勇力者，使将之，日于苑中教习，曰："吾立此军，欲与之俱长。"又数出中书视大帝时旧事，问左右侍臣曰："先帝数有特制，今大将军问事，但令我书可邪？"尝食生梅，使黄门至中藏取蜜，蜜中有鼠矢；召问藏吏，藏吏叩头。吴主曰："黄门从尔求蜜邪？"吏曰："向求，实不敢与。"黄门不服。吴主令破鼠矢，矢中燥，因大笑，谓左右曰："若矢先在蜜中，中外当俱湿；今外湿里燥，此必黄门所为也。"诘之，果服，左右莫不惊悚。

【译文】 甘露二年（丁丑，公元257年）春季，三月，大梁成侯卢毓去世。

夏季，四月，吴主孙亮莅临正殿，天下大赦，开始亲自管理朝政。孙綝上表奏请，经常遭受责难，吴主又挑选十八岁以下、十五岁以上的士卒子弟三千余名，选大将子弟中年少勇敢的人，派人带领他们，每日在苑囿中练兵习武，并说："我训的这军队，准备与他们一同成长。"他又数次拿出府藏书册阅览先帝时的旧事，问左右侍臣说："先帝经常有特殊的宣示，现在大将军上奏，仅仅让我画个'可'就可以了吗？"吴主有次要吃生梅，命令黄门到库里拿蜜，蜜中有老鼠屎；就召来守库官询问，守库官磕头谢罪。吴主问："黄门私下向你拿过蜜吗？"藏吏回答说："以前曾经来拿蜜，确实不敢给他。"黄门听了不服。吴主派人把老鼠屎剖开，中间是干的，因此他大笑着对左右说："如果老鼠屎以前就在蜜中，那么里外都应该是湿的；现在外湿里干，这必定是黄门做的假了。"仔细盘问黄门，果然认罪，左右之人都很震惊恐惧。

征东大将军诸葛诞素与夏侯玄、邓飏等友善，玄等死，王凌、毋丘俭相继诛灭，诞内不自安，乃倾帑藏振施，曲赦有罪，以收众心，畜养扬州轻侠数千人以为死士。因吴人欲向徐堨，请十万众以守寿春，又求临淮筑城以备吴寇。司马昭初秉政，长史贾充请遣参佐慰劳四征，且观其志。昭遣充至淮南，充见诞，论说时事，因曰："洛中诸贤，皆愿禅代，君以为如何？"诞厉声曰："卿非贾豫州子乎？世受魏恩，岂可欲以社稷输人乎！右洛中有难，吾当死之。"充默然。还，言于昭曰："诸葛诞再在扬州，得士众心。今召之，必不来，然反疾而祸小；不召，则反迟而祸大；不如召之。"昭从之。甲子，诏以诞为司空，召赴京师。诞得诏书，愈恐，疑扬州刺史乐綝间已，遂杀綝，敛淮南及淮北郡县屯田口十余万官兵，扬州新附胜兵者四五万人，聚谷足一年食，为闭门自守之计。遣长史吴纲将小子靓至吴，称臣请救，并请以牙门子弟为质。

【译文】征东大将军诸葛诞平时和夏侯玄、邓飏等人关系很亲近，夏侯玄等人去世以后，王凌、毌丘俭连续被杀。诸葛诞内心很不安，于是尽量拿出府库中的财物，大力施舍，也赦免一些有罪的人，想收服人心，又蓄养了扬州的轻捷侠客几千人，作为护卫自己的死士。正赶上吴国准备往徐堨出军，诸葛诞就请求派十万人把守寿春，又要求沿淮河边建城，用来防备吴国进攻。司马昭起初执掌朝政，长史贾充请求派部下去向东、南、西、北四征将军慰问，并且观察一下他们的志趣、动向。司马昭派贾充到了淮南，贾充看到诸葛诞，一起讨论当前的情况，找机会问他："洛中许多贤才，都希望实行禅让，先生认为怎么样？"诸葛诞严厉地说："先生不是贾逵的儿子吗？你家世代接受魏国恩惠，难道会将国家拱手送人吗？如果洛中发生危难，我诸葛诞愿为国而死。"贾充沉默不语。返回京师，贾充将这话告诉司马昭："诸葛诞再次到扬州后，深得士民之心。现在召他回来，他一定不来，还会反叛，但是叛乱较快，祸患却小；如果现在不召回他，那叛乱会延迟，但是祸乱会非常大，还不如将他召回来。"司马昭接受了这个建议。甲子日（二十四日），司马昭下诏书任命诸葛诞为司空，召回京师来。诸葛诞拿到诏书后，非常害怕，怀疑扬州刺史乐綝离间自己，于是杀掉了乐綝，聚集了在淮南和淮北郡县囤积良田的官兵十多万人，加上扬州刚投降的士兵四五万人，聚集了足够食用一年的粮食，作了闭门自守的长期准备。诸葛诞又命令长史吴纲携带小儿子诸葛靓到吴国去称臣请求救援，而且请求用部下将士的子弟做人质。

【申涵煜评】诞始不与王凌、毌丘俭同谋，既以疑惧据扬州，纳质于吴，岂为义举？何数百人皆为致死，与田横岛中士同风？史称其宥有罪、聚轻侠，想此辈率多亡命，为法所不赦耳。

【译文】诸葛诞最初不和王凌、毌丘俭共同谋事，是怀疑惧怕他们占据扬州，最后成了东吴的人质，岂不是正义之举。后来数百士兵为他而死，这不是与田横为五百将士而死的事情相似吗？史书上说他的宽宥有罪，聚集一批侠义之士，跟随这样的人多数都得亡命，于法而言是不能赦免的。

吴滕胤、吕据之妻，皆夏口督孙壹之妹也。六月，孙綝使镇南将军朱异自虎林将兵袭壹。异至武昌，壹将部曲来奔。乙巳，诏拜壹车骑将军、交州牧，封吴侯，开府辟召，仪同三司，衮冕赤舄，事从丰厚。

司马昭奉帝及太后讨诸葛诞。

吴纲至吴，吴人大喜，使将军全怿、全端、唐咨、王祚将三万众，与文钦同救诞；以诞为左都护、假节、大司徒、骠骑将军、青州牧，封寿春侯。恽，琼之子；端，其从子也。

【译文】吴国滕胤和吕据的妻子，都是夏口督孙壹的妹妹。六月，孙綝派镇南将军朱异从虎林带兵进攻孙壹。朱异抵达武昌时，孙壹带领部下全部投降。乙巳日（初六），朝廷下诏书任命孙壹做车骑将军、交州牧，封为吴侯，开始建造府署征召僚属，仪式同三公相仿，穿礼服戴礼冠，着赤色鞋子，对孙壹很优厚，期望能得到招降的效果。

司马昭奉魏帝曹髦和太后的昭命，去征讨诸葛诞。

吴纲抵达吴国，吴国人很高兴，派遣将军全怿、全端、唐咨、王祚等人带兵三万，和文钦一起去救援诸葛诞；任命诸葛诞为左都护，持符节、大司徒、骠骑将军、青州牧，封寿春侯。全怿，是全琮的儿子；全端，是全琮的侄儿。

六月，甲子，车驾次项，司马昭督诸军二十六万进屯丘头，以镇南将军王基行镇东将军、都督扬豫诸军事，与安东将军陈骞等围寿春。基始至，围城未合，文钦、全怿等从城东北因山乘险，得将其众突入城。昭敕基敛军坚壁。基累求进讨，会吴朱异率三万人进屯安丰，为文钦外势，诏基引诸军转据北山。基谓诸将曰："今围垒转固，兵马向集，但当精修守备，以待越逸，而更移兵守险，使得放纵，虽有智者，不能善其后矣！"遂守便宜，上疏曰："今与贼家对敌，当不动如山，若迁移依险，人心摇荡，于势大损。诸军并据深沟高垒，众心皆定，不可倾动，此御兵之要也。"书奏，报听。于是，基等四面合围，表里再重，堑垒甚峻。文钦等数出犯围，逆击，走之。司马昭又使奋武将军监青州诸军事石苞督兖州刺史州泰、徐州刺史胡质等简锐卒为游军，以备外寇。泰击破朱异于阳渊，异走，泰追之，杀伤二千人。

【译文】 六月，甲子日（二十五日），魏帝曹髦坐车抵达项县，司马昭率军二十六万进驻丘头，任命镇南将军王基行镇东将军、都督扬州、豫州各军事务，和安东将军陈骞等人围剿寿春。王基刚抵达寿春，包围圈尚未形成时，吴文钦、全怿等人从城东北凭借山势险峻，带领部属冲进城内。司马昭命令王基召集军队在城外镇守。王基多次请求攻城，这时吴国将领朱异带领三万士兵进驻安丰，成为文钦的外部接应力量，魏帝曹髦下诏书派遣王基带领各军转移占据北山。王基告诉各将领："现在包围的壁垒已经很结实了，兵马也都聚集在一起，此时只应整治守备力量，等待敌人逃跑，如果动兵去镇守山险，让敌人放松，即使是有才智的人，也无法完成！"于是仍旧一边防守，一边上奏说："现在和敌人作战，我们确实应该像大山一样岿然不动，如果转移部队依仗山险，相反会动摇人心，士气也会消退。现在各军都把守着深沟高垒，人心都已稳定，不适合再加以动摇，这是统领御兵的要领啊！"皇帝看了奏折后，命令王基自己决断。于是王基等人四面围剿，战地里里外外有许多层，战壕也深，堡垒也高，防御工事非常坚固。文钦等人几次出城企图突破重围，全部被打回去了。司马昭又派奋武将军、监督青州各军事石苞督统兖州刺史州泰、徐州刺史胡质选拔精锐将士作为游军，防守外来敌人。州泰在阳渊打败吴国朱异，朱异逃跑，州泰在后面追赶，杀伤两千多敌兵。

秋，七月，吴大将军綝大发卒出屯镬里，复遣朱异帅将军丁奉、黎斐等五人前解寿春之围。异留辎重于都陆，进屯黎浆，石苞、州泰又击破之。太山太守胡烈以奇兵五千袭都陆，尽焚异资粮，异将馀兵，食葛叶，走归孙綝。綝使异更死战，异以士卒乏食，不从綝命，綝怒。九月，己巳，綝斩异于镬里。辛未，引兵还建业，綝既不能拔出诸葛诞，而丧败士众，自戮名将，由是吴人莫不怨之。

资治通鉴

【译文】秋季，七月，吴国大将军孙綝派遣大军驻扎镬里，再命朱异带领将军丁奉、黎斐等五人去解寿春之围。朱异把辎重粮草留在都陆，进军屯守在黎浆，魏国石苞、州泰又击败了他。太山太守胡烈利用奇兵五千人突袭都陆，把朱异的物资粮草全部烧光，朱异率领剩余的军队吃葛根树叶维持生命，撤逃到孙綝处；孙綝让朱异再去决一死战，朱异以士兵吃不到东西为由，不服从孙綝的命令。孙綝大怒，九月，己巳日（初一），孙綝在镬里杀了朱异。辛未日（初三），孙綝带兵返回建业。孙綝既不能救出诸葛诞，又损失许多士兵，而且杀了自己的名将，因此吴国人没有不怨恨他的。

司马昭曰："异不得至寿春，非其罪也，而吴人杀之，欲以谢寿春而坚诞意，使其犹望救耳。今当坚围，备其越逸，而多方以误之。"乃纵反间，扬言"吴救方至，大军乏食，分遣羸疾就谷淮北，势不能久"。诞等益宽恣食，俄而城中乏粮，外救不至。将军蒋班、焦彝，皆诞腹心谋主也，言于诞曰："朱异等以大众来而不能进，孙綝杀异而归江东，外以发兵为名，内实坐须成败。今宜及众心尚固，士卒思用，并力决死，攻其一面，虽不能尽克，犹有可全者；空坐守死，无为也。"文钦曰："公今举十馀万之众归命于吴，而钦与全端等皆同居死地，父兄子弟尽在江表，就孙綝不欲来，主上及其亲戚岂肯听乎！且中国无岁无事，军民并疲，今守我一年，内变将起，奈何舍此，欲乘危徼幸乎！"班、彝固劝之，

14

钦怒。诞欲杀班、彝，二人惧，十一月，弃诞逾城来降。全怿兄子辉、仪在建业，与其家内争讼，携其母将部曲数十家来奔。于是，怿与兄子靖及全端弟翩、缉皆将兵在寿春城中，司马昭用黄门侍郎钟会策，密为辉、仪作书，使辉、仪所亲信赍入城告怿等，说"吴中怒怿等不能拔寿春，欲尽诛诸将家，故逃来归命"。十二月，怿等率其众数千人开门出降，城中震惧，不知所为。诏拜怿平东将军，封临湘侯；端等封拜各有差。

【译文】司马昭说："朱异不能抵达寿春，不是他的过错，但是吴国却杀了他，只是想安抚寿春的将士，并且坚定诸葛诞守城的决心，让他以为救兵一定会抵达！现在理应加强围剿，来防备他们突围逃跑，还要想方设法让他判断失误。"于是使用反间计，扬言说："吴国救兵快要抵达了，而且魏国大军粮食短缺，要分散派遣一部分老弱士兵到淮北收集粮食，这里的围困时间不会太久了。"诸葛诞的军队于是随意浪费粮食，不久城中粮食就要吃没了，而外边的救兵还没抵达。将军蒋班、焦彝，都是诸葛诞的心腹之人，此时对诸葛诞说："朱异等人率领大军前来却不能进城，孙綝杀了朱异后也回江东了，对外宣布说救兵即将到了，实际上是准备坐收渔翁之利。现在应趁人心稳定，士兵还愿意效力的时候，尽力决一死战，进攻一面，突破重围，即使不能取得全面胜利，也有可能保全一部分实力，如果只是在这城里等待，是没有出路的。"文钦说："现在您带领十万大兵来归附吴国，而且我和全端等人与您一同居于这死地，我们的父兄子弟全部在江南，就是孙綝不想再进军，吴主和大家的亲属哪里会不管呢！而且魏国每一年都有战事，军民都很疲惫，现在包围我们一年，内乱一定会出现，为什么我们要放弃此地，而想冒着危险侥幸一战呢？"蒋班、焦彝坚定劝诸葛诞突围，文钦很生气。诸葛诞要杀掉蒋班、焦彝，两个人很害怕，十一月，蒋班、焦彝背弃诸葛诞跑到城外投奔魏国。全怿哥哥的儿子全辉、全仪在建业，和家人发生争执，于是带着母亲和部下几十家人来投奔魏国。但是全怿和他哥哥的儿子全靖，还有全端的弟弟全翩、全缉都带兵在寿春城中，司马昭采用黄门侍郎钟会的计谋，悄悄地替全辉、全仪写了书信，命令全辉、全仪的亲信之人把信送到寿春城里，对全怿等说："吴主生气全怿等人没有办法攻下寿春，要把各将军的家属全部杀死，因此我们才跑来归顺魏国。"十二月，全怿等人率领手下兵将数千人开城门出来投降，城中的人非常害怕，不知道怎么办好。魏帝曹髦下诏书任命全怿为平东将军，封临湘侯，全端等人也都受封，不过拜官封职各有差异。

资治通鉴

汉姜维闻魏分关中兵以赴淮南，欲乘虚向秦川，率数万人出骆谷，至沈岭。时长城积谷甚多，而守兵少，征西将军都督雍、凉诸军事司马望及安西将军邓艾进兵据之，以拒维。维壁于芒水，数挑战，望、艾不应。

【译文】 蜀汉的姜维听说魏国派关中兵远赴淮南，准备乘虚向秦川进军，于是带领几万人出骆谷，到达沈岭。这时长城一带积存的粮食很多，但是守卫的士兵却很少，征西将军都督雍州、凉州各军事的司马望和安西将军邓艾就出兵占据了那里，来抵挡姜维。姜维暂时在芒水驻扎，多次出来挑衅，司马望、邓艾就是不应战。

是时，维数出兵，蜀人愁苦，中散大夫谯周作《仇国论》以讽之曰："或问往古能以弱胜强者，其术如何？曰：吾闻之，处大无患者常多慢，处小有忧者常思善；多慢则生乱，思善则生治，理之常也。故周文养民，以少取多，句践恤众，以弱毙强，此其术也。或曰：曩者，项强汉弱，相与战争，项羽与汉约分鸿沟，各归息民，张良以为民志既定，则难动也，率兵追羽，终毙项氏。岂必由文王之事乎？曰：当商、周之际，王侯世尊，君臣久固，民习所专；深根者难拔，据固者难迁。当此之时，虽汉祖安能杖剑鞭马而取天下乎！及秦罢侯置守之后，民疲秦役，天下土崩，或岁改主，或月易公，鸟惊兽骇，莫知所从，于是豪强并争，虎裂狼分，疾搏者获多，迟后者见吞。今我与彼皆传国易世矣，既非秦末鼎沸之时，实有六国并据之势，故可为文王，难为汉祖。夫民之疲劳，则骚扰之兆生，上慢下暴，则瓦解之形起。谚曰：'射幸数跌，不如审发。'是故智者不为小利移目，不为意似改步，时可而后动，数合而后举，故汤、武之师不再战而克，诚重民劳而度时审也。如遂极武黩征，土崩势生，不幸遇难，虽有智者，将不能谋之矣。"

【译文】这时候，姜维数次出兵征战，蜀地人民非常忧愁，中散大夫谯周写了《仇国论》来讥讽说："有人询问古代以弱胜强者，他们运用的是什么办法？回应说：'我听说，居于大国的地位而无忧患意识，经常会懈怠轻慢，处于小国地位而拥有忧患意识，经常想要做善事；常常怠慢，国家就会出现内乱，经常思考行善，国家就会安定，这是世代不变的道理。所以周文王善于养民，就可以用小国寡民，攻打地大物博的商朝，句践卧薪尝胆，爱惜黎民，也可以打败强大的吴国，这就是他们的方法。'有人说以前项羽势力很强，汉高祖势弱，相互争战，没有一天和平, 后来项羽和汉高祖约定中分天下以鸿沟为界, 各归本土, 让人民休养生息, 张良却认为民心一旦安定, 就难以再发动起来, 于是汉高祖立即带兵追赶项羽, 终于消灭了他。哪里一定要按照文王的方法做事呢? 回答说: 从前商、周的时候, 王侯有世袭的尊贵地位, 君臣的名分时间长久而且稳固, 人民已习惯于事其君主; 深深扎根的东西难以拔除, 基石牢固的东西难以迁移。在那个时代, 虽然汉高祖有雄才武略, 又怎可以持剑鞭马利用武力来夺取天下呢? 到秦朝废除分封侯国, 设立郡县以后, 老百姓厌烦了秦朝的奴役, 天下已经土崩瓦解, 有的一年中就换一位君主, 有的一个月就更换了一个主公, 人民如同鸟兽一般惊恐不安, 不知该怎么办, 于是豪强们都出来争夺天下, 好像虎狼争夺猎物般撕裂瓜分, 行动敏捷勇敢搏杀者得到的就多, 稍微迟缓的就被吞没。现在我们和魏国都是传承了好几代, 虽然不是秦朝末年天下纷争的混乱年代, 但是确实有六国并据的形势, 因此可以行文王之事, 很难有汉高祖的行为。老百姓疲劳, 动乱的征兆就会显现, 君上骄慢, 臣下暴虐, 土崩瓦解的形势就将开始。有句谚语说:'射箭很多次却全部不中, 不如看清晰之后再发射。'所以真正智谋的人, 不会因小利而改变目标, 不会因好像可行的事而变化步骤, 时机成熟, 再采取行动, 形势适宜以后再举兵, 所以商汤、周武的军队, 不需要打第二次仗就能取胜, 他们确实是重视黎民的疾苦而能审时度势。如果只想穷兵黩武, 一旦崩溃的形势出现, 又不幸遭遇危难, 就是再有智慧的人, 也不会有重新挽回局势的谋略了。"

三年(戊寅, 公元二五八年) 春, 正月, 文钦谓诸葛诞曰:"蒋班、焦彝谓我不能出而走, 全端、全怿又率众逆降, 此敌无备之时也，可以战矣。"诞及唐咨等皆以为然，遂大为攻具，昼夜五六日攻南围，欲决围而出。围上诸军临高发石车火箭，逆烧破其攻具，矢石雨下，死伤蔽地，血流盈堑，复不城。城内食转竭，出降者数万口。钦欲尽出北方人，省食，与吴人坚守，诞不听，由是争恨。钦素与诞有隙，徒以计合，事急愈相疑。钦见诞计事，诞遂杀钦。钦子鸯、虎将兵在小城中，闻钦死，勒兵赴之；众不为用，遂单走逾城出，自归于司马昭。军吏请诛之，昭曰："钦之罪不容诛，其子固应就戮；然鸯、虎以穷归命，且城未拔，杀之是坚其心也。"乃赦鸯、虎，使将数百骑巡城，呼曰："文钦之子犹不见杀，其馀何惧！"又表鸯、虎皆为将军，赐爵关内侯。城内皆喜，且日益饥困。司马昭身自临围，见城上持弓者不发，曰："可攻矣！"乃四面进军，同时鼓噪登城。二月，乙酉，克之。诞窘急，单马将其麾下突小城欲出，司马胡奋部兵击斩之，夷其三族。诞麾下数百人，皆拱手为列，不降，每斩一人，辄降之，卒不变，以至于尽。吴将于诠曰："大丈夫受命其主，以兵救人，既不能克，又束手于敌，吾弗取也。"乃免胄冒陈而死。唐咨、王祚等皆降。吴兵万众，器仗山积。

【译文】甘露三年（戊寅，公元258年）春季，正月，文钦告诉诸葛诞说："蒋班、焦彝因为我们不能突围，就逃跑到魏国，全端、全怿又带领士兵去投降，这正是敌方自负而防守松懈的时候，我们可以出兵了。"诸葛诞和唐咨等人都认为文钦说得很对，于是全力准备进攻的器具，连着五六个昼夜进攻南方的敌人，想从南方突围出来。包围圈上的魏国兵将也运用他们所建造的堡垒，在高处摆放石车火箭，迎面烧坏敌军的进攻器具，箭和石像雨一样投下来，遍地都是死伤者，血流成河，诸葛诞被迫撤退回城。城内的食粮越来越少，出城投降的有数万人之多。文钦准备把北方人都放出城去，这样可以节约粮食，留下来的粮食给防守的吴国人食用，诸葛诞没有听从，从此两人开始相互怨恨。文钦平时就和诸葛诞有矛盾，只是因反对司马昭的想法稍微相同而结合，但是事态紧急时，就相互怀疑起来。文钦去会见诸葛诞，商议军事，诸葛诞趁机杀死了文钦。文钦的儿子文鸯、文虎带兵在小城中，听说父亲文钦已死，准备带兵攻打诸葛诞，为父亲报仇，因士兵不服从，二人随即独自越过城墙逃跑，投降了司马昭。军吏说要把他们两人杀掉，司马昭说："文钦的罪是不能够免除的，他的儿子本来也应该杀掉；但是文鸯、文虎在穷途末路时来归顺我，而且城还没有攻下来，杀掉他们两个，就更坚定敌人防守的决心了。"于是赦免了文鸯、文虎的罪责，还派他们带领几百骑兵，在城外巡逻，并且大喊："文钦的儿子都没被杀，更何况其他人呢！还害怕什么呀！"又上奏把文鸯、文虎都封成将军，并赐爵关内侯。城内的人听说这消息都非常开心，而且他们一天比一天饥饿难耐。司马昭亲自来到外围圈视察，看见城上拿弓的人不发箭，于是说："可以进攻了！"就下令四面出兵，同时敲鼓呐喊登上城墙。二月，乙酉日（二十日），攻克寿春城。诸葛诞处境困难，不知该怎么办，独自骑马带领部下，准备从小城突围，司马胡奋带兵追上把他杀掉，又诛杀了他的三族。诸葛诞的部下几百人，拱手列队却不投降，每杀一人，就询问其他人投不投降，而他们的态度始终不变。一直到最后全部被杀掉，无一人投降。吴将于诠说："大丈夫接受君主的命令，带兵来救人，既然不能完成任务，又要束手被擒，我不愿意这样做。"于是脱下盔甲，突入敌人兵阵战死。唐咨、王祚等人全部投降。俘虏的吴兵有一万多人，缴获的兵器堆积如山。

资治通鉴

司马昭初围寿春，王基、石苞等皆欲急攻之，昭以为"寿春城固而众多，攻之必力屈；若有外寇，表里受敌，此危道也。今三叛相聚于孤城之中，天其或者使同就戮，吾当以全策縻之。但坚守三面，若吴贼陆道而来，军粮必少；吾以游兵轻骑绝其转输，可不战而破也。吴贼破，钦等必成擒矣！"乃命诸军按甲以守之，卒不烦攻而破。议者又以为"淮南仍为叛逆，吴兵室家在江南，不可纵，宜悉坑之。"昭曰："古之用兵，全国为上，戮其元恶而已。吴兵就得亡还，适可以示中国之大度耳。"一无所杀，分布三河近郡以安处之。拜唐咨安远将军，其馀裨将，咸假位号，众皆悦服，其淮南将士吏民为诞所胁略者，皆赦之。听文鸯兄弟收敛父丧。给其车牛，致葬旧墓。

【译文】 司马昭起初围攻寿春时，王基、石苞等人全部建议立刻攻城，司马昭认为："寿春城墙非常牢固，而且城里面守军众多，攻城一定会遭遇困难；假如有外敌突袭，就要里外受敌，更是危急。现在诸葛诞、文钦、唐咨三个叛徒全在孤城内聚集，大约是上天想要他们在这里全部被杀，我理应用最完美的计谋对付他们。我们只要坚守三面，假如吴兵从陆路而来，输送不方便，军粮一定会少；我们就利用游击骑兵，把他们的运输断绝，这样可以不战而败敌。吴兵失败，文钦等在城内，一定会被抓到的！"于是命令各军按兵不动，全面坚守，最后没用频繁进攻就破城取胜了。讨论的人还说："淮南地区利用机会还是会叛乱，而且俘虏的吴兵，他们的家室全都在江南，不能放他们回去，应把他们全部活埋。"司马昭说："古人用兵，以保全对方的国家为上策，只要杀死元首就可以了。吴国兵士得以逃回去，正好可以显出我们大国的风度了。"结果一个俘虏都没有杀掉，把他们安置在河南、河东、河内三地接近京师的地方。又封唐咨为安远将军，其余的副将，也都给予相应的地位和封号，众人都心悦诚服。那些被诸葛诞胁迫掠来的淮南将士吏民，全部赦免放回。任凭文鸯、文虎收敛父亲文钦的尸体，并给他们车辆和牛，拉着文钦的尸体送回到祖坟去安葬。

昭遗王基书曰："初议者云云，求移者甚众，时未临履，亦谓宜然。将军深算利害，独秉固志，上违诏命，下拒众议，终至制敌禽贼，虽古人所述，不是过也。"昭欲遣诸军轻兵深入，招迎唐咨等子弟，因衅有灭吴之势。王基谏曰："昔诸葛恪乘东关之胜，竭江表之兵以围新城，城既不拔，而众死者太半。姜维因洮西之利，轻兵深入，粮饷不继，军覆上邦。夫大捷之后，上下轻敌，轻敌则虑难不深。今贼新败于外，又内患未弭，是其修备设虑之时也。且兵出逾年，人有归志，今俘馘十万，罪人斯得，自历代征伐，未有全兵独克如今之盛者也。武皇帝克袁绍于官渡，自以所获已多，不复追奔，惧挫威也。"昭乃止，以基为征东将军、都督扬州诸军事，进封东武侯。

【译文】司马昭给王基写信说："当时议论者众说纷纭，建议把军队转到北山防卫的人很多，起初我自己没有亲自去看，也以为应该转移。将军深深思考利弊，独自坚持自己的意见，上违朝廷诏命，下拒众人之议，最后把敌人收服，而且俘虏到很多人，即便是古人所述战术，也不能比得过呀！"司马昭准备命令轻兵进入吴境，招抚迎接唐咨等人的子弟，利用敌人的内部裂痕造成消灭吴国的架势。王基上奏说："以前诸葛恪利用东关的一次胜仗，竭尽江南的兵力来进攻新城，结果城没有占领，大半的兵士却死掉了。姜维凭借洮西的便利条件，竟然轻兵深入，但是却因粮草不继，大军在上邽战败。所以在取得胜利以后，军队上下就会看轻敌人，轻敌就不能思考深远了。现在敌人刚在外部战败，内部也有叛乱不安，这正是他们加紧防备与考虑御敌的时候。况且我们出战，已经一年多时间了，士兵全部有撤退归家的心理，现在俘虏了十多万人，诸葛诞等人也全部消灭和降服，从以前的征战来说，还没有不损兵折将，又获得全面胜利的战役像这样盛大的。魏武帝曹操在官渡战胜袁绍，自己对收获已经满足了，不再追击，就是害怕挫伤自己的威势呀！"司马昭听到这意见后，就停止行动，任命王基为征东将军、都督扬州各军事，并封他为东武侯。

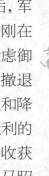

◆习凿齿曰：君子谓司马大将军于是役也，可谓能以德攻矣。夫建业者异道，各有所尚而不能兼并也。故穷武之雄，毙于不仁；存义之国，丧于懦退。今一征而禽三叛，大虏吴众，席卷淮浦，俘馘十万，可谓壮矣。而未及安坐，赏王基之功；种惠吴人，结异类之情；宠鸯葬钦，忘畴昔之隙；不咎诞众，使扬土怀愧。功高而人乐其成，业广而敌怀其德。武昭既敷，文算又洽，推此道也，天下其孰能当之哉！◆

司马昭之克寿春，钟会谋画居多；昭亲待日隆，委以腹心之任，时人比之子房。

【译文】◆习凿齿评价说：君子觉得司马大将军对于这场战争，可算是以德进攻了。能建立一番事业的人，有不一样的道路，各有所长，却不能同时兼顾。所以穷兵黩武的英雄，经常因为不爱护百姓而亡，例如夫差、智伯就是这种人；内心拥有仁义，但是失败在软弱不进取方面，像宋襄公就是这种人。现在一次战争就捉拿了诸葛诞、文钦、唐咨三个叛徒，又打败吴军，

资治通鉴卷第七十七 魏纪九

席卷淮浦各地，俘虏十多万人，总算是发展壮大了。但还没有安稳下来，就首先奖励王基的贡献；施加恩惠给吴国人，笼络异国人的感情；恩宠文鸯埋葬文钦，把以前的私仇忘掉；不追究诸葛诞部下的过错，让扬州人士感谢并且感到愧疚。功高盖世而且人们都喜欢看到他成功，事业扩大而敌人思念他的恩德。威严方面很普遍，文事方面也融洽，用这种办法施行，天下谁能抵挡呢？◆

司马昭占领寿春，其中钟会的计谋最多；因此，司马昭对他越来越亲近信任，委托他处理机密的任务，当时人把钟会比作汉代的张良。

汉姜维闻诸葛诞死，退还成都，复拜大将军。

夏，五月，诏以司马昭为相国，封晋公，食邑八郡，加九锡；昭前后九让，乃止。

秋，七月，吴主封故齐王奋为章安侯。

八月，以票骑将军王昶为司空。

诏以关内侯王祥为三老，郑小同为五更，帝率群臣幸太学，行养老乞言之礼。小同，玄之孙也。

吴孙綝以吴主亲览政事，多所难问，甚惧；返自镬里，遂称疾不朝，使弟威远将军据入仓龙门宿卫，武卫将军恩、偏将军幹、长水校尉闿分屯诸营，欲以自固。吴主恶之，乃推朱公主死意，全公主惧曰："我实不知，皆朱据二子熊、损所白。"是时熊为虎林督、损为外部督，吴主皆杀之。损妻，即孙峻妹也。綝谏，不从，由是益惧。

【译文】蜀汉的姜维听到诸葛诞已死，再次撤退回成都，重新担任大将军之职。

夏季，五月，魏帝曹髦颁发诏书，任命司马昭做相国，晋封为晋公，食邑太原、上党、西河、乐平、新兴、雁门、河东、平阳等八郡，加封车马、衣服、乐则、朱户、纳陛、虎贲、弓矢、斧钺、秬鬯等九锡；司马昭前后推托了九次，这才作罢。

秋季，七月，吴主孙亮任命以前的齐王孙奋为章安侯。

八月，任命骠骑将军王昶为司空。

魏帝曹髦下诏书任命关内侯王祥为三老，郑小同为五更，魏帝曹髦带领群臣进入太学，实行养老而后求善言的礼仪。郑小同是郑玄的孙子。

吴孙綝因为吴主孙亮亲自处理政事，经常为难他，觉得很害怕；从镬里返回后，就谎称生病不上朝，并且派他的弟弟威远将军孙据进入仓龙门担任宿卫，武卫将军孙恩、偏将军孙幹、长水校尉孙闿分别驻扎各军营，想用以自保。吴主孙亮很厌恶他，就追问朱公主被杀的情况，全公主害怕地说："我确实不知道，这全是朱据两个儿子朱熊、朱损所说的。"当时朱熊为虎林督，朱损为外部督，吴主孙亮把他们全部杀了。朱损的夫人就是孙峻的妹妹。孙綝的意见是不要杀他们，可是吴主孙亮不同意，因此孙綝更加害怕。

【乾隆御批】养老乞言本非急务，其失与井田封建等。况高贵乡公当多事之时，应措施者多矣，而乃拘牵古义，其迂可笑亦可悯。

【译文】养老赐教本来不是什么紧急重要的事务，其弊端与井田封建相同。何况高贵乡公正当多事的时候，应当施行的多了，然而却束缚于古义，他的迂腐既可笑也可怜。

吴主阴与全公主及将军刘丞谋诛綝。全后父尚为太常、卫将军，吴主谓尚子黄门侍郎纪曰："孙綝专势，轻小于孤。孤前敕之使速上岸，为唐咨等作援，而留湖中不上岸一步；又委罪于朱异，擅杀功臣，不先表闻；筑第桥南，不复朝见。此为自在，无复所畏，不可久忍，今规取之。卿父作中军都督，使密严整士马，孤当自出临桥，率宿卫虎骑、左右无难一时围之，作版诏敕綝所领皆解散，不得举手。正尔，自当得之；卿去，但当使密耳！卿宣诏卿父，勿令卿母知之；女人既不晓大事，且綝同堂姊，邂逅漏泄，误孤非小也！"纪承诏以告尚。尚无远虑，以语纪母，母使人密语綝。

【译文】 吴主孙亮暗地里和全公主、将军刘丞谋划杀孙綝。全后的父亲全尚为太常、卫将军，吴主告诉全尚的儿子黄门侍郎全纪说："孙綝专制，看不起我年纪小，我从前让他赶快上岸，做唐咨等人的后援。可是他却留在湖中，一步也不肯上岸；并且把罪责强加到朱异身上，擅自杀掉功臣，也不先上奏请示；他还在朱雀桥南建造府第，再也不上朝。在家非常自由，无所忌惮，没有害怕君王的意思，我确实没有办法再忍受下去，现在准备谋划杀掉他。你的父亲为中军都督，让他暗中筹备兵马，我当亲自从临桥出发，带领宿卫虎骑、左右无难督一起来围攻他，再作版诏下令将孙綝统领的军队全部解散，不得反抗。如果一切按我说的去做，必然能够成功；先生回去，可要保密呀！向你父亲宣明诏令时，不能让你母亲知晓；女人既不明晓大事，而且她又是孙綝的堂姐，万一见了孙綝把事情泄漏出去，就会误我大事！"全纪接受诏令并告诉他的父亲全尚。但全尚没有做深远的考虑，就对全纪的母亲说了，全纪的母亲派人悄悄告诉了孙綝。

九月，戊午，綝夜以兵袭尚，执之，遣弟恩杀刘承于苍龙门外，比明，遂围宫。吴主大怒，上马带鞬执弓欲出，曰："孤大皇帝適子，在位已五年，谁敢不从者！"侍中近臣及乳母共牵攀止之，不得出，叹咤不食，骂全后曰："尔父愦愦，败我大事！"又遣呼纪，纪曰："臣父奉诏不谨，负上，无面目复见。"因自杀。綝使光禄勋孟宗告太庙，废吴主为会稽王。召群臣议曰："少帝荒病昏乱，不可以处大位，承宗庙，已告先帝废之。诸君若有不同者，下异议。"皆震怖，曰："唯将军令！"綝遣中书郎李崇夺吴主玺绶，以吴主罪班告远近。尚书桓彝不肯署名，綝怒，杀之。典国施正劝綝迎立琅邪王休，綝从之。已未，綝使宗正楷与中书郎董朝迎琅邪王于会稽。遣将军孙耽送会稽王亮之国，亮时年十六。徙全尚于零陵，寻追杀之，迁全公主于豫章。

【译文】九月，戊午日（二十六日），孙綝趁夜出兵进攻全尚，把他抓起来，又命令弟弟孙恩在仓龙门外将刘承杀掉，天将明时，包围了皇宫。吴主孙亮很愤怒，骑上马带了弓箭就要出去，还说："我是大皇帝的嫡子，在位已经五年，谁敢不服从我！"侍中近臣及乳母等人一起拉住他，未能出去，吴主孙亮叹息生气，吃不下饭，谩骂全后说："你的父亲昏聩无能，坏了我的大事！"吴主孙亮又命人去叫全纪，全纪说："我父亲奉行诏命不小心，辜负了皇上，我没有脸面再去见皇帝了。"于是自杀而亡。孙綝派光禄勋孟宗去祭奠太庙，罢免吴主孙亮，封他为会稽王。又召见群臣商量说："孙亮少帝神经错乱生病了，不能再担当大任，继承宗庙，已经祭告先帝把他废除。各位假如有不认同的，请说出意见。"大家都非常恐惧，只好说："将军下令就是！"孙綝命中书郎李崇去把吴主孙亮的玺绶抢过来，把吴主孙亮的过错宣布给远近各处。尚书桓彝不愿签名，孙綝非常愤怒，就把他杀了。典军施正劝孙綝去把琅邪王孙休迎来立为吴主，孙綝听从了这个意见。己未日（二十七日），孙綝命令宗正孙楷和中书郎董朝去会稽迎接琅邪王。命令将军孙耽送会稽王孙亮去他的封国，孙亮这年十六岁。把全尚迁移到零陵，不久又追上去杀了他，又把全公主迁移到豫章。

冬，十月，戊午，琅邪王行至曲阿，有老公遮王叩头曰："事久变生，天下喁喁，愿陛下速行。"王善之。是日，进及布塞亭。孙綝以琅邪王未至，欲入居宫中，召百官会议，皆惶怖失色，徒唯唯而已。选曹郎虞汜曰："明公为国伊、周，处将相之任，擅废立之威，将上安宗庙，下惠百姓，大小踊跃，自以伊、霍复见。今迎王未至而始入宫，如是，群下摇荡，众听疑惑，非所以永终忠孝，扬名后世也。"綝不怿而止。汜，翻之子也。

【译文】 冬季，十月，戊午日（十月无此日），琅邪王孙休走到曲阿，有位老头拦住他并叩头说："事情耽误时间长了，会出现变化，天下黎民都希望太平，渴望皇帝赶快赶路啊！"孙休听了感觉非常有道理，于是兼程赶路，这一天，来到布塞亭。孙綝觉得琅邪王孙休还没有抵达，准备住在皇宫中，召见百官商议，大家都非常恐惧，没有胆量讲话。只有选曹郎虞汜说："明公是国家的伊尹、周公，位于将相的位置，掌握着废立的权力，必将上安宗庙社稷，下施恩惠于百姓，大大小小一片欢呼踊跃，觉得伊尹、霍光重现于世。现在迎接的君王尚未抵达，您就准备自己进到皇宫，恐怕群臣会动荡不安，百姓也会觉得困惑，这不是永保忠孝心意、扬名后世的做法啊！"孙綝很不开心地放弃了入宫居住的做法。虞汜，是虞翻的儿子。

綝命弟恩行丞相事，率百僚以乘舆法驾迎琅邪王于永昌亭。

筑宫，以武帐为便殿，设御坐。己卯，王至便殿，止东厢。孙恩奉上玺符，王三让，乃受。群臣以次奉引，王就乘舆，百官陪位。綝以兵千人迎于半野，拜于道侧；王下车答拜。即日，御正殿，大赦，改元永安。孙綝称"草莽臣"，诣阙上书，上印绶、节钺，求避贤路。吴主引见慰谕，下诏以綝为丞相、荆州牧，增邑五县；以恩为御史大夫、卫将军、中军督，封县侯。孙据、幹、闿皆拜将军，封侯。又以长水校尉张布为辅义将军，封永康侯。

【译文】孙綝让弟弟孙恩处理丞相的职事，带领百官用皇帝乘坐的车子到永昌亭去迎接琅邪王。建造宫室，用行军帐篷搭起临时的便殿，安置了御座。己卯日（十八日），琅邪王抵达便殿，在东厢休息。孙恩奉上玺符，琅邪王孙休再三推托，才接受。群臣按次序在前引导车驾，琅邪王登上坐舆，百官陪伴在左右。孙綝领兵千人在中途迎接，在道路一旁叩拜；琅邪王下车答拜。当天，驾临正殿，赦免天下，改年号为永安。孙綝自称"草莽之臣"，在殿前上书，呈上印绶、节钺，请求避让进贤之路。吴主孙休接见勉励一番，并下诏书任命孙綝做丞相、荆州牧，增加封邑五个县；任命孙恩做御史大夫、卫将军、中军督，封为县侯。孙据、孙幹、孙闿都授予将军之职，晋封为侯。又任命长水校尉张布为辅义将军，晋封永康侯。

先是，丹阳太守李衡数以事侵琅邪王，其妻习氏谏之，衡不听。琅邪王上书乞徙他郡，诏徙会稽。及琅邪王即位，李衡忧惧，谓妻曰："不用卿言，以至于此。吾欲奔魏，何如？"妻曰："不可。君本庶民耳，先帝相拔过重，既数作无礼，而复逆自猜嫌，逃叛求活，以此北归，何面目见中国人乎！"衡曰："计何所出？"妻曰："琅邪王素好善慕名，方欲自显于天下，终不以私嫌杀君明矣。可自囚诣狱，表列前失，显求受罪。如此，乃当逆见优饶，非但直活而已。"衡从之。吴主诏曰："丹阳太守李衡，以往事之嫌，自拘司败。夫射钩、斩袪，在君为君，其遣衡还郡，勿令自疑。"又如威远将军，授以棨戟。

己丑，吴主封故南阳王和子皓为乌程侯。

资治通鉴

【译文】 起初，丹阳太守李衡多次因事冒犯琅邪王孙休，他的妻子习氏规劝他不要那样做，李衡不听。琅邪王不能忍耐李衡的冒犯，就上奏请求迁移到其他郡，吴主孙亮下诏书让他迁移到会稽。等到琅邪王登上皇帝位时，李衡才发愁恐惧起来，就对妻子说："以前没听你的话，结果弄到这种地步。我准备逃亡到魏国去，你觉得怎么样？"他的妻子说："不能那样做。你原本是普通平民，先帝提拔、任用你，你却对他的后代没有礼貌，现在又恐惧了，准备逃跑以求活下来，你现在跑到北方，还有什么脸面去见中原之人呢！"李衡说："该怎么办才好呢？"妻子说："琅邪王平时就好善而追求名声，现在他正准备使自己显示名德于天下，终究不会因私人恩怨而杀你，这是很明显的。你可以到牢狱把自己囚禁起来，并上奏表明你从前的过错，公开要求接受惩罚。这样反而可以收获更优厚的待遇，岂止活着而已。"李衡照妻子的话做了。吴主孙休颁布诏书说："丹阳太守李衡，从前对我有私人恩怨，可是他自己绑着来见掌管刑狱的司寇。春秋时齐桓公被管仲射中过带钩，晋文公也被寺人割过衣袖，那是因为在谁的手下就为谁出力的原因，让李衡返回他郡里去吧，不要自己不安心了！"不久又晋封李衡做了威远将军，授给他棨戟（带衣的戟，如同汉之斧钺）。

己丑日（二十八日），吴主孙休封去世的南阳王孙和的儿子孙皓为乌程侯。

群臣奏立皇后、太子，吴主曰：“朕以寡德，奉承洪业，莅事日浅，恩泽未敷，后妃之号，嗣子之位，非所急也。”有司固请，吴主不许。

孙綝奉牛酒诣吴主，吴主不受，赍诣左将军张布；酒酣，出怨言曰：“初废少主时，多劝吾自为之者：吾以陛下贤明，故迎之。帝非我不立，今上礼见拒，是与凡臣无异，当复改图耳。”布以告吴主，吴主衔之，恐其有变，数加赏赐。戊戌，吴主诏曰：“大将军掌中外诸军事，事统烦多，其加卫将军、御史大夫恩侍中，与大将军分省诸事。”或有告綝怀怨(悔)〔侮〕上，欲图反者，吴主执以付綝杀之，由是益惧，因孟宗求出屯武昌；吴主许之。綝尽敕所督中营精兵万馀人，皆令装载，又取武库兵器，吴主咸令给与。綝求中书两郎典知荆州诸军事，主者奏中书不应外出，吴主特听之。其所请求，一无违者。

【译文】群臣上书请求册立皇后、太子，吴主孙休说：“我一个寡德的人，掌管这样大的帝业，亲临朝事时间还不长，也没有广施恩泽，后妃的封号，太子的册立，还不是最紧急的事情啊！”有关部门仍坚定地请求，吴主孙休不准。

孙綝拿牛肉和酒给吴主，吴主没有接受，只好带到左将军张布家里；孙綝喝得大醉，口出怨言说：“起初罢免少帝孙亮时，大家都劝我自立为帝，我觉得现在的皇帝（孙休）比较贤德，所以到会稽去迎接他。如果不是我，孙休怎么可以坐到皇帝的位置呢？现在我给他送礼，却遭到拒绝，这是把我当一般臣子看待，我应该重新册立他人了。”张布把这话说给吴主孙休，吴主怀恨在心，害怕孙綝会发动叛乱，又几次给孙綝奖赏。戊戌日（十月无此日），吴主孙休颁布诏书说：“大将军掌管内外诸军事，事务繁多，应该加卫将军、御史大夫孙恩为侍中，和大将军一起处理军事。"有人告诉吴主孙休，说孙綝心怀怨愤冒犯皇上，还准备叛乱，吴主把这人缉拿起来交给孙綝，孙綝把那人杀了，可是却更加恐惧皇帝，通过孟宗转告皇帝准备离开建业，去防守武昌，吴主立即答应了。孙綝下令他所统领的中军精兵一万多人，全部上船；又从武库里取走了很多兵器，吴主也下令给他。孙綝又请求让中书两郎一同去管理荆州诸军事，主管官员上书说中书不应该外出，但吴主也特许孙綝带走中书。孙綝所有的请求，吴主孙休全部满足。

将军魏邈说吴主曰："綝居外，必有变。"武卫士施朔又告綝谋反。吴主将讨綝，密问辅义将军张布，布曰："左将军丁奉，虽不能吏书，而计略过人，能断大事。"吴主召奉告之，且问以计画。奉曰："丞相兄弟支党甚盛，恐人心不同，不可卒制；可因腊会有陛兵以诛之。"吴主从之。

【译文】 将军魏邈告诉吴主说："孙綝驻扎在外，一定会叛乱。"武卫士施朔也报告说孙綝要谋反。吴主孙休想要讨伐孙綝，先悄悄询问辅义将军张布，张布说："左将军丁奉，虽然不能书写，但是谋略超人，可以决断大事。"吴主把丁奉召来，告诉他孙綝准备谋反，询问他的计策。丁奉说："丞相兄弟党羽非常多，恐怕人心不齐，不可以紧急制压；可以趁着十二月举行腊祭聚会时，利用皇帝宫中宿卫之兵杀掉他。"吴主接受了这个计划。

十二月，丁卯，建业中谣言明会有变，綝闻之，不悦。夜，大风，发屋扬沙，綝益惧。戊辰，腊会，綝称疾不至；吴主强起之，使者十馀辈，綝不得已，将入，众止焉。綝曰："国家屡有命，不可辞。可豫整兵，令府内起火，因是可得速还。"遂入，寻而火起，綝求出，吴主曰："外兵自多，不足烦丞相也。"綝起离席，奉、布目左右缚之。綝叩头曰："愿徙交州。"吴主曰："卿何以不徙滕胤、吕据于交州乎！"綝复曰："愿没为官奴。"吴主曰："卿何不以胤、据为奴乎！"遂斩之。以綝首令其众曰："诸与綝同谋者，皆赦之。"放仗者五千人。孙闿乘船欲降北，追杀之。夷綝三族，发孙峻棺，取其印绶，斫其木而埋之。

【译文】十二月，丁卯日（初七），建业地方散发谣言，明日腊祭聚会要有事变，孙綝听说此事，很不高兴。夜晚，大风吹起，飞沙走石，吹掀了屋顶，孙綝更加害怕。戊辰日（初八），举行腊祭，孙綝谎称生病不能参加；吴主强令他参与，派使者催促十多次，孙綝迫不得已，将要入宫，众人劝他不要去。孙綝说："皇帝一连数次下令，一定要去。大家可以把军队整顿好，在营内放起火来，我就以这个借口很快返回。"于是进入皇帝腊祭会场，不多时外边起火，孙綝请求出去救火，吴主说："外边兵力很多，不用烦劳丞相亲自去了！"孙綝站起来还要离开，丁奉、张布用眼睛暗示左右上前把孙綝捆起来。孙綝叩头说："我愿意迁移到离国内最远的交州。"吴主说："先生当时为什么不把滕胤、吕据迁移到交州呢？"孙綝又一次请求说："我愿意被贬为官奴。"吴主说："先生从前为何不把滕胤、吕据降作官奴呢？"于是把孙綝斩杀了。吴主孙休命人拿着孙綝的首级对他手下众将说："凡与孙綝同谋的人，全部可以赦免。"于是放下兵器投降的有五千多人。孙闿坐船想投降魏国，吴主孙休派人追杀了他。诛杀了孙綝三族，又掘开孙峻的棺木，拿出他的印绶，削薄他的棺木然后埋葬起来。

己巳，吴主以张布为中军督。改葬诸葛恪、滕胤、吕据等，其罹恪等事远徙者，一切召还。朝臣有乞为诸葛恪立碑者，吴主诏曰："盛夏出军，士卒伤损，无尺寸之功，不可谓能；受托孤之任，死于竖子之手，不可谓智。"遂寝。

初，汉昭烈留魏延镇汉中，皆实兵诸围以御外敌，敌若来攻，使不得入。及兴势之役，王平捍拒曹爽，皆承此制。及姜维用事，建议以为"错守诸围，适可御敌，不获大利。不若使闻敌至，诸围皆敛兵聚谷，退就汉、乐二城，听敌入平，重关头镇守以捍之，令游军旁出以伺其虚。敌攻关不克，野无散谷，千里运粮，自然疲乏；引退之日，然后诸城并出，与游军并力搏之，此殄敌之术也。"于是汉主令督汉中胡济却住汉寿，监军王含守乐城，护军蒋斌守汉城。

资治通鉴

【译文】己巳日（初九），吴主孙休任用张布为中军督。改葬诸葛恪、滕胤、吕据等人，因为受到诸葛恪连坐被下放到远方的人全部召回。朝臣中有人请求给诸葛恪立碑，吴主孙休下诏说："他在炎热的夏季出征，士兵损伤严重，又没有取得任何成功，不能算作是有能力。他接受先帝托孤的任务，却丧命在一些小人手里，不能说是有智慧。"于是拒绝了这项建议。

起初，蜀汉昭烈帝刘备留魏延防守汉中，他运用实兵固守外围关口来抵抗外敌，敌人如果来攻击，不让他们攻入。在兴势的战役中，王平在汉中果断出兵占领兴势，把魏国曹爽所带领的大军击溃，也是承用了这种用兵之道。等到姜维掌握军政时，建议说："守卫各关口，只能抵挡敌人，但是不能获得大胜。不如让敌人进来，各防守关口的人，全部可以把士兵聚集在谷中，撤退到汉、乐两城，任由敌人进入平原之地，各城严密把守极力抵挡，派遣游军在敌人虚弱之处加以攻击。敌人攻城不能获胜，外面又没有粮食，从几千里外运送食粮，自然会疲乏劳顿；等到敌人即将撤退时，就让各城守军打出去，配合游击队，进攻敌人，这是打败敌人的最好办法。"于是汉后主刘禅派遣都督汉中的胡济撤兵把守在汉寿，让监军王含固守乐城，让护军蒋斌防守汉城。

【乾隆御批】外户不守，而却屯以引敌，且欲俟其退而出抟之，真开门揖盗之见。刘友益以为维之失计汉所以亡，良然。

【译文】外面的门户不把守，然而却退兵驻守以引诱敌人，而且想等敌人撤退再出击，这真是开门请强盗进来的见解。刘友益认为姜维的失算导致了蜀汉的灭亡，的确是这样。

四年(己卯，公元二五九年)春，正月，黄龙二见宁陵井中。先是，顿丘、冠军、阳夏井中屡有龙见，群臣以为吉祥，帝曰："龙者，君德也，上不在天，下不在田，而数屈于井，非嘉兆也。"作《潜龙诗》以自讽，司马昭见而恶之。

夏，六月，京陵穆侯王昶卒。

汉主封其子谌为北地王，恂为新兴王，虔为上党王。尚书令陈祗以巧佞有宠于汉主，姜维虽位在祗上，而多率众在外，希亲朝政，权任不及祗。秋，八月，丙子，祗卒；汉主以仆射义阳董厥为尚书令，尚书诸葛瞻为仆射。

冬，十一月，车骑将军孙壹为婢所杀。

是岁，以王基为征南将军，都督荆州诸军事。

【译文】甘露四年(己卯，公元259年)春季，正月，黄龙在宁陵井中出没两次。先前在顿丘、冠军、阳夏的井中数次有龙出现，群臣都认为这是国家的吉祥，魏帝曹髦说："龙，代表君王的道德。现在它上没有在天，下没有在田，却数次屈居在井里，恐怕不是好的征兆啊！"于是写了一首《潜龙诗》讽刺自己，司马昭见到这首诗后，十分不满。

夏季，六月，京陵穆侯王昶去世。

汉后主刘禅封他的儿子刘谌为北地王，刘询为新兴王，刘虔为上党王。尚书令陈祗依仗巧言逢迎讨好，深得汉主宠幸，姜维官职虽在陈祗之上，但是经常带军在外，极少参与朝政，所以大权比不过陈祗。秋季，八月，丙子日（二十日），陈祗去世；汉后主任命仆射、义阳人董厥为尚书令，尚书诸葛瞻为仆射。

冬季，十一月，车骑将军孙壹被婢女杀害。

这一年，任命王基做征南将军，都督荆州各军事务。

元皇帝上

景元元年（庚辰，公元二六〇年）春，正月，朔，日有食之。

夏，四月，诏有司率遵前命，复进大将军昭位相国，封晋公，加九锡。

帝见威权日去，不胜其忿。五月，己丑，召侍中王沈、尚书王经、散骑常侍王业，谓曰："司马昭之心，路人所知也。吾不能坐受废辱，今日当与卿自出讨之。"王经曰："昔鲁昭公不忍季氏，败走失国，为天下笑。今权在其门，为日久矣。朝廷四方皆为之致死，不顾逆顺之理，非一日也。且宿卫空阙，兵甲寡弱，陛下何所资用；而一旦如此，无乃欲除疾而更深之邪！祸殆不测，宜见重详。"帝乃出怀中黄素诏投地曰："行之决矣！正使死何惧，况不必死邪！"于是入白太后。沈、业奔走告昭，呼经欲与俱，经不从。帝遂拔剑升辇，率殿中宿卫苍头官僮鼓噪而出。昭弟屯骑校尉伷遇帝于东止车门，左右呵之，伷众奔走。中护军贾充自外入，逆与帝战于南阙下，帝自用剑。众欲退，骑督成倅弟太子舍人济问充曰："事急矣，当云何？"充曰："司马公畜养汝等，正为今日。今日之事，无所问也！"济即抽戈前刺帝，殒于车下。昭闻之，大惊，自投于地。太傅孚奔往，枕帝股而哭，甚哀，曰；"杀陛下者，臣之罪也！"

【译文】景元元年（庚辰，公元260年），六月改年号为景元。春季，正月朔日（初一），发生日食。

夏季，四月，魏帝曹髦下诏给有关官员，一切按照以前的命令，再次晋升大将军司马昭为相国，封为晋公，加赐九锡。

魏帝曹髦见到自己的威权一天天丧失，内心难以忍受这种愤怒。五月，己丑日（初七），魏帝曹髦召见侍中王沈、尚书王经、散骑常侍王业，告诉他们："司马昭有篡位的野心，连路上的行人都知道。我不能坐等被罢黜的侮辱！现在请各位先生过来，是准备商量讨伐他。"王经说："从前鲁昭公因不能忍受季氏侮辱，失败逃跑，丢了国家，被天下人耻笑。现在天下的权势，都在司马昭的门下，这样日子已经很久了，朝廷和四方之臣都愿意为他效力，不管逆顺的道理，也已经很长时间了。而且宫中宿卫有很多空缺，兵力也非常弱，皇帝能利用什么力量呢？如果您一定那样做，就是准备去除疾病，反而使病更严重了！灾祸恐怕很难预测，您应该再思考一下。"魏帝曹髦从怀中拿出黄素诏书扔在地上说："征讨司马昭的事情已经决定，就算死了又有什么可怕的，何况不一定会死呢！"于是到后宫去禀告太后。王沈、王业准备告诉司马昭，想叫王经也跟他们一起去，但王经不去。魏帝曹髦随即拔出剑来，坐上辇车，带领殿中的宿卫和奴仆敲着鼓大喊着出去了。司马昭的弟弟屯骑校尉司马伷在东止车门外看见皇帝，魏帝曹髦左右之人都斥责他，司马伷的下属都逃跑了。中护军贾充从外面过来，在南面宫阙下和魏帝曹髦作战，魏帝曹髦自己带剑上阵。兵众全部想要撤退，骑督成倅的弟弟太子舍人成济问贾充说："事情匆忙，应该怎么办啊？"贾充说："司马昭先生平时待你们不薄，正是为了今日啊！今天的事情不必再问了！"于是，成济就拿起戈来，走向前把皇帝杀死，尸体倒在车下。司马昭闻讯大惊，自己跪倒在地。太傅司马孚急忙上前，把魏帝曹髦的头枕在自己大腿上痛哭说："陛下被杀，是臣的罪过呀！"

昭入殿中，召群臣会议。尚书左仆射陈泰不至，昭使其舅尚书荀顗召之，泰曰："世之论者以泰方于舅，今舅不如泰也。"子弟内外咸共逼之，乃入，见昭，悲恸，昭亦对之泣曰："玄伯，卿何以处我？"泰曰："独有斩贾充，少可以谢天下耳。"昭久之曰："卿更思其次。"泰曰："泰言惟有进于此，不知其次。"昭乃不复更言。顗，彧之子也。

【译文】 司马昭进入殿中，聚集群臣，商量审理刺杀皇帝的事情。尚书左仆射陈泰不愿过来，司马昭命令他的舅父荀顗去宣召他，陈泰说："世人都议论我做人和舅父很像，现在看起来舅父比不过我呀！"陈泰的弟子和里里外外的人都来逼他，他才进到殿里，看见司马昭后，悲恸欲绝。司马昭也哭着对他说："玄伯，你将如何处置我？"陈泰说："只有把贾充杀掉，才能稍稍向天下谢罪啊！"司马昭思考了很久才说："先生再考虑轻一点的处理办法吧！"陈泰说："我已经说到这个地方了，不清楚还有什么轻一点的办法了！"司马昭就不再说话了。荀顗，是荀彧的儿子。

太后下令，罪状高贵乡公，废为庶人，葬以民礼。收王经及其家属付廷尉。经谢其母，母颜色不变，笑而应曰："人谁不死，正恐不得其所"；以此并命，何恨之有！"及就诛，故吏向雄哭之，哀动一市。王沈以功封安平侯。庚寅，太傅孚等上言，请以王礼葬高贵乡公，太后许之。

使中护军司马炎迎燕王宇之子常道乡公璜于邺，以为明帝嗣。炎，昭之子也。

【译文】 太后下令，把罪责归于高贵乡公的鲁莽，把他贬为庶人，用民间的礼仪把他埋葬。逮捕了王经和他的家属，交给廷尉处置。王经向母亲赔罪，表示儿子不孝，但是母亲脸色不变，笑着对他说："人哪有不死呢！只怕死得不得其所；以这样正直的方式而死，还有什么遗憾的呢！"等到被诛杀那天，以前的官吏向雄为他们痛哭，感动得整座城市都为他们悲伤。王沈因为做这件事有功，被封为安平侯。庚寅日（初八），太傅司马孚等人上奏折，向太后请求用王礼的规格葬埋高贵乡公，太后应允了他们的奏请。

派中护军司马炎到邺郡去迎接燕王曹宇的儿子常道乡公曹璜，曹璜是魏明帝的后代。司马炎是司马昭的儿子。

辛卯，群公奏太后自今令书皆称诏制。

癸卯，司马昭固让相国、晋公、九锡之命，太后诏许之。

戊申，昭上言："成济兄弟大逆不道。"夷其族。

六月，癸丑，太后诏常道乡公更名奂。甲寅，常道乡公入洛阳，是日，即皇帝位，年十五，大赦，改元。

丙辰，诏进司马昭爵位九锡如前，昭固让，乃止。

癸亥，以尚书左仆射王观为司空。

吴都尉严密建议作浦里塘，群臣皆以为难；唯卫将军陈留濮阳兴以为可成，遂会诸军民就作，功费不可胜数，士卒多死亡，民大愁怨。

会稽郡谣言王亮当还为天子，而亮宫人告亮使巫祷祠，有恶言，有司以闻。吴主黜亮为候官侯，遣之国；亮自杀，卫送者皆伏罪。

【译文】辛卯日（初九），王公大臣向太后奏请，从现在起，下达命令的诏书都称为诏制。

癸卯日（二十一日），司马昭坚决要辞去相国、晋公、九锡等职，太后下诏书同意他辞职。

戊申日（二十六日），司马昭上奏说："成济兄弟谋杀皇帝，这是大逆不道的，应该定他们抄家灭族之罪。"

六月，癸丑日（初一），太后颁布诏旨命常道乡公改名为曹奂。甲寅日（初二），常道乡公来到洛阳，当天，他登上皇位，时年十五岁，之后颁布命令大赦天下，并改年号为景元。

丙辰日（初四），魏元帝曹奂下诏书，恢复司马昭之前的爵位，司马昭坚决推辞，这才作罢。

癸亥日（十一日），任命尚书右仆射王观为司空。

吴都尉严密建议建造浦里塘，群臣都认为难以完成；只有卫将军、陈留人濮阳兴认为可以办到。于是召集众多军民开工兴建，结果花费功力不计其数，士卒也死伤很多，百姓怨声载道。

会稽郡流传谣言，说会稽王孙亮应当回朝做皇帝，而孙亮的仆人上告孙亮使用巫术祭祀，说了不好的话，有关官吏把这些情况报告给朝廷。吴主知道后，把孙亮降作候官侯，并把他流放到封地；孙亮在途中就自杀了，负责遣送他的人都被治罪。

冬，十月，阳乡肃侯王观卒。

十一月，诏尊燕王，待以殊礼。

十二月，甲午，以司隶校尉王祥为司空。

尚书王沈为豫州刺史。初到，下教敕属城及士民曰："若有能陈长吏可否，说百姓所患者，给谷五百斛。若说刺史得失，朝政宽猛者，给谷千斛。"主簿陈廞、褚䂮入白曰："教旨思闻苦言，示以劝赏。窃恐拘介之士或惮赏而不言，贪昧之人将慕利而妄举。苟不合宜，赏不虚行，则远听者未知当否之所在，徒见言之不用，谓设而不行。愚以告下之事，可小须后。"沈又教曰："夫兴益于上，受分于下，斯乃君子之操，何不言之有！"褚䂮复白曰："尧、舜、周公所以能致忠谏者，以其款诚之心著也。冰炭不言而冷热之质自明者，以其有实也。若好忠直，如冰炭之自然，则谔谔之言将不求而自至。若德不足以配唐、虞，明不足以并周公，实不可以同冰炭，是悬重赏，忠谏之言未可致也。"沈乃止。

【译文】冬季，十月，阳乡肃侯王观去世。

十一月，魏元帝曹奂下诏尊礼燕王曹宇，并以特殊的礼仪对待。

十二月，甲午日（十六日），魏元帝曹奂任命司隶校尉王祥做司空。

尚书王沈为豫州刺史。初上任时，下令给所辖各城邑的军民说："如果有能陈述官吏功过、诉说百姓困难的人，就赏他五百斛谷子。如果能说出刺史的得失、朝廷政令的宽松是否合适的人，就赏他一千斛谷子。"主簿陈廞、褚䂮来到衙门建议刺史说："教令的宗旨是要了解民间的疾苦，对于敢说的人，就给他奖赏，以鼓励人民进言。但是就怕那些清廉的人，怕奖赏累及自身而不愿说，而那些贪财昏昧的人，因觊觎丰厚的奖赏而随便乱说。如果百姓的进言不合宜，不照教令所说的奖赏他，那么那些不明情理的人，就会批评官府空设教令而不行赏。因此我们认为教令所说的事，应当暂缓实施。"王沈又下令说："进言对在上位者有益处，在下面的人才能受赏，这是君子应具备的节操，怎么会有人不说呢？"褚䂮又建议说："尧、舜、周公之所以能够得到忠直的建议，是因为他们诚恳的心很明显。冰不用说是冷的，炭不用说是热的，这是由于它们的本质决定的。如果有崇尚忠诚正直的本质，像那冰炭一样自然，那么正直的建议不用求自然就会来了。如果自己的德行配不上尧、舜，贤明不能和周公相比，真实不能像冰炭一样，那么即使高悬重赏，忠直的建议也不见得会来。"王沈听了这话才停止教令。

二年（辛巳，公元二六一年）春，三月，襄阳太守胡烈表言："吴将邓由、李光等十八屯同谋归化，遣使送质任，欲令郡兵临江迎拔。"诏王基部分诸军径造沮水以迎之。"若由等如期到者，便当因此震荡江表。"基驰驿遗司马昭书，说由等可疑之状，"且当清澄，未宜便举重兵深入应之。"又曰："夷陵东西道皆险狭，竹木丛蔚，卒有要害，弩马不陈。今者筋角濡弱，水潦方降，废盛农之务，徼难必之利，此事之危者也。姜维之趣上邽，文钦之据寿春，皆深入求利，以取覆没，此近事之鉴戒也。嘉平已来，累有内难，当今之宜，当务镇安社稷，抚宁上下，力农务本，怀柔百姓，未宜动众以求外利也。"昭累得基书，意狐疑，敕诸军已上道者，且权停住所在，须候节度。基复遗昭书曰："昔汉祖纳郦生之说，欲封六国，寤张良之谋而趣销印。基谋虑浅短，诚不及留侯，亦惧襄阳有食其之谬。"昭于是罢兵，报基书曰："凡处事者多曲相从顺，鲜能确然共尽理实，诚感忠爱，每见规示，辄依来旨，已罢军严。"既而由等果不降。烈，奋之弟也。

【译文】景元二年（辛巳，公元261年）春季，三月，襄阳太守胡烈上奏折说："吴国将领邓由、李光等十八屯部队共同计划归顺我朝，派遣使者送来人质，希望我军派人到长江边去迎接。"魏元帝曹奂下令派王基的一部分军队前往沮水去迎接。诏书说："如果邓由等人按时到达，就可以开始渡江攻击，达到威慑作用。"王基在前往沮水的途中写信给司马昭说："邓由部队投降的事，有些可疑，应该先澄清一下，但是不能动用太多兵力深入敌境。"又说："夷陵这地方，道路都很狭窄，竹林树木又都很茂盛，如果敌人在要害的地方埋伏，发动突然袭击，我们的兵马都用不上力。现在我们的弓箭潮湿无力，正当降雨之后，此时浪费良好的耕作时期，反而要在不利之处和敌人争利，这是非常危险的事。姜维想夺取上邽，文钦镇守寿春，这两次战役，都是深入敌营取利，但都全军覆没了，这是近来之事，应该拿来做警惕呀！嘉平以来，有曹爽、毌丘俭、诸葛诞等起兵内乱，现在应该做的是安定国家，抚慰上下臣民，努力务农再抚恤偏远地区的百姓，不应兴师动众再来谋求外利啊！"司马昭收到几回王基的信，但是犹豫不决，于是命令已经出发的军队，在中途暂停下来，等候新的部署。王基又写信给司马昭说："以前汉高祖采纳郦生的意见，想要分封六国，后来领略到张良的计划，就迅速追回销毁了印绶。我王基的计谋虽然浅短，实在比不上留侯张良，但是也怕襄阳遭到郦生的阴谋。"于是司马昭停止进军，并且回信给王基说："一般人处事，大多不论是否合宜，只是一味地曲意顺从，很少有坚定不移和我共同研究事情虚伪的。只有先生您能忠诚不移，一次又一次地规劝我，现在根据你来信中的意见，我已经下令停止发兵。"到了约定日期，邓由等人果然没来投降。胡烈，是胡奋的弟弟。

秋，八月，甲寅，复命司马昭进爵位如前，不受。

冬，十月，汉主以董厥为辅国大将军，诸葛瞻为都护、卫将军，共平尚书事，以侍中樊建为尚书令。时中常侍黄皓用事，厥、瞻皆不能矫正，士大夫多附之，唯建不与皓往来。秘书令郤正久在内职，与皓比屋，周旋三十馀年，澹然自守，以书自娱，既不为皓所爱，亦不为皓所憎，故官不过六百石，而亦不罹其祸。汉主弟甘陵王永憎皓，皓潛之，使十年不得朝见。

【译文】秋季，八月，甲寅日（九月六日），再次任命司马昭恢复原职，司马昭仍然没有接受。

冬季，十月，汉后主刘禅任命董厥为辅国大将军，诸葛瞻为都护、卫将军，让他们共同处理尚书事务，并任命侍中樊建为尚书令。当时中常侍黄皓专权，董厥、诸葛瞻都没法挟制他，因此士大夫们也都附和黄皓，只有樊建不愿与黄皓往来。秘书令郤正在内朝做了很久的官，家里和黄皓是邻居，与他周旋了三十多年，仍淡然自处，每日以读书为乐，既没有得到黄皓的赏识，也没有遭到黄皓的厌恶，所以，虽然每年的俸禄也不过是六百石，但也不至于遭到祸害。汉后主刘禅的弟弟甘陵王刘永非常讨厌黄皓，黄皓就在汉后主面前说他的坏话，致使刘永有长达十年的时间不能来朝见。

吴主使五官中郎将薛珝聘于汉，及还，吴主问汉政得失，对曰："主暗而不知其过，臣下容身以求免罪，入其朝不闻直言，经其野民皆菜色。臣闻燕雀处堂，子母相乐，自以为至安也，突决栋焚，而燕雀怡然不知祸之将及，其是之谓乎!"珝，综之子也。

是岁，鲜卑索头部大人拓跋力微始遣其子沙漠汗入贡，因留为质。力微之先，世居北荒，不交南夏。至可汗毛，始强大，统国三十六，大姓九十九。后五世至可汗推寅，南迁大泽。又七世至可汗邻，使其兄弟七人及族人乙旃氏、车焜氏分统部众为十族。邻老，以位授其子诘汾，使南迁，遂居匈奴故地。诘汾卒，力微立，复徙居定襄之盛乐，部众浸盛，诸部皆畏服之。

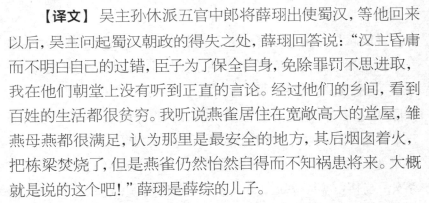

【译文】吴主孙休派五官中郎将薛珝出使蜀汉，等他回来以后，吴主问起蜀汉朝政的得失之处，薛珝回答说："汉主昏庸而不明白自己的过错，臣子为了保全自身，免除罪罚不思进取，我在他们朝堂上没有听到正直的言论。经过他们的乡间，看到百姓的生活都很贫穷。我听说燕雀居住在宽敞高大的堂屋，雏燕母燕都很满足，认为那里是最安全的地方，其后烟囱着火，把栋梁焚烧了，但是燕雀仍然怡然自得而不知祸患将来。大概就是说的这个吧!"薛珝是薛综的儿子。

这一年，鲜卑族索头部大人拓跋力微派他的儿子沙漠汗入朝进贡，于是就留下他做了人质。拓跋力微的先人世代居住在北荒，没有和南夏交往过。直到可汗拓跋毛时，才开始强大起来，当时统治的小国有三十六个，大姓之族有九十九个。后来经过五世传到可汗拓跋推寅时，向南迁到大泽。又经过七世到可汗拓跋邻时，让他的兄弟七人以及族人乙旃氏、车焜氏，分开统率部族百姓成为十个部族。到拓跋邻年老时，把可汗的位子传给他儿子拓跋诘汾，并让他南迁，因此鲜卑族又回到匈奴的老地方。拓跋诘汾去世后，拓跋力微继立，再一次迁徙到定襄郡的盛乐县，鲜卑部族渐渐繁盛起来，其他部族也开始惧怕他们，服从了他的统治。

资治通鉴卷第七十八　魏纪十

起玄黓敦牂，尽阏逢涒滩，凡三年。

【译文】 起壬午（公元262年），止甲申（公元264年），共三年。

【题解】 本卷记录了魏帝曹奂景元三年至曹奂咸熙元年共三年间的魏、蜀、吴等三国大事：魏司马昭派两路大军伐蜀，姜维等失败，退守剑阁；邓艾经阴平，至江油，直驱成都；蜀主刘禅向邓艾投降，并让姜维缴械；钟会为独揽军权、叛魏自立而陷害、袭捕邓艾；钟会、姜维被乱军所杀；司马昭预先防范钟会；卫瓘为掩盖与钟会一道陷害邓艾的罪行，于钟会死后仍将邓艾杀死；蜀将罗宪降魏后，英勇抗吴，立功封侯；还写了竹林七贤的生活习性，以及嵇康被杀；司马炎耍手段，夺取继承人之位；吴主孙休病死，孙皓被立后听谗言杀权臣濮阳兴等。

元皇帝下

景元三年（壬午，公元二六二年）秋，八月，乙酉，吴主立皇后朱氏，朱公主之女也。戊子，立子𩅥为太子。

汉大将军姜维将出军，右车骑将军廖化曰：“兵不戢，必自焚，伯约之谓也。智不出敌而力少于寇，用之无厌，将何以存！”冬，十月，维入寇洮阳，邓艾与战于侯和，破之，维退住沓中。

初，维以羁旅依汉，身受重任，兴兵累年，功绩不立。黄皓用事于中，与右大将军阎宇亲善，阴欲废维树宇。维知之，言于汉主曰：“皓奸巧专恣，将败国家，请杀之！”汉主曰：“皓趋走小臣耳，往董允每切齿，吾常恨之，君何足介意！”维见皓枝附叶连，惧于失言，逊辞而出，汉主敕皓诣维陈谢。维由是自疑惧，返自洮阳，因求种麦沓中，不敢归成都。

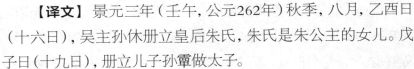

【译文】景元三年（壬午，公元262年）秋季，八月，乙酉日（十六日），吴主孙休册立皇后朱氏，朱氏是朱公主的女儿。戊子日（十九日），册立儿子孙𩅦做太子。

蜀汉大将军姜维准备出兵征战，右车骑将军廖化说：“军队不严谨整治，一定会自取灭亡，说的就是姜维呀。智慧没有敌人高，兵力又比对方弱小，不间歇地出兵，国家将怎样才能自存呢？”冬季，十月，姜维再次进兵洮阳，邓艾和他在侯和交战，姜维被打败，撤兵回到沓中。起初，姜维本是一个四处漂泊的人，归附蜀汉后，不久就受到重用，几年来不断出兵，却没有取得一点政绩。黄皓在朝内专权，和右大将军阎宇关系很好，私下想要废掉姜维，把阎宇立为大将军。姜维知道后，对蜀汉后主刘禅说：“黄皓这人奸诈专横，将来会危害国家，请您赶紧杀了他！”蜀汉后主刘禅说：“黄皓不过是供朝廷驱使的一个小小臣子罢了！以前董允在世的时候，就咬牙切齿地痛恨他，我也常常对他感到愤恨，先生何必为这点小事介意呢！”姜维看出黄皓在蜀汉后主刘禅身边有很重要的关系，恐怕说多了会失言，就很谦逊地退出来。蜀汉后主刘禅命令黄皓到姜维府上去赔罪。姜维因此更加惊疑害怕，从洮阳返回后，就请求辞去官职到沓中去种麦，不敢再回成都。

吴主以濮阳兴为丞相，廷尉丁密、光禄勋孟宗为左右御史大夫。初，兴为会稽太守，吴主在会稽，兴遇之厚；左将军张布尝为会稽王左右督将，故吴主即位，二人皆贵宠用事；布典宫省，兴关军国，以佞巧更相表里，吴人失望。

吴主喜读书，欲与博士祭酒韦昭、博士盛冲讲论，张布以昭、冲切直，恐其入侍，言己阴过，固谏止之。吴主曰："孤之涉学，群书略遍，但欲与昭等讲习旧闻，亦何所损！君特当恐昭等道臣下奸慝，故不欲令入耳。如此之事，孤已自备之，不须昭等然后乃解也。"布惶恐陈谢，且言惧妨政事。吴主曰："王务、学业，其流各异，不相妨也。此无所为非，而君以为不宜，是以孤有所及耳。不图君今日在事更行此于孤也，良甚不取！"布拜表叩头。吴主曰："聊相开悟耳，何至叩头乎！如君之忠诚，远近所知，吾今日之巍巍，皆君之功也。《诗》云：'靡不有初，鲜克有终。'终之实难，君其终之！"然吴主恐布疑惧，卒如布意，废其讲业，不复使昭等入。

【译文】 吴主孙休任命濮阳兴担任丞相一职，廷尉丁密、光禄勋孟宗两个人担任左右御史大夫。起初，濮阳兴做会稽太守时，吴主孙休正是当时的会稽王，濮阳兴对待吴主非常礼遇；左将军张布曾经当过会稽王的左右督将。所以吴主即位后，两人都因此很受宠爱进而专权；张布掌管宫中和朝廷的事，濮阳兴就负责管理军国大事，他们俩花言巧语哄骗吴主，互相依存，吴国人对此很失望。

吴主孙休爱好读书，想要和博士祭酒韦昭、博士盛冲一起讨论学术，因为韦昭、盛冲非常正直，张布害怕他们入朝接近吴主孙休时，会说出自己做过的一些错事，因此非常坚决地建

资治通鉴

议不让二人进宫。吴主孙休说："我喜欢读书，所涉猎的学术种类，群书都约略看过一遍，只是想要和韦昭二人讨论讨论读过的书籍，这有什么关系呢？先生只怕韦昭等说出臣子的奸邪私密，所以阻挠他们入宫。像这样的事情，我自己已经有所了解，并不一定要听他们说了，才会了解大家的行为。"张布听了很害怕，连忙告罪，并且说他是因为害怕妨碍到国家大政，所以才不让韦昭等人进宫。吴主说："国家的政事和学业，是两样不同的事，不会彼此妨碍的，这没有什么不妥之处，但是先生你却认为这不合时宜，所以认为我另有目的。没想到先生今天掌握大权后却这样对我，我不希望看到你这样做！"张布立即谢罪叩头。吴主又说："我只是想让你开通一点而已！何必叩头呢！像先生这样忠诚，远近之人都知道，我今天能高高坐于皇位之上，都是先生的功劳呀！《诗经·大雅·荡》说：'忠诚守信厚道，开始的时候都能做到，但很少有人能坚持到最后的。'可见做到有始有终很困难，先生应该坚持做到有始有终！"吴主恐怕张布惊疑害怕，所以最后还是顺从张布的意思，放弃了讲学这件事，不再召韦昭等人入宫。

谯郡嵇康，文辞壮丽，好言老、庄而尚奇任侠，与陈留阮籍、籍兄子咸、河内山涛、河南向秀、琅邪王戎、沛人刘伶特相友善，号竹林七贤。皆崇尚虚无，轻蔑礼法，纵酒昏酣，遗落世事。

阮籍为步兵校尉，其母卒，籍方与人围棋，对者求止，籍留与决赌。既而饮酒二斗，举声一号，吐血数升，毁瘠骨立。居丧，饮酒无异平日。司隶校尉何曾恶之，面质籍于司马昭座曰："卿纵情、背礼、败俗之人，今忠贤执政，综核名实，若卿之曹，不可长也！"因谓昭曰："公方以孝治天下，而听阮籍以重哀饮酒食肉于公座，何以训人！宜摈之四裔，无令污染华夏。"昭爱籍才，常拥护之。曾，夔之子也。

阮咸素幸姑婢；姑将婢去，咸方对客，遽借客马而追之，累骑而还。

【译文】谯郡的嵇康，写作文辞雄壮清丽，喜好谈论老子、庄子的学说，又崇尚奇异的言谈，为人仗义行侠，和陈留郡阮籍、阮籍的侄子阮咸、河内人山涛、河南人向秀、琅邪人王戎、沛国人刘伶都有很好的交情，他们几人被称为"竹林七贤"。他们都崇尚虚无之论，轻视礼法，嗜好饮酒，不问时事。

阮籍做步兵校尉时，他的母亲去世了，当时阮籍正在和别人下围棋，对方因为他母亲去世，不好意思再陪他玩棋作乐，于是请求停止下棋，但是阮籍却非要强留别人决一胜负。接着又饮酒两斗，大声号哭，吐出几口血来，身体马上消瘦得只剩皮包骨了。阮籍为母亲守孝的时候，还像平时一样饮酒。司隶校尉何曾非常厌恶他，在司马昭面前当面责问阮籍说："你是个纵情无度、违背礼节、败坏风俗的人，现在是忠诚贤德的人在执政，正要考核一个人是不是名实相符，像你这种行为，是不能任其发展的！"何曾接着又对司马昭说："您以孝治天下，但却听任阮籍在母亲去世应守重丧的礼仪下，不但不哀痛，反而在您面前饮酒作乐，这样您怎么有资格教训别人呢！应该把阮籍发配到边疆去，不要让他污染了华夏的良好风俗。"司马昭因为喜爱阮籍的才华，常常袒护他，不肯责备他的过错。何曾，是何夔的儿子。

阮咸平时就喜欢他姑母的婢女，姑母认为这不合礼仪，就把婢女遣送走了。这时候阮咸正在陪客人说话，听到此事，匆忙借了客人的马，前去追赶，终于被他追到，把那个婢女搂在马上，两人同骑回来。

【康熙御批】阮籍辈皆崇尚虚无，蔑礼败度。当时士大夫乃以为放达，争慕效之。此晋俗之敝，其所由来者远矣。

【译文】阮籍等人都崇尚虚无，蔑视礼仪败坏法度。当时士大夫以为这是豪放豁达，争相仿效。这是晋代风俗的弊端，它的来由很远，不是一朝一夕导致的。

　　刘伶嗜酒，常乘鹿车，携一壶酒，使人荷锸随之，曰："死便埋我。"当时士大夫皆以为贤，争慕效之，谓之放达。

　　钟会方有宠于司马昭，闻嵇康名而造之，康箕踞而锻，不为之礼。会将去，康曰："何所闻而来，何所见而去？"会曰："闻所闻而来，见所见而去！"遂深衔之。

　　山涛为吏部郎，举康自代。康与涛书，自说不堪流俗，而非薄汤、武。昭闻而怒之。康与东平吕安亲善，安兄巽诬安不孝，康为证其不然。会因谮"康尝欲助毋丘俭，且安、康有盛名于世，而言论放荡，害时乱教，宜因此除之。"昭遂杀安及康。康尝诣隐者汲郡孙登，登曰："子才多识寡，难乎免于今之世矣！"

　　【译文】刘伶最喜欢喝酒，常常坐着鹿车，带上一大壶酒，还派人背着铁铲子跟随，并且对随从的人说："我死在何处，就把我埋在何处。"当时的士大夫都赞叹他的贤能，争相学习他的做法，并且说这才是不被事物所拘束的豁达。

　　钟会正受司马昭宠信的时候，闻说嵇康很有名气，就去拜访他，嵇康正好两腿叉开坐在那里毫不在意地打铁，也不起身接待钟会。钟会将要回去时，嵇康问他说："你听到什么而来，又见到什么而去？"钟会回答说："听到我所听到的就来了，见到我所见到的就去了。"由此钟会对嵇康怀恨在心。

山涛任吏部郎的时候，想举荐嵇康来接替自己的职务；嵇康回信给山涛，说自己不愿担任世俗的事务，并且言语间批评轻蔑商汤、周武王。司马昭听后，非常恼怒嵇康。嵇康和东平的吕安关系非常好，吕安的哥哥吕巽污蔑吕安不孝顺，嵇康帮吕安做证，说并不是吕巽说的那样。钟会就在司马昭面前说嵇康的坏话："嵇康曾经想要协助毌丘俭造反，而且吕安、嵇康虽然在社会上非常有声望，但是他们的言语却十分放荡，有伤风俗，扰乱教化，不如早些把他们杀掉。"于是司马昭杀掉了吕安和嵇康。嵇康曾经去拜访过隐士汲郡人孙登，孙登说："先生虽然才能多但见识少，恐怕不能在世上好好地生存！"

司马昭患姜维数为寇，官骑路遗求为刺客入蜀，从事中郎荀勖曰："明公为天下宰，宜杖正义以伐违贰，而以刺客除贼，非所以刑于四海也。"昭善之。勖，爽之曾孙也。

【译文】 司马昭对姜维经常出兵进犯十分忧虑，官骑路遗请求做刺客潜入蜀地，刺杀姜维。从事中郎荀勖对司马昭说："贤明的人担任天下的主宰，应该依靠正义去打击叛贼，如果用刺客去杀掉对方首领，这不是统治天下的好办法。"司马昭认为这建议很对。荀勖，是荀爽的曾孙。

昭欲大举伐汉，朝臣多以为不可，独司隶校尉钟会劝之。昭谕众曰："自定寿春已来，息役六年，治兵缮甲，以拟二虏。今吴地广大而下湿，攻之用功差难，不如先定巴蜀，三年之后，因顺流之势，水陆并进，此灭虢取虞之势也。计蜀战士九万，居守成都及备他境不下四万，然则馀众不过五万。今绊姜维于沓中，使不得东顾，直指骆谷，出其空虚之地以袭汉中，以刘禅之暗，而边城外破，士女内震，其亡可知也。"乃以钟会为镇西将军，都督关中。征西将军邓艾以为蜀未有衅，屡陈异议；昭使主簿师纂为艾司马以谕之，艾乃奉命。

姜维表汉主："闻钟会治兵关中，欲规进取，宜并遣左右车骑张翼、廖化，督诸军分护阳安关口及阴平之桥头，以防未然。"黄皓信巫鬼，谓敌终不自致，启汉主寝其事，群臣莫知。

【译文】 司马昭想要大举征讨蜀汉，朝臣大都认为不可，唯有司隶校尉钟会赞同此事，并且劝司马昭速速发兵。司马昭告谕众人说："自打平定寿春以来，朝廷已经休养六年没有动兵了，朝廷一直训练军队，修理盔甲，准备去攻打吴蜀两个敌国。如今吴国土地广大，又多河流湿地，攻打起来比较困难，不如先占领巴蜀，等三年后，由上游顺流而下，水陆两路并进，古代灭虢国、取虞国采用的就是这种战术。估算一下蜀汉的兵士，不过九万人而已，守卫成都和各边境也要四万多人，剩下可以和我们抵抗的最多不过五万人罢了。现在姜维被牵制在沓中，没办法对东边支援，我们出军直向骆谷，从他们防守空虚的地方去攻击汉中，像刘禅这样昏庸无能的人，如果边城被攻破，朝内的士兵和宫人一定会大乱，他们的灭亡是可以预见的。"于是派了钟会做镇西将军，都督关中。征西将军邓艾觉得蜀汉没有开始动兵，还无法看出对方的弱点，这样不可轻易动兵，所以多次提出异议。司马昭派遣主簿师纂任邓艾的司马，把以上状况分析给邓艾听，邓艾才遵命出兵。

姜维上奏章给蜀汉后主刘禅说："听说钟会在关中整备军队，想要攻打我们，我们应该同时派遣左右车骑将军张翼和廖化，统率各军分别守卫阳安关口和阴平的桥头，以防敌人突袭。"黄皓听信巫术神鬼之说，认为敌人一定不会自己找上门来，告诉蜀汉后主刘禅只管安然享乐不用担心此事。蜀汉的大臣也没有人知道魏国将要出兵的消息。

资治通鉴

【乾隆御批】会、艾方锐意图蜀，蜀之君臣即防守扼塞，尚恐不足御之；乃以暗监信巫致使从中掣肘，不亡何待？禅之庸暗更不止于燕雀处堂矣。

【译文】钟会、邓艾决心想要谋取蜀国，蜀国的君臣即使防守要塞，恐怕还不能够抵御魏军的进攻；反倒因为宦官相信巫师的话致使从中牵制，不亡国还等待什么呢？刘禅的昏庸愚昧更不如停留在堂上的燕雀。

四年（癸未，公元二六三年）春，二月，复命司马昭进爵位如前，又辞不受。

吴交趾太守孙谞贪暴，为百姓所患；会吴主遣察战邓荀至交趾，荀擅调孔爵三十头送建业，民惮远役，因谋作乱。夏，五月，郡吏吕兴等杀谞及荀，遣使来请太守及兵，九真、日南皆应之。

诏诸军大举伐汉，遣征西将军邓艾督三万馀人自狄道趣甘松、沓中，以连缀姜维；雍州刺史诸葛绪督三万馀人自祁山趣武街桥头，绝维归路；钟会统十馀万众分从斜谷、骆谷、子午谷趣汉中。以廷尉卫瓘持节监艾、会军事，行镇西军司。瓘，觊之子也。

【译文】四年（癸未，公元263年）春季，正月，（魏国主）再次诏命司马昭恢复以前的爵位；司马昭再一次坚决推辞不受。

吴国交趾太守孙谞贪婪暴虐，当地百姓都觉得这是一大忧患；恰好此时吴主派遣察战邓荀来到交趾，邓荀到达后，擅自调集三十只孔雀要送到建业去，百姓因担心路途太远，不愿去送，因此谋划反叛。夏季，五月，郡吏吕兴等人杀死孙谞和邓荀，派使者到建业请求给他派来太守及士兵，九真、日南二郡也都起来响应。

魏元帝曹奂诏令各路兵马大举征讨蜀汉，派出征西将军邓艾统领三万多人自狄道进兵甘松、沓中，以牵制姜维的军队；雍州刺史诸葛绪率领三万多人自祁山进兵武街桥头，以阻断姜维返回成都的道路。钟会率领十万大军从斜谷、骆谷、子午谷分别进兵汉中。任用廷尉卫瓘代表魏元帝曹奂持符节监督邓艾、钟会的军事行动，并镇守西军司。卫瓘是卫觊的儿子。

会过幽州刺史王雄之孙戎，问“计将安出？”戎曰：“道家有言，‘为而不恃。’非成功难，保之难也。”或以问参相国军事平原刘寔曰：“钟、邓其平蜀乎？”寔曰：“破蜀必矣，而皆不还。”客问其故，寔笑而不答。

秋，八月，军发洛阳，大赉将士，陈师誓众。将军邓敦谓蜀未可讨，司马昭斩以徇。

汉人闻魏兵且至，乃遣廖化将兵诣沓中，为姜维继援，张翼、董厥等诣阳安关口，为诸围外助。大赦，改元炎兴。敕诸围皆不得战，退保汉、乐二城，城中各有兵五千人。翼、厥北至阴平，闻诸葛绪将向建威，留住月馀待之。钟会率诸军平行至汉中。九月，钟会使前将军李辅统万人围王含于乐城，护军荀恺围蒋斌于汉城。会径过西趣阳安口，遣人祭诸葛亮墓。

【译文】钟会去拜访幽州刺史王雄的孙子王戎，问：“你有好的计谋可以告诉我吗？”王戎说：“道家有句话说：‘做一件事不要自认为很有能力。’这不是说成功困难，而是说坚持困难。”有的人以这件事问参相国军事、平原人刘寔说：“钟会、邓艾能成功灭掉蜀汉吗？"刘寔说："他们一定会灭亡蜀汉，但是两个人都回不来了。"这个人进一步问那是为什么，刘寔笑了笑，不再回答。

秋季，八月，大军由洛阳出发，大肆犒赏全军将士，列队誓师。将军邓敦说不能讨伐蜀汉，司马昭立刻就把他斩首示众了。

蜀汉听说魏兵将要来进攻，就派廖化带兵到沓中支援姜维，张翼、董厥等人到阳安关口做各营垒的援助。并大赦天下，改年号为炎兴。朝廷下令各营寨都不准出战，退守汉城和乐城，这两城城中各有兵力五千人。张翼、董厥向北进兵来到阴平，听说诸葛绪将要率兵前往建威，就留在原地驻扎了将近一个月等他。钟会带领各部队平安到达汉中。九月，钟会派前将军李辅统率一万多人在乐城包围王含，派护军荀恺在汉城包围蒋斌。钟会自己带军直扑阳安口，派人到诸葛亮的墓地祭祀。

初，汉武兴督蒋舒在事无称，汉朝令人代之，使助将军傅佥守关口，舒由是恨。钟会使护军胡烈为前锋，攻关口。舒诡谓佥曰："今贼至不击而闭城自守，非良图也。"佥曰："受命保城，惟全为功；今违命出战，若丧师负国，死无益矣。"舒曰："子以保城获全为功，我以出战克敌为功，请各行其志。"遂率其众出。佥谓其战也，不设备。舒率其众迎降胡烈，烈乘虚袭城，佥格斗而死。佥，肜之子也。钟会闻关口已下，长驱而前，大得库藏积谷。

【译文】起初，蜀汉的武兴督蒋舒在任时，能力平庸，没有什么可让人称道的，于是汉主就派人替代了他，任用助将军傅佥守卫关口，蒋舒因此对傅佥怀恨在心。钟会任命护军胡烈做先锋，攻打关口。蒋舒狡诈地对傅佥说："现在敌兵到了，如果不去进攻而只是闭城防守，这不是好主意。"傅佥说："我接到朝廷的命令，一定要守住城池，只要不丢失城池这就是大功劳了；现在我如果违背朝廷命令，出城作战，万一损失兵力，又没有守住城池，做出负国的行为，到时就算是以死谢罪也没用啊！"蒋舒说："您认为保全此城是功劳，我认为出战打败敌人是功劳，那我们就各行其志吧！"于是率领他自己的属下出城作战。傅佥以为他要去交战，没有严加防守。没想到蒋舒却率他的部下去迎接胡烈，向魏兵投降，胡烈乘虚攻入城中，傅佥亲自战斗，最后战死。傅佥，是傅肜的儿子。钟会听说关口已被攻下，就领兵长驱直入，缴获了大量库藏的粮食。

邓艾遣天水太守王颀直攻姜维营，陇西太守牵弘邀其前，金城太守杨欣趣甘松。维闻钟会诸军已入汉中，引兵还。欣等追蹑于彊川口，大战，维败走。闻诸葛绪已塞道屯桥头，乃从孔函谷入北道，欲出绪后；绪闻之，却还三十里。维入北道三十馀里，闻绪军却，寻还，从桥头还，绪趣截维，较一日不及。维遂还至阴平，合集士众，欲赴关城；未到，闻其已破，退趣白水，遇廖化、张翼、董厥等，合兵守剑阁以拒会。

【译文】邓艾派天水太守王颀径直进攻姜维的军营，陇西太守牵弘也趋兵做前锋，金城太守杨欣进军甘松。姜维听闻钟会的军队已经攻入汉中，急忙率兵回成都救援，杨欣等率军尾随追到强川口，两军大战，姜维败走。又听说诸葛绪已屯兵在桥头堵住道路，于是就从孔函谷进入北道，打算从诸葛绪军队的后边逃出；诸葛绪得知姜维的企图后，就向后退了三十里。姜维进入北道三十多里后，听到诸葛绪退军的消息，又急忙返回，想从桥头通过，等到诸葛绪发觉姜维的意图急忙进兵堵截时，姜维已经走了一天多了。姜维于是退至阴平，募集一些士众，想要奔赴关城；还没到达，就听说城已被攻破，于是就退往白水，在途中遇到廖化、张翼、董厥等人的军队，几个部队合兵守住剑阁，以抵御钟会。

安国元侯高柔卒。

冬，十月，汉人告急于吴。甲申，吴主使大将军丁奉督诸军向寿春；将军留平就施绩于南郡，议兵所向；将军丁封、孙异如沔中，以救汉。

诏以征蜀诸将献捷交至，复命大将军昭进位，爵赐一如前诏，昭乃受命。

【译文】安国元侯高柔去世。

冬季，十月，汉人向吴国告急求援。甲申日（十月无此日），吴主派出大将军丁奉督率大军向寿春进兵；命将军留平在南郡会见施绩，商讨进兵之策；并派将军丁封、孙异往沔中去救援蜀汉。

魏元帝曹奂下诏书因征讨蜀汉的各将领捷报频传，再命大将军司马昭加官晋爵，所赐官爵和之前的诏书相同，司马昭这次终于接受诏命。

昭辟任城魏舒为相国参军。初，舒少时迟钝质朴，不为乡亲所重，从叔父吏部郎衡，有名当世，亦不知之，使守水碓，每叹曰："舒堪数百户长，我愿毕矣！"舒亦不以介意，不为皎厉之事。唯太原王乂谓舒曰："卿终当为台辅。"常振其匮乏，舒受而不辞。年四十馀，郡举上计掾，察孝廉。宗党以舒无学业，劝令不就，可以为高。舒曰："若试而不中，其负在我，安可虚窃不就之高以为己荣乎!"于是自课,百日习一经,因而对策升第,累迁后将军钟毓长史。毓每与参佐射,舒常为画筹而已;后遇朋人不足,以舒满数,舒容范闲雅,发无不中,举坐愕然,莫有敌者。毓叹而谢曰:"吾之不足以尽卿才,有如此射矣,岂一事哉!"及为相国参军,府朝碎务,未尝见是非;至于废兴大事,众人莫能断者,舒徐为筹之,多出众议之表。昭深器重之。

【译文】 司马昭命任城人魏舒为相国参军。起初,魏舒小的时候,做事反应很迟钝,不受乡里亲朋重视,他的堂叔吏部郎魏衡,在当时享有盛望,但并不知道这个侄子很有才能,于是派他去看守水碓,并时常感叹地说:"魏舒如果有能力管理几百个户长,我就心满意足了!"魏舒听到这话,并不介意,不做一些偏激的事来博取名声。只有太原王义对魏舒说:"先生一定能做到三公宰相的高位。"常常接济他的窘境,魏舒也毫不推辞地接受。魏舒四十多岁的时候,郡里推举他为上计掾,察孝廉。宗族乡党的人都认为魏舒没有好的学业,劝魏舒不要去就位,这样可以得到清高的名声。魏舒说:"如果去甄试,没有考中,那是我才能不够,怎么可以虚窃清高的名声,希冀更高的荣誉呢?"于是刻苦自学,每百日研读一部经书,因此对策能力得以增强,官职也不断上升,接连升到后将军钟毓的长史。钟毓每次和参军及官佐举行射箭比赛,魏舒常常只是在一旁帮忙计算每个人的成绩而已;后来如果遇到参加的人数不足,就请魏舒来凑人数,等到魏舒参加射箭的时候,他气定神闲,从容不迫,箭无虚发。在座的人都大为吃惊,没有一个人能比得上他。钟毓感叹并饱含歉意地说:"我没有让你充分发挥才能,就像这次射箭一样,其实何止这一件事情啊!"等到魏舒做了相国参军,朝堂上和相府里的大小琐事,没有一样处理得不妥当的;至于一些应该废兴的大事，许多人没有能力决断，但是魏舒却能不慌不忙地筹划出来，并且取得的成绩都会超出大家的想象，因此，司马昭非常器重他。

【申涵煜评】凡才情太露之人，发则易尽，亦鲜厚福。舒迟钝不为蛟厉，可谓深藏若虚者矣。然必出于自然，乃可以有矫饰。便入乡愿一派，至百日习一经，尤足为学者法。

【译文】那些显露才情的人，大多显耀过后就会灭亡了，很少有福泽深厚的。魏舒性格迟钝质朴，不是很厉害的人物，可以说是深藏不露。然而必定他本人不愿意显露锋芒，才能掩盖住才华。后来回到家乡，用一百天研究一部经典，足以算作一个学者了。

癸卯，立皇后卞氏，昭烈将军秉之孙也。

邓艾进至阴平，简选精锐，欲与诸葛绪自江油趣成都。绪以本受节度邀姜维，西行非本诏，遂引军向白水，与钟会合。会欲专军势，密白绪畏懦不进，槛车征还，军悉属会。

【译文】癸卯日（十一日），魏元帝曹奂册立皇后卞氏，卞氏是昭烈将军卞秉的孙女。

邓艾率兵行进到阴平，挑选精锐部队，准备和诸葛绪一起从江油直接进兵成都。诸葛绪认为自己的任务是奉命引诱姜维，而向西进军不是原先下达的诏命，于是率军开向白水，与钟会会合。钟会想要独揽军权，向朝廷秘报说诸葛绪因害怕敌人而不敢进军，于是朝廷派人把诸葛绪装进牢车押回，这样一来所有大军便都由钟会指挥了。

姜维列营守险，会攻之，不能克；粮道险远，军食乏，欲引还。邓艾上言："贼已摧折，宜遂乘之。若从阴平由邪径经汉德阳亭趣涪，出剑阁西百里，去成都三百馀里，奇兵冲其腹心，出其不意，剑阁之守必还赴涪，则会方轨而进，剑阁之军不还，则应涪之兵寡矣。"遂自阴平行无人之地七百馀里，凿山通道，造作桥阁。山高谷深，至为艰险，又粮运将匮，濒于危殆。艾以毡自裹，推转而下。将士皆攀木缘崖，鱼贯而进。先登至江油，蜀守将马邈降。诸葛瞻督诸军拒艾，至涪，停住不进。尚书郎黄崇，权之子也，屡劝瞻宜速行据险，无令敌得入平地，瞻犹豫未纳；崇再三言之，至于流涕，瞻不能从。艾遂长驱而前，击破瞻前锋，瞻退往绵竹。艾以书诱瞻曰："若降者，必表为琅邪王。"瞻怒，斩艾使，列阵以待艾。艾遣子惠唐亭〔侯〕忠等出其右，司马师纂等出其左。忠、纂战不利，并引还，曰："贼未可击！"艾怒曰："存亡之分，在此一举，何不可之有！"叱忠、纂等，将斩之。忠、纂驰还更战，大破，斩瞻及黄崇。瞻子尚叹曰："父子荷国重恩，不早斩黄皓，使败国殄民，用生何为！"策马冒阵而死。

【译文】 姜维摆开阵势，防守住险要之地，钟会多次进攻也没有攻下。运输粮草的道路又险又远，钟会的军队因为缺乏食粮，想要率军退回。邓艾上书说："现在敌人已经吃了大败仗，损失惨重，我军应趁机立刻进攻。如果从阴平经过汉德阳亭直取涪县，那儿距离剑阁以西仅有一百里，距离成都也不过三百多里，在这里出奇兵冲击敌人的要害之地，出其不意，发起猛烈进攻，剑阁的守军必定很快就会抵挡不住退回涪县，那时钟会就算驾着双排马车通过剑阁也没人阻挡了。剑阁的守兵退不回去，如此一来接应涪县的兵就少了。"于是邓艾自阴平荒野无人区行走了七百多里，一路逢山开路，遇水搭桥，经过高山深谷，路途非常艰险，又加上粮草运输困难，粮食匮乏，濒临危险的绝境。邓艾用毡毯裹着自己，从山上翻转而下，其他将士都攀缘着树木石头，沿着山崖绝壁，鱼贯而进。邓艾的军队刚刚到达江油，蜀汉的守将马邈就投降了。诸葛瞻督率各军抵御邓艾，到达涪县后，停下驻扎没有再进军。尚书郎黄崇，是黄权的儿子，一直劝诸葛瞻要抓紧时间进军以据守险要之地，不要让魏军有机会攻进平地，但是诸葛瞻犹豫不决，不愿采纳这建议。黄崇再三劝说，甚至声泪俱下，但是诸葛瞻就是不听。邓艾于是长驱直入，击溃了诸葛瞻的前锋，诸葛瞻退守到绵竹。邓艾用书信引诱诸葛瞻说："如果你来投降，我一定会上表推荐你为琅邪王。"诸葛瞻非常愤怒，把邓艾派来的使者杀了，并摆开阵势以等待邓艾。邓艾派遣他的儿子惠唐亭侯邓忠攻击蜀军的右翼，派司马师纂等人攻击蜀军的左翼。邓忠、师纂的进攻没起作用，都撤兵回来说："蜀汉的军队太强，没办法硬攻呀！"邓艾愤怒地说："现在是生死存亡的分际，是胜是负就在此一举，你们怎么能说攻不下来呢！"邓艾怒叱邓忠、师纂等人，还说要是攻不破就要杀了他们。邓忠、师纂没有办法，只好率兵回来再战，最后大破蜀军，杀了诸葛瞻、黄崇等人。诸葛瞻的儿子诸葛尚叹息地说："我们父子蒙受朝廷大恩，却没有早点杀死黄皓，最后致使国家灭亡，百姓遭难，我活着还有什么用呢！"于是策马冲向敌人，大战而死。

汉人不意魏兵卒至，不为城守调度；闻艾已入平土，百姓扰扰，皆迸山野，不可禁制。汉主使群臣会议，或以为蜀之与吴，本为与国，宜可奔吴；或以为南中七郡，阻险斗绝，易以自守，宜可奔南。光禄大夫谯周以为："自古以来，无寄他国为天子者，今若入吴国，亦当臣服。且治政不殊，则大能吞小，此数之自然也。由此言之，则魏能并吴，吴不能并魏明矣。等为称臣，为小孰与为大！再辱之耻何与一辱！且若欲奔南，则当早为之计，然后可果；今大敌已近，祸败将及，群小之心，无一可保，恐发足之日，其变不测，何至南之有乎！”或曰：“今艾已不远，恐不受降，如之何？”周曰：“方今东吴未宾，事势不得不受，受之不得不礼。若陛下降魏，魏不裂土以封陛下者，周请身诣京都，以古义争之。”众人皆从周议。汉主犹欲入南，狐疑未决。周上疏曰：“南方远夷之地，平常无所供为，犹数反叛，自丞相亮以兵威逼之，穷乃率从。今若至南，外当拒敌，内供服御，费用张广，他无所取，耗损诸夷，其叛必矣！”汉主乃遣侍中张绍等奉玺绶以降于艾。北地王谌怒曰：“若理穷力屈，祸败将及，便当父子君臣背城一战，同死社稷，以见先帝可也，奈何降乎！”汉主不听。是日，谌哭于昭烈之庙，先杀妻子而后自杀。

【译文】 蜀汉人没有想到魏兵会骤然到来，守城的士卒还没来得及调度；随即听说邓艾的军队已经开进到了平地，百姓们都恐慌混乱起来，大家争相去深山大谷里躲避，即使朝廷下令也没法禁止。蜀汉后主刘禅召集群臣商讨办法，有人认为蜀吴两国是邦交之国，不如先投奔吴国，有的认为南方的七个郡，形势险要易于防守，应该向南撤退。光禄大夫谯周认为："古往今来，没有天子是寄居在其他国家的，如果躲到吴国去，也是要当吴国的臣民。而且治国之道如果没有什么大的差异，那么大国就容易并吞小国，这是很明显的事。由此可知，魏国能并吞吴国，但是吴国却不能吞并魏国就显而易见了。同样都是去称臣，向小国称臣，反而不如向大国称臣，两次受辱，就不如一次受辱！如果想要往南逃跑，应该早做准备，才有可能成功；现在敌人已经很接近，祸败马上就到了，一群奸诈的人没有谁能保证他们一直忠诚，恐怕出发南行的第一天，就会发生叛乱，怎么可能安全地到达南方呢？"有的人说："现在邓艾的军队已经离我国首都不远，恐怕他不会接受我们的投降，这怎么办呢？"谯周说："现在东吴还没被魏攻下，这样的形势下我们投降，他不能不接受，要接受就要优待我们。如果我们的皇帝投降魏国，魏国却不分封土地的话，我谯周一定会亲自到京都洛阳，引用古时大义，向魏元帝曹奂抗争。"众人都赞同谯周的意见。但是汉后主刘禅仍然想往南方撤退，心中还在犹豫不决。谯周再上奏章说："南方是边远的少数民族聚居地，平时不向朝廷缴纳税收，也不出人力帮助政府，而且还多次发生叛乱。自从丞相诸葛亮用兵多次打败他们，到了穷途末路，没办法才臣服我们。现在如果向南去，对外要抵抗敌人，对内要供奉上下官员的俸禄，费用大增，没有其他地区可以收取，必定要征收这些少数民族，那他们必定会叛乱的！"汉后主刘禅听了，认为分析得很对，就派侍中张绍等人，捧着玺绶向邓艾祈求投降。北地王刘谌听说汉后主刘禅投降的消息恼怒地说："如果到了穷途末路，祸败将要到来，就应当父子君臣背城一战，一起为国家付出生命，死后也好去见先帝，为什么非要投降呢！"汉后主刘禅不理睬他儿子的话。当天刘谌在昭烈帝刘备的陵墓前痛哭流涕，哭罢，先杀死自己的妻子儿女，而后自杀。

【申涵煜评】蜀汉得之易，失之亦易。两主养士五十年，止得一北地王谌为昭烈吐气，谯周之论，虽若近理，终是二心误国，不可以为臣子训。

【译文】蜀汉之地取得容易，失去也容易。两代君主养兵五十年，只有北地王刘谌为刘备争了一口气。谯周的话，虽然有道理，但终是因为有二心而误国，不能作为训诫臣子的道理。

张绍等见邓艾于雒，艾大喜，报书褒纳。汉主遣太仆蒋显别敕姜维使降钟会，又遣尚书郎李虎送士民簿于艾，户二十八万，口九十四万，甲士十万二千，吏四万人。艾至成都城北，汉主率太子诸王及群臣六十馀人，面缚舆榇诣军门。艾持节解缚焚榇，延请相见；检御将士，无得虏略，绥纳降附，使复旧业；辄依邓禹故事，承制拜汉主禅行票骑将军，太子奉车、诸王驸马都尉，汉群司各随高下拜为王官，或领艾官属；以师纂领益州刺史，陇西太守牵弘等领蜀中诸郡。艾闻黄皓奸险，收闭，将杀之，皓赂艾左右，卒以得免。

【译文】 张绍等人在雒县见到邓艾，邓艾听到蜀汉要降服的消息，心中大喜，于是回信给汉后主刘禅接纳了他的投降并对他褒奖一番。汉后主刘禅派太仆蒋显命令姜维，让他向钟会投降。又派尚书郎李虎把士民簿册交给邓艾，共计有二十八万户，九十四万人，士卒十万二千人，官吏四万人。邓艾到达成都城北，汉后主刘禅率太子和王公大臣六十多人，各自绑起手来，抬着棺木来到邓艾的军营。邓艾手持魏王的符节，把汉后主刘禅的捆绑解下，又把棺木焚烧掉，请进军营相见；警告自己的将士，不准随意掠夺蜀汉投降的人，要安抚他们，接着又恢复各行各业的秩序；模仿东汉初年邓禹的旧事，依照规定任命汉后主刘禅做骠骑将军，蜀汉太子为奉车督尉、各个王侯都封为驸马都尉，汉后主的群臣都随官职的高低授予王官，或在邓艾手下做官；任命师纂为益州刺史，陇西太守牵弘等人管理蜀中各郡。邓艾听说黄皓为人奸诈狡猾，想要把他关起来然后杀掉，但是邓艾的属下却早已收到黄皓的贿赂，所以黄皓才终免一死。

姜维等闻诸葛瞻败，未知汉主所向，乃引军东入于巴。钟会进军至涪，遣胡烈等追维。维至郪，得汉主敕命，乃令兵悉放仗，送节传于胡烈，自从东道与廖化、张翼、董厥等同诣会降。将士咸怒，拔刀砍石。于是，诸郡县围守皆被汉主敕罢兵降。钟会厚待姜维等，皆权还其印绶节盖。

【译文】 姜维等只是听到诸葛瞻吃了败仗，但是还不知道汉后主刘禅的去向，于是率军向东进入巴中。钟会进军到涪县，派遣胡烈等人追击姜维。姜维到达郪县后，收到汉后主刘禅让他投降的命令，于是命令士卒都放下武器，送符节给胡烈乞求投降，自己从东边和廖化、张翼、董厥等同向钟会投降。蜀汉的将士都感到很愤怒，气得挥刀砍石。这时各郡县郡守都接到汉后主刘禅的命令罢兵投降。钟会对姜维等人很厚待，暂且交还了他们的印绶符节。

【乾隆御批】 北地王慷慨捐躯，凛凛有生气。刘禅犁牛，固不足论；姜维以下诸将士平日咸以恢复自命，乃俱闻风而靡，无复具人心者，不啻谯周鬻国，罪不容诛矣。

【译文】 北地王刘谌慷慨献身，令人敬畏而又充满活力。刘禅笨得像头牛，本来不值得评论。姜维以下的各将士平时都以恢复作为自己的使命，却都听到消息就倒了，不再具有人心的人，如同谯周卖国，罪不容杀。

吴人闻蜀已亡，乃罢丁奉等兵。吴中书丞吴郡华覈诣宫门上表曰："伏闻成都不守，臣主播越，社稷倾覆，失委附之土，弃贡献之国，臣以草芥，窃怀不宁，陛下圣仁，恩泽远抚，卒闻如此，必垂哀悼。臣不胜忡怅之情，谨拜表以闻！"

魏之伐蜀也，吴人或谓襄阳张悌曰："司马氏得政以来，大难屡作，百姓未服，今又劳力远征，败于不暇，何以能克！"悌曰："不然。曹操虽功盖中夏，民畏其威而不怀其德也。丕、叡承之，刑繁役重，东西驱驰，无有宁岁。司马懿父子累有大功，除其烦苛而布其平惠，为之谋主而救其疾苦，民心归之亦已久矣。故淮南三叛，而腹心不扰；曹髦之死，四方不动。任贤使能，各尽其心，其本根固矣，奸计立矣。今蜀阉宦专朝，国无政令，而玩戎黩武，民劳卒敝，竞于外利，不修守备。彼强弱不同，智算亦胜，因危而伐，殆无不克。噫！彼之得志，我之忧也。"吴人笑其言，至是乃服。

【译文】吴国人听说蜀汉已经灭亡，于是下令让丁奉停止进兵。吴国中书丞吴郡的华覈亲自来到宫门上奏章说："臣听说成都已经失守，蜀国的臣属开始迁徙，国家颠覆，他们失去了可以依附的土地，丢掉了可以为之做贡献的国家。臣虽然只是一个无足轻重的草芥之人，但是听到此事心中颇不安宁，陛下您是圣明的君主，恩泽遍布各地，突然听到蜀汉灭亡的事，一定会感到非常悲哀。臣承受不了这忧伤的感情，谨以此奏章，恭敬地上表讲给您听！"

魏国要讨伐蜀汉的时候，有吴国人告诉襄阳的张悌说："自从司马昭父兄掌管魏国大政以来，国家屡次发生大乱，先后有王凌、毌丘俭、诸葛诞等举兵叛乱，百姓心中多有不平，现在又劳民伤财地发动远征，他会败于没时间休整，怎会取胜？"张悌说："事实并不是大家说的那样。曹操虽然功盖天下，但是老百姓是怕他的威严，却并不感念他的恩德。后来曹丕、曹叡继承国家，刑罚繁多，兵役劳役繁重，不是西边出兵，就是东边征战，老百姓几乎没有一年是安稳的。司马懿父子屡次有大功，废除了百姓的烦琐苛政，给人民带来很大的恩惠，他们的政策为众民着想，不断解决百姓的疾苦，民心归附他们已经很久了。所以就算淮南发生了三次叛变，朝堂上却没有一点混乱。曹髦那次发动宫变，最后以死告终，其他地方也没有受到牵连而不安。能任贤使能，使他们各尽自己的能力，国家的根基早就稳固了。现在蜀汉阉宦专政，国家政令不利于长远发展，将军们玩弄兵权，不断出兵作战，使百姓苦不堪言，将士疲惫不堪，国家期望向外扩张，对内却不加强防卫。魏蜀两国实力强弱悬殊，魏国人以智谋取胜，乘蜀之危出兵讨伐，怎么会不打胜仗呢？唉！司马氏掌权以后，我国的情况就很令人担忧了。"起初吴国人都笑话张悌说的话，但是等到魏国取胜后，大家心中才信服。

吴人以武陵五溪夷与蜀接界，蜀亡，惧其叛乱，乃以越骑校尉钟离牧领武陵太守。魏已遣汉葭县长郭纯试守武陵太守，率涪陵民入迁陵界，屯于赤沙，诱动诸夷进攻酉阳，郡中震惧。牧问朝吏曰："西蜀倾覆，边境见侵，何以御之？"皆对曰："今二县山险，诸夷阻兵，不可以军惊扰，惊扰则诸夷盘结；宜以渐安，可遣恩信吏宣教慰劳。"牧曰："不然。外境内侵，诳诱人民，当及其根柢未深而扑取之，此救火贵速之势也。"敕外趣严。抚夷将军高尚谓牧曰："昔渊太常督兵五万，然后讨五溪夷。是时刘氏连和，诸夷率化。今既无往日之援，而郭纯已据迁陵，而明府欲以三千兵深入，尚未见其利也。"牧曰："非常之事，何得循旧！"即率所领晨夜进道，缘山险行垂二千里，斩恶民怀异心者魁帅百馀人，及其支党凡千馀级。纯等散走，五溪皆平。

【译文】 吴国人认为武陵五溪夷和蜀国接界，蜀国灭亡后，害怕五溪夷人发动叛乱，于是派越骑校尉钟离牧任武陵太守。魏国已派遣汉葭县长郭纯试任武陵太守，郭纯率领涪陵郡的人民进入武陵郡的迁陵县界，屯兵驻扎在赤沙，引诱南方少数民族进攻酉阳，武陵郡的人因此震惊恐惧。钟离牧问朝吏说："西蜀已经灭亡，现在边境也遭到侵犯，我们应该采取怎样的防守措施呢？"众人回答："这两个县山高险峻，各少数民族的兵力又都据守在险要地段，千万不能用军队去惊扰他们。如果去扰乱，诸夷将联合起来抵抗。应该让他们逐渐安定下来，然后派遣对他们有恩信的官吏去教化慰问他们。"钟离牧说："不是这样的。境外的人向内入侵，欺骗引诱当地人民，应当趁根底不深的时候消灭他们，这就是救火贵在快速啊！"于是命令军队赶快准备作战事宜，以便随时发动进攻。抚夷将军高尚对钟离牧说："以前太常潘濬率兵五万，才决定讨伐五溪夷。当时他与蜀汉关系和睦，诸夷接受教化。现在既然没有以前那样的支援，而且郭纯已经占据了武陵，而先生只想用三千多兵力，深入敌境，这看不出有胜算啊。"钟离牧说："不一样的事，为什么要遵循旧例呢！"随即率领所属部队，昼夜兼程，沿山间险路行走将近两千里，杀掉为非作歹的人和有二心的领袖一百多人，以及他们的党羽一千余人。郭纯等人四散逃走，终于平定了五溪地区。

【申涵煜评】 蜀之役，邓直而钟曲；吴之役，濬直而浑曲。然二王所争者，不过功次高下，钟便欲为李特、王建之事，罪莫可逭矣。邓有功而亦被害，岂三汉神灵有所假手欤？皆不出辛宪英所料，异甚！

【译文】 伐蜀的战争，邓艾是正义的，而钟会不是正义的。在伐吴的战争中，司马濬是正义的，而司马浑不是正义的。然而二王相争，不过是分个高低，钟会想要为李特、王建做事，罪行不能饶恕。邓艾有功却被杀了，岂不是汉朝的神灵借他之手来成事吗？这一切都没有出乎辛宪英的预料，令人惊异！

十二月，庚戌，以司徒郑冲为太保。

壬子，分益州为梁州。

癸丑，特赦益州士民，复除租税之半五年。

乙卯，以邓艾为太尉，增邑二万户；钟会为司徒，增邑万户。

皇太后郭氏殂。

【译文】十二月，庚戌日（十九日），魏元帝曹奂任命司徒郑冲做太保。

壬子日（二十一日），魏元帝曹奂把益州改为梁州。

癸丑日（二十二日），魏元帝曹奂特赦益州的士民，并下令在五年内免除一半租税。

乙卯日（二十四日），魏元帝曹奂任命邓艾为太尉，增加食邑两万户；任命钟会为司徒，增加食邑万户。

皇太后郭氏去世。

邓艾在成都，颇自矜伐，谓蜀士大夫曰："诸君赖遭艾，故得有今日耳。如遇吴汉之徒，已殄灭矣。"艾以书言于晋公昭曰："兵有先声而后实者，今因平蜀之势以乘吴，吴人震恐，席卷之时也。然大举之后，将士疲劳，不可使用，且徐缓之。留陇右兵二万人、蜀兵二万人，煮盐兴冶，为军农要用，并作舟船，豫为顺流之事。然后发使告以利害，吴必归化，可不征而定也。今宜厚刘禅以致孙休，封禅为扶风王，锡其资财，供其左右。郡有董卓坞，为之宫舍，爵其子为公侯，食郡内县，以显归命之宠；开广陵、城阳以待吴人，则畏威怀德，望风而从矣！"昭使监军卫瓘谕艾："事当须报，不宜辄行。"艾重言曰："衔命征行，奉指授之策，元恶既服，至于承制拜假，以安初附，谓合权宜。今蜀举众归命，地尽南海，东接吴、会，宜早镇定。若待国命，往复道途，延引日月。《春秋》之义，'大夫出疆，有可以安社稷、利国家，专之可也。'今吴未宾，势与蜀连，不可拘常，以失事机。《兵法》：'进不求名，退不避罪。'艾虽无古人之节，终不自嫌以损国家计也！"

【译文】邓艾在成都，颇为自命不凡，他对蜀地的士大夫们说："你们多亏遇到我邓艾，才能有今天啊，如果遇到像吴汉那样的人，不是被流放到其他地方，就是被杀死了。"邓艾写书信告诉晋公司马昭说："用兵有先声夺人之势，而后继续施加实力的情形，现在乘平定蜀国的威势仍在，趁机去攻打吴国，吴国人一定惶恐，这是一举攻灭吴国的大好时机。话虽这么说，但是经过一场大战争之后，将士们都很疲劳，不可以立即用兵，应该稍缓一缓再攻打吴国。我想留下陇右两万兵力，蜀兵两万兵力，平时让他们煮盐炼钢，制作军民生活用品。并且让他们制造舟船，准备顺流而下攻击吴国。然后派使者到吴国，说明情势的利害，吴国必定会归顺我们，这样不用征战，就可以把吴国平定了。现在我们可以厚待刘禅，以招引孙休投诚，可以先封刘禅为扶风王，赏赐给他一些钱财，并派人服侍他。扶风郡内有一座董卓坞，可以当作他的宫舍，然后封他的儿子做公侯，享受扶风郡内一县的俸禄，以显示他归顺得到厚待。再开放广陵、城阳以优待吴人，那么吴人将敬畏我们的威严，感激我们的恩德，就会闻势而顺从了！"司马昭派监军卫瓘告诉邓艾说："你无论做什么事都应先向朝廷报告，不可擅作主张。"邓艾严厉地说："我奉皇命征伐，一向遵照指示计划，现在元凶已经服顺，至于按照前人的做法，对降者授拜官职，以安抚刚刚归附之人，我认为这是合乎时宜的。现在蜀地已经全部归顺，国土几乎南至南海，东接吴、会，我认为应该早些安定下来。如果等待皇帝的命令，往返路途遥远，会延误很长时间。《春秋·公羊传》有这样的话：'大夫出征到边疆，只要能安定百姓，有利国家，就可以全权执行。'现在吴国还没攻下，他们的领土和蜀相连，如果照常规去做，那样会失去先机。《兵法》上说：'做将军的责任，不可以不明察秋毫，进不为求名声，退也不是避罪，只有以人格为保证。'我邓艾虽然不能像古人那样守节，但也不会让国家蒙受损失！"

钟会内有异志，姜维知之，欲构成扰乱，乃说会曰："闻君自淮南已来，算无遗策，晋道克昌，皆君之力。今复定蜀，威德振世，民高其功，主畏其谋，欲以此安归乎！何不法陶朱公泛舟绝迹，全功保身邪！"会曰："君言远矣，我不能行。且为今之道，或未尽于此也。"维曰："其他则君智力之所能，无烦于老夫矣。"由是情好欢甚，出则同舆，坐则同席。会因邓艾承制专事，乃与卫瓘密白艾有反状。会善效人书，于剑阁要艾章表、白事，皆易其言，令辞指悖傲，多自矜伐；又毁晋公昭报书，手作以疑之。

【译文】钟会怀有异心，姜维已经看出来了，于是想设计让他打乱计划，就和钟会说："听说将军自淮南以来，行事从没有差错，晋公的德行能够发扬，这都是将军的功劳。现在又平定了蜀地，威严震惊世界，民众都颂扬您的功高，主上也害怕你的谋略，在这样的情势下，您要如何自处呢？为什么不效仿陶朱公泛舟绝迹，来保全自己的生命呢！"钟会说："你考虑得太远了，我不能实行。而且就目前的情形看来，结果未必是你说的那样。"

姜维说："其他方面以你的智谋来说一定能考虑到，就不必我多说了。"由于姜维这次推心置腹的建议，两人情感变得非常密切，二人出则同车，入则同起同坐。因为邓艾像前人那样专权处理蜀人投降事宜，于是钟会向卫瓘密告说邓艾有反叛的迹象。钟会善于模仿别人的字迹，在剑阁强行要走邓艾使者送来的章表和给晋公的信，私自改写里面的语句，把词句写得都很傲慢，其间又有很多自夸的话；同时又撕毁晋公司马昭的回信，亲手伪造书信使邓艾遭受怀疑。

元皇帝下

咸熙元年（甲申，公元二六四年）春，正月，壬辰，诏以槛车征邓艾。晋公昭恐艾不从命，敕钟会进军成都，又遣贾充将兵入斜谷。昭自将大军从帝幸长安，以诸王公皆在邺，乃以山涛为行军司马，镇邺。

【译文】咸熙元年（甲申，公元264年）五月，改年号为咸熙。春季，正月，壬辰日（正月无此日），魏元帝曹奂下诏书，用牢车把邓艾带回。晋公司马昭担心邓艾不从命，于是特别命令钟会进兵成都，又派贾充率兵驻扎在斜谷。司马昭亲自率大军随从魏元帝曹奂到达长安，因为诸王公都留在邺郡，就任命山涛为行军司马，镇守邺郡。

初，钟会以才能见任，昭夫人王氏言于昭曰："会见利忘义，好为事端，宠过必乱，不可大任。"及会将伐汉，西曹属邵悌言于晋公曰："今遣钟会率十万馀众伐蜀，愚谓令单身无任，不若使馀人行也。"晋公笑曰："我宁不知此邪！蜀数为边寇，师老民疲，我今伐之，如指掌耳，而众方蜀不可伐。夫人心豫怯则智勇并竭，智勇并竭而强使之，适所以为敌禽耳。惟钟会与人意同，今遣会伐蜀，蜀必可灭。灭蜀之后，就如卿虑，何忧其不能办邪？夫蜀已破亡，遗民震恐，不足与共图事；中国将士各自思归，不肯与同也。会若作恶，只自灭族耳。卿不须忧此，慎勿使人闻也！”及晋公将之长安，俤复曰：“钟会所统兵五六倍于邓艾，但可敕会取艾，不须自行。”晋公曰：“卿忘前言邪，而云不须行乎？虽然，所言不可宣也。我要自当以信意待人，但人不当负我耳，我岂可先人生心哉！近日贾护军问我：‘颇疑钟会不？’我答言：‘如今遣卿行，宁可复疑卿邪？’贾亦无以易我语也。我到长安，则自了矣。”

【译文】起初，钟会因为有才能被重用，司马昭的夫人王氏对司马昭说：“钟会这个人见利忘义，好兴事端，如果太重用他，一定会叛乱，千万不能让他担当重任！”等到钟会将要率兵讨伐蜀汉时，西曹臣属邵俤对晋公司马昭说：“现在派遣钟会率十万大军伐蜀，我认为钟会单身一人没有家属可以作为人质，还是让其他人去统率大军好些！”晋公司马昭笑着说：“难道我不知道这件事吗？蜀军多次进犯，军队倦怠，百姓也疲惫了，我现在派兵攻伐蜀汉，要取得成功易如反掌！然而众人都说不可伐蜀。这是因为人心犹豫不决，内心恐惧，智勇衰竭，如果那些将领智勇都衰竭了，却还强行让他们率兵作战，这等于是送他们去受擒。只有钟会和我的意见相同，现在派钟会去攻打蜀汉，蜀汉一定会灭亡。等灭掉蜀汉后，就算先生担忧的事会发生，难道会担心没办法处理吗？蜀汉灭亡后，当地的遗民都感到非常震惊，不愿意和钟会共同图谋国事。中原派去的将士，都渴望回归故乡，也不肯和他共同谋事，钟会如果作乱，那就是自取灭亡。先生不用担心此事，但要谨慎一些，不能让别人知道！”等到晋公司马昭打算回长安时，邵俤再一次对晋公说：“钟会所统率的军队，是邓艾的五六倍之多，只要命令钟会去进攻邓艾就可以了，您没必要亲率大兵前往。"晋公司马昭说："先生忘记你以前向我建议的事情了吗？你说我不必前行是吗？虽然是这样，但是我们所说的话不能宣扬出去呀！我要以信义待人，但是别人也不应当辜负我，我哪里能做让人疑心的事呢？这几天护军贾充问我：'您很怀疑钟会吗？'我回答他：'现在派遣将军去做护军，难道我可以怀疑将军吗？'贾充也不能不同意我的话。等我到达长安，自会了断此事。"

钟会遣卫瓘先至成都收邓艾，会以瓘兵少，欲令艾杀瓘，因以为艾罪。瓘知其意，然不可得距，乃夜至成都，檄艾所统诸将，称："奉诏收艾，其馀一无所问；若来赴官军，爵赏如先；敢有不出，诛及三族！"比至鸡鸣，悉来赴瓘，唯艾帐内在焉。平旦，开门，瓘乘使者车，径入至艾所居；艾尚卧未起，遂执艾父子，置艾于槛车。诸将图欲劫艾，整仗趣瓘营；瓘轻出迎之，伪作表草，将申明艾事，诸将信之而止。

【译文】 钟会派卫瓘先去成都拘捕邓艾，钟会认为卫瓘的兵力弱，可以先假借邓艾的手杀死卫瓘，再借此怪罪邓艾。卫瓘看出钟会想要陷害自己，但没法拒绝，于是利用夜色赶到成都，檄召邓艾所统率部队的将领，告诉他们说："我奉诏来捉拿邓艾，其他人一概不追究。各位要协助朝廷派来的人，等成功捉拿邓艾后都可以加官晋爵；如果有退却的人，那就等着被诛灭三族吧！"等到雄鸡啼叫天快亮时，那些将领都来归附卫瓘，只有邓艾营帐内的人还不知情。天一亮，就有人打开军营的门，卫瓘乘使者车，直接来到邓艾所住的营帐；这时邓艾还高卧未起，于是把邓艾父子绑起来，把邓艾关进槛车内。那些将领想要劫持邓艾换取功劳，就拿起兵器奔赴卫瓘的营帐；卫瓘轻装出迎，假造了一张书表，上面申明邓艾并没反心，将要请皇帝处理，众将信以为真，这才停止劫持邓艾。

丙子，会至成都，送艾赴京师。会所惮惟艾，艾父子既禽，会独统大众，威震西土，遂决意谋反。会欲使姜维将五万人出斜谷为前驱，会自将大众随其后，既至长安，令骑士从陆道，步兵从水道，顺流浮渭入河，以为五日可到孟津，与骑兵会洛阳，一旦天下可定也。会得晋公书云："恐邓艾或不就征，今遣中护军贾充将步骑万人径入斜谷，屯乐城，吾自将十万屯长安，相见在近。"会得书惊，呼所亲语之曰："但取邓艾，相国知我独办之；今来大重，必觉我异矣，便当速发。事成，可得天下；不成，退保蜀、汉，不失作刘备也！"丁丑，会番请护军、郡守、牙门骑督以上及蜀之故官，为太后发哀于蜀朝堂，矫太后遗诏，使会起兵废司马昭，皆班示坐上人，使下议讫，书版署置，更使所亲信代领诸军；所请群官，番闭著益州诸曹屋中，城门宫门皆闭，严兵围守。卫瓘诈称疾笃，出就外廨。会信之，无所复惮。

【译文】 丙子日（十五日），钟会到达成都，立即把邓艾押送到京师。钟会所怕的只有邓艾，等邓艾父子被擒后，钟会就独揽统帅大权，威声震慑四方，于是决定要谋反。钟会想让姜维率兵五万，从斜谷出兵为前锋，自己亲率大军跟随在姜维后边。等到长安后，钟会就命令骑兵从陆路前进，步兵从水路顺流而下，从渭水入黄河，预计只需五天就能到达孟津，然后和骑兵相会于洛阳，这样不久之后就可以平定天下了。然而没想到钟会收到晋公司马昭的信说："我担心邓艾会不接受征召，就派遣护军贾充率领步骑一万人，直接进入斜谷，屯兵驻扎在乐城，我将亲率十万大军屯驻在长安，相见的日子指日可待了。"钟会看完这封信后，大吃一惊，立即把自己的亲信召集到跟前说："要攻打邓艾，晋公明知我一个人就能办到，但是现在他统率大兵而来，必定知道我的谋划了，我们应该改变计划趁早动手。事情如果成功，那么就可以一统天下；如果事情不成功，也可以退居蜀汉，做另外一个刘备！"丁丑日（十六日），钟会把护军、郡守、牙门骑督以上以及蜀汉时旧有的官员，都召集起来，在蜀汉朝廷上为郭太后表示哀悼，并假造太后遗诏，派钟会起兵废掉司马昭，把遗诏颁发给在场的所有官员，让大家讨论完后，书写任命书，又派自己的亲信带领各军；把请来的群吏，关在益州各官署的房间里，城门宫门都紧闭起来，派兵严密把守。卫瓘诈称自己病重，要到外边去休养。钟会很信任他，对他也无所忌惮。

姜维欲使会尽杀北来诸将，己因杀会，尽坑魏兵，复立汉主，密书与刘禅曰："愿陛下忍数日之辱，臣欲使社稷危而复安，日月幽而复明。"会欲从维言诛诸将，犹豫未决。

【译文】姜维想让钟会杀掉从北方来的将领，自己再借机杀掉钟会，然后把魏国士兵都活埋掉，重立汉主，他秘密写信给刘禅说："希望皇帝再忍受几天亡国的羞辱吧！臣想要使国家复兴起来，一定能使蜀汉像日月一样绽放光芒。"钟会既想接受姜维的建议，把北来的将领杀光，但心里又犹豫不决，一时无从决定。

会帐下督丘建本属胡烈，会爱信之。建愍烈独坐，启会，使听内一亲兵出取饮食，诸牙门随例各内一人。烈绐语亲兵及疏与其子渊曰："丘建密说消息，会已作大坑，白棓数千，欲悉呼外兵入，人赐白帢，拜散将，以次棓杀，内坑中。"诸牙门亲兵亦咸说此语，一夜，转相告，皆遍。己卯，日中，胡渊率其父兵雷鼓出门，诸军不期皆鼓噪而出，曾无督促之者，而争先赴城。时会方给姜维铠仗，白外有匈匈声，似失火者，有顷，白兵走向城。会惊，谓维曰："兵来似欲作恶，当云何？"维曰："但当击之耳！"会遣兵悉杀所闭诸牙门郡守，内人共举机以拄门，兵斫门，不能破。斯须，城外倚梯登城，或烧城屋，蚁附乱进，矢下如雨，牙门郡守各缘屋出，与其军士相得。姜维率会左右战，手杀五六人，众格斩维，争前杀会。会将士死者数百人，杀汉太子璿及姜维妻子，军众钞略，死丧狼藉。卫瓘部分诸将，数日乃定。

【译文】钟会的帐下督丘建，原是胡烈的部下，钟会很喜欢并信任他。丘建很怜惜胡烈也被关在营里，于是向钟会建议，那些被关起来的人，可以每人派一个亲兵为他们来回送一日三餐，各牙门将也依例各派一人。胡烈胡编一番话对自己的亲信士兵和儿子说："丘建带来秘密的消息，钟会打算把关在里面的人都杀死埋掉，他已经命人挖了一个大坑，准备了几千根白木棒，想把外面的士兵都召集进来，给每人准备一项白（形状像弁，缺四角），任命他们为散将，依次击杀诸将，然后扔在那个大坑里。"各牙门将的亲兵之间都有这样的传言，一夜之间，辗转相告，军营里到处都传遍了。己卯日（十八日），中午，胡渊率领父亲胡烈的军队擂鼓而出，之后各将领也都不约而同地擂鼓呐喊而出，这时没有任何人阻拦，于是这些人就都争先冲出城去。此时，钟会正给姜维发放兵器，有人报告说外边有大声喧哗的声音，像是着了火一样。不一会儿，又有人报告说外边的士兵向他们的城奔来。钟会大吃一惊，马上对姜维说："这么多士兵到来，一定是犯上作乱，我们该怎么办？"姜维说："应当攻击他们！"钟会派人把关起来的那些牙门将、郡守全部杀死，被关在屋内的人用桌椅把门顶起来，外边兵士无法破门而入。不久，城外的人利用云梯登上城墙，有人把城内的房子点燃，人们像蚂蚁一样涌进城里，箭如雨下，那些牙门将和郡守都沿着墙逃出来，与外边的士兵会合。姜维率领与钟会亲近的左右之人出战，亲手杀死五六人，大家蜂拥而上把姜维杀死，然后又把钟会杀掉。钟会手下的将士伤亡几百人，蜀汉太子刘璿以及姜维的妻子儿女也都被乱军杀死，军队之间互相砍杀，死伤遍地，一片狼藉。卫瓘把各将领加以整顿，动乱过了几天才安定下来。

邓艾本营将士追出艾于槛车，迎还。卫瓘自以与会共陷艾，恐其为变，乃遣护军田续等将兵袭艾，遇于绵竹西，斩艾父子。艾之入江油也，田续不进，艾欲斩续，既而舍之。及瓘遣续，谓曰："可以报江油之辱矣。"镇西长史杜预言于众曰："伯玉其不免乎？身为名士，位望已高，既无德音，又不御下以正，将何以堪其责乎！"瓘闻之，不候驾而谢预。预，恕之子也。邓艾馀子在洛阳者悉伏诛。徙其妻及孙于西城。

【译文】邓艾军营的将士，把关押邓艾的牢车追回。卫瓘认为自己与钟会合谋陷害邓艾，恐怕以后形势对己不利，于是派护军田续等带领兵士去伏击邓艾，双方在绵竹西面相遇，田续等人杀了邓艾父子。以前邓艾进入江油时，田续不听命前进，邓艾想杀掉田续，但后来又放了他。卫瓘派遣田续时，就告诉他："你可以为江油那次的羞辱报仇了！"镇西长史杜预对大家说："伯玉先生恐怕躲不过灾祸了！身为有名之士，声望已高，但是既不具备充满美德的言语，又不能用正道统御下属，将来怎么担当这重任呢？"卫瓘听到这话，没等马车来到，就赶紧去向杜预赔罪。杜预，是杜恕的儿子。邓艾在洛阳的其他儿子都被诛杀，他的妻子和孙子被迁往西城。

钟会兄毓尝密言于晋公曰："会挟术难保，不可专任。"及会反，毓已卒，晋公思钟繇之勋与毓之贤，特原毓子峻、辿，官爵如故。会功曹向雄收葬会尸，晋公召而责之曰："往者王经之死，卿哭于东市而我不问；钟会躬为叛逆，又辄收葬，若复相容，当如王法何！"雄曰："昔先王掩骼埋胔，仁流朽骨，当时岂先卜其功罪而后收葬哉！今王诛既加，于法已备；雄感义收葬，教亦无阙。法立于上，教弘于下，以此训物，不亦可乎？何必使雄背死违生，以立于世！明公雠怼枯骨，捐之中野，岂仁贤之度哉！"晋公悦，与宴谈而遣之。

【译文】钟会的哥哥钟毓曾私下告诉司马昭说："钟会心怀诡诈，很难忠诚，不能给他重任。"钟会造反时，钟毓已经逝世了，晋公司马昭怀念钟繇的功劳与钟毓的贤能，于是特赦钟毓的儿子钟峻、钟辿，官爵依旧。钟会的功曹向雄为钟会收敛遗体，晋公司马昭责备他说："以前王经被杀时，你跑到刑场痛哭，我没有责怪你。现在钟会叛国，你又来替他收葬，我如果再容忍你，哪里还有王法？"向雄说："以前先王掩埋遗骨腐尸，那是对朽骨的仁心，难道当时还会算算他们的功过才做吗？现在皇帝已经把他诛杀，在法律上说也已结束，我认为在义理上可以为他收葬，这对教化没有害处。上级订立法规，下级弘扬教化，以这样的事例去教化人，不也可以吗？何必让我贪生怕死地活在这世上呢？明公对那一堆枯骨仇恨，把它丢在荒野，这难道是仁人贤士的气度吗？"晋公司马昭听完这话很高兴，就请向雄宴饮，然后放他走了。

二月，丙辰，车驾还洛阳。

庚申，葬明元皇后。

初，刘禅使巴东太守襄阳罗宪将兵二千人守永安，闻成都败，吏民惊扰，宪斩称成都乱者一人，百姓乃定。及得禅手敕，乃帅所统临于都亭三日。吴闻蜀败，起兵西上，外托救援，内欲袭宪。宪曰："本朝倾覆，吴为唇齿，不恤我难而背盟徼利，不义甚矣。且汉已亡，吴何得久？我宁能为吴降虏乎！"保城缮甲，告誓将士，厉以节义，莫不愤激。吴人闻钟、邓败，百城无主，有兼蜀之志，而巴东固守，兵不得过，乃使抚军步协率众而西。宪力弱不能御，遣参军杨宗突围北出，告急于安东将军陈骞，又送文武印绶、任子诣晋公。协攻永安，宪与战，大破之。吴主怒，复遣镇军陆抗等帅众三万人增宪之围。

【译文】二月，丙辰日（二十六日），魏帝的车驾回到洛阳。

庚申日（二十日），明元皇后下葬。

起初，刘禅派巴东太守襄阳人罗宪率兵两千多人驻守永安，后来听说成都沦陷，军民混乱不堪，罗宪立即杀死一个说成都乱了的人，百姓这才安定下来。等接到刘禅手谕，罗率就率兵到都亭观察了三天。吴国听到蜀汉兵败，于是发兵西上，借口救援蜀汉，实际上是想偷袭罗宪。罗宪说："我们失败了，吴国与我们本是唇齿之邦，现在不来援救，反而违背盟约，坐收渔翁之利，实在是不仁义。现在蜀汉已经灭亡，吴国怎么可能会久存呢？我会向吴国投降吗？"于是坚守城池，准备作战工具，告诫全军将士，鼓励大家遵守节义，将士们群情激昂。吴国人听说钟会、邓艾失败，很多城池不安定没有领袖，于是就有了兼并蜀汉之心，但是巴东守卫牢固，兵士无法通过，于是派抚军步协率兵向西攻击。罗宪兵力薄弱，无法抵抗，就派参军杨宗从北突围，向安东将军陈骞请求救援，并把文武印绶、人质送给晋公司马昭。步协进攻永安，罗宪与吴军大战，吴军败北。吴主很是愤怒，又派镇军陆抗等人率大军三万多人去围攻罗宪。

三月，丁丑，以司空王祥为太尉，征北将军何曾为司徒，左仆射荀顗为司空。

己卯，进晋公爵为王，增封十郡。王祥、何曾、荀顗共诣晋王，顗谓祥曰："相王尊重，何侯与一朝之臣皆已尽敬，今日便当相率而拜。无所疑也。"祥曰："相国虽尊，要是魏之宰相，吾等魏之三公，王、公相去一阶而已，安有天子三公可辄拜人者！损魏朝之望，亏晋王之德，君子爱人以礼，我不为也。"及入，顗遂拜，而祥独长揖。王谓祥曰："今日然后知君见顾之重也！"

【译文】三月，丁丑日（十七日），任命司空王祥为太尉，征北将军何曾为司徒，左仆射荀顗为司空。

己卯日（十九日），加封晋公爵位为王，增加封地十郡（加上以前的十郡，一共有二十郡）。王祥、何曾、荀顗一起去拜见晋王，荀顗对王祥说："相王的身份尊贵，何曾与一朝之臣都尊敬他，今天拜见他，自然要一起下跪，不能有疑问啊！"王祥说："相国虽然尊贵，但也不过是魏国的宰相而已，我们也位列魏国的三公啊；王、公只不过相差一阶而已，哪有天子的三公随便跪拜别人呢？这样做有损魏朝的声望，也愧对晋王的仁德，君子敬爱人要合乎礼仪，我不能做不合礼的事！"等进入晋王府，荀顗就跪拜，只有王祥单独作了长揖但不跪拜。晋王对王祥说："直到今天才知道先生对我的尊重啊！"

刘禅举家东迁洛阳，时扰攘仓卒，禅之大臣无从行者，惟秘书令郤正及殿中督汝南张通舍妻子单身随禅，禅赖正相导宜适，举动无阙，乃慨然叹息，恨知正之晚。

初，汉建宁太守霍弋都督南中，闻魏兵至，欲赴成都，刘禅以备敌既定，不听。成都不守，弋素服大临三日。诸将咸劝弋宜速降，弋曰："今道路隔塞，未详主之安危，去就大故，不可苟也。若魏以礼遇主上，则保境而降不晚也。若万一危辱，吾将以死拒之，何论迟速邪！"得禅东迁之问，始率六郡将守上表曰："臣闻人生于三，事之如一，惟难所在，则致其命。今臣国败主附，守死无所，是以委质，不敢有贰。"晋王善之，拜南中都尉，委以本任。

【译文】 刘禅全家向东迁到洛阳，当时吵吵嚷嚷，时间又很仓促，刘禅的大臣没有随行，只有秘书令郤正和殿中督汝南人张通舍弃妻子儿女独自跟随刘禅，刘禅靠着郤正的引导，一路都很顺利，沿途没有什么匮乏，于是他慨然叹息，后悔太晚明白郤正的忠诚了。

起初蜀汉建宁太守霍弋都督南中，听到魏兵到了，想要赶紧到成都防守，但是刘禅认为成都的防卫做得很好，没有听霍弋的建议。等到成都沦陷，霍弋身穿素服登高眺望成都三天。各位将领建议霍弋，应该赶紧投降。霍弋说："现在道路阻隔，没办法知道主上的安危，投不投降，这是件大事，我不能随意下决定呀！如果魏国对待主上很好，那我们再全境投降也不晚啊！万一主上受到魏国的侮辱或者遇到危难，我打算以死抵抗，到时还谈什么早晚呢！"后来听闻刘禅东迁后还很安然，这才率六郡的将士、郡守上表说："臣听说人之所以生存在世间，是因为有三方面（父、母、君）的因素，而侍奉他们的道理，却是一样的。三者遭难，一定要牺牲生命。现在臣的国家灭亡，主上投降，我如果再舍弃生命也没有理由了，因此愿意投诚，不敢再有二心。"晋王司马昭知道此事，很称赞霍弋的忠诚，任命他为南中都尉，仍在原来的地方任职。

丁亥，封刘禅为安乐公，子孙及群臣封侯者五十馀人。晋王与禅宴，为之作故蜀伎，旁人皆为之感怆，而禅喜笑自若。王谓贾充曰："人之无情，乃至于是！虽使诸葛亮在，不能辅之久全，况姜维邪！"他日，王问禅曰："颇思蜀否？"禅曰："此间乐，不思蜀也。"郤正闻之，谓禅曰："若王后问，宜泣而答曰：'先人坟墓，远在岷、蜀，乃心西悲，无日不思。'"因闭其目。"会王复问，祥对如前，王曰："何乃似郤正语邪！"禅惊视曰："诚如尊命。"左右皆笑。

夏，四月，新附督王稚浮海入吴句章，略其长吏及男女二百馀口而还。

【译文】丁亥日（二十七日），魏国封刘禅为安乐公，他的子孙和群臣被封侯的有五十多人。晋王司马昭和刘禅吃饭喝酒，让他观看蜀地的舞乐，其他人看到都很伤心，可是刘禅却谈笑如常。之后晋王和贾充说："刘禅对蜀汉无情，竟然到了如此的地步；看来就算是诸葛亮在世，也不能辅佐他太久，何况就凭姜维的才能呢！"又有一天，晋王问刘禅："是不是很想念蜀国呢？"刘禅说："我在这里很快乐，不想念蜀地了。"郤正听说这些事，就对刘禅说："以后晋王再问主上这些话，应该边掉眼泪边说：'我祖先的坟墓，远在岷、蜀，那是我心里常常想念的地方，没有一日不思念蜀地啊！'然后再闭上眼睛，做出思念的样子。"后来晋王又问刘禅，刘禅就按照郤正教给他的这番话说，晋王说："这些话怎么像郤正说的呢！"刘禅很惊恐地看着晋王说："您说得对，这就是郤正说的！"旁边的人听到都大笑起

84

来。

夏季，四月，新附督王稚由海上进攻吴国句章，掠夺该地长吏以及男女二百余人后返回。

【申涵煜评】不思蜀固是骏语，实隐合全身远祸之道。若如郤正言"坟墓所在，无日不思"，安知不为晋王所忌？且思之欲何为？宁有放归故土之理耶？

【译文】"乐不思蜀"的说法实际上是愚昧的，事实上，这是后主刘禅隐忍保全自身、远离祸端的计策。如果真像郤正教他所说的"先人的坟墓远在蜀地，没有一日不思念的"，怎知道晋公会不会对他有所忌讳？再说就是真思念蜀地又能怎样？难道还能因此将他放回故土不成？

五月，庚申，晋王奏复五等爵，封骑督以上六百馀人。

甲戌，改元。

癸未，追命舞阳文宣侯懿为晋宣王，忠武侯师为景王。

罗宪被攻凡六月，救援不到，城中疾病太半。或说宪弃城走，宪曰："吾为城主，百姓所仰：危不能安，急而弃之，君子不为也，毕命于此矣！"陈骞言于晋王，遣荆州刺史胡烈将步骑二万攻西陵以救宪。秋，七月，吴师退。晋王使宪因仍旧任，加陵江将军，封万年亭侯。

晋王奏使司空荀顗定礼仪，中护军贾充正法律，尚书仆射裴秀议官制，太保郑冲总而裁焉。

【译文】　五月，庚申日（初一），晋王司马昭上奏请求恢复公、侯、伯、子、男五等爵位，封骑督以上官职六百余人。

甲戌日（十五日），改年号为咸熙。

癸未日（二十四日），追加任命舞阳文宣侯司马懿为晋宣王，忠武侯司马师为景王。

罗宪以两千人驻守在永安，苦苦坚持了六个月，救兵依然未到，城中之人大半患病。有人建议罗宪弃城逃走，罗宪说："我是一城之主，是百姓信赖的人；危险来了我没办法给他们安定，紧急的时候，我却抛弃他们独自逃走，这不是君子所为，我至死也要守护此城！"陈骞把这些报告给晋王，晋王司马昭派荆州刺史胡烈率步骑两万多人攻打吴国的西陵，以解救罗宪的危机。秋季，七月，吴国军队撤退。晋王司马昭让罗宪仍然驻守在永安，升为陵江将军，封万年亭侯。

晋王司马昭奏请使司空荀顗制定礼仪，中护军贾充修改法律，尚书仆射裴秀整理官制，太保郑冲总理上列事项并裁定一切。

吴分交州置广州。

吴主寝疾，口不能言，乃手书呼丞相濮阳兴入，令子雺出拜之。休把兴臂，把雺以托之。癸未，吴主殂，谥曰景帝。群臣尊朱皇后为皇太后。

吴人以蜀初亡，交趾携叛，国内恐惧，欲得长君。左典军万彧尝为乌程令，与乌程侯皓相善，称"皓才识明断，长沙桓王之俦也；又加之好学，奉遵法度。"屡言之于丞相兴、左将军布，兴、布说朱太后，欲以皓为嗣。朱后曰："我寡妇人，安知社稷之虑，苟吴国无陨，宗庙有赖，可矣。"于是，遂迎立皓，改元元兴，大赦。

【译文】吴国从交州中分出一部分设置广州。

吴主孙休病重，不能开口说话，就用手书召集丞相濮阳兴入朝，命令儿子孙雺出去拜见他。孙休拉着濮阳兴的手臂，把孙霣托付给他。癸未日（二十四日），吴主孙休去世，谥号为景帝。群臣尊称朱皇后为皇太后。

吴国人认为蜀汉刚刚亡国，交趾又发生叛乱，国内人心惶惶，想要推举一位年纪大的君王来主持朝政。左典军万彧曾做过乌程令，和乌程矦孙皓关系很好，建议道："孙皓的才识善于明断，能和长沙桓王孙策相比，他又是笃信好学之人，遵纪守法。"他多次对丞相濮阳兴、左将军张布说这些话。濮阳兴、张布就对朱太后说，打算册立孙皓为皇帝。朱太后说："我只是一个守寡的妇道人家，哪里会明白国家的忧患呢？如果对吴国没有危害，祖宗的宗庙可以赖以保存，那就可以了。"于是就迎回孙皓，立为吴主，改年号为元兴，大赦天下。

八月，庚寅，命中抚军司马炎副贰相国事。

初，钟会之伐汉也，辛宪英谓其夫之从子羊祜曰："会在事纵恣，非持久处下之道，吾畏其有他志也。"会请其子郎中琇为参军，宪英忧曰："他日吾为国忧，今日难至吾家矣。"琇固请于晋王，王不听。宪英谓琇曰："行矣，戒之，军旅之间，可以济者，其惟仁恕乎！"琇竟以全归。癸巳，诏以琇尝谏会反，赐爵关内侯。

九月，戊午，以司马炎为抚军大将军。

辛未，诏以吕兴为安南将军，都督交州诸军事，以南中监军霍弋遥领交州刺史，得以便宜选用长吏。弋表遣建宁爨谷为交趾太守，率牙门董元、毛炅、孟幹、孟通、爨能、李松、王素等将兵助兴。未至，兴为其功曹李统所杀。

【译文】八月，庚寅日（初三），命令中抚军司马炎协助处理相国事务。

起初，钟会征讨蜀汉时，辛宪英对她夫家堂侄羊祜说："钟会做事恣意妄为，这不是长久处于臣下地位的做法，我怕他有别的想法啊！"钟会请她的儿子郎中羊琇做参军，辛宪英担忧地说："以前我是为国家忧虑，现在我要为自己家忧虑了。"羊琇坚决向晋王请求辞去参军，晋王没有答应。辛宪英对她的儿子羊琇说："你可以去做参军，但是要小心谨慎，军队之中，可以成事的大概只有仁慈和宽恕吧！"羊琇最后终于保全生命而回。魏元帝曹奂下诏书说，因为羊琇曾经建议要防范钟会造反，所以赐爵关内侯。

九月，戊午日（初一），任命司马炎做抚军大将军。

辛未日（十四日），魏元帝曹奂下诏书任命吕兴为安南将军，都督交州各郡军事，任用南中监军霍弋遥领交州刺史，可以利用便利条件选用官吏。霍弋上表请求派遣建宁人爨谷做交趾太守，让他率牙门董元、毛炅、孟幹、孟通、爨能、李松、王素等人带领军队帮助吕兴，这些人还未到达，吕兴就被他的功曹李统杀了。

吴主贬朱太后为景皇后，追谥父和曰文皇帝，尊母何氏为太后。

冬，十月，丁亥，诏以寿春所获吴相国参军事徐绍为散骑常侍，水曹掾孙彧为给事黄门侍郎，以使于吴，其家人在此者悉听自随，不必使还，以开广大信。晋王因政书吴主，谕以祸福。

初，晋王娶王肃之女，生炎及攸，以攸继景王后。攸性孝友，多材艺，清和平允，名闻过于炎。晋王爱之，常曰："天下者，景王之天下也，吾摄居相位，百年之后，大业宜归攸。"炎立发委地，手垂过膝，尝从容问裴秀曰："人有相否？"因以异相示之。秀由是归心。羊琇与炎善，为炎画策，察时政所宜损益，皆令炎豫记之，以备晋王访问。晋王欲以攸为世子，山涛曰："废长立少，违礼不祥。"贾充曰："中抚军有君人之德，不可易也。"何曾、裴秀曰："中抚军聪明神武，有超世之才，人望既茂，天表如此，固非人臣之相也。"晋王由是意定，丙午，立炎为世子。

【译文】吴主孙皓把朱太后贬为景皇后，并追谥自己的父亲孙和为文皇帝，尊称自己的母亲何氏为太后。

冬季，十月，丁亥日（初一），魏元帝曹奂下诏书任用被寿春俘虏的吴国相国参军事徐绍为散骑常侍，水曹掾孙彧为给事黄门侍郎，派他们以使者的身份到吴国去。他们的亲属既可以留在魏国，也可以带回吴国，是否回来，都随自己决定，以此来扩大魏国讲求信义的影响。晋王司马昭因此写信给吴主孙皓，告诉他投降或抵抗会给吴国带来不同的福祸。

起初，晋王娶王肃的女儿为妻，生下司马炎和司马攸，把司马攸过继给景王司马师为后。司马攸恭顺友爱，多才多艺，亲和清静，名声超过他哥哥司马炎，晋王很宠爱他，常说："以后的天下呀，是景王的天下了！我身居相位，等我去世以后，国家大事就要交给司马攸了。"司马炎站立起来，头发长得可以垂地，双手垂放下来，可以超过膝盖，他曾经从容地问裴秀："人的相貌有贵贱之说，这可靠吗？"并把自己的奇特相貌展示给他看，裴秀看出他相貌不凡，于是归附于司马炎。羊琇和司马炎交情很好，常为司马炎谋划事情，观察时政的减损或补益之处，这些事都让司马炎牢记，以备应对晋王的询问。晋王想要立司马攸做世子，山涛说："废掉长子，册立少子，这样做违背礼仪，对国家来说是不祥的征兆。"贾充说："中抚军司马炎有君子的品行，不能被替换。"何曾、裴秀也建议说："中抚军聪慧英武，有卓越的才能，许多人看好他，事实上他确实也是一表人才，绝对不像是做臣子的相貌啊!"晋王听了这些话才下定决心,在丙午日(二十日),册立司马炎为世子。

吴主封太子霅及其三弟皆为王,立妃滕氏为皇后。

初,吴主之立,发优诏,恤士民,开仓廪,振贫乏,科出宫女以配无妻者,禽兽养于苑中者皆放之。当时翕然称为明主。及既得志,粗暴骄盈,多忌讳,好酒色,大小失望,濮阳兴、张布窃悔之。或谮诸吴主,十一月,朔,兴、布入朝,吴主执之,徙于广州,道杀之,夷三族。以后父滕牧为卫将军,录尚书事。牧,胤之族人也。

是岁,罢屯田官。

【译文】 吴主孙皓封太子孙霅和他三个弟弟都做了王,并册立妃子滕氏为皇后。

起初,吴主孙皓即位时,颁布了许多优抚诏书,下令要爱护士民百姓,命人打开粮仓,赈济贫苦之人,把宫里的一部分宫女遣散出去,婚配给那些没有成亲的人,饲养在皇家苑囿的珍禽奇兽,也都放归山林,以减少无益的损耗。当时吴国人都称吴主孙皓是一位贤明的君主。等他志得意满后,就变得粗暴骄傲,犯了很多忌讳,又贪图酒色,让全国上下都大失所望,濮阳兴、张布私下里也感觉很后悔。有小人在吴主孙皓面前说他们两人的坏话,十一月朔日(初一),濮阳兴、张布进宫朝见时,吴主趁机命人把他们抓起来,然后把他们迁徙到广州,但是又下令在半路上把他们杀掉,还诛灭了他们的三族。吴主孙皓任命皇后的父亲滕牧为卫将军,协管尚书事务。滕牧,是滕胤的同族人。

这一年,取消了屯田的官吏。

资治通鉴卷第七十九　晋纪一

起旃蒙作噩，尽玄黓执徐，凡八年。

【译文】 起乙酉（公元265年），止壬辰（公元272年），共八年。

【题解】 本卷记录了晋武帝泰始元年至泰始八年共八年间曹魏、孙吴和西晋等国大事：司马昭死，司马炎篡取魏国政权，成为晋国皇帝；司马炎扫除弊政，使百姓获得生机；司马炎分封司马氏众多亲属为王，为内乱打下伏笔；广汉太守王濬平定益州之乱并成为益州刺史，为伐吴大造舰船；羊祜镇守襄阳，广行善政；陆抗既破杀步阐，讨平西陵，又大破杨肇、羊祜之兵；吴将陶璜平定交趾，使之重归于吴；晋朝立司马衷为太子，贾充嫁女于司马衷；吴主孙皓奢侈无度，不听劝阻；鲜卑头领秃发树机能势力强大，北方少数民族逐渐对晋朝形成威胁。

世祖武皇帝上之上

泰始元年（乙酉，公元二六五年）春，三月，吴主使光禄大夫纪陟、五官中郎将洪璆与徐绍、孙彧偕来报聘。绍行至濡须，有言绍誉中国之美者，吴主怒，追还，杀之。

夏，四月，吴改元甘露。

五月，魏帝加文王殊礼，进王妃曰后，世子曰太子。

91

癸未，大赦。

秋，七月，吴主逼杀景皇后，迁景帝四子于吴；寻又杀其长者二人。

八月，辛卯，文王卒，太子嗣为相国、晋王。

九月，乙未，大赦。

戊子，以魏司徒何曾为晋丞相；癸亥，以票骑将军司马望为司徒。

【译文】 泰始元年（乙酉，公元265年）十二月，司马炎受禅改年号为泰始。春季，三月，吴国君主孙皓派光禄大夫纪陟、五官中郎将洪璆以及徐绍、孙彧等人一同前来答谢晋国的和亲请求。徐绍等人到了濡须，有人进言说徐绍言语间曾赞美中原，吴国君主孙皓一怒之下，派人把他追回来，然后杀了他。

夏季，四月，吴国改年号为甘露。

五月，魏元帝曹奂以特别优厚的礼仪加封晋文王，并进封王妃为皇后，册立世子为太子。

癸未日（三十日），魏元帝曹奂下旨大赦天下。

秋季，七月，吴国君主孙皓逼死了景皇后，并把景帝的四个儿子流放到吴国；不久，又把年纪较大的两个杀死了。

八月，辛卯日（初九），晋文王司马昭去世，太子司马炎继承了相国、晋王之位。

九月，乙未日（九月无此日），魏元帝曹奂颁旨大赦天下。

戊子日（九月无戊子日），魏元帝曹奂派魏国司徒何曾到晋国做丞相；癸亥日（十二日），委派骠骑将军司马望做司徒。

乙亥，葬文王于崇阳陵。

冬，吴西陵督步阐表请吴主徙都武昌；吴主从之，使御史大夫丁固、右将军诸葛靓守建业。阐，骘之子也。

十二月，壬戌，魏帝禅位于晋；甲子，出舍于金墉城。太傅司马孚拜辞，执帝手，流涕歔欷不自胜，曰："臣死之日，固大魏之纯臣也。"丙寅，王即皇帝位，大赦，改元。丁卯，奉魏帝为陈留王，即宫于邺；优崇之礼，皆仿魏初故事。魏氏诸王皆降为候。追尊宣王为宣皇帝，景王为景皇帝，文王为文皇帝。尊王太后曰皇太后。封皇叔祖父孚为安平王，叔父干为平原王、亮为扶风王、伷为东莞王、骏为汝阴王、肜为梁王、伦为琅邪王、弟攸为齐王、鉴为乐安王、机为燕王，又封群从司徒望等十七人皆为王。以石苞为大司马，郑冲为太傅，王祥为太保，何曾为太尉，贾充为车骑将军，王沈为票骑将军。其馀文武增位进爵有差。乙亥，以安平王孚为太宰，都督中外诸军事。未几，又以车骑将军陈骞为大将军，与司徒义阳王望、司空荀𫖮，凡八公，同时并置。帝惩魏氏孤立之敝，故大封宗室，授以职任，又招诸王皆得自选国中长史；卫将军齐王攸独不敢，皆令上请。

【译文】乙亥日（二十四日），在崇阳陵埋葬晋文王。

冬季，吴国西陵督步阐上书，建议吴国君主孙皓把都城迁移到武昌，吴国君主孙皓听从了这个建议，下令让御史大夫丁固、右将军诸葛靓守卫建业。步阐，是步骘的儿子。

十二月，壬戌日（十三日），魏元帝曹奂将帝位禅让给晋王司马炎；甲子日（十五日），魏元帝迁出京城，到金墉城居住。太傅司马孚向魏元帝拜别，他拉着魏元帝的手，流着眼泪叹息，情不自禁地说："臣就算到死也仍然是一心效忠大魏的臣子。"丙寅日（十七日），晋王司马炎登上皇位，颁旨大赦天下，改年号为泰始。丁卯日（十八日），尊奉魏元帝为陈留王，让他居住在邺宫。仿效魏国初期的制度给陈留王优厚的待遇。把魏氏诸王的爵位都降为侯爵。追封晋宣王司马懿为宣皇帝，晋景王司马师为景皇帝，晋文王司马昭为文皇帝；尊奉王太后为皇太后。分封晋国皇帝的皇叔祖司马孚为安平王，分封叔父司马干为平原王，司马亮为扶风王，司马伷为东莞王，司马骏为汝阴王，司马肜为梁王，司马伦为琅邪王，再分封弟弟司马攸为齐王，司马鉴为乐安王，司马机为燕王；又把子侄辈的司徒司马望等十七人分封为王。委派石苞任大司马的职位，郑冲做太傅，王祥做太保，何曾做太尉，贾充做车骑将军，王沈做骠骑将军；其他文武百官，加官晋爵，各有不同。乙亥日（二十六日），委派安平王司马孚做太宰，同时都督中外各州一切军务。没过多久，又派车骑将军陈骞做大将军，又在同一时间设置司徒义阳王司马望、司空荀颢等八公。晋武帝司马炎要改变魏国时期王室势孤的弊端，所以大肆分封皇族，授予他们职务。晋武帝司马炎又诏告诸王可以自己选择封国中的官吏，只有卫将军齐王司马攸不敢擅作决定，请求皇帝给他委派官员。

【乾隆御批】 孚虽未与废立之谋，然身为上公，曾不知大义灭亲。或极言规正，或为国讨贼；事势已去，乃以拜辞流涕，自号纯臣，遗令犹称魏贞士，其谁欺乎？

【译文】 司马孚虽然没有参与废立的阴谋，然而身为上公，竟然连大义灭亲都不知道。或者直言规劝，让他们改邪归正，或者为国家讨伐逆贼，大势已去才流泪告别，自称忠纯笃实之臣，让后世仍说他是魏国的志节坚定、操守方正之士，这是骗谁呢？

诏除魏宗室禁锢，罢部曲将及长吏纳质任。

帝承魏氏刻薄奢侈之后，欲矫以仁俭，太常丞许奇，允之子也，帝将有事于太庙，朝议以奇父受诛，不宜接近左右，请出为外官；帝乃追述允之夙望，称奇之才，擢为祠部郎。有司言御牛青丝纼断，诏以青麻代之。

初置谏官，以散骑常侍傅玄、皇甫陶为之。玄，干之子也。玄以魏末士风颓敝，上疏曰："臣闻先王之御天下，教化隆于上，清议行于下。近者魏武好法术而天下贵刑名，魏文慕通达而天下贱守节，其后纲维不摄，放诞盈朝，遂使天下无复清议。陛下龙兴受禅，弘尧、舜之化，惟未举清远有礼之臣以敦风节，未退虚鄙之士以惩不恪，臣是以犹敢有言。"上嘉纳其言，使玄草诏进之，然亦不能革也。

初，汉征西将军司马钧生豫章太守量，量生颍川太守俊，俊生京兆尹防，防生宣帝。

【译文】 晋武帝司马炎下旨废除囚禁魏国皇族的命令，同时废除部下将领和州郡长官出来做官必须要留下亲属作为人质的规定。

晋武帝司马炎认为晋国沿袭了魏国奢侈浪费的风俗，所以决心要用仁义节俭的品德改正这种不良风气。太常丞许奇，是许允的儿子。晋武帝司马炎打算在太庙里举行祭祀，朝中大臣议论纷纷，认为许奇的父亲是因为受到刑罚去世的，不能让他出现在皇帝身边，建议派他去地方做官。晋武帝司马炎却讲述许允生前的名声，并赞许许奇的才能，升任他为祠部郎。执事官员上书说用来拴牲牛用的青丝绳断了，晋武帝司马炎下诏，用青麻绳代替。

起初，朝堂上设置谏官时，任命散骑常侍傅玄、皇甫陶担任。傅玄，是傅干的儿子。傅玄认为，魏朝末年学士风气败坏，于是呈上奏折说："臣听说先王治理天下，在朝堂上能振兴教化，在民间能流行清明的言论。近代魏武帝喜爱研究法术，因而天下就随之崇尚刑名的学术；魏文帝仰慕能力广博的人才，因而天下就开始轻视那些固守节操的人士。自此以后，国家纲常无法稳定，朝廷上全是一些放浪的狂士，天下不再有清正的言论。现在陛下隆兴帝业，承袭皇帝的位置，应该弘扬尧、舜的教化，但是还没有选举清远有礼的巨子，以用来敦厚朝野的风化气节；没有斥退那些虚张声势粗俗鄙陋的人，以惩治社会的不良风气，所以臣下还要斗胆进言。"皇帝赞同并采纳了他的意见，下令让傅玄拟写诏书以便实行，但是也没能改变当时的风气。

起初，汉征西将军司马钧生豫章太守司马量，司马量生颍川太守司马隽，司马隽生京兆尹司马防，司马防生晋宣帝司马懿。

二年（丙戌，公元二六六年）春，正月，丁亥，即用魏庙祭征西府君以下并景帝凡七室。

辛丑，尊景帝夫人羊氏曰景皇后，居弘训宫。

丙午，立皇后弘农杨氏；后，魏通事郎文宗之女也。

群臣奏："五帝即天帝也，王气时异，故名号有五。自今明堂、南郊宜除五帝座。"从之。帝，王肃外孙也，故郊祀之礼，有司多从肃议。

【译文】泰始二年（丙戌，公元266年）春季，正月，丁亥日（初八），晋国开始利用魏国皇室宗庙的礼仪祭祀征西府君以下，连同景帝司马师一共七座宗庙。

尊奉景帝夫人羊氏为景皇后，让她居住在弘训宫。

丙午日（二十七日），册立弘农县杨氏为皇后。皇后是魏通事郎杨文宗的女儿。

群臣一起上书说："五帝，就是天帝，由于王气每个时期都有不同，所以有五种名号。从现在开始，明堂用来祭地、南郊用来祭天，明堂和南郊都应除去五帝神位。"晋武帝司马炎听从了这个建议。晋武帝司马炎是王肃的外孙，所以祭祀天地的礼仪，执事的官员大多听从王肃的安排来处理。

二月，除汉宗室禁锢。

三月，戊戌，吴遣大鸿胪张俨、五官中郎将丁忠来吊祭。

吴散骑常侍庐江王蕃，体气高亮，不能承颜顺指，吴主不悦，散骑常侍万彧、中书丞陈声从而谮之。丁忠使还，吴主大会群臣，蕃沉醉顿伏。吴主疑其诈，舆蕃出外。顷之，召还。蕃好治威仪，行止自若。吴主大怒，呵左右于殿下斩之，出，登来山，使亲近掷蕃首，作虎跳狼争咋啮之，首皆碎坏。

丁忠说吴主曰："北方无守战之备，弋阳可袭而取。"吴主以问群臣，镇西大将军陆凯曰："北方新并巴、蜀，遣使求和，非求援于我也，欲蓄力以俟时耳。敌势方强，而欲徼幸求胜，未见其利也。"吴主虽不出兵，然遂与晋绝。凯，逊之族子也。

【译文】 二月，晋武帝司马炎下令解除囚禁汉室皇族的诏令。

三月，吴国派大鸿胪张俨、五官中郎将丁忠来吊唁晋文王。

吴国散骑常侍庐江王蕃，气度不凡，不会看人脸色顺从其意行事，因此让吴主很不高兴。散骑常侍万彧、中书丞陈声不断向皇帝进谗言，诋毁王蕃。丁忠出使回来，吴国君主为此大宴群臣，王蕃喝得酩酊大醉，趴在桌上起不来。吴国君主怀疑他是假装醉酒，命人用轿子将王蕃抬出去。后来，又召他回来。王蕃这时严整举止仪态，一举一动和平常一样。吴国君主勃然大怒，命令左右侍卫，把王蕃推出殿下斩首，再让人带着王蕃的首级出城去登来山，命令亲信把头颅抛下去，作出虎狼争相跳跃抢食的样子，头颅被摔得碎裂了。

丁忠劝吴国君主孙皓说："北方守备不严密，我们可以袭击取得弋阳。"吴国君主孙皓询问群臣的看法，镇西大将军陆凯说："北方刚刚并吞巴、蜀之地，现在他们派遣使者来向我们求和，并不是要寻求我们的援助，只是为了寻找时机恢复兵力。敌人势力正强，我们如果想取得胜利不容易。"吴国君主虽然没有出兵，但是也和晋国断绝了关系。陆凯是陆逊同族兄弟的孩子。

夏，五月，壬子，博陵元公王沈卒。

六月，丙午晦，日有食之。

文帝之丧，臣民皆从权制，三日除服。既葬，帝亦除之，然犹素冠疏食，哀毁如居丧者。秋，八月，帝将谒崇阳陵，群臣奏言，秋暑未平，恐帝悲感摧伤。帝曰："朕得奉瞻山陵，体气自佳耳。"又诏曰："汉文不使天下尽哀，亦帝王至谦之志。当见山陵，何心无服！其议以衰经从行。群臣自依旧制。"尚书令裴秀奏曰："陛下既除而复服，义无所依；若君服而臣不服，亦未之敢安也。"诏曰："患情不能跂及耳，衣服何在！诸君勤勤之至，岂苟相违。"遂止。

【译文】夏季，五月，壬子日（五月无此日），博陵元公王沈去世。

六月，丙午晦日（六月无此日），出现日食。

晋文帝的葬礼，臣民们因事制宜，三日后就脱了丧服。葬礼结束，晋武帝司马炎也脱去丧服，但是仍然佩戴素冠，吃素食，悲伤得如同守丧的人。秋季，八月，晋武帝司马炎要去参拜崇阳陵，群臣上书，秋季暑气还没消去，怕皇帝心情悲痛损伤身体。晋武帝司马炎说："朕如果瞻仰陵墓，身体自然会好。"又颁布诏书说："汉文帝不让天下臣民服完丧期，这是帝王体恤百姓。现在要拜见陵墓，不服孝服，不会心安！仔细想想，要穿上衰绖的丧服去，群臣衣着可依照旧日。"尚书令裴秀上书说："陛下已经脱去丧服，现在又要穿上，这是不合理的。如果国君穿丧服，而臣子不穿，群臣也会不安。"于是晋武帝司马炎下诏说："我担心的不过是心中不能时时惦念着先人罢了，又何必在乎衣服呢！各位诚恳的心意，又怎能随意违背呢！"这样关于穿不穿丧服的争议就停止了。

中军将军羊祜谓傅玄曰："三年之丧，虽贵遂服，礼也，而汉文除之，毁礼伤义。今主上至孝，虽夺其服，实行丧礼。若因此复先王之法，不亦善乎！"玄曰："以日易月，已数百年，一旦复古，难行也。"祜曰："不能使天下如礼，且使主上遂服，不犹愈乎！"玄曰："主上不除而天下除之，此为但有父子，无复君臣也。"乃止。

【译文】 中军将军羊祜告诉傅玄说："三年的丧期，即使是地位尊贵的人也要服完，这是符合礼仪的。现今主上十分孝顺，虽然不穿孝服，实际还在服丧。如果借此恢复古代圣王的礼法，不是很好吗？"傅玄说："丧礼缩短时日，有几百年的历史了，要恢复古礼，实在不易。"羊祜说："没法让所有人都依礼行事，就算让君主服完丧期，不也很好吗？"傅玄说："君主不去除丧服，天下臣民却去除了，这样做只有父子的礼法，却没有君臣礼法了。"于是争议就没有了。

戊辰，群臣奏请易服复膳，诏曰："每感念幽冥，而不得终苴绖之礼，以为沉痛。况当食稻衣锦乎! 适足激切其心，非所以相解也。朕本诸生家，传礼来久，何至一旦便易此情于所天! 相从已多，可试省孔子答宰我之言，无事纷纭也!"遂以疏素终三年。

◆臣光曰：三年之丧，自天子达于庶人，此先王礼经，百世不易者也。汉文师心不学，变古坏礼，绝父子之恩，亏君臣之义；后世帝王不能笃于哀戚之情，而群臣谄谀，莫肯厘正。至于晋武独以天性矫而行之，可谓不世之贤君；而裴、傅之徒，固陋庸臣，习常玩故，不能将顺其美，惜哉! ◆

【译文】戊辰日（二十二日），群臣上书请求君主换穿常服，恢复常食，晋武帝司马炎颁布诏书说："每当感念地下先人，却没有服完苴绖的丧服之礼，心中常常悲痛。何况还食用精制稻米、身穿锦绣的华服呢? 这正好可以激起心中忧伤，但并不能完全释怀。朕本来生在儒者之家，礼仪传承，由来已久，怎会料到忽然便改变了怀念父亲的孝心! 我已经听了你们很多的建议了，如果你们看看孔子回答宰我的话，就知道我的意思了，不要再多说了。"最终以粗食素冠坚持了三年。

◆臣司马光说：三年的丧礼，从天子到平民百姓，这是清楚记载在先代圣王礼经上的，是千秋万世不能改变的礼制。汉文帝只知道说出自己的意愿，却不努力学习礼制，改革古制，因此毁坏礼仪，破坏了父子恩情，损伤了君臣义理；后代君王没法表达深沉的哀思，且臣子们又谄媚附和，不能据理改正。直到晋武帝司马炎用人的天性改正、继续实行古礼，可以说是非常贤能的君主了。而裴秀、傅玄这些人，是目光短浅、碌碌无为的臣子，只会习惯于常规，遵循以前的习俗，不能发扬君王的美德，

可惜啊！◆

【申涵煜评】从来忠孝一理。武帝以篡夺之君，丧必三年，何也？盖其受禅之后，假此以摄服臣庶，非出于天性之本。然尚论者节取也可。

【译文】向来忠和孝是一个道理。魏武帝以篡位的身份，还要守丧三年，这是为什么呢？是因为他受到禅让后，借此举来让大臣们臣服于他，并不是出自节操天性。不过这种行为让那些重视节操的人也能认同。

吴改元宝鼎。

吴主以陆凯为左丞相，万彧为右丞相。吴主恶人视己，群臣侍见，莫敢举目。陆凯曰："君臣无不相识之道，若猝有不虞，不知所赴。"吴主乃听凯自视，而他人如故。

吴主居武昌，扬州之民溯流供给，甚苦之，又奢侈无度，公私穷匮。凯上疏曰："今四边无事，当务养民丰财，而更穷奢极欲，无灾而民命尽，无为而国财空，臣窃痛之。昔汉室既衰，三家鼎立；今曹、刘失道，皆为晋有，此目前之明验也。臣愚，但为陛下惜国家耳。武昌土地危险墝确，非王者之都。且童谣云：'宁饮建业水，不食武昌鱼；宁还建业死，不止武昌居。'以此观之，足明民心与天意矣。今国无一年之蓄，民有离散之怨，国有露根之渐，而官吏务为苛急，莫之或恤。大帝时，后宫列女及诸织络数不满百，景帝以来，乃有千数，此耗财之甚者也。又左右之臣，率非其人，群党相扶，害忠隐贤，此皆蠹政病民者也。臣愿陛下省息百役，罢去苛扰，料出宫女，清选百官，则天悦民附，国家永安矣。"吴主虽不悦，以其宿望，特优容之。

【译文】吴国改年号为宝鼎。

吴国君主孙皓委派陆凯做左丞相，万彧做右丞相。吴国君主厌恶别人看着自己，臣下们觐见的时候，都不敢抬头。陆凯说："君臣之间没有不相识的道理，万一发生不好的事，大臣们就不知道要救谁了。"吴国君主孙皓就允许陆凯抬头看他，但是其他人仍然不敢抬头。

吴国君主居住在武昌，扬州人民供给所需要逆流而行，非常艰苦，君主又奢侈浪费，没有节度，国库匮乏。陆凯上奏说："现今国家没有战争，应当大力发展休养民力、丰富财力的政事，现在皇帝却不顾百姓奢侈享受。就算没有天灾，人力也会伤亡殆尽；无所作为，只会坐吃山空，臣私下为此感到十分忧虑。汉朝衰微后，三国鼎立，现在曹、刘失去王业，归于晋国所有，这些都是证明。臣下愚昧，只是为陛下珍惜国家罢了。武昌地高贫瘠，不是做都城的首选。童谣说：'宁饮建业水，不食武昌鱼；宁还建业死，不止武昌居。'（宁愿饮用建业的江水，也不愿贪吃武昌的鲜鱼；宁愿回到建业而苦死，也不愿贪住武昌的房子。）从这些足以了解人心和天意了。现在国库积蓄未丰，人民有流离的怨念，国家有动乱的预兆，但是官吏却只会横征暴敛，不知体恤百姓。大帝的时期，后宫宫女和纺织侍女人数，不到一百；景帝以后，竟达到千计，这是最耗费财力的。皇帝亲近的臣子，大多不是贤士，互相勾结，残害忠良，陷害贤士，这都是政治腐败、危害百姓的事。臣希望陛下能够免除各省的劳役，废除苛刻扰民的政令，精简宫女放出宫去，公平选拔朝廷百官，那么一定会天道归顺、民心归附，国家将长久安定了。"吴国君主孙皓虽然心中不快，但因陆凯以往的声望，也没有责怪他。

九月，诏：“自今虽诏有所欲，及已奏得可，而于事不便者，皆不可隐情。”

戊戌，有司奏：“大晋受禅于魏，宜一用前代正朔、服色，如虞遵唐故事。”从之。

冬，十月，丙午朔，日有食之。

永安山贼施但，因民劳怨，聚众数千人，劫吴主庶弟永安侯谦作乱，北至建业，众万馀人，未至三十里住，择吉日入城。遣使以谦命召丁固、诸葛靓，固、靓斩其使，发兵逆战于牛屯。但兵皆无甲胄，即时败散。谦独坐车中，生获之。固不敢杀，以状白吴主，吴主并其母及弟俊皆杀之。初，望气者云：“荆州有王气，当破扬州。”故吴主徙都武昌。及但反，自以为得计，遣数百人鼓噪入建业，杀但妻子，云“天子使荆州兵来破扬州贼。”

【译文】九月，晋武帝司马炎颁布诏令：“从即日起，只要是诏书有所期望，或已经上奏获得许可，却对政事不利的，都不准隐瞒不报。”

戊戌日（二十三日），官员上书：“大晋承袭魏国帝位，应该沿用以前历法、服饰的颜色，就像虞舜遵循唐尧的旧例。”晋武帝司马炎听从了这个建议。

冬季，十月，丙午朔日（初一），出现日食。

永安县有山贼施但出没，乘百姓劳苦不堪，聚众几千人劫持了吴主庶弟永安侯孙谦，发动作乱，向北行进到达建业时已有一万多人，还有三十里时不再前进，要选择吉日进城。乱军派遣使者，以孙谦的名义招降丁固、诸葛靓。丁固、诸葛靓斩杀了使者，率军在牛屯迎战。施但的军队没有盔甲，立时被打败，四处逃窜，只剩下孙谦因为坐在车中而被活捉。丁固不敢杀他，把情况报告吴国君主孙皓，吴国君主就把他母子和弟弟孙俊都杀了。起初，有个会望气的人说：荆州有王气出现，一定会攻下扬州。于是吴国君主孙皓把都城迁到武昌，等到施但造反，吴国君主孙皓自认为预言应验，就派几百人高喊着冲进建业，杀死施但的妻子儿女，说："天子派荆州的军队来打败扬州贼。"

十一月，初并圜丘、方丘之祀于南北郊。

罢山阳公国督军，除其禁制。

十二月，吴主还都建业，使后父卫将军、录尚书事滕牧留镇武昌。朝士以牧尊戚，颇推令谏争，滕后之宠由是渐衰，更遣牧居苍梧，虽爵位不夺，其实迁也，在道以忧死。何太后常保佑滕后，太史又言中宫不可易，吴主信巫觋，故得不废，常供养升平宫，不复进见，诸姬佩皇后玺绂者甚众，滕后受朝贺表疏而已。吴主使黄门遍行州郡，料取将吏家女，其二千石大臣子女，皆岁岁言名，年十五、六一简阅，简阅不中，乃得出嫁。后宫以千数，而采择无已。

【译文】十一月，晋武帝司马炎第一次将祭祀天神、地祇的典礼合并，在南北郊外举行。

晋武帝司马炎罢免了山阳国督军的官职，废除禁制令。

十二月，吴国君主将都城迁回建业。下令让皇后的父亲卫将军、录尚书事滕牧留下来驻守武昌。朝中官员因为滕牧是皇亲贵戚，所以都推举他出来直言规劝，滕皇后因此渐渐失去宠幸，又让滕牧居住苍梧郡，虽然没有削去爵位，但实际也是贬谪。滕牧在前往苍梧途中，忧愤而死。何太后喜欢滕后，太史又说中宫皇后不能随便更改，吴国君主相信巫师的话，所以皇后才没有被废除，只是在升平宫奉养，不能见君主。很多嫔妃佩挂皇后玺印绶带，滕后只是接受朝贺罢了。吴国君主孙皓派遣黄门郎到各州郡中选取将士官吏家的女孩,其中俸禄为二千石大臣的女儿,年年唱名,年纪十五六时选拔一次,只有选不中的才能出嫁。后宫女子数以千计,却仍然在不停地选取。

三年(丁亥,公元二六七年)春,正月,丁卯,立子衷为皇太子。诏以"近世每立太子必有赦,今世运将平,当示之以好恶,使百姓绝多幸之望。曲惠小人,朕无取焉!"遂不赦。

司隶校尉上党李憙劾奏故立进令刘友、前尚书山涛、中山王睦、尚书仆射武陔各占官稻田,请免涛、睦等官,陔已亡,请贬其谥。诏曰:"友侵剥百姓以谬惑朝士,其考竟以惩邪佞。涛等不贰其过,皆勿有所问。憙亢志在公,当官而行,可谓邦之司直矣。光武有云:'贵戚且敛手以避二鲍。'其申敕群寮,各慎所司,宽宥之恩,不可数遇也!"睦,宣帝之弟子也。

【译文】 三年(丁亥,公元267年)春季,正月,丁卯日(正月无此日),晋武帝司马炎册立皇子司马衷为太子。诏书说:"最近每当设立太子时,会有赦免令。如今局势太平,应当让百姓明白好恶的标准,杜绝他们侥幸的心理。曲改法令,让小人受惠,朕是不愿意的。"于是没有赦免天下。

司隶校尉上党人李憙弹劾前立进县令刘友、前尚书山涛、中山王司马睦、尚书仆射武陔私自占用公家稻田,建议免除山涛、司马睦等人官职,武陔已经去世,建议废除他的谥号。晋武帝司马炎颁布诏书说:"刘友剥削百姓,迷惑朝中官员,一定要严查,不放过奸邪小人。山涛等人没有再犯过错,不用再查问。李憙心志高洁,一心为公,在官任职,正直不讳,可以说是朝中主持正理的人。光武帝曾经说:'皇亲贵戚就收敛些,避开鲍永、鲍恢二人。'是告诫官员,各自小心,宽恕地对待,是不常有的。"司马睦，是宣帝弟弟的儿子。

◆臣光曰：政之大本，在于刑赏，刑赏不明，政何以成！晋武帝赦山涛而褒李憙，其于刑、赏两失之。使憙所言为是，则涛不可赦；所言为非，则憙不足褒。褒之使言，言而不用，怨结于下，威玩于上，将安用之！且四臣同罪，刘友伏诛而涛等不问，避贵施贱，可谓政乎！创业之初而政本不立，将以垂统后世，不亦难乎！◆

帝以李憙为太子太傅，征犍为李密为洗马。密以祖母老，固辞，许之。密与人交，每公议其得失而切责之，常言："吾独立于世，顾影无俦；然而不惧者，以无彼此于人故也。"

【译文】◆臣司马光说：政治最根本的，是在赏罚，赏罚不分，政治怎么会有成就！晋武帝司马炎赦免山涛又褒扬李憙，在刑罚奖赏两方面做得都有不当。如果李憙所说是对的，那么山涛就不能赦免；如果说得不对，那么李憙就不能够嘉奖。褒扬臣下让他进言，进了言，又不听信，结果在下属中结下怨恨，上位的人玩弄权势，怎么可以这样做呢！况且四个臣子犯罪相同，刘友被诛杀，山涛等人却没有定罪，不刑罚权贵，却惩罚地位低下的官员，这是公平的政治吗？开始建立国家就不订立政治的根本，要想把帝业传给后代，不是很困难的吗？◆

晋武帝司马炎任命李憙做太子太傅，征召犍为人李密为太子洗马。李密以祖母年老为由，坚决推辞，被允许了。李密与人来往，经常公然议论他人的成败是非，并且恳切地责备别人，他常常说："我独自生活，回顾自身，没有同伴，但是心中之所以没有畏惧，是因为我和别人不分彼此。"

资治通鉴

吴大赦，以右丞相万彧镇巴丘。

夏，六月，吴主作昭明宫，二千石以下，皆自入山督伐木。大开苑囿，起土山、楼观，穷极伎巧，功役之费以亿万计。陆凯谏，不听。中书丞华覈上疏曰："汉文之世，九州晏然，贾谊独以为如抱火厝于积薪之下而寝其上。今大敌据九州之地，有太半之众，欲与国家为相吞之计，非徒汉之淮南、济北而已也，比于贾谊之世，孰为缓急？今仓库空匮，编户失业；而北方积谷养民，专心向东。又，交趾沦没，岭表动摇，胸背有嫌，首尾多难，乃国朝之厄会也。若舍此急务，尽力功作，卒有风尘不虞之变，当委版筑而应烽燧，驱怨民而赴白刃，此乃大敌所因以为资者也。"时吴俗奢侈，覈又上疏曰："今事多而役繁，民贫而俗奢，百工作无用之器，妇人为绮靡之饰，转相仿效，耻独无有。兵民之家，犹复逐俗，内无儋石之储而出有绫绮之服，上无尊卑等级之差，下有耗财费力之损，求其富给，庸可得乎！"吴主皆不听。

【译文】吴国大赦天下，派右丞相万彧驻守巴丘。

夏季，六月，吴国君主孙皓建造昭明宫，俸禄二千石以下的官员，都要亲自进入山区监督伐木的事。大力开辟苑囿，建造土山、高楼，极尽才艺工巧，土木劳作的耗费以亿万计算。陆凯进谏不要浪费，吴国君主孙皓不理。中书丞华覈上奏说："汉文帝时，中原相安无事，只有贾谊认为当时的时局就像睡在燃烧着的柴堆上一样。当今敌人占据中原的土地，拥有一多半的民众，谋划吞噬我们的国家，不满足仅取得蜀汉的淮南、济北。与贾谊那时相比，哪一个比较紧急呢？现在国库空虚，在籍册上的百姓都失去谋生的常业，然而北方敌人却在囤积粮食，休养生息，一心要向东征伐。再加上交趾沦陷，五岭之南各地动荡不安，我们腹背受敌，首尾亦多灾难，正是国家困难的时候。如果放弃紧要事务，全力修建宫殿，一旦遭遇兵变，就要舍弃营造之事而响应烽火告急，驱使因劳役而怨声载道的百姓，让他们奔赴利刃相接的战场，为国家战斗，这就是强大的敌人所乘机加以利用的机会。"当时吴国奢侈之风盛行，华覈又上奏说："现在正事繁多，却劳役繁杂；人民困苦，却奢侈浪费；工匠制造无用器具，妇女打扮华丽浮艳，相互攀比，没有羞耻。军士家庭，也逐渐败落，家内没有一点存储，出门却穿着华丽的衣服；对上没有尊卑等级的差别，在下却损耗财力奢侈浪费，想要让国家富裕，怎么可能呢？"吴国君主孙皓没有听从这些建议。

秋，七月，王祥以睢陵公罢。

九月，甲申，诏增吏俸。

以何曾为太保，义阳王望为太尉，荀顗为司徒。

禁星气、谶纬之学。

吴主以孟仁守丞相，奉法驾东迎其父文帝神于明陵，中使相继，奉问起居。巫觋言见文帝被服颜色如平生。吴主悲喜，迎拜于东门之外。既入庙，比七日三祭，设诸倡伎，昼夜娱乐。

是岁，遣鲜卑拓跋沙漠汗归其国。

【译文】秋季，七月，王祥在睢陵公的爵位上被罢职。

九月，甲申日（十四日），晋武帝司马炎下旨增加官吏薪俸。

晋武帝司马炎委派何曾做太保，义阳王司马望做太尉，荀顗做司徒。

晋武帝司马炎下令禁止占星、望气、谶纬这些学术。

吴国君主孙皓委派孟仁暂时代理丞相职位，恭奉天子的车驾去东方明陵迎接君主父亲文帝的神主，路上天子使者来往不断，问候生活起居方面的事。巫者说：看见文帝，衣着气色和平时一样。吴国君主孙皓悲喜交加，在东门外跪拜迎接文帝神主，进入太庙以后，按照七日三祭，准备了歌舞优伶，日夜欢唱。

这一年，遣送鲜卑族的拓跋沙漠汗回国。

四年（戊子，公元二六八年）春，正月，丙戌，贾充等上所刊修律令。帝亲自临讲，使尚书郎裴楷执读。楷，秀之从弟也。侍中卢珽、中书侍郎范阳张华请抄新律死罪条目，悬之亭传以示民，从之。

又诏河南尹杜预为黜陟之课，预奏："古者黜陟，拟议于心，不泥于法；末世不能纪远而专求密微，疑心而信耳目，疑耳目而信简书，简书愈繁，官方愈伪。魏氏考课，即京房之遗意，其文可谓至密，然失于苛细以违本体，故历代不能通也。岂若申唐尧之旧制，取大舍小，去密就简，俾之易从也！夫曲尽物理，神而明之，存乎其人；去人而任法，则以文伤理。莫若委任达官，各考所统，岁第其人，言其优劣。如此六载，主者总集，采案其言，六优者超擢，六劣者废免，优多劣少者平叙，劣多优少者左迁。其间所对不钧，品有难易，主者固当准量轻重，微加降杀，不足曲以法尽也。其有优劣徇情，不叶公论者，当委监司随而弹之。若令上下公相容过，此为清议大颓，虽有考课之法，亦无益也。"事竟不行。

【译文】 四年（戊子，公元268年）春季，正月，丙戌日（十八日），贾充等奉上修订的律令。晋武帝司马炎亲临讲授，下令让尚书郎裴楷拿着书朗读。裴楷，是裴秀的堂弟。侍中卢珽、中书侍郎范阳人张华建议抄写新的律令中有关死罪的条目，然后悬挂在驿站中，警告百姓。晋武帝司马炎听从了这个建议。

晋武帝司马炎又下令让河南尹杜预拟写官员升降考核的规定，杜预上书："古代官员的升降，是上位者在心中揣度评量，不会拘泥于法规。后世没有远见，却只求细密条文；怀疑心中揣度的度量，却只相信耳目所见；怀疑耳目所见，却又相信书籍规章。书籍规章越是明细，做官的越是虚伪。魏氏考核的规定是根据汉代京房的遗意写成，条文可以说是非常细密，但有的条目却过于苛刻繁密、违背了治政本体，因此历代没有通行。还不如发扬唐尧时期的制度，只讲究大体，舍掉小节，去掉繁密的条目，只取用其中的简明项，这样百姓更容易遵从！要想深刻说明事物的常理，彰明实质，全在于人本身。舍弃人而听信法度，就会因为言辞、条令损伤事理。不如选举有能力的官员，负责考查所统辖范畴内的官吏，每年为他们评定等级，写明长短处。连续六年，总负责人再总结这些考核，如果六年都被评为优等的就破格提升，六年都被评为差等的就罢免官职，优多差少，就保持原职，差多优少，就贬官。考核时会有不公平的，每个人都有自己的标准，总负责人应该公平地考虑轻重，稍微降等就行了，不能枉曲法条，苛求所有的都合乎条例。或者徇私评定优劣，不合公论的事，应该交给监司部门进行弹劾。要是公然包容官员的过失，就败坏了清议，纵使有考核的法规，也没有用。"这些建议没被同意。

丁亥，帝耕藉田于洛水之北。

戊子，大赦。

二月，吴主以左御史大夫丁固为司徒，右御史大夫孟仁为司空。

三月，戊子，皇太后王氏殂。帝居丧之制，一遵古礼。

夏，四月，戊戌，睢陵元公王祥卒，门无杂吊之宾。其族孙戎叹曰："太保当正始之世，不在能言之流；及间与之言，理致清远，岂非以德掩其言乎！"

己亥，葬文明皇后。有司又奏："既虞，除衰服。"诏曰："受终身之爱而无数年之报，情所不忍也。"有司固请，诏曰："患在不能笃孝，勿以毁伤为忧。前代礼典，质文不同，何必限以近制，使达丧阙然乎！"群臣请不已，乃许之。然犹素冠疏食以终三年，如文帝之丧。

【译文】 丁亥日（十九日），晋武帝司马炎亲自在洛水北面的藉田耕种。

戊子日（二十日），晋武帝司马炎颁布诏书大赦天下。

二月，吴国君主孙皓任命左御史大夫丁固做司徒，右御史大夫孟仁做司空。

三月，戊子日（二十一日），皇太后王氏去世。晋武帝司马炎按照古礼举行丧礼。

夏季，四月，戊戌日（初二），睢陵元公王祥去世，前来吊唁的宾客没有缺乏德行的人。他的族孙王戎感叹道："太保在正始年间，不是善于言辞的人，但偶尔与他交谈，言语间尽显义理情致、真知灼见，莫不是因为他的品性遮挡了言语方面的才能？"

己亥日（初三），安葬文明皇后。官吏上书："安神的祭礼之后，可以脱去衰绖的丧服。"晋武帝司马炎下令说："太后一生爱护我，我却不能用几年的哀思报答，上天也不忍啊。"官吏坚决请求，晋武帝司马炎下诏说："我只担心不能表达深深的哀思，不用担心我的身体。前人的礼法，原则和文采各有不同，何必用近代的礼法制度加以限制，让天下通行的丧礼有所缺失呢！"臣子们仍然不停请求，晋武帝司马炎这才答应下来。但是仍然佩戴素冠,吃粗粮满三年,像守晋文帝的丧礼一样。

【乾隆御批】王祥以孝行称乃为魏太尉,而复仕典午,求忠臣于孝子之门,之谓何?

【译文】王祥以孝行著称当了魏国的太尉,又在晋朝做官;想在孝子家求得忠臣,这话怎么样?

秋,七月,众星西流如雨而陨。

己卯,帝谒崇阳陵。

九月,青、徐、兖、豫四州大水。

大司马石苞久在淮南,威惠甚著。淮北监军王琛恶之,密表苞与吴人交通。会吴人将入寇,苞筑垒遏水以自固,帝疑之。羊祜深为帝言苞必不然,帝不信,乃下诏以苞不料贼势,筑垒遏水,劳扰百姓,策免其官,遣义阳王望帅大军以征之。苞辟河内孙铄为掾,铄先与汝阴王骏善,骏时镇许昌,铄过见之。骏知台已遣军袭苞,私告之曰:“无与于祸!”铄既出,驰诣寿春,劝苞放兵,步出都亭待罪,苞从之。帝闻之,意解。苞诣阙,以乐陵公还第。

【译文】秋季,七月,星群向西落下,像下雨一样。

己卯日(十四日),晋武帝司马炎参拜崇阳陵。

九月,青、徐、兖、豫四州发生洪水。

大司马石苞一直镇守淮南,威望恩德很高。淮北监军王琛很讨厌他,秘密上书,说石苞和吴国人暗地勾结。正巧吴国人打算进犯,石苞修筑军营,阻拦河水,加固阵地,晋武帝司马炎心中起了疑惑。羊祜大力向皇帝进言说:“石苞一定不会这样的。”晋武帝司马炎不相信,颁布诏书,以石苞不考虑敌情,修建军营，阻拦河水，使百姓劳累被惊扰为由，免去他的职务。派义阳王司马望带领军队召回他。石苞举荐河内人孙铄当掾吏。孙铄从前和汝阴王司马骏交情好，司马骏当时驻守许昌，孙铄去晋见他。司马骏知道朝廷已派部队捉拿石苞，私下对他说："小心被牵连进去！"孙铄出城以后，前往寿春，劝石苞离开部队，步行走出都亭，等着降罪，石苞听从了他的话。晋武帝司马炎听说后放下心来，石苞前往京城参见，以乐陵公的身份被遣回了住所。

资治通鉴卷第七十九 晋纪一

【申涵煜评】 铄为石苞掾，知台军袭苞，驰往告之，以计得免，真是侠丈夫所为。与项伯欲与张良俱亡不同，彼尚有与国之嫌，此则有僚属之义。

【译文】 孙铄是石苞的掾使，知道台军要偷袭石苞，策马奔走相告，用计让石苞得以脱身，真是侠义丈夫所为。这与项伯要和张良同归于尽不同，他们是因为国家有嫌隙，而孙铄这样做是属于遵守下属的道义。

吴主出东关，冬，十月，使其将施绩入江夏，万彧寇襄阳。诏义阳王望统中军步骑二万屯龙陂，为二方声援。会荆州刺史胡烈拒绩，破之，望引兵还。

吴交州刺史刘俊、大都督脩则、将军顾容前后三攻交趾，交趾太守杨稷皆拒破之，郁林、九真皆附于稷。稷遣将军毛炅、董元攻合浦，战于古城，大破吴兵，杀刘俊、脩则，馀兵散还合浦。稷表炅为郁林太守，元为九真太守。

十一月，吴丁奉、诸葛靓出芍陂，攻合肥，安东将军汝阴王骏拒却之。

以义阳王望为大司马，荀𫖮为太尉，石苞为司徒。

【译文】 吴国君主孙皓从东关发兵，冬季，十月，下令让将领施绩进入江夏，万彧进攻襄阳。让义阳王司马望率领两万中军步兵、骑兵，驻守在龙陂，形成两边呼应的形势。这时，荆州刺史胡烈抵抗施绩并战胜敌军，司马望便率兵回朝。

吴国交州刺史刘俊、大都督脩则、将军顾容前后三次进攻交趾，都因交趾太守杨稷的抵抗而失败。郁林、九真两地都归附杨稷。杨稷命令将军毛炅、董元进攻合浦，双方在古城交战，大败吴国军队，刘俊、脩则被杀，剩下的士兵逃回合浦。杨稷上书举荐毛炅做郁林太守，董元做九真太守。

十一月，吴国丁奉、诸葛靓从芍陂出兵，进攻合肥，安东将军汝阴王司马骏打败敌军。

晋武帝司马炎任命义阳王司马望做大司马，荀𫖮做太尉，石苞做司徒。

五年（己丑，公元二六九年）春，正月，吴主立子瑾为皇太子。

二月，分雍、凉、梁州置秦州，以胡烈为刺史。先是，邓艾纳鲜卑降者数万，置于雍、凉之间，与民杂居，朝廷恐其久而为患，以烈素著名于西方，故使镇抚之。

青、徐、兖三州大水。

【译文】 五年（己丑，公元269年）春季，正月，吴国君主孙皓册立皇子孙瑾为皇太子。

二月，晋国从雍、凉、梁三州分出几个县，新设成秦州。晋武帝司马炎任命胡烈做刺史。在此之前，邓艾收纳了鲜卑几万投降士兵，安置在雍、凉二州，和平民百姓混居在一起，朝廷担心时间一长,会成隐患,因为胡烈在西部一直很有声望,所以晋武帝司马炎让他去镇守安抚。

青、徐、兖三州发生洪水。

帝有灭吴之志,壬寅,以尚书左仆射羊祜都督荆州诸军事,镇襄阳;征东大将军卫瓘都督青州诸军事,镇临菑;镇东大将军东莞王伷都督徐州诸军事,镇下邳。

祜绥怀远近,甚得江、汉之心。与吴人开布大信,降者欲去,皆听之。减戍逻之卒,以垦田八百馀顷。其始至也,军无百日之粮,及其季年,乃有十年之积。祜在军,常轻裘缓带,身不被甲,铃阁之下,侍卫不过十数人。

【译文】晋武帝司马炎有消灭吴国的意愿。壬寅日(二月无此日),晋武帝司马炎派尚书左仆射羊祜都督荆州一切军务,驻守襄阳;命令征东大将军卫瓘都督青州一切军务,驻守临菑;又任命镇东大将军东莞王司马伷都督徐州一切军务,驻守下邳。

羊祜安抚附近州县,深得江汉地区人心,他与吴国人开诚布公地讲,投降的如果要想离开,都听从他们的心愿。羊祜削减防戍巡逻的士兵,让他们出力开垦了八百多顷的田地。他刚到那里的时候,军中储存的粮草不足以维持百日,到了后期,竟然得到十年的存储。羊祜在军中时,经常解开衣带,只穿轻暖的皮裘,不穿盔甲,将军府的侍卫,只有十几人。

【申涵煜评】严刁斗、谨烽燧,是军中正律。然祜轻裘缓带,有风流儒雅气象,与诸葛公羽扇纶巾、岳武穆投壶雅歌,可称古今三绝。彼据胡床挥如意者,直强解事耳。

【译文】严谨地使用用来警戒的刁斗和烽火,是军中重要的律法。

然而羊祜穿着轻薄的貂裘，带着绶带，一副风流儒雅的样子，和羽扇纶巾的诸葛亮、投壶唱歌的岳武穆一起，可以称作是古今形象最佳的三人。那些盘坐在胡床上拿着如意的人，才是能解决事情的人。

济阴太守巴西文立上言："故蜀之名臣子孙流徙中国者，宜量才叙用，以慰巴、蜀之心，倾吴人之望。"帝从之。己未，诏曰："诸葛亮在蜀，尽其心力，其子瞻临难而死义，其孙京宜随才署吏。"又诏曰："蜀将傅佥父子死于其主。天下之善一也，岂由彼此以为异哉！佥息著、募没入奚官，宜免为庶人。"

帝以文立为散骑常侍。汉故尚书犍为程琼，雅有德业，与立深交。帝闻其名，以问立，对曰："臣至知其人，但年垂八十，禀性谦退，无复当时之望，故不以上闻耳。"琼闻之，曰："广休可谓不党矣，此吾所以善夫人也。"

【译文】 济阴太守巴西人文立上书说："前蜀汉流放到中原的名臣子孙，应该考察才能，择优录用，来宽慰巴、蜀之地的民心，让吴国人感到有希望。"晋武帝司马炎认同他的话。己未日（二月无此日），晋武帝司马炎颁布诏书说："诸葛亮为蜀汉尽心竭力，他的儿子诸葛瞻为国捐躯，他的孙子诸葛京，应该考察能力，给予官职。"又下令说："蜀汉将领傅佥父子，舍身为主。天下善德都是一样的，哪里能根据彼此不同而认为有差别呢？傅佥的儿子傅著、傅募被罚入奚官，要赦免他们，恢复他们平民的身份。"

晋武帝司马炎任命文立做散骑常侍。蜀汉前尚书犍为人程琼，不论道德还是学问，都有很高的声望，与文立交好。晋武帝司马炎听说他的声名，就询问文立。文立回答说："臣下非常了解他，只是他已经快八十岁了，天性谦逊，没有了年轻时的志向，所以我没把他的情况告诉您。"程琼听后说："广休没有徇私，这也就是我为什么要和他交好的原因。"

秋，九月，有星孛于紫宫。

冬，十月，吴大赦，改元建衡。

封皇子景度为城阳王。

初，汝南何定尝为吴大帝给使，及吴主即位，自表先帝旧人，求还内侍。吴主以为楼下都尉，典知酤籴事，遂专为威福；吴主信任之，委以众事。左丞相陆凯面责定曰："卿见前后事主不忠，倾乱国政，宁有得以寿终者邪！何以专为奸邪，尘秽天听！宜自改厉，不然，方见卿有不测之祸。"定大恨之。凯竭心公家，忠恳内发，表疏皆指事不饰。及疾病，吴主遣中书令董朝问所欲言，凯陈"何定不可信用，宜授以外任。奚熙小吏，建起浦里田，亦不可听。姚信、楼玄、贺邵、张悌、郭逴、薛莹、藤修及族弟喜、抗，或清白忠勤，或资才卓茂，皆社稷之良辅，愿陛下重留神思，访以时务，使各尽其忠，拾遗万一。"邵，齐之孙；莹，综之子；玄，沛人；修，南阳人也。凯寻卒。吴主素衔其切直，且日闻何定之谮，久之，竟徙凯家于建安。

【译文】秋季，九月，有彗星出现在紫微宫。

冬季，十月，吴国大赦天下，改年号为建衡。

晋封皇子司马景度为城阳王。

起初，汝南人何定曾经做过吴大帝的给使，到吴国君主即位，自己说是先帝时期的人，请求继续做内侍。吴国君主任命他作楼下都尉，主管采买酒米的事，但是他作威作福。吴国君主相信他，托付他办理很多事情，左丞相陆凯当面指责何定说："你看看那些做事对国君不忠、败坏国家政治的人，哪里有寿终正寝的呢？你为什么专门做那些奸诈的事，污浊天子耳目呢？你应该尽力改正、励志向上。要不然的话，一定会有不测的灾祸。"何定心里恨极了。陆凯为国家尽心竭力，内心忠诚，上书都直陈事实，不加修饰。他病重时，吴国君主派中书令董朝问他有没有要说的，陆凯说："何定不可相信，要让他做外朝的事务。奚熙是个小官，他兴建浦里塘的主张，也不能听。姚信、楼玄、贺邵、张悌、郭逴、薛莹、滕修和我堂弟陆喜、陆抗，这些人有的德行高尚、忠心勤勉；有的天资卓越、才华丰茂，都是辅佐国家的贤才。希望陛下多多费心，和他们商量政事，使他们能够发挥能力尽忠报国，补足国家微小的缺漏。"贺邵，是贺齐的孙子；薛莹是薛综的儿子；楼玄是沛县人；滕修是南阳人。陆凯没过多久就去世了，吴国君主心里一直懊恼他的恳切正直，并且经常听信何定的谗言，时间久了，竟然把陆凯的家族迁徙到建安去了。

吴主遣监军虞汜、威南将军薛珝、苍梧太守丹阳陶璜从荆州道，监军李勖、督军徐存从建安海道，皆会于合浦，以击交阯。

十二月，有司奏东宫施敬二傅，其仪不同。帝曰："夫崇敬师傅，所以尊道重教也。何言臣不臣乎！其令太子申拜礼。"

【译文】吴国君主孙皓委派监军虞汜、威南将军薛珝、苍梧太守丹阳人陶璜从荆州发兵，监军李勖、督军徐存从建安海路发兵，然后两军在合浦会师，全力攻打交阯。

十二月，官吏上书说：东宫太子对二傅的礼仪有差别。皇帝说："敬爱老师，是用来瞻仰道术、重视教化，何必谈及臣不臣的道理呢！应该让太子行拜礼。"

六年（庚寅，公元二七〇年）春，正月，吴丁奉入涡口，扬州刺史牵弘击走之。

吴万彧自巴丘还建业。

夏，四月，吴左大司马施绩卒。以镇军大将军陆抗都督信陵、西陵、夷道、乐乡、公安诸军事，治乐乡。

抗以吴主政事多阙，上疏曰："臣闻德均则众者胜寡，力侔则安者制危，此六国所以并于秦、西楚所以屈于汉也。今敌之所据，非特关右之地、鸿沟以西，而国家外无连衡之援，内非西楚之强，庶政陵迟，黎民未乂。议者所恃，徒以长江、峻山限带封域；此乃守国之末事，非智者之所先也。臣每念及此，中夜抚枕，临餐忘食。夫事君之义，犯而勿欺，谨陈时宜十七条以闻。"吴主不纳。

【译文】 六年（庚寅，公元270年）春季，正月，吴国丁奉进兵涡口，扬州刺史牵弘击败敌兵。

吴国万彧从巴丘返回建业。

夏季，四月，吴国左大司马施绩去世。派遣镇军大将军陆抗都督信陵、西陵、夷道、乐乡、公安一切军务，官衙在乐乡。

陆抗因为吴国君主孙皓政事多有缺失，上书说："臣下听说，如果德行一样，那人口多的国家会战胜人口少的国家；国力相当时，安定的国家会战胜混乱的国家，这就是秦国吞并六国、西楚臣服于汉的原因了。现在敌人屯聚的地方，并不是函谷关、鸿沟以西的地方，况且我们国家在外没有盟国的帮助，内部又比不上西楚的强盛，政事颓废，百姓不安。群臣所依仗的，不过是长江天险、高山峻岭而已，这些仅是保卫国家的细节，不是有智慧的人应该重视的事，我每当想到此，都难以入睡，食不下咽。侍奉主上的道理，即使触犯天颜也要进言，恭敬讲述十七条时政让主上听闻。"吴国君主没有采用他的意见。

李勖以建安道不利，杀导将冯斐，引军还。初，何定尝为子求婚于勖，勖不许，乃白勖枉杀冯斐，擅彻军还，诛勖及徐存，并其家属，仍焚勖尸。定又使诸将各上御犬，一犬至直缣数十匹，缨绁直钱一万，以捕兔供厨。吴人皆归罪于定，而吴主以为忠勤，赐爵列侯。陆抗上疏曰："小人不明理道，所见既浅，虽使竭情尽节，犹不足任，况其奸心素笃而憎爱移易哉！"吴主不从。

六月，戊午，胡烈讨鲜卑秃发树机能于万斛堆，兵败被杀。都督雍、凉州诸军事扶风王亮遣将军刘旂救之，旂观望不进。亮坐贬为平西将军，旂当斩。亮上言："节度之咎，由亮而出，乞丐旂死。"诏曰："若罪不在旂，当有所在。"乃免亮官。

遣尚书乐陵石鉴行安西将军，都督秦州诸军事，讨树机能。树机能兵盛，鉴使秦州刺史杜预出兵击之。预以虏乘胜马肥，而官军县乏，宜并力大运刍粮，须春进讨。鉴奏预稽乏军兴，槛车征诣廷尉，以赎论。既而鉴讨树机能，卒不能克。

【译文】李勖因为建安一带的军事不顺利，就杀了先锋将领冯斐，带兵回朝。起初，何定曾替儿子向李勖的女儿求婚，李勖不愿意，于是诬告李勖冤杀冯斐，擅自撤兵回朝，便杀了李勖、徐存及他们的家眷，焚烧李勖的遗体。何定又命令将领进贡御犬，一只犬的价值贵到几十匹细绢，一条犬的项圈价值一万钱，要用这些犬捕捉野兔，供御厨烹饪。吴国人认为是何定的罪过，但是吴国君主却认为他忠诚勤勉，赐给他列侯的爵位。陆抗上书说："小人不知道治国方法，所理解的只是一些浅显的东西，即使竭尽全力，也不能担当重任。况且他们一向奸私，并且喜好经常改变！"吴国君主不理。

资治通鉴

六月，戊午日（初四），胡烈在万斛堆征伐鲜卑人秃发树机能，兵败被杀。都督雍州、凉州一切军务的扶风王司马亮命令将军刘旂前去救援，刘旂犹豫不决不愿出兵。司马亮因此连坐被贬为平西将军，刘旂也将要被斩首。司马亮上奏："是我的命令出了差错，请求免除刘旂的死罪。"晋武帝司马炎下诏说："假如不是刘旂的罪过，那就应该是你的过错了。"于是司马亮被免职。

　　晋武帝司马炎任命尚书乐陵人石鉴暂时代理安西将军，都督秦州一切军务，征伐秃发树机能。秃发树机能兵力强盛，石鉴下令秦州刺史杜预出兵进攻。杜预认为敌方借着胜利的势头，兵强马壮，可是我方士气低下，粮草匮乏，应该尽力储备粮草，到春季再出兵进讨。石鉴上书说杜预延迟军需，用牢车把他押送给廷尉，以官爵赎罪。后来石鉴征讨秃发树机能，最终也没有胜利。

　　秋，七月，乙巳，城阳王景度卒。

　　丁未，以汝阴王骏为镇西大将军，都督雍、凉等州诸军事，镇关中。

　　冬，十一月，立皇子柬为汝南王。

　　吴主从弟前将军秀为夏口督，吴主恶之，民间皆言秀当见图。会吴主遣何定将兵五千人猎夏口，秀惊，夜将妻子、亲兵数百人来奔。十二月，拜秀票骑将军、开府仪同三司，封会稽公。

　　是岁，吴大赦。

　　初，魏人居南匈奴五部于并州诸郡，与中国民杂居；自谓其先汉氏外孙，因改姓刘氏。

　　【译文】秋季，七月，乙巳日（二十二日），城阳王司马景度去世。

丁未日（二十四日），晋武帝司马炎派汝阴郡王司马骏做镇西大将军，都督雍、凉等州的一切军务，驻守关中。

冬季，十一月，册立皇子司马柬为汝南王。

吴国君主的堂弟前将军孙秀是夏口督将，吴国君主厌恶他，民间都说孙秀有阴谋，当时正好吴国君主命令何定率领五千军队在夏口狩猎，孙秀十分害怕，当夜带领妻子儿女以及数百亲兵来归顺晋朝。十二月，晋武帝司马炎任命孙秀做骠骑将军、开府仪同三司，封为会稽公。

这一年，吴国大赦天下。

起初，魏国人让南匈奴五个部落居住在并州的郡县，与中原地区人民生活在一起，南匈奴人自称先祖是汉朝的外孙，所以改姓为刘。

七年（辛卯，公元二七一年）春，正月，匈奴右贤王刘猛叛出塞。

豫州刺史石鉴坐击吴军虚张首级，诏曰："鉴备大臣，吾所取信，而乃下同为诈，义得尔乎！今遣归田里，终身不得复用。"

吴人刁玄诈增谶文云："黄旗紫盖，见于东南，终有天下者，荆、扬之君。"吴主信之。是月晦，大举兵出华里，载太后、皇后及后宫数千人，从牛渚西上。东观令华覈等固谏，不听。行遇大雪，道涂陷坏，兵士被甲持仗，百人共引一车，寒冻殆死，皆曰："若遇敌，便当倒戈。"吴主闻之，乃还。帝遣义阳王望统中军二万、骑三千屯寿春以备之，闻吴师退，乃罢。

【译文】七年（辛卯，公元271年）春季，正月，匈奴右贤王刘猛叛乱，逃到塞外。

豫州刺史石鉴在攻打吴国军队时，因虚报斩杀敌人首级数目而获罪，晋武帝司马炎下令说："石鉴身居要位，我一直信任他，他却和部下一同作假，这样做怎么合适呢？现在把他遣送回乡，再也不任用他了。"

吴国人刁玄假作谶文说："黄色的旗帜、紫色的伞盖，出现在东南方，最后能拥有天下的，是荆、扬地方的人。"吴国君主信了这话。这月的晦日（月末），从华里大肆出兵，车上载着太后、皇后和后宫几千人，从牛渚向西进发。东观令华覈等人拼死进谏，吴国君主孙皓也不听。途中遇到大雪，路途不通，兵士们身穿盔甲、手拿武器，一百人共同拉着一部车子，天气寒冷，几乎要把人冻死了，他们都说："如果遇到敌人，我们就倒戈相向。"吴国君主听了这话才返回。晋武帝司马炎遣派义阳王司马望带领中军两万人、骑兵三千人驻守在寿春，防备吴国军队。直到听闻吴军退回，这才罢兵。

三月，丙戌，巨鹿元公裴秀卒。

夏，四月，吴交州刺史陶璜袭九真太守董元，杀之；杨稷以其将王素代之。

北地胡寇金城，凉州刺史牵弘讨之。众胡皆内叛，与树机能共围弘于青山，弘军败而死。

初，大司马陈骞言于帝曰："胡烈、牵弘皆勇而无谋，强于自用，非绥边之材也，将为国耻。"时弘为扬州刺史，多不承顺骞命，帝以为骞与弘不协而毁之，于是征弘，既至，寻复以为凉州刺史。骞窃叹息，以为必败。二人果失羌戎之和，兵败身没，征讨连年，仅而能定，帝乃悔之。

【译文】三月，丙戌日（初七），钜鹿元公裴秀去世。

夏季，四月，吴国交州刺史陶璜攻打九真，杀掉太守董元；

杨稷任命他的将领王素替代董元。

北地胡人进犯金城，凉州刺史牵弘前去讨伐。众胡族内部发生反叛，众多胡人和秃发树机能联手，共同在青山将牵弘团团围住，牵弘兵败而死。

起初，大司马陈骞向晋武帝司马炎进谏道："胡烈、牵弘皆是有勇无谋，过于自信之辈，不是安定边疆的人选，他们将会给国家带来羞耻。"当时牵弘做扬州刺史，经常不听陈骞的命令，晋武帝司马炎认为陈骞和牵弘不和，所以陈骞故意诋毁牵弘。于是晋武帝司马炎征宣牵弘，来朝后，不久又任命他做了凉州刺史。陈骞暗自感叹，认为一定会遭到失败。二人果然失和于羌戎，兵败身死，连年的出兵讨伐，仅能维持表面安定罢了，晋武帝司马炎这才后悔没听陈骞的话。

五月，立皇子宪为城阳王。

辛丑，义阳成王望卒。

侍中、尚书令、车骑将军贾充，自文帝时宠任用事。帝之为太子，充颇有力，故益有宠于帝。充为人巧谄，与太尉、行太子太傅荀𫖮、侍中、中书监荀勖、越骑校尉安平冯𬘩相为党友，朝野恶之。帝问侍中裴楷以方今得失，对曰："陛下受命，四海承风，所以未比德于尧、舜者，但以贾充之徒尚在朝耳。宜引天下贤人，与弘政道，不宜示人以私。"侍中乐安任恺、河南尹颍川庾纯皆与充不协，充欲解其近职，乃荐恺忠贞，宜在东宫；帝以恺为太子少傅，而侍中如故。会树机能乱秦、雍，帝以为忧，恺曰："宜得威望重臣有智略者以镇抚之。"帝曰："谁可者？"恺因荐充，纯亦称之。秋，七月，癸酉，以充为都督秦、凉二州诸军事，侍中、车骑将军如故；充患之。

【译文】五月，晋武帝司马炎立皇子司马宪为城阳王。

辛丑日（二十三日），义阳成王司马望去世。

侍中、尚书令、车骑将军贾充，自晋文帝时就被宠信，担任要职，晋武帝司马炎起初能坐上太子之位，贾充从中出了大力，所以他更得晋武帝宠信。贾充为人擅长谄媚，和太尉、行太子太傅荀顗、侍中、中书监荀勖、越骑校尉安平人冯紞，互相结成党羽，朝野人士都厌恶他们。晋武帝司马炎问侍中裴楷，当今朝政有什么得失？裴楷回答说："陛下承担天命，四海承接风化，可是德政仍然不能和尧、舜相媲美，只因朝中还有贾充那一类人而已。您应该任命天下贤士，一同发扬政道，不应向人表授私人的恩典。"侍中乐安人任恺、河南尹颍川人庾纯都与贾充不和，贾充想要除去任恺近侍的职位，于是向晋武帝建言任恺具备忠贞的德性，应该任职于东宫。晋武帝司马炎就任命任恺做了太子的少傅，仍然保留侍中的职位。正赶上秃发树机能进犯秦州、雍州，晋武帝司马炎为此事发愁，任恺说："应该找一位有声望、有谋略、有计划的大臣去安抚百姓。"晋武帝司马炎说："谁可以呢？"任恺趁机推荐贾充，庾纯也连声赞叹。秋季，七月，癸酉日（二十六日），晋武帝司马炎任命贾充都督秦、凉二州所有军务，而且保留侍中、车骑将军的职务。贾充为此十分担忧。

吴大都督薛珝与陶璜等兵十万，共攻交趾，城中粮尽援绝，为吴所陷，虏杨稷、毛炅等。璜爱炅勇健，欲活之，炅谋杀璜，璜乃杀之。脩则之子允，生剖其腹，割其肝，曰："复能作贼不？"炅犹骂曰："恨不杀汝孙皓，汝父何死狗也！"王素欲逃归南中，吴人获之，九真、日南皆降于吴。吴大赦，以陶璜为交州牧。璜讨降夷獠，州境皆平。

八月，丙申，城阳王宪卒。

分益州南中四郡置宁州。

九月，吴司空孟仁卒。

冬，十月，丁丑朔，日有食之。

十一月，刘猛寇并州，并州刺史刘钦等击破之。

【译文】 吴国大都督薛珝和陶璜等人，率十万大兵共同讨伐交趾，城中粮尽援绝，被吴国攻陷，俘虏了杨稷、毛炅等人。陶璜喜欢毛炅的勇健，想要救他，毛炅却要谋杀陶璜，陶璜便杀了毛炅。脩则的儿子脩允，活活剖开毛炅的肚子，割下肝脏，说："还要做贼吗？"毛炅继续骂着说："恨不得杀了你们孙皓，你的父亲连猪狗都不如！"王素想逃回南中，被吴国人抓住，九真、日南都投降了吴国。吴国大赦天下，任命陶璜做交州牧守。陶璜打败并降服了夷獠，州境都平定了。

八月，丙申日（十九日），城阳王司马宪去世。

从益州、南中分出四郡，设置宁州。

九月，吴国司空孟仁去世。

冬，十月，丁丑朔日（初一），出现日食。

十一月，刘猛进攻并州，被并州刺史刘钦打败。

贾充将之镇，公卿饯于夕阳亭。充私问计于荀勖，勖曰："公为宰相，乃为一夫所制，不亦鄙乎！然是行也，辞之实难，独有结婚太子，可不辞而自留矣。"充曰："然孰可寄怀？"勖曰："勖请言之。"因谓冯紞曰："贾公远出，吾等失势。太子婚尚未定，何不劝帝纳贾公之女乎！"紞亦然之。初，帝将纳卫瓘女为太子妃，充妻郭槐赂杨后左右，使后说帝，求纳其女。帝曰："卫公女有五可，贾公女有五不可：卫氏种贤而多子，美而长、白；贾氏种妒而少子，丑而短、黑。"后固以为请，荀顗、荀勖、冯紞皆称充女绝美，且有才德，帝遂从之。留充复居旧任。

十二月，以光禄大夫郑袤为司空，袤固辞不受。

是岁，安乐思公刘禅卒。

吴以武昌都督广陵范慎为太尉。右将军司马丁奉卒。

吴改明年元曰凤凰。

【译文】贾充想要前往镇所，朝廷诸公在夕阳亭为他送别。贾充私下和荀勖商议计划，荀勖说："公侯作为宰相，却被一人牵制，不是很难看吗？但是此次之行，推托实在很难，只有和太子结亲，就可以不用推辞而自然地留下来。"贾充说："那么可以托给谁呢？"荀勖说："勖请自荐前去商议。"因而对冯紞说："贾公要出远门，我们也失去势力了。太子婚姻还没定，为什么不劝皇帝迎娶贾公的女儿呢！"冯紞也赞同这个主意。起初，晋武帝司马炎将要娶卫瓘的女儿为太子妃，贾充的妻子郭槐贿赂杨皇后身边的亲信，请求皇后游说晋武帝司马炎娶贾充的女儿。晋武帝司马炎说："卫公的女儿有五种可取之处，贾公的女儿有五种不可取之处：卫氏天生贤惠，子孙众多，美丽而且皮肤白皙；贾氏天生善妒，子孙很少，丑陋矮小而且皮肤黝黑。"杨皇后坚持为贾氏不停地请求武帝，荀顗、荀勖、冯紞都称赞贾充女儿非常美丽，并且才德兼备，晋武帝司马炎听从了他们的意见。留下贾充，恢复原职。

十二月，晋武帝司马炎任命光禄大夫郑袤做司空，郑袤坚决推辞不受。

这年，安乐思公刘禅去世。

吴国任命武昌都督广陵人范慎做太尉。右将军司马丁奉去世。

吴国明年改年号为凤凰。

八年（壬辰，公元二七二年）春，正月，监军何桢讨刘猛，屡破之，潜以利诱其左部帅李恪，恪杀猛以降。

二月，辛卯，皇太子纳贾妃。妃年十五，长于太子二岁，妒忌多权诈，太子嬖而畏之。

壬辰，安平献王孚卒，年九十三。孚性忠慎，宣帝执政，孚常自退损。后逢废立之际，未尝预谋。景、文二帝以孚属尊，亦不敢逼。及帝即位，恩礼尤重。元会，诏孚乘舆上殿，帝于阼阶迎拜。既坐，亲奉觞上寿，如家人礼。帝每拜，孚跪而止之。孚虽见尊宠，不以为荣，常有忧色。临终，遗令曰："有魏贞士河内司马孚字叔达，不伊不周，不夷不惠，立身行道，终始若一。当衣以时服，敛以素棺。"诏赐东园温明秘器，诸所施行，皆依汉东平献王故事。其家遵孚遗旨，所给器物，一不施用。

帝与右将军皇甫陶论事，陶与帝争言，散骑常侍郑徽表请罪之，帝曰："忠谠之言，唯患不闻。徽越职妄奏，岂朕之意！"遂免徽官。

【译文】 八年（壬辰，公元272年）春季，正月，监军何桢讨伐刘猛，多次击败刘军，暗中用利益诱惑刘猛左部帅李恪，李恪杀掉刘猛投降。

二月，辛卯日（十七日），晋皇太子纳了贾妃。贾妃十五岁，年长太子两岁，她生性嫉妒，擅长玩诡计，为人奸诈，太子既喜欢又害怕她。

壬辰日（十八日），安平献王司马孚去世，享年九十三岁。司马孚天性忠诚谨慎，宣帝执政时，司马孚经常谦虚低调处事。

资治通鉴

后来遇上废立君主的事情，他都未曾参加谋划。景帝、文帝因为司马孚地位尊贵，也不敢逼迫于他。等到晋武帝司马炎即位，更加礼貌地对待他。元旦朝会，晋武帝司马炎允许司马孚乘着车舆上殿，晋武帝司马炎在阼阶迎接拜见他。等司马孚坐下后，晋武帝司马炎亲自拿着酒杯呈上为司马孚祝寿，就像普通人家的礼节一样。每次晋武帝司马炎跪拜，司马孚也都跪下来阻拦。尽管司马孚深受尊重，他却不认为这是什么值得荣耀的事，时常面露忧色。临终之时，遗命说："魏国忠贞人士河内人司马孚，字叔达，比伊尹不如，比周公不如，比管夷吾不如，比柳下惠不如，但是立身处世，始终如一。应当给我穿上平时的衣服，埋葬在素漆的棺木之中。"晋武帝司马炎下令赏赐东园梓棺，各种葬礼行事，都按照汉东平献王葬礼的旧例。他的家属按照司马孚意愿，凡是所赏赐的器物，一概不用。

晋武帝司马炎和右将军皇甫陶讨论政事，皇甫陶和皇帝在言语上发生了争执，散骑常侍郑徽上书请求对他责罚。晋武帝司马炎说："忠正的言辞，唯恐听不到，郑徽越过职守，随意上奏，哪里合朕的心意！"于是罢免了郑徽的官职。

【申涵煜评】孚屡当废立之际，流涕痛哭，似乎忠于魏者。然身为尊属，不能以死生去就争，又父子封王，终身富贵，乃自号曰"纯臣"，曰"贞士"，将谁欺哉？愧于武攸绪，殆倍蓰矣。

【译文】司马孚每次到了废除君王另立新君的时候，都要痛哭流涕，似乎是忠于魏的人。然而他身为魏朝位尊的辅臣，不能用生命守护魏，父亲和儿子都做了王，享受终身的富贵，还称自己为"忠贞不贰的臣子""贞节的士人"，这是要欺骗谁啊？他照着武攸绪，差得远呢。

夏，汶山白马胡侵掠诸种，益州刺史皇甫晏欲讨之。典学从事蜀郡何旅等谏曰："胡夷相残，固其常性，未为大患。今盛夏出军，水潦将降，必有疾疫，宜须秋、冬图之。"晏不听。胡康木子烧香言军出必败，晏以为沮众，斩之。军至观阪，牙门张弘等以汶山道险，且畏胡众，因夜作乱，杀晏，军中惊扰，兵曹从事犍为杨仓勒兵力战而死。弘遂诬晏，云"率己共反"，故杀之，传首京师。晏主簿蜀郡何攀，方居母丧，闻之，诣洛证晏不反，弘等纵兵抄掠。广汉主簿李毅言于太守弘农王浚曰："皇甫侯起自诸生，何求而反！且广汉与成都密迩，而统于梁州者，朝廷欲以制益州之衿领，正防今日之变也。今益州有乱，乃此郡之忧也。张弘小竖，众所不与，宜即时赴讨，不可失也。"浚欲先上请，毅曰："杀主之贼，为恶尤大，当不拘常制，何请之有！"浚乃发兵讨弘。诏以浚为益州刺史。浚击弘，斩之，夷三族。封浚关内侯。

【译文】夏季，汶山白马胡抢夺各个部落，益州刺史皇甫晏想要前往讨伐。典学从事蜀郡人何旅等人建言说："胡人相互厮杀，原本就是他们的天性，不会变成大害。目前盛夏出兵，雨水将要来临，必然会发生灾疫，应当等到秋、冬之时再作谋划。"皇甫晏没有采纳他的建议。胡人名叫康木子的烧香人说出兵必遭败绩；皇甫晏觉得他是在扰乱军心，杀掉了他。军队到达观阪，牙门张弘等人认为汶山道路艰险难行，并且害怕胡人众多，因此趁夜造反，杀掉皇甫晏，军中慌乱不安，兵曹从事犍为人杨仓指挥军队极力作战而死。张弘于是诬陷皇甫晏，说"皇甫晏要带领我们一同反叛"，因此把他杀死了，将他的首级送到京师。皇甫晏的主簿蜀郡人何攀正居守母亲的丧事，听到此事，前往洛阳，证明皇甫晏并无叛乱。张弘等人指示军队抢劫掳掠。广汉主簿李毅向太守弘农人王浚进言说："皇甫侯从书生出仕，为什么会叛乱呢！并且广汉和成都紧密相连，这是统辖于梁州的缘故，是朝廷想要控制梁州的要害，正是要防范今日这样的灾变。现今益州有乱，就是本郡的忧患。张弘这一小小乱党，百姓也不会帮他。应当马上前去讨伐，不可坐失良机。"王浚想要先行请示，李毅说："杀害长官的贼人，罪恶非常重大，大可不必遵守常规，又何须请示呢！"王浚于是命令军队征讨张弘。晋武帝司马炎诏令王浚担任益州刺史。王浚攻打张弘，将他杀死，夷戮三族。晋武帝司马炎封王浚为关内侯。

　　初，浚为羊祜参军，祜深知之。祜兄子暨白浚"为人志大奢侈，不可专任，宜有以裁之。"祜曰："浚有大才，将以济其所欲，必可用也。"更转为车骑从事中郎。浚在益州，明立威信，蛮夷多归附之；俄迁大司农。时帝与羊祜阴谋伐吴，祜以为伐吴宜藉上流之势，密表留浚复为益州刺史，使治水军。寻加龙骧将军，监益、梁诸军事。

　　诏浚罢屯田兵，大作舟舰。别驾何攀以为"屯田兵不过五六百人，作船不能猝办，后者未成，前者已腐。宜召诸郡兵合万馀人造之，岁终可成。"浚欲先上须报，攀曰："朝廷猝闻召万兵，必不听；不如辄召，设当见却，功夫已成，势不得止。"浚从之，令攀典造舟舰器仗。于是作大舰，长百二十步，受二千馀人，以木为城，起楼橹，开四出门，其上皆得驰马往来。

　　【译文】起初，王浚担任羊祜的参军，羊祜十分了解他。羊祜的侄儿羊暨说："王浚为人，志向很大，却奢侈无度，不能担当地方大员，应当有所克制。"羊祜说："王浚有大的才能，做大将可弥补他的欲望，肯定可以任用。"又转官为车骑从事中郎。王浚在益州，明显建立了尊严和信用，蛮夷大多归顺于他。不久升为大司农。当时皇帝与羊祜私下计议要攻打吴国，羊祜认为讨伐吴国，应借助上流的形势，秘密呈上书章，留下王浚，再任命为益州刺史，命他整治水军。不久加官龙骧将军，监督益、梁二州所有军务。

晋武帝司马炎下令让王浚停止屯田军，多多修筑舟舰。别驾何攀认为："屯田军队不过五六百人，铸造舟舰不会立刻办成，后者尚未成功，前者已经损坏。应当召集各郡县军队，集合一万余人来修筑，岁末就可建成。"王浚想要先行奏报上去，何攀说："朝廷突然听到要召集一万军队，肯定不会接受，不如先行专权任命，假如朝廷拒绝了，功夫已成，形势是停不下来的。"王浚接受了，命何攀主理铸造舟舰兵器之事。于是铸造巨舰，长一百二十步，载两千多人，拿木材作城，修筑瞭望台，四下开门，马匹能够在上面来回奔跑。

时作船木棍，蔽江而下，吴建平太守吴郡吾彦取流棍以白吴主曰："晋必有攻吴之计，宜增建平兵以塞其冲要。"吴主不从。彦乃为铁锁横断江路。

王浚虽受中制募兵，而无虎符；广汉太守燉煌张敩收浚从事列上。帝召敩还，责曰："何不密启而便收从事？"敩曰："蜀、汉绝远，刘备尝用之矣。辄收，臣犹以为轻。"帝善之。

壬辰，大赦。

【译文】当时修筑船舰的碎木屑，布满江面，沿江顺流直下。吴国建平太守吴郡人吾彦获得碎木屑，对吴国君主说："晋国必然有进攻吴国的计划，应当增加建平的军队防守要塞。"吴国君主没有接受他的建言。吾彦于是铸造铁链，横断江面水路。

尽管王浚接到天子敕命，召集军队，却无虎符。广汉太守敦煌人张斅收集王浚所做之事，一条条奏上。晋武帝司马炎命张斅回朝，责怪他说："为何不秘密启奏，就收捕了他的从事呢？"张斅说："蜀、汉距离非常遥远，刘备曾经占据此地。仅仅是收捕了他的从事，臣下还认为是轻的。"晋武帝司马炎觉得很好。

壬辰日（不知何月壬辰日），晋朝大赦天下。

秋，七月，以贾充为司空，侍中、尚书令、领兵如故。充与侍中任恺皆为帝所宠任，充欲专名势，而忌恺，于是朝士各有所附，朋党纷然。帝知之，召充、恺宴于式乾殿而谓之曰："朝廷宜一，大臣当和。"充、恺各拜谢。既而充、恺以帝已知而不责，愈无所惮，外相崇重，内怨益深。充乃荐恺为吏部尚书，恺侍觐转希，充因与荀勖、冯𬘭承间共谮之，恺由是得罪，废于家。

八月，吴主征昭武将军、西陵督步阐。阐世在西陵，猝被徵，自以失职，且惧有谗，九月，据城来降，遣兄子玑、璿诣洛阳为任。诏以阐为都督西陵诸军事、卫将军、开府仪同三司、侍中，领交州牧，封宜都公。

【译文】秋季，七月，晋武帝司马炎任命贾充担任司空，仍然保有侍中、尚书令、领兵权。贾充与侍中任恺都是深受皇帝宠信的大臣，贾充想要独占名望和权势，因而忌恨任恺，于是朝中官员各自都有所归从，纷纷结为朋党。晋武帝司马炎知晓此事，召见贾充、任恺，在式乾殿宴饮，对他们说："朝廷应当结为一体，大臣间要和睦共处。"贾充、任恺各自拜谢。事后，贾充、任恺认为皇帝已经知晓，却并不责怪，更加无所顾忌，在外面装着相互尊重，内心里的怨恨却是愈加剧烈。贾充于是推荐任恺担任吏部尚书，任恺进侍皇帝的机会变少。贾充因而与荀勖、冯𬘭趁此时机，一起诋毁任恺，任恺因而获罪，被废在家。

八月，吴国君主孙皓征召昭武将军、西陵督步阐。步阐世代在西陵居住，突然被任命，自以为职务上有了过错，并且惧怕谗言。九月，步阐献上城池投降晋国，让侄儿步玑、步璿前往洛阳充当人质。晋朝下令让步阐都督西陵所有军务、卫将军、开府仪同三司、侍中、兼领交州牧，封为宜都公。

冬，十月，辛未朔，日有食之。

燉煌太守尹璩卒。凉州刺史杨欣表燉煌令梁澄领太守。功曹宋质辄废澄，表议郎令狐丰为太守。杨欣遣兵击之，为质所败。

吴陆抗闻步阐叛，亟遣将军左弈、吾彦等讨之。帝遣荆州刺史杨肇迎阐于西陵，车骑将军羊祜帅步军出江陵，巴东监军徐胤帅水军击建平，以救阐。陆抗敕西陵诸军筑严围，自赤谿至于故市，内以围阐，外以御晋兵，昼夜催切，如敌已至，众甚苦之。诸将谏曰："今宜及三军之锐，急攻阐，比晋救至，必可拔也，何事于围，以敝士民之力！"抗曰："此城处势既固，粮谷又足，且凡备御之具，皆抗所宿规，今反攻之，不可猝拔。北兵至而无备，表里受难，何以御之！"诸将皆欲攻阐，抗欲服众心，听令一攻，果无利。围备始合，而羊祜兵五万至江陵。诸将咸以抗不宜上，抗曰："江陵城固兵足，无可忧者。假令敌得江陵，必不能守，所损者小。若晋据西陵，则南山群夷皆当扰动，其患不可量也！"乃自帅众赴西陵。

【译文】冬季，十月，辛未朔日（初一），出现日食。

敦煌太守尹璩去世。凉州刺史杨欣上书，奏请敦煌县令梁

134

澄兼领太守职务。功曹宋质马上罢免梁澄，上书奏请议郎令狐丰为太守。杨欣派出军队进攻宋质，被宋质击败。

吴国陆抗听说步阐反叛的消息，连忙命令将军左奕、吾彦等人前去讨伐。晋武帝司马炎命令荆州刺史杨肇到西陵迎接步阐，车骑将军羊祜带领步兵向江陵发兵，巴东监军徐胤统领水军攻打建平，来援助步阐。陆抗下令西陵各军修建坚固的城围，从赤溪到达故市，在内可包围步阐，在外可抵抗晋军。陆抗日夜催迫，就像敌人已经到临似的，众人非常辛苦。众将领进言说："如今应当趁着三军的锐气，尽快攻打步阐，要比晋国救兵先到一步，肯定能够攻下，何必只是修筑城围来损耗官民的力量呢！"陆抗说："此城围不仅地势稳固，粮食又很充裕，而且所有用来防御的工具，全部是我昔日所谋划的，今天要反攻的话，不可能马上取胜。北方军队来了我们却没有防备，腹背受敌，又如何能防御呢？"将领们都想攻击步阐，陆抗也想使群众心服，任由他们进攻一次，果然出师不利。防备的城围刚刚落成，羊祜五万军队已经来到江陵。将领们都认为陆抗不宜向西进军，陆抗说："江陵城池稳固，士兵和粮食都很充裕，无须担心。假如敌人获取江陵，也肯定防守不了，我们失掉的地方小。假如晋国占据西陵，那么南山各夷族就都会骚动不安，灾患将不可估量啊！"于是，亲率军众前往西陵。

初，抗以江陵之北，道路平易，敕江陵督张咸作大堰遏水，渐渍平土以绝寇叛。羊祜欲因所遏水以船运粮，扬声将破堰以通步军。抗闻之，使咸亟破之。诸将皆惑，屡谏，不听。祜至当阳，闻堰败，乃改船以车运粮，大费功力。

十一月，杨肇至西陵。陆抗令公安督孙遵循南岸御羊祜，

水军督留虑拒徐胤，抗自将大军凭围对肇。将军朱乔营都督俞赞
亡诣肇。抗曰："赞军中旧吏，知吾虚实。吾常虑夷兵素不简练，
若敌攻围，必先此处。"即夜易夷兵，皆以精兵守之。明日，肇
果攻故夷兵处。抗命击之，矢石雨下，肇众伤、死者相属。十二
月，肇计屈，夜遁。抗欲追之，而虑步阐畜力伺间，兵不足分，于
是但鸣鼓戒众，若将追者。肇众凶惧，悉解甲挺走，抗使轻兵蹑
之，肇兵大败，祜等皆引军还。抗遂拔西陵，诛阐及同谋将吏数
十人，皆夷三族，自馀所请赦者数万口。东还乐乡，貌无矜色，
谦冲如常。吴主加抗都护。羊祜坐贬平南将军，杨肇免为庶人。

【译文】起初，陆抗认为江陵以北，道路平坦开阔，命令江
陵督张咸修筑大水坝阻断江水，淹没平地来阻止寇匪的反叛。
羊祜想要借着截断的江水，靠船输送粮食，扬言要将水坝打破，
来使步阐的军队通行。陆抗听到了，命令张咸赶紧打破水坝。将领
们都感到困惑，几次进谏，陆抗都没有接受。羊祜到达当阳，听说
水坝已经损坏，只好改用车辆运送粮食，费了很大的劲。

　　十一月，杨肇到达西陵。陆抗下令让公安督孙遵沿着南岸
抵挡羊祜，水军督留虑抵挡徐胤，陆抗亲率大军，依着城围与杨
肇对抗。将军朱乔的营都督俞赞投靠杨肇。陆抗说："俞赞是军
中的老军官，了解我的虚实。我时常担心夷人军队一向不精良，
假如敌人袭击城围，肯定先攻打此地。"当夜将夷人军队调开，
都换上精良的部队来守卫。第二天，杨肇果然攻打先前夷人守
卫之地，陆抗一声令下，箭、石如雨一般落下，杨肇的兵士死伤
不断。十二月，杨肇计穷力竭，乘夜逃跑。陆抗想追杀，却又担
心步阐储备战力，窥伺时机，自己的兵力又不足以分开对付两
头，于是就只将战鼓敲响，戒令全军，作出想要追杀的样子。杨
肇的军队十分害怕，全都丢盔弃甲，转身逃走。陆抗下令让装备

轻捷的军队在后追击，大败杨肇的军队，羊祜等人都领兵而返。陆抗于是攻下西陵，杀了步阐与数十个同谋的将官，都夷戮三族，请求对余下数万人赦免。陆抗返回东边的乐乡，脸上没有丝毫的骄傲、自负之气，就像往常一样的谦虚。吴国君主孙皓把陆抗升为都护。晋朝羊祜连坐获罪，降为平南将军；杨肇被免去官职，成为平民。

吴主既克西陵，自谓得天助，志益张大，使术士尚广筮取天下，对曰："吉。庚子岁，青盖当入洛阳。"吴主喜，不修德政，专为兼并之计。

【译文】吴国君主收复西陵后，自认为得到上天的佑助，志气大增，猖狂命令术士尚广卜筮，卜求取得天下的吉凶，尚广回答说："吉。庚子年，青色伞盖应该进入洛阳。"吴国君主孙皓十分高兴，不修治德政，专门研究侵吞天下的计划。

【乾隆御批】羊祜刈谷偿绢，送还猎兽，特用是愚弄边界之人，岂真所云修德信者！甚至遗酒馈药，使命频通，不惟身犯外交，直废弃军律矣。论者率以此事为贤，故不可以不辨。

【译文】羊祜割了谷子用绢补偿，送还猎得的禽兽，特别用这些欺骗边界的人，哪里真像人们所说的是修德讲信的人！甚至送酒送药，使者频繁往来，不仅自己触犯了外交的原则，简直是舍弃军队的法令。评论的人都因此事认为羊祜贤良，所以不可以不明察。

贾充与朝士宴饮，河南尹庾纯醉，与充争言。充曰："父老，不归供养，卿为无天地！"纯曰："高贵乡公何在？"充惭怒，上表解职；纯亦上表自劾。诏免纯官，仍下五府正其臧否。石苞以为纯荣官忘亲，当除名，齐王攸等以为纯于礼律未有违。诏从攸议，复以纯为国子祭酒。

【译文】 贾充与朝廷官员一起宴饮，河南尹庾纯喝醉了，同贾充争论。贾充说："你的父亲年纪已经老迈，不回去供养，你真可以说是无法无天了。"庾纯说："你的先祖高贵乡公此刻在何处？"贾充恼羞成怒，递上奏章，要求辞掉官职。庾纯也呈上书章，自己弹劾自己的罪状。晋武帝司马炎下诏罢免庾纯官职，仍旧判下五府，评论他是否于礼相合。石苞认为庾纯为了官职的荣耀，将父亲忘掉，应当除去他的名籍；齐王司马攸等人认为庾纯从未有悖逆礼法之处。晋武帝司马炎听从司马攸的建议，又任命庾纯为国子祭酒。

吴主之游华里也，右丞相万彧与右大司马丁奉、左将军留平密谋曰："若至华里不归，社稷事重，不得不自还。"吴主颇闻之，以彧等旧臣，隐忍不发。是岁，吴主因会，以毒酒饮彧，传酒人私减之。又饮留平，平觉之，服他药以解，得不死。彧自杀；平忧懑，月馀亦死。徙彧子弟于庐陵。

【译文】 去年吴国君主孙皓去华里游玩，右丞相万彧与右大司马丁奉、左将军留平密谋说："如果皇上到了华里无法安全回还，国家大事重要，我们就不得不自行返回来主持国事了。"吴国君主孙皓也听说了这个计谋，认为万彧等人是国家老臣，因此忍住没讲。这一年，吴国君主借着酒宴，让万彧喝下毒酒，送酒的人暗地里将毒药的分量减轻。又让留平饮用，留平察觉，喝别的药解了毒性，得以不死。万彧自杀而死，留平心中愤恨，一个多月后也死了。吴国君主将万彧子弟都放逐到庐陵。

资治通鉴

初，或请选忠清之士以补近职，吴主以大司农楼玄为宫下镇，主殿中事。玄正身帅众，奉法而行，应对切直，吴主浸不悦。

中书令领太子太傅贺邵上疏谏曰："自顷年以来，朝列纷错，真伪相贸，忠良排坠，信臣被害。是以正士摧方而庸臣苟媚，先意承指，各希时趣。人执反理之评，士吐诡道之论，遂使清流变浊，忠臣结舌。陛下处九天之上，隐百里之室，言出风靡，令行景从。亲洽宠媚之臣，日闻顺意之辞，将谓此辈实贤而天下已平也。臣闻兴国之君乐闻其过，荒乱之主乐闻其誉；闻其过者过日消而福臻，闻其誉者誉日损而祸至。陛下严刑法以禁直辞，黜善士以逆谏口，杯酒造次，死生不保，仕者以退为幸，居者以出为福，诚非所以保光洪绪，熙隆道化也。何定本仆隶小人，身无行能，而陛下爱其佞媚，假以威福。夫小人求入，必进奸利。定间者忘兴事役，发江边戍兵以驱麋鹿，老弱饥冻，大小怨叹。《传》曰：'国之兴也，视民如赤子；其亡也，以民为草芥。'今法禁转苛，赋调益繁，中官、近臣所在兴事，而长吏畏罪，苦民求办。是以人力不堪，家户离散，呼嗟之声，感伤和气。今国无一年之储，家无经月之蓄，而后宫之中坐食者万有馀人。又，北敌注目，伺国盛衰，长江之限，不可久恃，苟我不能守，一苇可杭也。愿陛下丰基强本，割情从道，则成、康之治兴，圣祖之祚隆矣！"吴主深恨之。

【译文】起初，万彧请求挑选忠诚清正的人来补充近侍之职，吴国君主就命令大司农楼玄担任宫下镇，主持殿中事情。楼玄修身率众，奉持法令行事，应对进退，恳切正直，慢慢地吴国君主心中不悦。

中书令领太子太傅贺邵呈上奏章进谏说："至近年以来，

朝中班秩，纷繁杂乱；真伪事理，混淆不清；忠善人士，遭受排挤颠仆；信实大臣，遭受损伤残害。所以严正贤士，变易了正直的行为。但是庸碌的臣子，不停地苟安谄媚，擅于逢迎，各趋时尚。人人秉持悖逆常理的批评，士子发出悖逆正道的言论，最终使得清流变得混浊，忠臣闭口不言。陛下居处在九重天外，隐息于百里深宫，一言出口，天下风靡，一声令下，四海响应。亲自接待的，都是宠信、谄媚的臣子，每日听说的，都是顺心、合心的言语；您将会认为这些人是真正的贤臣，而且认为天下已经太平。臣下听闻振兴国家的君主，喜欢听人告知自己的过失；荒废朝政的君主，喜欢听人夸赞自己的美德。喜欢听人告知自己过失的君主，他的过失会一天天地消亡，并且祥瑞也会降临；喜欢听人夸赞自己美德的君主，他的美德会一天天地损伤，并且灾祸也会降临。陛下严刑峻法来禁止正直的言辞，罢免善士来阻塞进谏的臣子，酒宴之时，会遭遇突然降临的灾难，连生死都无法保全。仕宦的人觉得隐退是件庆幸的事，在职的人把外放当作福气。这些实在不是力求光大先祖事业，隆盛先圣教化的做法。何定原本是奴仆小人，没有什么德行，可是陛下却喜欢他的谄媚，使得他假借天颜作威作福。小人求得进身，肯定要进献奸邪小利。何定时不时胡乱地兴起劳役，发动江边戍卫的士兵来驱赶麋鹿，老弱之人饥寒交迫，大大小小的人齐声哀叹。古书上说：‘国家的振兴，对待人民就像对待自己的孩子；国家的衰亡，便将人民看成城外的野草。’如今法令变得愈加苛刻，赋税征收得愈加繁重。宦官、近侍，在外地驻守，只知道大兴工事，而且地方长官害怕承担罪罚，劳累人民，力求成效。所以人力负担不了，家家离散，悲叹之声，损害了国家和气。当今国中的储蓄还不到一年，家中的储蓄不到一月，然而后宫坐享其成的就有一万多人。又加上北方敌人的窥视，窥伺国家的兴衰，长江的险阻，是无法长久凭恃的，假如我们坚守不了，一只小船就可以渡过。希望陛下使国家的根本强盛起来，抛下私情，顺从正道，那么也就能振兴像成、康一样的政治，兴隆圣祖的国祚了。"吴国君主恨透了他。

于是，左右共诬楼玄、贺邵相逢，驻共耳语大笑，谤讪政事，俱被诘责；送玄付广州，邵原复职。既而复徙玄于交阯，竟杀之。久之，何定奸秽发闻，亦伏诛。

羊祜归自江陵，务修德信以怀吴人。每交兵，刻日方战，不为掩袭之计。将帅有欲进谲计者，辄饮以醇酒，使不得言。祜出军行吴境，刈谷为粮，皆计所侵，送绢偿之。每会众江、沔游猎，常止晋地，若禽兽先为吴人所伤而为晋兵所得者，皆送还之。于是，吴边人皆悦服。祜与陆抗对境，使命常通。抗遗祜酒，祜饮之不疑；抗疾，求药于祜，祜以成药与之，抗即服之。人多谏抗，抗曰："岂有鸩人羊叔子哉！"抗告其边戍曰："彼专为德，我专为暴，是不战而自服也。各保分界而已，无求细利。"吴主闻二境交和，以诘抗，抗曰："一邑一乡不可以无信义，况大国乎！臣不如此，正是彰其德，于祜无伤也。"

【译文】于是左右近臣一起污蔑楼玄、贺邵，说是他二人相遇，停下车来，相互之间窃窃私语，然后大笑，诽谤政事。他二人都被责问，楼玄送交广州，贺邵官复原职。没过多久，又将楼玄迁移到交阯，居然杀掉了他。又过了些时日，何定的奸恶被发觉，也被杀了。

羊祜从江陵返回，专心修治信实，来安抚吴国人。每次交战，限定了时日才战，不作偷袭的计划。将帅想要进献诡计的，就请他喝下烈酒，使他无法进言。羊祜出兵，途经吴国边境，割下稻谷作为粮食，都要计算侵占的数量，偿还他的主人丝绢。每次集合众人在江、沔打猎，往往只限于晋国境内。假如禽兽先被吴国人打伤，却被晋国军队抓获，都送还给吴国人。于是吴国边境的民众都心悦诚服。羊祜与陆抗在边境抵抗，使者也常常能够相互通行。陆抗给羊祜送去酒水，羊祜毫不怀疑就喝下去；陆抗患了病，向羊祜求药，羊祜就将调好的药送过去，陆抗马上就喝下。许多人给陆抗进言，陆抗说："怎么会有毒害人的羊叔子呢！"陆抗对守边的将士说："如果他专门行善，而我专门作恶，那么无须交战对方就自然而然地过来投降了。今日各自保有分界罢了，无须追逐小利。"吴国君主听说两边边境和平交往，责问陆抗，陆抗说："一邑一乡都不能失掉信义，更何况是泱泱大国呢！臣下不这样行事的话，正是彰显了他的美德，对羊祜是不会造成任何伤害的。"

吴主用诸将之谋，数侵盗晋边。陆抗上疏曰："昔有夏多罪而殷汤用师，纣作淫虐而周武授钺。苟无其时，虽复大圣，亦宜养威自保，不可轻动也。今不务力农富国，审官任能，明黜陟，慎刑赏，训诸司以德，抚百姓以仁，而听诸将徇名，穷兵黩武，动费万计，士卒凋瘁，寇不为衰而我已大病矣。今争帝王之资而昧十百之利，此人臣之奸便，非国家之良策也！昔齐、鲁三战，鲁人再克，而亡不旋踵。何则？大小之势异也。况今师所克获，不补所丧哉？"吴主不从。

羊祜不附结中朝权贵，荀勖、冯紞之徒皆恶之。从甥王衍尝诣祜陈事，辞甚清辩；祜不然之，衍拂衣去。祜顾谓宾客曰："王夷甫方当以盛名处大位，然败俗伤化，必此人也。"及攻江陵，祐以军法将斩王戎。衍，戎之从弟也，故二人皆憾之，言论多毁祐，时人为之语曰："二王当国，羊公无德。"

【译文】 吴国君主采用将领们的计划，屡次侵占晋国的边境，陆抗呈上奏章说："先前夏朝罪证昭彰，因而商汤发兵讨伐；商纣惨无人道，因而周武王授予斧钺。假如不是正当其时，即便是大圣人，也应当培养声威来自卫，不能轻举妄动。现下不在农事上下功夫，使国库充实，审劾官职，任命贤才，修明升降准则，谨慎刑赏法规，用德行训示官员，用仁爱安抚百姓，却接受将领们舍命求名，穷兵黩武，军事耗费，成千上万，兵士疲乏，敌人尚未衰退，我们却已大大折损了。现下要争夺帝王的财产，却贪取千百的利益，这是臣子求得私益的便利，并非治国的好策略。先前齐国与鲁国连战三次，鲁国人虽然获胜两次，没过多久却亡国了，这是什么缘故呢？是因为国力大小的不同而已。何况今天军队所得的，并不能补偿那些所失的！"吴国君主没有接受他的建议。

羊祐从不巴结攀附朝中的权贵，因此荀勖、冯紞一班人都很讨厌他。羊祐堂外甥王衍曾经到羊祐处讲述事情，言语非常清楚而且还很有条理，羊祐却不以为然，王衍就生气地离开了。羊祐转过头对宾客说："王夷甫正要以高名居处大位，然而伤风败俗，肯定是这个人。"等到讨伐江陵之时，羊祐依照军法将要斩杀王戎。王衍，是王戎的堂弟，因此这二人都很痛恨他，他们在言语上大多诋毁羊祐。当时的人都传言说："一旦二王主持国政，羊公就没有什么德行可言了。"

资治通鉴卷第八十　晋纪二

起昭阳大荒落，尽屠维大渊献，凡七年。

【译文】 起癸巳（公元273年），止己亥（公元279年），共七年。

【题解】 本卷记录了晋武帝泰始九年至咸宁五年共七年间西晋与孙吴等国的大事：拓跋力微中了卫瓘的反间计而杀掉太子，晋国衰败；晋将马隆破杀树机能，平定凉州一带的鲜卑之患；南匈奴刘渊作为左部帅与谋士王弥友善；司马炎大肆选宫嫔，荒淫无度；贾充等欺骗司马炎，排挤司马攸，护持司马衷为太子；羊祜请求伐吴，病后面陈伐吴大计；司马炎派二十万大兵数路并出伐吴；吴主孙皓荒悖无道，任意杀良臣，信谣言，醉生梦死的想一统天下。

世祖武皇帝上之下

泰始九年（癸巳，公元二七三年）春，正月，辛酉，密陵元侯郑袤卒。

二月，癸巳，乐陵武公石苞卒。

三月，立皇子祗为东海王。

吴以陆抗为大司马、荆州牧。

夏，四月，戊辰朔，日有食之。

【译文】 泰始九年（癸巳，公元273年）春季，正月，辛酉日（二十二日），密陵元侯郑袤去世。

二月，癸巳日（二十五日），乐陵武公石苞去世。

三月，晋武帝司马炎立皇子司马祗为东海王。

吴国任命陆抗担任大司马、荆州牧。

夏季，四月，戊辰朔日（初一），出现日食。

初，邓艾之死，人皆冤之，而朝廷无为之辨者。及帝即位，议郎燉煌段灼上疏曰："邓艾心怀至忠而荷反逆之名，平定巴、蜀而受三族之诛。艾性刚急，矜功伐善，不能协同朋类，故莫肯理之。臣窃以为艾本屯田掌犊人，宠位已极，功名已成，七十老公，复何所求！正以刘禅初降，远郡未附，矫令承制，权安社稷。钟会有悖逆之心，畏艾威名，因其疑似，构成其事。艾被诏书，即遣强兵，束身就缚，不敢顾望，诚自知奉见先帝，必无当死之理也。会受诛之后，艾官属将吏，愚戆相聚，自共追艾，破坏槛车，解其囚执。艾在困地，狼狈失据，未尝与腹心之人有平素之谋，独受腹背之诛，岂不哀哉！陛下龙兴，阐弘大度，谓可听艾归葬旧墓，还其田宅，以平蜀之功继封其后，使艾阖棺定谥，死无所恨，则天下徇名之士，思立功之臣，必投汤火，乐为陛下死矣！"帝善其言而未能从。会帝问给事中樊建以诸葛亮之治蜀，曰："吾独不得如亮者而臣之乎？"建稽首曰："陛下知邓艾之冤而不能直，虽得亮，得无如冯唐之言乎！"帝笑曰："卿言起我意。"乃以艾孙朗为郎中。

【译文】 起初，邓艾之死，国人都认为他是冤枉的，朝廷却无人为他辩解。等到晋武帝司马炎即位，议郎敦煌人段灼上奏说："邓艾忠心耿耿，却承受叛逆的罪名，平定巴、蜀，却受到三族的夷戮。邓艾生性刚正而又急躁，夸耀自己的功业，骄矜自己的善德，没有与朋友和睦共处，所以无人肯出来为他辩解。臣私下认为：邓艾原本就是农村中照养牛只的农夫，后来得到君王宠信，位极人臣，已经功成名就，七十岁的老人，又有什么可奢求的呢！正因为刘禅才刚刚投降不久，边远郡县尚未归顺，因此假托君令，承受制命，作为安定国家的权宜之计。钟会有叛逆的心思，害怕邓艾的声威，因为这两件事相似，所以造成乱事。邓艾接到诏书，就将强兵遣散，自愿承受束缚，不敢再有其他想法，他知晓假以时日真的可以觐见先帝，肯定不会有死罪的道理。钟会被杀之后，邓艾的部属将吏们，愚蠢地聚集起来，自行决定一起追赶邓艾，将囚车砸坏，将邓艾的拘禁解除。邓艾身处窘困的境地，进不能进退也不能退。他从未与心腹之人作出预谋，所以毫无幸免地遭受杀害，这不是非常悲哀的事吗？陛下振兴王业，心胸宽广，假如可以允许邓艾埋葬祖墓，送还田宅，将平定蜀汉的功业封给他的后人，使得邓艾盖棺之后，议定谥号，那么他就是死也没什么遗憾了。天下营求名声的人士，想要建功立业的臣子，必然会赴汤蹈火，愿意以死为陛下效命了。"晋武帝司马炎认为他的进言很好，可是没法采纳。正巧晋武帝问给事中樊建关于诸葛亮治理蜀汉的事情，说："唯独我找不到像诸葛亮那样的贤人做我的臣子吗？"樊建叩头说："陛下知晓邓艾的冤屈却不去纠正，即使得到了诸葛亮，会不会像汉文帝时冯唐说的那样，得到了也不能任用呢？"晋武帝司马炎笑着说："你的话启发了我。"于是任命邓艾的孙子邓朗担任郎中。

吴人多言祥瑞者，吴主以问侍中韦昭，昭曰："此家人筐箧中物耳！"昭领左国史，吴主欲为其父作纪，昭曰："文皇不登帝位，当为传，不当为纪。"吴主不悦，渐见责怒。昭忧惧，自陈衰老，求去侍、史二官，不听。时有疾病，医药监护，持之益急。吴主饮群臣酒，不问能否，率以七升为限。至昭，独以茶代之，后更见逼强。又酒后常使侍臣嘲弄公卿，发摘私短，以为欢；时有愆失，辄见收缚，至于诛戮。昭以为外相毁伤，内长尤恨，使群臣不睦，不为佳事，故但难问经义而已。吴主以为不奉诏命，意不忠尽，积前后嫌忿，遂收昭付狱。昭因狱吏上辞，献所著书，冀以此求免。而吴主怪其书垢故，更被诘责；遂诛昭，徙其家于零陵。

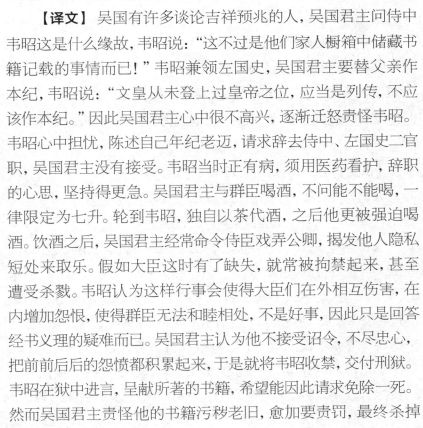

【译文】 吴国有许多谈论吉祥预兆的人，吴国君主问侍中韦昭这是什么缘故，韦昭说："这不过是他们家人橱箱中储藏书籍记载的事情而已！"韦昭兼领左国史，吴国君主要替父亲作本纪，韦昭说："文皇从未登上过皇帝之位，应当是列传，不应该作本纪。"因此吴国君主心中很不高兴，逐渐迁怒责怪韦昭。韦昭心中担忧，陈述自己年纪老迈，请求辞去侍中、左国史二官职，吴国君主没有接受。韦昭当时正有病，须用医药看护，辞职的心思，坚持得更急。吴国君主与群臣喝酒，不问能不能喝，一律限定为七升。轮到韦昭，独自以茶代酒，之后他更被强迫喝酒。饮酒之后，吴国君主经常命令侍臣戏弄公卿，揭发他人隐私短处来取乐。假如大臣这时有了缺失，就常被拘禁起来，甚至遭受杀戮。韦昭认为这样行事会使得大臣们在外相互伤害，在内增加怨恨，使得群臣无法和睦相处，不是好事，因此只是回答经书义理的疑难而已。吴国君主认为他不接受诏令，不尽忠心，把前前后后的怨愤都积累起来，于是就将韦昭收禁，交付刑狱。韦昭在狱中进言，呈献所著的书籍，希望能因此请求免除一死。然而吴国君主责怪他的书籍污秽老旧，愈加要责罚，最终杀掉了韦昭,将他的家族放逐到零陵。

五月,以何曾领司徒。

六月,乙未,东海王祗卒。

秋,七月,丁酉朔,日有食之。

诏选公卿以下女备六宫,有藏匿者以不敬论。采择未毕,权禁天下嫁娶。帝使杨后择之,后惟取洁白长大而舍其美者。帝爱卞氏女,欲留之。后曰:"卞氏三世后族,不可屈以卑位。"帝怒,乃自择之,中选者以绛纱系臂,公卿之女为三夫人、九嫔、二千石、将、校女补良人以下。

九月,吴主悉封其子弟为十一王,王给三千兵。大赦。

是岁,郑冲以寿光公罢。

吴主爱姬遣人至市夺民物,司市中郎将陈声素有宠于吴主,绳之以法。姬诉于吴主,吴主怒,假他事烧锯断声头,投其身于四望之下。

【译文】五月,任命何曾兼领司徒。

六月,乙未日(二十九日),东海王司马祗去世。

秋季,七月,丁酉朔日(初一),出现日食。

晋武帝司马炎下令挑选公卿以下的女儿,以备六宫的选任,要是有藏匿的人家,就用大不敬的法条论罪。采选未结束时,暂时禁止天下的婚嫁事宜。晋武帝司马炎命令杨皇后前去挑选,杨皇后只是挑选一些洁白高大却并不漂亮的女子。晋武帝司马炎喜爱卞氏的女儿,想要将她留下来,杨皇后说:"卞氏三代都是皇后的家族,不能委屈她处在低贱位置上。"晋武帝司马炎生气了,于是自己挑选,中选的人用大红纱巾系住手臂,公卿的女儿作为三夫人、九嫔;二千石、将、校的女儿递补良人以下的位置。

九月，吴国君主加封所有子弟，共计十一个王侯，每一王侯供给三千士兵。大赦天下。

这一年，晋朝郑冲以寿光公的爵位被免职。

吴国君主心爱的姬妃让人到市集上抢夺人民的财物。司市中郎将陈声向来深受吴国君主宠幸，就将抢犯正法。姬妃将此事告诉了吴国君主，吴国君主大怒，借其他事情为由，锯断、焚烧陈声的头颅，将他的身躯丢弃到四望山下。

十年(甲午，公元二七四年)春，正月，乙未，日有食之。

闰月，癸酉，寿光成公郑冲卒。

丁亥，诏曰："近世以来，多由内宠以登后妃，乱尊卑之序；自今不得以妾媵为正嫡。"

分幽州置平州。

三月，癸亥，日有食之。

诏又取良家及小将吏女五千馀人入宫选之，母子号哭于宫中，声闻于外。

【译文】 十年(甲午，公元274年)春季，正月，乙未日(初二)，出现日食。

闰月，癸酉日(十一日)，寿光成公郑冲去世。

丁亥日(二十五日)，晋武帝司马炎下诏说："近代以来，多有由宠幸的姬妃登上皇后之位的事，扰乱了尊卑秩序。从今日起，不能让姬妾充当正室。"

晋朝从幽州分出郡县，设立平州。

三月，癸亥日(初二)，出现日食。

晋武帝司马炎又下诏求取良家与小将吏的女儿五千人入

宫，以备采选，母女在宫中号哭的声音，在宫外都可以听见。

夏，四月，己未，临淮康公荀顗卒。

吴左夫人王氏卒。吴主哀念，数月不出，葬送甚盛。时何氏以太后故，宗族骄横。吴主舅子何都貌类吴主，民间讹言："吴主已死，立者何都也。"会稽又讹言："章安侯奋当为天子。"奋母仲姬墓在豫章，豫章太守张俊为之扫除。临海太守奚熙与会稽太守郭诞书，非议国政；诞但白熙书，不白妖言。吴主怒，收诞系狱，诞惧，功曹邵畴曰："畴在，明府何忧！"遂诣吏自列曰："畴厕身本郡，位极朝右，以噂𠴲之语，本非事实，疾其丑声，不忍闻见，欲含垢藏疾，不彰之翰墨，镇躁归静，使之自息。故诞屈其所是，默以见从。此之为愆，实由于畴。不敢逃死，归罪有司。"因自杀。吴主乃免诞死，送付建安作船。遣其舅三郡督何植收奚熙。熙发兵自守，其部曲杀熙，送首建业。又车裂张俊，皆夷三族。并诛章安侯奋及其五子。

资治通鉴

【译文】夏季，四月，己未日（二十八日），晋朝临淮康公荀顗去世。

吴国左夫人王氏去世。吴国君主因思念而伤心，好几个月不出宫门半步，葬礼非常盛大。当时何氏出于太后的缘故，整个宗族骄纵横行。吴国君主舅舅的儿子何都，外貌长得很像吴国君主，民间有传言说："吴国君主已经死了，继位的是何都。"会稽也流传谣言说："章安侯孙奋应该当上天子。"孙奋的母亲仲姬的坟墓在豫章，豫章太守张俊替她清扫坟墓。临海太守奚熙给会稽太守郭诞写了封信，讥评国政。郭诞只是将奚熙的信上告，而没有上告谣言。吴国君主大怒，将郭诞逮捕入狱，郭诞害怕了，功曹邵畴说："有邵畴在，明府不必担心。"于是前往官吏处

150

自己述说:"畴在本郡为官,在郡朝各官中,地位最高。因为大众纷杂的言语,原本就不是事实,又憎恶言辞的丑陋,不忍心让天子听到,想要将污垢隐藏下来,不必呈现在今日的文墨上,以使议论平静下来,谣言停止下来事情自然就平息了。所以郭诞屈从我自以为是的道理,默默无言地接受了。造成这样的过失,实在是因为邵畴的关系,臣下不敢躲避刑诛,所以向有司请罪。"于是邵畴自杀了。吴国君主这才将郭诞的死罪撤销,把他送到建安铸造船只。任命他的舅舅三郡督何植去逮捕奚熙。奚熙发兵坚守,结果遭到部下杀害,并将他的首级送到建业。吴国君主又将张俊施以车裂,奚熙与张俊全部诛杀三族;同时杀掉了章安侯孙奋与他的五个儿子。

秋,七月,丙寅,皇后杨氏殂。初,帝以太子不慧,恐不堪为嗣,常密以访后。后曰:"立子以长不以贤,岂可动也!"镇军大将军胡奋女为贵嫔,有宠于帝,后疾笃,恐帝立贵嫔为后,致太子不安,枕帝膝泣曰:"叔父骏女芷有德色,愿陛下以备六宫。"帝流涕许之。

【译文】秋季,七月,丙寅日(初六),晋皇后杨氏驾崩。起初,晋武帝司马炎因为太子不够聪明睿智,担心他不能成为嗣君,曾暗地里询问皇后,皇后说:"设立子嗣看的是长幼,不是看贤愚的,怎么能够改变呢!"镇东大将军胡奋的女儿是贵嫔,深受晋武帝司马炎的宠爱,皇后病重,唯恐晋武帝司马炎将贵嫔立为皇后,令太子不安,就枕在晋武帝司马炎膝上哭着说:"叔父司马骏的女儿司马芷有美德而且又有姿色,希望陛下能将她选备六宫。"晋武帝司马炎流着眼泪答应了她。

以前太常山涛为吏部尚书。涛典选十馀年，每一官缺，辄择才资可为者启拟数人，得诏旨有所向，然后显奏之。帝之所用，或非举首，众情不察，以涛轻重任意，言之于帝，帝益亲爱之。涛甄拔人物，各为题目而奏之，时称"山公启事"。

涛荐嵇绍于帝，请以为秘书郎，帝发诏征之。绍以父康得罪，屏居私门，欲辞不就。涛谓之曰："为君思之久矣，天地四时，犹有消息，况于人乎！"绍乃应命，帝以为秘书丞。

【译文】晋朝任命前太常山涛担任吏部尚书。山涛主持选举已经十多年，一旦有一个官职空缺，他就挑选才干、资历都能够担任的，拟定几个人选启奏上去，了解晋武帝对某人有倾向性的意见时，然后才明确地把这名人选进奏上去。晋武帝所任命的，不一定是被举用卷首的人，众人不了解，认为山涛不分轻重，随意选拔，向晋武帝进言。晋武帝司马炎愈加偏爱他。山涛选举人物，各作品题之后方才进奏，当时人把这称为"山公启事"。

山涛向晋武帝司马炎举荐嵇绍，请求让他担任秘书郎。晋武帝司马炎发出诏书任命他。嵇绍因为父亲嵇康遭遇刑戮，闭门隐居，想要推托。山涛对他说："替你想过很久了，天地四时，尚且有生死荣枯的消息，更何况是人呢！"嵇绍这才接受命令，晋武帝司马炎任命他为秘书丞。

【申涵煜评】康既为昭所杀，绍不出仕，极是。何听山涛老生常谈，遂尔幡然应命？犹幸荡阴之难，收得一好结果，不然忠孝两亏矣！为人子当以王裒为正。

【译文】因为司马昭把嵇康杀了，因此嵇绍不肯入仕途，一定是这样。为什么要听山涛的老生常谈，就立刻改变又听从命令了，好在在荡阴之战中幸免于难，也算得到一个好结果，不然忠孝都难两全了。做儿子还是应该以王裒为榜样。

初，东关之败，文帝问僚属曰："近日之事，谁任其咎？"安东司马王仪，修之子也，对曰："责在元帅。"文帝怒曰："司马欲委罪孤邪！"引出斩之。仪子裒痛父非命，隐居教授，三征七辟，皆不就。未尝西向而坐，庐于墓侧，旦夕攀柏悲号，涕泪著树，树为之枯。读《诗》至"哀哀父母，生我劬劳"，未尝不三复流涕，门人为之废《蓼莪》。家贫，计口而田，度身而蚕；人或馈之，不受；助之，不听。诸生密为刈麦，裒辄弃之。遂不仕而终。

◆臣光曰：昔舜诛鲧而禹事舜，不敢废至公也。嵇康、王仪，死皆不以其罪，二子不仕晋室可也。嵇绍苟无荡阴之忠，殆不免于君子之讥乎！◆

【译文】起初，对于东关的败绩，晋文帝问属下官员说："近日的战事，谁应当为失败承担罪责？"安东司马王仪，是王修的儿子。王仪回答说："责任在元帅。"晋文帝生气地说："司马是想要将罪过推给我吗？"将他推出斩首。王仪的儿子王裒痛心于自己的父亲死于非命，隐居教授弟子，三次任命、七次拔举，都不去上任。他从未向西坐过，在父亲墓边修了一个草庐，每日早晚趴在柏树上悲痛号哭，眼泪滴在树上，树也因此枯死了。读《诗经》读到"哀哀父母，生我劬劳"（多伤心啊！父母生育我是多么辛苦啊）时，无不一边流泪一边再三朗读，他的弟子们因此不敢讲习《诗经·蓼莪》篇了。王裒家中贫困，计算人口而后耕种田地，度量身材而后养蚕织衣。有人赠送财物给他，不肯接受；帮助他，不肯答应。门生暗地里替他收割麦子，王裒就扔掉，一直到死都没有出去做官。

◆臣司马光说：从前舜杀害鲧，然而禹却侍奉舜，不敢把公事废掉。嵇康、王仪，都是由于不应得的罪而死的，两人的儿子都不在晋朝担任官职，是可以的。嵇绍如果没有荡阴事件的忠心表现，就几乎无法免去君子的讥评了。◆

吴大司马陆抗疾病，上疏曰："西陵、建平，国之蕃表，即处上流，受敌二境。若敌泛舟顺流，星奔电迈，非可恃援他部以救倒县也。此乃社稷安危之机，非徒封疆侵陵小害也。臣父逊，昔在西垂上言：'西陵国之西门，虽云易守，亦复易失。若有不守，非但失一郡，荆州非吴有也。如其有虞，当倾国争之。'臣前乞屯精兵三万，而主者循常，未肯差赴。自步阐以后，益更损耗。今臣所统千里，外御强对，内怀百蛮，而上下见兵，财有数万，羸敝日久，难以待变。臣愚，以为诸王幼冲，无用兵马以妨要务；又，黄门宦官开立占募，兵民避役，逋逃入占。乞特诏简阅，一切料出，以补疆场受敌常处，使臣所部足满八万，省息众务，并力备御，庶几无虞。若其不然，深可忧也！臣死之后，乞以西方为属。"及卒，吴主使其子晏、景、玄、机、云分将其兵。机、云皆善属文，名重于世。

【译文】吴国大司马陆抗患病，呈上奏章说："西陵、建平，是国家的边篱，又处在上流，两面边境受敌，假如敌人乘舟顺流而下，就好像星奔电驰一般，并不是可以借着其他部队的救援就能够挽救危难的，这就是国家生死存亡的机运，并非只是侵占边界的小灾祸。臣的父亲陆逊，先前在西面边界上说：'西陵是国家的门户，尽管说是防守容易，但也容易失守。假如失守的话，非但会失掉一个郡县，连整个荆州都不再是吴国所有了。假如有了军事上的烦扰，应当倾尽全国的力量来争抢。'臣下之前请求在西陵驻守三万精兵，然而主事的官员遵照常规，不肯调兵前来。自打步阐叛变以后，我方兵力愈加损耗了。如今臣下治理千里土地，在外要抵抗强敌，在内要安抚各个蛮族，然而现在上上下下的部队，仅有几万人，长期的疲乏，很难防备灾变。臣私下认为各王年幼，无须给他们配备兵马，使重要事情受到妨碍；再有黄门宦官创设占募制度，兵民都躲避军役，避免列入名帖。请求能特别下令调查，全部整理出来，来弥补常常遭受敌人袭击的战场不足，让臣下的部队，可以有八万足额，再简省诸多杂务，同心协力防御，差不多就无须忧虑了。假如不这样做，就非常叫人担心了！臣下身死之后，请求能够注意西边的安全。"陆抗死了之后，吴国君主任命他的儿子陆晏、陆景、陆玄、陆机、陆云分别带领陆抗的士兵。陆机、陆云都擅长写文章，在当时享有盛名。

初，周鲂之子处，膂力绝人，不修细行，乡里患之。处尝问父老曰："今时和岁丰，而人不乐，何邪？"父老叹曰："三害不除，何乐之有！"处曰："何谓也？"父老曰："南山白额虎，长桥蛟，并子为三矣。"处曰："若所患止此，吾能除之。"乃入山求虎，射杀之，因投水，搏杀蛟。遂从机、云受学，笃志读书，砥节砺行，比及期年，州府交辟。

【译文】起初，周鲂的儿子周处，体力大过常人，又不修小节，乡里百姓都认为他是个祸患。周处曾经问父老们说："如今四时和顺、年岁丰足，然而人民却并不快乐，这是什么缘故呢？"父老们感叹说："三种祸害尚未除掉，哪里会有快乐呢？"周处说："什么祸害呢？"父老们说："南山的白额老虎，长桥下的蛟龙，与你一共成为三种祸害。"周处说："假如只有这些祸害，我能除去！"于是周处进入南山搜寻老虎，将老虎杀死；跳入水中，将蛟龙杀死，又跟着陆机、陆云求学，笃定志向读书，砥砺自己的德行，一年还不到，州、府就交相征召他。

【乾隆御批】善属文而无临敌材，乃命分将父兵，国之不恤又岂所以恤抗乎！代斲伤手，莫甚于此。

【译文】善于写文章而没有对敌才能的人，却让他们分别率领父亲的军队，国家都不体恤又怎么能体恤陆抗呢！代别人砍东西反而伤了自己的手，莫过于此。

【申涵煜评】天下唯有性气人可与为恶，更可与为善，而庸懦者尝浮沉于善恶之间。处以一无赖公子，遽变而为侠士，为文人，为忠臣，人固不可易量如此。

【译文】天底下只有胸怀大志的人才可以和他讨论恶，更可以与他一起为善，而那些平庸懦弱的人总是飘摇在善与恶之间。周处这一个没用的公子哥，一下子就变成了侠士、文人和重臣，人是不能轻易去度量的。

八月，戊申，葬元皇后于峻阳陵。帝及群臣除丧即吉，博士陈逵议，以为："今时所行，汉帝权制；太子无有国事，自宜终服。"尚书杜预以为："古者天子、诸侯三年之丧，始同齐、斩，既葬除服，谅闇以居，心丧终制。故周公不言高宗服丧三年而云谅闇，此服心丧之文也；叔向不讥景王除丧而讥其宴乐已早，明既葬应除，而违谅闇之节也。君子之于礼，存诸内而已。礼非玉帛之谓，丧岂衰麻之谓乎！太子出则抚军，守则监国，不为无事，宜卒哭除衰麻，而以谅闇终三年。"帝从之。

【译文】八月，戊申日（十九日），晋朝在峻阳陵埋葬了元皇后。晋武帝司马炎与群臣脱掉丧服，穿上吉服。博士陈逵上谏，认为："如今所施行的，是汉朝帝王的权宜制度，太子不参与国政，自然应当穿完孝服。"尚书杜预认为："古时候天子、诸侯父母的丧礼，在开始时都是同样穿上齐衰、斩衰的丧服，葬礼过后就脱去孝服，默默无言的居处，靠服心丧来服完丧制。因而周公不称殷高宗服丧三年，却只说是居丧，这是服心丧的明文；晋叔向不讥讽周景王脱去丧服，却讥讽他的宴饮作乐，早已明白丧礼之后就可以将孝服除去，却悖逆了居丧的礼节。君子对于行礼来说，只求在内心的尊敬而已。行礼并非贡献玉帛之意，丧礼又哪里是穿上衰麻就完事了呢！太子出朝，要抚慰三军，在朝要监督国政，不能算是没有参与国政，应当在卒哭之后脱去丧服，然后用默默不语的方式行完三年丧礼。"晋武帝司马炎接受了这个建议。

◆臣光曰：规矩主于方圆，然庸工无规矩则方圆不可得而制也；衰麻主于哀戚，然庸人无衰麻则哀戚不可得而勉也。《素冠》之诗，正为是矣。杜预巧饰《经》《传》以附人情，辩则辩矣，臣谓不若陈逵之言质略而敦实也。◆

九月，癸亥，以大将军陈骞为太尉。

杜预以孟津渡险，请建河桥于富平津。议者以为："殷、周所都，历圣贤而不作者，必不可立故也。"预固请为之。及桥成，帝从百寮临会，举觞属预曰："非君，此桥不立。"对曰："非陛下之明，臣亦无所施其巧。"

【译文】◆臣司马光说：规矩主要是用于画方圆，然而一般的工匠没有规矩就无法制作方圆；孝服主要意在表达哀戚的孝心与思念，然而普通人不穿上孝服就无法勉励自己表达哀戚的孝心与追思。《诗经·素冠》的诗篇，正是为此而作。杜预巧妙地掩饰《经》《传》义理，来附和人情，言辞巧黠是巧黠了，臣下认为不如陈逵言辞的朴实和厚重。◆

九月，癸亥日（初四），晋武帝司马炎任命大将军陈骞担任太尉。

杜预认为孟津渡口危险，请求在富平津修建跨河桥梁。议事的人觉得："殷、周在此地建都，历代圣贤都不修筑桥梁，肯定有不能建桥的缘故。"杜预坚持请求修筑。等桥建成，晋武帝司马炎带领百官亲临酒会，手举酒杯对杜预说："假如没有先生，这桥是无法建起来的。"杜预回答说："假如没有陛下的圣明，臣下的技巧也施展不出来。"

是岁，邵陵厉公曹芳卒。初，芳之废迁金墉也，太宰中郎陈留范粲素服拜送，哀动左右。遂称疾不出，阳狂不言，寝所乘车，足不履地。子孙有婚宦大事，辄密谘焉，合者则色无变，不合则眠寝不安，妻子以此知其旨。子乔等三人，并弃学业，绝人事，侍疾家庭，足不出邑里。及帝即位，诏以二千石禄养病，加赐帛百匹，乔以父疾笃，辞不敢受。粲不言凡三十六年，年八十四，终于所寝之车。

吴比三年大疫。

【译文】这一年，邵陵厉公曹芳去世。起初，曹芳被废，迁移到金墉城，太宰中郎陈留人范粲身穿百姓的衣服为他送别，悲哀的声音连左右送行的人也被感动了。之后又称病不出仕为官，假装疯狂，不再言语，平时就在乘坐的车中居住，脚不再踩着土地。子孙们有婚姻、仕宦的大事，就秘密与他商量，合心意的，就脸色不变；不合心意的，便无法安心就寝，妻子和儿子因而知晓他的心思。儿子范乔等三人，一同将学业丢掉，断绝人间事务，在家里侍奉身患疾病的父亲，足迹不出乡里。等到晋武帝司马炎即位，下诏给范粲以二千石的俸禄养病，又赏赐了一百匹帛，范乔以父亲病重为由，推辞不敢接受。范粲不言不语，一共三十六年，八十四岁时，在寝卧的车中死去。

吴国接连三年发生大瘟疫。

咸宁元年（乙未，公元二七五年）春，正月，戊午朔，大赦，改元。

吴掘地得银尺，上有刻文。吴主大赦，改元天册。

吴中书令贺邵，中风不能言，去职数月，吴主疑其诈，收付酒藏，掠考千数，卒无一言，乃烧锯断其头，徙其家属于临海。又诛楼玄子孙。

夏，六月，鲜卑拓跋力微复遣其子沙漠汗入贡，将还，幽州刺史卫瓘表请留之，又密以金赂其诸部大人离间之

秋，七月，甲申晦，日有食之。

冬，十二月，丁亥，追尊宣帝庙曰高祖，景帝曰世宗，文帝曰太祖。

大疫，洛阳死者以万数。

【译文】 咸宁元年（乙未，公元275年）春季，正月，戊午朔日（初一），晋国大赦天下，改年号为咸宁。

吴国挖地，发现一只银尺，上面刻有文字。吴国君主下令大赦天下，改年号为天册。

吴国中书令贺邵中风，无法说话，离职好几个月了。吴国君主怀疑他装病，将他逮捕关押在藏酒的地窖中，拷打了一千多下，贺邵终究没有说一句话，于是把他的头颅锯断并用火焚烧，

又将他的家属放逐到临海。还将楼玄的子孙杀死。

夏季，六月，鲜卑拓拔力微又派他的儿子沙漠汗入朝进献贡品，沙漠汗即将返回时，幽州刺史卫瓘上书请求阻止他，卫瓘又暗地里拿金银贿赂鲜卑各部落的首领，来挑拨离间他们。

秋季，七月，甲申晦日（三十日），出现日食。

冬季，十二月，丁亥日（初五），晋朝追尊晋宣帝司马懿庙号为高祖，晋景帝司马师为世宗，晋文帝司马昭为太祖。

晋国流行大瘟疫，洛阳死亡的人数以万计。

二年（丙申，公元二七六年）春，令狐丰卒，弟宏继立，杨欣讨斩之。

帝得疾，甚剧，及愈，群臣上寿。诏曰："每念疫气死亡者，为之怆然。岂以一身之休息，忘百姓之艰难邪！"诸上礼者，皆绝之。

【译文】 咸宁二年（丙申，公元276年）春季，令狐丰去世，弟弟令狐宏继任敦煌太守，杨欣前去讨伐并将他斩杀。

晋武帝司马炎病得十分严重，等到病好了，群臣上朝祝福。晋武帝司马炎下诏说："每次想到因为感染瘟疫而死去的人，就为他们感到凄凉悲怆。怎么能够因为我一人的病好了，就将人民的艰苦抛在脑后呢？"凡是贡上礼品的，一概拒绝。

初，齐王攸有宠于文帝，每见攸，辄抚床呼其小字曰："此桃符座也！"几为太子者数矣。临终，为帝叙汉淮南王、魏陈思王事而泣，执攸手以授帝。太后临终，亦流涕谓帝曰："桃符性急，而汝为兄不慈，我若不起，必恐汝不能相容，以是属汝，勿忘我言！"及帝疾甚，朝野皆属意于攸。攸妃，贾充之长女也，河南尹夏侯和谓充曰："卿二婿，亲疏等耳。立人当立德。"充不答。攸素恶荀勖及左卫将军冯紞倾谄，勖乃使紞说帝曰："陛下前日疾苦不愈，齐王为公卿百姓所归，太子虽欲高让，其得免乎! 宜遣还藩，以安社稷。"帝阴纳之，乃徙和为光禄勋，夺充兵权，而位遇无替。

【译文】 起初，齐王司马攸深受晋文帝宠爱，只要一见到司马攸，晋文帝就用手拍打着床，喊着他的小名说："这是桃符的座位。"司马攸几次都差点就当上太子。晋文帝临终时，向晋武帝司马炎讲述汉朝淮南王和魏国陈思王的故事，而且流下眼泪，握着司马攸的手将他托付给晋武帝司马炎。太后临终时，也流着泪对晋武帝司马炎说："桃符性子急，你当哥哥的又不慈爱，假如我一病不起，担心你容不下他，因而叮嘱你，千万不要把我的话忘记。"等到晋武帝司马炎病情严重，朝野人士都中意司马攸，司马攸的妃子是贾充的长女。河南尹夏侯和对贾充说："你的两个女婿，在亲疏关系上都是一样的，立人应当立德。"贾充没有回答。司马攸向来讨厌荀勖同左卫将军冯紞的谄媚害人，荀勖于是让冯紞劝说晋武帝司马炎说："陛下前日的病如果没好，公卿百姓都对齐王司马攸归心，太子尽管想要谦让，又哪里避免得了呢! 应当将他遣送回藩国，以使国家民情安定下来。"晋武帝司马炎不动声色地采纳了他的建议，于是将夏侯和迁为光禄勋，将贾充兵权移除，然而地位待遇都没有减少。

【乾隆御批】齐王固贤，然举国称之，至令公主苦留，是何政体? 晋武之出攸，亦众人有以激之耳。

【译文】齐王本来贤良，然而全国称颂，以致让公主极力地留住，是什么政体? 晋武帝派出司马攸也是众人鼓动他这样做的。

吴施但之乱，或谮京下督孙楷于吴主曰："楷不时赴讨，怀两端。"吴主数诘让之，征为宫下镇、票骑将军。楷自疑惧，夏，六月，将妻子来奔；拜车骑将军，封丹阳侯。

秋，七月，吴人或言于吴主曰："临平湖自汉末芟塞，长老言：'此湖塞，天下乱；此湖开，开下平。'近无故忽更开通，此天下当太平，青盖入洛之祥也。"吴主以问奉禁都尉历阳陈训，对曰："臣止能望气，不能达湖之开塞。"退而告其友曰："青盖入洛者，将有衔璧之事，非吉祥也。"

或献小石刻"皇帝"字，云得于湖边。吴主大赦，改元天玺。

【译文】吴国施但造反时，有人在吴国君主面前诬陷京下督孙楷说："孙楷不按时去征讨，怀揣二心。"吴国君主多次责怪他，征调他作宫下镇、骠骑将军。孙楷疑忌恐惧，夏季，六月，他带领妻子儿女投奔了晋朝，被任命为车骑将军，封为丹阳侯。

秋季，七月，吴国有人向吴国君主进言说："自打汉末以来，临平湖就淤塞了，老人们说：'此湖一旦阻塞，天下就会大乱；此湖一旦通畅，天下就会太平。'最近忽然毫无缘由地再度通畅，这是天下将归于太平、青色伞盖进入洛阳的吉兆。"吴国君主拿这件事询问奉禁都尉历阳人陈训，陈训回答说："臣下只会望气，不能通晓湖的开塞道理。"退朝后对朋友说："青色的伞盖进到洛阳，将会发生口含璧玉投降之事，并非吉兆。"

有人献上一颗小石头，上面刻有"皇帝"字样，并称是在湖边发现的。吴国君主因此大赦天下，改年号为天玺。

湘东太守张咏不出算缗，吴主就在所斩之，徇首诸郡。会稽太守车浚公清有政绩，值郡旱饥，表求振贷。吴主以为收私恩，遣使枭首。尚书熊睦微有所谏，吴主以刀镮撞杀之，身无完肌。

八月，己亥，以何曾为太傅，陈骞为大司马，贾充为太尉，齐王攸为司空。

吴历阳山有七穿骈罗，穿中黄赤，俗谓之石印，云："石印封发，天下当太平。"历阳长上言石印发，吴主遣使者以太牢祠之。使者作高梯登其上，以朱书石曰："楚九州渚，吴九州都。扬州士，作天子，四世治，太平始。"还以闻。吴主大喜，封其山神为王，大赦，改明年元曰天纪。

【译文】 湘东太守张咏不出算缗钱，吴国君主就在郡所把他杀了，将他的首级轮流传递到各个郡县。会稽太守车浚清廉无私，政绩卓著，正碰上郡内遭遇大旱饥荒，上书请求救济，吴国君主认为要收回个人的恩惠，任命使者枭首示众。尚书熊睦略有进谏，吴国君主就拿刀环撞杀他，使其体无完肤。

八月，己亥日（二十一日），晋朝派遣何曾担任太傅，陈骞担任大司马，贾充担任太尉，齐王司马攸担任司空。

吴国历阳山上有交错并列的七个孔，孔中呈现黄赤色，世俗把这个称作石印，说："如果石印封盖打开了，天下就能太平。"历阳官员上言说石印已经打开，吴国君主要求使者把牛、羊、猪三牲拿来祭祀。使者修建了长梯，登上石洞，用朱砂写在石上说："楚九州渚，吴九州都，扬州士，作天子，四世治，太平始。"（楚国的九州成了沙洲，吴国的九州建了城池，扬州之人，要作天子，四代的修治，天下从此太平。）回来禀报，吴国君主特别高兴，封山神为王，大赦天下，改年号为天纪。

冬，十月，以汝阴王骏为征西大将军，羊祜为征南大将军，皆开府辟召，仪同三司。

　　祜上疏请伐吴，曰："先帝西平巴、蜀，南和吴、会，庶几海内得以休息。而吴复背信，使边事更兴。夫期运虽天所授，而功业必因人而成，不一大举扫灭，则兵役无时得息也。蜀平之时，天下皆谓吴当并亡，自是以来，十有三年矣。夫谋之虽多，决之欲独。凡以险阻得全者，谓其势均力敌耳。若轻重不齐，强弱异势，虽有险阻，不可保也。蜀之为国，非不险也，皆云一夫荷戟，千人莫当。及进兵之日，曾无藩篱之限，乘胜席卷，径至成都，汉中诸城，皆鸟栖而不敢出，非无战心，诚力不足以相抗也。及刘禅请降，诸营堡索然俱散。今江、淮之险不如剑阁，孙皓之暴过于刘禅，吴人之困甚于巴、蜀，而大晋兵力盛于往时。不于此际平壹四海，而更阻兵相守，使天下困于征戍，经历盛衰，不可长久也。今若引梁、益之兵水陆俱下，荆、楚之众进临江陵，平南、豫州直指夏口，徐、扬、青、兖并会秣陵，以一隅之吴当天下之众，势分形散，所备皆急。巴、汉奇兵出其空虚，一处倾坏，则上下震荡，虽有智者不能为吴谋矣。吴缘江为国，东西数千里，所敌者大，无有宁息。孙皓恣情任意，与下多忌，将疑于朝，士困于野，无有保世之计，一定之心；平常之日，犹怀去就，兵临之际，必有应者，终不能齐力致死已可知也。其俗急速不能持久，弓弩戟楯不如中国，唯有水战是其所便，一入其境，则长江非复所保，还趣城池，去长入短，非吾敌也。官军县进，人有致死之志，吴人内顾，各有离散之心，如此，军不逾时，克可必矣。"帝深纳之。而朝议方以秦、凉为忧，祜复表曰："吴平则胡自定，但当速济大功耳。"议者多有不同，贾充、荀勖、冯紞尤以伐吴为不可。祜叹曰："天下不如意事十常居七、八。天与不取，岂非更事者恨于后时哉!"唯度支尚书杜预、中书令张华与帝意合，赞成其计。

【译文】 冬季，十月，任命汝阴王司马骏担任征西大将军，羊祜担任征南大将军，都建立府第、设立任命权责，仪同三司。

羊祜上奏书，请求兴兵讨伐吴国，说："先帝将西面的巴、蜀平定了，同南面的吴、会和平共处，天下差不多已经到了休息的时机；然而吴国却先背叛了誓言，使得边境战事不断兴起。尽管机运是上天的恩赐，然而功业一定要靠人力方可造就，如果没有一次规模宏大的消灭举措，那么战争就不会有停止的一天。平定蜀汉之时，天下人民都说应该将吴国一块儿灭掉。直到今天，已经过去十三年了。谋事的人虽然很多，却只有君主一人在做决定。凡是因为地势险峻得以保全的，是势均力敌的关系。假如国势轻重不一样，兵力强弱有差别，尽管有险峻地势，也是无法保全的。蜀汉的国家，并非不险峻，都说是一人拿着兵器，千人都难以与之抵抗。等到进兵之时，丝毫没有受到屏障的限制，借着胜利之势，席卷全国，一直到达成都，汉中各个城池都像是飞鸟回巢。不敢出兵，他们并非没有作战的想法，实在是因为力量无法与我们相抗衡。等到刘禅投降之后，各个军营都四下逃散。如今江、淮的险峻还赶不上剑阁，孙皓的残暴超过了刘禅，吴国人的贫困也远远胜过巴、蜀，并且大晋的兵力也比之前更加强盛，不在此时平定天下，却只晓得依靠军队固守，使天下百姓遭遇征戍的困苦，如果士兵历经了由盛转衰的时期，就无法长久保持了。今天假如带领梁、益的军队，水陆并举同时东下，荆、楚的军众到达江陵，平南将军、豫州刺史的兵马直指夏口，徐州、扬州、青州、兖州的军队共同会合于秣陵。凭借处一隅的吴国，面对天下的军众，形势分散，所守之处都情势紧急。巴、汉的奇兵，趁他们没来得及准备攻击，但凡有一个地方出现败绩，那么吴国上下都会震动难安，即使那些明智之人，也制订不出什么挽救吴国的计划了。吴国依靠长江建国，东西几千里，有广大的地区面对敌人，是不会有安宁的时刻的。孙皓任意纵情，对待臣下，多有猜忌，在朝廷里，将领们不受信赖；在城野处，士兵遭遇困穷，没有保全国家的大计，安定的心思。平常之时，尚且怀有去留的心思，我们兵临城下之际，肯定会有响应之人。吴国人最终不会齐心协力卫国、以死效命，这是可以知晓的了。吴国的特点是行动急切不能持久，弓弩戟盾等武器都比不上中原；他们所擅长的只有水战。一旦进入吴国的国境，那么他们就再也无法保有长江了，一定要返回城池中去，舍长取短，他们就不是我们的对手了。我国军队孤军深入，人人有效死的志气。吴国人都要眷顾家小，人人都有离散之心，像这样，我军要不了多久，取胜是必然的。"晋武帝司马炎大为赞同。当时朝中诸臣正为秦、凉二州的胡乱而忧虑。羊祜又上书说："吴国平定之后，胡人自然也就平定了，只不过应当从速完成这个春秋大业罢了。"议事之人的意见都不一样，贾充、荀勖、冯紞尤其觉得不可伐吴。羊祜感叹说："天下不如意之事，十有八九。上天给予的不去求取，岂不是令亲身经历此事之人以后深感时过不候吗！"唯有度支尚书杜预、中书令张华同皇帝心思相合，赞成他的策略。

丁卯，立皇后杨氏，大赦。后，元皇后之从妹也，美而有妇德。帝初聘后，后叔父珧上表曰："自古一门二后，未有能全其宗者，乞藏此表于宗庙，异日如臣之言，得以免祸。"帝许之。

十二月，以后父镇军将军骏为车骑将军，封临晋侯。尚书褚䂮、郭弈皆表骏小器，不可任社稷之重，帝不从。骏骄傲自得,胡奋谓骏曰:"卿恃女更益豪邪!历观前世,与天家婚,未有不灭门者,但早晚事耳。"骏曰:"卿女不在天家乎?"奋曰:"我女与卿女作婢耳,何能为损益乎!"

【译文】 丁卯日(二十一日),晋国立杨氏为皇后,大赦天下。皇后,是元皇后的堂妹,美丽并且有妇德。晋武帝司马炎刚娶皇后之时,皇后的叔父杨珧呈上奏章说:"古往今来,一家如果出了两个皇后,还未有过能保全他们宗族的,请求在宗庙中收藏这篇奏章,日后发生臣下所讲之事,可以借着这份奏章免去祸事。"晋武帝司马炎答应了。

十二月,晋武帝司马炎任命皇后的父亲镇军将军杨骏担任车骑将军,封为临晋侯。尚书褚䂮、郭奕都上书说杨骏心胸狭隘,不可以让他肩负国家重任。晋武帝司马炎并没有听从。杨骏骄傲自满,胡奋对杨骏说:"你要依靠女儿的势力,变得更加强横吗?遍观前代与天子家通婚的,从未有谁能逃脱灭门惨祸,只不过是事情的早晚而已。"杨骏说:"你的女儿不是也在天子家中吗?"胡奋说:"我的女儿只是给你的女儿作婢女罢了,又如何会损益于我呢!"

三年(丁酉,公元二七七年)春,正月,丙子朔,日有食之。

立皇子裕为始平王;庚寅,裕卒。

三月,平虏护军文鸯督凉、秦、雍州诸军讨树机能,破之,诸胡二十万口来降。

夏,五月,吴将邵顗、夏祥帅众七千馀人来降。

秋,七月,中山王睦坐招诱逋亡,贬为丹水县侯。

【译文】 三年(丁酉,公元277年)春季,正月,丙子朔日(初一),出现日食。

晋武帝司马炎立皇子司马裕为始平王。庚寅日（十六日），司马裕去世。

三月，平虏护军文鸯都督凉、秦、雍州各军，讨伐树机能，击败敌军，各胡族二十万人投降晋国。

夏季，五月，吴国将军邵颛、夏祥带领七千多军众投降晋国。

秋季，七月，中山王司马睦犯了招募逃亡罪犯的罪过，被贬为丹水县侯。

有星孛于紫宫。

卫将军杨珧等建议，以为："古者封建诸侯，所以藩卫王室；今诸王公皆在京师，非扞城之义。又，异姓诸将居边，宜参以亲戚。"帝乃诏诸王各以户邑多少为三等，大国置三军五千人，次国二军三千人，小国一军一千一百人；诸王为都督者，各徙其国使相近。八月，癸亥，徙扶风王亮为汝南王，出为镇南大将军，都督豫州诸军事；琅邪王伦为赵王，督邺城守事；勃海王辅为太原王，监并州诸军事；以东莞王伷在徐州，徙封琅邪王；汝阴王骏在关中，徙封扶风王；又徙太原王颙为河间王，汝南王柬为南阳王。辅，孚之子；颙，孚之孙也。其无官者，皆遣就国。诸王公恋京师，皆涕泣而去。又封皇子玮为始平王，允为濮阳王，该为新都王，遐为清河王。

【译文】 有彗星在紫微宫出现。

卫将军杨珧等人建议，认为："古时封建诸侯，是要来保卫王室；如今各王公都在京师，那就失掉了保卫城土的意义。又有异姓将军居守边境，应当任命君王的亲属去担任。"晋武帝司马炎于是命令各王，以城邑户数的多少为标准，分作三等，大国设置三军五千人，次国二军三千人，小国一军一千一百人；作为都督的各王，各自迁到相近的侯国去。八月，癸亥日（二十一日），将扶风王司马亮改封为汝南王，出任镇南大将军，监督豫州的所有军务；琅邪王司马伦为赵王，监督邺城的防守事务；渤海王司马辅为太原王，监督并州的所有军务；由于东莞王司马伷在徐州，改封他为琅邪王；汝阴王司马骏在关中，改封他为扶风王；又将太原王司马颙改封为河间王；将汝南王司马柬改封为南阳王。司马辅，是司马孚的儿子；司马颙，是司马孚的孙子。其中不在官职的，都遣到了侯国。各王留恋京师，他们离去之时都落下泪来。又册封皇子司马玮为始平王，司马允为濮阳王，司马该为新都王，司马遐为清河王。

其异姓之臣有大功者，皆封郡公、郡侯。封贾充为鲁郡公，追封王沈为博陵郡公。徙封钜平侯羊祜为南城郡侯，祜固辞不受。祜每拜官爵，常多避让，至心素著，故特见申于分列之外。祜历事二世，职典枢要，凡谋议损益，皆焚其草，世莫得闻，所进达之人皆不知所由。常曰："拜官公朝，谢恩私门，吾所不敢也。"

兖、豫、徐、青、荆、益、梁七州大水。

冬，十二月，吴夏口督孙慎入江夏、汝南，略千馀家而去。诏遣侍臣诘羊祜不追讨之意，并欲移荆州。祜曰："江夏去襄阳八百里，比知贼问，贼已去经日，步军安能追之！劳师以免责，非臣志也。昔魏武帝置都督，类皆与州相近，以兵势好合恶离故也。疆场之间，一彼一此，慎守而已。若辄徙州，贼出无常，亦未知州之所宜据也。"

【译文】凡是异姓立有大功的臣子，都封作了郡公、郡侯。将贾充封为鲁郡公。追封王沈为博陵郡公。改封钜平侯羊祜为南城郡侯，羊祜坚决推辞不受。羊祜每次拜受官爵，都往往谦让，他的至诚之心向来非常明著，因此对他在分封列爵时辞爵的请求也破例应允。羊祜侍奉过两代君主，主要管理枢要职务，只要是国策谋划、政事损益，全部都将草稿烧掉，世人都不知晓其中的内容；他所举荐的上达之人都不晓得出自何人。常常说："在公朝上拜受官爵，却在私人门下叩谢恩德，是我不敢做的。"

兖、豫、徐、青、荆、益、梁七州大水灾。

冬季，十二月，吴国夏口督孙慎攻入江夏、汝南，劫取一千多家离去。晋武帝司马炎下诏派出侍臣追问羊祜不去追赶的原因，并且想要迁徙荆州。羊祜说："江夏与襄阳之间距离八百里，等到知晓贼人的消息，贼人已经离开多日了。用步兵又如何追赶得上？通过劳动军队来求得免除君主的责罚，不是臣下的心愿。先前魏武帝设立都督，大致上都与州治相近，是由于军队形势应集中而不可分散的缘故，战场上彼此进退，只需小心谨慎地坚守而已。假如经常迁移州郡，敌人时不时出没，也就无从知晓州郡应当据守何处了。"

是岁，大司马陈骞自扬州入朝，以高平公罢。

吴主以会稽张俶多所谮白，甚见宠任，累迁司直中郎将，封侯。其父为山阴县卒，知俶不良，上表曰："若用俶为司直，有罪，乞不从坐。"吴主许之。俶表置弹曲二十人，专纠司不法，于是吏民各以爱憎互相告讦，狱犴盈溢，上下嚣然。俶大为奸利，骄奢暴横，事发，父子皆车裂。

【译文】这一年，大司马陈骞从扬州来朝见，以高平公罢官。

吴国君主因为会稽人张俶常进献诡言，谮毁别人，非常受宠信，多次升官，成为司直中郎将，封为侯爵。他的父亲是山阴县县卒，知晓张俶不是善良之辈，呈上奏章说："假如任命张俶作为司直，有朝一日犯下罪过，请求让我不要连坐获罪。"吴国君主答应了。张俶上书设置弹曲二十人，专门纠举不法之人，于是官吏与人民各自以个人的喜恶来相互密告，监狱爆满，举国上下，一片沸腾。张俶大营私利，骄奢淫逸，暴虐不法，奸事被举报揭发，父子都遭到车裂。

　　卫瓘遣拓跋沙漠汗归国。自沙漠汗入质，力微可汗诸子在侧者多有宠。及沙漠汗归，诸部大人共谮而杀之。既而力微疾笃，乌桓王库贤亲近用事，受卫瓘赂，欲扰动诸部，乃砺斧于庭，谓诸大人曰："可汗恨汝曹谗杀太子，欲尽收汝曹长子杀之。"诸大人惧，皆散走。力微以忧卒，时年一百四。子悉禄立，其国遂衰。

　　初，幽、并二州皆与鲜卑接，东有务桓，西有力微，多为边患。卫瓘密以计间之，务桓降而力微死。朝廷嘉瓘功，封其弟为亭侯。

　　【译文】卫瓘送拓跋沙漠汗回国。自从沙漠汗来当人质，在拓跋力微可汗身旁的儿子们多被宠爱。等到沙漠汗回国，各个部落首领一同诽谤沙漠汗，力微可汗将他杀掉。不久力微可汗病重，乌桓王库贤亲近君王，独揽大权，接受了卫瓘的贿赂，想使各部落骚乱不安，于是在庭前磨利战斧，对各位大人说："可汗憎恨你们进谗言将太子害死，有意收押你们的长子并将他们全部杀掉。"各首领心中畏惧，都逃跑了。力微可汗因此忧惧而死，当时年纪一百零四岁。他的儿子拓跋悉禄继位，国家由此衰弱了。

起初，幽、并二州都与鲜卑的土地相连，东边有务桓，西边有力微，经常成为边境的祸患。卫瓘秘密用计离间挑拨他们，务桓投降，力微身死。朝廷嘉奖卫瓘的功劳，封他的弟弟为亭侯。

四年（戊戌，公元二七八年）春，正月，庚午朔，日有食之。

司马督东平马隆上言："凉州刺史杨欣失羌戎之和，必败。"夏，六月，欣与树机能之党若罗拔能等战于武威，败死。

弘训皇后羊氏殂。

羊祜以病求入朝，既至，帝命乘辇入殿，不拜而坐。祜面陈伐吴之计，帝善之。以祜病，不宜数入，更遣张华就问筹策。祜曰："孙皓暴虐已甚，于今可不战而克。若皓不幸而没，吴人更立令主，虽有百万之众，长江未可窥也，将为后患矣！"华深然之。祜曰："成吾志者，子也。"帝欲使祜卧护诸将，祜曰："取吴不必臣行，但既平之后，当劳圣虑耳。功名之际，臣不敢居；若事了，当有所付授，愿审择其人也。"

【译文】四年（戊戌，公元278年）春季，正月，庚午朔日（初一），出现日食。

司马督东平人马隆上书说："凉州刺史杨欣与羌戎不和，一定会遭遇败绩。"夏季，六月，杨欣同树机能的党羽若罗拔能等人在武威作战，战败身死。

弘训皇后羊氏驾崩。

羊祜因为生病，请求返回朝中，到了之后，晋武帝司马炎让他乘坐车辇进殿，不必跪拜，赐坐。羊祜当面讲述攻打吴国的计划，晋武帝司马炎觉得很好。因为羊祜生病，不便经常进宫，晋武帝司马炎另外派张华前去询问计划，羊祜说："孙皓的暴虐，已一发不可收拾，到今天可以不必作战就能取胜了。假如孙晧不幸死了，吴国人另外树立了好的君主，即使是拥有百万军队，也无法占有长江一带，必将成为我们日后的心腹大患。"张华十分赞同羊祜的话。羊祜说："完成我的心志之人，就是你了。"晋武帝司马炎想让羊祜躺在病床上指挥各个将领，羊祜说："攻打吴国不必臣下前去，然而平定之后，就要劳烦圣上思虑了。功名之事，臣下不敢据有；要是战事结束，要任官授职，愿您能小心地挑选任用人才。"

秋，七月，己丑，葬景献皇后于峻平陵。

司、冀、兖、豫、荆、扬州大水，螟伤稼。诏问主者："何以佐百姓？"度支尚书杜预上疏，以为："今者水灾，东南尤剧，宜敕兖、豫等诸州留汉氏旧陂，缮以蓄水外，馀皆决沥，令饥者尽得鱼菜螺蚌之饶，此目下日给之益也。水去之后，填淤之田，亩收数钟，此又明年之益也。典牧种牛有四万五千馀头，不供耕驾，至有老不穿鼻者；可分以给民，使及春耕，谷登之后，责其租税，此又数年以后之益也。"帝从之，民赖其利。预在尚书七年，损益庶政，不可胜数，时人谓之"杜武库"，言其无所不有也。

【译文】秋季，七月，己丑日（十二日），晋朝在峻平陵埋葬了景献皇后。

司、冀、兖、豫、荆、扬诸州发生水灾，农作物受到螟虫的损害。晋武帝司马炎下诏询问主事的官员："该怎么来帮助百姓？"度支尚书杜预呈上奏章，认为："当下的水灾，东南地区特别厉害，应当命令兖、豫等各州保留汉代旧有的河堤，把它修缮好了用以河水的储蓄，其他的都将河堤打破，让水流干，使饥民全能得到鱼类螺蚌的富饶水产以此维持生计，这是眼前所能得益的每日供给。等洪水退却，淤积的农田，每亩只收几钟的田税，这又将是下一年所能提供的利益，典牧有四万五千多头种牛，一向不供给耕种和驾车，更甚者有的牛到老鼻都不曾穿绳，可以把它们分给人民，使民众得以赶上春季耕种，谷物收获之后，再行求租问税，这又是几年以后所能提供的利益。"晋武帝司马炎采纳了他的建议，人民都依赖杜预的建议得到了利益。杜预任尚书七年，斟酌修正的各种政务不计其数，当时人把他称作"杜武库"，这是说他无所不有的意思。

　　九月，以何曾为太宰；辛巳，以侍中、尚书令李胤为司徒。

　　吴主忌胜己者，侍中、中书令张尚，纮之孙也，为人辩捷，谈论每出其表，吴主积以致恨。后问："孤饮酒可以方谁？"尚曰："陛下有百觚之量。"吴主曰："尚知孔丘不王，而以孤方之。"因发怒，收尚。公卿已下百馀人，诣宫叩头，请尚罪，得减死，送建安作船，寻就杀之。

　　【译文】九月，晋武帝司马炎任命何曾担任太宰；辛巳日（十五日），任命侍中、尚书令李胤为司徒。

　　吴国君主讨厌胜过自己之人，侍中、中书令张尚，是张纮的孙子，为人口才捷利，谈论锋发，常常出人意料，日积月累吴国君主慢慢对他有了积怨。后来问："我喝酒可以和谁相比？"张尚说："陛下有一百觚的酒量。"吴国君主说："张尚了解孔子没有担任君王，故而拿我跟他比。"（因古谚有"尧饮千钟，孔子百觚"之说，故吴国君主认为张尚拿他跟孔子相比。）因而生气，将张尚收禁。公卿以下一百多人，前往宫中叩头，恳请将张尚的罪刑减免，张尚这才得以免去一死，被送往建安铸造船只，没过多久，吴主就把他杀了。

冬，十月，征征北大将军卫瓘为尚书令。是时，朝野咸知太子昏愚，不堪为嗣，瓘每欲陈启而未敢发。会侍宴陵云台，瓘阳醉，跪帝床前曰："臣欲有所启。"帝曰："公所言何邪？"瓘欲言而止者三，因以手抚床曰："此座可惜！"帝意悟，因谬曰："公真大醉邪？"瓘于此不复有言。帝悉召东宫官属，为设宴会，而密封尚书疑事，令太子决之。贾妃大惧，倩外人代对，多引古义。给使张泓曰："太子不学，陛下所知，而答诏多引古义，必责作草主，更益谴负，不如直以意对。"妃大喜，谓泓曰："便为我好答，富贵与汝共之。"泓即具草，令太子自写。帝省之，甚悦，先以示瓘，瓘大踧踖，众人乃知瓘尝有言也。贾充密遣人语妃云："卫瓘老奴，几破汝家！"

吴人大佃皖城，欲谋入寇。都督扬州诸军事王浑遣扬州刺史应绰攻破之，斩首五千级，焚其积谷百八十馀万斛，践稻田四千馀顷，毁船六百馀艘。

【译文】冬季，十月，晋武帝司马炎任命征北大将军卫瓘为尚书令。当时，朝野人士都知晓太子昏昧愚蠢，无法作为嗣君，卫瓘每次想向晋武帝司马炎上奏都没敢说出口。在陵云台侍宴时，卫瓘假装喝醉，在晋武帝司马炎座前跪下来说："臣下有事想要启奏。"晋武帝司马炎说："你想说什么呢？"卫瓘欲言又止一共三次，趁势用手摸着床说："这个座位实在是可惜啊！"晋武帝司马炎明白了他的意思，也顺着他说道："你当真大醉了吗？"卫瓘到此不再多说什么。晋武帝司马炎召集东宫所有官属，为他们摆下宴会，却密封了尚书感到疑难的事，下令让太子作出决断。贾妃听到这个消息非常恐惧，请求外人代为回答，引论了许多古书上的义理。给使张泓说："太子不好学，陛下素来知悉，然而回答诏书却引述许多古书义理，一定会责问作稿之人，反而更增加了太子的过错与不足，倒不如直接按照题意作答。"贾妃大喜，对张泓说："你就替我作好答案，我与你同享荣华富贵。"张泓马上拟写了草稿，让太子自己抄写下来，晋武帝司马炎看了非常高兴，先拿给卫瓘看，卫瓘大为不安，众人才获悉卫瓘曾经进言过。贾充秘密让人对贾妃说："卫瓘老奴，差点将你的家事毁坏掉。"

资治通鉴

吴国人在皖城大治田地，想要策划入侵。都督扬州所有军务的王浑，派遣扬州刺史应绰将城攻克，斩首五千级，将积存的一百八十多万斛粮食烧毁，践踏了四千多顷稻田，毁坏船只六百多艘。

【乾隆御批】有子不能自知，闻言又不能自试，徒以密封附令裁决，欲不为张泓所卖得乎？

【译文】有儿子自己不能知晓，听到议论又不能自己去检验，只靠密封疑难问题附上诏令裁决，想不被张泓出卖可能吗？

十一月，辛巳，太医司马程据献雉头裘，帝焚之于殿前。甲申，敕内外敢有献奇技异服者，罪之。

羊祜疾笃，举杜预自代。辛卯，以预为镇南大将军、都督荆州诸军事。祜卒，帝哭之甚哀。是日，大寒，涕泪沾须鬓皆为冰。祜遗令不得以南城侯印入柩。帝曰："祜固让历年，身没让存，今听复本封，以彰高美。"南州民闻祜卒，为之罢市，巷哭声相接。吴守边将士亦为之泣。祜好游岘山，襄阳人建碑立庙于其地，岁时祭祀，望其碑者无不流涕，因谓之堕泪碑。

杜预至镇，简精锐，袭吴西陵督张政，大破之。政，吴之名将也，耻以无备取败，不以实告吴主。预欲间之，乃表还其所

176

获。吴主果召政还，遣武昌监留宪代之。

【译文】十一月，辛巳日（十六日），太医司马程据进献雉鸡头的羽裘，晋武帝司马炎在殿前把它烧毁。甲申日（十九日），晋武帝司马炎告诫朝廷内外有敢再呈献奇技异服者，将受罪责。

羊祜病重，举荐杜预替代自己。辛卯日（二十六日），晋武帝司马炎任命杜预为镇南大将军，都督荆州所有军务。羊祜去世，晋武帝司马炎哭得非常伤心。那日天气寒冷，晋武帝司马炎须发上沾的泪水都结成了冰粒。羊祜遗嘱不可将南城侯的印章放进棺柩之中。晋武帝司马炎说："羊祜经年坚辞，即使身死还在谦让，如今听从他，恢复原有封号，以彰显他高超的美德。"南州人民听说羊祜死了，市集也罢散了，街头巷尾哭声连绵不绝。吴国戍守边疆的将士也为他哭泣。羊祜喜欢游岘山，襄阳人在他游玩之地建立庙宇、竖立石碑，一年四季都去祭拜他。望着石碑的人，无不流下泪来，因而就把此碑称作"堕泪碑"。

杜预到达镇所，选择精锐部队，攻击吴国西陵督张政，大破敌军。张政是吴国有名的将领，因为事先没有防备，招致惨败，感到耻辱，没有将实情上报给吴国君主。杜预想要挑拨离间他们，于是上表将缴获的战利品送还。吴国君主果然命令张政回朝，派遣武昌监留宪替代他。

十二月，丁未，朗陵公何曾卒。曾厚自奉养，过于人主。司隶校尉东莱刘毅数劾奏曾侈汰无度，帝以其重臣，不问。及卒，博士新兴秦秀议曰："曾骄奢过度，名被九域。宰相大臣，人之表仪，若生极其情，死又无贬，王公贵人复何畏哉！谨按《谥法》，'名与实爽曰缪，怙乱肆行曰丑'，宜谥缪丑公。"帝策谥曰孝。

前司隶校尉傅玄卒。玄性峻急，每有奏劾，或值日暮，捧白简，整簪带，竦踊不寐，坐而待旦。由是贵游震慑，台阁生风。玄与尚书左丞博陵崔洪善，洪亦清厉骨鲠，好面折人过，而退无后言，人以是重之。

鲜卑树机能久为边患，仆射李憙请发兵讨之，朝议皆以为出兵重事，虏不足忧。

【译文】十二月，丁未日（十三日），朗陵公何曾去世。何曾奉养自己，非常厚重，超过君主。司隶校尉东莱人刘毅多次上奏，弹劾何曾过于奢靡，晋武帝司马炎因他是国家重臣，没有过问。等到身死，博士新兴人秦秀上谏说："何曾奢靡无度，名满九州，宰相大臣是人民的表率，假如在活着的时候竭力放纵情欲，在他死后又不加以贬斥，王公贵人又有什么可害怕的呢？我恭谨地按照《谥法》所说：'名跟实有了差距称作缪，依恃悖乱放纵行为称作丑。'他的谥号应当叫缪丑公。"晋武帝司马炎没有采纳秦秀的建议，下诏命令谥号为孝。

前司隶校尉傅玄去世。傅玄性情严厉急切，常常上奏揭发罪行的文状，有时正好是在傍晚，他便拿着弹劾的奏章，穿得整整齐齐，振作着不去入睡，坐着一直等到天亮。因此贵族子弟都十分害怕他，尚书台阁德政风扬。傅玄同尚书左丞博陵人崔洪友善，崔洪也是耿直清正之人，喜欢当面指责别人的过错，过后也就不再作任何訾议之话，因而人们很尊重他。

鲜卑人秃发树机能长期是边境的祸患，仆射李憙请求兴兵讨伐他们，朝中大臣都认为出兵是国家大事，敌虏不值得担忧。

五年（己亥，公元二七九年）春，正月，树机能攻陷凉州。帝甚悔之，临朝而叹曰："谁能为我讨此虏者？"司马督马隆进曰：

"陛下能任臣，臣能平之。"帝曰："必能平贼，何为不任，顾方略何如耳！"隆曰："臣愿募勇士三千人，无问所从来，帅之以西，虏不足平也。"帝许之。乙丑，以隆为讨虏护军、武威太守。公卿皆曰："见兵已多，不宜横设赏募，隆小将妄言，不足信也。"帝不听。隆募能引弓四钧、挽弩九石者取之，立标简试，自旦至日中，得三千五百人。隆曰："足矣。"又请自至武库选仗，武库令与隆忿争，御史中丞劾奏隆。隆曰："臣当毕命战场，武库令乃给以魏时朽仗，非陛下所以使臣之意也。"帝命惟隆所取，仍给三年军资而遣之。

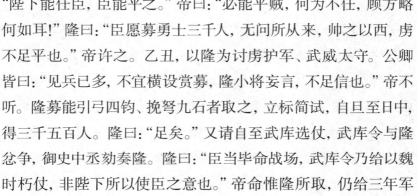

【译文】 五年（己亥，公元279年）春季，正月，树机能攻下凉州，晋武帝司马炎万分后悔，上朝时感叹着说："谁能替我征讨这个敌虏？"司马督马隆上前说："陛下如果能信赖臣下，臣下就能荡平敌虏。"晋武帝司马炎说："一定能将贼人平定的话，又怎会不信赖呢？只不过采取什么策略呢？"马隆说："臣下希望招募三千名勇士，不问他们出自何处，带领他们向西，无须担心敌虏无法平定。"晋武帝司马炎答应了。乙丑日（初一），任命马隆担任讨虏护军、武威太守。公卿都说："如今军队已经够多了，不应当胡乱设立悬赏招募制度，马隆小将胡乱进言，不值得信赖。"晋武帝司马炎没有听从。马隆招募勇士，取录能拉开四钧弓、九石弩之人，树立标帜，进行选试，从早上到中午，招募到三千五百人。马隆说："够了。"又请求到武库亲自挑选兵器，兵库令与马隆发生争执，御史中丞上奏，弹劾马隆。马隆说："臣下即将在战场上厮杀，武库令竟然供给魏国时期腐朽的兵器，这并非陛下要委派我的用心。"晋武帝司马炎下令听任马隆任意取用武库的兵器，仍然供给他三年的军需，将他派遣出去。

初，南单于呼厨泉以兄于扶罗子豹为左贤王，及魏武帝分匈奴为五部，以豹为左部帅。豹子渊，幼而俊异，师事上党崔游，博习经史。尝谓同门生上党朱纪、雁门范隆曰："吾常耻随、陆无武，绛、灌无文。随、陆遇高帝而不能建封侯之业，绛、灌遇文帝而不能兴庠序之教，岂不惜哉！"于是兼学武事。及长，猿臂善射，膂力过人，姿貌魁伟。为任子在洛阳，王浑及子济皆重之，屡荐于帝，帝召与语，悦之。济曰："渊有文武长才，陛下任以东南之事，吴不足平也。"孔恂、杨珧曰："非我族类，其心必异。渊才器诚少比，然不可重任也。"及凉州覆没，帝问将于李憙，对曰："陛下诚能发匈奴五部之众，假刘渊一将军之号，使将之而西，树机能之首可指日而枭也。"孔恂曰："渊果枭树机能，则凉州之患方更深耳。"帝乃止。

【译文】起初，南单于呼厨泉让哥哥于扶罗的儿子刘豹担任左贤王，后来魏武帝把匈奴分为五个部落，任命刘豹担任左部帅。刘豹的儿子刘渊，幼年时就异常俊俏秀美，拜上党人崔游为老师，广泛涉猎经史典籍。刘渊曾经对同门上党人朱纪、雁门人范隆说："我时常把随何、陆贾没有武功，绛侯、灌婴没有文才当作可耻的事，随何、陆贾遇到高帝却无法建立封侯的事业，绛侯、灌婴遇到文帝却无法振兴学校的教化，难道不很可惜吗？"于是同时学习武艺。等到年长，长臂善射，体力过人，形貌伟岸。在洛阳充当人质时，王浑与儿子王济都对他十分器重，多次向晋武帝司马炎举荐，晋武帝司马炎召见他，跟他交谈，对他十分喜欢。王济说："刘渊有文武英才，陛下将东南政事交付于他，平定吴国就不足忧虑了。"孔恂、杨珧说："刘渊不是汉族人，日后必定会起异心的。刘渊的才能器量的确很少有人能够媲美，然而不能重用他。"等到凉州败落，晋武帝司马炎问李憙谁能担任将领，回答说："陛下真能发动匈奴五部落的军队，假如给刘渊一个将军的名号，让他带领匈奴人向西进发，将树机能斩首示众的事就指日可待了。"孔恂说："刘渊果真能将树机能斩杀，那么凉州的忧患只会更大而已。"晋武帝司马炎于是没有任用刘渊。

东莱王弥家世二千石，弥有学术勇略，善骑射，青州人谓之"飞豹"。然喜任侠，处士陈留董养见而谓之曰："君好乱乐祸，若天下有事，不作士大夫矣。"渊与弥友善，谓弥曰："王、李以乡曲见知，每相称荐，适足为吾患耳。"因歔欷流涕。齐王攸闻之，言于帝曰："陛下不除刘渊，臣恐并州不得久安。"王浑曰："大晋方以信怀殊俗，奈何以无形之疑杀人侍子乎？何德度之不弘也！"帝曰："浑言是也。"会豹卒，以渊代为左部帅。

夏，四月，大赦。

除部曲督以下质任。

【译文】东莱人王弥家世代担任二千石官职。王弥有学术勇谋，擅长骑马射箭，青州人称他为"飞豹"。处士陈留人董养看见了，对他说："你好幸灾乐祸，假如天下发生战乱，你是不会作国家的士大夫的。"刘渊同王弥友善，对王弥说："王浑、李憙因为跟我是同乡，彼此之间相互了解，每每举荐我，都恰好变成我的祸患。"因而感叹流泪。齐王司马攸听说了，向晋武帝司马炎进言说："陛下如果不将刘渊除掉，臣下恐怕并州无法长久安定了。"王浑说："大晋正要凭信义来安抚异族，又怎能因为无形的怀疑而将别人的侍子杀死呢？如此一来德行和度量又是多么的狭小啊！"晋武帝司马炎说："王浑说得对。"正赶上刘豹去世，晋武帝司马炎任命刘渊代替刘豹，作了左部帅。

夏季，四月，晋朝大赦天下。

晋朝废止部曲督以下出任必须羁留亲属充当人质的规定。

吴桂林太守修允卒，其部曲应分给诸将。督将郭马、何典、王族等累世旧军，不乐离别，会吴主料实广州户口，马等因民心不安，聚众攻杀广州督虞授，马自号都督交、广二州诸军事，使典攻苍梧，族攻始兴。秋，八月，吴以军师张悌为丞相，牛渚都督何植为司徒，执金吾滕修为司空。未拜，更以修为广州牧，帅万人从东道讨郭马。马杀南海太守刘略，逐广州刺史徐旗。吴主又遣徐陵督陶浚将七千人，从西道与交州牧陶璜共击马。

吴有鬼目菜，生工人黄耉家；有买菜，生工人吴平家。东观案图书，名鬼目曰芝草，买菜曰平虑草。吴主以耉为侍芝郎，平为平虑郎，皆银印青绶。

【译文】吴国桂林太守修允去世，他的部下应当分属于各个将领。督将郭马、何典、王族等人几代都在这支军队中，不愿意分离，正碰上吴国君主核查广州户口，郭马等人借着民心不稳，聚合军众攻杀广州督虞授，郭马自称都督交、广二州所有军务，派何典进攻苍梧，派王族进攻始兴。秋季，八月，吴国任命军师张悌为丞相，牛渚都督何植为司徒，执金吾滕修为司空。尚未任命，便将滕修改为广州牧，带领一万人从东道讨伐郭马。郭马将南海太守刘略杀死，并驱逐广州刺史徐旗。吴国君主又任命徐陵督陶浚带领七千人，从西路与交州牧陶璜共同攻击郭马。

吴国有鬼目菜，在工匠黄耉家中生长；有买菜，在工匠吴平家中生长。东观令参照图书，给鬼目菜起名叫芝草，给买菜起名叫平虑草。吴国君主任命黄耉担任侍芝郎，吴平担任平虑郎，都授予银质印、青色绶带。

吴主每宴群臣，咸令沉醉。又置黄门郎十人为司过，宴罢之后，各奏其阙失，迕视谬言，罔有不举，大者即加刑戮，小者记录为罪，或剥人面，或凿人眼。由是上下离心，莫为尽力。

益州刺史王濬上疏曰："孙皓荒淫凶逆，宜速征伐，若一旦皓死，更立贤主，则强敌也；臣作船七年，日有朽败；臣年七十，死亡无日。三者一乖，则难图也。诚愿陛下无失事机。"帝于是决意伐吴。会安东将军王浑表孙皓欲北上，边戍皆戒严，朝廷乃更议明年出师。王濬参军何攀奉使在洛，上疏称："皓必不敢出，宜因戒严，掩取其易。

【译文】吴国君主每次宴饮群臣，都让他们喝得酩酊大醉。又把黄门郎十人设为司过，散会之后，各自进奏他们的过失，有的是逆视君主，有的是言辞出错，没有不举报揭发的，重大的过失马上加以刑杀，小的过失就作为罪过记录下来，有的是剥下脸皮，有的是挖下眼睛。因而君臣上下，离心离德，臣子不肯尽力。

益州刺史王濬呈上奏章说："孙皓乖谬淫乱、异常凶残，应当尽快讨伐。一旦孙皓身死，另外树立了贤明的君主，那就还会成为强劲的敌手。我造船已经七年，每日都有船因腐烂而毁坏；臣下今年七十岁，将不久于人世。这三件事一旦错过，就不易图谋了。实在是希望陛下不要坐失良机。"晋武帝司马炎于是决定讨伐吴国。正碰上安东将军王浑上书说孙皓即将北上，戒严了边界上的守军，朝廷于是改变决定，第二年用兵。王濬的参军何攀出使洛阳，呈上奏章称："孙皓必定不敢出兵，应当借着戒严的掩护，突然袭击，这样就轻而易举取胜了。"

杜预上表曰:"自闰月以来,贼但敕严,下无兵上。以理势推之,贼之穷计,力不两完,必保夏口以东以延视息,无缘多兵西上,空其国都。而陛下过听,便用委弃大计,纵敌患生,诚可惜也。向使举而有败,勿举可也。今事为之制,务从完牢,若或有成,则开太平之基,不成不过费损日月之间,何惜而不一试之!若当须后年,天时人事,不得如常,臣恐其更难也。今有万安之举,无倾败之虑,臣心实了,不敢以暧昧之见自取后累,惟陛下察之。"旬月未报,预复上表曰:"羊祜不先博谋于朝臣,而密与陛下共施此计,故益令朝臣多异同之议。凡事当以利害相校,今此举之利十有八、九,而其害一、二,止于无功耳。必使朝臣言破败之形,亦不可得,直是计不出己,功不在身,各耻其前言之失而固守之也。自顷朝廷事无大小,异意锋起,虽人心不同,亦由恃恩不虑后患,故轻相同异也。自秋已来,讨贼之形颇露,今若中止,孙皓或怖而生计,徙都武昌,更完修江南诸城,远其居民,城不可攻,野无所掠,则明年之计或无所及矣!"帝方与张华围棋,预表适至,华推枰敛手曰:"陛下圣武,国富兵强,吴主淫虐,诛杀贤能,当今讨之,可不劳而定,愿勿以为疑!"帝乃许之。以华为度支尚书,量计运漕。贾充、荀勖、冯紞固争之,帝大怒,充免冠谢罪。仆射山涛退而告人曰:"自非圣人,外宁必有内忧,今释吴为外惧,岂非算乎!"

【译文】杜预上书说:"自打闰月以来,贼兵只不过是戒令严厉,下游并无军队溯江而上。按照情势和道理推究,贼人的计划已经窘困,兵力无法保全两头,肯定只想保有夏口以东,以求苟延残喘,没有理由再派更多军队西上,而使国都空虚。然而陛下误听别人的话,便要将大计抛弃,放纵敌人,造成祸患,真是可惜！假如举兵会招来败绩，不举兵是可以的。今日事情的筹划，一定要牢不可破。假如成功了，就开创了天下太平的基业，不成功不过是耗费时间而已，有何吝惜而不一试呢！假如要等到明年，天时人事就不能和往常一样了，臣下认为恐怕那时就更加困难了。目前有了万全的决策，没有失败的后顾之忧，臣下心中实在是很明白了，不敢以模糊不清的见解，招致今后的事端，还请陛下明察。"晋武帝司马炎整整一个月没有答复，杜预又上书说："羊祜不先同朝臣多方计议，却只是秘密地与陛下一块设定这个计划，因而更加使得朝臣产生诸多不同意见。凡是行事，必定计较利害。这次行动，利有十之八九，害占一二，也止于没有功绩而已。一定要让朝臣道出敌人破败的形迹，也是做不到的；只不过因为计划不是自己想出，功业与自身无关，各自又对之前言辞的过失感到羞耻，所以一定坚持不改。近来朝中事情，无论大小，各种意见层出不穷，尽管人人想法各异，也是由于凭恃恩宠，不计后果，因而轻易地表达出苟同或反对的意见。自打秋季以来，讨伐贼人的形迹相当明显，如今要是中途废止，孙皓或者会由于害怕而动了心思，将都城迁到武昌，更加坚固地修治江南各处城池，远迁他们的居民，城池无法攻下，野外又无从掠获，那么下一年的计划可能更不能实现了。"晋武帝司马炎正和张华下围棋，杜预的奏折刚好送到，张华推开棋枰垂下手说："陛下英武神明，兵强国富，吴国君主却荒淫无道，杀害贤能之臣，如今讨伐他，可以轻而易举地平定全国，希望您不要再迟疑了。"晋武帝司马炎于是就应允了。并派张华担任度支尚书，计算测量水路运送粮食。贾充、荀勖、冯紞持很大异议，皇帝大怒，贾充脱下官帽请罪。仆射山涛退朝后告诉他人说："如果不是圣人的话，国外平定了，必然会产生国内的祸患，现在放弃征伐吴国，放着吴国作为外部的威胁，不也合算吗！"

　　冬，十一月，大举伐吴，遣镇军将军琅邪王伷出涂中，安东将军王浑出江西，建威将军王戎出武昌，平南将军胡奋出夏口，镇南大将军杜预出江陵，龙骧将军王浚、巴东监军鲁国唐彬下巴、蜀，东西凡二十余万。命贾充为使持节、假黄钺、大都督，以冠军将军杨济副之。充固陈伐吴不利，且自言衰老，不堪元帅之任。诏曰："君若不行，吾便自出。"充不得已，乃受节钺，将中军南屯襄阳，为诸军节度。

　　【译文】冬季，十一月，晋国大举讨伐吴国，晋武帝司马炎派出镇军将军琅邪王司马伷自涂中发兵，安东将军王浑自江西发兵，建威将军王戎自武昌发兵，平南将军胡奋自夏口发兵，镇南大将军杜预自江陵发兵，龙骧将军王浚、巴东监军鲁国人唐彬二人自巴、蜀顺流而下，东西总共二十多万人。晋武帝司马炎又任命贾充为使持节、假黄钺、大都督，并任命冠军将军杨济前去帮助他。贾充力陈讨伐吴国的弊端，并述说自己已经年老体衰，不能担当元帅一职，晋武帝司马炎下诏说："你如果不去，我就亲自领兵出征。"贾充迫不得已，这才接受符节黄钺，统领中军驻扎于南部的襄阳，作为各军节度。

　　【乾隆御批】山涛外宁内忧之说，非墨守老生常谈，特欲附和贾充荀勖辈耳。然彼时祸本既成，纵使不平吴，亦何益之有？固不得以是为祜、浚讥议也。

　　【译文】山涛外部安定内部忧患的说法，不是固守老生常谈，只是特地想附和贾充、荀勖这一类人罢了。然而那时灾祸本来已经形成了，即使不平定吴国，又有什么益处呢？本来是不得已才有羊祜、王浚的嘲

资治通鉴

笑议论的。

马隆西渡温水，树机能等以众数万据险拒之。隆以山路狭隘，乃作扁箱车，为木屋，施于车上，转战而前，行千馀里，杀伤甚众。自隆之西，音问断绝，朝廷忧之，或谓已没。后隆使夜到，帝抚掌欢笑，诘朝，召群臣，谓曰："若从诸卿言，无凉州矣。"乃诏假隆节，拜宣威将军。隆至武威，鲜卑大人猝跋韩且万能等帅万馀落来降。十二月，隆与树机能大战，斩之，凉州遂平。

【译文】 马隆向西渡过温水，树机能等人凭借数万士兵，占据险要之地抵抗。马隆认为山路狭隘，于是就造制扁厢车，又建造木屋，安放在车上，辗转作战，向前行进了一千多里地，杀伤很多敌兵。从马隆西行，就一直音信全无，朝廷很是担忧，有人传言说他已战死。后来马隆的使者于夜里到了，晋武帝司马炎拍手称快，第二天早朝，召集群臣，对他们说道："如果起初听从各位的话，就不会有凉州了。"于是晋武帝司马炎下诏马隆秉持符节，任命他为宣威将军。马隆到达武威，鲜卑大人猝跋韩且万能统率一万多户前来投降。十二月，马隆和树机能作战，马隆杀了树机能，凉州从此平定。

【申涵煜评】天将兴晋，生钟、邓以待蜀，生羊、杜以待吴，复生一隆以待树机能。以孤远之臣，师新募之众，卒能出奇制胜，平定凉州，其胆力不在定远下，是岂晋祖宗所培养者然欤？

【译文】上天想要使晋兴旺，因此让钟会、邓艾这样的人待在蜀国，让羊祜和陆抗待在东吴，又让一个马隆伺机而动。马隆一个远离朝廷的大臣，率领着新招募的将士，竟然能出奇制胜，平定了凉州，他的胆量不在班超之下，这难道是晋的先祖培养的结果吗？

诏问朝臣以政之损益，司徒左长史傅咸上书，以为："公私不足，由设官太多。旧都督有四，今并监军乃盈于十；禹分九州，今之刺史几向一倍；户口比汉十分之一，而置郡县更多；虚立军府，动有百数，而无益宿卫；五等诸侯，坐置官属；诸所廪给，皆出百姓。此其所以困乏者也。当今之急，在于并官息役，上下务农而已。"咸，玄之子也。时又议省州、郡、县半吏以赴农功，中书监荀勖以为："省吏不如省官，省官不如省事，省事不如清心。昔萧、曹相汉，载其清静，民以宁壹，所谓清心也。抑浮说，简文案，略细苛，宥小失，有好变常以徼利者，必行其诛，所谓省事也。以九寺并尚书，兰台付三府，所谓省官也。若直作大例，凡天下之吏皆减其半，恐文武众官，郡国职业，剧易不同，不可以一概施之。若有旷阙，皆须更复，或激而滋繁，亦不可不重也。"

【译文】 晋武帝司马炎下诏询问群臣有关政事的利弊，司徒左长史傅咸上书，认为："公私财货不充足，是因为设置官吏太多。先前有四个都督，而如今并合监军竟然多达十个；先前夏禹分列九州，现在刺史人数几乎比之前多一倍；户口与汉朝比较起来，只有十分之一，然而设立的郡县数目却更多；白白设立军府，一设立就以百计，对捍卫国家并没有好处；五等诸侯，平白无故设立属官；各种官吏的俸禄，都是来自人民，这就是导致困乏的原因。当今紧急之事，在于将官职并合、把劳役停下，上下一心从事农耕。"傅咸，是傅玄的儿子。当时又商讨将州、郡、县中一半的官吏减省来从事农业，中书监荀勖认为："简省官吏比不上简省官职，简省官职比不上简省政事，简省政事比不上心地清静。从前萧何、曹参辅佐汉朝，实行清静的政治，人民因此得享安宁齐一，这就是心地清静了。抑制无稽的言谈，简省多余的文书，消除烦琐的事务，宽免微小的过错，有人爱好打破常规来谋求私利，一定要对这种行为加以诛罚，这就是简省政事了。将九卿归并于尚书台、兰台交付于三公府，这就是简省官职了。假如只是设立大条例，将天下所有的官吏都减免一半，只怕文武官员，郡国职事，难易有差别，就无法一律不变地施行。而一旦有了空缺，都需要再官复原职，或者激励政事，就使得官职会愈加的繁多，也是不能不重视的。"

资治通鉴卷第八十一　晋纪三

起上章困敦，尽著雍涒滩，凡九年。

【译文】起庚子（公元280年），止戊申（公元288年），共九年。

【题解】　本卷记录了晋武帝太康元年至太康九年共九年间西晋与孙吴等国大事：晋国数路出师伐吴，孙晧投降；王浑坐失良机反而争功，与王浚怨隙不解；杜预通达事理，助王浚成就诸项政绩；晋武帝沉迷酒色、放松战备，极度奢侈；晋武帝宠信奸佞不纳忠臣之谏，排挤、迫害母弟，使其致死；少数民族头领刘渊等悄然兴起，对西晋形成威胁之势。

世祖武皇帝中

太康元年（庚子，公元二八〇年）春，正月，吴大赦。

杜预向江陵，王浑出横江，攻吴镇、戍，所向皆克。二月，戊午，王浚、唐彬击破丹阳监盛纪。吴人于江碛要害之处，并以铁锁横截之；又作铁锥，长丈余，暗置江中，以逆拒舟舰。浚作大筏数十，方百余步，缚草为人，被甲持仗，令善水者以筏先行，遇铁锥，锥辄著筏而去。又作大炬，长十余丈，大数十围，灌以麻油，在船前，遇锁，然炬烧之，须臾，融液断绝，于是船无所碍。庚申，浚克西陵，杀吴都督留宪等。壬戌，克荆门、夷道二城，杀夷道监陆晏。杜预遣牙门周旨等帅奇兵八百泛舟夜渡江，袭乐乡，多张旗帜，起火巴山。吴都督孙歆惧，与江陵督伍延书曰："北来诸军，乃飞渡江也。"旨等伏兵乐乡城外，歆遣军出拒王浚，大败而还。旨等发伏兵随歆军而入，歆不觉，直至帐下，虏歆而还。乙丑，王浚击杀吴水军都督陆景。杜预进攻江陵，甲戌，克之，斩伍延。于是，沅、湘以南，接于交、广，州郡皆望风送印绶。预杖节称诏而缓抚之。凡所斩获吴都督、监军十四，牙门、郡守百二十馀人。胡奋克江安。

【译文】太康元年（庚子，公元280年）是年四月改年号为太康。春季，正月，吴国实行大赦。

杜预向江陵进发，王浑自横江发兵，进攻吴国城镇、军营，所向披靡，战无不胜。二月，戊午日（初一），王浚、唐彬击败丹阳监盛纪。吴国人在长江沙渚要塞，用铁链连接起来，阻拦江面；又制造了一丈多长的铁锥，悄悄放置在长江中，来挡住舟舰。王浚制造几十只大竹筏，宽一百多步，绑上草人，身着盔甲，手持兵器，下令让善水的士兵乘着竹筏先行，遇到铁锥，铁锥就依附在竹筏上漂走；又做成大火炬，长十多丈，大概十圈，淋上麻油，搁置在船的前面，遇到铁链，就将火炬点燃来烧灼铁链，过了一会儿，铁链就烧断了，于是行船便毫无妨碍。庚申日（初三），王浚攻克西陵，将吴国都督留宪等人杀死，壬戌日（初五），攻克荆门、夷道二城，又将夷道监陆晏杀死。杜预差遣牙门周旨等人，带领八百奇兵，趁天黑渡过长江，袭击乐乡，立起很多旗帜，在巴山点起火来。吴国都督孙歆异常恐惧，给江陵督伍延写信说："自北方来的各路兵马，居然飞渡长江。"周旨等人在乐乡城外设下埋伏，孙歆派出军队出城抗击王浚，失败回城。周旨等伏兵跟着孙歆军队进入城中，孙歆没有发觉，一直跟到军帐下，将孙歆俘虏。乙丑日（初八），王浚进攻并杀了吴国水军都督陆景。杜预进军江陵，甲戌日（十七日），攻克江陵，杀死伍延。于是自沅、湘以南，直到交、广，各个州郡都纷纷投降，并将印绶交出。杜预拿着符节，假托王命来安抚他们。一共杀了吴国都督、监军十四人，牙门、郡守一百二十多人。胡奋拿下江安。

乙亥，诏："王浚、唐彬既定巴丘，与胡奋、王戎共平夏口、武昌，顺流长骛，直造秣陵。杜预当镇静零、桂，怀辑衡阳。大兵既过，荆州南境固当传檄而定。预等各分兵以益浚、彬，太尉充移屯项。"

王戎遣参军襄阳罗尚、南阳刘乔将兵与王浚合攻武昌，吴江夏太守刘朗、督武昌诸军虞昺皆降。昺，翻之子也。

杜预与众军会议，或曰："百年之寇，未可尽克，方春水生，难于久驻，宜俟来冬，更为大举。"预曰："昔乐毅藉济西一战以并强齐，今兵威已振，譬如破竹，数节之后，皆迎刃而解，无复著手处也。"遂指授群帅方略，径造建业。

【译文】 乙亥日（十八日），晋武帝司马炎诏令："王浚、唐彬已经平复巴丘，与胡奋、王戎共同平定夏口、武昌，顺江而下，一直进攻，直到秣陵。杜预应该戍守零、桂，安抚衡阳。大军经过之后，荆州以南，按常理传布檄令就可以平定。杜预等人各自分兵，增加王浚、唐彬的力量，太尉贾充将士兵移到项县屯驻。"

王戎派出参军襄阳人罗尚、南阳人刘乔，带领军队和王浚联手进攻武昌，吴国江夏太守刘朗、都督武昌诸军的虞昺都投降了。虞昺，是虞翻的儿子。

杜预和众军开会，有人说："有百年历史的敌人，是无法将其一举攻克的，此时正是春季水潦降下之时，很难长期驻扎军队，应等冬季再大举用兵。"杜预说："先前乐毅凭借济西一战，将强大的齐国吞并，现在军威已经振兴，好比剖开的竹子，剖开几节之后，其他的就可迎刃而解，不必再麻烦。"于是命令各个将帅做出战略部署，一直到达建业。

吴主闻王浑南下，使丞相张悌督丹阳太守沈莹、护军孙震、副军师诸葛靓帅众三万渡江逆战。至牛渚，沈莹曰："晋治水军于蜀久矣，上流诸军，素无戒备，名将皆死，幼少当任，恐不能御也。晋之水军必至于此，宜畜众力以待其来，与之一战，若幸而胜之，江西自清。今渡江与晋大军战，不幸而败，则大事去矣！"悌曰："吴之将亡，贤愚所知，非今日也。吾恐蜀兵至此，众心骇惧，不可复整。及今渡江，犹可决战。若其败丧，同死社稷，无所复恨。若其克捷，北敌奔走，兵势万倍，便当乘胜南上，逆之中道，不忧不破也。若如子计，恐士众散尽，坐待敌到，君臣俱降，无复一人死难者，不亦辱乎！"

【译文】 吴国君主听到王浑南下，命令丞相张悌率领丹阳太守沈莹、护军孙震、副军师诸葛靓，领兵三万，渡过长江作战。到达牛渚后，沈莹说："晋国在蜀国训练水军已经很长时间了，在我们上流的部队，向来没有防备，大将都死了，幼小的王侯承继大任，恐怕抵抗不了。晋国水军肯定会来到这个地方。我们应该储备更多的人力物力，等待他们来临，和他们打上一战，假使能够侥幸获胜，长江西面的障碍自然能够清除。现今渡过长江和晋国大军作战，假如不幸失败，那么国家大事也就完了。"张悌说："吴国即将灭亡，人人皆知，而非今天才知悉的。我只怕蜀兵到了这里，人人忧心忡忡，不能再整顿军队了。趁着现在渡过长江，还能与他们对决。假如不幸失败，就是一起为国捐躯，不会再有遗恨。如果能够完胜，北方敌人逃跑，军队声势更加浩大，便可乘胜南下追击，在中途迎击敌人，则胜利在握。假如按你的计划，军队恐怕都逃跑了，坐等敌人到来，君臣一起投降，就无人会为国难牺牲自己了，这不是件很耻辱的事吗？”

三月，悌等济江，围浑部将城阳都尉张乔于杨荷。乔众才七千，闭栅请降。诸葛靓欲屠之，悌曰：“强敌在前，不宜先事其小，且杀降不祥。”靓曰：“此属以救兵未至，少力不敌，故且伪降以缓我，非真伏也。若舍之而前，必为后患。”悌不从，抚之而进。悌与扬州刺史汝南周浚，结陈相对，沈莹帅丹阳锐卒、刀楯五千，三冲晋兵，不动。莹引退，其众乱；将军薛胜、蒋班因其乱而乘之，吴兵以次奔溃，将帅不能止，张乔自后击之，大败吴兵于版桥。诸葛靓帅数百人遁去，使过迎张悌，悌不肯去，靓自往牵之曰：“存亡自有大数，非卿一人所支，奈何故自取死！”悌垂涕曰：“仲思，今日是我死日也！且我为儿童时，便为卿家丞相所识拔，常恐不得其死，负名贤知顾。今以身徇社稷，复何道邪！”靓再三牵之，不动，乃流泪放去，行百馀步，顾之，已为晋兵所杀，并斩孙震、沈莹等七千八百级，吴人大震。

【译文】 三月，张悌等人横渡长江，在杨荷包围了王浑部将城阳都尉张乔。张乔只带领了七千人，关闭栅门请求投降。诸葛靓要杀他们，张悌说：“前面有强劲的敌人，不应当因小失大；而且将投降之人杀死是不吉利的。”诸葛靓说：“这些人因为救援的部队未到，力量太小不足以抵抗我们，因此假装投降来阻碍我们前进，并非真正臣服。假如丢弃他们前进，肯定会成为日后的祸患。"张悌不听他的话，安抚了他们，然后带领军队前进。张悌与扬州刺史汝南人周浚摆好阵势，僵持着，沈莹带领五千丹阳精锐士兵、手拿大刀盾牌，连续三次冲击晋兵阵地，无法使之动摇。沈莹于是退兵，军士秩序瞬间混乱。将军薛胜、蒋班，借由他们的混乱，趁机进攻，吴兵阵地顺次崩溃，将帅也无法阻止，张乔从后面攻击，在版桥击败吴国军队。诸葛靓率领几百人逃走，派人前去迎接张悌，张悌不愿离开，诸葛靓亲自上前拉着他说："死生存亡自有天命，并非你一个人所能支持得了的，为什么要自寻死路呢？"张悌流着泪说："仲思！今天是我死亡的日子！而且我在孩童时，就被你家丞相赏识，时常害怕无法死得其所，辜负了贤人的了解与眷顾，今日亲身为国捐躯，又有什么好说的呢！"诸葛靓再三拉扯，都不动，于是流着眼泪放他离开，走了一百多步，转过头一看，张悌已经被晋兵杀死了，同时斩下孙震、沈莹等七千八百人的首级，吴国人大为震动。

初，诏书使王浚下建平，受杜预节度，至建业，受王浑节度。预至江陵，谓诸将曰："若浚得建平，则顺流长驱，威名已著，不宜令受制于我；若不能克，则无缘得施节度。"浚至西陵，预与之书曰："足下既摧其西藩，便当径取建业，讨累世之逋寇，释吴人于涂炭，振旅还都，亦旷世一事也！"浚大悦，表呈预书。及张悌败死，扬州别驾何恽谓周浚曰："张悌举全吴精兵殄灭于此，吴之朝野莫不震慑。今王龙骧既破武昌，乘胜东下，所向辄克，土崩之势见矣。谓宜速引兵渡江，直指建业，大军猝至，夺其胆气，可不战禽也！"浚善其谋，使白王浑。恽曰："浑暗于事机，而欲慎己免咎，必不我从。"浚固使白之，浑果曰："受诏但令屯江北以抗吴军，不使轻进，贵州虽武，岂能独平江东乎！今者违命，胜不足多，若其不胜，为罪已重。且诏令龙骧受我节度，但当具君舟楫，一时俱济耳。"恽曰："龙骧克万里之寇，以既成之功来受节度，未之闻也。且明公为上将，见可而进，岂得一一须诏令乎！今乘此渡江，十全必克，何疑何虑而淹留不进！此鄙州上下所以恨恨也。"浑不听。

资治通鉴

【译文】 起初，晋武帝司马炎诏命王浚攻克建平之后，要受杜预的节度，来到建业，要受王浑的节度。杜预来到江陵，对诸位将领说："假如王浚能到达建平，就顺流而下，长驱直入，声威已经显著了，不应当再让他受到我的节制；假如无法攻克，就再无机会节度了。"王浚来到西陵，杜预给他写信说："足下已经将他们西面的屏障摧毁，应当径直攻取建业，讨伐历代遗漏的敌人，为吴国人解脱困苦，而后整治部队，返回京师，也是人间少有的大事！"王浚大为高兴，上表献上杜预的书信。张悌失败身亡之后，扬州别驾何恽对周浚说："张悌统率吴国全部精锐兵力，在此地被消灭，吴国朝野上下无不震惊。王龙骧已将武昌攻下，乘胜东下，所到之地战无不胜，吴国瓦解的形势已显露无遗。我认为应当尽快带领士兵渡过长江，直指建业，大军突然降临，能够把他们的胆量和气魄夺去，如此一来便可不战而擒敌了。"周浚觉得这个计划很好，要派人通知王浑。何恽说："王浑不明事机，却只想着小心翼翼，以求免除罪过，肯定不会听从我们的。"周浚坚持派人通知王浑，王浑果然说："受到的诏令只不过是要我们在长江北岸屯驻，来抗击吴国军队，而不是让我们草率前去出击，你们州的军队尽管很英武，又哪里能把江东独自平定呢！如今悖逆命令，即使取胜了，也不值得称赞；假如无法取胜，造成的罪过可就大了。而且诏书命令龙骧将军接受我的节度，你只要将舟船备好，一起渡江就行了。"何恽说："龙骧将军战胜了万里之敌，凭着已经成就的功业来接受节度，还是从未听过的。而且明公作为上将，看见可以进军就进军，哪里能够一一等候诏令呢！如今趁着此时渡江，有完全必胜的把握，有什么值得怀疑、顾虑而停滞不前呢！这正是鄙州上上下下因而失望不满的原因了。"王浑不听。

王浚自武昌顺流径趣建业，吴主遣游击将军张象帅舟师万人御之，象众望旗而降。浚兵甲满江，旌旗烛天，威势甚盛，吴人大惧。

吴主之嬖臣岑昏，以倾险谀佞，致位九列，好兴功役，为众患苦。及晋兵将至，殿中亲近数百人叩头请于吴主曰："北军日近而兵不举刃，陛下将如之何？"吴主曰："何故？"对曰："正坐岑昏耳。"吴主独言："若尔，当以奴谢百姓！"众因曰："唯！"遂并起收昏。吴主骆驿追止，已屠之矣。

陶浚将讨郭马，至武昌，闻晋兵大入，引兵东还。至建业，吴主引见，问水军消息，对曰："蜀船皆小，今得二万兵，乘大船以战，自足破之。"于是合众，授浚节钺。明日当发，其夜，众悉逃溃。

【译文】 王浚自武昌顺流直向建业。吴国君主派遣游击将军张象统率一万水军抵抗，张象的军队远远看见旗帜就投降了。王浚的兵甲布满长江，旌旗照亮了天空，阵势非常浩大，吴国人极为恐慌。

吴国君主嬖幸的臣子岑昏，由于奸险谄媚、善进谗言，因此做到了九卿的官职，他喜欢兴起劳作，百姓深以为苦。等到晋兵即将来临之时，殿中数百名亲近之人，叩头向吴国君主请求道："北军一日日逼近，然而军队都无心作战，陛下将会怎么做？"

吴国君主说："什么缘故？"回答说："正是怪罪岑昏而已。"吴国君主只说："如果是这样，那么要这奴才向百姓谢罪。"众人因而说："是!"于是一并把岑昏收监。等到吴国君主后悔，不断派人赶去阻止时，但是岑昏已经被杀了。

陶浚即将讨伐郭马，来到武昌，听闻晋军大举向吴国进军，就带军返回东边。来到建业，吴国君主接见他，询问关于水军的消息，陶浚回答说："西蜀的船只都很小，如今要是能得到两万军队，乘着大船作战，便自然可以将他们击败。"于是将民众聚合起来，并授予符节斧钺，第二天即将出发。但当天晚上，民众全都四散逃走了。

时王浑、王浚及琅邪王伷皆临近境，吴司徒何植、建威将军孙晏悉送印节诣浑降。吴主用光禄勋薛莹、中书令胡冲等计，分遣使者奉书于浑、浚、伷以请降。又遗其群臣书，深自咎责，且曰："今大晋平治四海，是英俊展节之秋，勿以移朝改朔，用损厥志。"使者先送玺绶于琅邪王伷。壬寅，王浚舟师过三山，王浑遣信要浚暂过论事；浚举帆直指建业，报曰："风利，不得泊也。"是日，浚戎卒八万，方舟百里，鼓噪入于石头，吴主皓面缚舆榇，诣军门降。浚解缚焚榇，延请相见。收其图籍，克州四，郡四十三，户五十二万三千，兵二十三万。

【译文】 当时王浑、王浚与琅邪王司马伷都接近国境，吴国司徒何植、建威将军孙晏，全都献出印信符节，投降到王浑军前。吴国君主采纳了光禄勋薛莹、中书令胡冲等人的计策，分别派出使者给王浑、王浚、司马伷送去信件，请求投降。又给群臣送去书信，极力自我责备，而且说："如今大晋将天下治平，正是俊秀人才展露气节之时，不能由于改换朝代，而折损了心志。"使者先将印玺送予琅邪王司马伷。壬寅日（十五日），王浚舟师经过三山，王浑派遣使者送信，要王浚暂时到那边商讨事务，王浚将风帆张起，径直前往建业，回报说："风太大，船只无法停下来。"这一天，王浚的八万兵士，百里浮船，喧闹着进到石头城，吴国君主孙皓反绑双手，用车载着棺木，前去军门投降。王浚将他的捆缚解除，还把棺木烧掉，请他进来相见。将吴国地图和户籍收取，还收服四州、四十三郡、五十二万三千户、二十三万士兵。

朝廷闻吴已平，群臣皆贺上寿。帝执爵流涕曰："此羊太傅之功也。"票骑将军孙秀不贺，南向流涕曰："昔讨逆弱冠以一校尉创业，今后主举江南而弃之，宗庙山陵，于此为墟。悠悠苍天，此何人哉！"

【译文】 晋朝廷听闻吴国已经平定，群臣都庆贺祝福，晋武帝司马炎手握酒杯，流着眼泪说："这都是羊太傅的功劳。"骠骑将军孙秀没去祝贺，向南流着泪水说："之前讨逆将军年方二十就以一个校尉的官职建立事业，如今后主将整个江南抛下，宗庙陵墓，自此变成废墟。茫茫青天，他究竟是个什么样的人啊！"

【乾隆御批】孙皓众叛亲离，王浚有进无退，胜败之势固已昭然，铁锁、铁锥安能为守？楼船直下，摧枯拉朽，不待烛照数计矣。然所云大炬烧锁未免近诬，江水之中炬如何燃？故读书贵在达理。

【译文】孙皓众叛亲离，王浚只有前进没有后退，胜败的趋势本来已经显而易见，铁链、铁锥怎能作为防守？楼船顺流直下，摧枯拉朽，并不依靠火炬熔化铁链等几项计策。然而文中所说的用大火炬烧铁链实在是近乎捏造事实，在江水中火炬是怎么燃烧的？所以读书贵在懂道理。

【乾隆御批】吴亡旦夕可待，而庸懦者且谓宜俟来冬，若非预力排群议，为之主持，王浚虽勇略，必为王浑所掣肘，安能顺流东下，成功刻日乎？武帝令浚受浑节度，任将不专，几至偾事。杜预径造建业之计，实为扼要，不愧平吴首功。

【译文】吴国在很短的时间里就可以灭亡，然而庸下懦怯的人还说应当等到第二年冬天，如果不是杜预竭力反驳、排除各种意见，主张进攻，王浚虽然勇敢而有谋略，也必然被王浑牵制，怎么能够顺流东下，限定日期成就功业呢？晋武帝命令王浚接受王浑的节制调度，任用将领不给他们专断的权力，几乎败事。杜预直接到建业去的计策，确实抓住了重点，不愧为平定吴国的头功。

【乾隆御批】舟师之利全在运转迅捷，陶浚称大船可克敌，是所谓恃众胜寡，怯懦之流耳。

【译文】水军的便利全在运转迅速、敏捷，陶浚说大船可以战胜敌人，是依赖人多战胜人少的一方，他只是胆小怕事的人罢了。

吴之未下也，大臣皆以为未可轻进，独张华坚执以为必克。贾充上表称："吴地未可悉定，方夏，江、淮下湿，疾疫必起，宜召诸军还，以为后图。虽腰斩张华不足以谢天下。"帝曰："此是吾意，华但与吾同耳。"荀勖复奏，宜如充表，帝不从。杜预闻充奏乞罢兵，驰表固争，使至轘辕而吴已降。充惭惧，诣阙请罪，帝抚而不问。

【译文】 吴国尚未攻克之时，大臣都觉得草率进兵是不可行的，唯有张华坚持，认为一定能够获胜。贾充呈上表章，称：

"吴国无法全部平定，正值夏季，江、淮地区低下潮湿，肯定会兴起瘟疫，应当召令各军回国，以后再作计议。即使腰斩了张华，也不足以向天下谢罪。"晋武帝司马炎说："这是我的意思，张华只不过跟我的心思相同而已。"荀勖又上奏，认为应当听从贾充的进奏。晋武帝司马炎没有依从。杜预听闻贾充上奏请求退兵，急忙上奏，力争进军，使者走到辕辕山，吴国已经投降。贾充又惭愧又害怕，前去朝中请罪，晋武帝司马炎安慰他，没有再问罪于他。

　　夏，四月，甲申，诏赐孙皓爵归命侯。

　　乙酉，大赦，改元。大酺五日。遣使者分诣荆、扬抚慰，吴牧、守已下皆不更易，除其苛政，悉从简易，吴人大悦。

　　滕修讨郭马未克，闻晋伐吴，帅众赴难，至巴丘，闻吴亡，缟素流涕，还，与广州刺史闾丰、苍梧太守王毅各送印绶请降。孙皓遣陶璜之子融持手书谕璜，璜流涕数日，亦送印绶降；帝皆复其本职。

　　王浚之东下也，吴城戍皆望风款附，独建平太守吾彦婴城不下，闻吴亡，乃降。帝以彦为金城太守。

　　初，朝廷尊宠孙秀、孙楷，欲以招来吴人。及吴亡，降秀为伏波将军，楷为度辽将军。

　　【译文】夏季，四月，甲申日（二十八日），晋武帝司马炎下诏赐孙皓爵位为归命侯。

　　乙酉日（二十九日），大赦天下，改年号为太康。晋朝聚会饮酒，欢畅五天。派遣使者分别前往荆、扬二州，安抚民众，吴国牧、守以下的官吏都不更换；将苛刻的政令废除，一切按照简易的法规。吴人非常高兴。

滕修兴兵讨伐郭马，无法取胜，听闻晋国进攻吴国，统率军队奔赴救难，兵至巴丘，听闻吴国已经灭亡，便穿上白色丧服，号啕大哭，然后返回，与广州刺史闾丰、苍梧太守王毅，各自献上印绶，请求归降。孙皓派遣陶璜的儿子陶融，拿着亲笔书信告谕陶璜，陶璜流了数天的眼泪，也将印信送上归降，晋武帝司马炎全部都使他们官复原职。

在王浚东下之时，吴国各城的守备都望风而降。唯有建平太守吾彦固守着城池，无法攻下，听到吴国已经亡了，才投降，晋武帝司马炎派遣吾彦担任金城太守。

起初，朝廷尊崇孙秀、孙楷，想要以此招徕吴国人；等到吴国灭亡了，孙秀降官为伏波将军，孙楷为度辽将军。

琅邪王伷遣使送孙皓及其宗族诣洛阳。五月，丁亥朔，皓至，与其太子瑾等泥头面缚，诣东阳门。诏遣谒者解其缚，赐衣服、车乘、田三十顷，岁给钱谷、绵绢甚厚。拜瑾为中郎，诸子为王者皆为郎中，吴之旧望，随才擢叙。孙氏将吏渡江者复十年，百姓复二十年。

【译文】琅邪王司马伷下令让使者护送孙皓与他的宗族到洛阳。五月，丁亥朔日（初一），孙皓来到，同他的太子孙瑾等人用泥涂在头上，反绑双手，叩头在地，来到东阳门。晋武帝司马炎下诏派出谒者将他的束缚解除，还赐给他衣服、车乘、三十顷田地，每年供给金钱粮谷、布帛丝绢，非常厚待他。晋武帝司马炎任命孙瑾为中郎，各个儿子之前做王的，全部担任了郎中。吴国从前享有名望之人，按照他们的才干，依据顺序拔擢。孙氏渡过长江的将吏，免除十年的赋税劳役，也免除了百姓二十年的赋役。

庚寅，帝临轩，大会文武有位及四方使者，国子学生皆预焉。引见归命侯皓及吴降人，皓登殿稽颡。帝谓皓曰："朕设此座以待卿久矣。"皓曰："臣于南方，亦设此座以待陛下。"贾充谓皓曰："闻君在南方凿人目，剥人面皮，此何等刑也？"皓曰："人臣有弑其君及奸回不忠者，则加此刑耳。"充默然甚愧，而皓颜色无怍。

帝从容问散骑常侍薛莹孙皓所以亡，对曰："皓昵近小人，刑罚放滥，大臣诸将，人不自保，此其所以亡也。"它日，又问吾彦，对曰："吴主英俊，宰辅贤明。"帝笑曰："若是，何故亡？"彦曰："天禄永终，历数有属，故为陛下禽耳。"帝善之。

【译文】 庚寅日（初四），晋武帝司马炎亲临正殿，大会文武百官与四方使者，国子学生也都参加会见。接见归命侯孙皓和吴国投降之人。孙皓登殿叩头，晋武帝司马炎对孙皓说："朕设下这个位置已经等你很久了。"孙皓说："臣下在南方也设下了同样的座位等候着陛下。"贾充对孙皓说："我听闻你在南方，挖人眼睛，剥人脸皮，这是哪一等级的刑罚？"孙皓说："臣对那些有弑害国君及奸邪不忠的人，就会实施这样的刑罚。"贾充默然无语，非常羞愧，然而孙皓却面无愧色。

晋武帝司马炎态度从容地向散骑常侍薛莹询问孙皓亡国的原因，薛莹回答说："孙皓亲近小人，滥施刑罚，大臣将领，人人无法自保，这就是亡国的原因了。"过后，又询问吾彦，回答说："吴国君主英明，宰相贤能。"晋武帝司马炎笑着说："如果是这样，又怎么会落到亡国的下场呢？"吾彦说："上天禄位，永久终了，天命也另有归属，因此被陛下擒获了而已。"晋武帝司马炎觉得回答得很好。

【乾隆御批】孙皓愚暗，数语差强人意，然以面缚受封之人，惧罪不暇，直云亦设此座相待，是自取祸。皓至此时能为此语，必其不降，死社稷矣。此语恐非当时实录。

【译文】孙皓愚昧，这几句话勉强还算能让人满意，然而以一个捆绑自己接受封爵的人，害怕获罪都来不及，直白地说也设置了座位等待晋武帝，使自己招致祸患。孙皓到这会儿果真能说出这样的话，必然不会投降，为国家而死了。这话恐怕不是当时据实的记录。

【申涵煜评】充穷凶极恶，闻庾纯之言而恚，闻孙皓之言而愧，始知乱臣贼子良心何尝澌灭，但自觉名节已丧，遂甘心拚作小人。惟长乐老则渐近自然矣。

【译文】贾充是一个穷凶极恶的人，听庾纯说的话就恼怒，听孙皓的言论感到惭愧，这才知道乱臣贼子的良心也不是完全泯灭的，只是觉得自己已经丧失了名节，只能甘心继续做小人了。只有长乐老冯道越活越接近自然之道。

王浚之入建业也，其明日，王浑乃济江，以浚不待己至，先受孙皓降，意甚愧忿，将攻浚。何攀劝浚送皓与浑，由是事得解。何恽以浑与浚争功，与周浚笺曰：《书》贵克让，《易》大谦光。前破张悌，吴人失气，龙骧因之，陷其区宇。论其前后，我实缓师，既失机会，不及于事，而今方竞其功；彼既不吞声，将亏雍穆之弘，兴矜争之鄙，斯愚情之所不取也！"浚得笺，即谏止浑。浑不纳，表浚违诏不受节度，诬以罪状。浑子济，尚常山公主，宗党强盛。有司奏请槛车征浚，帝弗许，但以诏书责让浚以不从浑命，违制昧利。浚上书自理曰："前被诏书，令臣直造秣陵，又令受太尉充节度。臣以十五日至三山，见浑军在北岸，遣书邀臣；臣水军风发乘势，径造贼城，无缘回船过浑。臣以日中至秣陵，暮乃被浑所下当受节度之符，欲令臣明十六日悉将所领还围石头，又索蜀兵及镇南诸军人名定见。臣以为皓已来降，无缘空围石头；又，兵人定见，不可仓猝得就，皆非当今之急，不可承用，非敢忽弃明制也。皓众叛亲离，匹夫独坐，雀鼠贪生，苟乞一活耳，而江北诸军不知虚实，不早缚取，自为小误。臣至便得，更见怨恚，并云：‘守贼百日，而令他人得之。’臣愚以为事君之道，苟利社稷，死生以之。若其顾嫌疑以避咎责，此是人臣不忠之利，实非明主社稷之福也！”浑又腾周浚书云：“浚军得吴宝物。”又云“浚牙门将李高放火烧皓伪宫。”浚复表曰：“臣孤根独立，结恨强宗。夫犯上干主，其罪可救；乖忤贵臣，祸在不测。伪中郎将孔摅说：去二月武昌失守，水军行至，皓案行石头还，左右人皆跳刀大呼云：‘要当为陛下一死战决之。’皓意大喜，意必能然，便尽出金宝以赐与之。小人无状，得便持走。皓惧，乃图降首。降使适去，左右劫夺财物，略取妻妾，放火烧宫。皓逃身窜首，恐不脱死。臣至，遣参军主者救断其火耳。周浚先入皓宫，浑又先登皓舟，臣之入观，皆在其后。皓宫之中，乃无席可坐，若有遗宝，则浚与浑先得之矣。浚等云臣屯聚蜀人，不时送皓，欲有反状。又恐动吴人，言臣皆当诛杀，取其妻子，冀其作乱，得骋私忿。谋反大逆，尚以见加，其馀谤嗜，故其宜耳。今年平吴，诚为大庆；于臣之身，更受咎累。”浚至京师，有司奏浚违诏，大不敬，请付廷尉科罪；诏不许。又奏浚敕后烧贼船百三十五艘，辄敕付廷尉禁推；诏勿推。

【译文】王浚攻进建业的第二天，王浑才渡过长江，由于王浚不等自己来到，先行接受了孙晧的投降，心中尤为羞愧和愤怒，就想攻打王浚。何攀劝王浚将孙皓送给王浑，因而事情才得以解决。何恽因为王浑同王浚争夺功劳，给周浚写信说："《书经》看重能够谦让，《易经》推崇谦退，更能光大。之前把张悌击败，吴国人失掉了阵势，龙骧将军借着这个时机，一举将他们国家攻陷。评论前前后后的因果，我们的军队行动实在太缓慢了，机会既然已经丧失，就来不及争取事功，到今天才来争夺功劳，他既然咽不下这怨气，将会使和顺的风气受到损坏，也会引发因自夸而相互争抢的鄙陋做法，这实在是我内心无法赞成的。"周浚得信，就进谏阻止王浑，王浑没有接受，上表说王浚悖逆诏令，不肯接受节度，诬告他所犯罪行的情况。王浑的儿子王济娶了常山公主，亲戚党羽十分强大。官员上表奏章，请求用罪犯的囚车把王浚召回，晋武帝司马炎没有应允，只不过降下诏书责备王浚不服从王浑的命令、利令智昏，因此悖逆王命。王浚上奏自行陈述理由说："上次接受诏令，命令臣下径直前往秣陵，又命令接受太尉贾充的节度。臣下用十五天来到三山，看到王浑的军队正在北岸，他派人送信邀约臣下。臣下水军正乘着急风，直抵敌城，并无理由调转船头去拜访王浑。臣下于中午来到秣陵，傍晚才接到王浑所颁发下的应受节度的命令，想要命令臣下明天十六日带领军队回头将石头城包围起来，又向臣索要蜀兵与镇南各军作战军人的名册。臣下认为，孙皓已经前来归降，并无理由将石头城包围起来；又要军人名册，这是不可能在仓促之间造得成的，以上这些并非当下紧急的事物，不可奉行，臣下并非敢将圣明的制命故意忽视掉。孙皓众叛亲离，匹夫独在，就好比贪生的鼠雀一样，只求自己一条性命而已。但是江北各军，不知敌人的虚实，无法早一天前去擒拿，自己造成小的失误。臣下来到便捉到了，愈加使得他们怨恨，而且还说：

自己花了一百天看守敌人，临到最后却被别人擒获了。臣下暗自觉得侍奉国君的态度，是要对国家有利，无论是生是死都要从事。假如因为顾虑到个人的嫌疑来逃避罪责，这是臣子们为一己私利不去为国尽忠的行为，实在不是圣明君主与国家的福祉。"王浑又抄录周浚的信说："王浚军队得到了吴国的宝物。"又说："王浚牙门将李高放火烧毁了孙皓的伪宫殿。"王浚又上表说："臣下孤自独立，与强大的宗族结下怨恨。如果是冒犯了君主，尚且还有挽救罪过的机会；而一旦悖逆了权贵大臣，就难以预料要遭受什么祸事了。伪中郎将孔摅说：二月，武昌陷落，水军即将到达，孙皓巡行石头城回来以后，左右亲近的人都手持兵器跳跃、大叫着说：'肯定要为陛下决一死战。'孙皓心中大喜，觉得他们肯定能够这样做，便将所有的金银财宝拿出来赏赐给他们，小人行为恶劣，拿到财物便逃跑了。孙皓畏惧，才计划投降。孙皓安排投降的使者刚刚离去，他左右亲近之人就抢劫财物，掠夺妻妾，放火焚烧宫殿。孙皓四处逃窜，只怕不能免遭一死。臣下到那里之后，派参军主事之人将大火熄灭。周浚先进到孙皓的宫殿，王浑又先行登上孙皓的舟船，臣下进去和见到的，都在他们的后面。孙皓的宫中，居然连坐的席子都没有，假如有什么遗留的宝物，那么是周浚与王浑先到先得了。周浚等人说臣下聚集蜀郡之人，没有立刻把孙皓送上，有想要反叛的迹象。又惊恐吴国人骚乱，说是臣下要将他们全部杀戮，将他们的妻子逮捕，是希望他们作乱，得以满足个人的私怨。谋反叛逆的大罪，尚且能够被他们强加于身，其他诽谤的恶言，因此也便是理所应当的了。今年平定吴国，实属最值得举国上下庆贺的大事；对于臣下本身，却受到不少罪咎。"王浚来到京城，官员上奏："王浚悖逆诏令，是大不敬的罪，请求将他交付廷尉判处刑罚。"晋武帝司马炎下诏不同意。于是他们又上奏，说王浚在赦免令颁布下来之后，将一百三十五艘敌船悉数烧毁，应该立即下令将他交付廷尉予以囚禁推问。晋武帝司马炎下诏不必推问。

浑、浚争功不已，帝命守廷尉广陵刘颂校其事，以浑为上功，浚为中功。帝以颂折法失理，左迁京兆太守。

庚辰，增贾充邑八千户，以王浚为辅国大将军，封襄阳县侯；杜预为当阳县侯；王戎为安丰县侯；封琅邪王伷二子为亭侯；增京陵侯王浑邑八千户，进爵为公；尚书关内侯张华进封广武县侯，增邑万户；荀勖以专典诏命功，封一子为亭侯；其馀诸将及公卿以下，赏赐各有差。帝以平吴，策告羊祜庙，乃封其夫人夏侯氏为万岁乡君，食邑五千户。

【译文】 王浑、王浚不断争夺功劳，晋武帝司马炎下令让守廷尉广陵人刘颂比较他们的功绩，把王浑判为上功，王浚判为中功。晋武帝司马炎用刘颂决断不公的罪名，将他降职为京兆太守。

庚辰日（五月无此日），将贾充的食邑增加为八千户；派王浚担任辅国大将军，封为襄阳县侯；杜预担任当阳县侯；王戎担任安丰县侯；将琅邪王司马伷的两个儿子封为亭侯；增加京陵侯王浑食邑八千户，进封爵位为公；将尚书关内侯张华进封为广武县侯，将他的食邑增加为一万户；因为荀勖专心主理诏命的功绩，所以把他的一个儿子封为亭侯；其余各将领与公卿以下的官吏，都按照等别各有赏赐。晋武帝司马炎以平定吴国的功绩，用简策祭告羊祜庙，封他的夫人夏侯氏为万岁乡君，食邑五千户。

王浚自以功大，而为浑父子及党与所挫抑，每进见，陈其攻伐之劳及见枉之状，或不胜忿愤，径出不辞；帝每容恕之。益州护军范通谓浚曰："卿功则美矣，然恨所以居美者未尽善也。卿旋旆之日，角巾私第，口不言平吴之事，若有问者，辄曰：'圣人之德，群帅之力，老夫何力之有！'此蔺生所以屈廉颇也，王浑能无愧乎！"浚曰："吾始惩邓艾之事，惧祸及身，不得无言；其终不能遣诸胸中，是吾褊也。"时人咸以浚功重报轻，为之愤邑。博士秦秀等并上表讼浚之屈，帝乃迁浚镇军大将军。王浑尝诣浚，浚严设备卫，然后见之。

杜预还襄阳，以为天下虽安，忘战必危，乃勤于讲武，申严戍守。又引滍、淯水以浸田万馀顷，开扬口通零、桂之漕，公私赖之。预身不跨马，射不穿札，而用兵制胜，诸将莫及。预在镇，数饷遗洛中贵要；或问其故，预曰："吾但恐为害，不求益也。"

【译文】 王浚自觉功劳很大，却受到王浑父子及他们党羽的压制，每次当他入朝觐见时，都陈述自己攻城掠地的功劳和遭受冤屈的情形，有时因为无法忍受心中愤懑的情绪，脱口而出不逊的言辞，晋武帝司马炎总是宽容、原谅他。益州护军范通对王浚说："阁下的功业确实值得赞美，但遗憾的是居有美好功业的态度却无法尽善尽美。阁下带军返朝之时，就应隐居在自己家里，口中不谈有关平定吴国的事情，假如有人问到，就说：'这是圣明君主的德行，是诸位将领的力量，老夫我哪出过什么力呢！'这就是蔺相如之所以将廉颇制服的原因，王浑听了能不感到羞愧吗？"王浚说："我开始那样做，是吸取了邓艾的教训，担心会有祸事降临，所以无法不进言；等到后来，心中无法忘怀，就是我的褊狭了。"当时，人们都认为王浚功劳很大、报偿很小，都为他感到不满；博士秦秀等人一起上奏，替王浚争辩冤屈，晋武帝司马炎将王濬升为镇军大将军。王浑曾经拜访王濬，王濬设立严密的守卫，然后才会见他。

　　杜预返回襄阳，觉得尽管现在天下太平，然而将战事训练抛在脑后的话，肯定会遭遇危险，于是勤勤恳恳地讲求武事，申令要严加防卫。又导引滍水、淯水的河水，灌满一万多顷田地，开通扬口到零、桂的漕运，无论公私两方面全都仰仗他的营建。杜预本身不骑马，射箭也不穿甲胄，然而用兵获胜，是各个将领都无法企及的。杜预在镇守时，给洛中显要屡次赠送礼品，有人探问其中的缘故，杜预说："我只不过害怕遭遇祸患罢了，而不是想要求得什么好处。"

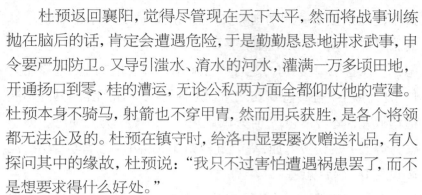

　　【乾隆御批】王浑私意猜忌，动辄阻挠，岂萧何发纵指示可比？安得列为上功？武帝既知刘颂之失，而不能鉴别是非，仍优浑爵邑，何以示大公乎？

　　【译文】王浑私心猜忌，别人做事就阻挠，怎么能与萧何暗中操纵指挥相比？怎么能列为上功？晋武帝既然知道刘颂的过失，却不能辨别是非，仍然优待王浑，给他爵位、食邑，用什么来显示公正呢？

　　【申涵煜评】以预贤能，尚赂遗洛中贵要，曰"不求益，止求无害。"后世边陲重臣，有所附则最易成功，一孤立便事事制肘。预言虽非正情理实，然但赂遗不知从何处来。

　　【译文】以杜宇的贤能，还要贿赂洛中的贵族要臣，还说："不求获得什么好处，只求不受迫害。"后世边防的重臣们，有所依靠的最容易成功，一旦孤立便事事感到掣肘，杜宇所说的虽然是正确的道理，只是不知道他贿赂他人的钱财是从哪儿来的。

　　王浑迁征东大将军，复镇寿阳。

诸葛靓逃窜不出。帝与靓有旧，靓姊为琅邪王妃，帝知靓在姊间，因就见焉。靓逃于厕，帝又逼见之，谓曰："不谓今日复得相见！"靓流涕曰："臣不能漆身皮面，复睹圣颜，诚为惭恨！"诏以为侍中；固辞不拜，归于乡里，终身不向朝廷而坐。

六月，复封丹水侯睦为高阳王。

秋，八月，己未，封皇弟延祚为乐平王，寻薨。

九月，庚寅，贾充等以天下一统，屡请封禅；帝不许。

冬，十月，前将军青州刺史淮南胡威卒。威为尚书，尝谏时政之宽。帝曰："尚书郎以下，吾无所假借。"威曰："臣之所陈，岂在丞、郎、令史，正谓如臣等辈，始可以肃化明法耳！"

【译文】 王浑迁升为征东大将军，又镇守寿阳。

诸葛靓避而不出。晋武帝司马炎同诸葛靓有旧交，诸葛靓的姐姐是琅邪王妃，晋武帝司马炎获悉诸葛靓躲在他姐姐家里，因而前去见他。诸葛靓逃进厕所，晋武帝司马炎又逼他出来见面，对他说："没想到今天又能得见。"诸葛靓流着眼泪说："臣下无法漆身毁容，又见到圣上，真是惭愧啊！"晋武帝司马炎下诏要他担任侍中。诸葛靓坚决推辞，不愿为官，归隐乡里，终身不面向朝廷而坐。

六月，晋武帝司马炎恢复丹水侯司马睦王爵的地位，封为高阳王。

秋季，八月，己未日（初五），晋武帝司马炎封皇弟司马延祚为乐平王，没过多久乐平王去世。

九月，庚寅日（初六），贾充等人因为天下统一，几次请求封禅，晋武帝司马炎没有应允。

冬季，十月，前将军青州刺史淮南人胡威去世。胡威担任尚书之时，曾进谏当时政治宽松，晋武帝司马炎说："尚书郎以下，我是不会宽松的。"胡威说："臣下所陈述的，哪里是在丞、郎、令史呢！臣下说的是如臣下等人之类的官职，如此方能整饬教化、修明法令！"

【乾隆御批】胡质父子清白自守尚矣，然以子而问父绢所从来，以之资谈柄可耳。正史风化所关，不应有此。

【译文】胡质父子守卫自己的清白值得推崇，然而作为儿子问父亲绢是从哪里得到的，以此提供谈论的话柄罢了。正史有关风化，不应该有这样的记载。

是岁，以司隶所统郡置司州，凡州十九，郡国一百七十三，户二百四十五万九千八百四十。

诏曰："昔自汉末，四海分崩，刺史内亲民事，外领兵马。今天下为一，当韬戢干戈，刺史分职，皆如汉氏故事；悉去州郡兵，大郡置武吏百人，小郡五十人。"交州牧陶璜上言："交、广东西数千里，不宾属者六万馀户，至于服从官役，才五千馀家。二州唇齿，唯兵是镇。又，宁州诸夷，接据上流，水陆并通，州兵未宜约损，以示单虚。"仆射山涛亦言"不宜去州郡武备"。帝不听。及永宁以后，盗贼群起，州郡无备，不能禽制，天下遂大乱，如涛所言。然其后刺史复兼兵民之政，州镇愈重矣。

汉、魏以来，羌、胡、鲜卑降者，多处之塞内诸郡。其后数因忿恨，杀害长吏，渐为民患。侍御史西河郭钦上疏曰："戎狄强犷，历古为患，魏初民少，西北诸郡，皆为戎居，内及京兆、魏郡、弘农，往往有之。今虽服从，若百年之后有风尘之警，胡骑自平阳、上党不三日而至孟津，北地、西河、太原、冯翊、安定、上郡尽为狄庭矣。宜及平吴之威，谋臣猛将之略，渐徙内郡杂胡于边地，峻四夷出入之防，明先王荒服之制，此万世之长策也。"帝不听。

【译文】这一年，以司隶所统辖的郡县设立司州，天下共计十九个州，一百七十三个郡国，二百四十五万九千八百四十户。

晋武帝司马炎下诏说："从前自汉末开始，天下四分五裂，刺史对内要亲自治理民事，在外要统率兵马。如今天下统一，应当收敛军事，刺史分职，全都以汉朝的制度行事。把所有州郡的部队废去，大郡设置武吏一百人，小郡设置五十人。"交州牧陶璜上言说："交、广东西几千里，尚未归顺的有六万多户，至于那些服从官府的，只有五千多家。二州唇齿相依，唯有军队才能镇守得了。还有宁州各夷族，与交、广上流相连，水陆都能交通，州兵不应当减少，来暴露国防的单薄空虚。"仆射山涛也进言说："不应当将州郡的武备废除。"晋武帝司马炎没有听从他们的建言。等到永宁以后，盗贼群起，州郡因为没有防备，所以无法制伏，于是天下大乱，和山涛进言如出一辙。可是以后刺史又兼管军、民的政事，州镇的权力更大了。

汉、魏以来，羌、胡、鲜卑投降之人，大多在塞内各个郡县居住。后因数次恼怒，将长官杀死，逐渐变成民间祸患。侍御史西河人郭钦呈上奏章说："戎狄民情强横，从古到今就是祸患。魏国初年，人民稀少，西北各个郡县，都是戎人在居住，向内到京兆、魏郡、弘农，也常常都有他们的行迹。如今服从朝廷，假如百年之后有了兵乱的惊扰，胡人骑兵从平阳、上党出发，不到三天就可抵达孟津，北地、西河、太原、冯翊、安定、上郡就全部被胡人占据了。应当借平定吴国的声威，谋臣武将的谋略，逐渐将那些在内地郡县杂居的胡人，迁移到边疆去，严禁四夷出入，修明先代圣王治理荒服的法制，这是千秋万代的良策。"晋武帝司马炎没有采纳他的建议。

资治通鉴

【乾隆御批】吴地甫平反，侧未靖，北境又多寇警，岂得高语销兵？此武帝志满淫荒之渐。杜预讲武屯田，申明戍守，可谓识时务。

【译文】吴国刚刚平定，不顺从的人还没有平定下来，北部边境又多次出现敌情，怎么能说大话撤销州郡军队呢？这是晋武帝骄傲自满、荒淫无度的开端。杜预讲习武事，垦殖荒地，告诫部下严加防守，可以称得上是能认清形势。

二年（辛丑，公元二八一年）春，三月，诏选孙皓宫人五千人入宫。帝既平吴，颇事游宴，怠于政事，掖庭殆将万人。常乘羊车，恣其所之，至便宴寝；宫人竞以竹叶插户，盐汁洒地，以引帝车。而后父杨骏及弟珧、济始用事，交通请谒，势倾内外，时人谓之三杨，旧臣多被疏退。山涛数有规讽，帝虽知而不能改。

初，鲜卑莫护跋始自塞外入居辽西棘城之北，号曰慕容部。莫护跋生木延，木延生涉归，迁于辽东之北，世附中国，数从征讨有功，拜大单于。冬，十月，涉归始寇昌黎。

十一月，壬寅，高平武公陈骞薨。

是岁，扬州刺史周浚移镇秣陵。吴民之未服者，屡为寇乱，浚皆讨平之。宾礼故老，搜求俊义，威惠并行，吴人悦服。

【译文】二年（辛丑，公元281年）春季，三月，晋武帝司马炎下诏挑选孙皓宫女五千人入宫。晋武帝司马炎把吴国平定之后，经常从事游乐宴饮之事，懈怠政事，宫里人数将近一万人。晋武帝司马炎经常坐着羊车，任由羊只拖拉，来到哪里，就住在哪里，摆设宴乐。宫女争相插上竹叶，洒盐水在地上，来吸引晋武帝司马炎的羊车。同时皇后的父亲杨骏跟弟弟杨珧、杨济开始掌握朝廷大权，内外往来，请求谒见，权势的盛大，朝中没有人能够与之匹敌，当时人称三杨，大多数老臣被疏远了。山涛数次劝谏，晋武帝司马炎尽管知道，但就是改不了。

起初，鲜卑人莫护跋从塞外迁入，在辽西棘城的北面居住，号称慕容部。莫护跋生下慕容木延，慕容木延生下慕容涉归，迁居到辽东的北边，世世代代附属于中国，数次随军出征，颇有功绩，朝廷任命他为大单于。冬季，十月，慕容涉归首次侵犯昌黎。

十一月，壬寅日（二十五日），高平武公陈骞去世。

这一年，扬州刺史周浚前去镇守秣陵，吴国那些还未归降的民众，屡屡作乱，都被周浚平定了。周浚对元老旧臣给予礼遇，同时寻访豪杰贤士，恩威并施，吴国人心悦诚服。

【申涵煜评】帝本一膏粱子弟，冒创业之名，无创业之实，与曹丕同。故一平吴后，恣意游宴，轩佞满朝？夫贻谋不善，而欲继世享太平之福，其可得哉？

【译文】晋武帝本来就是一个过惯享乐生活的子弟，空顶着创天下大业的名声，却没有做过实事，和曹丕差不多。因此刚平定孙吴后，就放纵嬉游宴饮，朝廷上都是奸佞之臣。他本来就不善谋取，还想要继续享受天下太平的福气，岂能得到呢？

三年（壬寅，公元二八二年）春，正月，丁丑朔，帝亲祀南郊。礼毕，喟然问司隶校尉刘毅曰："朕可方汉之何帝？"对曰："桓、灵。"帝曰："何至于此？"对曰："桓、灵卖官钱入官库，陛下卖官钱入私门；以此言之，殆不如也。"帝大笑曰："桓、灵之世，不闻此言，今朕有直臣，固为胜之。"

毅为司隶，纠绳豪贵，无所顾忌。皇太子鼓吹入东掖门，毅劾奏之。中护军、散骑常侍羊琇，与帝有旧恩，典禁兵，豫机密十馀年，恃宠骄侈，数犯法。毅劾奏琇罪当死；帝遣齐王攸私请琇于毅，毅许之。都官从事广平程卫径驰入护军营，收琇属吏，考问阴私，先奏琇所犯狼籍，然后言于毅。帝不得已，免琇官。未几，复使以白衣领职。

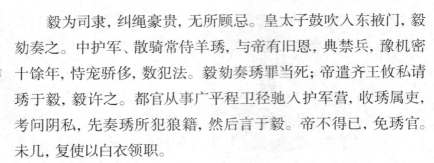

【译文】 三年（壬寅，公元282年）春季，正月，丁丑朔日（初一），晋武帝司马炎亲自到南郊祭拜上天。典礼完毕之后，感慨地询问司隶校尉刘毅说："朕能与汉朝的哪一位皇帝相比？"回答说："桓帝、灵帝。"晋武帝司马炎说："为何会变成今天这个样子呢？"回答说："桓帝、灵帝出卖官职的钱是收进公库的，陛下出卖官职的钱是由私人所得，从这个方面来比的话，只怕您还比之不及呢！"晋武帝司马炎大笑，说："桓帝、灵帝时，无法听见这种言辞，如今朕有正直的臣子，固然是要胜过他们了。"

刘毅担任司隶，纠举弹劾豪门贵族，毫无顾忌。皇太子鼓吹奏乐，进入东掖门，刘毅上奏弹劾他。中护军、散骑常侍羊琇与晋武帝司马炎有老交情，羊琇掌理禁兵，十多年参与国家机要大事，仗着自己深受宠信，骄横而又奢侈，屡屡违犯律法。刘毅上奏弹劾羊琇应该判处死罪，晋武帝司马炎派出齐王司马攸私下恳请刘毅宽免羊琇，刘毅答应了。都官从事广平人程卫骑马径直进入护军军营，把羊琇的部属收押起来，查问隐情，先将羊琇的犯罪暴行向上奏报，然后才告诉了刘毅。晋武帝司马炎迫不得已，把羊琇的官职免去。不久之后，又下令让他以平民身份担任职务。

【乾隆御批】锦丝步障豪奢家或所不免，珊瑚高至三四尺已涉夸诞。饧糖釜，蜡代薪，侈而不适于用，尤为情理所必无，当是传闻过甚之词。

【译文】锦缎、紫色丝绸路障豪华奢侈的人家或许免不了，珊瑚高到三四尺已经涉嫌夸大荒诞。用饧糖刷锅，用蜡当木柴烧，奢侈但不适合使用，对于人情与事理必然没有此事，应当是不合实际过分夸大的传闻。

琇，景献皇后之从父弟也；后将军王恺，文明皇后之弟也；散骑常侍、侍中石崇，苞之子也。三人皆富于财，竞以奢侈相高。恺以粔澳釜，崇以蜡代薪；恺作紫丝步障四十里，崇作锦步障五十里；崇涂屋以椒，恺用赤石脂。帝每助恺，尝以珊瑚树赐之，高二尺许，恺以示崇，崇便以铁如意碎之；恺怒，以为疾己之宝。崇曰："不足多恨，今还卿！"乃命左右悉取其家珊瑚树，高三、四尺者六、七株，如恺比者甚众；恺怅然自失。

车骑司马傅咸上书曰："先王之治天下，食肉衣帛，皆有其制。窃谓奢侈之费，甚于天灾。古者人稠地狭，而有储蓄，由于节也。今者土旷人稀，而患不足，由于奢也。欲时人崇俭，当诘其奢；奢不见诘，转相高尚，无有穷极矣！"

【译文】羊琇，是景献皇后的堂弟；后将军王恺，是文明皇后的弟弟；散骑常侍石崇，是石苞的儿子。这三个人都家财万贯，争着比较奢靡：王恺使用米浆洗锅，石崇使用蜡烛替代柴火；王恺使用紫丝布建造行道帐幕四十里长，石崇使用锦缎建造行道帐幕五十里长；石崇使用山椒粉刷房屋，王恺使用赤石脂粉刷房屋。晋武帝司马炎时常帮助王恺，曾经赏赐给他一棵珊瑚树，有两尺多高。王恺将它拿来给石崇看，石崇就用铁如意把它打得粉碎。王恺勃然大怒，认为他是嫉妒自己的宝物，石崇说："一点都不稀罕，马上就还给你！"于是命令左右仆从把家中所有的珊瑚树取来，高三四尺的有六七株，像王恺一样大的也有很多。王恺心中恍惚，仿佛失去了什么似的。

车骑司马傅咸上书说："先代圣王治理天下，对享受肉食、穿着丝帛，都有一定的制度。臣下暗自觉得奢侈浪费，比天灾还要厉害。古时候人口众多、土地狭小，却还能有储蓄，是因为节约。如今地广人稀，却还要为财物不足而担忧，这是因为奢侈。要想使人民节俭，就应惩治那些奢侈之人，如果奢侈之人不惩治，反而相互以为高尚，就不会有终了之时了。"

尚书张华，以文学才识，名重一时，论者皆谓华宜为三公。中书监荀勖、侍中冯紞以伐吴之谋深疾之。会帝问华："谁可托后事者？"华对以"明德至亲，莫如齐王。"由是忤旨，勖因而谮之。

甲午，以华都督幽州诸军事。华至镇，抚循夷夏，誉望益振，帝复欲征之。冯紞侍帝，从容语及钟会，紞曰："会之反，颇由太祖。"帝变色曰："卿是何言邪！"紞免冠谢曰："臣闻善御者必知六辔缓急之宜，故孔子以仲由兼人而退之，冉求退弱而进之。汉高祖尊宠五王而夷灭，光武抑损诸将而克终。非上有仁暴之殊，下有愚智之异也，盖抑扬与夺使之然耳。钟会才智有限，而太祖夸奖无极，居以重势，委以大兵，使会自谓算无遗策，功在不赏，遂构凶逆耳。向令太祖录其小能，节以大礼，抑之以威权，纳之以轨则，则乱心无由生矣。"帝曰："然。"紞稽首曰："陛下既然臣之言，宜思坚冰之渐，勿使如会之徒复致倾覆。"帝曰："当今岂复有如会者邪？"统因屏左右而言曰："陛下谋画之臣，著大功于天下，据方镇、总戎马者，皆在陛下圣虑矣。"帝默然，由是止不征华。

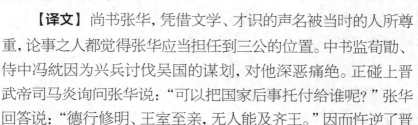

【译文】尚书张华，凭借文学、才识的声名被当时的人所尊重，论事之人都觉得张华应当担任到三公的位置。中书监荀勖、侍中冯统因为兴兵讨伐吴国的谋划，对他深恶痛绝。正碰上晋武帝司马炎询问张华说："可以把国家后事托付给谁呢？"张华回答说："德行修明、王室至亲，无人能及齐王。"因而忤逆了晋武帝司马炎的心思。荀勖借此进献谗言诽谤张华。

甲午日（十八日），晋武帝司马炎派遣张华都督幽州所有军务。张华来到镇所，安抚夷、夏人民，声望愈加震动，晋武帝司马炎又要征召他。冯统陪侍皇帝，闲聊谈及钟会，冯统说："钟会之所以造反，实在是因为太祖的关系。"晋武帝司马炎脸色一变，说："你说的这是什么话！"冯统将帽子脱下，谢罪说："臣下听闻，擅长驾车之人，肯定懂得六条缰绳适当地松紧，所以孔子觉得仲由的能力超出普通人，因而减损他；冉求为人较为退缩，因而激励他。汉高祖尊崇五个王侯，因而使得他们遭到灭门的惨祸；光武帝将诸位将领贬退，因而使他们得以安乐终生。并非君主有仁、暴的不同，臣下有愚、智的差别，是因为升、降、予、取造成这样的。钟会的才智是有限的，然而太祖的夸奖却是无穷的，让他握有的权势十分重大，委托给他的军队也非常众多，使得钟会自以为计策永远不失算，没有什么可以奖赏他的功劳，最终造成他的叛逆罢了。假如之前太祖取录他小的才干，运用大礼来节制他，运用权威来压制他，运用法则来规范他，那么他的叛乱之心也就无从产生了。"晋武帝司马炎说："对。"冯统叩头说："陛下既然赞同臣下的言辞，就应当想到坚冰是逐渐凝成的，不能让像钟会一样的人还能有呈现颠覆的机会。"晋武帝司马炎说："当今哪里还有像钟会一样的人呢？"冯紞因而将左右侍臣屏退，然后说："为陛下谋划国政的臣子，大功显耀于天下，拥兵据守一方，总领军马的臣子，这些全部都是陛下要圣明裁夺的。"晋武帝司马炎默然无语，因而没有征召张华。

【康熙御批】国家用人当以德器为本，才艺为末。凡才长者虽能济事，亦多败检。若德器淳朴，必不至荡轶准绳之外。朕临御日久，阅历人情，所见甚确。如张华在晋以才学知名，后乃蔑弃典礼，以附贼后，所学又安在耶？

【译文】国家用人应当以品德为基础，才能为末。但凡有才能的人虽然能成就事功，但也有很多会败事的例子。如果一个人品德淳朴，一定不会做出不法的事情来。我登基日久，经历很多人情世故，所见非常准确。例如张华在晋代以才学闻名，后来却抛弃礼义典章，归附贼党，他的所学又体现在哪里呢？

【乾隆御批】勖、紞憸壬，不足论。张华在诸人中特因文学誉望倾动一时，期以公辅固非其材，目为凶逆则亦太过，韦忠以为华而不实自是笃论。

【译文】荀勖、冯紞巧言谄媚，行为卑鄙，不值得评论。张华在晋武帝的大臣中只是因为文学才能才在当时有很高的名望，期望他以三公的身份辅佐国家本来就不是他的特长，但把他看作凶狠暴逆也太过分了，韦忠认为华而不实自然是确当的评论。

三月，安北将军严询败慕容涉归于昌黎，斩获万计。

鲁公贾充老病，上遣皇太子省视起居。充自忧谥传，从子模曰："是非久自见，不可掩也！"夏，四月，庚午，充薨。世子黎民早卒，无嗣，妻郭槐欲以充外孙韩谧为世孙，郎中令韩咸、中尉曹轸谏曰："礼无异姓为后之文，今而行之，是使先公受讥于后世而怀愧于地下也。"槐不听。咸等上书，救改立嗣，事寝不报。槐遂表陈之，云充遗意。帝许之，仍诏"自非功如太宰，始封、无后者，皆不得以为比。"及太常议谥，博士秦秀曰："充悖礼溺情，以乱大伦。昔鄫养外孙莒公子为后，《春秋》书'莒人灭鄫'。绝父祖之血食，开朝廷之乱原。按《谥法》：'昏乱纪度曰荒'，请谥'荒公'。"帝不从，更谥曰武。

【译文】 三月，安北将军严询在昌黎击败慕容涉归，斩首、俘虏的人数以万计。

鲁公贾充年老衰病，晋武帝司马炎派出皇太子前去探望他的生活起居。贾充忧心自己的谥号、传记，侄儿贾模说："时间久了是非自然而然会被看出来，这是掩盖不了的。"夏季，四月，庚午日（二十五日），贾充去世，世子贾黎民早死，并无子嗣，妻子郭槐想要把贾充的外孙韩谧当作世孙，郎中令韩咸、中尉曹轸进谏说："礼仪上并无异姓可以充当后嗣的记载，此刻要这样做的话，会使得先祖受到后世的讥讽，而且在地下也会感到羞愧。"郭槐没有听从他的建议。韩咸等人上书，请求另外再立嗣子，奏事被阻止，没有往上通报。郭槐于是上表陈述，说这是贾充临终的嘱咐。晋武帝司马炎应允了，仍然下诏："假如并非有像太宰一般的功业，初次受封、没有后嗣，都不可援引此例。"等到太常讨论谥号，博士秦秀说："贾充悖逆礼仪，沉溺一己私情，扰乱大伦。之前鄫国国君把外孙莒公的儿子立为后嗣，《春秋》记载：'莒国人将鄫国灭掉了。'断绝了祖先的祭祀，开创了朝廷的乱事。依照《谥法》：'昏乱国家法度为荒。'请立谥号为荒公。"晋武帝司马炎没有接受，更改谥号为武。

【乾隆御批】寡廉鲜耻至贾充而极，自忧谥、传尤为千古笑谈。秦秀之议深得《春秋》褒贬大义，晋武乃以私意更予美谥，谬矣！

【译文】贾充厚颜无耻到了极点，自己担忧谥号、传记尤其成为千古笑谈。秦秀的议论很得《春秋》褒贬的要义，晋武帝却以私心更改给予赞美的谥号，荒谬啊！

闰月，丙子，广陆成侯李胤薨。

齐王攸德望日隆，荀勖、冯紞、杨珧皆恶之。紞言于帝曰："陛下诏诸侯之国，宜从亲者始。亲者莫如齐王，今独留京师，可乎？"勖曰："百僚内外皆归心齐王，陛下万岁后，太子不得立矣。陛下试诏齐王之国，必举朝以为不可，则臣言验矣。"帝以为然。

冬，十二月，甲申，诏曰："古者九命作伯，或入毗朝政，或出御方岳，其揆一也。侍中、司空齐王攸，佐命立勋，劬劳王室，其以为大司马、都督青州诸军事，侍中如故，仍加崇典礼，主者详案旧制施行。以汝南王亮为太尉、录尚书事、领太子太傅，光禄大夫山涛为司徒，尚书令卫瓘为司空。

【译文】闰月，丙子日（初一），广陆成侯李胤去世。

齐王司马攸的道德、声望渐兴，荀勖、冯紞、杨珧都很憎恶他。冯紞向晋武帝司马炎进言说："陛下下达诏令，让诸侯前往郡国，应当先从亲近之人开始。而最亲近的莫若齐王，眼下让他独自留在京师，可以吗？"荀勖说："内外百官都归向齐王，等到陛下万岁之后，太子就无法立位了。陛下试着下诏让齐王前往郡国，朝廷上下肯定都觉得不可这样做，那么臣下的话也就应验了。"晋武帝司马炎同意了。

冬季，十二月，甲申日（十三日），晋武帝司马炎下诏说："古时候九命以后可以作伯，或者入朝辅佐朝政，或者外出掌理方岳，法度是一样的。侍中、司空、齐王司马攸，辅佐天命，树立功勋，为王室辛劳，应当委任他做大司马、都督青州所有军务，侍中照常，仍旧崇厚典礼，主事的官员依照旧有法制行事。"任命汝南王司马亮担任太尉、录尚书事，兼任太子太傅，光禄大夫山涛担任司徒，尚书令卫瓘担任司空。

征东大将军王浑上书，以为："攸至亲盛德，侔于周公，宜赞皇朝，与闻政事。今出攸之国，假以都督虚号，而无典戎干方之实，亏友于款笃之义，惧非陛下追述先帝、文明太后待攸之宿意也。若以同姓宠之太厚，则有吴、楚逆乱之谋，汉之吕、霍、王氏，皆何人也！历观古今，苟事之轻重所在，无不为害，唯当任正道而求忠良耳。若以智计猜物，虽亲见疑，至于疏者，庸可保乎！愚以为太子太保缺，宜留攸居之，与汝南王亮、杨珧共干朝事。三人齐位，足相持正，既无偏重相倾之势，又不失亲亲仁覆之恩，计之尽善者也。"于是，扶风王骏、光禄大夫李憙、中护军羊琇、侍中王济、甄德皆切谏。帝并不从。济使其妻常山公主及德妻长广公主俱入，稽颡涕泣，请帝留攸。帝怒，谓侍中王戎曰："兄弟至亲，今出齐王，自是朕家事，而甄德、王济连遣妇来生哭人邪！"乃出济为国子祭酒，德为大鸿胪。羊琇与北军中候成粲谋见杨珧，手刃杀之；珧知之，辞疾不出，讽有司奏琇，左迁太仆。琇愤怨，发病卒。李憙亦以年老逊位，卒于家。憙在朝，姻亲故人，与之分衣共食，而未尝私以王官，人以此称之。

【译文】征东大将军王浑上书，认为："司马攸是君主的至亲兄弟，身怀美德，足以与周公相媲美，应当让他辅佐皇朝，参与政事。如今却派遣司马攸出居郡国，给他都督这一空虚的名号，却不让他发挥主理军事、治理异国的实际效能，有损兄弟之间的深情厚谊，这只怕不是陛下遵循先帝、文明太后对待司马攸的初衷了。假如出于是同姓的缘故，太过宠信，就会发生吴、楚叛乱的事例，那么汉朝的吕氏、霍氏、王氏又都是些什么人呢！纵观古今，只要是政事轻重所在，无不形成祸患，那么就只有依从正道，而且寻求忠良的臣子罢了。假如用个人的智慧与计谋去揣测外物，即使是亲信之人也要遭到怀疑，要说到疏远之人，又哪里能够得到保全呢！臣下暗自觉得太子太保正有缺额，应当让司马攸留下来担任这个职位，与汝南王司马亮、杨珧一同处理朝廷政务。三个人同样的地位，足以相互秉持正道，非但可使朝中大权不会偏重任何一个人，又不至于让君主失掉至爱亲人、仁德覆物的德义，这是全部计策中最为尽善尽美的了。”

于是扶风王司马骏、光禄大夫李憙、中护军羊琇、侍中王济、甄德都恳切进谏，晋武帝司马炎都没有听从。王济要他的妻子常山公主与甄德的妻子长广公主一起进到皇宫，叩头哭泣，请求晋武帝司马炎将司马攸留下来。晋武帝司马炎生气了，对侍中王戎说：“至亲兄弟，如今派遣齐王出朝为官，本是朕家里的事情，可是甄德、王济却接连派妇人来哭丧吗？”于是下令让王济出朝担任国子祭酒、甄德担任大鸿胪。羊琇与北军中候成粲计划一见到杨珧就将他亲手杀死。杨珧获悉此事，推说生病，不再出门，告知官员把羊琇的行为上报，把他降职为太仆，羊琇怨恨愤怒，病发身亡。李憙也由于年老退位，在家中死去。李憙在朝廷任职时，他的亲属朋友同他共分衣食，从未有过私赠官职的行为，人们因而赞扬他。

是岁，散骑常侍薛莹卒。或谓吴郡陆喜曰："莹于吴士当为第一乎?"喜曰："莹在四五之间，安得为第一! 夫以孙皓无道，吴国之士，沈默其体，潜而勿用者，第一也；避尊居卑，禄以代耕者，第二也；侃然体国，执正不惧者，第三也；斟酌时宜，时献微益者，第四也；温恭修慎，不为谄首者"第五也；过此以往，不足复数。故彼上士多沦没而远悔吝，中士有声位而近祸殃。观莹之处身本末，又安得为第一乎!"

【译文】 这一年，散骑常侍薛莹去世。有人对吴郡人陆喜说："薛莹在吴国的贤士中应该排得上第一了吧? "陆喜说："薛莹在四、五中间，怎么能位列首位呢? 因为孙皓的无道，吴国的贤士，自身沉默不语，隐居不出的，是为第一贤士；回避高位，屈居低位，靠谋得俸禄来代替种田的，是为第二贤士；德行刚正，体念国政，主持正道，无所畏惧的，是为第三贤士；思虑当时政事的损益，经常贡献小的好处的，是为第四贤士；温和恭敬，谨慎修身，不愿进献逸言的，是为第五贤士；在这以下，就不值得再去算数了。因此他们的上士大多都被埋没。从而远离悔恨，中士有声名地位，却接近祸患。观察薛莹一生的事迹，又怎么能排得上第一呢! "

四年(癸卯，公元二八三年)春，正月，甲申，以尚书右仆射魏舒为左仆射，下邳王晃为右仆射。晃，孚之子也。

戊午，新沓康伯山涛薨。

帝命太常议崇锡齐王之物。博士庾旉、太叔广、刘暾、缪蔚、郭颐、秦秀、傅珍上表曰："昔周选建明德以左右王室，周公、康叔、聃季，皆入为三公，明股肱之任重，守地之位轻也。汉诸王侯，位在丞相、三公上，其入赞朝政者，乃有兼官，其出之国，亦不复假台司虚名为隆宠也。今使齐王贤邪，则不宜以母弟之亲尊居鲁、卫之常职；不贤邪，不宜大启土宇，表建东海也。古礼，三公无职，坐而论道，不闻以方任婴之。惟宣王救急朝夕，然后命召穆公征淮夷，故其诗曰：'徐方不回，王曰旋归。'宰相不得久在外也。今天下已定，六合为家，将数延三事，与论太平之基，而更出之，去王城二千里，违旧章矣。"舅，纯之子；曦，毅之子也。舅既具草，先以呈纯，纯不禁。

【译文】四年（癸卯，公元283年）春季，正月，甲申日（正月无此日），任命尚书右仆射魏舒担任左仆射，下邳王司马晃担任右仆射。司马晃，是司马孚的儿子。

戊午日（十八日），新沓康伯山涛去世。

晋武帝司马炎下令让太常商讨尊崇赐予齐王的礼物。博士庾舅、太叔广、刘曦、缪蔚、郭颐、秦秀、傅珍上表说："之前周朝挑选那些德性修明的臣子来辅佐王室，周公、康叔、聃季，都选入王室，担任到三公，显示出辅政大臣职责的重大，守卫国土地位的轻微。汉朝诸位侯王，地位都在丞相、三公之上，他们进入朝廷，辅佐朝政，就有兼任的官职；他们出朝，前往封国，也就不再假托三公的虚名来充当君王特别尊宠的象征。现在假如齐王是贤德的，那么就不应当以同母弟弟的至亲，高居鲁、卫的常职；如果不贤能呢，就不应当大为开拓封国、立表封在东海。古代礼制，三公没有专职，只不过闲居谈论正道，从未听说要用一方的重任来约束他。唯有周宣王为了解救危急于旦夕之间，下令召穆公去兴兵讨伐淮夷，因此记述此事的诗篇说：'徐方不回，王令"旋归。"'（'徐方归顺了，君王说："凯旋返回王朝。"'）宰相是无法长久在外的。现今天下已经平定，天地四方已成一家，要时常延请三公，一起商讨太平的基业，却又把他派遣出朝，与王城距离有两千里，悖逆旧时的法制了。"庾旉，是庾纯的儿子；刘暾，是刘毅的儿子。庾旉完成草稿之后，请庾纯先行观看，庾纯也没有禁止。

事过太常郑默、博士祭酒曹志，志怆然叹曰："安有如此之才，如此之亲，不得树本助化，而远出海隅！晋室之隆，其殆矣乎！"乃奏议曰："古之夹辅王室，同姓则周公、异姓则太公，皆身居朝廷，五世反葬。及其衰也，虽有五霸代兴，岂与周、召之治同日而论哉！自羲皇以来，岂一姓所能独有！当推至公之心，与天下共其利害，乃能享国久长。是以秦、魏欲独擅其权而才得没身，周、汉能分其利而亲疏为用，此前事之明验也。志以为当如博士等议。"帝览之，大怒曰："曹志尚不明吾心，况四海乎！"且谓："博士不答所问而答所不问，横造异论。"下有司策免郑默。于是尚书朱整、褚䂮等奏："志等侵官离局，迷罔朝廷，崇饰晋言，假托无讳，请收志等付廷尉科罪。"诏免志官，以公还第；其馀皆付廷尉科罪。

【译文】此事经由太常郑默、博士祭酒曹志时，曹志感伤地叹息道："怎么能有这般的才干、这般的亲近关系，却不用他建立根本，辅佐教化，而将之远远地遣往海角呢？晋室的隆盛，大概危险了！"于是呈上奏章议论说："古代左右辅佐王室的，同姓的有周公，异姓的有太公，他们全都是亲身在朝廷居住，五代之后才返葬封国。等到周室衰微，五霸接着兴起，又哪里能同周、召的大治相提并论呢？自打羲皇以后，哪里能有一姓之人独自拥有天下呢！应该秉持至公之心，与天下人民利害与共，方可长久地享有国祚。因此秦、魏想要独揽大权，却只保有一世的天下；周、汉能将财利分散，因此无论远近亲疏贤臣都能为他们所用，这是先前事情的明白验证。曹志以为应该听从博士等人的议论。"晋武帝司马炎看过，勃然大怒，说："这个曹志尚且不能懂得我的心思，更何况天下呢！"而且觉得博士不回应自己所问到的问题，却专门答些自己所没问的问题，胡乱编造些相异的议论。判下有司，命令将郑默官职免除。于是尚书朱整、褚䂮上奏："曹志等骗取官职，远离职守，迷惑朝廷，推崇恶言，加以修饰，假借依托，不知避讳，恳请将曹志等人收押，交付廷尉依法处置。"晋武帝司马炎下诏把曹志的官职免去，以公爵爵位返回府第。其他人交付廷尉，依法处置。

庾纯诣廷尉自首："勖以议草见示，愚浅听之。"诏免纯罪。廷尉刘颂奏勖等大不敬，当弃市。尚书奏请报听廷尉行刑。尚书夏侯骏曰："官立八座，正为此时。"乃独为驳议。左仆射下邳王晃亦从骏议。奏留中七日，乃诏曰："勖是议主，应为戮首；但勖家人自首，宜并广等七人皆丐其死命，并除名。"

二月，诏以济南郡益齐国。己丑，立齐王攸子长乐亭侯寔为北海王，命攸备物典策，设轩辕之乐，六佾之舞，黄钺朝车，乘舆之副从焉。

【译文】庾纯到廷尉去自首："庾勖给我看奏议的草稿，愚蠢粗浅地听从了他的主张。"晋武帝司马炎下诏把庾纯的刑罚免除。廷尉刘颂上奏，庾勖等人犯下的是大不敬的罪，应该判处死罪。尚书上奏，请求听从廷尉的判决，执行刑罚。尚书夏侯骏说："职官设立八座，正是为此时所设立的。"于是独自为纠正这种判决而尽力辩驳。左仆射下邳王晃也赞同夏侯骏的意见。奏折在宫里留了七天，于是晋武帝司马炎下诏说："庾勖是奏议的罪魁祸首，应该予以斩首；然而庾勖的家人自首，可以同太叔广等七人一起宽免死罪，一同除名。”

二月，晋武帝司马炎下诏把济南郡增益给齐国。己丑日（十九日），晋武帝司马炎下诏让齐王司马攸的儿子长乐亭侯司马寔做北海王，下令规定司马攸使用物品及行使权力的规格。

三月，辛丑朔，日有食之。

齐献王攸愤怨发病，乞守先后陵。帝不许，遣御医诊视。诸医希旨，皆言无疾。河南尹向雄谏曰：“陛下子弟虽多，然有德望者少；齐王卧居京邑，所益实深，不可不思也。”帝不纳，雄愤恚而卒。攸疾转笃，帝犹催上道。攸自强入辞，素持容仪，疾虽困，尚自整厉，举止如常，帝益疑其无疾；辞出数日，欧血而薨。帝往临丧，攸子冏号踊，诉父病为医所诬。诏即诛医，以冏为嗣。

初，帝爱攸甚笃，为荀勖、冯𬘘等所构，欲为身后之虑，故出之。及薨，帝哀恸不已。冯𬘘侍侧，曰：“齐王名过其实，天下归之，今自薨殒，社稷之福也，陛下何哀之过！”帝收泪而止。诏攸丧礼依安平献王故事。

【译文】三月，辛丑朔日（初一是庚子日，辛丑日是初二），出现日食。

齐献王司马攸心中怨恨生病，请求为先后守陵。晋武帝司马炎没有答应，派御医前去探诊，各位御医迎合晋武帝司马炎的旨意，都说司马攸没病。河南尹向雄进谏说：“尽管陛下的子弟很多，然而拥有品德和声望的却很少，齐王在京师居住，有很多益处，不能不考虑。”晋武帝司马炎没有采纳，向雄愤恨地死去了。司马攸的病变得愈加严重，晋武帝司马炎却依旧催他上路。司马攸勉强进宫辞别，由于一向保持容貌仪态的缘故，此时他尽管病得很厉害，却还是勉强整饰自己，一举一动都和平时一样，晋武帝司马炎更加怀疑他根本没有病。结果辞别出宫没几天，司马攸就吐血身亡。晋武帝司马炎亲自前去致哀，司马攸的儿子司马冏又哭又闹，声称自己父亲的病其实是被御医诬害的。晋武帝司马炎下诏立即杀了御医，让司马冏作为继承人。

起初，晋武帝司马炎对司马攸的爱惜保护之情很是深厚，但是，由于荀勖、冯紞等人对司马攸的诬陷，晋武帝想要为以后帝位的事早作打算，所以才命他出京。等到司马攸去世后，晋武帝司马炎十分伤心。冯紞在一旁伺候，说道："齐王的声名远远超过了他的实际才能，天下人都归向他，现在齐王自身殒命，应该算是国家的福祥，陛下为什么如此伤心难过呢！"晋武帝司马炎听完才停止流泪，不再伤心了。晋武帝司马炎诏令司马攸的丧礼按照安平献王的旧例来办。

攸举动以礼，鲜有过事，虽帝亦敬惮之。每引之同处，必择言而后发。

夏，五月，己亥，琅邪武王伷薨。

冬，十一月，以尚书左仆射魏舒为司徒。

河南及荆、扬等六州大水。

归命侯孙皓卒。

是岁，鲜卑慕容涉归卒。弟删篡立，将杀涉归子廆，廆亡匿于辽东徐郁家。

【译文】司马攸生前的一举一动都非常合乎礼节，极少有越礼的事情发生，即便是晋武帝司马炎，也非常敬畏他。每次他们两个在一起，总是要斟酌好言辞再讲出来。

夏季，五月，己亥日（初一），琅邪武王司马伷去世。

冬季，十一月，晋武帝司马炎任命尚书左仆射魏舒为司徒。

河南及荆、扬等六州发生大水灾。

归命侯孙皓去世。

这一年，鲜卑慕容涉归去世。他的弟弟慕容删篡位，打算要杀死涉归的儿子慕容廆，慕容廆及时逃走，藏在辽东人徐郁家中。

五年（甲辰，公元二八四年）春，正月，己亥，有青龙二，见武库井中。帝观之，有喜色。百官将贺，尚书左仆射刘毅表曰："昔龙降夏庭，卒为周祸。《易》称'潜龙勿用，阳在下也。'寻案旧典，无贺龙之礼。"帝从之。

【译文】五年（甲辰，公元284年）春季，正月，己亥日（初四），有两条大青龙出现在武器库的井中。晋武帝司马炎看到后，非常高兴。百官想表示祝贺，尚书左仆射刘毅上表说道："以前有条龙落在夏朝宫中，最后却成为周朝的祸患。《易经》称：'龙德潜隐，不能用世，是由于阳气地位在下的关系。'我查阅古时典章，还没有关于恭贺龙的礼节。"晋武帝司马炎最终采纳了他的意见。

初，陈群以吏部不能审核天下之士，故令郡国各置中正，州置大中正，皆取本土之人任朝廷官、德充才盛者为之，使铨次等级以为九品，有言行修著则升之，道义亏缺则降之，吏部凭之以补授百官。行之浸久，中正或非其人，奸敝日滋。刘毅上疏曰："今立中正，定九品，高下任意，荣辱在手，操人主之威福，夺天朝之权威，公无考校之负，私无告讦之忌，用心百态，营求万端，廉让之风灭，争讼之俗成，臣窃为圣朝耻之！盖中正之设，于损政之道有八：高下逐强弱，是非随兴衰，一人之身，旬日异状，上品无寒门，下品无势族，一也。置州都者，本取州里清议咸所归服，将以镇异同，一言议也。今重其任而轻其人，使驳违之论横于州里，嫌仇之隙结于大臣，二也。本立格之体，为九品者，谓才德有优劣，伦辈有首尾也。今乃使优劣易地，首尾倒错，三也。陛下赏善罚恶，无不裁之以法，独置中正，委以一国之重，曾无赏罚之防，又禁人不得诉讼，使之纵横任意，无所顾惮，诸受枉者，抱怨积直，不获上闻，四也。一国之士，多者千数，或流徙异邦，或取给殊方，面犹不识，况尽其才！而中正知与不知，皆当品状，采誉于台府，纳毁于流言，任己则有不识之蔽，听受则有彼此之偏，五也。凡求人才者，欲以治民也，今当官著效者或附卑品，在官无绩者更获高叙，是为抑功实而隆空名，长浮华而废考绩，六也。凡官不同人，事不同能。今不状其才之所宜而但第为九品，以品取人，或非才能之所长，以状取人，则为本品之所限，徒结白论而品状相妨，七也。九品所下不彰其罪，所上不列其善，各任爱憎，以植其私，天下之人焉得不懈德行而锐人事，八也。由此论之，职名中正，实为奸府；事名九品，而有八损。古今之失，莫大于此！愚臣以为宜罢中正，除九品，弃魏氏之敝法，更立一代之美制。"太尉汝南王亮、司空卫瓘亦上疏曰："魏氏承丧乱之后，人士流移，考详无地，故立九品之制，粗且为一时选用之本耳。今九域同规，大化方始，臣等以为宜皆荡除末法，咸用土断，自公卿以下，以所居为正，无复县客，远属异土，尽除中正九品之制，使举善进才，各由乡论，则华竞自息，各求于己矣。"始平王文学江夏李重上疏，以为："九品既除，宜先开移徙，听相并就，则土断之实行矣。"帝虽善其言而终不能改也。

　　【译文】起初，陈群因为吏部不能确实考核天下才士，所以下令郡国自己设置中正，州中再设置大中正，全都是选取本地人士担任朝廷的官职，让那些品德、才能盛美的人来担任。选拔人才的次序定为九个等级，凡是言行修明的，就升级；而那些道德缺损的，就降级。吏部根据这些材料来补足百官的缺额。这个制度施行的时间越来越长，中正的官员有时并不是合适人选，于是弊端营私，一天天增加。刘毅呈上奏章说："像现在这样建立中正制度，评定九品等级，高低全凭自己心意，荣辱控制在个人手中。这样秉持了君主的威福，转移了天朝的权势。于公而言，不用负考核不公的责任；于私而言，没有攻讦阴私的顾忌。大家各尽心思，四处营求，廉洁谦让的风气熄灭了，争斗的风俗反而形成了，臣下暗地里为圣朝感到羞耻！中正制度的建立，对于政治大道的损害有八项：品级的高低，根据权势强弱，公理的正确与否，全凭德业兴衰，一个人的名声，十天中有不一样的变化。在上品中，没有平民子弟；在下品中，没有权势贵族，这是一害；设置州都（中正）的缘由，本来是为求得清流的议论，让大家所归顺信服的，来平服不一样的意见，齐大家的言论。现在反而加重了他们的职任，忽略了他们的才品，以致混杂无理的言论横行州里，互相猜疑互相怨恨的嫌隙积滞在大臣间，这是二害；原本开始建立法度体制为九品，是因为才能品德有高低、品类辈分有先后的关系。现在却使得好坏倒置，先后错乱，这是三害；陛下奖励良善，惩处罪恶，没有不按照法度裁决的，只设置中正制度，委托给他们全国的重任，却对赏罚不加管控，又禁止他人不能诉讼，使得他们任意行事，毫无顾忌，每个含有冤屈的人，抱怨自己心怀耿直，不能向上诉讼，这是四害；一国的有才之士，多到要用千计，有的转移到他国，有的为得到衣食，游说他方，当面尚且还不能知道，更何况是要他们尽才力呢! 况且中正不论知不知道, 都要品状, 赞举是采纳台府的建议, 毁訾是采取流言的说法。听取自己, 就有不知他人的弊端; 听信别人, 就有彼此的差别, 这是五害; 凡是求取人才, 都是要来治理人民的。那些担当官职, 绩效明显的人, 有的列在下等的品级中, 那些拥有官职, 没有绩效的人, 却能获得高等的品秩, 这样就是压抑了实际功绩, 反过来崇尚虚名, 增加了华而不实的风气, 使得废除了对官员政绩的考核, 这是六害; 大凡官府中有不一样的政事, 人有不一样的能力。(《晋书·刘毅列传》: "凡官不同事, 人不同能。" 和《通鉴》不一样, 这里是依据《晋书》。) 现在不能按照才能合适与否的状况用人, 却只是按照九品的等级, 按品级取纳人才, 有的不是自身所擅长的。如果按他人的具体情况求取人才, 就会被本身品级所限制, 最后只能成为空谈而已, 因而所处的品级、自身的状况相互妨害, 这是七害; 没有达到九品的人, 不能展现他们的过失, 达到九品的人不能明列他们的品德。各自按照爱憎取纳人才, 来培养私党, 天下的人民怎么能不懈怠于培养德行, 却敏捷地追求人事呢! 这是八害。从这些道理来看, 职官名称叫中正, 实在是奸邪官府; 政事名称叫九品, 却已经有八种损害。自古至今政治的错失, 没有比这个更大的了! 臣下短见, 认为应该废止中正制度, 废除九品等级, 摒弃魏氏的败坏法规, 再另外创建一套美好的制度。"太尉、汝南王司马亮、司空卫瓘也呈上奏表说: "魏氏自从承继乱亡以后, 人士颠沛流离, 无法具体考查, 所以才建立九品的制度, 暂且粗率地作为一时选用人才的根据罢了。现在天下同一制度, 伟大的教化才开始, 臣下等认为应该去除低劣的法规, 全都用土断的办法, 从公卿往下, 按所住乡里为主, 再不要有远离本地的外乡人, 全部去除中正九品的制度, 使得举拔贤才, 各自都

资治通鉴

234

由乡里评定，那么崇尚浮华的风气就会息止，也就能各自求得施展才华的机会了。"始平王文学江夏人李重呈上奏章，认为："九品制度废除以后，应该先开始流动迁移，听由人民自相合并，就是实行土断的好方法了。"晋武帝司马炎虽然觉得他们的建议很好，却终究没有实行改革。

【乾隆御批】毋论中正九品足为弊薮，即可以得人，而甄材之柄不出朝廷，清议起，而党祸成，势所必至耳。故乡举里选之不可行与井田封建等。

【译文】不论九品中正制度会产生许多弊害，就是可以得到人才，鉴别人才的权力不出朝廷，公正的评论兴起，而因党争而引起的祸难生成，势必会这样。所以从乡里中考察推荐的不可行与井田封建等同。

冬，十二月，庚午，大赦。

闰月，当阳成侯杜预卒。

是岁，塞外匈奴胡太阿厚帅部落二万九千三百人来降，帝处之塞内西河。

罢宁州入益州，置南夷校尉以护之。

【译文】冬季，十二月，庚午日（初十），大赦天下。

闰月，当阳成侯杜预去世。

这年，塞外匈奴胡太阿厚率领部落二万九千三百人来投降。晋武帝司马炎让他们居住在塞内西河。

废止宁州，并入益州，设置南夷校尉来防卫该州的安全。

六年（乙巳，公元二八五年）春，正月，尚书左仆射刘毅致仕，寻卒。

戊辰，以王浑为尚书左仆射，浑子济为侍中。浑主者处事不当，济明法绳之。济从兄佑，素与济不协，因毁济不能容其父，帝由是疏济，后坐事免官。济性豪侈，帝谓侍中和峤曰："我将骂济而后官之，如何？"峤曰："济俊爽，恐不可屈。"帝乃召济，切让之，既而曰："颇知愧不？"济曰："'尺布''斗粟'之谣，常为陛下愧之。他人能令亲者疏，臣不能令亲者亲，以此愧陛下耳。"帝默然。峤，治之孙也。

【译文】六年（乙巳，公元285年）春季，正月，尚书左仆射刘毅告老退休，不久去世。

戊辰日（初九），晋武帝司马炎让王浑担任尚书左仆射、王浑的儿子王济担当侍中。王浑手下的主管处理事情不恰当，王济按照法令惩治他。王济的堂兄王佑，向来和王济关系不好，因而诬陷王济不能容忍他的父亲，晋武帝司马炎因此疏远王济，后来王济因事触犯刑法，被免除职位。王济性情豪放豁达，晋武帝司马炎和侍中和峤说："我若是责骂王济，然后再封他官职，好不好？"和峤说："王济英俊豪爽，恐怕不肯屈服。"晋武帝司马炎下诏面见王济，严厉责怪他，之后又说："你心里是不是有点儿知道愧疚了？"王济说："《尺布》《斗粟》这些歌谣所说的，我常常替陛下感到羞愧。别人能让亲近的人远离，臣下却不能让亲近的人更亲近，所以愧对陛下了。"晋武帝司马炎不再说话。和峤，正是和治的孙子。

【乾隆御批】济帝婿也，骂而后官固不成语，乃济对亦如骂，一时尚有君臣、父子之体乎？

【译文】王济是晋武帝的女婿，骂一顿再给他封官本来就不像话，但王济的回答也就像骂人，一时间还有君臣、父子的体统吗？

资治通鉴

青、梁、幽、冀州旱。

秋，八月，丙戌朔，日有食之。

冬，十二月，庚子，襄阳武侯王浚卒。

是岁，慕容删为其下所杀，部众复迎涉归子廆而立之。涉归与宇文部素有隙，廆请讨之，朝廷弗许。廆怒，入寇辽西，杀略甚众。帝遣幽州军讨廆，战于肥如，廆众大败。自是每岁犯边，又东击扶馀，扶馀王依虑自杀，子弟走保沃沮。廆夷其国城，驱万馀人而归。

【译文】青、梁、幽、冀等州出现旱灾。

秋季，八月，丙戌朔日（初一），出现日食。

冬季，十二月，庚子日（十七日），襄阳武侯王浚去世。

这一年，慕容删被部下害死，部下又拥立涉归的儿子慕容廆继位。涉归和宇文部一直有怨隙，慕容廆请求征讨他，朝廷不同意。慕容廆一气之下战到辽西，杀人劫货，造成很大损害。晋武帝司马炎派幽州部队，征讨慕容廆，在肥如开战，慕容廆军众大败。从此，慕容廆每年侵犯边境，又攻打东面的扶馀，扶馀王依虑自尽，后辈们走避保卫沃沮。慕容廆夷平他们的都城，威胁强迫一万多人回国。

七年（丙午，公元二八六年）春，正月，甲寅朔，日有食之。魏舒称疾，固请逊位，以剧阳子罢。舒所为，必先行而后言，逊位之际，莫有知者。卫瓘与舒书曰："每与足下共论此事，日日未果，可谓'瞻之在前，忽焉在后'矣。"

夏，慕容廆寇辽东，故扶馀王依虑子依罗求帅见人还复旧国，请援于东夷校尉何龛，龛遣督护贾沈将兵送之。廆遣其将孙丁帅骑邀之于路，沈力战，斩丁，遂复扶馀。

秋，匈奴胡都大博及萎莎胡各帅种落十万馀口诣雍州降。

九月，戊寅，扶风武王骏薨。

冬，十一月，壬子，以陇西王泰都督关中诸军事。泰，宣帝弟馗之子也。

是岁，鲜卑拓跋悉鹿卒，弟绰立。

【译文】七年（丙午，公元286年）春季，正月，甲寅朔日（初一），出现日食。魏舒称自己有病，坚持请求卸任，以剧阳子爵位罢官。魏舒做事，一定是先做然后才说，卸任的时候，无人知道。卫瓘给魏舒的信中说道："天天和您一起讨论这件事，每次都无法达成，可以说是'看着是在前面，忽然又在后面'了。"

夏季，慕容廆进犯辽东，扶馀王依虑的儿子依罗借机请命带领现有人员回归故国，向东夷校尉何龛请求援助，何龛派出督护贾沈领军送他归国。慕容廆派将领孙丁率骑兵路中埋伏，贾沈全力作战，杀死孙丁，因此又恢复了扶馀国。

秋季，匈奴胡都大博及萎莎胡各自率领部下十多万人前去雍州投降。

九月，戊寅日（二十九日），扶风武王司马骏去世。

冬季，十一月，壬子日（初四），派遣陇西王司马泰都督关中所有军务。司马泰，是宣帝弟弟司马馗的儿子。

这一年，鲜卑拓跋悉鹿去世，弟弟拓跋绰继位。

八年（丁未，公元二八七年）春，正月，戊申朔，日有食之。

太庙殿陷，秋，九月，改营太庙，作者六万人。

是岁，匈奴都督大豆得一育鞠等复帅种落万一千五百口来降。

【译文】 八年（丁未，公元287年）春季，正月，戊申朔日（初一），出现日食。

太庙殿堂陷落，九月，改建太庙，有六万人参加营建。

这一年，匈奴都督大豆得一育鞠等又率领部落一万一千五百人来投降晋。

九年（戊申，公元二八八年）春，正月，壬申朔，日有食之。

夏，六月，庚子朔，日有食之。

郡国三十三大旱。

秋，八月，壬子，星陨如雨。

地震。

【译文】 九年（戊申，公元288年）春季，正月，壬申朔日（初一），出现日食。

夏季，六月，庚子朔日（初一），出现日食。

三十三个郡国大旱。

秋季，八月，壬子日（十四日），流星坠落得如同下雨一样。

地震。

资治通鉴卷第八十二　晋纪四

起屠维作噩，尽著雍敦牂，凡十年。

【译文】 起己酉（公元289年），止戊午（公元298年），共十年。

【题解】 本卷记录了晋武帝太康十年至晋惠帝元康八年共十年间的全国大事：淮南相刘颂上书晋建国来的弊政，司马炎不听；晋武帝司马炎死，皇后父亲杨骏与其女独揽朝政大权，杨骏对傅咸等的忠言劝告置之不理；贾皇后勾结楚王司马玮等将杨太后迫害致死并将杨氏家族诛灭；汝南王司马亮与太保卫瓘执掌朝政，被诬以罪名，满门诛灭；张华与贾氏执掌朝政，国家暂获数年安定；北部沿边地区鲜卑势力逐渐强大；秦、雍地区的氐族首领齐万年起兵反晋，周处兵败身死；略阳一带的氐族首领逐渐形成割据；略阳一带的氐族首领李特等逐渐形成气候；晋朝一群达官显贵倡导老、庄学说，崇尚清谈，社会风气日趋颓败。

世祖武皇帝下

太康十年（己酉，公元二八九年）夏，四月，太庙成。乙巳，祫祭。大赦。

慕容廆遣使请降，五月，诏拜廆鲜卑都督。廆谒见何龛，以士大夫礼，巾衣诣门；龛严兵以见之，廆乃改服戎衣而入。人问其故，廆曰："主人不以礼待客，客何为哉！"龛闻之，甚惭，深敬异之。时鲜卑宇文氏、段氏方强，数侵掠廆，廆卑辞厚币以事之。段国单于阶以女妻廆，生皝、仁、昭。廆以辽东僻远，徙居徒河之青山。

冬，十月，复明堂及南郊五帝位。

十一月，丙辰，尚书令济北成侯荀勖卒。勖有才思，善伺人主意，以是能固其宠。久在中书，专管机事。及迁尚书，甚罔怅。人有贺之者，勖曰："夺我凤皇池，诸君何贺邪！"

【译文】太康十年（己酉，公元289年）夏季，四月，太庙建成；乙巳日（十一日），举行祫祭；大赦天下。

慕容廆派使者请求投降。五月，晋武帝司马炎下诏任命慕容廆为鲜卑都督。慕容廆进见何龛，按照士大夫的礼节，服装整齐地到了军门。何龛整肃军队接见他，慕容廆于是改穿军服进去。有人问他原因，慕容廆说："主人不对客人以礼相待，客人又何必行什么礼节呢！"何龛听到之后，非常羞愧，十分敬重他。当时鲜卑宇文氏、段氏正强盛，屡屡进犯慕容廆，劫掠财物，慕容廆卑下言词、多送财物来侍奉他们。段国单于阶将女儿嫁给慕容廆，生了皝、仁、昭。慕容廆因为辽东位于偏远之地，所以搬迁到徒河的青山居住。

冬季，十月，恢复明堂和南郊祭天时的五帝座位。

十一月，丙辰日（十一月无此日），尚书令济北成侯荀勖去世。荀勖才思敏捷，擅长对君主察言观色，所以能巩固皇帝对他的宠幸。长时间位居中书省，专门管理机要。等到升迁为尚书，非常失意，有人祝贺他，荀勖说："我的凤皇池被夺去了，诸位先生又何必祝贺呢！"

帝极意声色，遂至成疾。杨骏忌汝南王亮，排出之。甲申，
以亮为侍中、大司马、假黄钺、大都督、督豫州诸军事，镇许昌；
徙南阳王柬为秦王，都督关中诸军事；始平王玮为楚王，都督荆
州诸军事；濮阳王允为淮南王，都督扬、江二州诸军事；并假节
之国。立皇子乂为长沙王，颖为成都王，晏为吴王，炽为豫章王，
演为代王，皇孙遹为广陵王。又封淮南王子迪为汉王，楚王子仪
为毗陵王，徙扶风王畅为顺阳王，畅弟歆为新野公。畅，骏之子
也。琅邪王觐弟澹为东武公，繇为东安公。觐，伷之子也。

初，帝以才人谢玖赐太子，生皇孙遹。宫中尝夜失火，帝登
楼望之，遹年五岁，牵帝裾入暗中曰："暮夜仓猝，宜备非常，不可
令照见人主。"帝由是奇之。尝对群臣称遹似宣帝，故天下咸归
仰之。帝知太子不才，然恃遹明慧，故无废立之心。复用王佑之
谋，以太子母弟柬、玮、允分镇要害。又恐杨氏之逼，复以佑为
北军中候，典禁兵。帝为皇孙遹高选僚佐，以散骑常侍刘寔志行
清素，命为广陵王傅。

【译文】晋武帝司马炎极力追逐声色享乐，并由此得病。
杨骏仇恨汝南王司马亮，将他排挤出京城。甲申日（二十三日），
晋武帝司马炎派遣司马亮担任侍中、大司马、假黄钺、大都督、
督理豫州所有军务，坐镇许昌；迁徙南阳王司马柬为秦王，都督
关中所有军务；始平王司马玮为楚王，都督荆州所有军务；濮阳
王司马允为淮南王，都督扬、江二州所有军务；一起持节前往郡
国。立皇子司马乂为长沙王，司马颖为成都王，司马晏为吴王，
司马炽为豫章王，司马演为代王；皇孙司马遹为广陵王。又将
淮南王的儿子司马迪封为汉王，将楚王的儿子司马仪封为毗陵
王。迁扶风王司马畅为顺阳王，司马畅的弟弟司马歆为新野公。

资治通鉴

司马畅，是司马骏的儿子。琅邪王司马觐的弟弟司马澹为东武公，司马繇为东安公。司马觐，是司马伷的儿子。

起初，晋武帝司马炎将才人谢玖赏赐给太子，生皇孙司马遹。宫中曾经在夜里失火，晋武帝司马炎登上高楼观看，司马遹时年五岁，拉着晋武帝司马炎的衣襟走到黑暗之处，说："黑夜仓促中，应当防范突然的灾祸，不能让亮光照见君主。"晋武帝司马炎由此感到非常诧异，他曾对群臣赞扬司马遹很像宣帝，因此天下都归附仰望他。晋武帝司马炎了解太子没有才干，然而依仗司马遹的聪明，因此并无废立太子之心。他还采用王佑的计策，派遣与太子同母的弟弟司马柬、司马玮、司马允分别驻守重要之地。又害怕杨氏的胁迫，再派王佑担任北军中候，主领禁兵。晋武帝司马炎为皇孙司马遹挑选高超的辅佐人才，由于散骑常侍刘寔清雅素洁，便任命他担任广陵王傅。

寔以时俗喜进趣，少廉让，尝著《崇让论》，欲令初除官通谢章者，必推贤让能，乃得通之。一官缺则择为人所让最多者用之，以为："人情争则欲毁己所不如，让则竞推于胜己。故世争则优劣难分，时让则贤智显出。当此时也，能退身修己，则让之者多矣，虽欲守贫贱，不可得也。驰骛进趋而欲人见让，犹却行而求前也。"

【译文】刘寔看到当时的风气是喜好趋附，缺少谦让之心，曾经撰写《崇让论》，建议初次被任命官职、呈上谢表的人，一定是能够推让贤能的人，方才可以通达上去。一官有了缺额，就挑选被人推让最多的人，加以任用。认为："人情争夺，就要把自己所不及的人毁害，谦让就能争相推崇那些超过自己的人。因此时俗争夺就很难对优劣作出区分，时俗谦让就会使贤智显现出来。此时，如果能够退身修治自己，那么推让他的人就会多起来，尽管想要固守贫贱，也不可能了。如果奔走趋附却想要别人推让，这就好比退着走却想要求得前进一样。"

【乾隆御批】晋惠呆劣，武帝已毕见，而以有孙自解，墨守嫡长之常谈，坐忘远虑。唐大宗、明成祖之事皆由先事不断实酿成之，真所云知其一不知其二也。

【译文】晋惠帝的痴笨低能，晋武帝已经全都看见了，却以有孙子自我辩解，固守嫡长的陈腐观念，完全忘记了作长远的考虑。唐太宗、明太祖的事情都是由于生前立嗣没有决断逐渐形成的，真是所谓的知其一不知其二。

【申涵煜评】寔著《崇让论》，虽所以抑奔竞，然上之所好，下必趋焉，上好孝而人皆庐墓，上好廉而人皆饮冰，若必让多者用之，吾恐贪进之人即退让之人矣。

【译文】刘寔所著的《崇让论》，虽然是让人不要追逐功名，然而皇帝所爱好的，必使下面的臣子趋之若鹜，皇帝提倡孝道，则人们都守着陵墓，皇帝提倡节俭清廉，人们就都喝凉水。如果一定让多数人听从刘寔的言论，恐怕那些贪婪的人都要把位置让给别人了。

淮南相刘颂上疏曰："陛下以法禁宽纵，积之有素，未可一旦直绳御下，此诚时宜也。然至于矫世救弊，自宜渐就清肃；譬犹行舟，虽不横截迅流，然当渐靡而往，稍向所趋，然后得济也。

自泰始以来，将三十年，凡诸事业，不茂既往。以陛下明圣，犹未反叔世之敝，以成始初之隆，传之后世，不无虑乎！使夫异时大业，或有不安，其忧责犹在陛下也。

【译文】淮南相刘颂上奏说："陛下因为法令宽松，已经累积很长时间了，不可能突然就使用切直法条来治理臣下，这实在是因时制宜的做法。然而谈及矫正世俗、挽救弊病，自然应该逐渐肃清，好比行船，尽管无法横渡急流，却应该在水流渐平之后，逐渐趋向目的地，然后方可渡过。

自泰始以来，将近三十年，大凡各种事业，没有以前兴盛。以陛下的圣明，尚且无法把衰世的弊病扭转过来，以达成建国之初的繁盛昌隆，流传后世，不能没有忧虑吧！假如日后帝业或有不安稳，这个值得担忧的责任依旧是在陛下身上。

臣闻为社稷计，莫若封建亲贤。然宜审量事势，使诸侯率义而动者，其力足以维带京邑；若包藏祸心者，其势不足独以有为。其齐此甚难，陛下宜与达古今之士，深共筹之。周之诸侯，有罪诛放其身，而国祚不泯；汉之诸侯，有罪或无子者，国随以亡。今宜反汉之敝，循周之旧，则下固而上安矣。

天下至大，万事至众，人君至少，同于天日，是以圣王之化，执要于己，委务于下，非惮劳而好逸，诚以政体宜然也。夫居事始以别能否，甚难察也；因成败以分功罪，甚易识也。今陛下每精于造始而略于考终，此政功所以未善也。人主诚能居易执要，考功罪于成败之后，则群下无所逃其诛赏矣。

【译文】臣下听闻：替国家计谋，不如分封亲属、贤臣做诸侯。然而应该细细思量事态情势，要使诸侯依照义理行事，他们的力量足以维护京邑；若是包藏祸心，那么他们的势力无法单独有所作为。想要规限此事非常不易，陛下应与通达古今的贤士一起多加谋划。周朝诸侯，有罪的话，只不过放逐责罚本身，然而郡国却没消除；汉代诸侯，有罪或没有子嗣的话，封国随着消亡。如今应当将汉代的弊政纠正过来，遵循周朝的旧制，以便达成建国之初的繁盛兴隆，而且朝廷也就安定了。

天下之大，诸事极多，君主极少，就好比天上的太阳，因此圣王的教化，自己秉持要点，政务交给臣下，并非远离劳作却偏爱舒逸，实在是以国家体制适宜如此。在开始处事之时，要区分有无才干，是很难以观察出来的；而借着事情的成败，要区分功、罪，是非常容易知悉的。如今陛下对于开始，往往特别精明，对于考查事情的成果，却往往忽略掉了，这就是功业无法尽善尽美的缘故了。君主要是真能居心平易，秉持要点，在成败之后考查功、罪，那么臣下就不能避开刑赏了。

古者六卿分职，冢宰为师；秦、汉已来，九列执事，丞相都总。今尚书制断，诸卿奉成，于古制为太重。可出众事付外寺，使得专之；尚书统领大纲，若丞相之为，岁终课功，校簿赏罚而已，斯亦可矣。今动皆受成于上，上之所失，不得复以罪下，岁终事功不建，不知所责也。

夫细过谬妄，人情之所必有，而悉纠以法，则朝野无立人矣。近世以来为监司者，类大纲不振而微过必举，盖由畏避豪强而又惧职事之旷，则谨密网以罗微罪，使奏劾相接，状似尽公，而挠法在其中矣。是以圣王不善碎密之案，必责凶猾之奏，则害政之奸，自然禽矣。夫创业之勋，在于立教定制，使遗风系人心，馀烈匡幼弱，后世凭之，虽昏犹明，虽愚若智，乃足尚也。

至夫修饰官署，凡诸作役，恒伤泰过，不患不举，此将来所不须于陛下而自能者也。今勤所不须以伤所凭，窃以为过矣。"帝皆不能用。

诏以刘渊为匈奴北部都尉。渊轻财好施，倾心接物，五部豪杰、幽冀名儒多往归之。

奚轲男女十万口来降。

【译文】 古时六卿分守职责，冢宰作为首长；秦、汉之后，九卿处理政事，丞相总理所有政事。现今尚书决策政事，诸位公卿奉守成业，比起古时制度，职责太过重大。可以将众事交给各个卿寺，让他们能专断行事；尚书统领大纲，就好似丞相的行为，年终考核功过，校核簿籍，把握论定而已，这样就行了。如今一举一动都是承受上位的成业，而一旦上位有了过失，不能又责怪臣下，年终事功无法树立，不知道要归罪谁了。

微小的过失、错误的行为，人情上是一定有的，却尽可能地依照律法纠举，那么朝野之中就无一人可以站立了。近代以来，担任监司的人，大多弃大纲于不顾，却一定要将细微的过失纠举出来，是因为畏惧强豪，避而不举，却又忧心旷废职事，就小心地布下密网，罗致小罪，使得弹劾的奏章前后衔接，表面上好似忠于职守，内在实际上却是屈法营私。因此圣明的君主不称赞那些琐细的案件，必定要责罚那些凶险狡猾的奏章，那么危害朝政的奸邪，自然也就擒伏了。建立事业的功劳，在于营建教化、制定律法，使得遗留的风范能够把人心维系，遗留的事业能够将幼弱的遗嗣挽救。后世靠着这些，即便是混同愚昧，仍然能清正廉明；尽管呆傻愚笨，也如同明白睿智，这样才值得推崇重视。

要说到修饰官署衙门，大凡各种劳役建筑，常常有太过的伤害，无须担忧振兴不了，这些在将来无须等待陛下，也自然能取得成功。如今忙着做不急不重要的事情有损伤政功之本，我私下认为甚是不妥。"晋武帝司马炎一概不予采纳。

晋武帝司马炎下诏派遣刘渊担任匈奴北部都尉。刘渊轻视财货，偏爱施舍，倾心与人相交，五部的豪杰及幽、冀二州有名的学者，大多前去依附于他。

奚轲男女十万人前来归降。

孝惠皇帝上之上

永熙元年（庚戌，公元二九〇年）春，正月，辛酉朔，改元太熙。

己巳，以王浑为司徒。

司空、侍中、尚书令卫瓘子宣，尚繁昌公主。宣嗜酒，多过失，杨骏恶瓘，欲逐之，乃与黄门谋共毁宣，劝武帝夺公主。瓘惭惧，告老逊位。诏进瓘位太保，以公就第。

剧阳康子魏舒薨。

三月，甲子，以右光禄大夫石鉴为司空。

【译文】 永熙元年（庚戌，公元290年）春季，正月，辛酉朔日（初一），改年号为太熙。

己巳日（初九），派遣王浑担任司徒。

司空、侍中、尚书令卫瓘的儿子卫宣，娶了繁昌公主。卫宣爱好喝酒，经常犯下过错，杨骏厌恶卫瓘，想把他驱逐出去，于是与黄门宦官计划共同诽谤卫宣，劝说晋武帝召回公主。卫瓘羞惭畏惧，告老退位。晋武帝司马炎下诏把卫瓘进位为太保，以公爵身份返回府第。

剧阳康子魏舒去世。

三月，甲子日（初五），晋武帝司马炎任命右光禄大夫石鉴担任司空。

帝疾笃，未有顾命，勋旧之臣多已物故，侍中、车骑将军杨骏独侍疾禁中。大臣皆不得在左右，骏因辄以私意改易要近，树其心腹。会帝小间，见其新所用者，正色谓骏曰："何得便尔！"时汝南王亮尚未发，乃令中书作诏，以亮与骏同辅政，又欲择朝士有闻望者数人佐之。骏从中书借诏观之，得便藏去，中书监华廙恐惧，自往索之，终不与。会帝复迷乱，皇后奏以骏辅政，帝颔之。夏，四月，辛丑，皇后召华廙及中书令何劭，口宣帝旨作诏，以骏为太尉、太子太傅、都督中外诸军事、侍中、录尚书事。诏成，后对廙、劭以呈帝，帝视而无言。廙，歆之孙；劭，曾之子也。遂趣汝南王亮赴镇。帝寻小间，问："汝南王来未？"左右言未至，帝遂困笃，己酉，崩于含章殿。帝宇量弘厚，明达好谋，容纳直言，未尝失色于人。

太子即皇帝位，大赦，改元，尊皇后曰皇太后，立妃贾氏为皇后。

杨骏入居太极殿，梓宫将殡，六宫出辞，而骏不下殿，以虎贲百人自卫。

【译文】晋武帝司马炎身患重病，没有遗命。功勋老臣很多都已辞世，侍中、车骑将军杨骏独自在宫中照料疾病。大臣都不能接近左右，杨骏因此往往凭自己意愿来改换亲近侍臣，树立心腹之人。当晋武帝司马炎的疾病有了一些好转，看见刚启用的新人，态度严肃地对杨骏说："怎么可以如此行事！"那时汝南王司马亮尚未出发，于是下令让中书写下诏书，派司马亮同杨骏一起辅佐朝政，又想挑选朝中几个享有声望的贤士来协助他们。杨骏从中书借来诏书观看，等借到之后偷偷藏了起来，中书监华廙心中害怕，亲自前去向他索要，杨骏一直没有还给他，正赶上晋武帝司马炎又神志不清，皇后进奏，让杨骏辅政，晋武

帝司马炎点头应允。夏季，四月，辛丑日（十二日），皇后召见华
廙与中书令何劭，口中宣布晋武帝司马炎的意旨，作为诏书，任
命杨骏担任太尉、太子太傅、都督中外所有军务、侍中、录尚书
事。诏书写成之后，皇后当着华廙、何劭的面，呈给晋武帝司马
炎，晋武帝看了看，没有说话。华廙，是华歆的孙子；何劭，是何
曾的儿子。于是催着汝南王司马亮出发去往镇所。不久晋武帝司
马炎的病稍稍好了一些，问："汝南王来了没有？"左右侍臣都说
没有来，晋武帝司马炎于是病情加重。己酉日（二十日），晋武帝
司马炎在含章殿驾崩。晋武帝司马炎宽宏大量，通晓事理，喜好
谋划，包容正直的言辞，从未在人前有不庄重的仪表。

太子登上皇帝位，大赦天下，改年号为永熙，尊崇皇后为皇
太后，立太子妃贾氏为皇后。

杨骏进入皇宫，在太极殿居住。梓宫即将出殡，六宫嫔妃
出宫送别，然而杨骏却不下宫殿，用一百名虎贲军来护卫自己。

诏石鉴与中护军张劭监作山陵。

汝南王亮畏骏，不敢临丧，哭于大司马门外。出营城外，表
求过葬而行。或告亮欲举兵讨骏者，骏大惧，白太后，令帝为手
诏与石鉴、张劭，使帅陵兵讨亮。劭，骏甥也，即帅所邻趣鉴速
发；鉴以为不然，保持之。亮问计于廷尉何勖，勖曰："今朝野皆
归心于公，公不讨人而畏人讨邪！"亮不敢发，夜，驰赴许昌，乃
得免。骏弟济及甥河南尹李斌皆劝骏留亮，骏不从。济谓尚书
左丞傅咸曰："家兄若征大司马，退身避之，门户庶几可全。"咸
曰："宗室外戚，相恃为安。但召大司马还，共崇至公以辅政，无
为避也。"济又使侍中石崇见骏言之，骏不从。

【译文】晋惠帝司马衷下诏让石鉴与中护军张劭监督修筑

陵墓。

　　汝南王司马亮害怕杨骏，不敢亲自前去哭丧，在大司马门外哭泣。迁出城外扎营居住，上表请求等国葬结束后再走。有人告发司马亮想要兴兵征讨杨骏，杨骏惊恐万分，告知太后，命令晋惠帝司马衷写下手诏给石鉴、张劭，命令他们带领修筑陵墓的军队前去征讨司马亮。张劭，是杨骏的外甥，马上统率自己的下属，督促石鉴从速出兵。石鉴不以为然，坚持不出兵。司马亮向廷尉何勖询问计策，何勖说："如今朝野人士的心都归附于公侯，公侯不出兵征讨别人，却害怕别人兴兵来讨伐吗？"司马亮不敢发兵，夜里，赶赴许昌，才得以逃脱。杨骏的弟弟杨济与外甥河南尹李斌都劝说杨骏去挽留司马亮，杨骏没有听从。杨济对尚书左丞傅咸说："家兄要是征召大司马，退隐避开他，差不多家门就可保全了。"傅咸说："宗室同外戚，互相依仗，方能安好。只要把大司马征召回朝，一起推举至公之人来辅佐朝政，就无须回避了。"杨济又要侍中石崇晋见杨骏，给他进言，杨骏没有听从。

　　五月，辛未，葬武帝于峻阳陵。

　　杨骏自知素无美望，欲依魏明帝即位故事，普进封爵以求媚于众。左军将军傅祗与骏书曰："未有帝王始崩，臣下论功者也。"骏不从。祗，嘏之子也。丙子，诏中外群臣皆增位一等，预丧事者增二等，二千石已上皆封关中侯，复租调一年。散骑常侍石崇、散骑侍郎何攀共上奏，以为："帝正位东宫二十馀年，今承大业，而班赏行爵，优于泰始革命之初及诸将平吴之功，轻重不称。且大晋卜世无穷，今之开制，当垂于后，若有爵必进，则数世之后，莫非公侯矣。"不从。

【译文】五月，辛未日（十三日），在峻阳陵安葬了晋武帝司马炎。

杨骏自知向来都没有好的名声和威望，要想参照魏明帝即位的旧例，普遍进封爵位，来获取众人的欢心。左军将军傅祗给杨骏写信说："从未有过帝王刚刚驾崩，臣下就讨论功绩的事。"杨骏没有听从。傅祗，是傅嘏的儿子。丙子日（十八日），晋惠帝司马衷下诏给中外群臣，都增加爵位一等；参加丧事的臣子，增加二等；二千石以上都封为关中侯，免除一年租调赋税。散骑常侍石崇、散骑侍郎何攀一起上奏，认为："皇帝被正式立为太子有二十多年，如今继承大业，就遍地颁发奖赏、晋升爵位，却比泰始革命之初和各将平定吴国的功勋都有过之而无不及，轻重十分不相称。并且大晋传世无穷，现今创下的制度，应该垂留后世，假如有爵位就进封的话，历经几代之后，就无人不是公侯了。"他们的意见没有被采纳。

诏以太尉骏为太傅、大都督、假黄钺，录朝政，百官总己以听。傅咸谓骏曰："谅阍不行久矣。今圣上谦冲，委政于公，而天下不以为善，惧明公未易当也。周公大圣，犹致流言，况圣上春秋非成王之年乎! 窃谓山陵既毕，明公当审思进退之宜，苟有以察其忠款，言岂在多!"骏不从。咸数谏骏，骏渐不平，欲出咸为郡守。李斌曰："斥逐正人，将失人望。"乃止。杨济遗咸书曰："谚云：'生子痴，了官事。'官事未易了也。想虑破头，故具有白。"咸复书曰："卫公有言：'酒色杀人，甚于作直。'坐酒色死，人不为悔，而逆畏以直致祸，此由心不能正，欲以苟且为明哲耳。自古以直致祸者，当由矫枉过正，或不忠笃，欲以亢厉为声，故致忿耳，安有悾悾忠益而返见怨疾乎!"

【译文】 晋惠帝司马衷下诏任命太尉杨骏担任太傅、大都督、假黄钺、录朝政，百官总摄自己职事来服从他的治理。傅咸对杨骏说："居丧三年的孝制没有实行，已经很长时间了，当今皇上谦虚，将朝政交托给公侯，可是天下却并不认为这是对的，恐怕公侯很难肩负起来。周公如此伟大的圣人，尚且会招致闲言碎语，更何况圣主的年龄又不是像成王那样幼小呢！我私下觉得，陵墓修治完成之后，公侯就该细细思索进退适宜的做法了。假如可以证明您的忠心，又何须再多说什么呢！"杨骏没有听从。傅咸不停地进谏，杨骏逐渐忍受不了，想把傅咸派出京担任郡守。李斌说："把正人君子驱逐出去，将会丧失众人的期望。"杨骏这才停下来。杨济在写给傅咸的信中说："俗话说：'生了个呆痴儿子，了结了官僚之事。'官事是很难了结的。会让你忧虑破头，因此详细地告知你。"傅咸回信说："卫公说过：'酒和色杀人，比做事正直更为厉害。'因为酒、色死去，人们不会后悔，而担心由于正直招致祸事，这是因为心中不能正直，想要苟且偷生地明哲保身而已。古往今来，因为正直招致祸事的原因，应该是由于矫枉过正，或者是不忠心厚重，想要用激昂的声音服人，因此会招致愤恨恼怒。怎么会有忠心守信却反遭人仇恨埋怨的呢！"

杨骏以贾后险悍，多权略，忌之，故以其甥段广为散骑常侍，管机密；张劭为中护军，典禁兵。凡有诏命，帝省讫，入呈太后，然后行之。

骏为政，严碎专愎，中外多恶之。冯翊太守孙楚谓骏曰："公以外戚居伊、霍之任，当以至公、诚信、谦顺处之。今宗室强盛，而公不与共参万机，内怀猜忌，外树私昵，祸至无日矣！"骏不从。楚，资之孙也。

弘训少府蒯钦，骏之姑子也，数以直言犯骏，他人皆为之惧，钦曰：“杨文长虽暗，犹知人之无罪不可妄杀，不过疏我，我得疏，乃可以免；不然，与之俱族矣。”

【译文】 杨骏因为贾后奸险凶悍，又多权谋，非常忌惮，因此派他的外甥段广担任散骑常侍，管理机密政事；张邵担任中护军，主管禁兵。凡是诏令，皇帝看过以后，入宫呈给太后，然后才颁行出去。

杨骏处理政治，苛刻又琐碎，专权又刚愎自用，朝廷内外，大多都厌恶他。冯翊太守孙楚对杨骏说：“您凭着外戚的关系，身居伊尹、霍光的职位，应该用至公、诚信、谦顺的态度去办理事务。现如今皇族势力强大，可是公侯您却不同他们一起参与朝廷政务，在内怀有猜疑之心，在外树立亲密的私党，大祸不久就要临头了。”杨骏不听他的建言。孙楚，是孙资的孙子。

弘训少府蒯钦是杨骏姑母的儿子，他曾多次以正直的言论冒犯杨骏，别人都很替他担忧，蒯钦说：“尽管杨文长昏庸暗弱，但他仍然知晓别人无罪是不能滥杀的，他不过是疏远我。我被疏远了，就能避去祸患，否则的话，我和他就一起被诛灭了。”

骏辟匈奴东部人王彰为司马，彰逃避不受。其友新兴张宣子怪而问之，彰曰：“自古一姓二后，未有不败。况杨太傅昵近小人，疏远君子，专权自恣，败无日矣。吾逾海出塞以避之，犹恐及祸，奈何应其辟乎！且武帝不惟社稷大计，嗣子既不克负荷，受遗者复非其人，天下之乱可立待也。”

秋，八月，壬午，立广陵王遹为皇太子。以中书监何劭为太子太师，卫尉裴楷为少师，吏部尚书王戎为太傅，前太常张华为少傅，卫将军杨济为太保，尚书和峤为少保。拜太子母谢氏为淑媛。贾后常置谢氏于别室，不听与太子相见。初，和峤尝从容言于武帝曰："皇太子有淳古之风，而末世多伪，恐不了陛下家事。"武帝默然。后与荀勖等同侍武帝，武帝曰："太子近入朝差长进，卿可俱诣之，粗及世事。"既还，勖等并称太子明识雅度，诚如明诏。峤曰："圣质如初。"武帝不悦而起。及帝即位，峤从太子通入朝，贾后使帝问曰："卿昔谓我不了家事，今日定如何？"峤曰："臣昔事先帝，曾有斯言；言之不效，国之福也。"

冬，十月，辛酉，以石鉴为太尉，陇西王泰为司空。

以刘渊为建威将军、匈奴五部大都督。

【译文】杨骏征召匈奴东部人王彰担任司马一职，王彰逃避不肯接受。他的朋友新兴人张宣子感到很奇怪，就问他，王彰说："古往今来，一姓中两个皇后，没有不失败的。况且杨太傅亲近小人，远离君子，专横跋扈，他不久就会遭遇失败了。我跨海出关地躲避，尚且还怕会招来灾祸，又怎会接受他的征召呢？而且武帝没有思虑到国之大计，嗣子既然不能承受大任，承受遗命的又不是合适的人选，天下的大变动，是完全可以坐等看到的。"

秋季，八月，壬午日（二十六日），立广陵王司马遹为皇太子。任命中书监何劭担任太子太师，卫尉裴楷担任少师，吏部尚书王戎担任太傅，前太常张华担任少傅，卫将军杨济担任太保，尚书和峤担任少保。任命太子的母亲谢氏担任淑媛。贾后往往将谢氏安置在别室之中，不能任由她同太子相见。起初，和峤曾从容不迫地向晋武帝司马炎进言说："皇太子有古人淳朴的作风，可是衰世人情，大多虚伪，只怕主理不了陛下的家事。"晋武帝司马炎沉默不语。后来和荀勖等人一起侍奉武帝，武帝说："最近太子入朝，略有长进，你们可以一块前去看看，大略知晓世事了。"几人回来之后，荀勖等人一同赞扬太子有高明的见识、雅正的气度，真如圣明诏令一般。和峤说："太子资质还是和以前一样。"武帝不高兴地站了起来。等到皇帝即位，和峤随从太子司马遹入朝觐见，贾后要晋惠帝司马衷问他说："你先前说我主理不了家事，今日你怎么看呢？"和峤说："臣下先前侍奉先帝，曾经发过这种言辞；言辞的无效，是国家的福气和祥瑞。"

冬季，十月，辛酉日（初六），任命石鉴担任太尉、陇西王司马泰做司空。

派遣刘渊担任建威将军、匈奴五部大都督。

元康元年（辛亥，公元二九一年）春，正月，乙酉朔，改元永平。

初，贾后之为太子妃也，尝以妒，手杀数人，又以戟掷孕妾，子随刃堕；武帝大怒，修金墉城，将废之。荀勖、冯紞、杨珧及充华赵粲共营救之，曰："贾妃年少，妒者妇人常情，长自当差。"杨后曰："贾公闾有大勋于社稷，妃亲其女，正复妒忌，岂可遽忘其先德邪！"妃由是得不废。

【译文】元康元年（辛亥，公元291年）春季，正月，乙酉朔日（初一），改年号为永平。

起初贾后做太子妃时，曾因忌妒，亲手将好几人杀害，又用戈戟抛掷怀有身孕的妾妃，孩子也随着刀刃落地。晋武帝非常生气，修治金墉城，将要废置她。荀勖、冯紞、杨珧和充华赵粲共同为她说情，说："贾妃年纪尚轻，忌妒是妇人常有的事，长大之后自然会好的。"杨后说："贾公闾对于国家立有大功，贾妃是他亲生女儿，又正是心中忌妒之时，怎么能够将她先人的德业很快地忘记了呢！"贾妃因而没有被废置。

　　后数诫厉妃，妃不知后之助己，返以后为构己于武帝，更恨之。及帝即位，贾后不肯以妇道事太后，又欲干预政事，而为太傅骏所抑。殿中中郎渤海孟观、李肇，皆骏所不礼也，阴构骏，云将危社稷。黄门董猛，素给事东宫，为寺人监，贾后密使猛与观、肇谋诛骏，废太后。又使肇报汝南王亮，使举兵讨骏，亮不可。肇报都督荆州诸军事楚王玮，玮欣然许之，乃求入朝。骏素惮玮勇锐，欲召之而未敢，因其求朝，遂听之。二月，癸酉，玮及都督扬州诸军事、淮南王允来朝。

　　三月，辛卯，孟观、李肇启帝，夜作诏，诬骏谋反，中外戒严，遣使奉诏废骏，以侯就第。命东安公繇帅殿中四百人讨骏，楚王玮屯司马门，以淮南相刘颂为三公尚书，屯卫殿中。段广跪言于帝曰："杨骏孤公无子，岂有反理？愿陛下审之！"帝不答。

　　【译文】皇后多次严厉劝诫太子妃，太子妃不知皇后是为了帮助自己，反倒认为皇后在晋武帝面前构陷自己，更加怨恨于她。等到晋惠帝司马衷即位，贾后不肯用儿媳的身份来侍奉太后，又想干预朝政，却被太傅杨骏所压制。殿中中郎渤海人孟观、李肇，都是杨骏所不礼遇的人，暗中构陷杨骏，说他将会对国家造成危害。黄门董猛，向来是东宫给事，职为寺人监。贾后秘密命令董猛和孟观、李肇设计将杨骏诛杀，把太后废掉。又命令李肇通知汝南王司马亮，要他征讨杨骏，司马亮没有应允。李肇告诉都督荆州所有军务的楚王司马玮，司马玮很高兴地答应下来，于是请求入京朝见。杨骏向来害怕司马玮的勇敢精敏，想要召见他可又不敢，由于他请求朝见，就答应下来。二月，癸酉日（二十日），司马玮和都督扬州所有军务的淮南王司马允赴京朝见。

三月，辛卯日（初八），孟观、李肇启奏晋惠帝司马衷，在夜里写下诏书，诬陷杨骏谋反，朝廷内外戒严，晋惠帝司马衷派遣使者奉持诏令，将杨骏废去，并以侯爵的身份返回府第。下令让东安公司马繇带领四百名殿中军讨伐杨骏，楚王司马玮驻军司马门，派遣淮南相刘颂担任三公尚书，在殿中驻军，承担护卫的职责。段广跪着向晋惠帝司马衷进言说：“杨骏孤独，膝下又无子嗣，哪里有反叛的道理！恳请陛下三思！”晋惠帝司马衷没有答话。

时骏居曹爽故府，在武库南，闻内有变，召众官议之。太傅主簿朱振说骏曰：“今内有变，其趣可知，必是阉竖为贾后设谋，不利于公。宜烧云龙门以胁之，索造事者首，开万春门，引东宫及外营兵拥皇太子入宫，取奸人，殿内震惧，必斩送之。不然，无以免难。”骏素怯懦，不决，乃曰：“云龙门，魏明帝所造，功费甚大，奈何烧之！”侍中傅祗白骏，请与尚书武茂入宫观察事势，因谓群僚曰：“宫中不宜空。”遂揖而下阶。众皆走，茂犹坐；祗顾曰：“君非天子臣邪？今内外隔绝，不知国家所在，何得安坐！”茂乃惊起。骏党左军将军刘豫陈兵在门，遇右军将军裴頠，问太傅所在，頠绐之曰：“向于西掖门遇公乘素车，从二人西出矣。”豫曰：“吾何之？”頠曰：“宜至廷尉。”豫从頠言，遂委而去。寻诏頠代豫领左军将军，屯万春门。頠，秀之子也。皇太后题帛为书，射之城外，曰：“救太傅者有赏。”贾后因宣言太后同反。寻而殿中兵出，烧骏府，又令弩士于阁上临骏府而射之，骏兵皆不得出。骏逃于马厩，就杀之。孟观等遂收骏弟珧、济、张劭、李斌、段广、刘豫、武茂及散骑常侍杨邈、中书令蒋俊、东夷校尉文鸯，皆夷三族，死者数千人。

【译文】 当时杨骏住在曹爽以前的府第，在武库南方，听说朝中有变故，召集官员们商量。太傅主簿朱振劝杨骏说："当下朝廷发生变乱，这个举动的目的是能够知晓的，一定是那些阉宦替贾后设计的阴谋，对公侯做出不利的举动，应当焚烧云龙门来要挟他们，索求制造事变的人，首先把万春门打开，导引东宫和外营军队，拥护皇太子进到宫中，逮捕奸人，殿内在恐惧之下，必然会将奸人杀了送过来。否则的话，灾祸便无法躲过。"杨骏向来胆怯懦弱，不能做出决定，于是说："云龙门，是魏明帝建造的，花费很多功夫跟金钱，为何要把它烧掉呢！"侍中傅祇告知杨骏，请求和尚书武茂进宫查看事变的形势，因而对官员们说："宫中不能空着没人。"于是作揖走下台阶。众人都走开了，唯独武茂还坐着。傅祇回头说："先生难道并非天子的臣子吗？如今宫里宫外隔绝不通，无从知晓天子在哪里，怎么能安心坐在这里？"武茂才惊慌地站起来。杨骏同党左军将军刘豫在门外布好军队，碰到右军将军裴頠，问太傅在哪里，裴頠骗他说："刚才在西掖门碰到他，乘着素车，带着两个人从西边出去了。"刘豫说："我要到什么地方去呢？"裴頠说："应当到廷尉那儿去。"刘豫听从了裴頠的话，于是抛下军队离开了。不久晋惠帝司马衷下诏，让裴頠代替刘豫，兼任左军将军，在万春门驻军。裴頠，是裴秀的儿子。皇太后写好帛书，射到城外，说："拯救太傅的人有赏。"贾后因而公开宣言：太后一块反叛。不久之后，殿中军队出宫，将杨骏府第烧毁，又下令让弓箭手在楼上面对杨骏府第发射，杨骏军队都出不来。杨骏逃到马厩，被杀掉。孟观等人于是收押了杨骏的弟弟杨珧、杨济,张劭、李斌、段广、刘豫、武茂与散骑常侍杨邈、中书令蒋俊、东夷校尉文鸯,都夷灭三族,数千人因此死了。

珧临刑,告东安公繇曰:"表在石函,可问张华。"众谓宜依钟毓例为之申理。繇不听,而贾氏族党趣使行刑。珧号叫不已,刑者以刀破其头。繇,诸葛诞之外孙也,故忌文鸯,诬以为骏党而诛之。是夜,诛赏皆自繇出,威振内外。王戎谓繇曰:"大事之后,宜深远权势。"繇不从。

壬辰,赦天下,改元。

【译文】 杨珧临刑时,对东安公司马繇说:"表章存在石函中,可以问张华。"众人都说应当参照钟毓事例,为他伸冤。司马繇没有接受,并且贾氏党徒催着尽快行刑,杨珧不停地叫嚷,行刑的人用刀将他的头颅打破。司马繇,是诸葛诞的外孙,原本就忌恨文鸯,认为是杨骏的党羽杀死了他。当天夜里,由司马繇判定所有的刑罚和奖赏,朝廷内外都受到震慑。王戎对司马繇说:"大事以后,应该远离权势。"司马繇没有听从他的建言。

壬辰日(初九),大赦天下,改年号为元康。

【申涵煜评】 珧以一门二后必败,乞表藏宗庙,似有先见。然怙宠作慝,卒致殒灭。盖小人奸滑,阴规其利而阳避其害,最为叵测,众遂欲援钟毓例为申理,几为所欺。

【译文】 杨珧认为一个家族出现两个皇后会不得善终,将写有此言论的表张藏在宗庙中,似乎是很有先见之明。然而他仰仗着权势作恶,最终导致灭亡。因此说小人的奸猾,暗地里做对自己有利的,表面上躲避有害的,最叫人难以揣测,众人想要救援钟毓,为他伸张,几乎要被他欺骗了。

贾后矫诏，使后军将军荀悝送太后于永宁宫，特全太后母高都君庞氏之命，听就太后居。寻复讽群公有司奏曰："皇太后阴渐奸谋，图危社稷，飞箭系书，要募将士，同恶相济，自绝于天。鲁侯绝文姜，《春秋》所许。盖奉祖宗，任至公于天下，陛下虽怀无已之情，臣下不敢奉诏。"诏曰："此大事，更详之。"有司又奉："宜废皇太后为峻阳庶人。"中书监张华议："皇太后非得罪于先帝，今党其所亲，为不母于圣世，宜依汉废赵太后为孝成后故事，贬皇太后之号，还称武皇后，居异宫，以全始终之恩。"左仆射荀恺与太子少师下邳王晃等议曰："皇太后谋危社稷，不可复配先帝，宜贬尊号，废诣金墉城。"于是，有司奏请从晃等议，废太后为庶人。诏可。又奏："杨骏造乱，家属应诛，诏原其妻庞命，以尉太后之心。今太后废为庶人，请以庞付廷尉行刑。"诏不许。有司复固请，乃从之。庞临刑，太后抱持号叫，截发稽颡，上表诣贾后称妾，请全母命；不见省。

董养游太学，升堂叹曰："朝廷建斯堂，将以何为乎！每览国家赦书，谋反大逆皆赦，至于杀祖父母、父母不赦者，以为王法所不容故也。奈何公卿处议，文饰礼典，乃至此乎！天人之理既灭，大乱将作矣。"

【译文】贾后假借晋惠帝司马衷诏命，下令让后军将军荀悝把太后送到永宁宫，特地保全太后母亲高都君庞氏的性命，听任她前去跟太后同居。接着又告知公卿与官员们，要他们呈上奏章说："皇太后暗中进行奸邪的阴谋，计划要危害国家，飞箭传书，招募将士，一同作恶，自绝天命。鲁侯与文姜断绝关系，是《春秋》所称赞的事。奉守祖宗的遗训，用至公的心理对待天下的人民，纵然陛下心怀无尽的孝思，臣下还是不敢奉守诏命。"晋惠帝司马衷下达诏令说："这是大事，再细细计议。"官员们又呈上奏章说道："应把太后贬为峻阳庶人。"中书监张华建议说："太后并无得罪先帝之处，如今同亲近的人结为党羽，在圣世中做出于母仪不合之事，应当参照汉朝将赵太后贬为孝成后的故事，把皇太后的封号废去，恢复她武皇后的称号，让她在别的宫里居住，以将恩德保全始终。"左仆射荀恺同太子少师下邳王司马晃等人建议说："皇太后计划危害国家，不再配享先帝，应当贬掉尊号，废置后居住在金墉城。"于是官员们就呈上奏章听从司马晃等人的建议，将太后贬为平民。晋惠帝司马衷下诏认为可以。又有部门呈上奏章说："杨骏作乱，应当诛杀家属，却诏命宽宥他的妻子庞氏性命，来安慰太后的心。如今太后被废去贬为平民，请求将庞氏交付廷尉执行刑法。"晋惠帝司马衷下诏没有应允，官员们坚决请求，这才应允下来。庞氏临刑时，太后将她抱住不停地哭喊，把头发剪断，并且不停地磕头，前去贾后处呈上表章，自称妾妃，恳请把母亲的性命保全，然而没有人理会她。

董养在太学游历，登上殿堂，叹息着说："朝廷修筑这座殿堂，将要做什么呢？每次看见国家赦免的文书，连谋反的大罪都予以赦免，至于杀掉祖父母、父母不被赦免的原因，是由于国法不能宽容。为何公卿们处理事务，议论道理，文饰礼法，居然达到如此地步呢？天人间的正理毁灭之后，大乱就会产生了。"

【乾隆御批】晋代魏禅，计定于贾充，故杨后眷念其女。若此而西晋之亡即贾后启之，天道好还，信哉！

【译文】晋朝用禅让的方式取代曹魏政权，这策略是贾充制定的，所以晋武帝的杨皇后特别眷顾贾充的女儿——贾后。然而西晋的灭亡就是贾后种下的祸根，天可主持公道，报应，报应！

【申涵煜评】贾牝肆凶，人理灭绝。举朝附会，妄引典礼。而名士如潘、陆、左思之徒，方且奔走权门，望尘下拜。惟养以为大乱将作，入蜀终隐，真是高人眼界，局外自清。

【译文】贾皇后逞凶，灭绝人伦。满朝廷的人都附会她，过分地引用一些典礼迎合她。像潘云、陆机、左思这样的名士，尚且还奔走投靠权贵，望尘而拜。唯有董养认为祸乱即将发生，到蜀地隐居一生，真是具有高人的眼光，在乱局外保持清白。

有司收骏官属，欲悉诛之。侍中傅祗启曰："昔鲁芝为曹爽司马，斩关赴爽，宣帝用为青州刺史。骏之僚佐，不可悉加罪。"诏赦之。

壬寅，征汝南王亮为太宰，与太保卫瓘皆录尚书事，辅政。以秦王柬为大将军，东平王楙为抚军大将军，楚王玮为卫将军、领北军中候，下邳王晃为尚书令，东安公繇为尚书左仆射，进爵为王。楙，望之子也。封董猛为武安侯，三兄皆为亭侯。

【译文】 官员们将杨骏部属收押，要加以诛杀。侍中傅祗启奏说："先前鲁芝担任曹爽的司马，闯出关门，帮助曹爽，宣帝派遣他担任青州刺史。杨骏的僚属，不能全部施加罪刑。"下达诏命把他们赦免了。

壬寅日（十九日），晋惠帝司马衷征召汝南王司马亮担任太宰，同太保卫瓘一起录尚书事，辅佐朝廷政务。派遣秦王司马柬担任大将军，东平王司马楙担任抚军大将军，楚王司马玮担任卫将军，兼任北军中候，下邳王司马晃担任尚书令，东安公司马繇担任尚书左仆射，进封爵位为王。司马楙，是司马望的儿子。封董猛担任武安侯，三个哥哥都是亭侯。

亮欲取悦众心，论诛杨骏之功，督将侯者千八十一人。御史中丞傅咸遗亮书曰："今封赏熏赫，震动天地，自古以来，未之有也。无功而获厚赏，则人莫不乐国之有祸，是祸原无穷也。凡作此者，由东安公。人谓殿下既至，当有以正之，正之以道，众亦何怒！众之所怒者，在于不平耳；而今皆更倍论，莫不失望。"亮颇专权势，咸复谏曰："杨骏有震主之威，委任亲戚，此天下所以喧哗。今之处重，宜反此失，静默颐神，有大得失，乃维持之，自非大事，一皆抑遣。比过尊门，冠盖车马，填塞街衢，此之翕习，既宜弭息。又夏侯长容无功而暴擢为少府，论者谓长容，公之姻家，故至于此；流闻四方，非所以为益也。"亮皆不从。

贾后族兄车骑司马模、从舅右卫将军郭彰、女弟之子贾谧与楚王玮、东安王繇，并预国政。贾后暴戾日甚，繇密谋废后，贾氏惮之。繇兄东武公澹，素恶繇，屡谮之于太宰亮曰："繇专行诛赏，欲擅朝政。"庚戌，诏免繇官；又坐有悖言，废徙带方。

【译文】司马亮想要获取众人的欢心，评论诛杀杨骏的功绩，有一千零八十一位都督将军被封侯。御史中丞傅咸在给司马亮的信中说："现今封爵奖赏的风气非常兴盛，震天动地，这是古往今来从未有过的事。没有功劳却得到嘉奖，那么人人都希望国家发生祸乱，由此祸患的产生就无穷无尽了。凡是产生此种情形的，都是因为东安公。人人觉得殿下来了之后，就会把这种风气端正，用正道来端正这种风气，大众怎么会生气呢？大众之所以会生气，是在于不公平而已；然而如今论功行赏，比之以前愈加厉害，百姓无人不失望。"司马亮很能专擅权势，傅咸又进谏说："杨骏有震动君主的声威，委派亲戚，担当重任，这就是天下骚乱不宁的原因了。如今身居国家重任，应当把这种过失纠正过来，静静地养神，有大得失之时，就亲自维持，假如不是大事，谦抑地派遣他人。每次经过尊显大臣门下，伞盖车马，充斥于街道，这是威势盛大的缘故，都应当停止。另外，夏侯长容并无功绩，却很快升为少府，议论世事的人以为夏侯长容是公侯的姻亲，因此才会做到这种官职。流言传布四方，这并不是好事啊。"司马亮全都没有听从。

贾后族兄车骑司马模，从舅右卫将军郭彰，妹妹的儿子贾谧，与楚王司马玮、东安王司马繇一起参与朝政。贾后的残暴乖戾，一日较一日厉害，司马繇计划将皇后废去，贾后害怕他。司马繇的哥哥东武公司马澹，向来憎恨司马繇，屡次在太宰司马亮跟前诽谤他说："繇专断刑赏，想要专擅朝廷政务。"庚戌日（二十七日），晋惠帝司马衷下诏将司马繇的官职免去；又因违犯了言辞悖理的罪，废除封爵，迁移到带方。

于是，贾谧、郭彰权势愈盛，宾客盈门。谧虽骄奢，而好学，喜延士大夫。郭彰、石崇、陆机、机弟云、和郁及荥阳潘岳、清河崔基、勃海欧阳建、兰陵缪徵、京兆杜斌、挚虞、琅邪诸葛诠、弘农王粹、襄城杜育、南阳邹捷、齐国左思、沛国刘瑰、周恢、安平牵秀、颍川陈眕、高阳许猛、彭城刘讷、中山刘舆、舆弟琨，皆附于谧，号曰二十四友。郁，峤之弟也。崇与岳尤谄事谧，每候谧及广城君郭槐出，皆降车路左，望尘而拜。

【译文】 从这时开始，贾谧、郭彰的权势更为盛大，门庭充满了宾客。尽管贾谧骄横奢靡，然而喜爱文学，喜欢接待士大夫，郭彰、石崇、陆机、陆机的弟弟陆云、和郁以及荥阳人潘岳、清河人崔基、渤海人欧阳建、兰陵人缪徵、京兆人杜斌、挚虞、琅邪人诸葛诠、弘农人王粹、襄城人杜育、南阳人邹捷、齐国人左思、沛国人刘瑰、周恢、安平人牵秀、颍川人陈眕、高阳人许猛、彭城人刘讷、中山人刘舆、刘舆的弟弟刘琨，都依附贾谧，号称二十四友。和郁，是和峤的弟弟。石崇跟潘岳特别谄媚地侍奉贾谧，每次等候贾谧与广城君郭槐出门，都下车站在道路的左边，望着车尘礼拜。

太宰亮、太保瓘以楚王玮刚愎好杀，恶之，欲夺其兵权，以临海侯裴楷代玮为北军中候。玮怒；楷闻之，不敢拜。亮复与瓘谋，遣玮与诸王之国，玮益忿怨。玮长史公孙宏、舍人岐盛，皆有宠于玮，劝玮自昵于贾后；后留玮领太子太傅，盛素善于杨骏，卫瓘恶其反覆，将收之。盛乃与宏谋，因积弩将军李肇矫称玮命，谮亮、瓘于贾后，云将谋废立。后素怨瓘，且患二公执政，己不得专恣，夏，六月，后使帝作手诏赐玮曰："太宰、太保欲为伊、霍之事，王宜宣诏，令淮南、长沙、成都王屯诸宫门，免亮及瓘官。"夜，使黄门赍以授玮。玮欲覆奏，黄门曰："事恐漏泄，非密诏本意也。"玮亦欲因此复私怨，遂勒本军，复矫诏召三十六军，告以"二公潜图不轨，吾今受诏都督中外诸军，诸在直卫者，皆严加警备；其在外营，便相帅径诣行府，助顺讨逆。"又矫诏"亮、瓘官属，一无所问，皆罢遣之；若不奉诏，便军法从事。"遣公孙宏、李肇以兵围亮府，侍中、清河王遐收瓘。

【译文】太宰司马亮、太保卫瓘由于楚王司马玮刚愎自用、爱好杀人，很讨厌他，想要把他的兵权夺走，派遣临海侯裴楷替代司马玮担任北军中候，司马玮生气了，裴楷听说后，不敢接受官职。司马亮又同卫瓘商议，派司马玮和各王前往封国，司马玮愈加地恼怒和愤恨。司马玮的长史公孙宏、舍人岐盛，都是司马玮宠信的人，劝司马玮自己亲近贾后。贾后把司马玮留下，让他兼任太子太傅。岐盛向来同杨骏关系好，卫瓘厌恶他反复无常，将要把他收押。岐盛于是跟公孙宏商量，因为积弩将军李肇假借司马玮的命令，在贾后跟前诽谤司马亮、卫瓘，说是他们要计划废立君王。贾后向来对卫瓘心怀怨恨，并且忧心二公执政自己不能专权放肆，夏季，六月，贾后让晋惠帝司马衷亲手写下诏书，赐给司马玮说："太宰、太保想要做出伊、霍的事情，王侯应当宣布诏命，下令让淮南、长沙、成都王在各个宫门驻军，把司马亮同卫瓘的官职免掉。"晚上，派遣黄门宦官把诏书交给司马玮，司马玮想要再上奏，黄门宦官说："事情恐怕会泄漏，这就非密诏的初衷了。"司马玮想借机来泄私愤，于是带领本部军队，又假托诏命，召集三十六军，对他们说："二公私下意图不轨，我今承受诏书，都督中外各军，正在轮值守卫的各军，要严加防范；在外营的军队，就一起出兵前往行府，帮助讨伐叛逆。"又假称诏命："司马亮、卫瓘的下属，一概不问，都罢官遣送出去；假如不服从诏命，便按照军法行事。"派遣公孙宏、李肇率军将司马亮的府第包围，侍中清河王司马遐将卫瓘收押。

亮帐下督李龙，白"外有变，请拒之"，亮不听。俄而兵登墙大呼，亮惊曰："吾无贰心，何故至此！诏书其可见乎？"宏等不许，趣兵攻之。长史刘准谓亮曰："观此必是奸谋。府中俊乂如林，犹可力战。"又不听。遂为肇所执，叹曰："我之赤心，可破示天下也。"与世子矩俱死。

卫瓘左右亦疑遹矫诏，请拒之，须自表得报，就戮未晚，瓘不听。初，瓘为司空，帐下督荣晦有罪，斥遣之。至是，晦从遹收瓘，辄杀瓘及子孙共九人，遹不能禁。

　　【译文】 司马亮帐下督李龙对他说："朝廷外发生变乱，请求派兵抗击他们。"司马亮没有应允。没过多久，兵士登上围墙，大声喊叫，司马亮惊慌地说："我并无二心，是什么原因导致今天这个局面！诏书能够让我看一看吗？"公孙宏没有应允，催促着军队攻进去。长史刘准对司马亮说："从这个情形来看，一定是阴谋，府中有很多才德贤士，仍然可以奋力作战。"司马亮没有听从。最终被李肇拘捕，叹息着说："我的忠心，能够破开胸膛来给天下人看。"与世子司马矩一起身亡。

　　卫瓘左右亲信也怀疑司马遹假借诏命，请求抗击他们，等到自己上表的奏章得到回复之后，再接受刑杀也不晚。卫瓘没有听从。起初，卫瓘担任司空，帐下督荣晦有罪，斥责后把他调遣出去。到了此时，荣晦跟随司马遹将卫瓘收押，马上杀死卫瓘和他的子孙一共九人，司马遹阻止不了。

　　岐盛说玮"宜因兵势，遂诛贾、郭，以正王室，安天下。"玮犹豫未决。会天明，太子少傅张华使董猛说贾后曰："楚王既诛二公，则天下威权尽归之矣，人主何以自安！宜以玮专杀之罪诛之。"贾后亦欲因此除玮，深然之。是时内外扰乱，朝廷恟惧，不知所出。张华白帝，遣殿中将军王宫赍驺虞幡出麾众曰："楚王矫诏，勿听也！"众皆释仗而走。玮左右无复一人，窘迫不知所为；遂执之，下廷尉；乙丑，斩之。玮出怀中青纸诏，流涕以示监刑尚书刘颂曰："幸托体先帝，而受枉乃如此乎！"公孙宏、岐盛并夷三族。

資治通鑒

268

玮之起兵也，陇西王泰严兵将助玮，祭酒丁绥谏曰："公为宰相，不可轻动。且夜中仓猝，宜遣人参审定问。"泰乃止。

【译文】岐盛劝司马玮说："应当乘着目前的军势，将贾谧、郭槐诛杀，来扶正王室，安定天下。"司马玮犹豫不定。正好天亮，太子少傅张华派遣董猛劝贾后说："楚王诛杀二公以后，那天下的权威都归向他了，君主自身怎么能平安呢？应当以司马玮擅自诛杀的罪过杀死他。"贾后也想趁机将司马玮除掉，深以为是。此刻朝廷内外纷乱不宁，人人恐惧，不知如何是好。张华禀告晋惠帝司马衷，派遣殿中将军王宫拿着标有义兽驺虞的旗帜出宫指挥众人说："楚王假托诏命，千万不要听从他！"众人都丢掉兵器四散逃离。司马玮旁边不再有一个人，窘迫着急不知该怎么办，于是被捉拿，押到廷尉。乙丑日（十三日），被诛杀。司马玮将怀中青纸诏书拿了出来，流着泪呈给监刑的尚书刘颂看，说："我有幸是先帝子女，却遭受到这样的冤屈。"公孙宏、岐盛一起被夷灭三族。

司马玮起兵时，陇西王司马泰严整军队，准备帮助司马玮，祭酒丁绥进谏说："公侯作为宰相，不可轻举妄动。而且夜间仓促叛乱，应当派人详细核查切实的情形。"司马泰这才停了下来。

卫瓘女与国臣书曰："先公名谥未显，每怪一国蔑然无言，《春秋》之失，其咎安在？"于是太保主簿刘繇等执黄幡，挝登闻鼓，上言曰："初，矫诏者至，公即奉送章绶，单车从命。如矫诏之文唯免公官，而故给使荣晦，辄收公父子及孙，一时斩戮。乞验尽情伪，加以明刑。"乃诏族诛荣晦，追复亮爵位，谥曰文成。封瓘为兰陵郡公，谥曰成。

于是贾后专朝，委任亲党，以贾模为散骑常侍，加侍中。贾谥与后谋，以张华庶姓，无逼上之嫌，而儒雅有筹略，为众望所依，欲委以朝政。疑未决，以问裴頠赞成之。乃以华为侍中、中书监，頠为侍中，又以安南将军裴楷为中书令，加侍中，与右仆射王戎并管机要。华尽忠帝室，弥缝遗阙，贾后虽凶险，犹知敬重华；贾模与华、頠同心辅政，故数年之间，虽暗主在上，而朝野安静，华等之功也。

秋，七月，分荆、扬十郡为江州。

八月，辛未，立陇西王泰世子越为东海王。

九月，甲午，秦献王柬薨。

辛丑，征征西大将军梁王肜为卫将军、录尚书事。

【译文】卫瓘的女儿给大臣写信说："先父名位谥号不能昭示天下，经常奇怪全国百姓的静默不言，《春秋》记载的过失，谁该承担罪咎呢？"于是太保主簿刘繇等人拿着黄幡，把登闻鼓敲响，上言说："起初，假借诏命的人到了，卫公马上把印绶奉上，独自一人服从诏命。按照诏命上的文字，只是把卫公的官职免除，然而前给使荣晦，马上将卫公父子与孙辈收押，即刻加以杀害。请求尽力核查事实的真假，施以公平的刑罚。"于是晋惠帝司马衷下诏将荣晦一族全部诛杀。追还司马亮的爵位，谥号为文成；封卫瓘为兰陵郡公，谥号为成。

于是贾后专断朝廷政务，委派亲党，担当重要职责，任命贾模担任散骑常侍，加侍中。贾谧同皇后商议，认为张华是异姓大臣，并无威逼君主的嫌疑，并且为人温文尔雅，很有谋略，是众望所归的人物，想要把朝廷政务委托给他。由于尚有疑问，求问裴頠，裴頠也赞同。于是任命张华担任侍中、中书监，裴頠担任侍中，又任命安南将军裴楷担任中书令，加侍中，同右仆射王戎一起管理机要政务。张华为朝廷尽忠，弥补阙失，尽管贾后凶恶奸险，仍然知晓尊重张华；贾模同张华、裴頠齐心协力，辅佐朝廷政务，因此这几年里，虽然君主昏聩，然而朝野平安无事，这是张华等人的功劳。

秋季，七月，分出荆、扬十郡，设立江州。

八月，辛未日（二十日），晋惠帝司马衷立陇西王司马泰的世子司马越为东海王。

九月，甲午日（十四日），秦献王司马柬去世。

辛丑日（二十一日），晋惠帝司马衷征召征西大将军梁王司马肜为卫将军，录尚书事。

二年（壬子，公元二九二年）春，二月，己酉，故杨太后卒于金墉城。是时，太后尚有侍御十馀人，贾后悉夺之，绝膳八日而卒。贾后恐太后有灵，或诉冤于先帝，乃覆而殡之，仍施诸厌劾符书、药物等。

秋，八月，壬子，赦天下。

【译文】 二年（壬子，公元292年）春季，二月，己酉日（初一），前杨太后在金墉城去世。当时，太后还有十多名侍御，贾后全数夺走了，太后八日不进食而死。贾后唯恐太后的灵魂会在先帝跟前诉说冤屈，于是把太后翻过身来埋葬，又施用各种禳除鬼魂的符箓、药物等。

秋季，八月，壬子日（初七），大赦天下。

三年（癸丑，公元二九三年）夏，六月，弘农雨雹，深三尺。

鲜卑宇文莫槐为其下所杀，弟普拨立。

拓跋绰卒，弟子弗立。

【译文】 三年（癸丑，公元293年）夏季，六月，弘农下冰雹，有三尺深。

鲜卑宇文莫槐被部下杀掉，弟弟普拨即位。

拓跋绰去世，弟弟的儿子拓跋弗即位。

四年(甲寅，公元二九四年)春，正月，丁酉，安昌元公石鉴薨。

夏，五月，匈奴郝散反，攻上党，杀长吏。秋，八月，郝散帅众降，冯翊都尉杀之。

是岁，大饥。

司隶校尉傅咸卒。咸性刚简，风格峻整，初为司隶校尉，上言："货赂流行，所宜深绝。"时朝政宽弛，权豪放恣，咸奏免河南尹澹等官，京师肃然。

慕容廆徙居大棘城。

拓跋弗卒，叔父禄官立。

【译文】 四年(甲寅，公元294年)春季，正月，丁酉日(初一)，安昌元公石鉴去世。

夏季，五月，匈奴郝散背叛，攻取上党，杀掉长吏。秋季，八月，郝散率部众投降，冯翊都尉杀死了他。

这一年，大饥荒。

司隶校尉傅咸去世。傅咸个性刚正简直，风度品格俊逸严整，起初担任司隶校尉时，上言："贿赂的流行，应当严加阻绝。"当时朝廷政务宽松，权贵们为所欲为，傅咸呈上奏章，将河南尹澹等人的官职免去，京师一片清静。

慕容廆迁居到大棘城。

拓跋弗去世，叔父禄官即位。

五年（乙卯，公元二九五年）夏，六月，东海雨雹，深五寸。

荆、扬、兖、豫、青、徐六州大水。

冬，十月，武库火，焚累代之宝及二百万人器械。十二月，丙戌，新作武库，大调兵器。

拓跋禄官分其国为三部：一居上谷之北、濡源之西，自统之；一居代郡参合陂之北，使兄沙漠汗之子猗㐌统之；一居定襄之盛乐故城，使猗㐌弟猗卢统之。猗卢善用兵，西击匈奴、乌桓诸部，皆破之。代人卫操与从子雄及同郡箕澹往依拓跋氏，说猗㐌、猗卢招纳晋人。猗㐌悦之，任以国事，晋人附者稍众。

【译文】五年（乙卯，公元295年）夏季，六月，东海下冰雹，足足有五寸深。

荆、扬、兖、豫、青、徐六州大水灾。

冬季，十月，武库失火，烧毁了历代宝物和二百万人的兵器。十二月，丙戌日（初一），重新修建武库，大力调集兵器。

拓跋禄官将他的国家分为三个部分：一部分居住上谷的北面、濡源的西面，由自己统治；一部分居住在代郡参合陂的北面，下令让哥哥沙漠汗的儿子拓跋猗㐌统治；一部分居住在定襄的盛乐故城，下令让拓跋猗㐌的弟弟拓跋猗卢统治。拓跋猗卢很擅长用兵，攻打西面的匈奴、乌桓各部落，全部攻破。代人卫操与侄子卫雄连带同郡的箕澹，前去依附拓跋氏，劝猗㐌、猗卢招收晋人。猗㐌心中高兴，把国家大事托付他们，晋人来依附的逐渐多起来。

六年（丙辰，公元二九六年）春，正月，赦天下。

下邳献王晃薨。以中书监张华为司空。太尉陇西王泰行尚书令，徙封高密王。

夏，郝散弟度元与冯翊、北地马兰羌、卢水胡俱反，杀北地太守张损，败冯翊太守欧阳建。

征西大将军赵王伦信用嬖人琅邪孙秀，与雍州刺史济南解系争军事，更相表奏，欧阳建亦表伦罪恶。朝廷以伦挠乱关右，徵伦为车骑将军，以梁王肜为征西大将军、都督雍、凉二州诸军事。系与其弟御史中丞结，皆表请诛秀以谢氐、羌；张华以告梁王肜，使诛之，肜许诺。秀友人辛冉为之说肜曰："氐、羌自反，非秀之罪。"秀由是得免。伦至洛阳，用秀计，深交贾、郭，贾后大爱信之，伦因求录尚书事，又求尚书令；张华、裴頠固执以为不可，伦、秀由是怨之。

【译文】六年（丙辰，公元296年）春季，正月，大赦天下。

下邳献王司马晃去世。任命中书监张华担任司空，太尉陇西王司马泰兼摄尚书令，改封高密王。

夏季，郝散的弟弟郝度元同冯翊、北地马兰羌、卢水胡一起背叛，杀掉北地太守张损，打败冯翊太守欧阳建。

征西大将军赵王司马伦信任的嬖臣琅邪人孙秀，跟雍州刺史济南人解系为军事争论，又争相上表进奏，欧阳建也上表述说司马伦的罪恶。朝廷认为司马伦扰乱关右地区，征调司马伦担任车骑将军，派遣梁王司马肜担任征西大将军，都督雍、凉二州所有军务。解系和他的弟弟御史中丞解结，都上表请求把孙秀杀掉，向氐、羌人谢罪。张华因此告诉梁王司马肜，恳请诛杀孙秀，司马肜答应了。孙秀的朋友辛冉替他游说司马肜说："氐、羌自己反叛，并非孙秀的罪过。"孙秀因而得免一死。司马伦到了洛阳，采用孙秀的计谋，极力结交贾谧、郭槐，贾后十分宠爱和相信他，司马伦因此请求录尚书事，又请求担任尚书令。张华、裴頠固执地认为不能这样做，司马伦、孙秀因而对他们心生怨恨。

秋，八月，解系为郝度元所败，秦雍氐、羌悉反，立氐帅齐万年为帝，围泾阳。御史中丞周处，弹劾不避权戚，梁王肜尝违法，处按劾之。冬，十一月，诏以处为建威将军，与振威将军卢播俱隶安西将军夏侯骏，以讨齐万年。中书令陈准言于朝曰："骏及梁王皆贵戚，非将帅之才，进不求名，退不畏罪。周处吴人，忠直勇果，有仇无援。宜诏积弩将军孟观，以精兵万人为处前锋，必能殄寇；不然，梁王当使处先驱，而不救以陷之，其败必也。"朝廷不从。齐万年闻处来，曰："周府君尝为新平太守，有文武才，若专断而来，不可当也；或受制于人，此成禽耳！"

关中饥、疫。

【译文】秋季，八月，解系被郝度元击败，秦、雍的氐、羌全部反叛，立氐帅齐万年为皇帝，包围泾阳。御史中丞周处，弹劾大臣，不避讳权势贵戚，梁王司马肜曾经悖逆法令，周处弹劾他。冬季，十一月，晋惠帝司马衷下诏派遣周处担任建威将军，同振威将军卢播一起隶属安西将军夏侯骏，来讨伐齐万年。中书令陈准向朝廷进言说："夏侯骏与梁王都是贵戚，不是将帅的人才，进不求名声，退不畏刑罚。周处是吴人，忠心正直，勇敢果断，只有仇人，而无后援。应下令让积弩将军孟观派精兵一万，担任周处的前锋，必然能把敌人消灭；不然，梁王就会下令让周处担任前锋，以不救援的方式来陷害他，他就一定会失败了。"朝廷没有听从。齐万年听说周处来了，说："周府君曾担任新平太守，有文武才干，假如让他独断专横地前来，不能抵挡；要是接受别人的统领，这次就要被抓获了。"

关中饥荒，发生瘟疫。

初，略阳清水氏杨驹始居仇池。仇池方百顷，其旁平地二十馀里，四面斗绝而高，为羊肠蟠道三十六回而上。至其孙千万附魏，封为百顷王。千万孙飞龙浸强盛，徙居略阳。飞龙以其甥令狐茂搜为子，茂搜避齐万年之乱，十二月，自略阳帅部落四千家还保仇池，自号辅国将军、右贤王。关中人士避乱者多依之，茂搜迎接抚纳，欲去者，卫护资送之。

是岁，以扬烈将军巴西赵廞为益州刺史，发梁、益兵粮助雍州讨氐、羌。

【译文】起初，略阳郡清水县氐人杨驹，原本在仇池居住。仇池有一百顷土地，旁边有二十多里的平地，四面非常高险陡峭，有羊肠小道盘旋三十六转上山。到了他的孙子杨千万的时候，依附于魏国，封为百顷王。杨千万的孙子杨飞龙逐渐强盛起来，迁到略阳居住。飞龙把外甥令狐茂搜当作儿子，茂搜躲避齐万年的变乱，十二月，从略阳带领四千部落返回仇池，以求保护自己，自称是辅国将军、右贤王。关中人士躲避变乱的人，大多前去投靠他，茂搜迎接安抚，对他们加以收留；想要离开的人，则赠给他们财物，护送他们出去。

这一年，派遣扬烈将军巴西人赵廞担任益州刺史，派出梁、益的军队、粮食，协助雍州讨伐氐、羌。

七年（丁巳、公元二九七年）春，正月，齐万年屯梁山，有众七万；梁王肜、夏侯骏使周处以五千兵击之。处曰："军无后继，必败，不徒亡身，为国取耻。"肜、骏不听，逼遣之。癸丑，处与卢播、解系攻万年于六陌。处军士未食，肜促令速进，自旦战至暮，斩获甚众，弦绝矢尽，救兵不至。左右劝处退，处按剑曰："是吾效节致命之日也！"遂力战而死。朝廷虽以尤肜，而亦不能罪也。

秋，七月，雍、秦二州大旱，疾疫，米斛万钱。

【译文】 七年（丁巳，公元297年）春季，正月，齐万年在梁山驻军，拥有七万军众。梁王司马肜、夏侯骏下令让周处统率五千军队去攻打他们。周处说："军队没有后援，必然会遭败绩，不只会身死，也会给国家招致耻辱。"司马肜、夏侯骏没有听从，强令他出兵。癸丑日（初四），周处与卢播、解系在六陌进攻齐万年。周处的军士还没有进食，司马肜就催促他从速出兵，从早上战到晚上，斩杀、俘虏了许多敌人，弓断箭尽，援军不来，左右之人都劝周处退兵，周处用手按着剑说："是我尽节报效牺牲之时了。"最终奋力作战而死。朝廷虽然因此事怪罪司马肜，也不能施加责罚。

秋季，七月，雍、秦二州大旱，发生瘟疫，米一斛一万钱。

丁丑，京陵元公王浑薨。九月，以尚书右仆射王戎为司徒，太子太师何劭为尚书左仆射。

戎为三公，与时浮沉，无所匡救，委事僚案，轻出游放。性复贪吝，园田遍天下，每自执牙筹，昼夜会计，常若不足。家有好李，卖之恐人得种，常钻其核。凡所赏拔，专事虚名。阮咸之子瞻尝见戎，戎问曰："圣人贵名教，老、庄明自然，其旨同异？"瞻曰："将无同！"戎咨嗟良久，遂辟之。时人谓之"三语掾"。

【译文】 丁丑日（七月无此日），京陵元公王浑去世。九月，任命尚书右仆射王戎担任司徒，太子太师何劭担任尚书左仆射。

王戎担任到三公，随着时俗上下变易，而未加以匡正，将政事托付给僚属，轻身出游。天性又贪财吝啬，田园遍及天下，经常自己拿着牙制筹码，日夜计算，总好似不够似的。家中有棵好李树，李子卖出去害怕别人得到树种，往往把李子核钻取出来。凡是要拔擢奖赏，专门给些虚名的奖赏。阮戎的儿子阮瞻，曾晋见王戎，王戎问他说："圣人重视名教，老、庄阐明自然，他们意旨的相同与不同之处是什么？"阮瞻说："将无同！"（毕竟是相同的！）王戎叹息了很久，于是征召他。当时人称作"三字掾"（三个字换来的掾官）。

是时，王衍为尚书令，南阳乐广为河南尹，皆善清谈，宅心事外，名重当世，朝野之人，争慕效之。衍与弟澄，好题品人物，举世以为仪准。衍神情明秀，少时，山涛见之，嗟叹良久，曰："何物老妪，生宁馨儿！然误天下苍生者，未必非此人也！"乐广性冲约清远，与物无竞。每谈论，以约言析理，厌人之心，而其所不知，默如也。凡论人，必先称其所长，则所短不言自见。王澄及阮咸、咸从子修、泰山胡毋辅之、陈国谢鲲、城阳王尼、新蔡毕卓，皆以任放为达，至于醉狂裸体，不以为非。胡毋辅之尝酣饮，其子谦之窥而厉声呼其父字曰："彦国！年老，不得为尔！"辅之欢笑，呼入共饮。毕卓尝为吏部郎，比舍郎酿熟，卓因醉，夜至瓮间盗饮之，为掌酒者所缚，明旦视之，乃毕吏部也。乐广闻而笑之，曰："名教内自有乐地，何必乃尔！"

【译文】此时，王衍担任尚书令，南阳人乐广担任河南尹，都擅长清谈，居心思考的都是俗事之外的事情，他们在当时，声名非常大，朝野人士，争着模仿他们。王衍同他的弟弟王澄，爱好给人物评判高下，整个世间人都把他当作标准。王衍精神意态清明秀丽，小时，山涛见到他，叹息了很久，说："什么样的老妇人，能生出这样的儿子！然而误尽天下苍生的，未必不是此人了！"乐广天性欲望很少，不跟人起争执。每每同人谈论以简约的言词分析事理，无不使人心服，对于他所不知晓的事，静默不语。只要是评论人物，都要先称赞别人擅长之处，如此一来别人的短处，不用讲也就显而易见了。王澄同阮咸、阮咸的侄子阮修、泰山人胡毋辅之、陈国人谢鲲、城阳人王尼、新蔡人毕卓，都觉得放任是通达的事，甚至于狂饮、裸体，也不觉得有什么不对之处。胡毋辅之曾经喝酒喝得半醉，他的儿子谦之看到了，高声呼叫他父亲的字号说："彦国！年纪大了，不可以这样做了！"辅之欢喜大笑，叫他进去一起喝酒。毕卓曾经担任吏部郎，舍郎酿酒将熟，毕卓因为酒醉，晚上到藏酒之地偷酒喝，被看管酒的人捆住了，到第二天天亮一看，就是毕吏部。乐广听说以后，笑着说："在名教内自然有快乐的天地，为什么非要这样做呢！"

初，何晏等祖述老、庄，立论以为："天地万物，皆以无为本。无也者，开物成务，无往不存者也。阴阳恃以化生，贤者恃以成德。故无之为用，无爵而贵矣！"王衍之徒皆爱重之。由是朝廷士大夫皆以浮诞为美，弛废职业。裴𬱟著《崇有论》以释其蔽曰："夫利欲可损而未可绝有也，事务可节而未可全无也。盖有饰为高谈之具者，深列有形之累，盛称空无之美。形器之累有征，空无之义难检；辩巧之文可悦，似象之言足惑。众听眩焉，溺其成说。虽颇有异此心者，辞不获济，屈于所习，因谓虚无之理诚不可盖。一唱百和，往而不反，遂薄综世之务，贱功利之用，高浮游之业，卑经实之贤。人情所徇，名利从之，于是文者衍其辞，讷者赞其旨。立言藉于虚无，谓之玄妙；处官不亲所职，谓之雅远；奉身散其廉操，谓之旷达。故砥砺之风，弥以陵迟。放者因斯，或悖吉凶之礼，忽容止之表，渎长幼之序，混贵贱之级，甚者至于裸裎亵慢，无所不至，士行又亏矣。

【译文】 起初，何晏等人推崇老、庄的学术，建立的理论以为："天地万物，都把'无'当作根本，'无'的意义就是开达物理，成就世务，无论在何处，没有不存在的。天地阴阳凭恃着来化生万物，贤能的人凭借着来完成美德。因此'无'的作用，不必有爵位自然便能尊贵。"王衍一班人都喜爱和重视它。所以朝廷士大夫都将虚浮怪诞当作是美好的事，把自己的职业荒废了。裴頠写作《崇有论》来阐述他们不好之处说："利欲的心理能够减少，然而无法断绝；事务的作为能够节省，却不可完全没有。由于那些要文饰高谈才器的人，多方列出有形的牵累，对虚无的美好大加陈述。形器的牵累是有事例证明的，虚无的义理就难以查证了！巧辩的文章能够取悦大众，似是而非的言辞足以将人心迷惑。群众的听闻眩惑了，沉醉在他们的成就之中。即便也有不同心理的人，言辞无法表达，屈服在社会习俗之中，因而认为虚无之道不能掩盖。一人唱，百人和，听信之后就无法再回头了。于是轻视综理现世的事务，卑贱功业利益的作用，那些高贵浮华不实之事，鄙视经世实用的贤士。人情一同营求，名利也接踵而来，于是能文的人将他的文辞扩大，口讷的人称赞他的意旨。立言之时，假借虚无之道，认为是玄妙；担任官职之时，不亲自执行职务，认为是雅远；奉身守行，忽略廉洁的节操，认为是旷达；因此砥砺德行的风气，逐渐衰颓。放荡的人借着这个缘故，有的违背吉凶的礼仪，不重视外在的仪容举止，轻慢长幼次序，把贵贱的等级混淆，更厉害的，甚至于裸体无君子之度，没有什么不敢做，士子的德行就有颓败。

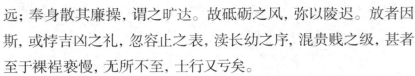

"夫万物之有形者，虽生于无，然生以有为已分，则无是有之所遗者也。故养既化之有，非无用之所能全也；治既有之众，非无为之所能修也。心非事也，而制事必由于心，然不可谓心为无也；匠非器也，而制器必须于匠，然不可谓匠非有也。是以欲收重渊之鳞，非偃息之所能获也；隰高墉之禽，非静拱之所能捷也。由此而观，济有者皆有也，虚无奚益于已有之群生哉！"然习俗已成，頠论亦不能救也。

拓跋猗㐌度漠北巡，因西略诸国，积五岁，降附者三十馀国。

【译文】　"万物都有形体，尽管是从'无'产生，可是产生之后，'有'就已经区分出来了，那么'无'是'有'所遗弃的了。因此养育已经化成为'有'了，不是'无'的作用所能成全的；治理已经拥有的民众，不是无为所能治理的。心不是事，但制造事物一定是由于心的支配，然而不可认为心是没有的；匠人不是器具，但制造器具必须等待匠人的工作，然而不可认为匠人是没有的。因此想要捕捉深渊的游鱼，不是安息不动所能捕捉的；将高墙上的飞鸟打落，并非清静无为所能够猎取的。由这些道理来看，助益'有'的人，都能拥有，虚无对于已经拥有的群生，又有什么好处呢？"然而习俗既已形成，裴頠的言论也就阻止不了了。

拓跋猗㐌穿越沙漠向北巡行，又向西攻掠各国，历经五年，有三十多国投降依附于他。

【乾隆御批】王戎诚鄙吝，持筹会计已昧伐冰之义，然卖李钻核势难遍及。史传特因其龌龊而丑诋之，不觉言之失实。

【译文】王戎的确鄙俗吝啬，手持算筹计算已违背了不追求小利的道义，然而卖李子钻坏李子的核势必很难钻遍。史传只因王戎龌龊就丑化诋毁他，没有感觉到言语不符合事实。

【乾隆御批】空谈已无实用，况"将无同"三语真是模棱，有何元妙尔？时风俗败坏，一尚虚无，一矜豪侈。豪侈以王、石辈为宗，而徇利之鄙夫托焉；虚无以阮、谢辈为宗，而徇名之庸夫托焉。即小有彼善于此，而为害则均。知其人可以论其世矣。

【译文】空谈已经没有实际作用，何况"将无同"三字真是含糊，有什么不可思议的？那时风俗败坏，一是崇尚虚无，一是夸耀豪华奢侈。豪华奢侈以王恺、石崇这一类人为宗师，是不惜以身求利的鄙陋的人的寄托；虚无以阮咸、谢鲲这一类人为宗师，是舍身以求名的平庸的人的寄托。无论擅长哪一点，危害都是相同的。了解这些人就可以研究当时的情况了。

八年（戊午，公元二九八年）春，三月，壬戌，赦天下。

秋，九月，荆、豫、徐、扬、冀五州大水。

初，张鲁在汉中，賨人李氏自巴西宕渠往依之。魏武帝克汉中，李氏将五百馀家归之，拜为将军，迁于略阳北土，号曰巴氏。其孙特、庠、流，皆有材武，善骑射，性任侠，州党多附之。

及齐万年反，关中荐饥，略阳、天水等六郡民流移就谷入汉川者数万家，道路有疾病穷乏者，特兄弟常营护振救之，由是得众心。流民至汉中，上书求寄食巴、蜀，朝议不许，遣侍御史李苾持节慰劳，且监察之，不令入剑阁。苾至汉中，受流民略，表言："流民十万馀口，非汉中一郡所能振赡；蜀有仓储，人复丰稔，宜令就食。"朝廷从之。由是散在梁、益，不可禁止。李特至剑阁，太息曰："刘禅有如此地，面缚于人，岂非庸才邪！"闻者异之。

张华、陈准以赵王、梁王，相继在关中，皆雍容骄贵，师老无功，乃荐孟观沉毅有文武材用，使讨齐万年。观身当矢石，大战十数，皆破之。

【译文】八年（戊午，公元298年）春季，三月，壬戌日（十九日），大赦天下。

秋季，九月，荆、豫、徐、扬、冀五州大水灾。

起初，张鲁在汉中，賨人李氏从巴西郡宕渠县前去投靠他。魏武帝攻取汉中，李氏带领五百多家依附于他，被授予将军职，迁到略阳北面，号称为巴氏。他的孙子李特、李庠、李流，都有才干和武功，擅长骑马射箭，个性任侠，州里人大多依附于他们。

等到齐万年反叛时，关中连年遭遇饥荒，略阳、天水六郡的民众，迁徙流离，到汉川谋求粮食的有几万家，路上随处可见生病穷困之人，李特兄弟时常照顾保护、救助赈济这些人，因而获得民众的爱戴。流亡的人民到达汉中，上书请求在巴、蜀寄居谋生，朝廷商讨后没有应允，派遣侍御史李苾秉持符节前去慰劳，并且监视他们，不让他们进入剑阁。李苾到了汉中，收受了流民的贿赂，上表说："流民十多万人，并非汉中一郡所能救济得了的，蜀郡有仓库储粮，人民又丰足富裕，应当下令让他们到那里谋食。"朝廷采纳了他的建议。因而流民分散居住在梁州、益州，无法禁止。李特到了剑阁，叹息着说："刘禅有这样的地方，竟然反绑双手，向人投降，难道不是平庸之人吗？"听见的人都感到非常吃惊。

张华、陈准因为赵王、梁王相继在关中，都气派华丽，尊贵骄横，军队困乏，没有战功；于是推荐沉着刚毅、有文武之才的孟观，下令让他讨伐齐万年。孟观亲自面对箭石，大战十数次，每战都能将敌兵击败。

资治通鉴卷第八十三　晋纪五

起屠维协洽，尽上章涒滩，凡二年。

【译文】 起己未（公元299年），止庚申（公元300年），共二年。

【题解】 本卷记录了惠帝元康九年至永康元年共两年间的全国大事：孟观平定关中氐族之乱，太子洗马江统建议将少数民族迁出境外，朝廷未接纳；贾后暴虐淫乱，裴𬱟图谋将其废黜，张华不从；赵俊等劝太子与张华合谋废贾后，二人不从；贾后唆使惠帝软禁太子；司马伦独揽朝政大权，图谋篡位，为做样子而引用了李重等人；司马允起兵讨伐司马伦，被灭，受牵连而死者达到数千人；益州刺史赵廞勾结李特等图谋割据巴蜀，控制了成都一带。

孝惠皇帝上之下

元康九年（己未，公元二九九年）春，正月，孟观大破氐众于中亭，获齐万年。

太子洗马陈留江统以为戎狄乱华，宜早绝其原，乃作《徙戎论》以警朝廷曰："夫夷、蛮、戎、狄，地在要荒，禹平九土而西戎即叙。其性气贪婪，凶悍不仁。四夷之中，戎、狄为甚，弱则畏服，强则侵叛。当其强也，以汉之高祖困于白登，孝文军于霸上；及其弱也，以元、成之微而单于入朝。此其已然之效也。是以有道之君牧夷、狄也，惟以待之有备，御之有常，虽稽颡执贽，而边城不弛固守，强暴为寇，而兵甲不加远征，期令境内获安，疆场不侵而已。

【译文】 元康九年（己未，公元299年）春季，正月，孟观在中亭大破氐人军众，将齐万年捕获。

太子洗马陈留人江统认为戎、狄扰乱中华，应当早日断绝祸源，于是写作《徙戎论》来告诫朝廷说："夷、蛮、戎、狄，地方在九州以外的要服、荒服地带，夏禹平定九州，因而西戎就安定了。他们天性贪婪，凶悍强暴，而无仁心。西夷之中，戎、狄最为厉害，衰弱就害怕降服，强盛就侵略叛逆。正当他们强盛之时，汉高祖在白登受困，孝文帝在霸上驻军。等到他们衰弱了，以元、成的衰微，单于却入朝觐见。这是过去事情的经验。因此有道的国君管理夷、狄，唯有防备齐全地等待他们，经常训练着防御他们，纵使他们拿着贽礼、叩头入贡，边境城池的防守也并不松懈；他们横暴进犯，军队也不远征，期望让国内获得安定，四境不受侵犯罢了。

及至周室失统，诸侯专征，封疆不固，而利害异心，戎、狄乘间，得入中国，或招诱安抚以为己用，自是四夷交侵，与中国错居。及秦始皇并天下，兵威旁达，攘胡走越，当是时，中国无复四夷也。

"汉建武中，马援领陇西太守，讨叛羌，徙其馀种于关中，居冯翊、河东空地。数岁之后，族类蕃息，既恃其肥强，且苦汉人侵之；永初之元，群羌叛乱，覆没将守，屠破城邑，邓骘败北，侵及河内。十年之中，夷、夏俱敝，任尚、马贤，仅乃克之。自此之后，馀烬不尽，小有际会，辄复侵叛，中世之寇，惟此为大。魏兴之初，与蜀分隔，疆场之戎，一彼一此。武帝徙武都氐于秦州，欲以弱寇强国，扞御蜀虏，此盖权宜之计，非万世之利也。今者当之，已受其敝矣。

【译文】"等到周朝丧失了统治权，诸侯可以专擅征讨，守备边疆非常不严密，各国利害不一样，无法一心，戎、狄趁此时机，能够侵犯中国，有的引诱安抚，变成自己的力量，自此之后，四面夷人交替侵犯，同中国民众混居一起。等到秦始皇一统天下，军事力量远及四方，排斥胡人，驱逐百越，在此时，中国就没有四夷的忧患了。

"汉朝建武年中，马援兼任陇西太守，讨伐反叛的羌人，将残余羌人迁徙到关中，在冯翊、河东荒凉之地居住。几年过后，他们人口繁衍生息，已经仗着自己的强盛，痛恨汉人侵犯他们了。永初元年，羌族群起造反，败没了将领守官，毁灭了城池，邓骘战败逃跑，侵犯到河内，十年之内夷、夏国国力一同疲败，任尚、马贤，只能压制他们而已。自此之后，残余势力没能灭尽，一旦有时机，就又入侵背叛，中世的敌人，就属这个最大。魏国兴起初期，同蜀国相互隔绝，边疆的戎人，有时向魏，有时向蜀。武帝将武都氐迁到秦州，想要削弱敌人，使国家强盛起来，抵抗蜀国敌国，这仅仅是一时变通的计谋，而非永久的利益。如今所遭遇的，已经蒙受到他们所导致的危害了。

"夫关中土沃物丰，帝王所居，未闻戎、狄宜在此土也。非我族类，其心必异。而因其衰敝，迁之畿服，士庶玩习，侮其轻弱，使其怨恨之气毒于骨髓；至于蕃育众盛，则坐生其心。以贪悍之性，挟愤怒之情，候隙乘便，辄为横逆；而居封域之内，无障塞之隔，掩不备之人，收散野之积，故能为祸滋蔓，暴害不测，此必然之势，已验之事也。当今之宜，宜及兵威方盛，众事未罢，徙冯翊、北地、新平、安定界内诸羌，著先零、罕开、析支之地，徙扶风、始平、京兆之氐，出还陇右，著阴平、武都之界，禀其道路之粮，令足自致，各附本种，反其旧土，使属国、抚夷就安集之。戎、晋不杂，并得其所，纵有猾夏之心，风尘之警，则绝远中国，隔阂山河，虽为寇暴，所害不广矣。

【译文】 "关中土壤肥沃，物产丰饶，是帝王居住之地，从未听过戎、狄适于生活在这块土地上。不是我们的同族，他们一定会生出异心。如果趁着他们衰弱之时，迁徙到畿内千里之地，士子百姓看不起他们，欺负他们的衰弱，使得他们怨毒愤恨，深入骨髓。到了蕃育强大起来了，就会凭空生出叛逆之心。以贪求强悍的天性，心怀愤怒，等待时机，趁着军事便利之时，就会做出反叛之事。况且在疆界的里边居住，没有要塞障碍的阻隔，攻取没有防备的百姓，收取散布在野外的财粮，因而会造成蔓延的战祸，仓促难料的灾害，这是必然的情势，已经得到验证了。如今所要做的，应当趁着军力正盛、军事尚未停下之时，将冯翊、北地、新平、安定界内各个羌族，迁徙到先零、罕开、析支等地居住；将扶风、始平、京兆的氐人迁出，返回陇右，在阴平、武都一带居住。给他们提供路途上所需的粮食，使他们各自能够到达，回到自己的种族，回到他们先前的土地，下令让属国都尉、抚夷护军就近安置聚集他们。戎、晋不混杂，使他们各得其所，即便再有扰乱华夏的心思，战争的警报，却因远离华夏，有山河隔开，即便进犯，造成的危害也不大了。

"难者曰：氐寇新平，关中饥疫，百姓悉苦，咸望宁息；而欲使疲悴之众，徙自猜之寇，恐势尽力屈，绪业不卒，前害未及弭而后变复横出矣。答曰：子以今者群氐为尚挟馀资，悔恶反善，怀我德惠而来柔附乎？将势穷道尽，智力俱困，惧我兵诛以至于此乎？曰：无有馀力，势穷道尽故也。然则我能制其短长之命而令其进退由己矣。夫乐其业者不易事，安其居者无迁志。方其自疑危惧，畏怖促遽，故可制以兵威，使之左右无违也。迨其死亡流散，离逖未鸠，与关中之人，户皆为仇，故可遐迁远处，令其心不怀土也。夫圣贤之谋事也，为之于未有，治之于未乱，道不著而平，德不显而成。其次则能转祸为福，因败为攻，值困必济，遇否能通。今子遭敝事之终而不图更制之始，爱易辙之勤而遵覆车之轨，何哉！且关中之人百馀万口，率其少多，戎、狄居半，处之与迁，必须口实。若有穷乏，糁粒不继者，故当倾关中之谷以全其生生之计，必无挤于沟壑而不为侵掠之害也。今我迁之，传食而至，附其种族，自使相赡，而秦地之人得其半谷，此为济行者以廪粮，遗居者以积仓，宽关中之逼，去盗贼之原，除旦夕之损，建终年之益。若惮暂举之小劳而忘永逸之弘策，惜日月之烦苦而遗累世之寇敌，非所谓能创业垂统，谋及子孙者也。

【译文】 "诘难的人说：'氐寇刚刚平定，关中还在闹饥荒和瘟疫，人民生活艰难，都渴望平静安宁，却想要差遣疲惫的人民，把心中猜疑的敌人迁徙走，只怕势力衰竭，事业不能达成，之前的灾害还没顾得上平定，后来的变乱又突然产生。'回答说："你觉得今天的羌族是依然拥有残余的财货，他们后悔作恶，恢复向善之心，感念我们的恩德，因而向我们归顺呢？或者是穷兵黩武，前途暗淡，才智武力都遭受艰难，害怕我们军队的追杀，因而才弄到今天这种地步呢？'说：'是因为没有更多的力量，穷兵黩武，前途暗淡的原因。''那么我们就可以控制他们，而且也可以自由命令他们进退了。'喜欢自己事业之人，不会变易自己所从事的事业；安适于自己居室之人，不会有迁移到别地的心思。正当他们猜疑畏惧，急迫心凉之时，可以使用武力制服他们，无论差遣他们到哪里他们都不会违抗命令。等到他们死亡流散，远离故土，没有聚集，和关中人民家家户户成为仇敌之时，就可以让他们迁徙到远方，使其心中不再怀念故土。圣贤谋划事情，要在事情尚未发生之前，提前计划；在变乱尚未产生之前，提前治理。大道不显露，却能将天下平定；德业不显耀，却能成就一番事业。次一等之人能转变祸患，成为福祥；凭借失败，铸就功业；遇到困难，定能通达；遭遇否塞，能得亨通。如今你所遭遇到失败的结果，却不另寻一个好的开端；吝惜更换车迹的苦辛，却还要走覆车的车迹，这是为什么呢？而且关中有一百多万人口，大概计算，戎、狄占了一半，居住和迁徙，都必须要口粮。假如在粮食匮乏，无法持续供应之时，一定要倾尽关中的谷粮来保全他们的性命，他们肯定不愿意在山壑之中困死，也不造成侵掠的伤害。现在我们迁徙他们，所到之处，都供给粮食，使他们依附自己的民族，相互照顾。秦地的人民，得到了一半他们的谷粮，这就是把粮食接济远行之人，把仓储留给居住之人；宽解关中的紧迫局势，铲除盗贼的根源；避免不测的损失，建立长久的利益。假如畏惧短暂兴起的小小辛苦，却遗亡永久安逸的伟大政策；吝惜一日一月的辛劳，却留下长久的祸患，就不是所谓的建功立业、垂留统绪，为子孙后代作打算了。

"并州之胡，本实匈奴桀恶之寇也，建安中，使右贤王去卑诱质呼厨泉，听其部落散居六郡。咸熙之际，以一部太强，分为三率，泰始之初，又增为四；于是刘猛内叛，连结外虏，近者郝散之变，发于穀远。今五部之众，户至数万，人口之盛，过于西戎；其天性骁勇，弓马便利，倍于氐、羌。若有不虞风尘之虑，则并州之域可为寒心。

"正始中，毌丘俭讨句骊，徙其馀种于荥阳。始徙之时，户落百数；子孙孳息，今以千计；数世之后，必至殷炽。今百姓失职，犹或亡叛，犬马肥充，则有噬啮，况于夷、狄，能不为变！但顾其微弱，势力不逮耳。

【译文】 "并州的胡人，原本是匈奴惨无人道的贼寇，建安年中，右贤王去卑受命，引诱呼厨泉作为人质，听命于呼厨泉的部落散居六郡中。成熙之时，由于一个部落太强大，因此分为三帅，泰始初年，又增加为四帅。于是刘猛在境内造反，勾结塞外的夷虏。最近郝散的变乱，是在穀远爆发的。现今五部的百姓，增加到了好几万户，人口的数量，超过了西戎；他们生性勇敢体格强壮，骑马射箭甚是敏捷，又胜于氐、羌。假如有不可预料的战事忧虑，那么并州地区应该得担忧了。

"正始年中，毌丘俭征讨句骊，把残余的部落迁移到荥阳。迁移之时，只有一百多户，子孙繁衍，现在要以千数了。再等几代之后，一定会发展到繁盛的地步。如今百姓失去土地，尚且有逃亡背叛的，狗肥马壮，就会反咬人，更何况是夷、狄，他们会不发生叛乱吗？只是顾虑到他们力量薄弱，势力赶不上罢了。

"夫为邦者，忧不在寡而在不安，以四海之广，士民之富，岂须夷虏在内然后取足哉！此等皆可申谕发遣，还其本域，慰彼羁旅怀土之思，释我华夏纤介之忧，惠此中国，以绥四方，德施永世，于计为长也！"朝廷不能用。

散骑常侍贾谧侍讲东宫，对太子倨傲，成都王颖见而叱之；谧怒，言于贾后，出颖为平北将军，镇邺。征梁王肜为大将军、录尚书事；以河间王颙为镇西将军，镇关中。初，武帝作石函之制，非至亲不得镇关中；颙轻财爱士，朝廷以为贤，故用之。

【译文】"统治国家之人，他所担心的不是人少与否而在于国家是否安定，凭着四海的广大，百姓的富裕，哪里有必要将夷虏计算在内以后才算充足呢！这些人都可以告诫他们，将他们遣送出去，回到他们原本的地区，安慰他们羁旅异乡、思念家乡的心情，解除我们华夏小小的顾虑，'爱护我们中国，使得四方安定。'功德能够永久垂留，这个计策是最长远的了！"朝廷不肯采纳。

散骑常侍贾谧侍讲东宫，以傲慢的态度对待太子，成都王司马颖见了，责备他。贾谧大怒，告诉了贾后，贾后将司马颖派出京去担任平北将军，守卫邺郡。征召梁王司马肜担任大将军、录尚书事；任命河间王司马颙担任镇西将军，守卫关中。起初，晋武帝创立石函的规定，不是最亲近之人，则不能戍守关中。司马颙轻财货、爱贤士，朝廷认为他贤能，因此任用他。

夏，六月，高密文献王泰薨。

贾后淫虐日甚，私于太医令程据等；又以簏箱载道上年少入宫，复恐其漏泄，往往杀之。贾模恐祸及己，甚忧之。裴頠与模及张华议废后，更立谢淑妃。模、华皆曰："主上自无废黜之意，而吾等专行之，倘上心不以为然，将若之何！且诸王方强，朋党各异，恐一旦祸起，身死国危，无益社稷。"頠曰："诚如公言。然中宫逞其昏虐，乱可立待也。"华曰："卿二人于中宫皆亲戚，言或见信，宜数为陈祸福之戒，庶无大悖，则天下尚未至于乱，吾曹得以估游卒岁而已。"頠旦夕说其从母广城君，令戒谕贾后以亲厚太子，贾模亦数为后言祸福；后不能用，反以模为毁己而疏之；模不得志，忧愤而卒。

【译文】夏季，六月，高密文献王司马泰辞世。

贾后荒淫暴虐日益严重，私通太医令程据等人；又用木箱竹筐装载在路上遇到的年轻人入宫，因为害怕他们将此事泄露出去，往往将他们杀掉。贾模恐怕自己会受祸事牵连，十分忧愁。裴頠和贾模与张华商议，要废掉皇后，另立谢淑妃为后。贾模、张华都说："君主自己都还没有废置的心思，仅仅是我们一意孤行，假如皇上心中认为不对的话，那该怎么办？而且各王正当强大之时，朋党各不相同，恐怕一旦事情不成，招来祸患，假若我们死了，国家也就陷入危险之中了，这对江山社稷并无益处。"裴頠说："确实如你们所说。宫中显露出昏暗暴虐，乱事是会马上发生的。"张华说："你们二人都是皇后的亲戚，如果进言的话，或许会被采纳，应当多次向她讲述祸福的警告，希望不会做出太过违背常理之事，那么天下就不至于变乱，我们这些人也就可以得享终年了。"裴頠日夜劝说他的姨母广城君，要她提醒贾后，多多亲近太子。贾模也多次在皇后面前谈论祸福之事；皇后不仅不采纳，反而认为贾模是在诽谤自己，因此远离他。贾模不得志，在忧愁怨愤中去世了。

秋，八月，以裴頠为尚书仆射。頠虽贾后亲属，然雅望素隆，四海唯恐其不居权位，寻诏頠专任门下事，頠上表固辞，以"贾模适亡，复以臣代之，崇外戚之望，彰偏私之举，为圣朝累。"不听。或谓頠曰："君可以言，当尽言于中宫；言而不从，当远引而去。倘二者不立，虽有十表，难以免矣。"頠慨然久之，竟不能从。

帝为人戆騃，尝在华林园闻虾蟆，谓左右曰："此鸣者，为官乎，为私乎？"时天下荒馑，百姓饿死，帝闻之，曰："何不食肉糜？"由是权在群下，政出多门，势位之家，更相荐托，有如互市。贾、郭恣横，货赂公行。南阳鲁褒作《钱神论》以讥之曰："钱之为体，有乾坤之象，亲之如兄，字曰孔方。无德而尊，无势而热，排金门，入紫闼，危可使安，死可使活，贵可使贱，生可使杀。是故忿争非钱不胜，幽滞非钱不拔，怨仇非钱不解，令闻非钱不发。洛中朱衣、当涂之士，爱我家兄，皆无已已，执我之手，抱我终始。凡今之人，惟钱而已！"

【译文】秋季，八月，朝廷任命裴頠担任尚书仆射。裴頠尽管是贾后的亲戚，然而高雅的名望非常大，天下人唯恐他不能手握大权身居高位。不久，晋惠帝司马衷下诏令裴頠独自担任门下事，裴頠上表坚决推辞，认为："贾模刚刚身死，又让臣下取代他，不仅提高了外戚的声望，而且呈现出了偏私的举动，这样做会牵累朝廷的圣明。"晋惠帝司马衷没有采纳。有人对裴頠说："先生如若可以进言，就应竭力向皇后细说；进言要是皇后不听从，就应当远离。假如这两样都没有实效，尽管有十个旌表，也很难躲避灾祸了。"裴頠感叹了很长时间，居然不能听从。

晋惠帝司马衷的为人，愚笨呆痴，曾经有一天在华林园听到蛤蟆叫，便对左右说："这个鸣叫的，是为官府，还是为私人呢？"当时正值天下饥荒，百姓饿死，晋惠帝司马衷听后，说："为什么不吃肉粥呢？"因为大权掌握在臣下的手上，发布政令的衙门很多，互相荐举，好像市场上的相互交易。贾谧、郭槐肆意放纵，公开使用财货进行贿赂。南阳人鲁褒作《钱神论》来讽刺他们，说："钱的外形，有乾、坤的形象，爱它就好像爱兄长一样，字号叫孔方。毫无品德，却地位高贵；虽无权势，却炙手可热；若推开金门，进入王宫，可使危险转为平安，可使死亡转而复生，可使高贵转为卑贱，可使能生转而能死。因此愤怒争夺，没有钱便不能获胜；隐沦而未被擢用之士，没有钱便无法提拔；结仇怨恨，没有钱便不能化解；美好名声，没有钱便不能传播。洛中的诸侯，当权的人士，爱我就如家兄一般，没有停止之时；握着我的手，心怀着我从开始到结束。但凡现今之人，只晓得钱财而已。"

【乾隆御批】张华优游卒岁之语，一生学问扫地。伦、秀之祸及自取耳。

【译文】张华闲暇自得度过一生的话，便使一生的学问扫地。司马伦、孙秀的祸患是张华自己招致的。

【申涵煜评】襄立《钱神论》，钱安有神合，与昌黎《穷鬼》对称。汉魏多用品金食货，至唐乃算缗钱。后世凡财贿之属，皆统名之曰"钱"。太公立九府时不料其流毒至此。

【译文】鲁褒立著《钱神论》，怎么会有钱神呢？正好与昌黎所著的《穷鬼》相对。汉魏时期国家货币多是用金子，唐朝时才用缗钱。后来凡是用来贿赂的货币，都统一叫"钱"。周太公立九府圜法时，没有想到竟然流毒后世到这种地步。

又，朝臣务以苛察相高，每有疑议，群下各立私意，刑法不壹，狱讼繁滋。裴頠上表曰："先王刑赏相称，轻重无二，故下听有常，群吏安业。去元康四年大风，庙阙屋瓦有数枚倾落，免太常荀寓；事轻责重，有违常典。五年二月有大风，兰台主者惩惧前事，求索阿栋之间，得瓦小邪十五处，遂禁止太常，复兴刑狱。今年八月，陵上荆一枝围七寸二分者被斫；司徒、太常奔走道路，虽知事小，而按劾难测，骚扰驱驰，各竞免负，于今太常禁止未解。夫刑书之文有限而舛违之故无方，故有临时议处之制，诚不能皆得循常也。至于此等，皆为过当，恐奸吏因缘，得为浅深也。"既而曲议犹不止，三公尚书刘颂复上疏曰："自近世以来，法渐多门，令甚不一，吏不知所守，下不知所避，奸伪者因以售其情，居上者难以检其下，事同议异，狱犴不平。夫君臣之分，各有所司。法欲必奉，故令主者守文；理有穷塞，故使大臣释滞；事有时宜，故人主权断。主者守文，若释之执犯跸之平也；大臣释滞，若公孙弘断郭解之狱也；人主权断，若汉祖戮丁公之为也。天下万事，自非此类，不得出意妄议，皆以律令从事；然后法信于下，人听不惑，吏不容奸，可以言政矣。"乃下诏："郎、令史复出法驳案者，随事以闻。"然亦不能革也。

【译文】还有，朝中大臣专门拿严苛细察相互推崇，一旦有了疑难问题，臣下们各自拿出自己的见解，刑法不一，以致产生了繁多的讼案。裴頠呈上表章说："先王制定刑罚奖赏，相互配称，使轻重一致，因而臣下裁决事理，可以取得统一，官吏们安心从事。之前元康四年刮大风，因为庙堂屋顶有几片瓦掉落下来，就罢免了太常荀寓的官职。事情轻，责罚却重，这违背了一般法典。元康五年二月又刮大风，兰台的主事恐怕会发生之前受惩罚之事，在屋顶各个角落，找到稍微歪斜的十五处地方，于是将太常囚禁，再兴讼案。今年八月，陵墓上一棵荆树，树围七寸二分，被砍掉，司徒、太常在道路上奔波，他们尽管知道这件事情很小，然而如果查验弹劾起来，结果就难以预测了。骚扰奔波，都各自争先恐后地躲避罪责，到了今天，太常禁止令依然没有被解除。刑书的条文是有限制的，违背的原因却无人知晓，因此临时议定处分的制度，实在是无法都遵照一般法典。要说到这些讼案，都是处置过当的，恐怕奸私官员会借此机会，做出轻重不同的判决。"过后，曲解法令的讨论，仍然没有停止，三公尚书刘颂又上奏说："打近代以来，颁布法治的衙门多，法令不一，官吏不知该执行哪一种，臣下不知该如何规避，奸私作伪的官员却因此能够徇私枉法，身居上位的不易管束下属，事情即使相同，议刑却不一样，因而处理刑狱讼案不公平。君主、臣子的职分，各自管理方法不同。如果一定想要奉行法令，就必须下令让主事之人固守条文；法理如果有无法通畅之时，就必须下令让大臣解释疑难；要使事情能够因时制宜，就必须君主权宜裁决。主事之人固守条文，比如张释之执行有人冒犯天子行道的公平；大臣解释疑难，比如公孙弘判决郭解的刑案；君主权宜裁决，比如汉高祖杀戮丁公的行为。天下万事，假如不是这一类事情的话，不能由私人随便议论，全部都得依照法令办事。之后臣下才会信赖法律，人们听了才不会感到疑惑，不容官吏行私，便可以称得上处理政刑了。"于是朝廷下诏："郎、令史再遇到超出法条、需要驳议的案件，要按照实情奏闻。"但是也不能革除随意议处的弊端。

颂迁吏部尚书，建九班之制，欲令百官居职希迁，考课能否，明其赏罚。贾、郭用权，仕者欲速，事竟不行。

裴𫖮荐平阳韦忠于张华，华辟之，忠辞疾不起。人问其故，忠曰："张茂先华而不实，裴逸民欲而无厌，弃典礼而附贼后，此岂大丈夫之所为哉！逸民每有心托我，我常恐其溺于深渊而馀波及我，况可褰裳而就之哉！"

关内侯燉煌索靖，知天下将乱，指洛阳宫门铜驼叹曰："会见汝在荆棘中耳！"

【译文】 刘颂升任吏部尚书，设立九班制度，目的是使百官居守职位，求得升迁，考核官员有无才能，修明赏罚。而贾谧、郭槐当权，那些为官之人都想很快升官，设立之事居然不能执行。

裴頠向张华荐举平阳人韦忠，张华召见他，韦忠称自己病重推辞不去。有人探问缘故，韦忠说："张茂先华而不实，裴逸民贪得无厌，抛却礼法，却依附于贼后，这哪里是大丈夫应有的作为呢！ 逸民每次有心委付我政事，但我常怕他沉溺深渊不可自拔，甚至会牵连到我，难道我还能撩起衣服而侍奉他吗？"

关内侯敦煌人索靖，知道天下即将大乱，指着洛阳宫门的铜骆驼叹息道："将会在荆棘荒草中见到你了！"

冬，十一月，甲子朔，日有食之。

初，广城君郭槐，以贾后无子，常劝后使慈爱太子。贾谧骄纵，数无礼于太子，广城君恒切责之。广城君欲以韩寿女为太子妃，太子亦欲婚韩氏以自固；寿妻贾午及后皆不听，而为太子聘王衍少女。太子闻衍长女美，而后为贾谧聘之，心不能平，颇以为言。及广城君病，临终，执后手，令尽心于太子，言甚切至。又曰："赵粲、贾午，必乱汝家事；我死后，勿复听入。深记吾言。"后不从，更与粲、午谋害太子。

【译文】 冬季，十一月，甲子朔日（初一），出现日食。

起初，广城君郭槐，因为贾后没有诞下子嗣，经常劝说贾后要对太子爱护有加。贾谧骄横，多次对太子无礼，广城君经常狠狠责怪他。广城君想让韩寿的女儿当上太子妃，太子也想同韩氏结成姻亲以巩固自己的地位，韩寿的妻子贾午和贾后都不同意，竟然为太子聘定了王衍的小女儿。太子听闻王衍的长女生得美丽，然而贾后却已替贾谧聘定了，心中不平，时常把此事挂在口上。等到广城君病了，临死之时，握着贾后的手，要她尽心竭力厚待太子，言辞十分恳切，又说："赵粲、贾午一定会搅乱你家中事，我死以后，莫要再听他们两人所说的话了，你要将我的话牢牢记在心里！"贾后不仅不听，而且变本加厉地和赵粲、贾午谋害太子。

太子幼有令名，及长，不好学，惟与左右嬉戏。贾后复使黄门辈诱之为奢靡威虐，由是名誉浸减，骄慢益彰。或废朝侍而纵游逸，于宫中为市，使人屠酤，手揣斤两，轻重不差。其母，本屠家女也，故太子好之。东宫月俸钱五十万，太子常探取二月，用之犹不足。又令西园卖葵菜、蓝子、鸡、面等物而收其利。又好阴阳小数，多所拘忌。洗马江统上书陈五事："一曰虽有微苦，宜力疾朝侍。二曰宜勤见保傅，咨谇善道。三曰画室之功，可且减省，后园刻镂杂作，一皆罢遣。四曰西园卖葵、蓝之属，亏败国体，贬损令闻。五曰缮墙正瓦，不必拘挛小忌。"太子皆不从。中舍人杜锡，恐太子不得安其位，每尽忠谏，劝太子修德业，保令名，言辞恳切。太子患之，置针著锡常所坐毡中，刺之流血，锡，预之子也。

【译文】太子年幼之时就享有很好的名望，等到年长时，却不好求学，只是和左右的侍臣游戏。贾后又下令让黄门宦官这一类人去引诱他，专门做那些奢侈暴虐之事，因此声望逐渐减退，傲慢的态度也日益明显。时常荒废了朝中陪侍，放纵游乐，在宫中摆设市集，命令人切肉卖酒，用手提着度量斤两，轻重没有偏差。他的母亲原本是屠夫家中的女儿，因而太子喜欢这种事。东宫每月的月俸是五十万钱，太子经常预取两个月的月俸，然而这还不够他用。又下令让西园出卖葵菜、篮子、鸡、面等物品，来敛取财利。太子又喜欢阴阳家的小把戏，有许多的禁忌。洗马江统上书，条陈五件事："一是尽管有些小病，还是应当勉力带病至朝中陪侍皇上；二是应当多多接见太保太傅，询问治国良策；三是图画房屋的事，应该减少一些，后园中雕刻的各种工事，全部停止；四是西园卖葵菜、篮子之类的事，毁坏国家体制，有损良好的声誉；五是重整墙壁、修正屋瓦，不必拘束于小的禁忌。"太子一概不听。中舍人杜锡，害怕太子不能稳固地位，每每进尽忠言，劝说太子培养德行，保持良好的名声，言辞恳切。太子非常讨厌他，在杜锡常坐的毛毡之中安置尖针，刺得他流血。杜锡，是杜预的儿子。

太子性刚，知贾谧恃中宫骄贵，不能假借之。谧时为侍中，至东宫，或舍之，于后庭游戏。詹事裴权谏曰："谧，后所亲昵，一旦交构，则事危矣。"不从。谧谮太子于后曰："太子多畜私财以结小人者，为贾氏故也。若宫车晏驾，彼居大位，依杨氏故事，诛臣等，废后于金墉，如反手耳。不如早图之，更立慈顺者，可以自安。"后纳其言，乃宣扬太子之短，布于远近。又诈为有娠，内藁物、产具，取妹夫韩寿子慰祖养之，欲以代太子。

于时朝野咸知贾后有害太子之意，中护军赵俊请太子废后，太子不听。左卫率东平刘卞，以贾后之谋问张华，华曰："不闻。"卞曰："卞自须昌小吏，受公成拔以至今日。士感知己，是以尽言，而公更有疑于卞邪！"华曰："假令有此，君欲如何？"卞曰："东宫俊乂如林，四率精兵万人；公居阿衡之任，若得公命，皇太子因朝入录尚书事，废贾后于金墉城，两黄门力耳。"华曰："今天子当阳，太子，人子也，吾又不受阿衡之命，忽相与行此，是无君父而以不孝示天下也。虽能有成，犹不免罪，况权戚满朝，威柄不一，成可必乎?"贾后常使亲党微服听察于外，颇闻卞言，乃迁卞为雍州刺史；卞知言泄，饮药而死。

【译文】太子天性刚强，知晓贾谧仗着贾后的骄纵尊贵，不能容忍他。贾谧担任侍中时，到了东宫，太子有时对他不理睬，自己到后庭玩乐。詹事裴权进谏说："贾谧是贾后亲近之人，一旦结怨，事情就危险了。"太子不肯听从。贾谧在贾后面前诬陷太子说："太子积存了许多私人财物，来交结小人，是为了贾氏。假如天子死了，他登上皇帝之位，按照杨氏的老例，诛杀臣下等人，将贾后废除贬到金墉城，是易如反掌的事。不如及早策划，另立一个仁慈孝顺之人，这样就可以保得自己平安。"贾后采纳了他的话，于是宣扬太子的缺点和短处，使远近之人都知道；又假装有了身孕，塞进些藁草，又准备些生产器物，取妹夫韩寿的儿子慰祖，养育他，想要用他来代替太子之位。

于是朝野都知道了贾后有谋害太子的心思。中护军赵俊恳请太子废了贾后，太子不听。左卫率东平人刘卞，拿贾后的主意问张华，张华说："从未听过。"刘卞说："我原本是须昌的小官吏，蒙受公侯的恩泽提拔，直至今天。士子因为感谢知己，因此才敢全部说出，可是公侯还对我抱有怀疑吗？"张华说："一旦有这种事，你准备怎么办？"刘卞说："东宫门下人才如林，四个卫率握有精兵一万；公侯负有阿衡的责任，假如获得公侯的命令，皇太子凭借上朝入宫录尚书事，将贾后废置到金墉城，只要两个黄门宦官的力量罢了。"张华说："现在天子还在位，太子，是人子的地位，何况我还没有肩负起阿衡的职责，突然一同做出此等事情，这是目无君父的表现，并且明告天下不孝之举。何况满朝都是权贵的皇亲国戚，权威不能一致，一定能够成功吗？"

贾后经常派遣亲信，穿着普通衣衫，在外偷听、察探，听到一些刘卞的言论，于是迁调刘卞担任雍州刺史。当刘卞知道自己的言语已经泄露出去，便喝下毒药死了。

十二月，太子长子遹病，太子为遹求王爵，不许。遹疾笃，太子为之祷祀求福。贾后闻之，乃诈称帝不豫，召太子入朝。既至，后不见，置于别室，遣婢陈舞以帝命赐太子酒三升，使尽饮之。太子辞以不能饮三升，舞逼之曰："不孝邪！天赐汝酒而不饮，酒中有恶物邪？"太子不得已，强饮至尽，遂大醉。后使黄门侍朗潘岳作书草，令小婢承福，以纸笔及草，因太子醉，称诏使书之，文曰："陛下宜自了，不自了，吾当入了之。中宫又宜速自了，不自了，吾当手了之。并与谢妃共要，刻期两发，勿疑犹豫，以致后患。茹毛饮血于三辰之下，皇天许当扫除患害，立道文为王，蒋氏为内主。愿成，当三牲祠北君。"太子醉迷不觉，遂依而写之。其字半不成，后补成之，以呈帝。

【译文】 十二月，太子长子司马遹患病，太子替司马遹请求晋惠帝司马衷授予王爵，晋惠帝司马衷不答应。司马遹病重，太子为他祈福。贾后听说了，于是骗太子说晋惠帝司马衷患病，召请太子入宫朝见。太子到了之后，贾后不接见，却将他安置在另外一个宫室中，派遣宫女陈舞假借皇帝之命，赐给太子三升酒，命他完全喝下。太子推辞，三升喝不完，然而陈舞胁迫他说："你难道想不孝吗？天子赐酒给你，你却不喝，难道是酒中有污秽之物吗？"太子逼不得已，勉强喝完三升，于是大醉。之后贾后便命黄门侍郎潘岳写好书稿，命令小婢女承福，拿着纸、笔和草稿，趁着太子喝酒醉，假借晋惠帝司马衷诏命，命令他抄写，文中说："陛下应当自行了断，如若不自行了断，我就入宫了断他；皇后也应当赶快自行了断，如果不自行了断，我就亲手了断她。并且和谢妃一同约定日期，两边发动，不能再迟疑了，以免招来后患。歃血为盟在日、月、星三辰之下，皇天应允要扫除患害，立道文为王，蒋氏为皇后。如若愿望达成，会以三牲祭祀北君。"太子酒醉脑子不清醒，没有知觉，便照着誊写。其中有一半的字没有写成，由皇后补写完成，呈献给晋惠帝司马衷。

壬戌，帝幸式乾殿，召公卿入，使黄门令董猛以太子书及青纸诏示之曰："遹书如此，今赐死。"遍示诸公王，莫有言者。张华曰："此国之大祸，自古以来，常因废黜正嫡以致丧乱。且国家有天下日浅，愿陛下详之！"裴𬱟以为宜先检校传书者，又请比较太子手书，不然，恐有诈妄。贾后乃出太子启事十馀纸，众人比视，亦无敢言非者。贾后使董猛矫以长广公主辞白帝曰："事宜速决，而群臣各不同，其不从诏者，宜以军法从事。"议至日西，不决。后见华等意坚，惧事变，乃表免太子为庶人。诏许之。于是，使尚书和郁等持节诣东宫，废太子为庶人。太子改服出，再拜受诏，步出承华门，乘粗犊车，车武公澹以兵仗送太子及妃王氏、三子虨、臧、尚同幽于金墉城。王衍自表离婚，许之，妃恸哭而归。杀太子母谢淑媛及虨母保林蒋俊。

【译文】壬戌日（三十日），晋惠帝司马衷驾临式乾殿，召公卿进宫，命令黄门令董猛将太子所写的书信和青纸诏书拿给他们看，说："司马遹的信竟然写成这个样子，此刻赐死他。"传给所有的大臣和宗室诸王看，他们之中无人敢发话，张华说："赐死太子是国家的大祸事，从古至今，常常因为废除嫡嗣，而招来丧亡祸乱。并且国家拥有天下的时间尚短，请陛下详细考虑！"裴𬱟以为应当先查明传递书信之人，又恳请将太子的亲笔书信比对，否则的话，恐怕有欺诈之事。于是贾后拿出十多张太子的启事，众人做了比较，无人敢说不是。贾后命令董猛假借长广公主的言辞禀告晋惠帝司马衷说："事情应当赶快作决定，大臣们各持己见，其中有不听从诏令的，应当依军法行事。"商讨到太阳下山，也没有做出决定。贾后看见张华等人心思坚定，害怕事情有变，于是她就上表请求免除太子的死罪，将他降为平民，晋惠帝司马衷下诏答应了。于是派遣尚书和郁等人，秉持符节，前往东宫，将太子废掉，降为平民。太子改穿平民的衣服出宫，拜受诏书，走出承华门，乘坐粗制牛车，东武公司马澹全副武装送太子和太子妃王氏、三个孩子虨、臧、尚，在金墉城一同幽禁了他们。王衍自己上表，恳请休了太子妃，晋惠帝司马衷答应了。太子妃痛哭着回去。杀了太子母亲谢淑媛和虨的母亲保林蒋俊。

【申涵煜评】遹幼能牵衣避火，长乃为屠沽卖菜之行，可见大器最忌早慧。况素无良师，传习成骄横气质，即使不废而死，亦断非克家子。

【译文】太子司马遹小的时候能够牵着晋武帝的衣角让他躲避火灾，长大后却做起了杀猪卖菜的事，由此可见大器也忌讳早成。况且一直没有好的老师，逐渐养成了骄横的性格，即使到死也没有废除他，也能断定他不是能继承祖业的子弟。

永康元年(庚申，公元三〇〇年)春，正月，癸亥朔，赦天下，改元。

西戎校尉司马阎缵舆棺诣阙上书，以为："汉戾太子称兵拒命，言者犹曰罪当笞耳。今遹受罪之日，不敢失道，犹为轻于戾太子。宜重选师傅，先加严诲，若不悛改，弃之未晚也。"书奏，不省。缵，圙之孙也。

贾后使黄门自首欲与太子为逆。诏以黄门首辞班示公卿，遣东武公澹以千兵防卫太子，幽于许昌宫，令持书御史刘振持节守之，诏宫臣不得辞送。洗马江统、潘滔、舍人王敦、杜蕤、鲁瑶等冒禁至伊水，拜辞涕泣。司隶校尉满奋收缚统筹送狱。其系河南狱者，乐广悉解遣之；系洛阳县狱者，犹未释。都官从事孙琰说贾谧曰："所以废徙太子，以其为恶故耳。今宫臣冒罪拜辞，而加以重辟；流闻四方，乃更彰太子之德也，不如释之。"谧乃语洛阳令曹摅使释之；广亦不坐。敦，览之孙；摅，肇之孙也。太子至许，遗王妃书，自陈诬枉，妃父衍不敢以闻。

【译文】永康元年（庚申，公元300年）春季，正月，癸亥朔日（初一），晋惠帝司马衷大赦天下，改年号为永康。

西戎校尉、司马阎缵，抬着棺木前往宫门上书，认为："汉朝戾太子发兵抗拒武帝的命令，议论政事之人仍然认为应当受鞭笞的罪罢了。如今正在遍受刑之时，不能失了正道，他的罪过比起戾太子还是轻些。应慎重地为他挑选老师，先加以严格的教诲，假如他不改变的话，放弃他也不晚。"书奏上，晋惠帝司马衷不理会。阎缵，是阎圙的孙子。

贾后命令黄门宦官自首，谎说是他想要和太子一起谋逆。晋惠帝司马衷下诏把黄门宦官自首的言辞公布给公卿们看，派出东武公司马澹率领一千名士兵看守太子，并将他幽禁在许昌宫，命令持书御史刘振秉持符节看守他，晋惠帝司马衷诏令宫中官员不准为太子送行。洗马江统、潘滔、舍人王敦、杜蕤、鲁瑶等人违犯禁令送太子到伊水，哭泣着拜别。司隶校尉满奋收押了江统等人，把他们投到监狱中。囚禁于河南监狱之人，乐广将他们一概释放，遣送出去；囚禁于洛阳县监狱之人，还未获得释放。都官从事孙琰劝贾谧说："太子之所以被废，并被迁徙出去，是因为他作恶罢了；此时宫中官员冒着重罪，拜别太子，却对他们施加重刑，一旦天下得知这个消息，反而更彰显了太子的德行，倒不如放了他们。"贾谧这才通知洛阳令曹摅，释放他们。乐广也没有对太子处刑。王敦，是王览的孙子；曹摅，是曹肇的孙子。太子到了许昌宫，给王妃送信，说自己是被冤枉的，王妃的父亲王衍不敢奏闻。

丙子，皇孙彪卒。

三月，尉氏雨血，妖星见南方，太白昼见，中台星拆。张华少子韪劝华逊位，华不从，曰："天道幽远，不如静以待之。"

太子既废，众情愤怒。（有）〔右〕卫督司马雅、常从督许超，皆尝给事东宫，与殿中郎士猗等谋废贾后，复太子。以张华、裴頠安常保位，难与行权，右军将军赵王伦执兵柄，性贪冒，可假以济事。乃说孙秀曰："中宫凶妒无道，与贾谧等共诬废太子。今国无嫡嗣，社稷将危，大臣将起大事，而公名奉事中宫，与贾、郭亲善，太子之废，皆云豫知，一朝事起，祸必相及，何不先谋之乎！"秀许诺，言于伦，伦纳焉，遂告通事令史张林及省事张衡等，使为内应。

【译文】丙子日（十四日），皇孙司马彪死去。

三月，尉氏县降下血雨，妖星在南方出现，白天看见太白星，中台的两颗星分离。张华幼子张韪劝张华退位，张华没有听从，说："天道隐微深远，不如静默等待。"

太子被废之后，众人心中愤懑难消。右卫督司马雅、常从督许超，都曾经担任过东宫给事，他们与殿中中郎士猗等人，计划废除贾后，恢复太子地位。因为张华、裴頠为保全职位安于常态，所以与他们一同权宜举事；当时右军将军赵王司马伦握有兵权，天性贪财，可以凭借他来成事。于是劝孙秀说："皇后凶狠悍渎，与正道不合，还协同贾谧等人一起诬害废掉太子，如今国中没有嫡嗣，社稷面临危机，大臣即将发起大的行动，然而公侯官名是中宫奉事，与贾谧、郭槐亲近，太子被废一事，他们都事先知悉，一旦发动大事，祸事必然会牵连到你身上，为什么不事先早做筹划呢？"孙秀答应了，便向司马伦进言，司马伦接受了这个建议，于是告诉通事令史张林和省事张衡等人，要他们充当内应。

【乾隆御批】明足以察丰城剑气，而天变昭彰，为有目共见，华坐昧先几，以及于祸死，当愧其少子。然此时即去亦岂能终免哉？

【译文】张华的明智完全可以考察丰城剑气的由来，然而天象的变化那样显而易见，有目共睹，张华却视而不见事情的先兆，以至于祸败身死，应当愧对他的小儿子。然而这时即使辞官又怎能最后免除祸患呢？

事将起，孙秀言于伦曰："太子聪明刚猛，若还东宫，必不受制于人。明公素党于贾后，道路皆知之，今虽建大功于太子，太子谓公特逼于百姓之望，翻覆以免罪耳，虽含忍宿忿，必不能深德明公，若有瑕衅，犹不免诛。不若迁延缓期，贾后必害太子，然后废贾后，为太子报仇，岂徒免祸而已，乃更可以得志！"伦然之。

秀因使人行反间，言殿中人欲废皇后，迎太子。贾后数遣宫婢微服于民间听察，闻之甚惧。伦、秀因劝谧等早除太子以绝众望。癸未，贾后使太医令程据和毒药，矫诏使黄门孙虑至许昌毒太子。太子自废黜，恐被毒，常自煮食于前；虑以告刘振，振乃徙太子于小坊中，绝其食，宫人犹窃于墙上过食与之。虑逼太子以药，太子不肯服，虑以药杵椎杀之。有司请以庶人礼葬，贾后表请以广陵王礼葬之。

【译文】事情即将发动，孙秀向司马伦进言说："太子聪明刚强，假如返回东宫，必定不会受人控制。明公向来同贾后结为党羽，路人皆知。现在他们尽管在太子面前树立大功，太子以为公侯只是迫于人们的期望，才反过来协助太子，只是求得免除罪过罢了。尽管忍住了之前的愤怒，一定不会对明公感恩戴德，假如一有过失的话，仍免不了遭受诛杀。不如拖延一下时间，贾后一定会伤害太子，之后我们再举事将贾后废掉，为太子报仇。如此一来不仅免除了灾祸，更可以得偿志愿！"司马伦认为很对。

孙秀因而派人实行反间计，说是殿中人想要将皇后废掉，拥立太子。贾后经常派遣宫里的婢女穿上常人的衣衫到民间探听，贾后听到这些流言后十分害怕。司马伦、孙秀因而劝贾谧等人早日将太子除掉，从而断了众人的念想。癸未日（二十二日），贾后命令太医令程据配置毒药，假托皇上诏命，派出黄门孙虑赴许昌毒害太子。太子自从被废掉之后，因为害怕被毒害，经常让人在自己眼前烹煮食物。孙虑将此事告诉刘振，刘振于是把太子迁到小房之中，并将他的饮食断绝，宫人仍旧偷偷地从墙上递食物给他。孙虑威逼太子将毒药吃下，太子不肯，孙虑用药杵击杀了太子。官员恳请用庶人的礼仪埋葬他，贾后上表，恳请用广陵王的礼仪埋葬太子。

夏，四月，辛卯朔，日有食之。

赵王伦、孙秀将讨贾后，告右卫佽飞督闾和，和从之，期以癸巳丙夜一筹，以鼓声为应。癸巳，秀使司马雅告张华曰："赵王欲与公共匡社稷，为天下除害，使雅以告。"华拒之。雅怒曰："刃将加颈，犹为是言邪！"不顾而出。

【译文】 夏季，四月，辛卯朔日（初一），发生日食。

赵王司马伦、孙秀即将讨伐贾后，告诉右卫佽飞督闾和，闾和同意了，他们约定在癸巳日（初三）夜晚三更一点行事，以鼓声作为信号。癸巳日（初三），孙秀派遣司马雅对张华说："赵王要和公侯一起匡扶国家社稷，替天行道铲除祸害，派我来告知您。"张华拒绝了他。司马雅生气地说："刀将架在脖子上了，还讲出这样的话！"头也不回地走了出去。

及期，伦矫诏敕三部司马曰："中宫与贾谧等杀吾太子，今使车骑入废中宫，汝等皆当从命，事毕，赐爵关中侯，不从者诛三族。"众皆从之。又矫诏开门，夜入，陈兵道南，遣翊军校尉齐王冏将百人排閤而入，华林令骆休为内应，迎帝幸东堂，以诏召贾谧于殿前，将诛之。谧走入西钟下，呼曰："阿后救我！"就斩之。贾后见齐王冏，惊曰："卿何为来？"冏曰："有诏收后。"后曰："诏当从我出，何诏也！"后至上閤，遥呼帝曰："陛下有妇，使人废之，亦行自废矣。"是时，梁王肜亦预其谋，后问冏曰："起事者谁？"冏曰："梁、赵。"后曰："系狗当系颈，反系其尾，何得不然！"遂废后为庶人，幽之于建始殿。收赵粲、贾午等付暴室考竟。诏尚书收捕贾氏亲党，召中书监、侍中、黄门侍郎、八座皆夜入殿。尚书始疑诏有诈，郎师景露版奏请手诏，伦等斩之以徇。

【译文】 到了约定时刻，司马伦假托皇上诏命，命令三部司马说："皇后和贾谧等人谋害我们的太子，而今派出车骑将军进入宫中，把皇后废去，你们都要服从命令，事成之后，就赏赐你们关中侯的爵位，假如有不听从的，诛杀三族。"众人都听从他。又假托晋惠帝司马衷诏命打开大门，趁晚上进入，在御道的南面陈列军队，并派遣翊军校尉齐王司马冏带领一百人推开阁门进去，华林令骆休充当内应，迎接皇帝驾临东堂，用晋惠帝司马衷诏书召令贾谧到殿前，即将杀他。贾谧逃到西面钟楼下，叫喊着说："皇后救我！"随即就地被斩杀。贾后看到齐王冏，惊讶地说："你为什么来此？"司马冏说："有皇帝诏命让我逮捕皇后。"贾后说："诏书应该从我手中出去，你这是什么诏书？"贾后到了上阁，远远向晋惠帝司马衷叫着说："陛下有妻子，却被别人废掉了，就等于自己也即将被废了。"此时，参加了谋划的也有梁王司马肜，贾后问司马冏说："谋反的是谁？"司马冏说："梁王、赵王。"贾后说："捆狗应该捆住脖子，反倒捆住尾巴，怎么能不是这个样子！"于是将贾后废掉降为平民，幽禁在建始殿。又将赵粲、贾午等人收押，交付暴室，考问事情的究竟。又诏令尚书将贾氏亲近的党羽逮捕，召令中书监、侍中、黄门侍郎八座，全部夜晚进殿。尚书怀疑诏书是假，尚书郎师景便上书皇上，不加封口，奏请晋惠帝司马衷的亲手诏书，司马伦等杀了他宣示天下。

伦阴与秀谋篡位，欲先除朝望，且报宿怨，乃执张华、裴頠、解系、解结等于殿前。华谓张林曰："卿欲害忠臣邪？"林称诏诘之曰："卿为宰相，太子之废，不能死节，何也？"华曰："式乾之议，臣谏事具存，可覆按也。"林曰："谏而不从，何不去位？"华无以对。遂皆斩之，仍夷三族。解结女适裴氏，明日当嫁而祸起，裴氏欲认活之，女曰："家既若此，我何以活为！"亦坐死。朝廷由是议革旧制，女不从死。甲午，伦坐端门，遣尚书和郁持节送贾庶人于金墉；诛刘振、董猛、孙虑、程据等；司徒王戎及内外官坐张、裴亲党黜免者甚众。阎缵抚张华尸恸哭曰："早语君逊位而不肯，今果不免，命也！"

【译文】 司马伦和孙秀计划谋夺皇位，想要先把朝中有名望的大臣除去，并且报复之前曾结怨的人，就在殿前将张华、裴𫖮、解系、解结等人收押。张华对张林说："你想要残害忠臣吗？"张林伪称诏命问他："你身为宰相，太子被废，不能为他守节而死，是为什么？"张华说："式乾殿议事，臣下进谏的事都在，你可以再去考查。"张林说："进谏却没被采纳，为什么不辞职？"张华无言以对，于是都被杀掉，并夷灭三族。解结的女儿嫁给裴氏，第二天要出嫁，但祸事来临，裴氏想认下她，解救她，解结的女儿说："家庭已经成了这个样子，我为什么还要活在世上呢！"也被判处死罪。朝廷因此谈论改革旧制，不令女子跟随父母家犯罪而被判死刑。甲午日（初四），司马伦坐在端门，派遣尚书和郁秉持符节送贾庶人到金墉城，杀了刘振、董猛、孙虑、程据等人。司徒王戎和朝廷内外官员，张、裴的亲友党羽而被牵连免职的有许多人。阎缵抚着张华尸身痛哭道："我早就劝你退位你却不肯，今日果然逃脱不了祸患，这大概是天命吧！"

【申涵煜评】 华当贼后时，不能如狄梁公斡旋帝室，乃欲优游卒岁，天变不信，人言不恤，其子劝亦不听，卒以贪位致族。平日博洽何益？应是读死书者。

【译文】 张华当贼时，不能像狄梁公那样在皇帝那里周旋，还想要优哉游哉地活到死，不信天道变化，也不忧虑别人说的话，他的儿子也同样不听劝告，最终因为贪婪导致族灭。平日里知识渊博又有什么用，就是一个书呆子。

于是，赵王伦称诏赦天下，自为使持节、都督中外诸军事、相国、侍中，一依宣、文辅魏故事。置府兵万人，以其世子散骑常侍荂领冗从仆射，子馥为前将军，封济阳王；虔为黄门朗，封汝阴王；诩为散骑侍郎，封霸城侯。孙秀等皆封大郡，并据兵权，文武官封侯者数千人，百官总己以听于伦。伦素庸愚，复受制于孙秀。秀为中书令，威权振朝廷，天下皆事秀而无求于伦。

诏追复故太子遹位号，使尚书和郁帅东宫官属迎太子丧于许昌，追封遹子彪为南阳王，封彪弟臧为临淮王，尚为襄阳王。

有司奏："尚书令王衍备位大臣，太子被诬，志在苟免，请禁锢终身。"从之。

【译文】于是赵王司马伦伪称诏命，大赦天下，自己担任使持节、都督中外一切军务、相国、侍中，都按照宣、文辅助魏国的旧例，设置一万府兵。任命他的世子散骑常侍司马荂兼领冗从仆射；儿子司马馥担任前将军，封为济阳王；司马虔担任黄门郎，封为汝阴王；司马诩担任散骑侍郎，封为霸城侯。孙秀等人都封在大郡中，兼握兵权；文武官员有几千人封侯，百官总摄自己职事，听司马伦的调遣。司马伦向来平庸且愚蠢，又受着孙秀的控制。孙秀担任中书令，权威震动整个朝野，天下人都遵从孙秀一个人，不向司马伦上奏任何事。

晋惠帝司马衷追回已逝太子司马遹的地位、封号，命令尚书和郁带领东宫官员，到许昌迎接太子的棺木。还追封司马遹的儿子司马彪做南阳王；封司马彪的弟弟臧做临淮王、尚为襄阳王。

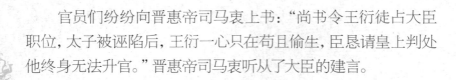

官员们纷纷向晋惠帝司马衷上书："尚书令王衍徒占大臣职位，太子被诬陷后，王衍一心只在苟且偷生，臣恳请皇上判处他终身无法升官。"晋惠帝司马衷听从了大臣的建言。

相国伦欲收入望，选用海内名德之士，以前平阳太守李重、荥阳太守荀组为左、右长史，东平王堪、沛国刘谟为左、右司马，尚书郎阳平束皙为记室，淮南王文学荀崧、殿中郎陆机为参军。组，勖之子；崧，彧之玄孙也。李重知伦有异志，辞疾不就，伦逼之不已，忧愤成疾，扶曳受拜，数日而卒。

丁酉，以梁王肜为太宰，左光禄大夫何劭为司徒，右光禄大夫刘寔为司空。

太子遹之废也，将立淮南王允为太弟，议者不合。会赵王伦废贾后，乃以允为骠骑将军、开府仪同三司，领中护军。

己亥，相国伦矫诏遣尚书刘弘赍金屑酒赐贾后死于金墉城。

五月，己巳，诏立临淮王臧为皇太孙，还妃王氏以母之；太子官属即转为太孙官属，相国伦行太孙太傅。

己卯，谥故太子曰愍怀；六月，壬寅，葬于显平陵。

【译文】相国司马伦想要收买人心，选拔海内外德高望重之人，并派前平阳太守李重、荥阳太守荀组分别担任左、右长史，东平人王堪、沛国人刘谟担任左、右司马，尚书郎阳平人束皙担任记室，淮南王文学荀崧、殿中郎陆机担任参军。荀组，是荀勖的儿子；荀崧，则是荀彧的玄孙。李重心知司马伦有反叛的心思，于是他推说有病，不去上任，司马伦不时地强迫他，最终使李重忧愁恼怒，身患重病，只好让人搀扶着接受任职，没多久李重就死了。

丁酉日（初七），晋惠帝司马衷下达命令派遣梁王司马肜担任太宰,左光禄大夫何劭担任司徒,右光禄大夫刘寔担任司空。

太子司马遹被废除后,晋惠帝司马衷想立淮南王司马允为皇太弟,议事的人认为这样不符合典制。正好赵王司马伦废除皇后,于是晋惠帝司马衷派司马允担任骠骑将军、开府仪同三司,兼任中护军。

己亥日(初九),相国司马伦假传晋惠帝司马衷诏令,派遣尚书刘弘,拿着金屑酒赐给贾后,贾后最终死在金墉城内。

五月,己巳日(初九),晋惠帝司马衷下令立临海王司马臧为皇太孙,同时接回嫔妃王氏,以自己母亲的地位赡养王氏;太子宫殿就转变成了太孙府邸,相国司马伦兼任太孙太傅。

己卯日(十九日),晋惠帝司马衷追加逝去太子谥号为愍怀;六月,壬寅日(十三日),将太子葬在显平陵。

清河康王遐薨。

中护军淮南王允,性沉毅,宿卫将士皆畏服之。允知相国伦及孙秀有异志,阴养死士,谋讨之;伦、秀深惮之。秋,八月,转允为太尉,外示优崇,实夺其兵权。允称疾不拜。秀遣御史刘机逼允,收其官属以下,劾以拒诏,大逆不敬。允视诏,乃秀手书也,大怒,收御史,将斩之,御史走免,斩其令史二人。厉色谓左右曰:"赵王欲破我家!"遂帅国兵及帐下七百人直出,大呼曰:"赵王反,我将讨之,从我者左袒。"于是归之者甚众。允将赴宫,尚书左丞王舆闭掖门,允不得入,遂围相府。允所将兵皆精锐,伦与战,屡败,死者千馀人。太子左率陈徽勒东宫兵鼓噪于内以应允。允结陈于承华门前,弓弩齐发,射伦,飞矢雨下。主书司马眭秘以身蔽伦,箭中其背而死。伦官属皆隐树而立,每树辄中数百箭，自辰至未，中书令陈淮，徽之兄也，欲应允，言于帝曰："宜遣白虎幡以解斗。"乃使司马督护伏胤将骑四百持幡从宫中出。侍中汝阴王虔在门下省，阴与胤誓曰："富贵当与卿共之。"胤乃怀空板出，诈言有诏助淮南王。允不之觉，开阵内之，下车受诏；胤因杀之，并杀允子秦王郁、汉王迪，坐允夷灭者数千人。曲赦洛阳。

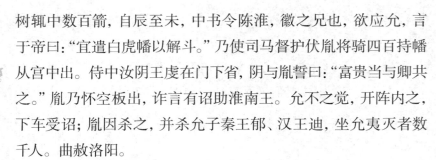

【译文】清河康王司马遐去世。

中护军淮南王司马允性格沉着稳定，值宿警卫将士都很敬重他。司马允知晓相国司马伦和孙秀有叛乱的意愿，就暗中训练敢死之士，要讨伐他们。司马伦、孙秀很害怕司马允。秋季，八月，孙秀加司马允的官职为太尉，在外表示很尊崇他，实际想夺去他的军权。司马允称病拒绝。孙秀就派遣御史刘机强迫司马允，逮捕他的下属，还诬陷司马允，说他拒绝诏命，大逆不道。司马允看完诏书，发现竟然是孙秀的字迹，一怒之下，收禁了御史，想要杀掉刘机，刘机逃跑，所以司马允就杀掉了孙秀的令史。司马允愤怒地对手下说："司马伦想要我们的国家灭亡！"于是司马允统率淮南国军队和中护军帐下士兵共七百人，径直冲出，他大声对部下说："司马伦造反，我要讨伐他，有谁愿意跟从我就露出左臂。"归附司马允的人很多。司马允就要奔向宫中时，尚书左丞王舆关闭宫门，司马允进不去，于是包围了丞相府。司马允带领的军队都是精兵强将，司马伦和他交战时，总是失败，死了一千多人。太子左率陈徽召集东宫军队，在宫中大声吵闹，想要接应司马允。司马允在承华门前召集军队，让士兵发箭射向司马伦，箭如雨下，主书司马眭秘用自己的身体挡住司马伦，背部中箭而死。司马伦的下属都隐藏在树后，每棵树都中了几百支箭，从辰时直到未时才结束。中书令陈淮，是陈徽的哥哥，他想接应司马允，便向晋惠帝司马衷进谏说："我军应发出白虎幡结束战斗。"于是晋惠帝司马衷命令督护伏胤统率四百人，拿着旗帜，从宫中出兵，侍中汝阴王司马虔在门下省，暗地和伏胤约好："假如我富贵了，就和你一起分享。"伏胤于是怀着假版出宫，欺骗司马允说有晋惠帝司马衷的诏命帮助淮南王。司马允没有警惕，就打开军阵接纳他，他下车接受诏书时，伏胤趁机杀掉了他，又杀了司马允的儿子秦王司马郁、汉王司马迪，凡跟随司马允犯法被杀的有几千人。又曲改法令大赦洛阳。

初，孙秀尝为小吏，事黄门郎潘岳，岳屡挞之。卫尉石崇之甥欧阳建素与相国伦有隙，崇有爱妾曰绿珠，孙秀便求之，崇不与。及淮南王允败，秀因称石崇、潘岳、欧阳建奉允为乱，收之。崇叹曰："奴辈利吾财尔！"收者曰："知财为祸，何不早散之？"崇不能答。初，潘岳母常消责岳曰："汝当知足，而乾没不已乎！"及败，岳谢母曰："负阿母。"遂与崇，建皆族诛，籍没崇家。相国伦收淮南王母弟吴王晏，欲杀之。光禄大夫傅祇争之于朝堂，众皆谏止伦，伦乃贬晏为宾徒县王。

齐王冏以功迁游击将军，冏意不满，有恨色。孙秀觉之，且惮其在内，乃出为平东将军，镇许昌。

【译文】起初，孙秀当过小官，他奉事黄门侍郎潘岳，潘岳经常打他。卫尉石崇的外甥欧阳建，向来和相国司马伦有仇。石崇有爱妾，名叫绿珠，孙秀想求取绿珠，石崇不给。等到淮南王司马允失败，孙秀就说石崇、潘岳、欧阳建和司马允是同伙，制造乱事，于是朝廷收捕了他们。石崇叹气道："这些奴才贪图我的财物啊！"收捕石崇的人说："既然你知晓财物会带来灾乱，为什么不早些散掉呢！"石崇答不上来。起初，潘岳的母亲总是责怪潘岳说："你应该满足，可你却不停地掠夺别人的财物！"等到潘岳被捕时，他向母亲忏悔说："我辜负了您的期望。"最后他和石崇、欧阳建都被诛杀全族，石崇的家产被没收。相国司马伦收捕司马允同母弟弟吴王司马晏，想要杀掉他。光禄大夫傅祇为司马晏辩护，大家也都劝阻，司马伦这才贬谪司马晏担任宾徒县王。

齐王司马冏因功升为游击将军，但心里还不满足，时常有埋怨的脸色。孙秀发现这个情况，心里害怕司马冏，就派司马冏离京担任平东将军，据守许昌。

【申涵煜评】世艳称岳板与河阳二事，不知其违母训为不孝，陷太子为不忠，后有举以况美者，当等于市朝之辱，勿为耳食所误。

【译文】世人都赞誉潘岳是河阳的昙花，却不知道他违背母亲的教训是不孝，陷害太子是不忠的行为。后世再有赞誉他的，就相当于在是集市上谈论耻辱的事情，不要被传言所迷误。

以光禄大夫陈准为太尉，录尚书事；未几，薨。

孙秀议加相国伦九锡，百官莫敢异议。吏部尚书刘颂曰："昔汉之锡魏，魏之锡晋，皆一时之用，非可通行。周勃、霍光，其功至大，皆不闻有九锡之命也。"张林积忿不已，以颂为张华之党，将杀之。孙秀曰："杀张、裴已伤时望，不可复杀颂。"林乃止。以颂为光禄大夫。遂下诏加伦九锡，复加其子荂抚军将军，虔中军将军，诩为侍中。又加孙秀侍中、辅国将军，相国司马、右率如故。张林等并居显要。增相府兵为二万人，与宿卫同，并所隐匿之兵，数逾三万。

【译文】 晋惠帝司马衷派光禄大夫陈准担任太尉，录尚书事。但没多久，陈准就去世了。

孙秀建言晋惠帝司马衷封相国司马伦九锡之命，众人不敢不同意。吏部尚书刘颂说："先前汉朝封赏魏国，魏国赏赐晋国，那都是一时的作用，现在并不可行。周勃、霍光，他们功劳甚大，都没被加封九锡之命。"张林怨恨刘颂将他看作是张华的同伙，想要杀掉他。孙秀说："我杀了张华、裴頠，这已经辜负了百姓对我的期望，无法再杀刘颂了。"张林这才作罢。孙秀派刘颂担任光禄大夫。晋惠帝司马衷下诏，加赐司马伦的九锡之命；又封授他的儿子司马荂为抚军将军，司马虔为中军将军，司马诩为侍中。还升孙秀为侍中、辅国将军、相国司马，照例统领右率。张林等人同时拥有显赫的地位。司马伦的士兵有两万人，和宿卫人数一样，加上隐瞒的军士，数目实际上有三万多人。

九月，改司徒为丞相，以梁王肜为之，肜固辞不受。

伦及诸子皆顽鄙无识，秀狡黠贪淫，所与共事者，皆邪佞之士，惟竞荣利，无深谋远略，志趣乖异，互相憎嫉。秀子会为射声校尉，形貌短陋，如奴仆之下者，秀使尚帝女河东公主。

冬，十一月，甲子，立皇后羊氏，赦天下。后，尚书郎泰山羊玄之之女也。外祖平南将军乐安孙旂，与孙秀善，故秀立之。拜玄之光禄大夫、特进、散骑常侍，封兴晋侯。

【译文】 九月，朝廷将司徒改为丞相，并派梁王司马肜担任，司马肜坚决推辞，不接受诏命。

司马伦和他的几个儿子，都顽固不堪，缺乏见识；孙秀诡计多端，贪婪淫乱，同他一起共事的，都是曲直不分的人，只知晓争权夺利，见识鄙薄，心中各有自己的算盘，彼此憎恶忌妒。孙秀的儿子孙会，是射声校尉，他外貌矮小丑陋，和奴仆没什么两样，孙秀却要他娶皇帝的女儿河东公主为妻。

冬季，十一月，甲子日（初七），晋惠帝司马衷立皇后羊氏，并大赦天下。羊氏，是尚书郎泰山人羊玄之的女儿。她的外祖父平南将军乐安人孙旂，和孙秀关系很好，所以孙秀立羊氏为皇后。并任命羊玄之担任光禄大夫、特进、散骑常侍，将他加封为兴晋侯。

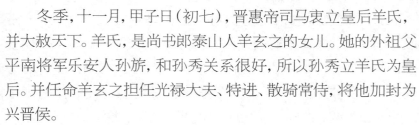

诏征益州刺史赵廞为大长秋，以成都内史中山耿滕为益州刺史。廞，贾后之姻亲也。闻征，甚惧，且以晋室衰乱，阴有据蜀之志，乃倾仓廪，赈流民，以收众心。以李特兄弟材武，其党类皆巴西人，与廞同郡，厚遇之，以为爪牙。特等凭恃廞势，专聚众为盗，蜀人患之。滕数密表："流民刚剽，蜀人懦弱，主不能制客，必为乱阶，宜使还本居。若留之险地，恐秦、雍之祸更移于梁、益矣。"廞闻而恶之。

【译文】朝廷派益州刺史赵廞做大长秋；派成都内史中山人耿滕担任益州刺史。赵廞是贾后的亲戚。他听到征召后，心里非常害怕，加上他因为晋室衰微，暗地里有占据蜀郡的意思。所以他打开粮仓，救济流民，以此来收买民心。由于李特兄弟英勇有才能，他的部属都是巴西人，和赵廞一个地方，赵廞就优待李特兄弟，将他们作为自己的党徒。李特依仗赵廞的权势，专门聚集流民，作为强盗，蜀郡人都将他们看作祸患。耿滕多次暗中向晋惠帝司马衷上表："流民仗势欺人，蜀人软弱，主人倒无法制伏客人，长此以来必定会发生灾乱，皇帝应该命令他们返回原地居住，假如继续留在险恶的地方，我担心秦、雍两地的灾祸又转移到梁、益了。"赵廞听后，非常厌恶耿滕。

州被诏书，遣文武千馀人迎滕。是时，成都治少城，益州治太城，廞犹在太城，未去。滕欲入州，功曹陈恂谏曰："今州、郡构怨日深，入城必有大祸，不如留少城以观其变，檄诸县合村保以备秦氏，陈西夷行至，且当待之。不然，退保犍为，西渡江源，以防非常。"滕不从。是日，帅众入州，廞遣兵逆之，战于西门，滕败死。郡吏皆审走，惟陈恂面缚诣廞请滕丧，廞义而许之。

【译文】 蜀地接到晋惠帝司马衷的诏书后，派遣文臣武将一千多人，去迎接耿滕。这时，成都的中心是少城，益州则是太城，赵廞仍旧在太城，并没有离开。耿滕想要来到州中治所，功曹陈恂向他进谏说："现在州、郡结怨一天比一天深，假如你来到城中，必定有大祸降临，不如暂且留在少城，观望形势，先让各县联合村保，以防范秦州氏族人；陈西夷将要上任，我们应该先等等他。否则就退守犍为，西渡到江原，以预防突发的祸患。"耿滕没有听从陈恂的话。当天，耿滕带领部队来到益州，赵廞派遣军队迎战，两军在西门交战，耿滕战败而死，郡中官员都逃跑了，唯有陈恂双手反绑，前去赵廞的地方，恳请发还耿滕的尸体。赵廞敬佩他的气节，就同意了。

廞又遣兵逆西夷校尉陈总。总至江阳，闻廞有异志，主簿蜀郡赵模曰："今州郡不协，必生大变，当速行赴之。府是兵要，助顺讨逆，谁敢动者！"总更缘道停留，比至南安鱼涪津，已遇廞军，模白总："散财募士以拒战，若克州军，则州可得；不克，顺流而退，必无害也。"总曰："赵益州忿耿侯，故杀之；与吾无嫌，何为如此！"模曰："今州起事，必当杀君以立威，虽不战，无益也。"

言至垂涕，总不听，众遂自溃。总逃草中，模著总服格战；廞兵杀模，见其非是，更搜求得总，杀之。

【译文】 赵廞又派军队与西夷校尉陈总交战。陈总到了江阳后，听到赵廞有反叛之心，主簿蜀郡人赵模说："如今州、郡不和，必定会发生灾乱，你应该赶快前去。西夷府是蜀郡军事重地，我们讨伐叛贼，谁敢轻举妄动！"陈总走走停停，刚到南安县鱼涪津，就遇到赵廞的军队，赵模告诉陈总："你应该分发财货，召集将士，来抵御交战，假如能击败州中军队，就能得到益州；即使失败，顺流退兵，也不会有损失。"陈总说："赵廞怨恨耿滕，才杀掉了他；他和我没有恩怨，为什么要这样对我？"赵模说："如今州中起事，他必定会杀你来树立军威，即便你不交战，也没有好处。"赵模潸然泪下，陈总还没有听从，部队所以自行溃散。陈总逃到草丛中，赵模换上陈总的衣服交战，赵廞军士杀了赵模，发现不是陈总，就到处寻找，找到陈总后，便杀了他。

廞自称大都督，大将军、益州牧，署置僚属，改易守令，王官被召，无敢不往。李庠帅妹婿李含、天水任回、上官昌、扶风李攀、始平费他、氐苻成、隗伯等四千骑归廞。廞以庠为威寇将军，封阳泉亭侯，委以心膂，使招合六郡壮勇至万馀人，以断北道。

【译文】 赵廞自称大都督、大将军、益州牧，设立僚属官署，更改郡守和县令。朝廷命官被召见的，没有人敢不去。李庠带领妹婿李含、天水人任回、上官昌、扶风人李攀、始平人费他、氐人苻成、隗伯等四千骑兵，投靠赵廞。赵廞让李庠担任威寇将军，封为阳泉亭侯，亲信的事都托付给李庠，命令他招集六郡勇士，招到一万多人后，以此来隔绝北方通道。

资治通鉴卷第八十四　晋纪六

起重光作噩，尽玄黓阉茂，凡二年。

【译文】 起辛酉（公元301年），止壬戌（公元302年），共二年。

【题解】 本卷记录了晋惠帝永宁元年至太安元年共两年间的全国大事：赵王司马伦逼晋惠帝让位，组建朝廷、大封党羽，排挤齐王司马冏等人；司马冏等起兵讨伐并大破司马伦军，朝内发动政变，逼司马伦退位，迎司马衷复辟；司马冏把持朝政大权，对上无礼对下傲慢，司马颖则深得民心；东莱王司马蕤与王舆谋废司马冏，反被杀；司马颙联合长沙王司马乂等起兵讨伐司马冏，大胜并将司马冏杀掉；司马乂虽掌朝权，却听命于远在邺城的司马颖；凉州刺史张轨图谋自立；益州刺史赵廞叛乱，被李特率流民破杀；李特借流民被迫北迁不满之机发兵起事；东北地区的鲜卑族慕容廆部越来越强大。

孝惠皇帝中之上

永宁元年（辛酉，公元三〇一年）春，正月，以散骑常侍安定张轨为凉州刺史。轨以时方多难，阴有保据河西之志，故求为凉州。时州境盗贼纵横，鲜卑为寇。轨至，以宋配、汜瑗为谋主，悉讨破之，威著西土。

相国伦与孙秀使牙门赵奉诈传宣帝神语云："伦宜早入西宫。"散骑常侍义阳王威，望之孙也，素谄事伦，伦以威兼侍中，使威逼夺帝玺绶，作禅诏，又使尚书令满奋持节、奉玺绶禅位于伦。左卫将军王舆、前军将军司马雅等帅甲士入殿，晓谕三部司马，示以威赏，无敢违者。张林等屯守诸门。乙丑，伦备法驾入宫，即帝位，赦天下，改元建始。帝自华林西门出居金墉城，伦使张衡将兵守之。

资治通鉴

【译文】 永宁元年（辛酉，公元301年）四月初，改年号为永宁。春季，正月，晋惠帝司马衷派散骑常侍安定人张轨担任凉州刺史。张轨由于此时正是多事之秋，便有占领河西的意思，于是向朝廷恳请到凉州任职。当时凉州边境盗贼猖獗，鲜卑成了祸患；张轨上任后，派宋配、氾瑗为谋士，将逆贼全部消灭，很快在西土名声大振。

相国司马伦和孙秀派遣牙门赵奉，假意传递宣帝神灵的旨意说："司马伦应该早日来到西宫。"散骑常侍义阳王司马威，是司马望的孙子，总是花言巧语地谄媚司马伦，司马伦派司马威兼任侍中，命令司马威强行夺走晋惠帝司马衷的印章，写出传位诏书；命令尚书令满奋手拿权杖、捧着玺援，让司马伦继位。左卫将军王舆、前军将军司马雅等，带领士兵来到宫殿，向三部司马宣告威势与封赏，没有谁敢违抗命令。张林等人，率军防守各个城门。乙丑日（初九），司马伦准备好天子车驾，来到宫中，登上皇帝宝座。并大赦天下，将年号改为建始。晋惠帝司马衷被迫从华林西门出宫，居住在金墉城中，司马伦让张衡带领军队防备他。

丙寅，尊帝为太上皇，改金墉曰永昌宫，废皇太孙为濮阳王。立世子荂为皇太子，封子馥为京兆王，虔为广平王，诩为霸城王，皆侍中将兵。以梁王肜为宰衡，何劭为太宰，孙秀为侍中、中书监、骠骑将军、仪同三司，义阳王威为中书令，张林为卫将军，其馀党与，皆为卿、将，超阶越次，不可胜纪；下至奴卒，亦加爵位。每朝会，貂蝉盈坐，时人为之谚曰："貂不足，狗尾续。"是岁，天下所举贤良、秀才、孝廉皆不试，郡国计吏及太学生年十六以上者皆署吏；守令赦日在职者皆封侯；郡纲纪并为孝廉，县纲纪并为廉吏。府库之储，不足以供赐与。应侯者多，铸印不给，或以白板封之。

【译文】丙寅日（初十），司马伦尊崇晋惠帝司马衷为太上皇，将金墉城改为永昌宫；废弃皇太孙为濮阳王。立自己的儿子司马荂为皇太子，分别封儿子司马馥为京兆王、司马虔为广平王、司马诩为霸城王，让他们都担任侍中，掌管军权。又派梁王司马肜担任宰衡，何劭担任太宰，孙秀担任侍中、中书监、骠骑将军、仪同三司，义阳王司马威担任中书令，张林担任卫将军，其他党徒，都担任了卿、将，越级提拔的人，多得无法详细记录；下至奴仆、士兵，也加官晋爵。每次大臣朝见皇帝时，满屋都是用貂尾蝉羽制作的帽子。当时人流传的话说："狗尾续貂。"（貂尾不够了，只好用狗尾补充。）这一年，天下所选拔的贤士、秀才、孝廉等各名目的候选官员都没有经过考试就被照准了；郡国以上的官员和太学生，年龄在十六岁以上的，都安排官职；赦免令下达之时，在任的郡守、县令，都封为侯爵；郡中的纲纪，都是孝廉出身，县中的纲纪，都能担任廉吏。府库的储备都不够供给赏赐的开支。前来封侯的人多到印章都供应不上，有时干脆将白板直接给他们。

初，平南将军孙旂之子弼、弟子髦、辅、琰皆附会孙秀，与之合族，旬月间致位通显。及伦称帝，四子皆为将军，封郡侯，以旂为车骑将军、开府。旂以弼等受伦官爵过差，必为家祸，遣幼子回责之，弼等不从。旂不能制，恸哭而已。

资治通鉴

【译文】起初，孙旂的儿子孙弼、侄子孙髦、孙辅、孙琰都依靠孙秀，和他同流合污，很快就获得显赫的地位。等到司马伦称帝之后，这四个人都成了将军，被封为郡侯，司马伦派孙旂担任车骑将军、开府。孙旂认为孙弼等人假如接受官职，就不符合礼度，必定会给家族带来灾祸，于是派遣幼子责怪他们，孙弼等人并不顺从，孙旂无法阻止他们，唯有掩面流泪了。

癸酉，杀濮阳哀王臧。

孙秀专执朝政，伦所出诏令，秀辄改更与夺，自书青纸为诏，或朝行夕改，百官转易如流。张林素与秀不相能，且怨不得开府，潜与太子蒡笺，言："秀专权不合众心，而功臣皆小人，挠乱朝廷，可悉诛之。"蒡以书白伦，伦以示秀。秀劝伦收林，杀之，夷其三族。秀以齐王冏、成都王颖、河间王颙，各拥强兵，据方面，恶之，乃尽用其亲党为三王参佐，加冏镇东大将军，颖征北大将军，皆开府仪同三司，以宠安之。

【译文】癸酉日（十七日），司马伦杀了濮阳哀王司马臧。

孙秀独揽朝廷大权，他总是更改司马伦的命令，要么就夺走不发布，自己写在青纸上作为诏书使用，总是朝令夕改。官员的任免，和流水一样。张林一直和孙秀不和，而且怪自己无法建立府署，秘密给太子司马蒡送信说："孙秀专制独裁，难以服众，让小人做了功臣，扰乱朝廷，应该将他们全部杀掉。"司马蒡将张林的话传递给司马伦，司马伦又交给孙秀看。孙秀让司马伦收捕张林，杀掉他，并诛灭三族。孙秀由于齐王司马冏、成都王司马颖、河间王司马颙，三人都拥有强大的军队，独当一面，重权在握，心中厌恶他们，所以他让自己的亲信，作为三王的僚属，提升司马冏的官职为镇东大将军、司马颖为征北大将军，都开府仪同三司，以此来尊宠、拉拢他们三人。

李庠骁勇得众心，赵廞浸忌之而未言。长史蜀郡杜淑、张粲说廞曰："将军起兵始尔，而遽遣李庠握强兵于外，非我族类，其心必异，此倒戈授人也，宜早图之。"会庠劝廞称尊号，淑、粲因白廞以庠大逆不道，引斩之，并其子姪十馀人。时李特、李流皆将兵在外，廞遣人慰抚之曰："庠非所宜言，罪应死。兄弟罪不相及。"复以特、流为督将。特、流怨廞，引兵归绵竹。

廞牙门将涪陵许弇求为巴东监军，杜淑、张粲固执不许，弇怒，手杀淑、粲于廞阁下，淑、粲左右复杀弇。三人，皆廞之腹心也，廞由是遂衰。

【译文】李庠的英勇赢得众人的信服。赵廞渐渐开始猜忌他，但并没有说出来。长史蜀郡人杜淑、张粲劝赵廞说："您不过刚刚起兵，却立马让李庠在外手握重兵，他不和我们同道，必定怀有二心，您这是给予别人叛变的机会，我们应该早些作防备。"正好李庠劝赵廞称帝，杜淑、张粲趁机告诉赵廞，以大逆不道的罪名，将李庠招来，杀掉了他和他的子姪共十多人。当时李特、李流都在外统率军队，赵廞派人安抚他们说："李庠讲了些不应该讲的话，本来就应该是死罪，然而他的罪过不会牵扯到你们兄弟身上。"于是赵廞又派李特、李流担任督将。李特、李流怨恨赵廞，统率军队返回绵竹去了。

赵廞的牙门将涪陵人许弇恳请赵廞允许他担任巴东监军，

杜淑、张粲坚决反对此事，许弇一怒之下，在赵廞宫殿内亲自杀掉了杜淑、张粲。杜淑、张粲的左右亲信又杀掉了许弇。这三个人都是赵廞的心腹臣子，他们死后赵廞因而就势单力薄了。

廞遣长史犍为费远、蜀郡太守李苾、督护常俊督万馀人断北道，屯绵竹之石亭。李特密收兵得七千馀人，夜袭远等军，烧之，死者什八九，遂进攻成都。费远、李苾及军祭酒张微，夜斩关走，文武尽散。廞独与妻子乘小船走，至广都，为从者所杀。特入成都，纵兵大掠，遣使诣洛阳，陈廞罪状。

初，梁州刺史罗尚，闻赵廞反，表"廞素非雄才，蜀人不附，败亡可计日而待。"诏拜尚平西将军、益州刺史，督牙门将王敦、蜀郡太守徐俭，广汉太守辛冉等七千馀人入蜀。特等闻尚来，甚惧，使其弟骧于道奉迎，并献珍玩。尚悦，以骧为骑督。特、流复以牛酒劳尚于绵竹，王敦、辛冉说尚曰："特等专为盗贼，宜因会斩之；不然，必为后患。"尚不从。冉与特有旧，谓特曰："故人相逢，不吉当凶矣。"特深自猜惧。

【译文】 赵廞派长史犍为人费远、蜀郡太守李苾、督护常俊，三人统率一万多人，隔绝北方道路，将军队驻扎在绵竹县的石亭。李特暗地招揽士兵七千多人，在晚上偷袭费远等人的军队，放火烧营，死亡的十有八九，最终军队占领了成都。费远、李苾和军祭酒张微，三人晚上冲出关门逃走，文武官员全都溃散。赵廞和妻子独自乘坐小船逃走，到广都时，他们被随从的部下杀掉。李特来到成都，放纵军队烧杀抢劫，并派遣使者到洛阳，陈述赵廞的罪行。

起初，梁州刺史罗尚，听说赵廞造反，便上书："赵廞没有出色的才能，蜀地百姓反抗他，他的败亡是不言而喻的。"朝廷任命罗尚担任平西将军、益州刺史，统率牙门将王敦、蜀郡太守徐俭、广汉太守辛冉共七千多人，来到蜀地。李特等人听到罗尚要来，非常害怕，于是派他的弟弟李骧在中途迎接罗尚，并向他呈献宝物。罗尚心里高兴，就派李骧担任骑督。李特、李流又用牛肉、美酒在绵竹慰劳罗尚，王敦、辛冉劝罗尚说："李特这些人，专门做些抢劫的事，你应趁机杀掉他们，否则，后患无穷。"罗尚没有听从他们的劝说。辛冉和李特有旧交情，他对李特说："故人相遇，吉凶祸福难以预料。"李特心中极为怀疑害怕辛冉。

三月，尚至成都。汶山羌反，尚遣王敦讨之，为羌所杀。

齐王冏谋讨赵王伦，未发，会离狐王盛、颍川处穆聚众于浊泽，百姓从之，日以万数。伦以其将管袭为齐王军司，讨盛、穆，斩之。冏因收袭，杀之，与豫州刺史何勖、龙骧将军董艾等起兵，遣使告成都王颖、河间王颙、常山王乂及南中郎将新野公歆，移檄征、镇、州、郡、肥、国，称："逆臣孙秀，迷误赵王，当共诛讨。有不从命者，诛及三族。"

【译文】 这一年三月，罗尚到了成都。汶山羌人叛变，罗尚派遣王敦讨伐他们，王敦被羌人杀了。

　　齐王司马冏准备讨伐赵王司马伦，还没有发动，离狐人王盛、颍川人处穆，就在浊泽召集民众，随从他的百姓，每天数以万计。司马伦派他的将领管袭担任齐王军司，讨伐王盛、处穆，杀掉了他们。司马冏因此逮捕管袭，并杀掉了他。司马冏和豫州刺史何勖、龙骧将军董艾等人出兵。并派遣使者告诉成都王司马颖、河间王司马颙、常山王司马乂和南中郎将新野公司马歆，传达军令给征、镇、州、郡、县、国，说："叛逆的臣子孙秀，迷乱赵王，我们应该联合起来讨伐他们。谁敢不听命，就诛灭三族！"

使者至邺，成都王颖召邺令卢志谋之。志曰："赵王篡逆，人神共愤，殿下收英俊以从人望，杖大顺以讨之，百姓必不召自至，攘臂争进，蔑不克矣。"颖从之，以志为咨议参军，仍补左长史。志，毓之孙也。颖以兖州刺史王彦、冀州刺史李毅、督护赵骧、石超等为前锋，远近响应；至朝歌，众二十馀万。超，苞之孙也。

【译文】 使者到了邺都，成都王司马颖召见邺令卢志，两人商议此事。卢志说："司马伦夺权篡位，天人共怒，您应该召集有识之士，来符合百姓的期望；依仗天理讨伐他们，百姓必定不用召唤，就会前来，振臂高呼，勇往直前，没有什么困难是不能克服的了。"司马颖采纳他的建议，派卢志担任咨议参军，仍然担任左长史。卢志，是卢毓的孙子。司马颖派兖州刺史王彦、冀州刺史李毅、督护赵骧、石超等人担任前锋，远近百姓都拥护司马颖；到了朝歌，有二十多万民众归附司马颖。石超，是石苞的孙子。

常山王乂在其国，与太原内史刘暾各帅众为颖后继。

新野公歆得冏檄，未知所从。嬖人王绥曰："赵亲而强，齐疏而弱，公宜从赵。"参军孙洵大言于众曰："赵王凶逆，天下当共诛之，何亲疏强弱之有！"歆乃从冏。

前安西参军夏侯奭，在始平，合众数千人以应冏，遣使邀河间王颙。颙用长史陇西李含谋，遣振武将军河间张方讨擒奭及其党，腰斩之。冏檄至，颙执冏使送于伦，遣张方将兵助伦。方至华阴，颙闻二王兵盛，复召方还，更附二王。

【译文】常山王司马乂在他的范围内，和太原内史刘暾各自带领军队，作为司马颖的后援力量。

新野公司马歆得到司马冏的檄令，不知怎么办才好。宠臣王绥对他说："赵王亲近而又强大，齐王疏远而又弱小，您应该归从赵王。"参军孙洵大声对众人说："司马伦凶恶叛逆，天下人人应诛之，分什么远、近、强、弱呢？"司马歆这才拥护司马冏。

前安西参军夏侯奭在始平，聚集了数千民众来响应司马冏，并派遣使者邀请河间王司马颙。司马颙用长史李含的计策，派振武将军河间人张方讨伐夏侯奭，捕获夏侯奭和他的党徒，并腰斩了他。司马冏的檄令到时，司马颙拘捕了司马冏的使者，送给司马伦，派张方带领军队援助司马伦。张方到华阴时，司马颙听说司马冏、司马颖兵力强大，又让张方回来，服从二王。

冏檄至扬州，州人皆欲应冏。刺史郗隆，虑之玄孙也，以兄子鉴及诸子悉在洛阳，疑未决，悉召僚吏谋之。主簿淮南赵诱、前秀才虞潭皆曰："赵王篡逆，海内所疾；今义兵四起，其败必矣。为明使君计，莫若自将精兵，径赴许昌，上策也；遣将将兵会之，中策也；量遣小军，随形助胜，下策也。"隆退，密与别驾顾彦谋之，彦曰："诱等下策，乃上计也。"治中留宝、主簿张褒、西曹留承闻之，请见，曰："不审明使君今当何施？"隆曰："我俱受二帝恩，无所偏助，欲守州而已。"承曰："天下，世祖之天下也；太上承代已久，今上取之，不平，齐王顺时举事，成败可见。使君不早发兵应之，狐疑迁延，变难将生，此州岂可保也！"隆不应。潭，翻之孙也。隆停檄六日不下，将士愤怒。参军王邃镇石头，将士争往归之，隆遣从事于牛渚禁之，不能止。将士遂奉邃攻隆,隆父子及顾彦皆死,传首于冏。

【译文】司马冏的檄令到扬州,州中百姓都想支持司马冏。刺史郗隆,是郗虑的玄孙。由于侄儿郗鉴和各个儿子都在洛阳,他犹豫不决,召集所有谋士来讨论商议。主簿淮南人赵诱、虞潭都说:"赵王篡权夺位,这是海内百姓无法容忍的;如今士兵到处起义,赵王必定会失败。与其我们替您策划,不如您自己率兵径直开往许昌,这是上计;派遣将领,统率军队会合司马冏,此为中计;派遣小支军队,依据形势帮助成功的一方,这是下计。"郗隆退后,秘密和别驾顾彦商议,顾彦说:"赵诱等人的策略,才是上上计。"治中留宝、主簿张褒、西曹留承听到了,便恳请进见,说:"不知您现在要怎么行事?"郗隆说:"我同样的承蒙二帝恩惠,不会偏袒帮助哪一方,只不过想要守住州郡而已。"留承说:"天下,是世祖的天下;太上皇承位很长时间了,现在皇上取得天下,并不公平,齐王顺应时势起事,成败在预料之中。您假如不早些派兵响应他,犹豫不决,将会带来灾乱,这个州郡哪里还守得住呢?"郗隆仍不答应。虞潭,是虞翻的孙子。郗隆拖延军令,六天了还不批示,将士们非常气愤。参军王邃镇守石头城,将士都争相归附他,郗隆派从事到牛渚禁止王邃,但没能阻止得了。将士们于是都遵从王邃,攻击郗隆,郗隆父子和顾彦都被杀死,将士们将他们的首级献给了司马冏。

安南将军、监沔北诸军事孟观,以为紫宫帝坐无他变,伦必不败,乃为之固守。

伦、秀闻三王兵起,大惧,诈为冏表曰:"不知何贼猝见攻围,臣懦弱不能自固,乞中军见救,庶得归死。"以其表宣示内外;遣上军将军孙辅、折冲将军李严帅兵七千自延寿关出,征虏将军张泓、左军将军蔡璜、前军将军闾和帅兵九千自崿阪关出，镇军将军司马雅、扬威将军莫原帅兵八千自成皋关出，以拒颙。遣孙秀子会督将军士猗、许超帅宿卫兵三万以拒颖。召东平王楙为卫将军，都督诸军，又遣京兆王馥、广平王虓帅兵八千为三军继援。伦、秀日夜祷祈，厌胜以求福，使巫觋选战日，又使人于嵩山著羽衣，诈称仙人王乔，作书述伦祚长久，欲以惑众。

【译文】 安南将军、负责沔北所有军务的孟观，认为紫薇帝星并无异象没有异样，司马伦必定会成功，就依然替司马伦坚守。

司马伦、孙秀听到三王起兵，心中十分害怕，于是假传司马冏的表章说："不明身份的贼人突然来围攻，臣下无能，无法保护自己，希望中军来援助我们，让我们归国就死。"并将表章公布在朝廷内外；派遣上军将军孙辅、折冲将军李严，带领七千军队，从延寿关出兵；征虏将军张泓、左军将军蔡璜、前军将军闾和，统率九千军队，从崿阪关出兵；镇军将军司马雅、扬威将军莫原，统率八千军队，从成皋关出兵，抵御司马冏的军队。派遣孙秀的儿子孙会，督领将军士猗、许超，带领三万宿卫军来抵抗司马颖。朝廷让东平王司马楙担任卫将军，都督各军；并派京兆王馥、广平王虓统率八千军队作为后援。司马伦、孙秀日夜祈祷、厌胜（用诅咒的邪术制服人）以求得平安；他们还让巫人挑选打仗的吉时；并派人到嵩山，穿着羽衣，装作是仙人王乔，写出文章，陈述司马伦国运昌盛，想要以此来欺骗百姓。

闰月，丙戌朔，日有食之。自正月至于是月，五星互经天，纵横无常。

张泓等进据阳翟，与齐王冏战，屡破之。冏军颍阴，夏，四月，泓乘胜逼之，冏遣兵逆战。诸军不动，而孙辅、徐建军夜乱，径归洛自首曰："齐王兵盛，不可当，泓等已没矣！"赵王伦大恐，秘之，而召其子虔及许超还。会泓破冏露布至，伦乃复遣之。泓等悉帅诸军济颍攻冏营，冏出兵击其别将孙髦、司马谭等，破之，泓等乃退。孙秀诈称已破冏营，擒得冏，令百官皆贺。

【译文】闰月，丙戌朔日（初一），天空发生日食。从正月一直到这个月，五颗星星交叉穿过天空，纵横交错，失去以往的状态。

张泓等人往前进攻，占据阳翟，同齐王司马冏交战，多次击败司马冏。司马冏驻扎在颍阴。夏季，四月，张泓趁机进攻，司马冏带兵迎战。双方按兵不动，但孙辅、徐建军队晚上发生混乱，两人径直返回洛阳自首说："司马冏兵力强盛，我军无法阻挡，张泓已经死了！"赵王司马伦十分恐惧，对孙辅所说的秘而不宣，但让他的儿子司马虔和许超回来。正好张泓击败司马冏的捷报到了，司马伦这才又让他俩返回。张泓等人带领各军，渡过颍水，进攻司马冏的军营，同时出兵攻击孙髦、司马谭等，击败他们，张泓等人才撤兵回营。然而孙秀却骗人说已经攻克司马冏的大营，还俘虏了司马冏，让众人都向他表示祝贺。

成都王颖前锋至黄桥，为孙会、士猗、许超所败，杀伤万馀人，士众震骇。颖欲退保朝歌，卢志、王彦曰："今我军失利，敌新得志，有轻我之心。我若退缩，士气沮衄，不可复用。且战何能无胜负！不若更选精兵，星行倍道，出敌不意，此用兵之奇也。"颖从之。伦赏黄桥之功，士猗、许超与孙会皆持节，由是各不相从，军政不一，且恃胜轻颖而不设备。颖帅诸军击之，大战于溴水，会等大败，弃军南走。颖乘胜长驱济河。

【译文】 成都王司马颖的前锋到了黄桥，被孙会、士猗、许超击败，死伤共一万多人，这让全军震动。司马颖想退守朝歌，卢志、王彦对他说："如今我们交战不利，敌人刚刚得志，有看不起我们的意思。我们假如畏惧他们，士气必将低落，就无法再交战了，况且胜负乃兵家常事，我们应该挑选精兵强将，昼夜进军，兼程前进，出奇制胜，这才是用兵的上策。"司马颖同意了这个建议。司马伦犒劳黄桥一战的有功之人，士猗、许超和孙会都受到奖赏。于是他们互不合作，军中政令不一，而且大家依仗胜利，看不起司马颖，并未设防。司马颖带领全军进攻他们，溴水一战大败孙会，孙会抛弃军队，往南逃跑。司马颖顺势长驱直入，渡过黄河。

　　自冏等起兵，百官将士皆欲诛伦、秀，秀惧，不敢出中书省；及闻河北军败，忧懑不知所为。孙会、许超、士猗等至，与秀谋，或欲收馀卒出战，或欲焚宫室，诛不附己者，挟伦南就孙旂、孟观，或欲乘船东走入海，计未决。辛酉，左卫将军左舆与尚书广陵公漼帅营兵七百馀人自南掖门入宫，三部司马为应于内，攻孙秀、许超、士猗于中书省，皆斩之，遂杀孙奇、孙弼及前将军谢惔等，漼，仦之子也。王舆屯云龙门，召八坐皆入殿中，使伦为诏曰："吾为孙秀所误，以怒三王，今已诛秀。其迎太上皇复位，吾归老于农亩。"传诏以驺虞幡敕将士解兵。黄门将伦自华林东门出，及太子荂皆还汶阳里第，遣甲士数千迎帝于金墉城。百姓咸称万岁。帝自端门入，升殿，群臣顿首谢罪。诏送伦、荂等付金墉城。广平王虓自河北还，至九曲，闻变，弃军，将数十人归里第。

　　【译文】 司马冏等人起兵时，文武百官都想诛杀司马伦、孙秀，孙秀害怕，不敢走出中书省大门；当听说河北战事不利，他们担心得不知怎么办才好。孙会、许超、士猗和孙秀商讨，有人想召集残余的部队出战；有人想要烧毁宫殿，杀掉反对自己的人，要挟司马伦，去南方会合孙旃、孟观；有人想坐船逃往东方大海。大家无法得出统一决定。辛酉日（初七），左卫将军王舆和尚书广陵公司马漼，带领七百多士兵，从南掖门来到宫中，三部司马在宫中做内应，到中书省将孙秀、许超、士猗三人都杀了，还杀掉孙奇、孙弼和前将军谢惔等人。司马漼，是司马伷的儿子。王舆驻扎在云龙门，邀请八座都来到殿中，让司马伦写下诏书说："我因受孙秀迷惑，所以才招怒三王；现在孙秀已被处死。我会迎接太上皇恢复帝位，自己辞官还乡、耕田养老。"他向众人传达诏书，并让驺虞幡命令将士解散军队。黄门宦官带着司马伦从华林东门出宫，与太子司马荂一起返回汶阳里府第。王舆派遣几千武装士兵到金墉城迎接惠帝。百姓都向惠帝高呼万岁。惠帝从端门进宫，登上大殿，臣子们磕头谢罪。晋惠帝司马衷下令将司马伦、司马荂等人送到金墉城。广平王司马虔从河北回来时，到了九曲，听到宫中发生政变，丢弃军队，带着几十人返回乡里去了。

癸亥，赦天下，改元，大酺五日，分遣使者慰劳三王。梁王肜等表："赵王伦父子凶逆，宜伏诛。"丁卯，遣尚书袁敞持节赐伦死，收其子荂、馥、虔、诩，皆诛之。凡百官为伦所用者皆斥免，台、省、府、卫，仅有存者。是日，成都王颖至。己巳，河间王颙至。颖使赵骧、石超助齐王冏讨张泓等于阳翟，泓等皆降。自兵兴六十馀日，战斗死者近十万人。斩张衡、闾和、孙髦于东市，蔡璜自杀。五月，诛义阳王威。襄阳太守宗岱承同檄斩孙旃，永饶冶令空桐机斩孟观，皆传首洛阳，夷三族。

立襄阳王尚为皇太孙。

六月，乙卯，齐王冏帅众入洛阳，顿军通章署，甲士数十万，威震京都。

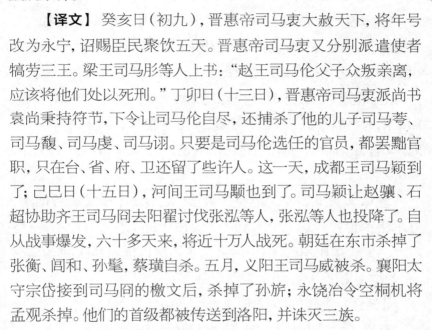

【译文】癸亥日（初九），晋惠帝司马衷大赦天下，将年号改为永宁，诏赐臣民聚饮五天。晋惠帝司马衷又分别派遣使者犒劳三王。梁王司马肜等人上书："赵王司马伦父子众叛亲离，应该将他们处以死刑。"丁卯日（十三日），晋惠帝司马衷派尚书袁尚秉持符节，下令让司马伦自尽，还捕杀了他的儿子司马荂、司马馥、司马虔、司马诩。只要是司马伦选任的官员，都罢黜官职，只在台、省、府、卫还留了些许人。这一天，成都王司马颖到了；己巳日（十五日），河间王司马颙也到了。司马颖让赵骧、石超协助齐王司马冏去阳翟讨伐张泓等人，张泓等人也投降了。自从战事爆发，六十多天来，将近十万人战死。朝廷在东市杀掉了张衡、闾和、孙髦，蔡璜自杀。五月，义阳王司马威被杀。襄阳太守宗岱接到司马冏的檄文后，杀掉了孙旂；永饶冶令空桐机将孟观杀掉。他们的首级都被传送到洛阳，并诛灭三族。

晋惠帝司马衷立襄阳王司马尚为皇太孙。

六月，乙卯日（初二），齐王司马冏统率军队来到洛阳，在通章署整肃军队，武装战士达到几十万人，这样的威势震撼整个京师。

【申涵煜评】赵伦有恶党曰张衡，隋炀有逆佐亦曰张衡。平子何辜为鼠辈盗袭乃尔，故表而出之。

【译文】赵王伦身边有一个坏人叫张衡，隋炀帝身边也有一个逆徒叫张衡。张衡是多么无辜啊，这些鼠辈盗贼都叫这个名字，因此在这里说一下做区分。

戊辰，赦天下。

复封宾徒王晏为吴王。

甲戌，诏以齐王冏为大司马，加九锡，备物典策，如宣、景、文、武辅魏故事；成都王颖为大将军，都督中外诸军事，假黄钺，录尚书事，加九锡，入朝不趋，剑履上殿；河间王颙为侍中、太尉，加三赐之礼；常山王乂为抚军大将军，领左军。进广陵公漼爵为王，领尚书，加侍中；进新野公歆爵为王，都督荆州诸军事，加镇南大将军。齐、成都、河间三府，各置掾属四十人，武号森列，文官备员而已，识者知兵之未戢也。己卯，以梁王肜为太宰，领司徒。

光禄大夫刘蕃女为赵世子荂妻，故蕃及二子散骑侍朗舆、冠军将军琨皆为赵王伦所委任。大司马冏以琨父子有才望，特宥之，以舆为中书朗，琨为尚书左丞。又以前司徒王戎为尚书令，刘暾为御史中丞，王衍为河南尹。

【译文】戊辰日（十五日），晋惠帝司马衷大赦天下。

晋惠帝司马衷恢复宾徒王司马晏的吴王封号。

甲戌日（二十一日），晋惠帝司马衷让齐王司马冏担任大司马，封他九锡之命，并准备好国君威仪的事物和史官典籍，按照宣、景、文、武辅佐魏国的旧例。成都王司马颖担任大将军，管理所有军务，假黄钺，录尚书事，也加赐九锡之命，来到朝中不用跪拜，可以佩剑穿鞋上殿；河间王司马颙担任侍中、太尉，被加赐三锡的礼节；常山王司马乂担任抚军大将军、兼任左军；皇上封广陵公司马漼的爵位为王，兼任尚书、加官侍中；并加封新野公司马歆的爵位为王，管理荆州所有军务，加官镇南大将军。在齐、成都、河间三府，各地设立辅佐的官员四十人，武官整装待发，文官只不过徒有虚名而已，有识见的人都知晓战争还不会停下。己卯日（二十六日），晋惠帝司马衷派梁王司马肜担任太宰，兼任司徒。

光禄大夫刘蕃的女儿是司马伦的儿子司马荂的妻子，所以刘蕃和自己的两个儿子散骑侍郎刘舆、冠军将军刘琨，都是赵王司马伦所委任的。大司马司马冏由于刘琨父子有能力，很得人望，特别宽免他，并让刘舆担任中书郎，刘琨担任尚书左丞。又派前司徒王戎担任尚书令；刘暾担任御史中丞，让王衍担任河南尹。

新野王歆将之镇，与冏同乘谒陵，因说冏曰："成都王至亲，同建大勋，今宜留之与辅政；若不能尔，当夺其兵权。"常山王乂与成都王颖俱拜陵，乂谓颖曰："天下者，先帝之业，王宜维正之。"闻其言者莫不忧惧。卢志谓颖曰："齐王众号百万，与张泓等相持不能决；大王迳前济河，功无与贰。然今齐王欲与大王共辅朝政。志闻两雄不俱立，宜因太妃微疾，求还定省，委重齐王，以收四海之心，此计之上也。"颖从之。帝见颖于东堂，慰劳之。颖拜谢曰："此大司马冏之勋，臣无豫焉。"因表称冏功德，宜委以万机，自陈母疾，请归藩。即辞出，不复还营，便谒太庙，出自东阳城门，遂归邺。遣信与冏别，冏大惊，驰出送颖，至七里涧，及之。颖住车言别，流涕滂沱，惟以太妃疾苦为忧，不及时事。由是士民之誉皆归颖。

【译文】新野王司马歆将要去往属地时，和司马冏一起拜谒山陵，并劝司马冏："成都王是您最亲近的人，你们一起建立大功，如今你们应该一起处理政事；否则，就应该夺去他的兵权。"常山王司马乂和成都王司马颖一起拜谒山陵，司马乂对司马颖说："天下，是先帝创建的伟业，王侯应该守护它。"听到这些话的人，都很害怕。卢志对司马颖说："齐王军队号称百万，和张泓等人不相上下，胜负不分。您假如渡过黄河，就没人能与您的功劳相比。现在齐王想和您一同辅佐朝政。我听说一山不容二虎，您应该利用太妃的病，恳请返回省亲，将重任托给齐王，这样来赢得四海的信服，这才是最好的计策。"司马颖听从了。晋惠帝司马衷接见司马颖，并慰劳他。司马颖拜谢说："这都是司马冏的功劳，和我并没有关系。"所以他上书称颂司马冏的功德，说应该将朝廷政务托付给他。还说自己母亲患病，想要返回藩国。得到批准后他立即出宫，不再返回军营，直接拜谒太庙，从东阳城门出京，最终返回邺郡。他派信使和司马冏道别，司马冏非常吃惊，骑马出城，送别司马颖，一直追到七里涧，才追到。司马颖停住车驾和他道别，潜然泪下，说是由于母亲患病，自己十分担心，忠孝无法两全。于是百姓都对司马颖表示赞誉。

冏辟新兴刘殷为军咨祭酒，洛阳令曹摅为记室督，尚书郎江统、阳平太守河内荀晞参军事，吴国张翰为东曹掾，孙惠为户曹掾，前廷尉正顾荣及顺阳王豹为主簿。惠，贲之曾孙；荣，雍之孙也。殷幼孤贫，养曾祖母，以孝闻，人以谷帛遗之，殷受而不谢，直云："待后贵当相酬耳。"及长，博通经史，性倜傥有大志，俭而不陋，清而不介，望之颓然而不可侵也。冏以何勖为中领军，董艾典枢机，又封其将佐有功者葛旟、路秀、卫毅、刘真、韩泰皆为县公，委以心膂，号曰"五公"。

【译文】 司马冏派新兴人刘殷担任军咨祭酒，洛阳令曹摅担任记室督，尚书郎江统、阳平太守河内人荀晞参议军事，吴国人张翰担任东曹掾，孙惠担任户曹掾，前廷尉正顾荣和顺阳人王豹担任主簿。孙惠是孙贲的曾孙；顾荣是顾雍的孙子。刘殷小时候孤苦伶仃又很贫困，照顾曾祖母，以孝道出名，有人赠送他谷米布帛，刘殷接受了却不道谢，只不过说："等到我日后富贵了，就会报答你的。"他长大后，博通经史子集，性格风流倜傥，志向远大，节俭却不吝啬，清高却不孤傲，在远处看他，相貌严肃不容别人亵渎。司马冏让何勖担任中领军，董艾负责枢机政务，还封他的有功将佐葛旟、路秀、卫毅、刘真、韩泰担任县公，将他们看作亲信，人称"五公"。

　　成都王颖至邺，诏遣使者就申前命；颖受大将军，让九锡殊礼。表论兴义功臣，皆封公侯。又表称："大司马前在阳翟，与贼相持既久，百姓困敝，乞运河北邸阁米十五万斛，以振阳翟饥民。"造棺八千馀枚，以成都国秩为衣服，敛祭黄桥战士，旌显其家，加常战亡二等。又命温县瘗赵王伦战士万四千馀人。皆卢志之谋也。颖形美而神昏，不知书，然气性敦厚，委事于志，故得成其美焉。诏复遣使谕颖入辅，并使受九锡。颖嬖人孟玖不欲还洛，又程太妃爱恋邺都，故颖终辞不拜。

　　【译文】 成都王司马颖到邺都后，派遣使者仍旧重复以前的命令。司马颖接受了大将军一职，却推辞了九锡之命的特权。他还上表论述起义的功臣，让晋惠帝司马衷封他们为公侯。还说："大司马以前在阳翟，和贼人对峙了很长时间，所以百姓穷困，我恳请将黄河以北官府仓库的米运十五万斛来救济阳翟的饥民。"司马颖还让部下打造八千多具棺木，按照成都官员等级，缝制衣服，以来收敛祭奠黄桥战死的战士，表扬他们的家族，比往常战死将士的待遇提升了两个等级。他还令温县地区埋葬赵王司马伦的士兵共一万四千多人。实际这都是卢志的计策。司马颖相貌英俊，但为人昏庸，不爱读书，不过他性情淳朴，将政事委托给卢志，所以才能拥有美好的声望。晋惠帝司马衷下令让使者告诉司马颖进京辅佐政事，并要他接受九锡之命。司马颖宠幸的臣子孟玖不愿返回洛阳，又由于程太妃留恋邺都，所以司马颖一直推让不接受诏令。

初，大司马冏疑中书郎陆机为赵王伦撰禅诏，收，欲杀之；大将军颖为之辩理，得免死，因表为平原内史，以其弟云为清河内史。机友人顾荣及广陵戴渊，以中国多难，劝机还吴；机以受颖全济之恩，且谓颖有时望，可与立功，遂留不去。

【译文】起初，大司马司马冏怀疑中书郎陆机替赵王司马伦撰写禅让帝位的诏书，于是将陆机收押，想杀掉他；大将军司马颖为陆机辩护，陆机才免除一死。司马颖又上表任命陆机为平原内史，让他的弟弟陆云担任清河内史。陆机的朋友顾荣和广陵人戴渊，以中原多事为理由，都劝陆机返回吴国；陆机由于承受司马颖的救命之恩，而且认为司马颖拥有当时百姓的期望，自己可以帮助司马颖建功立业，就留下来没有离开。

秋，七月，复封常山王乂为长沙王，迁开府、票骑将军。

东莱王蕤，凶暴使酒，数陵侮大司马冏，又从冏求开府不得而怨之，密表冏专权，与左卫将军王舆谋废冏。事觉，八月，诏废蕤为庶人，诛舆三族，徙蕤于上庸，上庸内史陈钟承冏旨潜杀之。

【译文】秋季，七月，朝廷恢复常山王司马乂为长沙王的封号，并将他升迁为开府、骠骑将军。

东莱王司马蕤，性格残忍，喜爱喝酒，经常羞辱大司马司马冏，又无法从司马冏的手里恳请开府，所以十分记恨司马冏。他暗地上书，告司马冏专断，想和左卫将军王舆一起策划罢免司马冏。事情败露，八月，晋惠帝司马衷下令罢免司马蕤，将他贬为平民，杀掉了王舆的三族，还将司马蕤迁到上庸，上庸内史陈钟接受司马冏的命令后，暗中杀掉了他。

赦天下。

东武公澹坐不孝徙辽东。九月，征其弟东安王繇复旧爵，拜尚书左仆射。繇举东平王楙为平东将军、都督徐州诸军事，镇下邳。

初，朝廷符下秦、雍州，使召还流民入蜀者，又遣御史冯该、张昌督之。李特兄辅自略阳至蜀，言中国方乱，不足复还。特然之，累遣天水阎式诣罗尚求权停至秋，又纳赂于尚及冯该；尚、该许之。朝廷论讨赵廞功，拜特宣威将军，弟流奋武将军，皆封侯。玺书下益州，条列六郡流民与特同讨廞者，将加封赏。广汉太守辛冉欲以灭廞为己功，寝朝命，不以实上，众咸怨之。

【译文】晋惠帝司马衷大赦天下。

东武公司马澹犯了不孝的罪，被贬到辽东。九月，朝廷让他的弟弟东安王司马繇恢复爵位，任命为尚书左仆射。司马繇推举东平王司马楙为平东将军，负责徐州所有军务，据守下邳。

起初，朝廷的诏令到了秦州、雍州，召回流亡到蜀郡的百姓，还派御史冯该、张昌监督执行，李特的哥哥李辅，从略阳赶到蜀郡，对李特说中原正值多事之秋，不应该再返回。李特认为很对，便屡次派天水人阎式前去罗尚处，恳请罗尚暂时停下迁徙，等到了秋季，李特又贿赂罗尚和冯该；罗尚、冯该同意了。朝廷评议讨伐赵廞的功劳，让李特担任宣威将军，弟弟李流担任奋武将军，将他俩都封为侯爵。玺书到了益州时，列出六郡和李特一起讨伐赵廞的流民名单，要将他们加以封爵奖励。广汉太守辛冉想将消灭赵廞的功劳据为己有,便对朝廷的命令置之不理,不将实际功劳上报给朝廷,大家都怨恨辛冉。

资治通鉴

　　罗尚遣从事督遣流民,限七月上道。时流民布在梁、益,为人佣力,闻州郡逼遣,人人愁怨,不知所为;且水潦方盛,年谷未登,无以为行资。特复遣阎式诣尚,求停至冬;辛冉及犍为太守李苾以为不可。尚举别驾蜀郡杜弢秀才,式为弢说逼移利害,弢亦欲宽流民一年;尚用冉、苾之谋,不从;弢乃致秀才板,出还家。冉性贪暴,欲杀流民首领,取其资货,乃与苾白尚,言:"流民前因赵廞之乱,多所剽掠,宜因移设关以夺取之。"尚移书令梓潼太守张演于诸要施关,搜索宝货。

　　特数为流民请留,流民皆感而恃之,多相帅归特。特乃结大营于绵竹以处流民,移辛冉求自宽。冉大怒,遣人分榜通衢,购募特兄弟,许以重赏。特见之,悉取以归,与弟骧改其购云:"能送六郡之豪李、任、阎、赵、杨、上官及氐、叟侯王一首,赏百匹。"于是,流民大惧,归特者愈众,旬月间过二万人。流亦聚众数千人。

　　【译文】罗尚派人监察遣送流民一事,限时七月上路。当时流民分散在梁、益二州,以出卖苦力为生。当大家听到强行将他们遣送返回时都很担忧,不知怎么办;加上洪水泛滥,当年粮食还没有收成,无法得到远行的盘缠。李特又派阎式请求罗尚停下遣送,等到冬季再说;辛冉和犍为太守李苾认为无法这样行事。罗尚选拔别驾杜弢担任秀才,阎式向杜弢陈述强行遣送的弊端,杜弢也想宽免流民一年,罗尚听信辛冉、李苾的计谋,不答应阎式。杜弢因此送回秀才板,出城回家。辛冉性格贪婪残暴，想要杀害流民的首领，夺取他们的财物，所以他和李苾一起对罗尚说："流民以前仗着赵廞的叛变，抢夺了很多财货，我们应该趁着迁移之时，设置关卡，来夺取他们的财货。"罗尚写信给梓潼太守张演，在各个要塞上设立关卡，搜刮财宝。

李特多次替流民乞求延缓迁徙，流民都很感激、依赖他，很多人带着部属拥护李特。李特就在绵竹建造大营来安置流民，并写信给辛冉，恳请他们的宽恕。辛冉十分恼怒，派人在大路上分别贴出告示，悬赏缉拿李特，答应给予重赏。李特见到后，将告示全都取了回来，和弟弟李骧修改悬赏的文句说："谁能送来六郡首长李、任、阎、赵、上官和氐、叟侯王的任何一个人的首级，就奖励他一百匹布帛。"所以流民非常恐惧，归附李特的人就更多，一个月的时间就超过了两万人。李流也召集了几千民众。

特又遣阎式诣罗尚求申期，式见营栅冲要，谋掩流民，叹曰："民心方危，今而速之，乱将作矣。"又知辛冉、李苾意不可回，乃辞尚还绵竹。尚谓式曰："子且以吾意告诸流民，今听宽矣。"式曰："明公惑于奸说，恐无宽理。弱而不可轻者民也，今趣之不以理，众怒难犯，恐为祸不浅。"尚曰："然。吾不欺子，子其行矣！"式至绵竹，言于特曰："尚虽云尔，然未可信也。何者？尚威刑不立，冉等各拥强兵，一旦为变，亦非尚所能制，深宜为备。"特从之。冬，十月，特分为二营，特居北营，流居东营，缮甲厉兵，戒严以待之。

【译文】李特又派遣阎式请求罗尚，再一次缓和期限，阎式见到要塞上的军垒是要准备抢劫流民，叹气道："民心正是危险之时，如今却加快了迁徙的速度，灾乱将要发生了啊。"当他知晓辛冉、李苾心思已决，就告别罗尚，返回绵竹。罗尚对阎式说："你暂且将我的意思告诉流民，现在允许他们宽免些日子。"阎式说："您被奸佞的说法迷惑了，恐怕没有宽免的意思吧。百姓是柔弱而不能轻视的，假如现在不按常理逼迫他们，众怒难犯，一旦百姓反抗后患无穷，恐怕会造成不小的灾乱。"罗尚说："的确。我不骗你，你可以走了！"阎式到了绵竹，对李特说："罗尚即使这样说，然而还无法相信他。为什么呢？罗尚无法树立刑罚威信，辛冉等人拥兵自重，万一造成灾乱，这不是罗尚能控制得了的，我们应该多加防备。"李特同意阎式的话。冬季，十月，李特分为两个营，李特据守北营，李流驻守东营，整肃军队，厉兵秣马，严密警备来等待罗尚他们。

冉、苾相与谋曰："罗侯贪而无断，日复一日，令流民得展奸计。李特兄弟并有雄才，吾属将为所虏矣！宜为决计，罗侯不足复问也！"乃遣广汉都尉曾元、牙门张显、刘并等潜帅步骑三万袭特营；罗尚闻之，亦遣督护田佐助元。元等至，特安卧不动，待其众半入，发伏击之，死者甚众。杀田佐、曾元、张显，传首以示尚、冉。尚谓将佐曰："此虏成去矣，而广汉不用吾言以张贼势，今若之何！"

【译文】辛冉、李苾共同商议说："罗尚贪财，而且优柔寡断，渐渐使得流民能够实施奸计。李特兄弟雄才大略，我们这些人就要被他们俘虏了！我们应该作出决断，不必再问罗尚！"所以他俩派遣广汉都尉曾元、牙门张显、刘并等人，秘密带领三万步兵、骑兵，袭击李特的军营。罗尚听到后，也派遣督护田佐帮助曾元。曾元等人到了，李特按兵不动，等到曾元一半的人数进来了，便发动埋伏的人马攻击他们，曾元一方死了很多人。李特杀掉田佐、曾元、张显，将他们的首级传送给罗尚、辛冉看。罗尚对将士们说："这些贼人离开的诡计已经完成了，然而广汉不听信我的话，所以壮大了贼人势力，现在我们应该怎么办？"

于是，六郡流民李含等共推特行镇北大将军，承制封拜；以其弟流行镇东大将军，号东督护，以相镇统；又以兄辅为票骑将军，弟骧为骁骑将军，进兵攻冉于广汉。尚遣李苾、费远帅众救冉，畏特，不敢进。冉出战，屡败，溃围奔德阳。特入据广汉，以李超为太守，进兵攻尚于成都。尚以书谕阎式，式复书曰："辛冉倾巧，曾元小竖，李叔平非将帅之材。式前为节下及杜景文论留、徙之宜，人怀桑梓，孰不愿之！但往日初至，随谷庸赁，一室五分，复值秋潦，乞须冬熟，而终不见听。绳之太过，穷鹿抵虎。流民不肯延颈受刀，以致为变。即听式言，宽使治严，不过去九月尽集，十月进道，令达乡里，何有如此也！"

【译文】所以六郡的流民一同推选李特兼任镇北大将军，承受国君诏命，封官进爵；并派他的弟弟李流兼摄镇东大将军，号称东督护，一起据守统领各军；还派哥哥李辅担任骠骑将军，弟弟李骧担任骁骑将军，发兵广汉，攻打辛冉。罗尚派遣李苾、费远带领军队援助辛冉。李苾害怕李特，不敢出兵。辛冉出兵交战，多次战败，他冲出包围，逃往德阳去了。李特来到广汉固守，让李超担任太守，发兵成都，攻打罗尚。罗尚以书信告诉阎式，阎式给他回信说："辛冉投机取巧，曾元卑鄙小人，李叔平也不是担任将帅的人才。我之前向你和杜景文谈论过留居、迁移的恰当作法。大家都思念故乡，谁不愿返回呢！只不过以往命令刚到之时，流民为了粮食、受雇于人。一个家庭，四分五裂，又正好到秋季大水，我们恳请等待到冬季收成之时再迁徙，最终你们也不同意。你管制得太过分了，以至于穷困的小鹿也要反抗猛虎。流民不肯坐以待毙，所以才起来反抗。假如您听从我的话，延迟时日，治装上路，在九月就能全部集中，十月出发，使得流民到达家乡，哪里会有这种事情发生呢？"

特以兄辅、弟骧、子始、荡、雄及李含、含子国、离、任回、李攀、攀弟恭、上官晶、任臧、杨褒、上官惇等为将帅，阎式、李远等为僚佐。罗尚素贪残，为百姓患。特与蜀民约法三章，施舍振贷，礼贤拔滞，军政肃然，蜀民大悦。尚频为特所败，乃阻长围，缘郫水作营，连延七百里，与特相拒，求救于梁州及南夷校尉。

十二月，颍昌康公何劭薨。

封太司马冏子冰为乐安王，英为济阳王，超为淮南王。

【译文】李特让哥哥李辅、弟弟李骧、自己的儿子李始、李荡、李雄和李含、李含的儿子李国、李离、任回、李攀、李攀的弟弟李恭、上官晶、任臧、杨褒、上官惇等人担任将帅，阎式、李远等人担任僚属。罗尚向来贪财凶暴，于是成了百姓的祸患。李特和蜀郡百姓约法三章，广施恩德、减去劳役，救济灾荒，招贤纳士，消除障碍，军事行政严肃清平，蜀郡百姓非常高兴。罗尚总是被李特击败，于是他建筑绵长的围墙，作为屏障，沿着郫水扎营筑寨，连亘七百里，和李特相互对峙，又向梁州和南夷校尉恳请支援。

十二月，颍昌康公何劭去世。

晋惠帝司马衷封大司马司马冏的儿子司马冰为乐安王、司马英为济阳王、司马超为淮南王。

太安元年（壬戌，公元三〇二年）春，三月，冲太孙尚薨。

夏，五月，乙酉，梁孝王肜薨。

以右光禄大夫刘寔为太傅；寻以老病罢。

河间王颙遣督护衙博讨李特，军于梓潼；朝廷复以张微为广汉太守，军于德阳；罗尚遣督护张龟军于繁城。特使其子镇军将军荡等袭博；而自将击龟，破之。荡败博兵于阳沔，梓潼太守张演委城走，巴西丞毛植以郡降。荡进攻博于葭萌，博走，其众尽降。河间王颙更以许雄为梁州刺史。特自称大将军、益州牧，都督梁、益二州诸军事。

【译文】 太安元年（壬戌，公元302年）十二月初，晋惠帝司马衷改年号为太安。春季，三月，皇太孙司马尚去世。

夏季，五月，己酉日（五月无此日）梁孝王司马肜去世。

晋惠帝司马衷让右光禄大夫刘寔担任太傅，没多长时间，他由于年老多病辞职。

河间王司马颙派督护衙博进攻李特，并将军队驻扎在梓潼；朝廷又派张微担任广汉太守，在德阳驻军；罗尚派督护张龟驻扎在繁城。李特让他的儿子镇军将军李荡等人袭击衙博；自己带军进攻张龟，并击败他们。李荡在阳沔击败衙博的军队，梓潼太守张演弃城逃跑，巴西丞毛植带着全郡投降。李荡进军葭萌，攻击衙博，衙博逃跑，他的部队全部投降。河间王司马颙另外让许雄担任梁州刺史。李特自封大将军、益州牧，负责梁州、益州所有军务。

大司马冏欲久专大政，以帝子孙俱尽，大将军颖有次立之势；清河王覃，遐之子也，方八岁，乃上表请立之。癸卯，立覃为皇太子，以冏为太子太师，东海王越为司空，领中书监。

秋，八月，李特攻张微，微击破之，遂进攻特营。李荡引兵救之，山道险狭，荡力战而前，遂破微兵。特欲还涪，荡及司马王幸谏曰："微军已败，智勇俱竭，宜乘锐气遂禽之。"特复进攻微，杀之，生禽微子存，以微丧还之。

特以其将骞硕守德阳。李骧军毗桥，罗尚遣军击之，屡为骧所败，骧遂进攻成都，烧其门。李流军成都之北，尚遣精勇万人攻骧，骧与流合击，大破之，还者什一二。许雄数遣军攻特，不胜，特势益盛。

【译文】大司马司马冏想一直独揽朝廷大权，由于皇帝的子孙都死了，按照次序大将军司马颖有继位的趋势。清河王司马覃，是司马遐的儿子，才八岁，所以司马冏上书，恳请立司马覃为太子。癸卯日（二十五日），晋惠帝司马衷立司马覃为皇太子，让司马冏担任太子太师，东海王司马越担任司空，同时担任中书监。

秋季，八月，李特进攻张微，张微反而攻克李特，并进攻李特的军营。李荡率军救援，山中道路险要狭窄，李荡努力交战前进，才击败张微的军队。李特想返回涪陵，李荡和司马王幸对他进言说："张微的军队已被击败，他们的才智、英勇都损失了，我们应该趁机捕获他们。"李特又进攻张微，并杀掉他，活捉张微的儿子张存，又将张微的尸体还给张存。

李特让他的将领骞硕驻守德阳。李骧驻扎在毗桥，罗尚派遣军队攻击他，但经常被李骧击败。李骧随后进攻成都，烧毁城门。李流驻扎在成都的北面。罗尚派遣精兵一万人进攻李骧，李骧和李流联合进攻，大败罗尚的军队，罗尚军生还的人唯有十分之一二。许雄多次派遣军队攻打李特，但总是失败，李特的势力更加强大。

建宁大姓李叡、毛诜遂太守杜俊，朱提大姓李猛逐太守雍约，以应特，众各数万。南夷校尉李毅讨破之，斩诜；李猛奉笺降，而辞意不逊，毅诱而杀之。冬，十一月，丙戌，复置宁州，以毅为刺史。

齐武闵王冏既得志，颇骄奢擅权，大起府第，坏公私庐舍以百数，制与西宫等，中外失望。侍中嵇绍上疏曰："存不忘亡，《易》之善戒也。臣愿陛下无忘金墉，大司马无忘颍上，大将军无忘黄桥，则祸乱之萌无由而兆矣。又与冏书，以为："唐、虞茅茨，夏禹卑宫。今大兴第舍及为三王立宅，岂今日之所急邪！"冏逊辞谢之，然不能从。

【译文】建宁的豪门士族李叡、毛诜，赶走太守许俊，朱提的豪门大族李猛，赶走太守雍约，以此来响应李特，他们各有数万军众。南夷校尉李毅攻打他们，杀掉毛诜；李猛捧着文书投降，然而他口是心非，李毅便设计把他骗来并杀掉了他。冬季，十一月，丙戌日（十一日），朝廷重新设立宁州，让李毅担任刺史。

齐武闵王司马冏得势之后，骄纵浪费又独揽大权，大兴土木，建造府第，破坏公私房屋数以百计，规模和西宫一样，朝中内外都对司马冏感到失望。侍中嵇绍呈上奏章说："居安思危，这是《易经》的真诚警诫。我希望陛下不要忘了金墉城一地，大司马不要忘了颍上，大将军不要忘了黄桥一战，那么灾乱就不会发生了。"他又写信给司马冏，认为："唐尧、虞舜住的是茅草屋，夏禹住的是低矮的宫殿。如今您大肆兴建住宅，以及替三王建造宫殿，这哪里是今天紧迫的事情呢！"司马冏谦虚地向嵇绍道谢，但并未听从他的建言。

冏耽于宴乐，不入朝见；坐拜百官，符敕三台；选举不均，嬖宠用事。殿中御史桓豹奏事，不先经冏府，即加考竟。南阳处士郑方上书谏冏曰："今大王安不虑危，燕乐过度，一失也。宗室骨肉，当无纤介，今则不然，二失也。蛮夷不静，大王谓功业已隆，不以为念，三失也。兵革之后，百姓穷困，不闻振救，四失也。大王与义兵盟约，事定之后，赏不逾时，而今犹有有功未论者，五失也。"冏谢曰："非子，孤不闻过。"

【译文】 司马冏沉迷于宴乐，不进宫朝见皇帝；他安坐家中，接受百官的拜见，用符命命令三台；选举人才不公平，任人唯亲。殿中御史桓豹进奏政事，没有经过司马冏的大司马府，就被马上加以拷问。南阳隐士郑方上书，向司马冏进谏说："现在您生活安逸，不担心危亡，宴会过度，此乃第一个错误；宗室亲人骨肉，应该没有任何怀蒂，如今并不是这样，此乃第二个错误；蛮夷不清除，您就以为功德已经圆满，不放在心上，此乃第三个错误；战乱之后，百姓贫困，却没听说有救济行为，此乃第四个错误；您和士兵结盟约好，战事结束后，奖赏不失去时机，到现在仍没有论功行赏，此乃第五个错误。"司马冏向他道谢说："假如不是你，我就听不到自己的错误了。"

【申涵煜评】 *方既名为处士，则无官守言责，乃上书陈齐王冏五失，殊为多事，有昧无道则隐之义，倘触其怒，几同王豹碎首，不如韦忠、庚衮洁身高蹈也。*

【译文】 郑方既然名义上为隐居的士人，就没有向官员献言的职责，他还上书列举齐王冏五条过失，实在是多事，违背了隐士的原则。若是触犯王者的怒处，就要和王豹一起被砍头。不如像韦忠、庚衮一样品行高洁。

孙惠上书曰："天下有五难、四不可，而明公皆居之。冒犯锋刃，一难也；聚致英豪，二难也；与将士均劳苦，三难也；以弱胜强，四难也；兴复皇业，五难也。大名不可久荷，大功不可久任，大权不可久执，大威不可久居。大王行其难而不以为难，处其不可而谓之可，惠窃所不安也。明公宜思功成身退之道，崇亲推近，委重长沙、成都二王，长揖扫藩，则太伯，子臧不专美于前矣。今乃忘高亢之可危，贪权势以受疑，虽遨游高台之上，逍遥重墉之内，愚窃谓危亡之忧，过于在颍、翟之时也。"冏不能用。惠辞疾去。冏谓曹摅曰："或劝吾委权还国，何如？"摅曰："物禁太盛，大王诚能居高虑危，褰裳去之，斯善之善者也。冏不听。

【译文】孙惠向司马冏上书说："天下有五种困难的事，四种无法去做的事，您都具备了：冒着被杀的危险，第一件难事；聚集天下豪杰，第二件难事；和将士同甘共苦，第三件难事；以弱胜强，第四件难事；振兴君王业绩，第五件难事。四不可：不可长久地享受大名，丰功伟绩无法长时间拥有，朝廷大权无法长时间把控，伟大的威望无法长时间占据。您处理难事却不认为困难，居于不可以的地位却认为可以，这是我私下无法安心的。您应该想到'功成身退'的道理，您应该推举亲近的大臣，将重任托付给长沙、成都二王，拱手相让，返回自己的藩国，那么吴太伯、曹子臧就不会在历史上独占美名。如今您竟然忘了位高权重而应该担心，贪求权力而蒙受怀疑，即便是在高台上遨游，在深宫中逍遥，我认为危亡的忧虑，超过在颍川、阳翟之时了。"司马冏没有听取孙惠的建言，孙惠称病离开了。司马冏对曹摅说："有人劝我放弃大权、返回藩国，你觉得怎么样？"曹摅说："凡事要防止过于繁盛，您假如真能居有高位而担忧危亡，就应该整理衣装离开，这才是上策中的上策。"司马冏还是没有听从。

张翰、顾荣皆虑及祸，翰因秋风起，思菰菜、蓴羹、鲈鱼鲙，叹曰："人生贵适志耳，富贵何为！"即引去。荣故酣饮，不省府事，长史葛旟以其废职，白冏徙荣为中书侍郎。颍川处士庾衮闻冏期年不朝，叹曰："晋室卑矣，祸乱将兴！"帅妻子逃于林虑山中。

【译文】张翰、顾荣都担心自己会牵连到灾祸，张翰由于秋风吹起，便想到了菰菜、蓴菜羹、鲈鱼细丝肉，叹气道："人生难得的是顺从自己的心思而已，富贵有什么用呢！"于是他马上离开了。顾荣本来经常醉酒，不管府中政事，长史葛旟由于他不理政事，向司马冏奏报，贬谪顾荣担任中书侍郎。颍川处士庾衮，听到司马冏常年不朝见大臣，叹气道："晋室衰落，灾乱将要降临了！"于是带着妻儿逃到林虑山中去了。

王豹致笺于冏曰："伏思元康已来，宰相在位，未有一人获终者，乃事势使然，非皆为不善也。今公克平祸乱，安国定家，乃复寻覆车之轨，欲冀长存，不亦难乎！今河间树根于关右，成都盘桓于旧魏，新野大封于江、汉，三王各以方刚强盛之年，并典戎马，处要害之地，而明公以难赏之功，挟震主之威，独据京都，专执大权，进则亢龙有悔，退则据于蒺藜，冀此求安，未见其福也。"因请悉遣王侯之国，依周、召之法，以成都王为北州伯，治邺；冏自为南州伯，治宛；分河为界，各统王侯，以夹辅天子。冏

优令答之。长沙王乂见豹笺，谓冏曰："小子离间骨肉，何不铜驼
下打杀！"冏乃奏豹谮内间外，坐生猜嫌，不忠不义，鞭杀之。豹
将死，曰："县吾头大司马门，见兵之攻齐也！"

【译文】王豹写信给司马冏说："我想到元康以来，在位的
宰相，没有人善始善终的，这是形势所趋，并不是他们干了坏
事。如今您消除了祸乱，安定了国家，却又循规蹈矩，假如想要
长久保持现状，这不是很难吗！现在河间王在关右扎牢根基，
成都王在之前的魏国坚守，新野王在江、汉大封功臣，三位王侯
正以刚劲的盛年，大权在握，占据重地，然而您现在却处于功
劳过大已经无法再封赏，权威足使皇帝感到震恐的境地，一个
人据守京城，独揽朝政大权，进一步就是'亢龙有悔'（居处极
为尊贵的地位，就要担心因满溢而失败），退一步就是'据于蒺
藜'（居处在凶险艰困的地位），您希望这样求得安稳，是看不
到吉祥的。"所以司马冏恳请晋惠帝司马衷派所有的王侯前去藩
国，按照周公、召公的典制，让成都王担任北州伯，管理邺都；
司马冏自己担任南州伯，治理宛城；以黄河作为界线，各自统领
王侯，共同辅助晋惠帝司马衷。对王豹的信，司马冏态度温和地
给了答复。长沙王司马乂见到王豹的信后，对司马冏说："这小
子离间我们，你为什么不在铜驼下打死他！"司马冏因此上奏斥
责王豹内进谗言，挑拨离间，无缘无故猜疑，不仁不义，并鞭杀
了他。王豹快死时，说："请将我的头悬挂在大司马门上，以便
来观看军队攻打齐王。"

冏以河间王颙本附赵王伦，心常恨之。梁州刺史安定皇甫
商，与颙长史李含不平。含被征为翊军校尉，时商参冏军事，夏
侯奭兄亦在冏府。含心不自安，又与冏右司马赵骧有隙，遂单马

奔颙，诈称受密诏，使颙诛冏，因说颙曰："成都王至亲，有大功，推让还藩，甚得众心。齐王越亲而专政，朝廷侧目。今檄长沙王使讨齐，齐王必诛长沙，吾因以为齐罪而讨之，必可禽也。去齐立成都，除逼建亲，以安社稷，大勋也。"颙从之。是时，武帝族弟范阳王虓都督豫州诸军事。颙上表陈冏罪状，且言："勒兵十万，欲与成都王颖、新野王歆、范阳王虓共合洛阳，请长沙王乂废冏还第，以颖代冏辅政。"颙遂举兵，以李含为都督，帅张方等趋洛阳，复遣使邀颖，颖将应之，卢志谏，不听。

【译文】司马冏由于河间王司马颙原本依从赵王司马伦，就经常怨恨他。梁州刺史安定人皇甫商，和司马颙的长史李含关系不好。李含被征召担任翊军校尉，经常参与商议司马冏的军事，夏侯奭的哥哥也在司马冏的府中。李含感到受威胁，他又和司马冏的右司马赵骧有仇，所以单枪匹马奔向司马颙，还骗人说曾接受密诏，让司马颙杀了司马冏，趁机劝司马颙说："成都王和你是亲近的人，树有大功，但他推辞不接受，返回藩国，得到百姓对他的信任。司马冏是远亲，但他独揽大权，朝廷不敢管他。现在传令让长沙王讨伐齐王，齐王肯定会杀掉长沙王，我们就能将这作为齐王的罪过，来讨伐他，必定能捕获他。我们抛弃齐王，拥护成都王，消除迫害，而立近亲，以此安定社稷，这是大功。"司马颙同意了。此时，武帝族弟范阳王司马虓，负责豫州所有事务。司马颙上表列述司马冏的罪行，还说："我统率十万军队，想和成都王司马颖、新野王司马歆、范阳王司马虓在洛阳会合，请长沙王司马乂罢免司马冏，让他返回府第，让司马颖代替司马冏，辅佐政事。"司马颙因此出兵，让李含担任都督，带领张方等人急奔洛阳；又派遣使者邀请司马颖，司马颖想要响应他，卢志向他进谏，司马颖没有听从。

十二月，丁卯，颙表至。冏大惧，会百官议之，曰："孤首唱义兵，臣子之节，信著神明。今二王信谗作难，将若之何？"尚书令王戎曰："公勋业诚大，然赏不及劳，故人怀贰心。今二王兵盛，不可当也。若以王就第，委权崇让，庶可求安。"冏从事中郎葛旟怒曰："三台纳言，不恤王事。赏报稽缓，责不在府。谗言逆乱，当其诛讨，奈何虚承伪书，遽令公就第乎！汉、魏以来，王侯就第，宁有得保妻子者邪？议者可斩！"百官震悚失色，戎伪药发堕厕，得免。

【译文】十二月，丁卯日（二十二日），司马颙的表章到时，司马冏十分害怕，召集百官一起商讨，说："我率先提倡义兵，尽臣子的节操，上天可以证实我的真诚。如今二王听信谗言，让我们为难，我们应该怎么办？"尚书令王戎说："公侯功业实在伟大；然而奖励无法惠及辛苦的人，所以有人怀有二心。如今二王兵力强盛，难以阻挡。假如以王爵的身份退居府第，将政权交出，托付别人，也许能求得平安。"司马冏的从事中郎葛旟恼怒地说："三台进谏，却不考虑君王大事。犒劳有功的人受到延迟，责任不在齐王王府。流言叛乱，应该共同讨伐，为什么一接受假诏，就要让公侯退回府第！汉、魏之后，王侯归返府第，哪个能保全妻儿的呢！提这个建言的人应该杀掉！"百官震惊失色，王戎假装药性发作，掉到厕所里，才得以免除一死。

李含屯阴盘，张方帅兵二万军新安，檄长沙王乂使讨冏。冏遣董艾袭乂，乂将左右百馀人驰入宫，闭诸门，奉天子攻大司马府，董艾陈兵宫西，纵火烧千秋神武门。冏使人执驺虞幡唱云："长沙王矫诏。"乂又称"大司马谋反"。是夕，城内大战，飞矢雨集，火光属天。帝幸上东门，矢集御前，群臣死者相枕。连战三日，冏众大败，大司马长史赵渊杀何勖，因执冏以降。冏至殿前，帝恻然，欲活之。乂左右趣牵出，斩于阊阖门外，徇首六军，同党皆夷三族，死者二千馀人。囚冏子超、冰、英于金墉城，废冏弟北海王寔。赦天下，改元。李含等闻冏死，引兵还长安。

长沙王乂虽在朝廷，事无巨细，皆就邺咨大将军颖。颖以孙惠为参军，陆云为右司马。

【译文】 李含驻扎阴盘，张方带领两万军队驻扎新安，并传令给长沙王司马乂，让他讨伐司马冏。司马冏派董艾袭击司马乂，司马乂带领手下一百多人跑进宫中，关闭各门，尊奉天子，攻打大司马府。董艾在皇宫西面排列军队，纵火烧了千秋神武门。司马冏让人拿着驺虞幡唱着说："长沙王假传诏命。"司马乂又说："大司马准备造反。"这天晚上，城内大战，箭如雨下，火光照亮了天空。晋惠帝司马衷驾临上东门，箭交错落在皇帝驾前，死亡的臣子，重重叠叠。连着交战三天，司马冏军队大败，大司马长史赵渊杀掉了何勖，并捉住司马冏投降。司马冏到了殿前，晋惠帝司马衷心中难过，想救他一命。司马乂大声让左右赶快牵出司马冏，在阊阖门外杀了他，将头颅传遍六军，凡是同党都诛灭三族，死了两千多人。还将司马冏的儿子司马超、司马冰、司马英幽禁在金墉城，废除司马冏的弟弟北海王司马寔。大赦天下，将年号改为太安。李含等人听到司马冏已死，便带军返回长安。

长沙王司马乂即使在朝廷，事无巨细，都要到邺都和大将军司马颖商议。司马颖让孙惠担任参军，陆云担任右司马。

是岁，陈留王奂，谥曰魏元皇帝。

鲜卑宇文单于莫圭部众强盛，遣其弟屈云攻慕容廆，廆击其别帅素怒延，破之。素怒延耻之，复发兵十万，围廆于棘城。廆众皆惧，廆曰："素怒延兵虽多而无法制，已在吾算中矣，诸君但为力战，无所忧也！"遂出击，大破之，追奔百里，俘斩万计。辽东孟晖，先没于宇文部，帅其众数千家降于廆，廆以为建威将军。廆以其臣慕舆句勤恪廉靖，使掌府库；句心计默识，不案簿书，始终无漏。以慕舆河明敏精审，使典狱讼，覆讯清允。

【译文】这一年，陈留王去世，追加为魏元皇帝。

鲜卑宇文单于莫圭部落强大，让他弟弟屈云攻打慕容廆，而慕容廆则去攻击他的别帅素怒延，击败了他。素怒延感到羞辱，又出动十万军队，在棘城包围慕容廆。慕容廆的军队都很害怕，慕容廆说："素怒延人数虽多，但没有纪律，他已在我的算计之中了，你们只要努力交战，不用担忧。"出兵攻击，大败敌军，追赶逃兵一百里，俘虏砍头的人数以万计。辽东人孟晖，之前被宇文部击败了，带领几千家部下归附慕容廆，慕容廆派他担任建威将军。慕容廆由于臣子慕舆句勤勉谨慎，清廉稳重，让他管理府库；慕舆句心里计算，默默记住，不用查看簿记，从未遗漏。由于慕舆句聪明敏捷，缜密详细，让他主管诉讼，他复查审讯处理得清廉公正。

资治通鉴卷第八十五　晋纪七

起昭阳大渊献，尽阏逢困敦，凡二年。

【译文】 起癸亥（公元303年），止甲子（公元304年），共二年。

【题解】 本卷记录了晋惠帝太安二年、永兴元年间的全国大事：司马乂杀掉司马颙的同党李含等人，司马颙与司马颖分派人马讨伐司马乂；司马乂挟晋惠帝大破陆机、张方；司马颖率兵进逼洛阳；司马越操纵晋惠帝杀掉司马乂并向司马颖、司马颙求和；司马颖自立为皇太弟，居邺城遥控京师；司马越挟惠帝讨伐司马颖，大败，惠帝落入司马颖手中；司马颖兵败，挟惠帝入洛阳；张方占据洛阳操纵朝政，司马越与司马颙掌握了最高权力；张昌发动民变，奉刘尼为天子，攻杀了司马歆；张昌的党羽石冰被讨平；氐族头领李特围攻成都，被罗尚杀掉，李雄夺取成都，建立国家；匈奴拥立刘渊为大单于，建国称王，气势大振。

孝惠皇帝中之下

太安二年（癸亥，公元三〇三年）春，正月，李特潜渡江击罗尚，水上军皆散走。蜀郡太守徐俭以少城降，特入据之，惟取马以供军，馀无侵掠。赦其境内，改元建初。罗尚保太城，遣使求和于特。蜀民相聚为坞者，皆送款于特，特遣使就抚之；以军中粮少，乃分六郡流民于诸坞就食。李流言于特曰："诸坞新附，人心未固，宜质其大姓子弟，聚兵自守，以备不虞。"又与特司马上官惇书曰："纳降如待敌，不可易也。"前将军雄亦以为言。特怒曰："大事已定，但当安民，何为更逆加疑忌，使之离叛乎！"

【译文】太安二年（癸亥，公元303年）春季，正月，李特暗地渡江进攻罗尚，水上部队都溃散逃跑了。蜀郡太守徐俭献上少城投降，李特进城驻守，只将马匹用来补贴军用，其他都不加侵掠；宽恕境内百姓，将年号改为建初。罗尚退守太城，让使者向李特议和。蜀郡百姓聚集一起，修筑土堡以自保的各蜀民聚居点都向李特表示感激，李特派使者前去安抚；由于军中粮少，所以分散六郡的流民到各坞堡中寻食。李流向李特进谏说："各坞堡刚刚归降，人心不稳，应该让豪门大族的子弟担任人质，集中一些兵力自己防守，以此来预防想不到的事。"李流又给李特的司马上官惇去信说："接受投降就像接受敌人，无法掉以轻心。"前将军李雄也这样说。李特恼怒地说："大事已定，只要安定百姓，为什么又要对他们加以怀疑，使他们叛变呢？"

朝廷遣荆州刺史宗岱、建平太守孙阜帅水军三万以救罗尚。岱以阜为前锋，进逼德阳。特遣李荡及蜀郡太守李璜就德阳太守任臧共拒之。岱、阜军势甚盛，诸坞皆有贰志。益州兵曹从事蜀郡任叡言于罗尚曰："李特散众就食，骄怠无备，此天亡之时也。宜密约诸坞，刻期同发，内外击之，破之必矣！"尚使叡夜缒出城，宣旨于诸坞，期以二月十日同击特。叡因诣特诈降。特问城中虚实，睿曰："粮储将尽，但馀货帛耳。"叡求出省家，特许之，遂还报尚。二月，尚遣兵掩袭特营，诸坞皆应之，特兵大败，斩特及李辅、李远，皆焚尸，传首洛阳。流民大惧，李流、李荡、李雄收馀众还保赤祖。流自称大将军、大都督、益州牧，保东营，荡、雄保北营。孙阜破德阳，获骞硕，任臧退屯涪陵。

【译文】 朝廷派荆州刺史宗岱、建平太守孙阜，带领三万水军来援助罗尚。宗岱让孙阜担任前锋，进攻德阳；李特派李荡和蜀郡太守李璜，前去德阳，和太守任臧一起抵抗。宗岱、孙阜军队的阵势异常强大，各坞堡都有叛变的意愿。益州兵曹从事蜀郡人任叡，向罗尚进谏说："李特分散部队，前去谋食，他骄傲放松，没有设防，这是上天要使他们灭亡。我们可以暗中约定各个坞堡，说好日期，同时出动里应外合，必定可以击败他们！"罗尚让任叡晚上缒绳出城，到各坞堡宣布命令，约好在二月十日一起攻击李特。任叡趁机到李特处假意投降，李特询问城中情况，任叡说："存储的粮食快要吃完了，只剩下财物布匹而已。"任叡恳请出城探望家人，李特同意了，于是回来报告罗尚。二月，罗尚派遣军队偷袭李特军营，各坞堡都响应，李特军队大败，罗尚斩杀李特和李辅、李远，烧毁了尸体，将他们的首级传到洛阳，流民十分恐惧。李流、李荡、李雄聚集残余军众，回来退守赤祖。李流自封大将军、大都督、益州牧，保据东营，李荡、李雄驻守北营。孙阜攻克德阳，抓获骞硕，任臧退兵，驻扎在涪陵。

三月，罗尚遣督护何冲、常深等攻李流，涪陵民药绅等亦起兵攻流。流与李骧拒深，使李荡、李雄拒绅。何冲乘虚攻北营，氐苻成、隗伯在营中，叛应之。荡母罗氏擐甲拒战，伯手刃伤其目，罗氏气益壮；营垂破，会流等破深、绅，引兵还，与冲等战，大破之，成、伯帅其党突出诣尚。流等乘胜进抵成都，尚复闭城自守。荡驰马逐北，中矛而死。

朝廷遣侍中燕国刘沈假节统罗尚、许雄等军，讨李流。行至长安，河间王颙留沈为军师，遣席薳代之。

【译文】三月，罗尚让督护何冲、常深进攻李流，涪陵百姓药绅也起兵攻击李流。李流和李骧抵挡药绅，何冲趁机攻打北营，氐人苻成、隗伯在营中叛变响应。李荡的母亲罗氏，身着盔甲交战，隗伯亲手刺伤她的眼睛，罗氏的气势更加强壮；正好李流等人击败常深、药绅，带领军队回来，与何冲交战，大获全胜。苻成、隗伯带领党徒突围出城，投靠罗尚。李流等人乘胜进军，到达成都，罗尚关闭城门固守。李荡骑马奔驰，追赶逃兵，中箭身亡。

朝廷派侍中燕国人刘沈用符节统一指挥罗尚、许雄等人的军队，进攻李流。到长安时，河间王司马颙挽留刘沈担任军师，派遣席薳代替刘沈。

李流以李特、李荡继死，宗岱、孙阜将至，甚惧。李含劝流降，流从之；李骧、李雄迭谏，不纳。夏，五月，流遣其子世及含子胡为质于阜军；胡兄离为梓潼太守，闻之，自郡驰还，欲谏，不及。退，与雄谋袭阜军，雄曰："为今计，当如是；而二翁不从，奈何？"离曰："当劫之耳！"雄大喜，乃共说流民曰："吾属前已残暴蜀民，今一旦束手，便为鱼肉。惟有同心袭阜以取富贵耳！"众皆从之。雄遂与离袭击阜军，大破之。会宗岱卒于垫江，荆州军遂退。流甚惭，由是奇雄才，军事悉以任之。

【译文】李流由于李特、李荡相继死去，宗岱、孙阜就要到达，非常害怕。李含劝李流投降，李流听从。李骧、李雄接连不断进谏，都不被采纳。夏季，五月，李流让他的儿子李世和李含的儿子李胡，到孙阜军中作人质；李胡的哥哥李离，担任梓潼太守，听到后，从郡城跑回来，想要进谏，但已经来不及了。退回来，和李雄准备袭击孙阜的军队，李雄说："现在的计策，应该是这样的；然而两位老人不同意，我们应该怎么办？"李离说："必须强迫他们！"李雄非常高兴，所以一起劝流民说："我们这些人之前已经伤害了蜀郡的百姓，如今万一束手就擒，就会成了任人宰割的鱼肉，唯有同心协力攻击孙阜，来求取富贵了！"大家都听从他。李雄和李离率军袭击孙阜军队，大获全胜。正好宗岱死在垫江，荆州军队只好退兵。李流非常惭愧，由于李雄拥有奇才，将军事全部托付给他。

新野庄王歆，为政严急，失蛮夷心，义阳蛮张昌聚党数千人，欲为乱。荆州以壬午诏书发武勇赴益州讨李流，号"壬午兵"。民惮远征，皆不欲行。诏书督遣严急，所经之界停留五日者，二千石免官。由是郡县官长皆亲出驱逐；展转不远，辄复屯聚为群盗。时江夏大稔，民就食者数千口。张昌因之诳惑百姓，更姓名曰李辰，募众于安陆石岩山，请流民及避戍役者多往从之。太守弓钦遣兵讨之，不胜。昌遂攻郡，钦兵败，与部将朱伺奔武昌。歆遣骑督靳满讨之，满复败走。

【译文】新野庄王司马歆，处理政事严厉紧迫，失去蛮夷的信任。义阳蛮族人张昌召集几千党徒，想要叛乱。荆州用壬午诏书派遣勇猛战士前去益州，讨伐李流，人称"壬午兵"。百姓害怕远征，都不想去。诏书催促得很紧急，凡经过地界停留五天的，两千石的官吏免除官职。于是郡县长官都亲自出来驱赶；迁移没多远，百姓就又聚集在一起，成了盗贼。当时江夏粮食大丰收，百姓前去谋生的有好几千人。张昌趁机欺瞒百姓，将姓名改为李辰，在安陆郡石岩山召集百姓，各地流民和躲避赋役的人，大多都跟从他。太守弓钦派兵讨伐他，战败而归。张昌于是攻打郡城，弓钦的军队失败，和部将朱伺奔向武昌。司马歆派骑督靳满讨伐他们，靳满又失败逃跑。

昌遂据江夏，造妖言云："当有圣人出为民主。"得山都县吏丘沈，更其姓名曰刘尼，诈云汉后，奉以为天子，曰："此圣人也。"昌自为相国，诈作凤皇、玉玺之瑞，建元神凤；郊祀、服色，悉依汉故事。有不应募者，族诛之，士民莫敢不从。又流言云："江、淮已南皆反，官军大起，当悉诛之。"互相扇动，人情惶惧，江、沔间所在起兵以应昌，旬月间众至三万，皆著绛帽，以马尾作髯。诏遣监军华宏讨之，败于障山。

【译文】张昌于是占领江夏，制造流言说："应该有圣人出现，作为百姓的君主。"张昌捉到山都县县吏丘沈，将他的姓名改为刘尼，骗人说他是汉朝的后代，推崇他为天子，说："这是圣人。"张昌自己担任相国，假造凤凰、玉玺祥瑞的事，将年号改为神凤。祭奠天地的典制、服装的颜色，都按照汉朝旧例。凡是没有听从召集的人，诛杀全族，百姓不敢不顺从。又散布谣言："江、淮以南，都叛变了，官军大起，是会被全部诛杀的。"众人互相煽动，人心惶恐，江、沔各地起兵来响应张昌的，一月之间达到三万人，他们都戴着红色的帽子，用马尾作胡须。并下令派监军华宏讨伐他们，但在障山战败。

歆上言："妖贼犬羊万计，绛头毛面，挑刀走戟，其锋不可当。请台敕诸军三道救助。"朝廷以屯骑校尉刘乔为豫州刺史，宁朔将军沛国刘弘为荆州刺史。又诏河间王颙遣雍州刺史刘沈将州兵万人并征西府五千人出蓝田头以讨昌。颙不奉诏；沈自领州兵至蓝田，颙又逼夺其众。于是，刘乔屯汝南，刘弘及前将军赵骧、平南将军羊伊屯宛。昌遣其将黄林帅二万人向豫州，刘乔击却之。

【译文】 司马歆上书："妖贼像羊犬群聚，人数众多，他们头戴红色帽子、满面胡须，手持刀剑，操拿大戟，锐气无法阻挡。恳请朝廷禁省敕令各军，分三道援助。"朝廷让屯骑校尉刘乔担任豫州刺史；宁朔将军沛国人刘弘担任荆州刺史；又下令让河间王司马颙，派雍州刺史刘沈，带领州兵一万人和征西府五千人，从蓝田关出兵，去讨伐张昌。司马颙并不接受诏书命令。刘沈自行带领州兵，到了蓝田，司马颙又强行夺去他的军权。所以刘乔驻扎在汝南，刘弘和前将军赵骧、平南将军羊伊将军队驻扎在宛城。张昌派遣他的将领黄林，带领两万人，前去豫州，刘乔击退了他们。

初，歆与齐王冏善，冏败，歆惧，自结于大将军颖。及张昌作乱，歆表请讨之。时长沙王乂已与颖有隙，疑歆与颖连谋，不听歆出兵，昌众日盛。从事中郎孙洵谓歆曰："公为岳牧，受阃外之托，拜表辄行，有何不可！而使奸凶滋蔓，祸衅不测，岂藩翰王室、镇静方夏之义乎！"歆将出兵，王绥曰："昌等小贼，偏裨自足制之，何必违诏命，亲矢石也！"昌至樊城，歆乃出拒之，众溃，为昌所杀。诏以刘弘代歆为镇南将军，都督荆州诸军事。六月，弘以南蛮长史庐江陶侃为大都护，参军蒯恒为义军督护，牙门将皮初为都战帅，进据襄阳。张昌并军围宛，败赵骧军，杀羊伊。刘弘退屯梁。昌进攻襄阳，不克。

【译文】 起初，司马歆和齐王司马冏关系很好，司马冏败亡

364

后，司马歆恐惧了，和大将军司马颖暗中结交。等到张昌作乱，司马歆上表恳请讨伐他们。当时长沙王司马乂已经和司马颖有了仇恨，怀疑是司马歆和司马颖合谋，没有听从司马歆派出军队请求，致使张昌部队日益强大。从事中郎孙洵对司马歆说："您担任封疆大吏，蒙受边疆重托，呈上表章就行动，有什么不行的呢？却使奸贼盗匪弥漫猖狂，灾祸难以估量，这哪里是保卫王室、稳定华夏的意义呢！"司马歆想要出兵，王绥说："张昌等区区贼人，我们足以制服了，您何必违抗圣命，亲自冒着箭石的危险呢！"张昌到了樊城，司马歆这才出兵反抗，部队溃散，被张昌杀了。朝廷派刘弘代替司马歆担任镇南将军，负责荆州所有事务。六月，刘弘让南蛮长史陶侃担任大都护，参军蒯恒担任义军督护，牙门将皮初担任都战帅，发兵驻守襄阳。张昌联合军队围攻宛城，击败赵骧的军队，杀掉羊伊。刘弘撤退后，驻扎在梁县。张昌进攻襄阳，但迟迟无法攻下。

　　李雄攻杀汶山太守陈图，遂取郫城。

　　秋，七月，李流徙屯郫。蜀民皆保险结坞，或南入宁州，或东下荆州，城邑皆空，野无烟火，流钞掠无所得，士众饥乏。唯涪陵千馀家，依青城山处士范长生，平西参军涪陵徐舆说罗尚，求为汶山太守，邀结长生，与共讨流。尚不许，舆怒，出降于流，流以舆为安西将军。舆说长生，使资给流军粮，长生从之。流军由是复振。

　　【译文】李雄进攻汶山太守陈图，杀了他，并且攻下郫城。

　　秋季，七月，李流移兵驻扎郫城。蜀郡百姓都固守要地，联合坞堡，以求自保，有的到南面的宁州，有的到东边的荆州，城内空虚，野外没有烟火，李流抢劫不到粮食，士兵们都饥肠辘辖。唯有涪陵一千多户人家，依靠青城山处士范长生；平西参军涪陵人徐舆游说罗尚，恳请罗尚让自己担任汶山太守，邀请范长生，同他一起讨伐李流。罗尚不答应，徐舆一怒之下，出城向李流投降，李流让他担任安西将军。徐舆劝范长生出钱，供给李流军粮，长生同意了，李流的军队又振作起来。

资治通鉴

初，李含以长沙王乂微弱，必为齐王冏所杀，因欲以为冏罪而讨之，遂废帝，立大将军颖，以河间王颙为宰相，己得用事。既而冏为乂所杀，颖、颙犹守藩，不如所谋。颖恃功骄奢，百度弛废，甚于冏时；犹嫌乂在内，不得逞其欲，欲去之。时皇甫商复为乂参军，商兄重为秦州刺史。含说颙曰："商为乂所任，重终不为人用，宜早除之。可表迁重为内职，因其过长安执之。"重知之，露檄上尚书，发陇上兵以讨含。乂以兵方少息，遣使诏重罢兵，征含为河南尹。含就征而重不奉诏，颙遣金城太守游楷、陇西太守韩稚等合四郡兵攻之。颙密使含与侍中冯荪、中书令卞粹谋杀乂；皇甫商以告乂，收含、荪、粹，杀之。骠骑从事琅邪诸葛玫、前司徒长史武邑牵秀皆出奔邺。

【译文】起初，李含由于长沙王司马乂势单力薄，认为他必定会被齐王司马冏杀掉，想借司马冏的罪行来讨伐他，接着废除晋惠帝司马衷，拥护大将军司马颖，让河间王司马颙担任宰相，自己可以掌权。没过多久，司马冏被司马乂杀了，司马颖、司马颙依然据守藩国，并不像预料的那样。司马颖依仗功劳，恃宠而骄，各种制度都荒废了，比司马冏统治的时期还要严重；他还嫌司马乂尚在朝中，无法满足自己的欲望，想要除去司马乂。当时皇甫商又担任了司马乂的参军，皇甫商的哥哥皇甫重任秦州刺史。李含劝说司马颙："皇甫商受到司马乂的信任，皇甫重终是不会接受别人任用的，您应该早日除掉他，您可以上书升迁皇甫重担任朝内职务，趁他经过长安时捉住他。"皇甫重知晓后，用不封口的檄文呈给尚书，出动陇上军队来讨伐李含。司马乂认为军队需要稍加休息，让使者下达命令要皇甫重停止出兵，征召李含担任河南尹。李含接受了征召，然而皇甫重并不接受任命，司马颙派遣金城太守游楷、陇西太守韩稚等人，集合四郡军队攻打他。司马颙暗中命令李含和侍中冯荪、中书令卞粹谋杀司马乂。皇甫商将这件事告诉了司马乂，司马乂收捕了李含、冯荪、卞粹，并杀掉他们三人。骠骑从事琅邪人诸葛玫、前司徒长史武邑人牵秀，都逃到邺都。

　　张昌党石冰寇扬州，败刺史陈徽，诸郡尽没；又攻破江州，别将陈贞等攻武陵、零陵、豫章、武昌、长沙，皆陷之，临淮人封云起兵寇徐州以应冰。于是，荆、江、扬、豫、徐五州之境，多为昌所据。昌更置牧守，皆桀盗小人，专以劫掠为务。

　　刘弘遣陶侃等攻昌于竟陵，刘乔遣其将李杨等向江夏。侃等屡与昌战，大破之，前后斩首数万级，昌逃于下俊山，其众悉降。

　　初，陶侃少孤贫，为郡督邮，长沙太守万嗣过庐江，见而异之，命其子结友而去。后察孝廉，至洛阳，豫章国郎中令杨晫荐之于顾荣，侃由是知名。既克张昌，刘弘谓侃曰："吾昔为羊公参军，谓吾后当居身处。今观卿，必继老夫矣。"

　　【译文】张昌的同伙石冰侵犯扬州，击败刺史陈徽，各郡全部陷落；又攻下江州，别将陈贞等攻打武陵、零陵、豫章、武昌、长沙，各地均陷落。临淮人封云起兵侵犯徐州，呼应石冰。荆、江、扬、豫、徐五州地区，大多被张昌占领。张昌设立的州牧、郡守，都是残忍的盗贼小人，专门干些抢劫财物的事情。

刘弘让陶侃等人到竟陵进攻张昌，刘乔让他的将领李杨等人到江夏。陶侃等人多次和张昌交战，大败敌兵，前后斩下的首级共有几万颗，张昌逃到下俊山中，他的部众都投降了。

起初，陶侃小时候，父亲死了，家里很穷，他担任郡中的督邮时，长沙太守万嗣经过庐江，见到他，觉得他是杰出的人才，让他的儿子和陶侃交朋友，然后才离开。陶侃后来被选拔为孝廉，到了洛阳，豫章国郎中令杨晫向顾荣推荐他，陶侃由此远近闻名。陶侃击败张昌后，刘弘对陶侃说："我之前担任羊公参军时，认为这是我之后应该拥有的位置；如今见到你，觉得你必定会继承我的地位了。"

弘之退屯于梁也，征南将军范阳王虓遣前长水校尉张奕领荆州。弘至，奕不受代，举兵拒弘；弘讨奕，斩之。时荆部守宰多缺，弘请补选，诏许之。弘叙功铨德，随才授任，人皆服其公当。弘表皮初补襄阳太守，朝廷以初虽有功而望浅，更以弘婿前东平太守夏侯陟为襄阳太守。弘下教曰："夫治一国者，宜以一国为心，必若姻亲然后可用，则荆州十郡，安得十女婿然后为政哉！"乃表："陟姻亲，旧制不得相监；皮初之勋，宜见酬报。"诏听之。弘于是劝课农桑，宽刑省赋，公私给足，百姓爱悦。

【译文】刘弘退兵后，将军队驻扎在梁县，征南将军范阳王司马虓派前长水校尉张奕统领荆州。刘弘到了，然而张奕不允许刘弘替代自己，于是他就出兵反抗刘弘；刘弘讨伐并杀掉了张奕。当时荆州官府的官员有很多空缺，刘弘恳请朝廷选举人才补足，朝廷下诏同意了。刘弘奖赏有功的人，选举有节操的人，按照才能选拔官吏，大家都敬佩他的处事公正允当。刘弘上书让皮初担任襄阳太守，朝廷认为皮初虽然有功劳，但威望不高, 于是就让刘弘的女婿、前东平太守夏侯陟任襄阳太守。刘弘颁布命令说:"管理一国的人, 应该为全国尽力, 假如必须是亲戚才能任用的话, 那么荆州有十个郡, 到哪里能找到十个女婿来处理政事呢!"于是他向朝廷上书说:"夏侯陟是我的亲戚, 以前按照规定亲戚无法相互监督; 皮初的功劳, 应该获得回报。"朝廷下令同意刘弘的安排。刘弘于是奖励督查农桑事业, 宽大刑罚, 减轻赋税, 公私丰足, 百姓非常高兴。

【乾隆御批】晋世用人重门望, 最为弊政。刘弘抑陟表初, 不独公正自持, 亦足挽末流之失。

【译文】晋代用人注重家世声望, 是最有害的政策。刘弘抑制夏侯陟而上表推荐皮初, 不仅是自己坚持公正, 也足以挽救末世的过失。

河间王颙闻李含等死, 即起兵讨长沙王乂。大将军颖上表请讨张昌, 许之; 闻昌已平, 因欲与颙共攻乂。卢志谏曰:"公前有大功而委权辞宠, 时望美矣。今宜顿军关外, 文服入朝, 此霸主之事也。"参军魏郡邵续曰:"人之有兄弟, 如左右手。明公欲当天下之敌而先去其一手, 可乎!"颖皆不从。八月, 颙、颖共表:"乂论功不平, 与右仆射羊玄之、左将军皇甫商专擅朝政, 杀害忠良, 请诛玄之、商, 遣乂还国。"诏曰:"颙敢举大兵, 内向京辇, 吾当亲帅六军以诛奸逆。其以乂为太尉, 都督中外诸军事以御之。"

【译文】河间王司马颙听说李含等人死了, 马上起兵进攻长沙王司马乂。大将军司马颖上书, 恳请讨伐张昌, 晋惠帝司马衷同意了。司马颖听说张昌已被平定, 想和司马颙一起讨伐司马乂。卢志进谏说:"您之前据有大功, 却抛弃大权、推辞尊贵, 当时声望非常美好; 如今要在郊关门外整肃军队, 穿上官服进宫朝见，这是霸王的功业。"参军魏郡人邵续说："一个人拥有兄弟，如同左右手。您假如想面对天下的敌人却先去掉其中一只手，这样能行吗？"司马颖没有听从他们的意见。八月，司马颙、司马颖一起上书："司马乂评论功劳不当，与右仆射羊玄之、左将军皇甫商独断朝廷大权，陷害忠良，我们恳请诛杀羊玄之、皇甫商，将司马乂送回国。"晋惠帝司马衷下令说："司马颙竟敢兴起大军，攻击京都，我应该亲自统率六军，来讨伐这些奸邪叛逆的人。让司马乂担任太尉，负责内外所有军务来抵抗他们。"

颙以张方为都督，将精兵七万，自函谷东趋洛阳。颖引兵屯朝歌，以平原内史陆机为前将军、前锋都督、督北中郎将王粹、冠军将军牵秀、中护军石超等军二十馀万，南向洛阳。机以羁旅事颖，一旦顿居诸将之右，王粹等心皆不服。白沙督孙惠与机亲厚，劝机让都督于粹。机曰："彼将谓吾首鼠两端，适所以速祸也。"遂行。颖列军自朝歌至河桥，鼓声闻数百里。

【译文】 司马颙让张方担任都督，带领七万精兵，从函谷往东，赶往洛阳。司马颖带领军队驻扎在朝歌；让平原内史陆机担任前将军、前锋都督，督率北中郎将王粹、冠军将军牵秀、中护军石超等部队二十多万人，南向洛阳。陆机以寄身客卿的地位侍奉司马颖，突然地位超过各将领，王粹等人心里都不服气。白沙督孙惠和陆机交情很好，劝陆机将都督让给王粹，陆机说："他们就会说我犹豫不决，这正好加快了灾乱。"于是仍旧出发。司马颖的军队从朝歌排到河桥，鼓声传播到几百里之外。

乙丑，帝如十三里桥。太尉乂使皇甫商将万馀人拒张方于宜阳。己巳，帝还军宣武场。庚午，舍于石楼。九月，丁丑，屯于河桥。壬子，张方袭皇甫商，败之。甲申，帝军于芒山。丁亥，帝幸偃师；辛卯，舍于豆田。大将军颖进屯河南，阻清水为垒。癸巳，羊玄之忧惧而卒，帝旋军城东；丙申，幸缑氏，击牵秀，走之。大赦。张方入京城，大掠，死者万计。

【译文】 乙丑日（二十四日），晋惠帝司马衷到十三里桥。太尉司马乂让皇甫商带领一万多人到宜阳抵抗张方。己巳日（二十八日），晋惠帝司马衷的军队返回宣武场。庚午日（二十九日），驻扎在石楼。九月，丁丑日（初六），晋惠帝司马衷驻军在河桥。壬子日（九月无此日），张方袭击皇甫商，并战胜他们。甲申日（十三日），晋惠帝司马衷驻扎在芒山。丁亥日（十六日），晋惠帝司马衷到达偃师；辛卯日（二十日），晋惠帝司马衷住在豆田。大将军司马颖率兵驻扎在黄河南岸，隔着清水扎营筑寨。癸巳日（二十二日），羊玄之在担忧中去世，晋惠帝司马衷的军队返回城东。丙申日（二十五日），晋惠帝司马衷到达缑氏，进攻牵秀，并击败了他。晋惠帝司马衷大赦天下。张方来到京城，大肆抢劫，死者数以万计。

李流疾笃，谓诸将曰："骁骑仁明，固足以济大事；然前军英武，殆天所相，可共受事于前军。"流卒，众推李雄为大都督、大将军、益州牧、治郫城。雄使武都朴泰绐罗尚，使袭郫城，云已为内应。尚使隗伯将兵攻郫，泰约举火为应，李骧伏兵于道，泰出长梯于外。隗伯兵见火起，争缘梯上，骧纵兵击，大破之。追奔夜至城下，诈称万岁，曰："已得郫城矣！"入少城，尚乃觉之，退保太城。隗伯创甚，雄生获之，赦不杀。李骧攻犍为，断尚运道。获太守龚恢，杀之。

【译文】 李流病重，对各位将领说："骁骑将军仁德明理，本来足以担当大任；但是前军将军英勇雄武，这估计是上天所赐，你们可以一起为前军将军效力。"李流去世后，大家推荐李雄担任大都督、大将军、益州牧，镇所在郫城。李雄命令武都人朴泰欺骗罗尚，让他偷袭郫城，说自己可做内应。罗尚让隗伯带领军队攻打郫城，朴泰约好点火作为呼应，李骧在中途埋伏军队，朴泰将长梯架出城外。隗伯士兵见到火光，争先登上长梯上城，李骧出动军队攻击，大获全胜。并追赶逃兵，晚上到了城下，假装高呼万岁，说："我们已经占领郫城了！"来到少城后，罗尚才发觉上当，只好退守太城。隗伯受伤很重，被李雄活捉，赦免而没有被杀。李骧攻打犍为，切断罗尚的运输路线。并捕杀太守龚恢。

石超进逼缑氏。冬，十月，壬寅，帝还宫。丁未，败牵秀于东阳门外。大将军颖遣将军马咸助陆机。戊申，太尉乂奉帝与机战于建春门。乂司马王瑚使数千骑系戟于马，以突咸陈，咸军乱，执而斩之。机军大败，赴七里涧，死者如积，水为之不流。斩其大将贾崇等十六人，石超遁去。

【译文】石超率兵进攻缑氏。冬季，十月，壬寅日（初二），晋惠帝司马衷返回宫中。丁未日（初七），在东阳门外战胜牵秀。大将军司马颖派将军马咸援助陆机。戊申日（初八），太尉司马乂拥护晋惠帝司马衷和陆机在建春门交战。司马乂的司马王瑚，命令几千骑兵在马上绑着长戟，来冲撞马咸的军阵，马咸军阵被冲乱，王瑚捕获并杀掉了马咸。陆机军队大败，逃向七里涧，死亡的人堆积如山，涧水都被堵塞得无法流动了。石超杀掉了他的大将贾崇等十六人后逃跑。

初，宦人孟玖有宠于大将军颖，玖欲用其父为邯郸令，左长史卢志等皆不敢违，右司马陆云固执不许，曰："此县，公府掾资，岂有黄门父居之邪！"玖深怨之。玖弟超，领万人为小督，未战，纵兵大掠，陆机录其主者；超将铁骑百馀人直入机麾下，夺之，顾谓机曰："貉奴，能作督不！"机司马吴郡孙拯劝机杀之，机不能用。超宣言于众曰："陆机将反。"又还书与玖，言机持两端，故军不速决。及战，超不受机节度，轻兵独进，败没。玖疑机杀之，谮之于颖曰："机有二心于长沙。"牵秀素谄事玖，将军王阐、郝昌、帐下督阳平公师藩皆玖所引用，相与共证之。颖大怒，使秀将兵收机。参军事王彰谏曰："今日之举，强弱异势，庸人犹知必克，况机之明达乎！但机吴人，殿下用之太过，北土旧将皆疾之耳。"颖不从。机闻秀至，释戎服，著白帢，与秀相见，为笺辞颖，既而叹曰："华亭鹤唳，可复闻乎！"秀遂杀之。颖又收机弟清河内史云、平东祭酒耽及孙拯，皆下狱。

【译文】起初，宦官孟玖受到大将军司马颖的宠信，孟玖想让他的父亲担任邯郸令，左长史卢志等人都不敢反对，右司马陆云坚决不同意，说："这一县的长官，有晋升公府掾的资格，哪有让黄门宦官的父亲任职的道理呢！"孟玖非常恨陆云。孟玖的弟弟孟超，是带领万人的小督，尚未交战就放纵军队，大肆抢劫，陆机收押了闹事的人。孟超带领强悍骑兵一百多人，径直冲进陆机帐前，夺走犯人，并回头对陆机说："奴才！看你还能担任都督吗！"陆机的司马吴郡人孙拯，劝陆机杀掉他，陆机不同意。孟超对大家公开说："陆机想要造反。"还写信给孟玖，说陆机操持两头，以致战事无法速战速决。等到交战，孟超不接受陆机的命令，轻率地带兵孤军深入，战败而死。孟玖怀疑是陆机杀了他，在司马颖面前陷害陆机说："陆机在长沙有异心。"牵秀向来谄媚地为孟玖效力,将军王阐、郝昌、帐下督阳平人公师藩,都是孟玖引荐来的,他们一起证实。司马颖十分恼怒,让牵秀带领军队捕拿陆机。参军事王彰进言说:"今天的事情,强弱不同,平常人都知晓必定会取得成功,何况是陆机这么通晓事理的人呢! 只不过陆机是吴郡人,殿下过于宠信他,北方旧有的将领都憎恨他而已。"司马颖没有听从。陆机听说牵秀到了,自动脱下军装,头戴白色帽子,和牵秀见面,还写了封信与司马颖告别,事后他叹气说:"华亭的鹤唳声,我还能够再听得到吗? "牵秀最终杀了他。司马颖又收押陆机的弟弟清河内史陆云、平东祭酒陆耽和孙拯,将他们都投入监狱。

资治通鉴

记室江统、陈留蔡克、颖川枣嵩等上疏,以为:"陆机浅谋致败,杀之可也。至于反逆,则众共知其不然。宜先检校机反状,若有征验,诛云等未晚也。"统等恳请不已,颖迟回者三日。蔡克入,至颖前,叩头流血,曰:"云为孟玖所犯,远近莫不闻;今果见杀,窃为明公惜之!"僚属随克入者数十人,流涕固请,颖恻然,有宥云之色。孟玖扶颖入,催令杀云、耽,夷机三族。狱吏考掠孙拯数百,两踝骨见,终言机冤。吏知拯义烈,谓拯曰:"二陆之枉,谁不知之,君可不爱身乎?"拯仰天叹曰:"陆君兄弟,世之奇士,吾蒙知爱,今既不能救其死,忍复从而诬之乎!"玖等知拯不可屈,乃令狱吏诈为拯辞。颖既杀机,意常悔之,及见拯辞,大喜,谓玖等曰:"非卿之忠,不能穷此奸。"遂夷拯三族。拯门人费慈、宰意二人诣狱明拯冤,拯譬遣之曰:"吾义不负二陆,死自吾分;卿何为尔邪!"曰:"君既不负二陆,仆又安可负君!"固言拯冤,玖又杀之。

【译文】记室江统、陈留人蔡克、颍川人枣嵩等人呈上奏章，认为："陆机计谋不深，遭到失败，杀掉他是说得过去；但说到反叛的事，大家都知晓他是不会的。您应该先检查陆机造反的罪行，假如有了证据，再杀掉陆云等人也不晚。"江统等人不停地恳求，司马颖犹豫了三天。蔡克进来，跪到司马颖面前，叩得头破血流，说："陆云是孟玖怨恨的人，这是所有人都知晓的。假如他被杀的话，我替您痛惜！"跟随蔡克进来的门客有几十人，都流着眼泪，坚决恳请，司马颖心中难过，有宽恕陆云的意思。孟玖扶着司马颖来到内室，催着要他杀陆云、陆耽，诛杀陆机三族。狱吏拷打孙拯几百下，打得两脚踝露出了踝骨，他还一直说陆机是无辜的。狱吏知晓孙拯的正气刚烈，便对孙拯说："二陆的冤情，大家都知晓，你怎能不爱护自己的身体呢？"孙拯仰头叹道："陆机兄弟，是人世中的奇才，我承蒙他们的知遇之恩，如今既然无法拯救他们的性命，难道还忍心陷害他们吗！"孟玖知晓孙拯不会屈从，就让狱吏假造孙拯的供词。司马颖杀掉陆机后，心中时常悔恨，等到看了孙拯的供词，十分高兴，便对孟玖等人说："假如没有你们的忠诚，我无法详细追究这件奸逆的事！"所以将孙拯三族都杀掉。孙拯的门人费慈、宰意两个人，去监狱陈明孙拯的冤情，孙拯开导并让他们离开，说："我坚持正义，不辜负二陆，死是我的本意，何必牵连到你们呢！"他们说："你既然不辜负二陆，我们又哪里会辜负你呢！"他们还是坚持陈述孙拯的冤情，孟玖将他们也杀掉了。

【乾隆御批】陆机矜尚文词，然其人不及张华远甚。感颖私恩，甘为爪牙而不辞，又不能效卢志之规正，甚至抗帝颜，行身陷悖逆。微孟玖谮亦罪不容诛者。孙拯乃以身徇之，一时号为义烈，可谓不揣其本。

【译文】陆机夸耀崇尚文章词语，然而为人远远比不上张华。感念司马颖私人的恩惠，甘心做他的爪牙而不告别，又不能仿效卢志的规劝改正，甚至违抗皇帝的旨意，所作所为身处违逆。小人孟玖诬陷他人也是罪恶极大，处死也不能抵罪。孙拯却以身殉二陆，一时号称为忠义节烈，可以说是没有揣摩事情的根本。

【申涵煜评】二陆江东名族子，父兄多死于国。乃反面事仇，始作权门鹰犬，既为逆藩爪牙，含英咀华，声闻过情，适足以杀其躯而已矣。

【译文】陆机和陆云是江东名门望族的后代，父辈兄弟多为国家而死，却反过来为仇人效力，做权贵的爪牙，既然做了逆贼的爪牙，细细地琢磨，名声超过了实情，实在是足以给自己带来杀身之祸。

太尉乂奉帝攻张方，方兵望见乘舆，皆退走，方遂大败，死者五千馀人。方退屯十三里桥，众惧，欲夜遁，方曰："胜负兵家之常，善用兵者能因败为成。今我更前作垒，出其不意，此奇策也。"乃夜潜进，逼洛城七里，筑垒数重，外引廪谷以足军食。乂既战胜，以为方不足忧。闻方垒成，十一月，引兵攻之，不利。朝议以乂、颖兄弟，可辞说而释，乃使中书令王衍等往说颖，令与乂分陕而居，颖不从。乂因致书于颖，为陈利害，欲与之和解，颖复书："请斩皇甫商等首，则引兵还邺。"乂不可。

【译文】太尉司马乂支持晋惠帝司马衷攻打张方，张方军队在远处见到了晋惠帝司马衷的车驾，都退走了，张方因而大败，共死了五千多人。张方退守在十三里桥，士兵害怕，想在晚上逃跑，张方说："胜败乃兵家常事，善于带兵的人，能转败为胜。现在我们向前进，建造堡垒，出奇制胜，这才是上策。"所以他们晚上偷偷地逼近洛城七里的地方，建造好几层的堡垒，从外面取来仓库谷物，来补足军中粮食。司马乂取胜后，认为不值得害怕张方的军队。当他听说张方的壁垒已经建成，十一月，便带军攻打，无法获胜。朝中认为司马乂、司马颖是兄弟，可以通过讲和排解纠纷，所以派中书令王衍等人前去游说司马颖，让他和司马乂分割陕地，各自管理，司马颖不同意。司马乂因此送信给司马颖，向他陈说利害关系，想要和他和解。司马颖回答说："您若斩下皇甫商等人的首级，我就带军返回邺都。"司马乂不同意。

颖进兵逼京师，张方决千金堨，水碓皆涸。乃发王公奴婢手舂给兵，一品已下不从征者，男子十三以上皆从役，又发奴助兵；公私穷踧，米石万钱。诏命所行，一城而已。骠骑主簿范阳祖逖言于乂曰："刘沈忠义果毅，雍州兵力足制河间，宜启上为诏与沈，使发兵袭颙。颙窘急，必召张方以自救，此良策也。"乂从之。沈奉诏驰檄四境，诸郡多起兵应之。沈合七郡之众凡万馀人，趣长安。

乂又使皇甫商间行，赍帝手诏，命游楷等罢兵，敕皇甫重进军讨颙。商行至新平，遇其从甥，从甥素憎商，以告颙捕商，杀之。

【译文】司马颖带兵进攻京城，张方打破千金堨的堤堰，水渠的用水都干枯了。朝廷发动王公大臣的奴仆，用手舂米，供给军队食用；一品以下不跟从交战的官吏，十三岁以上的男子都要服役；还发动下人帮助军队。公私穷困紧迫，粮食一石涨到一万钱。皇帝诏命所能到达的地方，仅京城一座城池而已。骠骑主簿范阳人祖逖向司马乂进谏说："刘沈忠贞正义、英勇刚毅，雍州军力足以牵制河间，我们可以上报皇帝，下诏书给刘沈，让他出兵进攻司马颙。司马颙走投无路，必定会召回张方援助自己，这才是上计。"司马乂同意了。刘沈接到命令，很快到各地发布檄文，各地大多起兵呼应。刘沈召集七郡的部队，共计一万多人，奔向长安。

司马乂又命令皇甫商暗地出战，手持晋惠帝司马衷的亲手诏书，让游楷等人停下军事行动，派皇甫重发兵讨伐司马颙。皇甫商秘密到达新平，遇见了他的外甥，外甥向来讨厌皇甫商，便告诉司马颙，司马颙捉住并杀掉了皇甫商。

十二月，议郎周玘、前南平内史长沙王矩起兵江东以讨石冰，推前吴兴太守吴郡顾秘都督扬州九郡诸军事，传檄州郡，杀冰所署将吏。于是前侍御史贺循起兵于会稽，庐江内史广陵华谭及丹扬葛洪、甘卓皆起兵以应秘。玘，处之子；循，邵之子；卓，宁之曾孙也。

冰遣其将羌毒帅兵数万拒玘，玘击斩之。冰自临淮退趋寿春。征东将军刘准闻冰至，惶惧不知所为。广陵度支庐江陈敏统众在寿春，谓准曰："此等本不乐远戍，逼迫成贼，乌合之众，其势易离，敏请督帅运兵为公破之。"准乃益敏兵，使击之。

【译文】十二月，议郎周玘、前南平内史长沙王司马矩，在江东起义，讨伐石冰，选举前吴兴太守吴郡人顾秘负责扬州九郡所有军务，传令到各州郡，杀掉石冰所部署的将士官员。前侍御史贺循在会稽出兵，庐江内史广陵人华谭和丹阳人葛洪、甘卓都起兵来拥护顾秘。周玘，是周处的儿子；贺循，则是贺邵的儿子；甘卓，是甘宁的曾孙。

石冰派他的将领羌毒，带领几万士兵抵抗周玘，周玘攻击并杀掉了他。石冰从临淮急奔寿春。征东将军刘准听说石冰到了，恐惧得不知怎么办才好。广陵度支庐江人陈敏在寿春带领部众，对刘准说："这些人原本就不喜欢征战远方，被逼迫才成了盗贼，全是乌合之众，兵力一触即溃，陈敏恳请带领运输兵替公侯战胜他们。"刘准于是增加陈敏的将士，让他攻击石冰。

闰月，李雄急攻罗尚。尚军无食，留牙门张罗守城，夜，由牛鞞水东走，罗开门降。雄入成都，军士饥甚，乃帅众就谷于郫，掘野芋而食之。许雄坐讨贼不进，征即罪。

安北将军、都督幽州诸军事王浚，以天下方乱，欲结援夷狄，乃以一女妻鲜卑段务勿尘，一女妻素怒延，又表以辽西郡封务勿尘为辽西公。浚，沈之子也。

毛诜之死也，李浚奔五苓夷帅于陵丞，于陵丞诣李毅为浚请命，毅许之。浚至，毅杀之。于陵丞怒，帅诸夷反攻毅。

尚书令乐广女为成都王妃，或谮诸太尉乂；乂以问广，广神色不动，徐曰："广岂以五男易一女哉！"乂犹疑之。

【译文】闰月，李雄紧急进攻罗尚。罗尚军中没有粮食，留下牙门张罗守城，夜里，他从牛鞞水往东逃走，张罗开门投降。李雄来到成都，士兵非常饥饿，就率部众到郫县寻找粮食，挖掘野芋吃。许雄被判定犯了讨伐贼人举步不前的罪过，被召回京接受处罚。

安北将军、都督幽州所有军务的王浚，由于天下混乱，想和夷狄结盟，互相支援，于是将一个女儿嫁给鲜卑人段务勿尘，另外一个女儿嫁给素怒延。他还上书将辽西郡封给务勿尘，让他担任辽西公。王浚，是王沈的儿子。

毛诜死后，李浚逃到五苓夷的首领于陵丞的属地，于陵丞前去李毅处，替李浚恳请保全性命，李毅同意了。李浚一到，李毅就杀了他。于陵丞一怒之下，带领各夷族叛变，进攻李毅。

尚书令乐广的女儿是成都王的王妃，有人因为此事向太尉司马乂进谗。太尉问乐广，乐广脸色安详，慢慢地说："我难道会由于一个女儿的原因而不顾五个儿子的性命吗？"但司马乂还是对他存有疑心。

永兴元年（甲子，公元三〇四年）春，正月，丙午，乐广以忧卒。

长沙厉王乂屡与大将军颖战，破之，前后斩获六、七万人。而乂未尝亏奉上之礼；城中粮食日窘，而士卒无离心。张方以为洛阳未可克，欲还长安。而东海王越虑事不济，癸亥，潜与殿中诸将夜收乂送别省。甲子，越启帝，下诏免乂官，置金墉城。大赦，改元。城既开，殿中将士见外兵不盛，悔之，更谋劫出乂以拒颖。越惧，欲杀乂以绝众心。黄门侍郎潘滔曰："不可，将自有静之者。"乃遣人密告张方。丙寅，方取乂于金墉城。至营，炙而杀之，方军士亦为之流涕。

【译文】永兴元年（甲子，公元304年）春季，正月，丙午日（初八），乐广由于担忧去世。

长沙厉王司马乂多次和大将军司马颖交战，战胜他们，前后杀掉、俘虏六七万人。战事紧张而司马乂从来没有降低事奉君主的礼节。城中粮食渐渐缺乏，士兵并没有背叛的意愿。张方认为洛阳攻不下，要返回长安。这时，东海王司马越担心战事没有希望，癸亥日（二十五日），暗地和殿中各将趁晚上逮捕司马乂，将他送到别省。甲子日（二十六日），司马越上奏晋惠帝司马衷，下令罢黜了司马乂的官职，将他废置在金墉城。晋惠帝司马衷大赦天下，改年号为永兴。城门打开之后，殿中士兵见到外面军队兵力并不强大，都后悔了，又想抢救司马乂出来反抗司马颖。司马越恐惧，想杀掉司马乂来断绝大家的期望。黄门侍郎潘滔说："不能这样，之后自然会有稳定人心的人出现。"就派人暗中告诉张方。丙寅日（二十八日），张方到金墉城捉到司马乂，到军营后，将他烧死，张方的军士也为司马乂流泪。

　　公卿皆诣邺谢罪；大将军颖入京师，复还镇于邺。诏以颖为丞相，加东海王越守尚书令。颖遣奋武将军石超等帅兵五万屯十二城门，殿中宿所忌者，颖皆杀之；悉代去宿卫兵。表卢志为中书监，留邺，参署丞相府事。

　　河间王颙顿军于郑，为东军声援，闻刘沈兵起，还镇渭城，遣督护虞夔逆战于好畤。夔兵败，颙惧，退入长安，急召张方。方掠洛中官私奴婢万馀人而西。军中乏食，杀人杂牛马肉食之。

　　【译文】公卿们都到邺都自陈错误。大将军司马颖来到京城，又返回治所邺都。朝廷下令派司马颖担任丞相；给东海王司马越进加至守尚书令的职务。司马颖让奋武将军石超等人，带领五万士兵，据守十二城门，司马颖将朝廷中有宿怨的官员都杀掉，替换所有的宿卫军。上书派卢志担任中书监，留在邺都，参办丞相府中政事。

　　河间王司马颙驻扎在郑县，作为东军的后援。当他听到刘沈起兵，回来驻守渭城，派督护虞夔到好畤迎战。虞夔失败，司马颙感到恐惧，退兵来到长安，紧急召回张方。张方抢劫洛中官私奴婢一万多人后往西去了。军中缺乏粮食，只好杀人掺杂在牛马肉中一起食用。

刘沈渡渭而军，与颙战，颙屡败。沈使安定太守衙博、功曹皇甫澹以精甲五千袭长安，入其门，力战至颙帐下。沈兵来迟，冯翊太守张辅见其无继，引兵横击之，杀博及澹，沈兵遂败，收馀卒而退。张方遣其将敦伟夜击之，沈军惊溃，沈与麾下南走，追获之。沈谓颙曰："知己之惠轻，君臣之义重，沈不可以违天子之诏，量强弱以苟全。投袂之日，期之必死，菹醢之戮，其甘如荠。"颙怒，鞭之而后腰斩。新平太守江夏张光数为沈画计，颙执而诘之，光曰："刘雍州不用鄙计，故令大王得有今日！"颙壮之，引与欢宴，表为右卫司马。

【译文】刘沈渡过渭水后，建立阵地，和司马颙交战，司马颙总是战败。刘沈让安定太守衙博、功曹皇甫澹带领五千精兵进攻长安，来到城内，奋力交战，到了司马颙的帐前。刘沈军队来得慢，冯翊太守张辅见到他们没有后援，带领军队中途攻击他们，杀掉衙博和皇甫澹，刘沈因而战败，他集合残余部队撤退。张方派他的将领敦伟在晚上攻击他们，刘沈的军队惊慌溃散，刘沈和部下向南逃跑，敦伟追上并俘虏了刘沈。刘沈对司马颙说："朋友的恩惠轻，君臣的道义重，我无法违背天子的诏令，衡量势力的强弱来苟且偷生。我揭竿而起时，就已经预料自己必定会死，即使遭受菹醢的极刑，也会甘甜得如同荸荠一样。"司马颙恼怒，就鞭打他，最后腰斩了他。新平太守江夏人张光屡次为刘沈出谋划策，司马颙捕获并质问他，张光说："刘沈不采纳我鄙陋的计策，才使得大王能有今天的胜利。"司马颙看他气势雄壮，就和他一起饮酒作宴，上书派他担任右卫司马。

罗尚逃至江阳，遣使表状；诏尚权统巴东、巴郡、涪陵以供军赋。尚遣别驾李兴诣镇南将军刘弘求粮，弘纲纪以运道阻远，且荆州自空乏，欲以零陵米五千斛与尚。弘曰：“天下一家，彼此无异，吾今给之，则无西顾之忧矣。”遂以三万斛结之，尚赖以自存。李兴愿留为弘参军，弘夺其手版而遣之。又遣治中何松领兵屯巴东为尚后继。于时流民有荆州者十馀万户，羁旅贫乏，多为盗贼，弘大给其田及种粮，擢其贤才，随资叙用，流民遂安。

【译文】罗尚逃到江阳后，派使者上书陈情。晋惠帝司马衷下令要罗尚暂时统领巴东、巴郡、涪陵来供给军赋。罗尚派别驾李兴前去镇南将军刘弘处寻求粮食，刘弘的纲纪由于运输路途险阻遥远，而且荆州自己粮食也不多，就想将零陵的五千斛米给罗尚。刘弘说：“天下都是一家人，互相没有不同，我今天送给他们粮食，那样就没有西面的担忧了。”所以供给他们三万斛米，罗尚依靠这些粮食才活下来。李兴希望留下担任刘弘的参军，刘弘夺走了他的手版，派他返回。他又派治中何松带领军队，驻扎在巴东，作为罗尚的后援。这时，荆州的流民有十多万户，流落他乡，十分贫困，大多成了盗贼，刘弘尽力提供他们耕地和粮种，选拔流民中有贤德的人，按照年龄资历录用，流民这才安定下来。

三月，乙酉，丞相颖表废皇后羊氏，幽于金墉城；废皇太子覃为清河王。

陈敏与石冰战数十合，冰众十倍于敏，敏击之，所向皆捷，遂与周玘合攻冰于建康。三月，冰北走，投封云，云司马张统斩冰及云以降，扬、徐二州平。周玘、贺循皆散众还家，不言功赏。朝廷以陈敏为广陵相。

河间王颙表请立丞相颖为太弟。戊申，诏以颖为皇太弟，都督中外诸军事，丞相如故。大赦。乘舆服御皆迁于邺，制度一如魏武帝故事。以颙为大宰、大都督、雍州牧；前太傅刘实为太尉。实以老，固让不拜。

【译文】三月，乙酉日（三月无此日），丞相司马颖上书废除皇后羊氏，将她幽禁到金墉城内；并罢免了皇太子司马覃为清河王。

陈敏和石冰交战几十个回合，石冰的部队比陈敏多十倍，陈敏攻击他，每次都获胜，所以和周玘联合起来，去建康攻打石冰。三月，石冰往北逃跑，归附封云，封云的司马张统杀掉石冰和封云后投降，扬、徐二州平定下来。周玘、贺循都解散部队，返回家中，不谈功劳奖赏的事。朝廷让陈敏担任广陵相。

河间王司马颙上书恳请让丞相司马颖当皇太弟。戊申日（十一日），晋惠帝司马衷下诏让司马颖当皇太弟，处理内外所有事务，仍旧任职丞相。朝廷大赦天下。天子专用的衣服车驾都迁到邺都，制度都和魏武帝的旧例一样。晋惠帝司马衷派司马颙担任太宰、大都督、雍州牧；前太傅刘实担任太尉。刘实由于年纪大了，坚决推辞，不接受官职。

太弟颖僣侈日甚，嬖幸用事，大失众望。司空东海王越，与右卫将军陈眕，及长沙王故将上官巳等谋讨之。秋，七月，丙申朔，陈眕勒兵入云龙门，以诏召三公百僚及殿中，戒严讨颖，石超奔邺。戊戌，大赦，复皇后羊氏及太子覃。己亥，越奉帝北征。以越为大都督。征前侍中嵇绍诣行在。侍中秦准谓绍曰："今往，安危难测，卿有佳马乎？"绍正色曰："臣子扈卫乘舆，死生以之，佳马何为！"

越檄召四方兵，赴者云集，比至安阳，众十馀万，邺中震恐。颖会群僚问计，东安王繇曰："天子亲征，宜释甲缟素出迎请罪。"

颖不从，遣石超帅众五万拒战。折冲将军乔智明劝颖奉迎乘舆，颖怒曰："卿名晓事，投身事孤；今主上为群小所逼，卿奈何欲使孤束手就刑邪！"

【译文】 皇太弟司马颖的奢侈浪费，超越典制，一天比一天严重，还让宠幸的小人当官，失去了大家对他的期望。司空东海王司马越，和右卫将军陈眕及长沙旧将上官已等人，准备讨伐他。秋季，七月，丙申朔日（初一），陈眕整肃军队，来到云龙门，下达命令召集三公、百官和殿中各将，全国警备，讨伐司马颖。石超逃到邺都。戊戌日（初三），朝廷大赦天下，恢复皇后羊氏和太子司马覃的地位。己亥日（初四），司马越拥护晋惠帝司马衷北征，司马越担任大都督。征召前侍中嵇绍到晋惠帝身边任职。侍中秦准对嵇绍说："你现在前去，生死难测，你有好马吗？"嵇绍面色严肃地说："我追随保护皇帝车驾，就要不顾生死，要好马干什么？"

司马越发布檄令，召集天下军队，前去应召的队伍云集，等到了安阳，人数有十多万，邺都地区十分吃惊。司马颖召集官员，询问计策，东安王司马繇说："晋惠帝司马衷亲自讨伐，您应该脱去盔甲，穿上白色的衣服出城迎接，恳请皇帝的处罚。"司马颖不同意，他派石超带领五万军队抵御作战。折冲将军乔智明劝司马颖迎接天子车驾，司马颖生气地说："都说你通晓事理，前来投奔为我效力。现在我被小人逼迫，你为什么想让我坐以待毙，接受惩罚呢？"

陈眕二弟匡、规自邺赴行在，云邺中皆已离散，由是不甚设备。己未，石超军奄至，乘舆败绩于荡阴，帝伤颊，中三矢，百官侍御皆散。嵇绍朝服，下马登辇，以身卫帝，兵人引绍于辕中斫之。帝曰："忠臣也，勿杀！"对曰："奉太弟令，惟不犯陛下一人耳。"遂杀绍，血溅帝衣。帝堕于草中，亡六玺。石超奉帝幸其营，帝馁甚，超进水，左右奉秋桃。颖遣卢志迎帝；庚申，入邺。大赦，改元曰建武。左右欲浣帝衣，帝曰："嵇侍中血，勿浣也！"

陈眕、上官巳等奉太子覃守洛阳。司空越奔下邳，徐州都督东平王楙不纳，越径还东海。太弟颖以越兄弟宗室之望，下令招之，越不应命。前奋威将军孙惠上书劝越邀结藩方，同奖王室，越以惠为记室参军，与参谋议。北军中候荀晞奔范阳王虓，虓承制以晞行兖州刺史。

【译文】 陈眕的两个弟弟陈匡、陈规从邺都赶到晋惠帝身边，说邺都地区失去民心，所以不怎么设防。己未日（二十四日），石超军队秘密到达，晋惠帝的军队在荡阴战败，晋惠帝司马衷伤了面颊，身中三箭，百官侍卫都逃跑了。嵇绍身着朝服，下马登上车驾，用身体保护晋惠帝司马衷，军士到车辕中拉出嵇绍，要杀掉他，晋惠帝司马衷说："他是忠臣，不要杀他！"士兵们回答说："我们是奉皇太弟的命令，只是不侵犯陛下一人而已！"最终杀掉嵇绍，鲜血溅上晋惠帝司马衷的衣服。晋惠帝司马衷跌倒在草丛中，丢了六颗玉玺。石超迎接晋惠帝司马衷驾临他的军营，晋惠帝司马衷很是饥饿，石超向他进献清水，手下人捧着秋桃进献。司马颖让卢志迎接晋惠帝司马衷。庚申日（二十五日），晋惠帝司马衷来到邺都。大赦天下，将年号改为建武。左右侍臣想要洗净晋惠帝司马衷的衣服，晋惠帝说："这是嵇绍的血，不要将它洗掉！"

陈眕、上官巳等人奉迎太子司马覃守护洛阳。司空司马越逃到下邳，徐州都督东平王司马楙不接纳，司马越径直返回东海。太弟司马颖由于司马越兄弟在宗室中声望很高，下令征召

资治通鉴

他，司马越不接受命令。前奋威将军孙惠上书，劝司马越邀请藩邦，共同帮助王室。司马越让他担任记室参军，与他一起商议计策。北军中候荀晞投奔范阳王司马虓，司马虓承受上命，让他暂时担任兖州刺史。

　　初，三王之起兵讨赵王伦也，王浚拥众挟两端，禁所部士民不得赴三王召募。太弟颖欲讨之而未能，浚心亦欲图颖。颖以右司马和演为幽州刺史，密使杀浚。演与乌桓单于审登谋与浚游蓟城南清泉，因而图之。会天暴雨，兵器沾湿，不果而还。审登以为浚得天助，乃以演谋告浚。浚与审登密严兵，约并州刺史东嬴公腾共围演，杀之，自领幽州营兵。腾，越之弟也。太弟颖称诏征浚，浚与鲜卑段务勿尘、乌桓羯朱及东嬴公腾同起兵讨颖，颖遣北中郎将王斌及石超击之。

　　太弟颖怨东安王繇前议，八月，戊辰，收繇，杀之。初，繇兄琅邪恭王觐薨，子睿嗣。睿沈敏有度量，为左将军，与东海参军王导善。导，敦之从父弟也；识量清远，以朝廷多故，每劝睿之国。及繇死，睿从帝在邺，恐及祸，将逃归。颖先敕诸关津，无得出贵人；睿至河阳，为津吏所止。从者宋典自后来，以鞭拂睿而笑曰："舍长，官禁贵人，汝亦被拘邪？"吏乃听过。至洛阳，迎太妃夏侯氏俱归国。

　　【译文】起初，三王起兵进攻赵王司马伦，王浚拥有军队，观望形势，阻止所管辖的士民不让他们接受三王的征召。太弟司马颖想讨伐他，却没有能力。王浚心中也想讨伐司马颖。司马颖派右司马和演担任幽州刺史，暗地让他杀掉王浚。和演和乌桓单于审登谋划，要和王浚一起到蓟城南面的清泉游玩，趁机杀掉他。正好天降大雨，沾湿了兵器，徒劳而返。审登认为王浚得到老天的帮助，所以将和演的计策告知王浚。王浚和审登暗中整肃军队，联合并州刺史东嬴公司马腾一起围攻和演，杀掉了他，王浚自己接管了幽州将士。司马腾，是司马越的弟弟。太弟司马颖假传诏命，征召王浚，王浚和鲜卑段务勿尘、乌桓羯朱和东嬴公司马腾一起出兵讨伐司马颖。司马颖派北中郎将王斌和石超攻击他们。

太弟司马颖怨恨东安王司马繇之前的议论，八月，戊辰日（初三），收押并杀掉了司马繇。由于司马繇的哥哥琅邪恭王司马觐已经去世，他的儿子司马睿继位。司马睿沉着聪慧，有气度，担任左将军，和东海参军王导关系很好。王导，是王敦的堂弟；他见识高远，度量清雅，由于朝廷事务多，经常劝司马睿去郡国。等司马繇死后，司马睿在邺都跟随晋惠帝司马衷，害怕牵连到祸事，想要逃返。司马颖先下令关闭渡口，不让贵族出去。司马睿到了河阳，被渡口官员阻止。跟随的宋典从后面出来，用马鞭指着司马睿，笑着说："舍长！官府阻止贵人出去，你也被阻止了吗？"官员才放他过去。到洛阳，迎接太妃夏侯氏一起返回郡国。

丞相从事中郎王澄发孟玖奸利事，劝太弟颖诛之，颖从之。

上官巳在洛阳，残暴纵横。守河南尹周馥，浚之从父弟也，与司隶满奋等谋诛之，事泄，奋等死，馥走，得免。司空越之讨太弟颖也，太宰颙遣右将军、冯翊太守张方将兵二万救之，闻帝已入邺，因命方镇洛阳。巳与别将苗愿拒之，大败而还。太子覃夜袭巳、愿，巳、愿出走；方入洛阳。覃于广阳门迎方而拜，方下车扶止之。复废覃及羊后。

　　初，太弟颖表匈奴左贤王刘渊为冠军将军，监五部军事，使将兵在邺。渊子聪，骁勇绝人，博涉经史，善属文，弯弓三百斤；弱冠游京师，名士莫不与交。颖以聪为积弩将军。

　　【译文】　相从事中郎王澄揭发孟玖害人利己的事，劝太弟司马颖杀掉他，司马颖同意了。

　　上官巳在洛阳，凶残不仁，恣意妄为。河南尹周馥，是周浚的堂弟，与司隶满奋等人谋划杀掉上官巳，事情泄漏，满奋等人被杀，周馥逃跑，得以免除一死。司空司马越讨伐太弟司马颖，太宰司马颙派右将军、冯翊太守张方带领两万士兵去援助，听说晋惠帝司马衷已经到了邺都，就让张方驻守洛阳。上官巳和别将苗愿抵御张方，惨败而回。太子司马覃趁夜袭击上官巳、苗愿，上官巳、苗愿逃跑。张方来到洛阳。司马覃在广阳门迎接张方，而且下跪，张方下车扶着他，阻止他下拜。再一次罢免了司马覃和羊后。

　　起初，太弟司马颖上书，让匈奴左贤王刘渊做冠军将军，负责五部军事，让他在邺都带领军队。刘渊的儿子刘聪，英勇过人，经史子集广泛涉猎，善于写文章，能拉开三百斤的强弓；二十岁时游历京师，名士们都和他交往。司马颖让刘聪担任积弩将军。

　　渊从祖右贤王宣谓其族人曰："自汉亡以来，我单于徒有虚号，无复尺土；自馀王侯，降同编户。今吾众虽衰，犹不减二万，奈何敛手受役，奄过百年！左贤王英武超世，天苟不欲兴匈奴，必不虚生此人也。今司马氏骨肉相残，四海鼎沸，复呼韩邪之业，此其时矣！"乃相与谋，推渊为大单于，使其党呼延攸诣邺告之。

　　【译文】　刘渊的从祖右贤王刘宣对他的族人说："自从汉朝

灭亡，我们单于徒有虚名，没有寸土；和其他的侯王一样降落到编户的地位。如今我们百姓尽管衰落，依然不少于两万人，为什么畏首畏尾，接受驱使，一下子就过了一百年呢！左贤王英明雄武，世上难得，上天要是不想振兴匈奴，就不会平白无故地诞生这种人物。如今司马氏亲生骨肉，互相残杀，天下动荡不安，振兴呼韩邪的事业，正是这个时候！"所以一起商讨，推选刘渊担任大单于，让他的党徒呼延攸前去邺都告知刘渊。

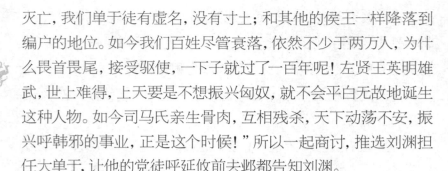

渊白颖，请归会葬，颖弗许。渊令攸先归，告宣等使招集五部及杂胡，声言助颖，实欲叛之。及王浚、东嬴公腾起兵，渊说颖曰："今二镇跋扈，众十馀万，恐非宿卫及近郡士众所能御也，请为殿下还说五部以赴国难。"颖曰："五部之众，果可发否？就能发之，鲜卑、乌桓，未易当也。吾欲奉乘舆还洛阳以避其锋，徐传檄天下，以逆顺制之，君意何如？"渊曰："殿下武皇帝之子，有大勋于王室，威恩远著，四海之内，孰不愿为殿下尽死力者！何难发之有！王浚竖子，东嬴疏属，岂能与殿下争衡邪！殿下一发邺宫，示弱于人，洛阳不可得至；虽至洛阳，威权不复在殿下也。愿殿下抚勉士众，靖以镇之，渊请为殿下以二部摧东嬴，三部枭王浚，二竖之首，可指日而悬也。"颖悦，拜渊为北单于、参丞相军事。

【译文】刘渊告诉司马颖，恳请回乡，参与葬礼，司马颖不同意。刘渊让呼延攸先返回，告诉刘宣等人，要他们召集五部和各部胡人，言明帮助司马颖，实际想要叛变。等到王浚、东嬴公司马腾起兵，刘渊劝司马颖说："如今幽、并二镇行为蛮横，拥有十多万群众，我担心不是卫军和附近各郡将士所能抵抗得了的，我请替殿下返回游说五部，来援救国难。"司马颖说："五部的部众，真的可以发动吗？即使能够发动，鲜卑、乌桓也不易阻挡。我想陪护晋惠帝司马衷的车驾返回洛阳，来避开他们的锐气，慢慢地发布檄令到天下各地，以顺逆不同的情势来制服他们，你觉得怎么样？"刘渊说："殿下是武皇帝的儿子，又为国家建立了大功，威望恩德，显赫四方，在四海中，有谁不愿意为殿下效力呢！有什么难以发动的呢！王浚这个小子，东嬴公是皇室的远亲，哪能和殿下一比长短呢！殿下刚从邺宫出发，就在人前表明自己的软弱，洛阳是不可能到得了；即便到了洛阳，殿下手里也不再有权威了。我希望殿下安抚勉励部下，安静地驻守邺都，我请替殿下以二部摧毁东嬴公，三部杀掉王浚，这两个小子的头颅，就能马上悬挂出来了。"司马颖很高兴，就让刘渊担任北单于、参丞相军事。

渊至左国城，刘宣等上大单于之号，二旬之间，有众五万，都于离石，以聪为鹿蠡王。遣左於陆王宏帅精骑五千，会颖将王粹拒东嬴公腾。粹已为腾所败，宏无及而归。

王浚、东嬴公腾合兵击王斌，大破之。浚以主簿祁弘为前锋，败石超于平棘，乘胜进军。候骑至邺，邺中大震，百僚奔走，士卒分散。卢志劝颖奉帝还洛阳。时甲士尚有万五千人，志夜部分，至晓将发，而程太妃恋邺不欲去，颖狐疑未决。俄而众溃，颖遂将帐下数十骑与志奉帝御辇车南奔洛阳。仓猝上下无赍，中黄门被囊中赍私钱三千，诏贷之，于道中买饭，夜则御中黄门布被，食以瓦盆。至温，将谒陵，帝丧履，纳从者之履，下拜流涕。及济河，张方自洛阳遣其子罴帅骑三千，以所乘车奉迎帝。至芒山下，方自帅万馀骑迎帝。方将拜谒，帝下车自止之。帝还宫，奔散者稍还，百官粗备。辛巳，大赦。

【译文】刘渊到左国城，刘宣等人向他献上大单于的名号，二十天的时间，就拥有五万部众，建都在离石，让刘聪作为鹿蠡王。派左於陆王刘宏带领五千精兵，会合司马颖的将领王粹抵抗东嬴公司马腾。王粹已被司马腾击败，刘宏没来得及救援，无功而返。

王浚、司马腾联合军队攻击王斌，大获全胜。王浚让主簿祁弘担任前锋，在平棘击败石超，乘胜追击。等铁骑到了邺都，邺都城里非常震惊，百官逃跑，士兵溃散。卢志劝司马颖迎接晋惠帝司马衷返回洛阳。当时还有一万五千名武装士兵，卢志晚上安排好，到了早上，就要出发，然而程太妃留恋邺都，不想离开，司马颖犹豫不决。没多久，部众溃散，司马颖带领帐下几十个骑兵，和卢志迎接皇帝，驾着牛车，向南逃到洛阳。匆忙之中，大小官员都没有携带财物，中黄门被袋中带了三千私钱，晋惠帝司马衷下诏向他借贷，在路途中购买饭食，晚上就盖着中黄门的布被，用瓦盆装食物。到了温县，想要拜祭陵墓，晋惠帝司马衷鞋子掉了，穿上随从的鞋子，流泪下拜。等到渡过黄河，张方从洛阳派他的儿子张罴，带领三千骑兵，用他所乘坐的车子迎接晋惠帝司马衷。到了芒山下，张方亲自带领一万多骑兵，前去迎接晋惠帝司马衷。张方要行拜见礼，晋惠帝司马衷亲自下车阻止他。晋惠帝司马衷返回宫中，逃散的人渐渐回来一些，百官大致齐备。辛巳日（十六日），晋惠帝司马衷大赦天下。

王浚入邺，士众暴掠，死者甚众。使乌桓羯朱追太弟颖，至朝歌，不及。浚还蓟，以鲜卑多掠人妇女，命："有敢挟藏者斩！"于是沉于易水者八千人。

东嬴公腾乞师于拓跋猗㐌以击刘渊，猗㐌与弟猗卢合兵击渊于西河，破之，与腾盟于汾东而还。

刘渊闻太弟颖去邺，叹曰：“不用吾言，逆自奔溃，真奴才也！然吾与之有言矣，不可以不救。”将发兵击鲜卑、乌桓，刘宣等谏曰：“晋人奴隶御我，今其骨肉相残，是天弃彼而使我复呼韩邪之业也。鲜卑、乌桓，我之气类，可以为援，奈何击之！”渊曰：“善！大丈夫当为汉高、魏武，呼韩邪何足效哉！”宣等稽首曰：“非所及也！”

【译文】 王浚来到邺都后，士兵恣意抢劫，死了很多人。他下令让乌桓羯朱追赶太弟司马颖，追到朝歌，没有追上。王浚返回蓟城，由于鲜卑有很多人掠夺妇女，他传令：“有谁胆敢隐藏妇女的，斩首示众！”结果因此被沉入易水而死去的妇女，达到八千人。

东嬴公司马腾向拓跋猗㐌求兵攻击刘渊，拓跋猗㐌和弟弟猗卢联合出兵，在西河攻击并战胜刘渊，又和司马腾在汾东结盟，然后返回。

刘渊听到太弟司马颖离开了邺都，叹气说：“他不听我的话，反倒自己溃败逃跑，真是奴才！然而我和他已经事先约好，无法不救他。”他要发动军队，攻击鲜卑、乌桓时，刘宣等人进谏说：“晋人用下人的态度逼迫我们，如今他们亲生骨肉互相残杀，这是上天抛弃他们，而且是要我们恢复呼韩邪的功业。鲜卑、乌桓和我们同一伙，可以作为后援，为什么要攻击他们呢！”刘渊说：“的确！大丈夫应该成为汉高、魏武一样的人物，呼韩邪有什么值得效仿的呢！”刘宣等人叩头说：“你的志向我们永远也赶不上！”

荆州兵擒斩张昌，同党皆夷三族。

李雄以范长生有名德，为蜀人所重，欲迎以为君而臣之，长生不可。诸将固请雄即尊位。冬，十月，雄即成都王位，大赦，改元曰建兴。除晋法，约法七章。以其叔父骧为太傅，兄始为太保，李离为太尉，李云为司徒，李璜为司空，李国为太宰，阎式为尚书令，杨褒为仆射。尊母罗氏为王太后，追尊父特为成都景王。雄以李国、李离有智谋，凡事必咨而后行，然国、离事雄弥谨。

【译文】 荆州兵捕获并杀掉了张昌，他的同党都被诛灭了三族。

李雄由于范长生名望高、有德行，受到蜀郡人士的重视，想要迎接他当君主，自己作为他的臣下，范长生不同意。各个将领坚决恳请李雄登上皇位，冬季，十月，李雄登上成都王王位，大赦天下，将年号改为建兴。并废除晋室法令，约定七章法令。让他的叔父李骧担任太傅，哥哥李始担任太保，李离担任太尉，李云担任司徒，李璜担任司空，李国担任大宰，阎式担任尚书令，杨褒担任仆射。又尊奉母亲罗氏为王太后，追封父亲李特为成都景王。李雄由于李国、李离有谋略，只要是政事必定问了他们后才实行，然而李国、李离事奉李雄更加谨慎小心。

刘渊迁都左国城，胡、晋归之者愈众。渊谓群臣曰："昔汉有天下久长，恩结于民。吾，汉氏之甥，约为兄弟；兄亡弟绍，不亦可乎！"乃建国号曰汉。刘宣等请上尊号，渊曰："今四方未定，且可依高祖称汉王。"于是即汉王位，大赦，改元曰元熙。追尊安乐公禅为孝怀皇帝，作汉三祖、五宗神主而祭之。立其妻呼延氏为王后。以右贤王宣为丞相，崔游为御史大夫，左于陆王宏为太尉，范隆为大鸿胪，朱纪为太常，上常崔懿之、后部人陈元达皆为黄门郎，族子曜为建武将军；游固辞不就。

【译文】 刘渊将都城迁到左国城，胡、晋归从他的人更多了。刘渊对臣子们说："之前汉朝长时间拥有天下，这是向百姓施加恩惠。我是汉朝的外甥，约好和他们结为兄弟。兄长死了，弟弟继承，也是可以的！"所以建立国号为汉。刘宣等人恳请献上尊号，刘渊说："如今天下未定，暂且可以按照高祖的例子，自称汉王。"所以登上汉王王位，大赦天下，将年号改为元熙。追封安乐公刘禅为孝怀皇帝，制造汉朝三祖、五宗的牌位，来祭奠他们。让他的妻子呼延氏当王后。并派右贤王刘宣担任丞相，崔游担任御史大夫，左于陆王刘宏担任太尉，范隆担任大鸿胪，朱纪担任太常，上常人崔懿之、后部人陈元达都担任黄门郎，族子刘曜担任建武将军。崔游坚决推辞，不去就任。

【申涵煜评】 游为刘渊业师，不受其职，可谓有守。然此时渊在左国城，谅已不暇学问，游从之官何为？岂艳其弟子宦橐耶？且方渊僭号时，不闻一言劝阻，则今日辞官，或薄御史大夫耳，非高尚也。

【译文】 崔游作为刘渊的老师，却不接受官职，可谓是有操守的人。然而此时刘渊在左国城，想必也没有闲暇时间做学问了，崔游做官又为了什么呢？难道是羡慕弟子们做官挣钱吗？况且那时刘渊僭越封号时，他没有说一句话劝阻，现在辞官，也许是嫌弃御史大夫这个官位太低了，不是因为高尚。

元达少有志操，渊尝招之，元达不答。及渊为汉王，或谓元达曰："君其惧乎？"元达笑曰："吾知其人久矣，彼亦亮吾之心；但恐不过三、二日，驿书必至。"其暮，渊果征元达。元达事渊，屡进忠言，退而削草，虽子弟莫得知也。

曜生而眉白，目有赤光，幼聪慧，有胆量，早孤，养于渊。及长，仪观魁伟，性拓落高亮，与众不群，好读书，善属文，铁厚一寸，射而洞之。常自比乐毅及萧、曹，时人莫之许也；惟刘聪重之，曰："永明，汉世祖、魏武之流，数公何足道哉！"

【译文】 陈元达年轻时，志向远大、有节操，刘渊曾招揽他，陈元达不同意。等到刘渊当了汉王，有人对陈元达说："你估计害怕了吧！"陈元达笑着说："我很久之前就了解他这个人，他也知晓我的心思。不过我估计不会超过三两天，驿书必定会到了。"这天傍晚，刘渊果然征召陈元达。陈元达为刘渊效力，经常进谏忠言，退朝后就毁灭底稿，即使是子弟也不知晓详情。

刘曜生下来眉毛就是白色的，眼睛有赤色光芒，小时候聪敏机智，有胆量，父亲死得早，刘渊收养了他。长大后相貌魁梧，性情宽厚，高风亮节，超然脱俗，喜爱读书，善于写作，一寸厚的铁板，他能一箭射穿。他常将自己和乐毅、萧何、曹参相比，当时没有人默认他的才能；唯有刘聪重视他，说："您是汉世祖、魏武帝一类的人物，这几位先生怎能与您相比呢！"

帝既还洛阳，张方拥兵专制朝政，太弟颖不得复豫事。豫州都督范阳王虓、徐州都督东平王楙等上言："颖弗克负荷，宜降封一邑，特全其命。太宰宜委以关右之任，自州郡以下，选举授任，一皆仰成；朝之大事，废兴损益，每辄畴咨。张方为国效节，而不达变通，未即西还，宜遣还郡，所加方官，请悉如旧。司徒戎、司空越，并忠国小心，宜干机事，委以朝政。王浚有定社稷之勋，宜特崇重，遂抚幽朔，长为北藩。臣等竭力扞城，藩屏皇家，则陛下垂拱，四海自正矣。"

【译文】 晋惠帝司马衷返回洛阳后，张方掌控军权，专断朝政，太弟司马颖无法参与政事。豫州都督范阳王司马虓、徐州都督东平王司马楙等人上书："司马颖无法担当大权，应将他降低封邑一等，只保留他的功劳。将关右的责任托付给太宰，自州郡以下，选贤任能，给予官职，都让他来办理；朝廷中的大事，增减废兴，都要和他商议。张方为国事尽力，但他不知变通，未马上返回西方，应该送他回郡，加给张方的官职，请都依旧。司徒王戎、司空司马越，他们都是忠心为事、小心谨慎的人，应该处理重要政事，将朝政委托给他们。王浚有安邦定国的功绩，应该尤其推崇，安抚幽、朔，使它们永远成为北边的屏障。臣下等人，必会尽心竭力，保护城池，守卫王室，那么陛下就可垂衣拱手，四海自然安稳了。"

张方在洛既久，兵士剽掠殆竭，众情喧喧，无复留意，议欲奉帝迁都长安；恐帝及公卿不从，欲须帝出而劫之。乃请帝谒庙，帝不许。十一月，乙未，方引兵入殿，以所乘车迎帝，帝驰避后园竹中。军人引帝出，逼使上车，帝垂泣从之。方于马上稽首曰："今寇贼纵横，宿卫单少，愿陛下幸臣垒，臣尽死力以备不虞。"时群臣皆逃匿，唯中书监卢志侍侧，曰："陛下今日之事，当一从右将军。"帝遂幸方垒，令方具车载宫人、宝物。军人因妻略后宫，分争府藏，割流苏、武帐为马帴，魏、晋以来蓄积，扫地无遗。方将焚宗庙、宫室以绝人返顾之心，卢志曰："昔董卓无道，焚烧洛阳，怨毒之声，百年犹存，何为袭之！"乃止。

帝停方垒三日，方拥帝及太弟颖、豫章王炽等趋长安，王戎出奔郏。太宰颙帅官属步骑三万迎于霸上，颙前拜谒，帝下车止之。帝入长安，以征西府为宫。唯尚书仆射荀藩、司隶刘暾、河

南尹周馥等在洛阳为留台，承制行事，号东、西台。藩，勖之子
也。丙午，留台大赦，改元复为永安。辛丑，复皇后羊氏。

　　【译文】张方在洛阳时间已经很长，士兵几乎把财物抢掠
一空，众人心情喧扰不定，没有留下来的心思。商议之后大家想
要拥护皇帝，将都城迁到长安。又担心晋惠帝司马衷和大臣们
不会顺从，想等到晋惠帝司马衷出来时，要挟他。所以恳请晋惠
帝司马衷祭奠太庙，晋惠帝不同意。十一月，乙未日（初一），张
方带领军队，来到殿中，用他所坐的车子迎接晋惠帝司马衷，晋
惠帝跑到后园竹林中躲避。士兵将晋惠帝司马衷拉出来，强行
要他上车，晋惠帝司马衷流着泪听从他们。张方在马上叩头说：
"如今盗贼四起，宿卫军士势单力薄，我希望陛下驾临臣下的
军营，我们会尽心来预防不测的事。"当时臣子们都逃开了，唯
有中书监卢志在一旁侍候，说："陛下今天的事情，只好都听从
右将军的了。"晋惠帝司马衷于是驾临张方的军营，让张方准备
车驾，载着宫人、宝物。军人趁机奸污后宫嫔妃，抢着分赃府库
财物，割掉流苏、武帐，作为鞍鞯，魏、晋以来的储蓄，全被抢劫
一空，没有留存。张方想要烧毁宗庙、宫室，来断绝大家返回的
心理，卢志说："董卓无道，烧毁洛阳，怨恨毒骂的声音持续到
百年之后，你为什么要继承他的做法呢！"张方这才停了下来。

　　晋惠帝司马衷在张方军中停留三天，张方要挟晋惠帝司马
衷和太弟司马颖、豫章王司马炽等人，奔去长安，王戎逃往郏
县。太宰司马颙带领官员、步兵、骑兵三万人，到霸上迎接晋惠
帝司马衷，司马颙前去跪拜，晋惠帝司马衷下车阻止他。晋惠帝
来到长安，将征西府作为皇宫。唯有尚书仆射荀藩、司隶刘暾、
河南尹周馥在洛阳为留台，遵奉皇命，暂代政事，人称东、西台。
荀藩，是荀勖的儿子。丙午日（十二日），留台大赦天下，改年号为

永安。辛丑日（初七），晋惠帝司马衷恢复皇后羊氏的地位。

罗尚移屯巴郡，遣兵掠蜀中，获李骧妻昝氏及子寿。

十二月，丁亥，诏太弟颖以成都王还第；更立豫章王炽为皇太弟。帝兄弟二十五人，时存者惟颖、炽及吴王晏。晏材质庸下；炽冲素好学，故太宰颙立之。诏以司空越为太傅，与颙夹辅帝室，王戎参录朝政。又以光禄大夫王衍为尚书左仆射。高密王略为镇南将军。领司隶校尉，权镇洛阳。东中郎将模为宁北将军，都督冀州诸军事，镇邺。百官各还本职。令州郡蠲除苛政，爱民务本，清通之后，当还东京。大赦，改元。略、模，皆越之弟也。王浚既去邺，越使模镇之。颙以四方乖离，祸难不已，故下此诏和解之，冀获少安。越辞太傅不受。又诏以太宰颙都督中外诸军事。张方为中领军、录尚书事，领京兆太守。

【译文】罗尚移兵驻扎在巴郡，让军队到蜀郡一带抢劫，俘虏了李骧的妻子昝氏和儿子李寿。

十二月，丁亥日（二十四日），晋惠帝司马衷下诏任命太弟司马颖为成都王，返回府第；另立豫章王司马炽为皇太弟。晋惠帝司马衷的兄弟共二十五人，当时活着的唯有司马颖、司马炽和吴王司马晏。司马晏才能低下，资质平常；司马炽谦逊平淡，喜爱学问，所以太宰司马颙立他为皇太弟。晋惠帝司马衷下达命令让司空司马越担任太傅，和司马颙共同辅佐王室，王戎参与处理朝廷政事。又让光禄大夫王衍担任尚书左仆射。高密王司马略担任镇南将军，兼任司隶校尉，权代驻守洛阳。东中郎将司马模担任宁北将军，负责冀州所有军务，固守邺都。百官各自返回原来的职位。下达命令让州郡免除苛刻政令，爱惜百姓，专门从事根本的政道，社稷清平稳定之后，才能返回东京。晋惠帝司马衷大赦天下，将年号改为永兴。司马略、司马模都是司马越的弟弟。王浚离开邺都之后，司马越让司马模去驻守。司马颙由于各方背叛离散，灾祸没有停下之时，所以颁下这道诏书，稳定天下，期望能够获得稍稍的安定。司马越推辞，不接受太傅的任职。晋惠帝司马衷又下令让太宰司马颙负责内外所有军务。张方担任中领军、录尚书事，兼任京兆太守。

东嬴公腾遣将军聂玄击汉王渊，战于大陵，玄兵大败。

渊遣刘曜寇太原，取泫氏、屯留、长子、中都。又遣冠军将军乔晞寇西河，取介休。介休令贾浑不降，晞杀之；将纳其妻宗氏，宗氏骂晞而哭，晞又杀之。渊闻之，大怒曰："使天道有知，乔晞望有种乎！"追还，降秩四等，收浑尸，葬之。

【译文】东嬴公司马腾让将军聂玄进攻汉王刘渊，双方在大陵交战，聂玄军队大败。

刘渊让刘曜进攻太原，夺取泫氏、屯留、长子、中都各地。又派冠军将军乔晞进犯西河，攻下介休。介休县令贾浑不投降，乔晞杀了他；还要娶他的妻子宗氏，宗氏哭着责骂乔晞，乔晞将她也杀掉了。刘渊听到后，十分恼怒，说："假如上天有眼，乔晞还能指望有后代吗？"于是下令召他回来，降低官阶四等；收敛贾浑的尸体，并埋葬了他。

资治通鉴卷第八十六　晋纪八

起旃蒙赤奋若，尽著雍执徐，凡四年。

【译文】 起乙丑（公元305年），止戊辰（公元308年），共四年。

【题解】 本卷记录了晋惠帝永兴二年至晋怀帝永嘉二年共四年间的史事：晋东海王司马越提倡伐张方，迎惠帝，被推为盟主；司马颙挟惠帝让司马越等离朝就国，司马越等不从；刘乔与司马颖大破司马越后，司马颖进据洛阳；司马颙杀张方，司马越部将攻入长安，带惠帝回洛阳；司马颖被范阳王司马虓捕杀；司马越毒杀惠帝司马衷，改立太弟司马炽为帝；司马越以怀帝之名调司马颙进京并在途中将其杀死；怀帝即位后勤于朝政，司马越自请出镇许昌；陈敏割据江东，被部下破杀，琅邪王司马睿逐渐构建新政权的班底；匈奴刘渊派兵攻魏、赵，攻青、徐等四州，入许昌、围洛阳；刘渊迁都蒲子，即皇帝位，国号"汉"。司马颖余部汲桑及羯人石勒等破杀东燕王司马腾后，投奔刘渊；成都王李雄即皇帝位，国号"大成"。

孝惠皇帝下

永兴二年（乙丑，公元三〇五年）夏，四月，张方废羊后。

游楷等攻皇甫重，累年不能克，重遣其养子昌求救于外。昌诣司空越，越以太宰颙新与山东连和，不肯出兵。昌乃与故殿中人杨篇诈称越命，迎羊后于金墉城。入宫，以后令发兵讨张方，奉迎大驾。事起仓猝，百官初皆从之；俄知其诈，相与诛昌。颙请遣御史宣诏喻重令降，重不奉诏。先是城中不知长沙厉王及皇甫商已死，重获御史驺人，问曰："我弟将兵来，欲至未？"驺人曰："已为河间王所害。"重失色，立杀驺人。于是，城中知无外救，共杀重以降。颙以冯翊太守张辅为秦州刺史。

资治通鉴

【译文】 永兴二年（乙丑，公元305年）夏季，四月，张方罢免羊后。

游楷等人进攻皇甫重，打了好几年，都无法取胜；皇甫重让他的养子皇甫昌到外面求援。皇甫昌前去拜见司空司马越，司马越由于太宰司马颙刚和山东讲和，不愿出兵。皇甫昌于是和以前殿中人杨篇，假传司马越的命令，到金墉城迎接羊后，来到宫中，以皇后的命令，出兵讨伐张方，迎接晋惠帝司马衷的大驾。事情发生得紧急，众官开始都听从他；没多久知晓是假的，一起杀掉了皇甫昌。司马颙恳请派遣御史，宣布诏命，告知皇甫重，让他投降。皇甫重不接受诏命。在这之前，城内不知晓长沙厉王和皇甫商已经死了。皇甫重抓获御史的驺人（驾车官员）问他说："我的弟弟统率军队来，快到了没有？"驺人说："他已经被河间王杀害了。"皇甫重面色惨白，立即杀掉驺人。于是城中人都知晓没有外援，一同杀了皇甫重，向司马颙投降。司马颙让冯翊太守张辅担任秦州刺史。

六月，甲子，安丰元侯王戎薨于郏。

张辅至秦州，杀天水太守封尚，欲以立威；又召陇西太守韩稚，稚子朴勒兵击辅，辅军败，死。凉州司马杨胤言于张轨曰："韩稚擅杀刺史，明公杖钺一方，不可以不讨。"轨从之，遣中督护氾瑗帅众二万讨稚，稚诣轨降。未几，鲜卑若罗拔能寇凉州，轨遣司马宋配击之，斩拔能，俘十馀万口，威名大振。

汉王渊攻东嬴公腾，腾复乞师于拓跋猗㐌，卫操劝猗㐌助之。猗㐌帅轻骑数千救腾，斩汉将綦毋豚。诏假猗㐌大单于，加操右将军。甲申，猗㐌卒，子普根代立。

【译文】 六月，甲子日（初四），安丰元侯王戎在郏县去世。

张辅到秦州后，杀掉了天水太守封尚，想以此来树立威望；又召见陇西太守韩稚，韩稚的儿子韩朴统率军队，攻击张辅，张辅战败而死。凉州司马杨胤向张轨进谏说："韩稚自作主张杀掉了刺史，您掌权一方，仗持斧钺，应当讨伐韩稚。"张轨同意了，让遣中督护氾瑗带领两万军队，讨伐韩稚。韩稚前去张轨处投降。没多久，鲜卑若罗拔能侵犯凉州，张轨让司马宋配攻打他，并杀掉若罗拔能，共俘虏十多万人，顿时声名威震四方。

汉王刘渊进攻东嬴公司马腾，司马腾又向拓跋猗㐌求军队，卫操劝猗㐌帮助他。猗㐌带领几千名轻装骑兵援助司马腾，并杀掉汉国将领綦毋豚。下令猗㐌兼任大单于，卫操加封右将军。甲申日（二十四日），猗㐌去世，儿子普根继位。

东海中尉刘洽以张方劫迁车驾，劝司空越起兵讨之。秋，七月，越传檄山东征、镇、州、郡云："欲纠帅义旅，奉迎天子，还复旧都。"东平王楙闻之，惧；长史王修说楙曰："东海，宗室重望；今兴义兵，公宜举徐州以授之，则免于难，且有克让之美矣。"楙从之。越乃以司空领徐州都督，楙自为兖州刺史；诏即遣使者刘虔授之。是时，越兄弟并据方任，于是范阳王虓及王浚等共推越为盟主，越辄选置刺史以下，朝士多赴之。

【译文】东海中尉刘洽由于张方劫走了晋惠帝司马衷的车驾，劝司空司马越出兵讨伐他。秋季，七月，司马越发布檄令到山东征、镇、州、郡各地，说："我要统领正义军队，尊奉天子，返回旧都。"东平王司马楙听到后，心中害怕。长史王修劝司马楙说："东海拥有皇族中很高的威望，如今他们兴起义兵，您应将整个徐州交给他，这样就能避免灾难，还拥有克己谦让的品德。"司马楙同意了。司马越于是以司空兼任徐州都督，司马楙自己担任兖州刺史。并下诏马上派使者刘虔授予官职。这时，司马越兄弟同时担任地方大员的责任，所以范阳王司马虓和王浚一同推举司马越为盟主，司马越就选任刺史以下的官职，朝中官员大多前去归从司马越。

【乾隆御批】八王背乱相踵至，越庸劣更甚，祸延藩服，愈趋愈下，责有攸归。胡寅所云东海差胜，不过许其朝士多赴，为留心延纳耳，非正论也。

【译文】八王背离叛乱一个跟着一个，到司马越更加平庸低劣，祸患蔓延到藩国，情况越来越不好，司马越是有责任的。胡寅所说的东海王还稍微强一点的观点，不过是赞许有很多朝廷之士投靠他，司马越留心引见接纳罢了，不是正确的论断。

成都王颖既废，河北人多怜之。颖故将公师藩等自称将军，起兵于赵、魏，众至数万。初，上党武乡羯人石勒，有胆力，善骑射。并州大饥，建威将军阎粹说东嬴公腾执诸胡于山东，卖充军实。勒亦被掠，卖为茌平人师欢奴，欢奇其状貌而免之。欢家邻于马牧，勒乃与牧帅汲桑结壮士为群盗。及公师藩起，桑与勒帅数百骑赴之。桑始命勒以石为姓，勒为名。藩攻陷郡县，杀二千石、长史，转前，攻邺。平昌公模甚惧；范阳王虓遣其将苟晞救邺，与广平太守谯国丁绍共击藩，走之。

【译文】 成都王司马颖被罢免后，河北大多数人同情他。司马颖之前的将领公师藩等人自封将军，在赵、魏两地出兵，部队达到几万人。起初，上党武乡羯人石勒，心中有胆量、身上有力气，善于骑马射箭。并州闹饥荒，建威将军阎粹劝东嬴公司马腾，捉住山东各族胡人，卖掉来补充军中粮食兵械。石勒也被抢走，卖给茌平人师欢当奴隶，师欢觉得他相貌奇特，于是将他放了。师欢家邻近马牧，石勒于是和牧帅汲桑结交壮士，成了盗贼。等到公师藩起兵时，汲桑和石勒带领几百骑兵前去归附他。汲桑才教石勒以石为姓，以勒为名。公师藩攻下郡县，杀掉了两千石、长吏，转战前去，攻打邺都。平昌公司马模非常恐惧。范阳王司马虓派他的将领苟晞援救邺都，和广平太守谯国人丁绍，一起攻击公师藩，将他们都击退了。

八月，辛丑，大赦。

司空越以琅邪王睿为平东将军，监徐州诸军事，留守下邳。睿请王导为司马，委以军事。越帅甲士三万，西屯萧县，范阳王虓自许屯于荥阳。越承制以豫州刺史刘乔为冀州刺史，以范阳王虓领豫州刺史；乔以虓非天子命，发兵拒之。虓以刘琨为司马，越以刘蕃为淮北护军，刘舆为颍川太守。乔上尚书，列舆兄弟罪恶，因引兵攻许，遣其长子祐将兵拒越于萧县之灵壁，越兵不能进。东平王楙在兖州，征求不已，郡县不堪命。范阳王虓遣苟晞还兖州，徙楙都督青州。楙不受命，背山东诸侯，与刘乔合。

【译文】 八月，辛丑日（八月无此日），皇帝大赦天下。

司空司马越让琅邪王司马睿担任平东将军, 负责徐州所有军务, 并留下来镇守下邳。司马睿恳请王导担任司马, 还将军事委托给他, 司马越带领三万武装士兵, 往西驻扎在萧县; 范阳王司马虓从许昌来, 驻扎在荥阳。司马越承受皇命, 令豫州刺史刘乔担任冀州刺史, 让范阳王司马虓兼任豫州刺史。刘乔由于司马虓未奉天子的命令, 派兵反抗他。司马虓让刘琨担任司马, 司马越派刘蕃担任淮北护军, 刘舆担任颍川太守。刘乔上奏尚书省, 表述刘舆兄弟的罪行, 所以他带领军队, 进攻许昌, 派长子刘祐带领军队, 到萧县的灵壁抵御司马越, 司马越的军队无法前进。东平王司马楙在兖州, 不停地征求财物, 郡县忍受不了他的命令。范阳王司马虓派苟晞返回兖州, 将司马楙迁往青州担任都督。司马楙不接受命令, 背叛山东诸侯, 与刘乔联合起来反抗。

太宰颙闻山东兵起, 甚惧。以公师藩为成都王颖起兵, 壬午, 表颖为镇军大将军、都督河北诸军事, 给兵千人; 以卢志为魏郡太守, 随颖镇邺, 欲以抚安之。又遣建武将军吕朗屯洛阳。

颙发诏, 令东海王越等各就国, 越等不从。会得刘乔上事, 冬, 十月, 丙子, 下诏称: "刘舆迫胁范阳王虓, 造构凶逆。其令镇南大将军刘弘、平南将军彭城王释、征东大将军刘准, 各勒所统, 与刘乔并力; 以张方为大都督, 统精卒十万, 与吕朗共会许昌, 诛舆兄弟。"释, 宣帝弟子穆王权之孙也。丁丑, 颙使成都王颖领将军楼褒等, 前车骑将军石超领北中郎将王阐等, 据河桥, 为刘乔继援。进乔镇东将军, 假节。

【译文】太宰司马颙听到山东起兵时非常害怕。由于公师藩是为成都王司马颖而起兵, 壬午日(二十三日), 上书让司马颖担任镇军大将军、处理河北所有军务，给他一千名士兵；让卢志担任魏郡太守，跟随司马颖镇守邺都，想要以此来安抚他们。并派建武将军吕朗驻扎在洛阳。

司马颙颁布命令，派遣东海王司马越等人，各自前去封国，司马越等人没有听从命令。正好得到刘乔呈上的奏事，冬季，十月，丙子日（十八日），朝廷下达命令说："刘舆威胁范阳王司马虓，构成叛逆之罪，下令镇南大将军刘弘、平南将军彭城王司马释、征东大将军刘准，各自统领自己的部队与刘乔联合；让张方担任大都督，带领十万精兵，与吕朗在许昌会合，讨伐刘舆兄弟。"司马释，他是宣帝侄儿穆王司马权的孙子。丁丑日（十九日），司马颙让成都王司马颖领导将军楼褒等人，前车骑将军石超领导北中郎将王阐等人，镇守河桥，作为刘乔的后援；刘乔进封为镇东将军，发给符节。

刘弘遗乔及司空越书，欲使之解怨释兵，同奖王室，皆不听。弘又上表曰："自顷兵戈纷乱，猜祸锋生，疑隙构于群王，灾难延于宗子。今夕为忠，明旦为逆，翻其反而，互为戎首。载籍以来，骨肉之祸未有如今者也，臣窃悲之！今边陲无备豫之储，中华有杼轴之困，而股肱之臣，不惟国体，职竞寻常，自相楚剥。万一四夷乘虚为变，此亦猛虎交斗自效于卞庄者矣。臣以为宜速发明诏诏越等，令两释猜嫌，各保分局。自今以后，其有不被诏书，擅兴兵马者，天下共伐之。"时太宰颙方拒关东，倚乔为助，不纳其言。

【译文】 刘弘给刘乔和司空司马越写信，想使他们解除怨恨，解散军队，一同帮助王室，双方都没有听从。刘弘又上书说："这些天战事纷乱，怀疑成了祸端，层出不穷，疑心猜忌在众王之间出现，灾难祸害，牵扯到后代身上。今天他是忠臣，明天就成了逆贼，变来变去，相互成了战事的罪首，自有记载以来，宗族骨肉的灾祸，没有像今天这样惨烈，臣私下感到难过！如今边疆一带，没有事先的准备；中原地区，却有耕织的匮乏。国家大臣，不顾及国家命运，只知晓争夺各自势力，彼此相互争斗。一旦四方蛮夷趁国家空虚，制造变动，就像两只猛虎相争，自己死在卞庄的面前了。我认为，应该马上颁布圣明的诏书，命令司马越等人，双方消除猜忌，各守本分；从今往后，假如有谁未接到诏书，就擅自出动兵马，天下人人得而诛之。"当时太宰司马颙正要抗拒关东，依仗刘乔的援助，并没有听从他的进谏。

乔乘虚袭许，破之。刘琨将兵救许，不及，遂与兄舆及范阳王虓俱奔河北；琨父母为乔所执。刘弘以张方残暴，知颙必败，乃遣参军刘盘为督护，帅诸军受司空越节度。

时天下大乱，弘专督江、汉，威行南服。谋事有成者，则曰"某人之功"；如有负败，则曰"老子之罪"。每有兴发，手书守相，丁宁款密。所以人皆感悦，急赴之，咸曰："得刘公一纸书，贤于十部从事。"前广汉太守辛冉说弘以从横之事，弘怒，斩之。

有星孛于北斗。

平昌公模遣将军宋胄趣河桥。

【译文】 刘乔乘着空虚，偷袭并占领了许昌。刘琨带领军队救援许昌，已经来不及，所以他和哥哥刘舆、范阳王司马虓一起奔向河北。刘琨的父母被刘乔捉住。刘弘由于张方的凶残，知晓司马颙必定会失败，所以派遣参军刘盘担任都护，带领各军接受司空司马越的命令。

当时天下大乱，刘弘一个人统治江、汉两地，威望显赫南方。他准备取得成功时，就说是"某人的功劳"；假如事情失败，就说是"自己的罪过"。每每要兴起军队、征调财赋，他就亲自写信给郡守、佐相，一再叮嘱，情真意切，所以大家都感激高兴，争相为他效力，他们都说："能得到刘公的一封信，胜过做十个郡部的从事官员。"前广汉太守辛冉用以前战国合纵连横的故事游说刘弘，刘弘一怒之下，将他杀了。

有彗星出现在北斗位置的天空。

平昌公司马模让将军宋胄奔赴河桥。

十一月，立节将军周权，诈被檄，自称平西将军，复立羊后。洛阳令何乔攻权，杀之，复废羊后。太宰颙矫诏，以羊后屡为奸人所立，遣尚书田淑敕留台赐后死。诏书累至，司隶校尉刘暾等上奏，固执以为："羊庶人门户残破，废放空宫，门禁峻密，无缘得与奸人构乱；众无愚智，皆谓其冤。今杀一枯穷之人，而令天下伤惨，何益于治！"颙怒，遣吕朗收暾。暾奔青州，依高密王略。然羊后亦以是得免。

【译文】十一月，立节将军周权，假称接到命令，自称平西将军，重新立了羊后。洛阳令何乔攻击周权，将他杀掉，又废除了羊后。太宰司马颙假传圣命，以羊后总被奸佞的人拥立，派尚书田淑让留守台署赐皇后自杀。诏书不时降临，司隶校尉刘暾等人上奏，坚持认为："羊庶人家破人亡，他们被放在荒废的宫中，严密戒备，没有机会和奸邪小人制造祸乱；百姓即使不分好坏，但大家都知晓她是冤枉的。现在杀掉了一个贫苦的人，却让众人感到凄惨悲怆，这对国家稳定有什么好处呢？"司马颙非常恼怒，让吕朗收押刘暾，刘暾逃到青州，归附高密王司马略。不过羊后也由此免除一死。

十二月，吕朗等东屯荥阳，成都王颖进据洛阳。

刘琨说冀州刺史太原温羡，使让位于范阳王虓。虓领冀州，遣琨诣幽州乞师于王浚；浚以突骑资之，击王阐于河上，杀之。琨遂与虓引兵济河，斩石超于荥阳。刘乔自考城引退。虓遣琨及督护田徽东击东平王楙于廪丘，楙走还国。琨、徽引兵东迎越，击刘祐于谯；祐败死，乔众遂溃，乔奔平氏。司空越进屯阳武，王浚遣其将祁弘帅突骑鲜卑、乌桓为越先驱。

初，陈敏既克石冰，自谓勇略无敌，有割据江东之志。其父怒曰：“灭我门者，必此儿也！”遂以忧卒。敏以丧去职。司空越起敏为右将军、前锋都督。越为刘祐所败，敏请东归收兵，遂据历阳叛。吴王常侍甘卓，弃宫东归，至历阳，敏为子景娶卓女，使卓假称皇太弟令，拜敏扬州刺史。敏使弟恢及别将钱端等南略江州，弟斌东略诸郡，江州刺史应邈、扬州刺史刘机、丹杨太守王旷皆弃官走。

【译文】十二月，吕朗等人往东行，驻扎在荥阳；成都王司马颖出兵，镇守洛阳。

刘琨劝冀州刺史太原人温羡，让他让位给范阳王司马虓。司马虓统领冀州，派刘琨前去幽州王浚处恳请援军。王浚派精锐的骑兵援助他，在河上攻击王阐，并杀掉了他。刘琨于是和司马虓带领军队，渡过黄河，在荥阳杀掉石超。刘乔从考城撤兵。司马虓派刘琨和督护田徽往东，到廪丘进攻东平王司马楙，司马楙逃跑，返回封国。刘琨、田徽带领军队向东出发，与司马越交战，在谯县攻击刘祐，刘祐战败而死，刘乔的军队随即溃败，刘乔逃到平氏县。司空司马越带兵驻扎在阳武，王浚派他的将领祁弘带领鲜卑、乌桓的精兵强将，以此作为司马越的前锋。

起初，陈敏击败石冰后，自认为勇气、才略无人能敌，于是便有占领江东的心思。他的父亲恼怒地说："让我们家族灭亡的，必定是这个儿子！"最终他由于担忧去世。陈敏由于父丧离职。司空司马越选拔陈敏担任右将军、前锋都督。司马越被刘祐击败，陈敏恳请返回江东，召集军队，于是占领历阳叛变。吴王的常侍甘卓，抛弃官职，返回江东，到了历阳，陈敏让儿子陈景娶了甘卓的女儿，要甘卓假传皇太弟的命令，任命陈敏担任扬州刺史。陈敏让弟弟陈恢和别将钱端等人向南夺取江州，弟弟陈斌向东攻取各郡，扬州刺史刘机、丹阳太守王旷，都弃城逃跑。

敏遂据有江东，以顾荣为右将军，贺循为丹杨内史，周玘为安丰太守，凡江东豪杰、名士，咸加收礼，为将军、郡守者四十馀人；或有老疾，就加秩命。循诈为狂疾，得免，乃以荣领丹杨内史。玘亦称疾，不之郡。敏疑诸名士终不为己用，欲尽诛之。荣说敏曰："中国丧乱，胡夷内侮，观今日之势，不能复振，百姓将无遗种。江南虽经石冰之乱，人物尚全，荣常忧无孙、刘之主有以存之。今将军神武不世，勋效已著，带甲数万，舳舻山积，若能委信君子，使各得尽怀，散蒂芥之嫌，塞谗诣之口，则上方数州，可传檄而定；不然，终不济也。"敏乃止。敏命僚佐推己为都督江东诸军事、大司马、楚公，加九锡，列上尚书，称被中诏，自江入沔、汉，奉迎銮驾。

太宰颙以张光为顺阳太守，帅步骑五千诣荆州讨敏。刘弘遣江夏太守陶侃、武陵太守苗光屯夏口，又遣南平太守汝南应詹督水军以继之。

【译文】陈敏于是占领了江东，让顾荣担任右将军，贺循担任丹阳内史，周玘担任安丰太守，只要是江东的豪杰、名士，都对他们以礼相待，担任将军、郡守的，共有四十多人；凡是年老多病的，就加给他们俸禄。贺循假装得了疯病，才可以免受官职，又让顾荣兼任丹杨内史。周玘也称病，不去郡所。陈敏怀疑各位名士终是不愿被自己任用，想要将他们全部杀掉。顾荣劝陈敏说："中原遭受灾乱，蛮夷同室相斗，以此来观察如今的情形，假如无法再振兴的话，国内将没有剩余的百姓了。江南即便经过石冰的战乱，人力物力还能保存，我总是担心，没有像孙、刘一样的君主出来保护江南。如今将军您英明神勇，世上难得，功劳显耀四方，拥有几万武装兵力，船舰巍峨稳重如山，假如能信任君子，让他们各自能够尽展才能，放弃猜忌的嫌怨，阻止小人的口实，那样北方各州，可以颁布檄令，使它平定下来；否则，终是无法成事。"陈敏下令僚属推举自己担任都督江东所有军务、大司马、楚公，加封九锡之命，列位尚书，自称接到宫中诏书，从长江来到沔、汉，迎接晋惠帝司马衷的车驾。

太宰司马颙让张光担任顺阳太守，带领步兵、骑兵五千前去荆州进攻陈敏。刘弘派江夏太守陶侃、武陵太守苗光，驻扎在夏口，并让南平太守汝南人应詹统率水军，以此作为后援。

侃与敏同郡，又同岁举吏。随郡内史扈怀言于弘曰："侃居大郡，统强兵，脱有异志，则荆州无东门矣！"弘曰："侃之忠能，吾得之已久，必无是也。"侃闻之，遣子洪及兄子臻诣弘以自固，弘引为参军，资而遣之。曰："贤叔征行，君祖母年高，便可归也。匹夫之交，尚不负心，况大丈夫乎！"

【译文】陶侃和陈敏是同一地方的人，又是同年被选举为官员。随郡内史扈怀向刘弘进谏，说："陶侃占有大郡，统领强兵，假如他有叛乱的心思，那么荆州就没有东门了。"刘弘说："陶侃的忠诚和才干，我早就知晓了，他必定不会这样行事的。"陶侃听到后，派遣自己的儿子陶洪和侄儿陶臻，前到刘弘的地方，来表现自己的坚决，刘弘提拔他俩担任参军，并奉送财物，遣送他们返回。说："你们的叔叔征战远行，祖母年事已高，你们应该返回赡养她。匹夫的往来，尚且无法背信弃义，何况是大丈夫的交往呢？"

敏以陈恢为荆州刺史，寇武昌；弘加侃前锋督护以御之。侃以运船为战舰，或以为不可。侃曰："用官船击官贼，何为不可！"侃与恢战，屡破之；又与皮初、张光、苗光共破钱端于长岐。

南阳太守卫展说弘曰："张光，太宰腹心，公既与东海，宜斩光以明向背。"弘曰："宰辅得失，岂张光之罪！危人自安，君子弗为也。"乃表光殊勋，乞加迁擢。

是岁，离石大饥，汉王渊徙屯黎亭，就邸阁谷；留太尉宏守离石，使大司农卜豫运粮以给之。

【译文】 陈敏让陈恢担任荆州刺史，进犯武昌，刘弘让陶侃担任前锋督护，来抵御他们。陶侃将运输船作为战舰，有的人认为不应这样，陶侃说："用官船打击官贼，为什么不行？"陶侃和陈恢作战，总是取胜；他又和皮初、张光、苗光一起在长岐战胜了钱端。

南阳太守卫展劝刘弘说："张光是太宰的心腹，您既然和东海亲近，就应该杀掉张光，来表明自己的意愿。"刘弘说："宰辅的过失，哪里算得是张光的罪过呢！危害别人，以此求得自己的平安，这是君子不会做出的事。"所以他上书，陈述张光的特殊功劳，恳请对他提升拔擢。

这一年，离石闹饥荒，汉王刘渊将军队迁徙到黎亭，打开仓库获取粮食；并留下太尉刘宏镇卫离石，下达命令让大司农卜豫运送粮食给他们。

【乾隆御批】荣、玘号江东名士，甘心失身，名教扫地。论者或许其杀敏自赎，是徒为面颜忍耻者藉口地耳，何可为训。

【译文】顾荣、周玘号称江东名士，情愿丧失节操，名分与礼教败坏无余。评论的人或许赞同他们杀陈敏弥补自己的罪过，这是白白地为惭愧羞耻的人找借口罢了，怎能作为解释。

光熙元年（丙寅，公元三〇六年）春，正月，戊子朔，日有食之。

初，太弟中庶子兰陵缪播有宠于司空越；播从弟右卫率胤，太宰颙前妃之弟也。越之起兵，遣播、胤诣长安说颙，令奉帝还洛，约与颙分陕为伯。颙素信重播兄弟，即欲从之。张方自以罪重，恐为诛首，谓颙曰："今据形胜之地，国富兵强，奉天子以号令，谁敢不从，奈何拱手受制于人！"颙乃止。及刘乔败，颙惧，欲罢兵，与山东和解，恐张方不从，犹豫未决。

【译文】光熙元年（丙寅，公元306年）六月，晋惠帝司马衷返回洛阳，年初改年号为光熙。春季，正月，戊子朔日（初一），天空发生日食。

起初，皇太弟的中庶子兰陵人缪播，赢得司空司马越的宠爱。缪播的堂弟右卫率缪胤，是太宰司马颙过去妃子的弟弟。司马越出兵，派缪播、缪胤前去长安，说服司马颙，让他迎接晋惠帝司马衷返回洛阳，约定和司马颙以陕为界线，作为侯伯。司马颙向来深信缪播兄弟，就想顺从他俩的计策。张方自认为罪孽深重，担心被杀，就对司马颙说："如今我们占据优越的地势，国家富足，军力强盛，假如尊奉晋惠帝司马衷来号令天下，谁敢不从？为什么要无故地受别人控制呢？"司马颙便打消了与司马越联合的念头。等到刘乔战败，司马颙心里害怕，想停下行动，和山东讲和，又怕张方不同意，所以犹豫不定。

　　方素与长安富人郅辅亲善，以为帐下督。颙参军河间毕垣，尝为方所侮，因说颙曰："张方久屯霸上，闻山东兵盛，盘桓不进，宜防其未萌。其亲信郅辅具知其谋。"缪播、缪胤复说颙："宜急斩方以谢，山东可不劳而定。"颙使人召辅，垣迎说辅曰："张方欲反，人谓卿知之。王若问卿，何辞以对？"辅惊曰："实不闻方反，为之奈何？"垣曰："王若问卿，但言尔尔；不然，必不免祸。"辅入，颙问之曰："张方反，卿知之乎？"辅曰："尔。"颙曰："遣卿取之，可乎？"又曰："尔。"颙于是使辅送书于方，因杀之。辅既昵于方，持刀而入，守阁者不疑。方火下发函，辅斩其头。还报，颙以辅为安定太守。送方头于司空越以请和；越不许。

　　宋胄袭河桥，楼褒西走。平昌公模遣前锋督护冯嵩会宋胄逼洛阳。成都王颖西奔长安，至华阴，闻颙已与山东和亲，留不敢进。吕朗屯荥阳，刘琨以张方首示之，遂降。甲子，司空越遣祁弘、宋胄、司马纂帅鲜卑西迎车驾，以周馥为司隶校尉、假节，都督诸军，屯渑池。

　　【译文】张方向来和长安富人郅辅关系很好，便让他担任帐下督。司马颙的参军河间人毕垣，曾被张方羞辱过，劝司马颙说："张方长时间驻扎霸上，他听说山东兵力强盛，就犹豫不前，我们在灾乱没有发生时，就应该防止他。他的亲信郅辅都知晓他的计策。"缪播、缪胤又劝司马颙说："您应该马上杀掉张方来赔罪，这样山东就可以不用兴师动众，自然能被平定了。"司马颙派人召见郅辅，毕垣等着郅辅，对他说："张方想要造反，大家都说你知晓。王爷假如问到你，你用什么话回答他？"郅辅惶恐地说："我实在没有听说张方造反，现在要怎么行事？"毕垣说："王爷一旦问到你，你就说是的，否则，你必定无法避免灾祸。"郅辅一进来，司马颙就问他说："你知晓张方要造反吗？"郅辅说："我知晓。"司马颙说："我派你去捉他，行吗？"他说："可以。"司马颙于是让郅辅送信给张方，趁机杀掉他。由于郅辅亲近张方，带着刀进去，守门的人也不怀疑他。张方在灯下打开信时，郅辅砍下他的头。返回报告，司马颙让郅辅担任安定太守。并将张方的首级送给司马越来讲和，司马越却不接受。

宋胄袭击河桥，楼褒往西逃跑。平昌公司马模派遣前锋督护冯嵩和宋胄会合，进攻洛阳。成都王司马颖向西逃往长安，到了华阴，他听说司马颙已经和山东议和，就停下来，不敢向前。吕朗驻扎在荥阳。刘琨将张方的头颅给他看，于是吕朗投降。司空司马越让祁弘、宋胄、司马纂带领鲜卑人，往西迎接晋惠帝司马衷的车驾，让周馥担任司隶校尉、掌持符节，驻扎渑池。

【申涵煜评】张方之恶，浮于盗贼，毕垣聊施小计，方即授首，为天下除此毒物。或是司马氏祖宗之灵未泯，然而势从此衰矣。

【译文】张方的恶行，比盗贼还浅薄，因此毕垣略施小计，就取得了他的首级，为天下除去了这个恶毒的人。也许是司马氏祖宗的灵魂还没有失去庇佑的作用，不过司马氏的运势却从此开始衰弱了。

三月，愍令刘柏根反，众以万数，自称愍公。王弥帅家僮从之，柏根以弥为长史，弥从父弟桑为东中郎将。柏根寇临淄，青州都督高密王略使刘瞳将兵拒之；瞳兵败，奔洛阳，略走保聊城。王浚遣将讨柏根，斩之。王弥亡入长广山为群盗。

【译文】 三月，愍县县令刘柏根反叛，部队数以万计，他自封愍公。王弥带领家中奴仆跟从他，刘柏根让王弥担任长史，王弥的堂弟王桑担任东中郎将。刘柏根进犯临淄，青州都督高密王司马略让刘瞳带领军队反抗他。刘瞳交战失败，逃到洛阳，司马略逃跑，退守聊城。王浚派将领进攻刘柏根，并杀掉了他。王弥逃到长广山，成了盗贼。

宁州频岁饥疫，死者以十万计。五苓夷强盛，州兵屡败。吏民流入交州者甚众，夷遂围州城。李毅疾病，救援路绝，乃上疏言："不能式遏寇虐，坐待殄毙。若不垂矜恤，乞降大使，及臣尚存，加臣重辟；若臣已死，陈尸为戮。"朝廷不报，积数年，子钊自洛往省之，未至，毅卒。毅女秀，明达有父风，众推秀领宁州事。秀奖厉战士，婴城固守。城中粮尽，炙鼠拔草而食之。伺夷稍怠，辄出兵掩击，破之。

范长生诣成都，成都王雄门迎，执版，拜为丞相，尊之曰范贤。

【译文】 宁州数年发生饥荒瘟疫，死亡的人数以万计。五苓夷兵力强盛，州郡军队经常战败。官员和百姓很多人迁徙到交州，五苓夷于是围攻州城。李毅患病，救援的道路已断绝，于是给朝廷呈上奏章，说："我无法阻止敌人侵略，唯有坐以待毙。

假如皇帝不同情我的话，恳请您派来大使，趁着我还活着，对我加以重罚；假如我已经死了，就请对我戮尸作为惩处。"朝廷不回复他。几年后，他的儿子李钊从洛阳去探望他，还没有到，李毅就去世了。李毅的女儿李秀，英明豁达，有她父亲的风度，手下推荐李秀暂代宁州事务。李秀奖赏战士，固守城池。城中的粮食吃完了，就烧田鼠、拔野草吃。他们趁夷人放松，就出兵袭击，击败他们。

范长生前去成都，成都王李雄在城门口迎接他，拿着手版，让他担任丞相，尊奉他为范贤。

【申涵煜评】长生盗处士之名，而保山砦，助军饷，诣雄自售，坐取伪相，重为处士二字辱。予谓长生与陆法和皆是人妖。

【译文】范长生空顶着隐士的名声，却保护山寨，赞助军饷，自己把自己当英雄，凭空得了一个丞相的伪名，太侮辱"隐士"这两个字了。我认为范长生和陆法都是妖孽。

夏，四月，己巳，司空越引兵屯温。初，太宰颙以为张方死，东方兵必可解。既而东方兵闻方死，争入关，颙悔之，乃斩郅辅，遣弘农太守彭随、北地太守刁默将兵拒祁弘等于湖。五月，壬辰，弘等击随、默，大破之，遂西入关，又败颙将马瞻、郭伟于霸水，颙单马逃入太白山。弘等入长安，所部鲜卑大掠，杀二万馀人，百官奔散，入山中，拾橡实食之。己亥，弘等奉帝乘牛车东还。以太弟太保梁柳为镇西将军，守关中。六月，丙辰朔，帝至洛阳，复羊后。辛未，大赦，改元。

【译文】夏季，四月，己巳日（十三日），司空司马越带领军队驻扎在温县。起初，太宰司马颙认为张方死了，东边战事就能消除。不久，东边的军队听说张方死了，竞相来到关中，司马颙后悔，就杀了郅辅，让弘农太守彭随、北地太守刁默率领军队到湖县抵御祁弘等人。五月，壬辰日（初七），祁弘等人进攻彭随、刁默，大获全胜，于是向西来到关中，并在霸水战胜司马颙的将领马瞻、郭伟，司马颙单枪匹马逃往太白山。祁弘等人来到长安，手下的鲜卑人恣意抢劫，杀掉两万多人，众官员逃跑到山中，捡拾橡树果实吃。己亥日（十四日），祁弘等人迎接晋惠帝司马衷，乘坐牛车，返回东方。让太弟太保梁柳担任镇西将军，固守关中。六月，丙辰朔日（初一），晋惠帝司马衷到了洛阳，恢复羊后的地位。辛未日（十六日），大赦天下，改年号为光熙。

马瞻等入长安，杀梁柳，与始平太守梁迈共迎太宰颙于南山。弘农太守裴廙、秦国内史贾龛、安定太守贾疋等起兵击颙，斩马瞻、梁迈。疋，诩之曾孙也。司空越遣督护麋晃将兵击颙，至郑，颙使平北将军牵秀屯冯翊。颙长史杨腾，诈称颙命，使秀罢兵，腾遂杀秀，关中皆服于越，颙保城而已。

成都王雄即皇帝位，大赦，改元曰晏平，国号大成。追尊父特曰景皇帝，庙号始祖；尊王太后曰皇太后。以范长生为天地太师；复其部曲，皆不豫征税。诸将恃恩，互争班位，尚书令阎式上疏，请考汉、晋故事，立百官制度，从之。

【译文】马瞻等人来到长安，杀掉梁柳，和始平太守梁迈一起到南山迎接太宰司马颙。弘农太守裴廙、秦国内史贾龛、安定太守贾疋等人，出兵进攻司马颙，并杀掉马瞻、梁迈。贾疋，是贾诩的曾孙。司空司马越派遣督护麋晃统率军队，进攻司马颙，等到了郑县，司马颙派遣平北将军牵秀驻扎在冯翊。司马颙的长史杨腾，假传司马颙命令，要牵秀解散军队，杨腾于是将牵秀杀掉，关中都归服司马越，司马颙只能退守城池而已。

成都王李雄登上皇位后，宣布大赦，改年号为晏平，国号定为大成。并追封父亲李特为景皇帝，庙号为始祖；追尊王太后为皇太后。让范长生担任天地太师；给他的部队特权，不用参加征役，不用交纳赋税。各将领恃宠而骄，争夺班次地位，尚书令阎式呈上奏章，恳请考查汉、晋的旧例，建立百官制度。李雄听从他的建言。

秋，七月，乙酉朔，日有食之。

八月，以司空越为太傅，录尚书事；范阳王虓为司空，镇邺；平昌公模为镇东大将军，镇许昌；王浚为票骑大将军、都督东夷、河北诸军事，领幽州刺史。越以吏部郎颍川庾敳为军咨祭酒，前太弟中庶子胡毋辅之为从事中郎，黄门侍郎河南郭象为主簿，鸿胪丞阮修为行参军，谢鲲为掾。辅之荐乐安光逸于越，越亦辟之。敳等皆尚虚玄，不以世务婴心，纵酒放诞；敳殖货无厌；象薄行，好招权；越皆以其名重于世，故辟之。

祁弘之入关也，成都王颖自武关奔新野。会新城元公刘弘卒，司马郭劢作乱，欲迎颖为主，治中顺阳郭舒奉弘子璠以讨劢，斩之。诏南中郎将刘陶收颖。颖北渡河，奔朝歌，收故将士，得数百人，欲赴公师藩。九月，顿丘太守冯嵩执之，送邺；范阳王虓不忍杀而幽之。公师藩自白马南渡河，兖州刺史苟晞讨斩之。

【译文】秋季，七月，乙酉朔日（初一），天空发生日食。

八月，朝廷让司空司马越担任太傅，录尚书事；范阳王司马虓担任司空，驻守邺都；平昌公司马模担任镇东大将军，守卫许昌；王浚担任骠骑大将军，负责东夷、河北所有军务，兼任幽州刺史。司马越让吏部郎颍川人庾敳担任军咨祭酒，前太弟中庶子胡毋辅之担任从事中郎，黄门侍郎河南人郭象担任主簿，鸿胪丞阮修担任行参军，谢鲲担任掾。胡毋辅之向司马越推举乐安人光逸，司马越也征召他。庾敳等人都推崇玄虚的学问，不关注当世的事务，喜欢酗酒，放荡不羁；庾敳收敛财物，不知满足；郭象行动鄙陋，喜欢招揽权力。由于他们在当时都有很大的声望，所以司马越才征召他们。

　　祁弘来到关中后，成都王司马颖从武关逃到新野。正好新城元公刘弘去世，司马郭劢叛乱，想迎接司马颖作为君主。郭舒迎接刘弘的儿子刘瑶，来讨伐郭劢，并杀掉了他。让南中郎将刘陶收捕司马颖。司马颖往北渡过黄河，逃到朝歌，召集以前的将士几百人，要投靠公师藩，顿丘太守冯嵩捕获了他，将他送到邺都。范阳王司马虓不忍心杀他，就将他囚禁起来。公师藩从白马向南渡过黄河，兖州刺史苟晞讨伐并杀掉了公师藩。

　　【乾隆御批】时务方殷，虽真材犹恐不给，乃以名重用纵酒放诞之人，安能有济？

　　【译文】世事正多，即使是真正的人才仍然担心难以应付，却因为知名度高任用无节制地饮酒、放纵不羁的人，怎能有益于国事呢？

　　【乾隆御批】刘舆默识天下兵簿，虽类萧何之收图籍，然以图进匿附非人，陷于悖逆，可谓不善用其才。

　　【译文】刘舆暗中记住国家的军事簿籍，虽然像是萧何收集地图户籍，然而用图籍求进取，亲近依附不适当的人，落入狂悖忤逆，可以说是没有好好利用他的才华。

　　【申涵煜评】弘仁慈谦厚，得江汉之心，大似刘虞为人。至于斩辛冉之纵横，还陶侃之质子，舍张光而不诛，尤属豪杰举动，非一味煦嘘下人者。

【译文】刘弘仁慈谦虚宽厚，得到了江、汉百姓的拥戴，他的为人有些像刘虞。至于问斩劝他称霸的辛冉，送还陶侃做人质的儿子，赦免张光不诛杀他，都是豪杰的举动，不只是恩惠体恤小人物。

进东嬴公腾爵为东燕王，平昌公模为南阳王。

冬，十月，范阳王虓薨。长史刘舆以成都王颖素为邺人所附，秘不发丧，伪令人为台使称诏，夜，赐颖死，并杀其二子。颖官属先皆逃散，惟卢志随从，至死不怠，收而殡之。太傅越召志为军咨祭酒。

【译文】 朝廷加封东嬴公司马腾的爵位为东燕王，平昌公司马模为南阳王。

冬季，十月，范阳王司马虓去世。长史刘舆由于司马颖向来是邺都人所依附的，所以秘不发丧，让人假扮朝廷使者，传递诏命，夜里赐令司马颖自杀，同时杀掉他的两个儿子。司马颖的部属都已事先逃跑，唯有卢志跟随在司马颖身边，到死都不怠慢，他收敛司马颖的尸体，加以埋葬。太傅司马越征召卢志担任军咨祭酒。

越将召刘舆，或曰："舆犹腻也，近则污人。"及至，越疏之。舆密视天下兵簿及仓库、牛马、器械、水陆之形，皆默识之。时军国多事，每会议，自长史潘滔以下，莫知所对；舆应机辨画，越倾膝酬接，即以为左长史，军国之务，悉以委之。舆说越遣其弟琨镇并州，以为北面之重；越表琨为并州刺史，以东燕王腾为车骑将军、都督邺城诸军事，镇邺。

【译文】 司马越打算征召刘舆，有人说："刘舆像油污一样，谁接近他就会被玷污。"等到刘舆到了，司马越疏远他。刘舆暗中观看天下的兵册和仓库、牛马、器械、水陆地势，暗中记了下来。当时军事和国政事情多，每次开会，从长史潘滔以下，都不知晓怎么对付，刘舆随着事机，分辨区划，司马越真诚地接待他，马上让他担任左长史，军事、政事都托付给他。刘舆劝司马越派他的弟弟刘琨固守并州，来作为北方重镇；司马越上书，派遣刘琨担任并州刺史，让东燕王司马腾担任车骑将军，处理邺城所有军务，据守邺城。

　　十一月，己巳，夜，帝食饼中毒，庚午，崩于显阳殿。羊后自以于太弟炽为嫂，恐不得为太后，将立清河王覃。侍中华混谏曰："太弟在东宫已久，民望素定，今日宁可易乎！"即露板驰告太傅越，召太弟入宫。后已召覃至尚书阁，疑变，托疾而返。癸酉，太弟即皇帝位，大赦，尊皇后曰惠皇后，居弘训宫；追尊母王才人曰皇太后；立妃梁氏为皇后。

　　怀帝始遵旧制，于东堂听政。每至宴会，辄与群官论众务，考经籍。黄门侍郎傅宣叹曰："今日复见武帝之世矣！"

　　【译文】十一月，己巳日（十七日），夜间，晋惠帝司马衷吃饼中毒，庚午日（十八日），晋惠帝司马衷在显阳殿驾崩。羊后自认为：她和太弟司马炽，是叔嫂的关系，担心自己无法当上太后，想要立清河王司马覃。侍中华混进谏说："太弟在东宫的时间很长，百姓对他信任有加，现在怎么能改变呢！"马上用不封口的奏书召请太傅司马越，请太弟进宫。皇后已经征召司马覃，到了尚书阁，疑心发生变化，假称有病就返回了。癸酉日（二十一日），太弟司马炽登上皇位，并大赦天下，尊奉皇后为惠皇后，居住在弘训宫；追封母亲王才人为皇太后；让妃子梁氏当上皇后。

晋怀帝开始遵奉以前的制度，在东堂听政，每次到了宴会的时候，他就和官员们商议各种政事，查阅经籍。黄门侍郎傅宣感慨着说："今天我又能见到武帝的时代了。"

十二月，壬午朔，日有食之。

太傅越以诏书征河间王颙为司徒，颙乃就征。南阳王模遣其将梁臣邀之于新安，车上扼杀之，并杀其三子。

辛丑，以中书监温羡为左光禄大夫，领司徒；尚书左仆射王衍为司空。

【译文】十二月，壬午朔日（初一），天空发生日食。

太傅司马越下令征召河间王司马颙担任司徒。司马颙刚接受征召，南阳王司马模就让他的将领梁臣，邀请他到新安车上，勒杀了他，并杀了他的三个儿子。

辛丑日（二十日），怀帝派中书监温羡担任左光禄大夫，同时担任司徒；尚书左仆射王衍担任司空这个职务。

己酉，葬惠帝于太阳陵。

刘琨至上党，东燕王腾即自井陉东下。时并州饥馑，数为胡寇所掠，郡县莫能自保。州将田甄、甄弟兰、任祉、祁济、李恽、薄盛等及吏民万馀人，悉随腾就谷冀州，号为"乞活"，所馀之户不满二万，寇贼纵横，道路断塞。琨募兵上党，得五百人，转斗而前。至晋阳，府寺焚毁，邑野萧条，琨抚循劳徕，流民稍集。

【译文】己酉日（二十八日），将惠帝葬在太阳陵。

刘琨到了上党，东燕王司马腾马上从井陉向东而去。当时并州发生饥荒，多次被胡人匪寇抢劫，郡县无法保护自己。州将田甄、田甄的弟弟田兰、任祉、祁济、李恽、薄盛等人，和官吏、百姓一万多人，都追随司马腾到冀州寻找粮食，被称为"乞活"，剩余的人家不到两万户；寇匪到处横行霸道，道路断绝无法通行。刘琨到上党招募士兵，召到了五百人，在各地战斗，向前继续推进。到了晋阳，官府和宅邸全都烧毁，城市、乡野一片荒凉萧条，刘琨安定抚恤、召集百姓，流民渐渐集聚靠拢了。

孝怀皇帝上

永嘉元年（丁卯，公元三○七年）春，正月，癸丑，大赦，改元。

吏部郎周穆，太傅越之姑子也，与其妹夫御史中丞诸葛玫说越曰："主上之为太弟，张方意也。清河王本太子，公宜立之。"越不许。重言之，越怒，斩之。

二月，王弥寇青、徐二州，自称征东大将军，攻杀二千石。太傅越以公车令东莱鞠羡为本郡太守，以讨弥，弥击杀之。

【译文】永嘉元年（丁卯，公元307年）春季，正月，癸丑日（初二），晋怀帝司马炽大赦天下，改年号为永嘉。

吏部郎周穆，是太傅司马越姑母的儿子，和他的妹夫御史中丞诸葛玫劝说司马越："皇上当太弟之时，是张方的意思。清河王本来是太子，公侯应立他为太子。"司马越不答应。接连不断地这样进言，司马越在盛怒之下，杀掉了他们。

二月，王弥入侵青、徐二州，自己号称征东大将军，攻杀两千石的官员，太傅司马越派公车令东莱人鞠羡担任本郡太守，攻打王弥，王弥攻击并杀了他。

陈敏刑政无章，不为英俊所附；子弟凶暴，所在为患；顾荣、周玘等忧之。庐江内史华谭遗荣等书曰："陈敏盗据吴、会，命危朝露。诸君或剖符名郡，或列为近臣，而更辱身奸人之朝，降节叛逆之党，不亦羞乎！吴武烈父子皆以英杰之才，继承大业。今以陈敏凶狡，七弟顽冗，欲蹑桓王之高踪，蹈大皇之绝轨，远度诸贤，犹当未许也。皇舆东返，俊彦盈朝，将举六师以清建业，诸贤何颜复见中州之士邪！"荣等素有图敏之心，及得书，甚惭，密遣使报征东大将军刘准，使发兵临江，己为内应，剪发为信。准遣扬州刺史刘机等出历阳讨敏。

敏使其弟广武将军昶将兵数万屯乌江，历阳太守宏屯牛渚。敏弟处知顾荣等有贰心，劝敏杀之，敏不从。

【译文】陈敏处理政务刑令毫无章法，无法受到才俊人士的拥护；子弟凶恶残暴，所到之地都成了灾患。顾荣、周玘等人心中忧虑。庐江内史华谭送给顾荣等人的信说："陈敏强占了吴、会，两地生命就像早上的露水一样危险。每位先生，有的由于功劳被分封在有名的郡县，有的地位处在近臣行列，现在却又羞辱自己，列于奸人的朝中，降低节操，附和叛逆的奸人，难道不感到羞愧吗？吴武烈父子都是由于拥有英明杰出的才能，继承了伟大的事业。现在以陈敏的凶恶狡猾，七个弟弟的顽劣卑下，想要追随桓王的高卓事迹，继承大皇的绝世轨范，认真思量一下各地英贤，必定是不会同意的。皇帝圣驾从东边回来，朝廷中充满了优秀人才，将要调动六军，清理、建设伟业，各位贤士有何面目再来面对中州的人士呢！"顾荣等人一向有图害陈敏的心理，等得到了书信，十分惭愧，秘密派遣使者，报告征东大将军刘准，要他调遣军队，到达长江，自己作为内应，剪下头发，作为信物。刘准派扬州刺史刘机等人，从历阳出兵，前去讨伐陈敏。

陈敏派他的弟弟广武将军陈昶，调遣几万士兵，驻扎在乌江，历阳太守陈宏，驻扎在牛渚。陈敏的弟弟陈处，知晓顾荣等人有背弃反叛的心理，劝陈敏杀掉他们，陈敏没有听从。

　　昶司马钱广，周玘同郡人也，玘密使广杀昶，因宣言州下已杀敏，敢动者诛三族。广勒兵朱雀桥南；敏遣甘卓讨广，坚甲精兵尽委之。顾荣虑敏疑之，故往就敏。敏曰："卿当四出镇卫，岂得就我邪！"荣乃出，与周玘共说甘卓曰："若江东之事可济，当共成之。然卿观兹事势，当有济理不？敏既常才，政令反覆，计无所定，其子弟各已骄矜，其败必矣。而吾等安然受其官禄，事败之日，使江西诸军函首送洛，题曰'逆贼顾荣、甘卓之首'，此万世之辱也！"卓遂诈称疾，迎女，断桥，收船南岸，与玘、荣及前松滋侯相丹杨纪瞻共攻敏。

　　敏自帅万馀人讨卓，军人隔水语敏众曰："本所以戮力陈公者，正以顾丹杨、周安丰耳；今皆异矣，汝等何为！"敏众狐疑未决，荣以白羽扇麾之，众皆溃去。敏单骑北走，追获之于江乘，叹曰："诸人误我，以至今日！"谓弟处曰："我负卿，卿不负我！"遂斩敏于建业，夷三族。于是，会稽等郡尽杀敏诸弟。

　　【译文】陈昶的司马钱广，和周玘是同一郡人，周玘私下要钱广杀了陈昶，公开宣布州中已经杀了陈敏，有敢随便乱动的，诛杀三族。钱广在朱雀桥南治理军队。陈敏派甘卓征讨钱广，将所有的精锐部队都交托给他。顾荣忧虑陈敏怀疑自己的能力，所以前去陈敏那里。陈敏说："你应该出去四处镇守，怎么能来接近我呢？"顾荣于是出去，和周玘共同劝甘卓说："假如江东的事业可以取得成功，就应该一同完成。然而你观察这种情势，会不会有成功的道理？陈敏终究是个平庸无常的人才，政治法度命令，反复无常，安国计策，无法自己做出决定，他的亲人子弟，各自都已过分骄慢，他的失败是注定的了。然而我们这些人，安然地平白接受了他的官职俸禄，当事情失败的时候，假如让江西各地军队，用木匣密封了我们的头颅，送到洛阳，上面写着'叛贼顾荣、甘卓的头'，这是遗臭万年的耻辱啊！"甘卓于是谎称患病，接回女儿，砍断桥梁，收船停靠于南岸，和周玘、顾荣及前松滋侯相丹杨人纪瞻一起攻打陈敏。

陈敏亲自统率一万多人，攻打讨伐甘卓，军人隔着河水对陈敏的军队说："本来要努力报答效忠陈公的原因，就是由于顾丹杨、周安丰两个人的关系，现在情形不一样了，你们这到底是为了什么呢！"陈敏的军队犹豫不决无法做出决定，顾荣用白羽扇向他们指去，部队都溃散了。陈敏一个人骑着马，向北逃走，最后在江乘被追到并捕获，叹息说："众位害了我，我才会到今日这般田地！"对弟弟陈处说："我辜负了你，你没有辜负我！"陈敏在建业被杀，被诛灭三族。与此同时在会稽等郡，陈敏各个弟弟也被杀了。

时平东将军周馥代刘准镇寿春。三月，己未朔，馥传敏首至京师。诏征顾荣为侍中，纪瞻为尚书郎。太傅越辟周玘为参军，陆玩为掾。玩，机之从弟也。荣等至徐州，闻北方愈乱，疑不进，越与徐州刺史裴盾书曰："若荣等顾望，以军礼发遣！"荣等惧，逃归。盾，楷之兄子，越妃兄也。

西阳夷寇江夏，太守杨珉请督将议之。诸将争献方略，骑督朱伺独不言。珉曰："朱将军何以不言？"伺曰："诸人以舌击贼，伺惟以力耳。"珉又问："将军前后击贼，何以常胜？"伺曰："两敌共对，惟当忍之；彼不能忍，我能忍，是以胜耳。"珉善之。

诏追复杨太后尊号；丁卯，改葬之，谥曰武悼。

庚午，立清河王覃弟豫章王诠为皇太子。辛未，大赦。

【译文】当时平东将军周馥，代替刘准驻扎镇守寿春。三月，己未朔日（三月初一是辛亥日，己未日是初九），周馥将陈敏的头送到了到京师，诏令征召顾荣担任侍中、纪瞻担任尚书郎。太傅司马越征召周玘担任参军、陆玩担任掾。陆玩，是陆机的堂弟。顾荣等人到达了徐州，听到北方局势更加混乱，犹豫不敢进去，司马越给徐州刺史裴盾的信说："假如顾荣等人犹豫的话，用军中的处理方式遣送他们来！"顾荣等人心中感到恐惧，逃返而回。裴盾，是裴楷的侄儿，司马越妃子的哥哥。

西阳夷人侵入江夏，太守杨珉请督将商讨谋议。各将争着献出自己的策略，唯有骑督朱伺不讲话。杨珉说："朱将军你为什么不说话呢？"朱伺说："各人用话语攻击贼人，而我只不过用兵力而已。"杨珉又问："将军前后进攻贼人，为什么频繁取得胜利呢？"朱伺说："双方对敌，只不过是比谁更坚忍；他们无法坚忍，而我能够坚忍，所以才会一直战胜而已。"杨珉认为他这种方式很好。

晋怀帝司马炽诏命再次恢复杨太后的尊号。丁卯日（十七日），重新安葬，谥号为武悼。

庚午日（二十日），立清河王司马覃的弟弟豫章王司马诠为皇太子。辛未日（二十一日），大赦天下。

【申涵煜评】张公艺以忍字传家，世固久知忍之妙，而不意其通于战。伺谓两敌相对，惟忍乃胜，真兵法一字之秘诀，为孙吴所未道。

【译文】张公艺以一个"忍"字世代传家，世人原本早就知道忍的妙处，却不能在战争中将这个字贯穿。朱伺说两军对战时，只有忍耐的一方才能取胜，真是兵法中一个字的秘诀，这是孙吴中没人能领会的。

帝亲览大政，留心庶事；太傅越不悦，固求出藩。庚辰，越出镇许昌。

以高密王略为征南大将军，都督荆州诸军事，镇襄阳；南阳王模为征西大将军，都督秦、雍、梁、益四州诸军事，镇长安；东燕王腾为新蔡王，都督司、冀二州诸军事，仍镇邺。

【译文】晋怀帝司马炽观览朝政，留心朝中大事。太傅司马越心中非常不快，坚决恳请外出居住于藩国。庚辰日（三十日），司马越离开京城，镇守许昌。

晋怀帝司马炽派高密王司马略担任征南大将军，统管监督荆州所有军事要务，镇守襄阳；南阳王司马模担任征西大将军，统管监督秦、雍、梁、益所有军务，镇守长安；东燕王司马腾为新蔡王，统管监督司、冀二州所有军政要务，仍然驻扎镇守邺都。

公师藩既死，汲桑逃还苑中，更聚众劫掠郡县，自称大将军，声言为成都王报仇；以石勒为前驱，所向辄克，署勒扫虏将军，遂进攻邺。时邺中府库空竭，而新蔡武哀王腾资用甚饶。腾性吝啬，无所振惠，临急，乃赐将士米各数升，帛各丈尺，以是人不为用。夏，五月，桑大破魏郡太守冯嵩，长驱入邺，腾轻骑出奔，为桑将李丰所杀。桑出成都王颖棺，载之车中，每事启而后行。遂烧邺宫，火旬日不灭；杀士民万馀人，大掠而去。济自延津，南击兖州。太傅越大惧，使苟晞及将军王赞等讨之。

【译文】 公师藩死后，汲桑逃跑到了牧苑中，又召集以前的军队，抢劫郡县，号称自己为大将军，声言要为成都王报仇。派石勒担任前锋，所到之处，都交战获胜；又任石勒为讨虏将军，接着攻打邺都。当时邺都城中仓库财货已空，而新蔡武哀王司马腾资产财源十分丰足。司马腾本性吝啬，从不施加恩惠救济部下，到了事情紧急时，就赐给将士每人几升米，一丈多布帛，所以没有人听从他的差遣。夏季，五月，汲桑大败魏郡太守冯嵩，长驱直入地攻入了邺都，司马腾轻装骑马逃了出去，被汲桑的将领李丰杀了。汲桑起出成都王司马颖的棺木，装在自己的车中，每次有事，禀报之后才进行。接着烧了邺都宫室，大火烧了十天都没熄灭；杀掉一万多官吏百姓，任意抢掠后才离开。从延津渡河，向南攻击兖州，太傅司马越感到非常害怕，派苟晞和将军王赞攻打他。

秦州流民邓定、訇氏等据成固，寇掠汉中，梁州刺史张殷遣巴西太守张燕讨之。邓定等饥窘，诈降于燕，且赂之，燕为之缓师。定密遣訇氏求救于成，成主雄遣太尉离、司徒云、司空璜将兵二万救定，与燕战，大破之，张殷及汉中太守杜孟治弃城走。积十馀日，离等引还，尽徙汉中民于蜀。汉中人句方、白落帅吏民还守南郑。

石勒与苟晞等相持于平原、阳平间，数月，大小三十馀战，互有胜负。秋，七月，己酉朔，太傅越屯官渡，为晞声援。

己未，以琅邪王睿为安东将军，都督扬州江南诸军事、假节，镇建业。

八月，己卯朔，苟晞击汲桑于东武阳，大破之。桑退保清渊。

分荆州、江州八郡为湘州。

【译文】 秦州流民邓定、訇氏等人，驻扎在成固，侵犯汉中，梁州刺史张殷，派遣巴西太守张燕攻打他们。邓定等人饥饿窘困，假装向张燕投降，而且贿赂他，张燕于是减缓了军队行动，邓定秘密派遣訇氏向大成恳请救援支持，大成君主李雄调遣太尉李离、司徒李云、司空李璜，统率两万士兵，救援邓定，和张燕一起交战，大败张燕，张殷和汉中太守杜孟治弃城逃走。过了十多天，李离等人统率军队返回，将所有的汉中百姓迁徙到蜀郡。汉中人句方、白落，统率官民回来驻守保卫南郑。

石勒和苟晞等人，在平原、阳平间交战数月无法决出胜负，大小战役，有三十多次，双方互有胜负。秋季，七月，己酉朔日（初一），太傅司马越军队驻扎在官渡，作为苟晞的后援。

己未日（十一日），朝廷派琅邪王司马睿担任安东将军，统管监督扬州、江南所有军事要务，持符节，镇守建业。

八月，己卯朔日（初一），苟晞到东武阳攻打汲桑，大胜。汲桑退兵守卫清渊。

从荆州、江州分出八郡，建立湘州。

九月，戊申，琅邪王睿至建业。睿以安东司马王导为谋主，推心亲信，每事咨焉。睿名论素轻，吴人不附，居久之，士大夫莫有至者，导患之。会睿出观禊，导使睿乘肩舆，具威仪，导与诸名胜皆骑从，纪瞻、顾荣等见之惊异，相帅拜于道左。导因说睿曰："顾荣、贺循，此土之望，宜引之以结人心；二子既至，则无不来矣。"睿乃使导躬造循、荣，二人皆应命而至。以循为吴国内史；荣为军司，加散骑常侍，凡军府政事，皆与之谋议。又以纪瞻为军祭酒，卞壸为从事中郎，周玘为仓曹属，琅邪刘超为舍人，张闿及鲁国孔衍为参军。壶，粹之子；闿，昭之曾孙也。王导说睿：“谦以接士，俭以足用，用清静为政，抚绥新旧。”故江东归心焉。睿初至，颇以酒废事；导以为言。睿命酌，引觞覆之，于此遂绝。

【译文】 九月，戊申日（初一），琅邪王司马睿到达建业。司马睿以安东司马王导作为主要谋士，用自己的真诚实意待他，亲近信任他，每件事都和他商讨。司马睿的声望，向来不被人重视，吴郡人不接近相信他，住的时间久了，没有一个士大夫肯来拜访，王导很忧愁。碰巧司马睿出外观看禊祭，王导要司马睿乘坐没有遮盖的轿子，准备骑兵侍卫，王导和各名人都骑马跟随着，纪瞻、顾荣等人见了，十分惊异，一起在道旁礼拜。王导趁机劝司马睿说：“顾荣、贺循，是这地方上有威望的人，应该接待他们来招纳人心，两位来了之后，就没有人不来了。”司马睿于是派王导亲自拜访贺循、顾荣，二人都接受命令来了。司马睿派贺循担任吴国内史，顾荣担任军司，再加散骑常侍，凡是遇到军政事务，都和他商讨。又委任纪瞻作为军咨祭酒，卞壶担任从事中郎，周玘担任仓曹属，琅邪人刘超担任舍人，张闿和鲁国人孔衍担任参军。卞壶，是卞粹的儿子；张闿，是张昭的曾孙。王导劝司马睿：“谦逊温和地来对待贤士，通过节俭来补足财用，用清静无为来处理政事，安抚以前的部旧和新结交的人。”所以江东人心都依附于他。司马睿刚来时，常沉迷于饮酒而荒废军政事务，王导向他提出意见。司马睿命人倒满酒，拿着酒杯，将酒倒在地上，从此之后不再喝酒。

【乾隆御批】 导用虚声号召推戴琅邪，时论乃以夷吾比之。然夷吾匡时责实，其相去奚啻风马牛哉！卒使一世波靡，恬不为怪，此真白望之渠魁，不可不辨。

【译文】王导用虚张声势的语言号召人们推举拥戴琅邪王，当时的评论把他比作管仲。然而管仲挽救时局讲求实际，两人何止是相差很远，根本是风马牛不相及，毫无关联啊！最终使一个时代发生了动荡，毫不觉得奇怪，这真是虚名的首领，不能不明辨。

苟晞追击汲桑，破其八垒，死者万馀人。桑与石勒收馀众，将奔汉，冀州刺史〔谯国〕丁绍邀之于赤桥，又破之。桑奔马牧，勒奔乐平。太傅越还许昌，加苟晞抚军将军、都督青、兖诸军事，丁绍宁北将军，监冀州诸军事，皆假节。

晞屡破强寇，威名甚盛，善治繁剧，用法严峻。其从母依之，晞奉养甚厚。从母子求为将，晞不许，曰："吾不以王法贷人，将无后悔邪！"固求之，晞乃以为督护；后犯法，晞杖节斩之，从母叩头救之，不听。既而素服哭之曰："杀卿者，兖州刺史；哭弟者，苟道将也。"

【译文】苟晞追赶攻打汲桑，攻克了八个军营，死了一万多人。汲桑和石勒召集收拾残余部队，将要逃到汉国之时，冀州刺史谯国人丁绍，到赤桥等着攻打他们，将他们击败。汲桑逃到茌平马牧，石勒逃到乐平。太傅司马越返回许昌，苟晞加封官职为抚军将军，统管监督青、兖所有军务，丁绍担任宁北将军，监察管理冀州所有军务，都赐予符节。

苟晞多次击败强敌，威名十分响亮，擅长治理纷繁复杂的军政要事，执法严格。他的姨母来投靠他，苟晞赡养得非常好。姨母的儿子向他恳请担任将领，苟晞不答应，说："我不会以王法宽赦别人，你将来可不要后悔呀！"坚决恳请，苟晞于是派他担任督护。后来犯了法，苟晞秉持符节依法杀了他，姨母磕头求救，苟晞没有听从她的请求。事后，穿上素服吊哭他的表弟说：
"杀你的，是那个担任兖州刺史的人，吊哭弟弟的，是你的哥哥
苟道将呀！"

　　胡部大张䚉督、冯莫突等，拥众数千，壁于上党，石勒往从
之，因说䚉督等曰："刘单于举兵击晋，部大拒而不从，自度终能
独立乎？"曰："不能。"勒曰："然则安可不早有所属！今部落皆已
受单于赏募，往往聚议，欲叛部大而归单于矣。"䚉督等以为然。
冬，十月，䚉督等随勒单骑归汉，汉王渊署䚉督为亲汉王，莫突
为都督部大，以勒为辅汉将军、平晋王，以统之。
　　乌桓张伏利度有众二千，壁于乐平，渊屡招，不能致。勒伪
获罪于渊，往奔伏利度；伏利度喜，结为兄弟，使勒帅诸胡寇掠，
所向无前，诸胡畏服。勒知众心之附己，乃因会执伏利度，谓诸
胡曰："今起大事，我与伏利度谁堪为主？"诸胡咸推勒。勒于是
释伏利度，帅其众归汉。渊加勒督山东征诸军事，以伏利度之众
配之。
　　【译文】胡人部大张䚉督、冯莫突等人，掌管几千部众，在
上党建立军营，石勒前去归附他们，借机劝张䚉督等人说："刘
单于统率军队攻打晋国，部队大部分拒绝不依从，自己揣测，
最终能够独立吗？"说："不能。"石勒说："那怎么不早作安排
呢！现在部落都已接受单于的奖励招募频繁地聚会商讨，想要
背叛部大，归附于单于了。"张䚉督等人认为这是对的。冬季，十
月，张䚉督等人追随石勒单人匹马，归向汉国，汉王刘渊署任张
䚉督为亲汉王，冯莫突担任都督部大，派石勒担任辅汉将军、平
晋王，来统领他们。

乌桓人张伏利度掌管两千兵将部队，在乐平建立军营，刘渊每次招请他，都无法招来。石勒假装自己在刘渊面前犯了罪，逃向张伏利度，张伏利度心中非常高兴，和他结成兄弟，命令石勒统率各胡族到处抢杀劫掠，一直战无不胜，各胡族都害怕敬服他。石勒知晓众人心里都已依附自己，因此趁这个机会，捉住张伏利度，对各胡族说："现在要发动大事，我和张伏利度，谁可以担任领袖呢？"各胡族都推举选择石勒。石勒于是放了张伏利度，统率他的部众归附于汉国。刘渊进加石勒的官职，督理山东征讨所有军务，将张伏利度的军队部众分配给他。

十一月，戊申朔，日有食之。

甲寅，以尚书右仆射和郁为征北将军，镇邺。

乙亥，以王衍为司徒。衍说太傅越曰："朝廷危乱，当赖方伯，宜得文武兼资以任之。"乃以弟澄为荆州都督，族弟敦为青州刺史，语之曰："荆州有江、汉之固，青州有负海之险，卿二人在外而吾居中，足以为三窟矣。"澄至镇，以郭舒为别驾，委以府事。澄日夜纵酒，不亲庶务，虽寇戎交急，不以为怀。舒常切谏，以为宜爱民养兵，保全州境，澄不从。

【译文】十一月，戊申朔日（十一月初一是丁未日，戊申日是初二），出现日食。

甲寅日（初八），派尚书右仆射和郁担任征北将军，镇守驻扎在邺都。

乙亥日（二十九日），派王衍担任司徒。王衍劝太傅司马越说："朝廷混乱而且十分危险，要依赖的是各州刺史，应该选择文武都具备的人来担当重任。"于是派弟弟王澄担任荆州都督，族弟王敦担任青州刺史，告诉他们说："荆州有江、汉的牢固地形, 青州有背倚海洋的险要地势, 你们二人在外, 我在朝中任职, 足以成为狡兔三窟了。"王澄到了镇所, 派遣郭舒担任别驾, 将府中政事交托给他, 王澄日夜尽情喝酒, 不理政事, 尽管盗匪兵祸不断危急, 也不加重视。郭舒时常诚恳地进谏, 认为他应该爱护百姓、培养军队, 保护州境的安全, 王澄没有听从他的进谏。

【乾隆御批】衍兄弟披猖公营三窟, 至身败名裂犹称少无宦情, 将谁欺乎? 此足为鄙夫、猎时望者炯鉴。

【译文】王衍兄弟猖狂地公然营造三个洞穴, 到身败名裂时还说从小就没有做官的意愿, 想欺骗谁呢? 这完全可以作为见识浅薄、追求一时名望的人显著的借鉴。

十二月, 戊寅, 乞活田甄、田兰、薄盛等起兵, 为新蔡王腾报仇, 斩汲桑于乐陵。弃成都王颖棺于故井中, 颖故臣收葬之。

甲午, 以前太傅刘实为太尉, 实以老固辞, 不许。庚子, 以光禄大夫高光为尚书令。

前北军中候吕雍、度支校尉陈颜等, 谋立清河王覃为太子; 事觉, 太傅越矫诏囚覃于金墉城。

【译文】十二月, 戊寅日(初二), 乞活军中的田甄、田兰、薄盛等人发动兵变, 为新蔡王司马腾报仇雪恨, 在乐陵杀掉了汲桑, 将成都王司马颖的棺木丢到旧井中, 司马颖的旧臣将同党尸体收起埋葬了。

甲午日(十八日), 朝廷派前太傅刘实担任太尉, 刘实由于年老, 坚决推辞, 没被批准。庚子日(二十四日), 派光禄大夫高光担任尚书令这个官职。

前任北军中候吕雍、度支校尉陈颜等人, 策划立清河王司马覃为太子，事情泄漏，太傅司马越谎托诏命，将司马覃囚禁关押到金墉城。

初，太傅越与苟晞亲善，引升堂，结为兄弟。司马潘滔说越曰："兖州冲要，魏武以之创业。苟晞有大志，非纯臣也，久令处之，则患生心腹矣。若迁于青州，厚其名号，晞必悦。公自牧兖州，经纬诸夏，藩卫本朝，此所谓为之于未乱者也。"越以为然。癸卯，越自为丞相，领兖州牧，都督兖、豫、司、冀、幽、并诸军事。以晞为征东大将军、开府仪同三司，加侍中、假节、都督青州诸军事，领青州刺史，封东平郡公。越、晞由是有隙。

晞至青州，以严刻立威，日行斩戮，州人胃之"屠伯"。顿丘太守魏植为流民所逼，众五六万，大掠兖州，晞出屯无盐以讨之。以弟纯领青川，刑杀更甚于晞。晞讨植，破之。

【译文】起初，太傅司马越和苟晞关系很亲近，摆宴邀请苟晞并和他一起登上正堂，结拜为兄弟。司马潘滔劝司马越说："兖州是地势紧要地区，魏武凭靠这个地方，创造基业。苟晞有很大的志向，不是心志专一的臣子，让他长久居处这个地方，就会成了你的心腹大患。假如让他迁到青州，多分封给他名号，苟晞肯定会非常高兴。公侯自己担任兖州牧，治理中原各州郡，保护守卫本朝，这就是所谓在没有变乱以前就已经加以预防了。"司马越认为这是对的。癸卯日（二十七日），司马越自己担任丞相，同时也担任兖州牧，统管监督兖、豫、司、冀、幽、并六州所有军政要务。派苟晞担任征东大将军，开府仪同三司，加侍中、授予符节、统管监督青州所有军政要务，同时担任青州刺史，封东平郡公。司马越、苟晞因此有了猜忌隔阂。

苟晞到了青州，凭借严厉苛刻的刑罚，建立声名威望，每天进行杀戮，州中人给他起了个绰号为"屠伯"。顿丘太守魏植被流民逼迫，有五六万部众，凶残恶狠地抢劫兖州，苟晞出兵驻扎无盐，来攻打他们，派弟弟苟纯兼管青州，苟纯的刑罚杀戮比苟晞更加厉害。苟晞讨伐魏植，击败了他们。

初，阳平刘灵，少贫贱，力制奔牛，走及奔马，时人虽异之，莫能举也。灵抚膺叹曰："天乎，何当乱也！"及公师藩起，灵自称将军，寇掠赵、魏。会王弥为苟纯所败，灵亦为王赞所败，遂俱遣使降汉。汉拜弥镇东大将军、青徐二州牧、都督缘海诸军事，封东莱公；以灵为平北将军。

李钊至宁州，州人奉钊领州事。治中毛孟诣京师，求刺史，累上奏，不见省。孟曰："君亡亲丧，幽闭穷城，万里诉哀，精诚无感，生不如死！"欲自刎，朝廷怜之，以魏兴大守王逊为宁州刺史，仍诏交州出兵救李钊。交州刺史吾彦遣其子咨将兵救之。

慕容庑自称鲜卑大单于。

拓跋禄官卒，弟猗卢总摄三部，与庑通好。

【译文】起初，阳平人刘灵，年轻时贫穷地位卑贱；力气大到能降服奔跑的牛，跑步赶得上奔跑中的马，当时人尽管感到诧异，但无法推选他。刘灵拍着胸膛叹息说："上天啊！什么时候才能天下大乱呢？"等到公师藩率兵起义，刘灵自称将军，侵犯赵、魏。正当王弥被苟纯击败时，刘灵也被王赞击败，于是一同派遣使者向汉国投降。汉王任命王弥担任镇东大将军、青、徐二州牧，统管监督缘海所有军政要务，封东莱公；派刘灵担任平北将军。

李钊到达宁州，州中人尊奉李钊主持州政。治中毛孟前去京城，恳请朝廷派遣刺史，多次上奏，不被理会。毛孟说："君亲已经死了，亲属奔逃，剩下的人被禁闭在贫穷窘困的城池中，我奔波万里，告诉这令人伤心的消息，一腔精诚，无法感动别人，活着不如死去！"企图自杀。朝廷可怜他，派魏兴太守王逊担任宁州刺史，并诏命交州出兵拯救李钊。交州刺史吾彦，派遣他的儿子吾咨统率军队去拯救李钊。

慕容廆自称鲜卑大单于。

拓跋禄官去世，弟弟猗卢总领三部，和慕容廆来往，关系甚好。

二年（戊辰，公元三〇八年）春，正月，丙午朔，日有食之。

丁未，大赦。

汉王渊遣抚军将军聪等十将南据太行，辅汉将军石勒等十将东下赵、魏。

二月，辛卯，太傅越杀清河王覃。

庚子，石勒寇常山，王浚击破之。

凉州刺史张轨病风，口不能言，使其子茂摄州事。陇西内史晋昌张越，凉州大族，欲逐轨而代之，与其兄酒泉太守镇及西平太守曹祛谋遣使诣长安告南阳王模，称轨废疾，请以秦州刺史贾龛代之。龛将受之，其兄让龛曰："张凉州一时名士，威著西州，汝何德以代之！"龛乃止。镇、祛上疏，更请刺史，未报；遂移檄废轨，以军司杜耽摄州事，使耽表越为刺史。

【译文】二年（戊辰，公元308年）春季，正月，丙午朔日（初一），正值日食。

丁未日（初二），大赦天下。

汉王刘渊调遣抚军将军刘聪等十个将领，向南驻扎镇守太行，辅汉将军石勒等十个将领向东，到达赵、魏。

二月，辛卯日（十六日），太傅司马越杀了清河王司马覃。

庚子日（二十五日），石勒攻打侵犯常山，王浚击败他们。

凉州刺史张轨中风，无法讲话，要他的儿子张茂代理掌管州中政事。陇西内史晋昌人张越，是凉州大户人家，想要驱逐张轨后取代他，与他的哥哥酒泉太守张镇和西平太守曹祛，策划调遣使者到长安，告诉南阳王司马模，说张轨患病已经残废，恳请派秦州刺史贾龛接替他。贾龛将要接受官职，他的哥哥批评贾龛说："张凉州是当代名士，威望在西州非常响亮，你有什么德行来接替他？"贾龛因而没去。张镇、曹祛呈上奏章，另外恳请刺史，并没有上报，终于传达檄命，罢免了张轨，派军司杜耽暂时掌管州政，要杜耽向上进言，派张越担任刺史。

轨下教，欲避位，归老宜阳。长史王融、参军孟畅蹋折镇檄，排阁入言曰："晋室多故，明公抚宁西夏，张镇兄弟敢肆凶逆，当鸣鼓诛之。"遂出，戒严。会轨长子实自京师还，乃以实为中督护，将兵讨镇。遣镇甥太府主簿令狐亚先往说镇，为陈利害，镇流涕曰："人误我！"乃诣实归罪。实南击曹祛，走之。

朝廷得镇、祛疏，以侍中袁瑜为凉州刺史。治中杨澹驰诣长安，割耳盘上，诉轨之被诬。南阳王模表请停瑜，武威太守张琠亦上表留轨；诏依模所表，且命诛曹祛。轨于是命实帅步骑三万讨祛，斩之。张越奔邺，凉州乃定。

【译文】张轨下达教令，自己想要退位，隐居于宜阳。长史王融、参军孟畅踩坏了檄令，推门进来说："晋室事情多，明公安定抚恤西夏。张镇兄弟胆敢任意叛逆不遵守法纪，应该声讨他们的罪过，杀掉他们。"于是出门，宣布全城守卫戒严。碰巧张轨的长子张实从京城回来，于是派张实担任中督护，统率军队攻打张镇。调遣张镇的外甥太府主簿令狐亚，先去劝降张镇，向他说明利害关系，张镇流泪说："是别人耽误了我啊！"于是前去张实处自首。张实向南攻打曹祛，将他打走了。

朝廷得到张镇、曹祛的进言，派侍中袁瑜担任凉州刺史。治中杨澹急奔长安，割下耳朵，装在盘中呈给皇上，诉说张轨被诬陷的情况。南阳王司马模进言，恳请中止任命袁瑜，武威太守张琠也上表挽留张轨不让他走。朝廷下诏依照司马模的上表，下令诛杀曹祛。张轨命令张实统率三万步兵、骑兵，攻打曹祛，杀掉了他。张越逃往邺都，凉州才安稳平定下来。

三月，太傅越自许昌徙镇鄄城。

王弥收集亡散，兵复大振。分遣诸将攻掠青、徐、兖、豫四州，所过攻陷郡县，多杀守令，有众数万；苟晞与之连战，不能克。夏，四月，丁亥，弥入许昌。

太傅越遣司马王斌帅甲士五千人入卫京师，张轨亦遣督护北宫纯将兵卫京师。五月，弥入自轘辕，败官军于伊北，京师大震，宫城门昼闭。壬戌，弥至洛阳，屯于津阳门。诏以王衍都督征讨诸军事。甲子，衍与王斌等出战，北宫纯募勇士百馀人突陈，弥兵大败。乙丑，弥烧建春门而东，衍遣左卫将军王秉追之，战于七里涧，又败之。

【译文】三月，太傅司马越从许昌迁往鄄城驻扎镇守。

王弥收集逃散军队士兵，兵力又大大振兴起来。分别派遣将领进攻、抢劫青、徐、兖、豫四州，所过之处，攻下郡县，把郡守、县令大多杀掉，聚集了几万部众。苟晞和他连续不停战斗，无法取胜。夏季，四月，丁亥日（十三日），王弥攻入许昌。

太傅司马越派司马王斌统率五千武装士兵，来到京师保护防卫，张轨也派督护北宫纯统率军队保卫京城。五月，王弥从轘辕关进来，在伊水北面击败官军，京师感到非常震惊，皇宫城门白天都关着。壬戌日（十九日），王弥到了洛阳，驻军津阳门。下诏派王衍都督征讨所有军政要务。北宫纯召集一百多名勇士，冲入阵中，王弥军队大败。乙丑日（二十二日），王弥烧了建春门向东逃去，王衍派左卫将军王秉追赶他们，在七里涧进行战斗，击败王弥。

弥走渡河，与王桑自轵关如平阳。汉王渊遣侍中兼御史大夫郊迎，令曰："孤亲行将军之馆，拂席洗爵，敬待将军。"及至，拜司隶校尉，加侍中、特进，以桑为散骑侍郎。

北宫纯等与汉刘聪战于河东，败之。

诏封张轨西平郡公，轨辞不受。时州郡之使，莫有至者，轨独遣使贡献，岁时不绝。

秋，七月，甲辰，汉王渊寇平阳，太守宋抽弃郡走，河东太守路述战死；渊徙都蒲子。上郡鲜卑陆逐延、氐酋单徵并降于汉。

八月，丁亥，太傅越自鄄城徙屯濮阳；未几，又徙屯荥阳。

九月，汉王弥、石勒寇邺，和郁弃城走。诏豫州刺史裴宪屯白马以拒弥，车骑将军王堪屯东燕以拒勒，平北将军曹武屯大阳以备蒲子。宪，楷之子也。

【译文】王弥逃走，渡过黄河，和王桑从轵关到了平阳。汉王刘渊派遣侍中并兼任御史大夫在郊外迎接，说："我要亲自前去将军的住所，打扫干净坐的席位，清洗干净酒杯，恭敬地等待将军。"王弥到后，任命他为司隶校尉，加侍中、特进；派王桑担任散骑侍郎。

北宫纯等人在河东与汉国刘聪打仗，击败了他们。

朝廷诏命封张轨为西平郡公，张轨推辞不愿接受。当时州郡中的使者，没有到京城来的，唯有张轨派遣使者进献贡品，一年四季从不间断。

秋季，七月，甲辰日（初二），汉王刘渊入侵平阳，太守宋抽弃城逃跑，河东太守路述战死沙场；刘渊将都城迁到蒲子。上郡鲜卑人陆逐延、氐族酋长单徵一起投降汉国。

八月，丁亥日（十五日），太傅司马越从鄄城迁到濮阳驻军；没过多久，又将军队驻扎到了荥阳。

九月，汉国王弥、石勒进攻邺都，和郁弃城逃走。朝廷诏命豫州刺史裴宪将军队驻扎在白马，抵御对抗王弥，车骑将军王堪驻军东燕，对抗石勒，平北将军曹武将军队驻扎在大阳，防备蒲子。裴宪，是裴楷的儿子。

冬，十月，甲戌，汉王渊即皇帝位，大赦，改元永凤。十一月，以其子和为大将军，聪为车骑大将军，族子曜为龙骧大将军。

壬寅，并州刺史刘琨使上党太守刘惇帅鲜卑攻壶关，汉镇东将军綦毋达战败亡归。

丙午，汉都督中外诸军事、大司马、领丞相右贤王宣卒。

石勒、刘灵帅众三万寇魏郡、汲郡、顿丘，百姓望风降附者五十馀垒；皆假垒主将军、都尉印绶，简其强壮五万为军士，老弱安堵如故。

己酉，勒执魏郡太守王粹于三台，杀之。

【译文】冬季，十月，甲戌日（初三），汉王刘渊登基称帝，大赦天下，改年号为永凤。十一月，派他的儿子刘和担任大将军，刘聪担任车骑大将军，族子刘曜担任龙骧大将军。

壬寅日（初一），并州刺史刘琨派遣上党太守刘惇，统率鲜卑人进攻壶关，汉国镇东将军綦毋达交战不敌，逃了回来。

丙午日（初五），汉国都督里外所有军政要务、兼任丞相、右贤王刘宣去世。

石勒、刘灵统率三万军众，进犯魏郡、汲郡、顿丘，五十多个村垒的百姓望风归附，石勒将他们都交给了垒主将军、都尉印绶，选择五万强壮的士兵，作为军士，老弱百姓，照常安定居住。己酉日（初八），石勒在三台抓住了魏郡太守王粹并将他杀掉。

十二月，辛未朔，大赦。

乙亥，汉主渊以大将军和为大司马，封梁王；尚书令欢乐为大司徒，封陈留王；后父御史大夫呼延翼为大司空，封雁门郡公；宗室以亲疏悉封郡县王，异姓以功伐悉封郡县公侯。

成尚书令杨褒卒。褒好直言，成主雄初得蜀，用度不足，诸将有以献金银得官者，褒谏曰：“陛下设官爵，当网罗天下英豪，何有以官买金邪！”雄谢之。雄尝醉，推中书令杖太官令，褒进曰：“天子穆穆，诸侯皇皇。安有天子而为酗也！”雄惭而止。

成平寇将军李凤屯晋寿，屡寇汉中，汉中民东走荆沔。诏以张光为梁州刺史。荆州寇盗不禁，诏起刘璠为顺阳刺史，江、汉间翕然归之。

【译文】十二月，辛未朔日（初一），大赦天下。

乙亥日（初五），汉国君主刘渊派大将军刘和担任大司马，封为梁王；尚书令欢乐担任大司徒，封为陈留王；皇后的父亲御史大夫呼延翼担任大司空，封为雁门郡公；皇室依照他们的亲近关系，全部封为郡县王。不同姓大臣按照功劳，全部封为郡县公侯。

大成尚书令杨褒去世。杨褒喜欢直言进谏,大成国君主李雄刚刚取得蜀郡时,财力不够,各将领有凭借进献金银获得官职的,杨褒进谏说:"皇上您设置了官员爵位,应该网罗天下英雄豪杰人物,怎么可以用官位卖得金钱呢!"李雄向他道歉。李雄曾经喝醉酒,推着中书令杖责太官令,杨褒进谏说:"天子威严仪表堂堂,诸侯美好端庄,天子怎么能酗酒呢!"李雄惭愧地停止了酗酒。

大成平寇将军李凤统率军队驻扎在晋寿,时常攻打入侵汉中,汉中的百姓向东逃到荆沔。诏命派张光担任梁州刺史。荆州盗匪不能制止,诏命起用刘璠担任顺阳内史,江、汉地区都一起归附他。

资治通鉴卷第八十七　晋纪九

起屠维大荒落，尽重光协洽，凡三年。

【译文】　起己巳（公元309年），止辛未（公元311年），共三年。

【题解】　本卷记录了晋怀帝永嘉三年到永嘉五年的历史：司马越入掌朝权后众叛亲离，后因争权夺利失败而忧愤致死；汉将石勒追击司马越的丧车剖棺焚尸，破杀十余万晋兵，杀掉王衍等大批王公贵臣，擒杀晋朝军阀苟晞；汉主刘渊病死，刘聪杀太子夺帝位；刘聪派人攻打晋朝的河北、河南，又派人进攻洛阳，俘获晋怀帝；晋将阎鼎等迎秦王司马邺到长安；汉将王弥被石勒击杀；司马睿在江南网罗英才，并向江北扩张势力；周𫖮等投奔司马睿；拓跋猗卢部落、鲜卑慕容廆等势力逐渐壮大。

孝怀皇帝中

永嘉三年（己巳，公元三〇九年）春，正月，辛丑朔，荧惑犯紫微。汉太史令宣于修之，言于汉主渊曰："不出三年，必克洛阳。蒲子崎岖，难以久安；平阳气象方昌，请徙都之。"渊从之。大赦，改元河瑞。

三月，戊申，高密孝王略薨。以尚书左仆射山简为征南将军、都督荆、湘、交、广四州诸军事，镇襄阳。简，涛之子也，嗜酒，不恤政事；表"顺阳内史刘璠得众心，恐百姓劫璠为主"。诏征璠为越骑校尉。南州由是遂乱，父老莫不追思刘弘。

丁巳，太傅越自荥阳入京师。中书监王敦谓所亲曰："太傅专执威权，而选用表请，尚书犹以旧制裁之，今日之来，必有所诛。"

【译文】 永嘉三年（己巳，公元309年）春季，正月，辛丑朔日（初一），火星经过紫微星座。汉国太史令宣于修之向汉国君主刘渊进献说："不用等三年，必定能攻下洛阳。蒲子地区道路坎坷崎岖不平，很难一直定居于此。平阳天气正适合居住，请将都城迁到那儿去。"刘渊听从他的建言。大赦全国，改年号为河瑞。

三月，戊申日（初九），高密孝王司马略去世。派尚书左仆射山简担任征南将军、统管监督荆、湘、交、广四州所有军政要务，镇守襄阳。山简，是山涛的儿子，喜欢喝酒，不关心政事。上表："顺阳内史刘璠很得人心，恐怕百姓会强迫刘璠作为帝王。"朝廷诏命征召刘璠担任越骑校尉。南方各州因此混乱，当地父老没有不追悼思念刘弘的。

丁巳日（十八日），太傅司马越从荥阳来到京城。中书监王敦对所亲近的人说："太傅独揽权势威严，选用人才仍上表恳请，尚书依然凭借旧的制度来裁断，今天前来，必定会有杀人的事。"

帝之为太弟也，与中庶子缪播亲善，及即位，以播为中书监，缪胤为太仆卿，委以心膂；帝舅散骑常侍王延、尚书何绥、太史令高堂冲，并参机密。越疑朝臣贰于己，刘舆、潘滔劝越悉诛播等。越乃诬播等欲为乱，乙丑，遣平东将军王秉，帅甲士三千入宫，执播等十馀人于帝侧，付廷尉，杀之。帝叹息流涕而已。

绥，曾之孙也。初，何曾侍武帝宴，退，谓诸子曰："主上开创大业，吾每宴见，未尝闻经国远图，惟说平生常事，非贻厥孙谋之道也，及身而已，后嗣其殆乎！汝辈犹可以免。"指诸孙曰："此属必及于难。"及绥死，兄嵩哭之曰："我祖其殆圣乎！"曾日食万钱，犹云无下箸处。子劭，日食二万。绥及弟机、羡，汰侈尤甚；与人书疏，词礼简傲。河内王尼见绥书，谓人曰："伯蔚居乱世而矜豪乃尔，其能免乎？"人曰："伯蔚闻卿言，必相危害。"尼曰："伯蔚比闻我言，自己死矣！"及永嘉之末，何氏无遗种。

◆臣光曰：何曾讥武帝偷惰，取过目前，不为远虑；知天下将乱，子孙必与其忧，何其明也！然身为僭侈，使子孙承流，卒以骄奢亡族，其明安在哉！且身为宰相，知其君之过，不以告而私语于家，非忠臣也。◆

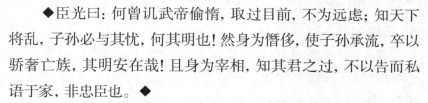

【译文】 晋怀帝司马炽在当太弟时，和中庶子缪播亲近友好。等到登上皇帝位，派缪播担任中书监，缪胤担任太仆卿，把他们当作心腹；晋怀帝司马炽的舅舅散骑常侍王延、尚书何绥、太史令高堂冲，一起参与国家机密军政要事。司马越怀疑朝廷大臣背叛自己，刘舆、潘滔劝司马越杀缪播等人。司马越于是诬告缪播等人想要作乱。乙丑日（二十六日），派平东将军王秉，统率三千武装士兵，来到宫中，在晋怀帝司马炽身边拘捕缪播等十多人，交给廷尉，把他们杀掉了。晋怀帝司马炽只能流泪、叹息而已。

何绥，是何曾的孙子。起初，何曾在宴会中陪同伺候武帝，离开朝中，对儿子们说："皇上开创伟大的基业，我每次在宴会中晋见，从来没有听到过他讲治理国家的远大计策，只不过说些他生平的平常事，不是遗留给他子孙计谋国事的做法。国力的强盛只能到他自己这朝而已，后来的皇帝大概就要危险了！你们这一辈还可以避免。"指着各个孙儿说："这一辈人必定会遭受灾难的。"等到何绥死了，哥哥何嵩吊哭他说："我们祖父大概差不多是圣人了吧！"何曾他自己的每天饮食要花费一万钱，仍然说没有下筷子想吃的东西。儿子何劭，每天食物要两万钱。何绥和弟弟何机、何羡，奢侈更加厉害；给人的书信，言语词句简慢，态度骄慢蛮横。河内人王尼见到何绥的信后，对别人说："伯蔚居身于乱世，却如此的傲慢蛮横，这样能避免灾祸吗？"那人说："伯蔚听到你的话，必定会来危害你。"王尼说："等到伯蔚听到我的话，恐怕他自己已经死了！"到了永嘉末年，何氏没有人活着了。

◆臣司马光说：何曾议论武帝的偷安懈怠懒惰，以眼前的小事取舍，不作远大考虑；知晓天下将乱，他的子孙必定会遭受扰乱，是多么明白事理！然而他本身僭礼奢侈，使得子孙沿袭了他的作风，最终由于骄傲奢侈，全族灭亡，他的明白事理又体现在哪里呢？而且身为宰相，知晓君主的过失，却不告诉君主，却私下在家中和亲人谈论，也不是忠臣了。◆

【乾隆御批】何曾谓晋武非贻谋之道不为无见，然彼日食万钱，致后嗣汰侈召祸，不能为子孙计长久而。谓能深识国势，有是理乎？

【译文】何曾说晋武帝不为子孙后代考虑不是没有见解，然而他一天吃饭耗费万钱，导致后代子孙过分奢侈招来祸患，不能为子孙的长远利益考虑。说他能深刻了解国家的形势，有这样的道理吗？

太傅越以王敦为扬州刺史。

刘实连年请老，朝廷不许。尚书左丞刘坦上言："古之养老，以不事为优，不以吏之为重，谓宜听实所守。"丁卯，诏实以侯就第。以王衍为太尉。

太傅越解兖州牧，领司徒。越以顷来兴事，多由殿省，乃奏宿卫有侯爵者皆罢之。时殿中武官并封侯，由是出者略尽，皆泣涕而去。更使右卫将军何伦、左卫将军王秉领东海国兵数百人宿卫。

左积弩将军朱诞奔汉，具陈洛阳孤弱，劝汉主渊攻之。渊以诞为前锋都督，以灭晋大将军刘景为大都督，将兵攻黎阳，克之；又败王堪于延津，沈男女三万馀人于河。渊闻之，怒曰："景何面复见朕？且天道岂能容之？吾所欲除者，司马氏耳，细民何罪？"黜景为平虏将军。

【译文】太傅司马越派王敦担任扬州刺史。

刘实每年不断向皇上恳请告老还乡，朝廷不批准。尚书左丞刘坦进言："古代的养老，以不负责政事来礼待他，以不担当官职来重视他，私下里以为应该听从刘实所坚持的事。"丁卯日（二十八日），晋怀帝司马炽诏命刘实以侯爵返回自己的府邸。派王衍担任太尉。

太傅司马越不再担任兖州牧，兼任司徒这个官职。司马越认为近来发动政事改革，都是由于殿中台省，于是上奏进言：有侯爵爵位的宿卫，都免除了官职。当时殿中的武官都封了侯爵，所以差不多全都搬出了宫殿，流着眼泪离开。另外派遣右卫将军何伦、左卫将军王秉，统率几百名东海国军士在晚上守卫。

左积弩将军朱诞投降汉国，详细完整地讲述了洛阳的孤独薄弱，劝汉王刘渊攻打洛阳。刘渊派朱诞担任前锋都督，派灭晋大将军刘景担任大都督，带领军队攻克了黎阳；又在延津击败了王堪，将男女三万多人淹死在黄河中。刘渊听后，愤怒地说：

"刘景还有什么面目再来见我！难道天理道义还能容得下他吗？我想要除去的，只是司马氏家族而已，小民有什么罪过！"罢免刘景，降职为平虏将军。

夏，大旱，江、汉、河、洛皆竭，可涉。

汉安东大将军石勒寇巨鹿、常山，众至十馀万，集衣冠人物，别为君子营。以赵郡张宾为谋主，刁膺为股肱，夔安、孔苌、支雄、桃豹、逯明为爪牙，并州诸胡羯多从之。

【译文】夏季，大旱，江、汉、河、洛都干枯了，步行都可以通过。

汉国安东大将军石勒进犯钜鹿、常山，士兵达到十多万人，集合了衣冠人物，另外成立了君子营。派赵郡人张宾担任主要参谋人员，刁膺担任他的得力助手，夔安、孔苌、支雄、桃豹、逯明等作为武士，并州各胡羯大都追随他。

【乾隆御批】是以元虚相尚，勒亦集衣冠为君子营，此非风俗移人，正所谓以毒攻毒，势不得不出此耳。

【译文】当时人们以玄虚相互推崇，石勒也聚集名门世族作为君子营，这并不是风俗改变人，正是人们所说的以毒攻毒，大势所趋不得不这样做。

初，张宾好读书，阔达有大志，常自比张子房。及石勒徇山东，宾谓所亲曰："吾历观诸将，无如此胡将军者，可与共成大业！"乃提剑诣军门，大呼请见，勒亦未之奇也。宾数以策干勒，已而皆如所言。勒由是奇之，署为军功曹，动静咨之。

汉主渊以王弥为侍中、都督青、徐、兖、豫、荆、扬六州诸军事、征东大将军、青州牧，与楚王聪共攻壶关，以石勒为前锋都督。刘琨遣护军黄肃、韩述救之，聪败述于西涧，勒败肃于封田，皆杀之。

【译文】起初，张宾喜爱读书，心胸开阔豁达，有远大的志向，经常将自己比作张子房。等到石勒进攻山东，张宾对身边亲近的人说："我看遍各将军，没有人能和胡将军比的，可以和他一起完成伟大的事业！"于是就手提宝剑，前去军门，大声叫喊，恳请晋见，石勒也没有感到他有什么与众不同的地方。张宾多次将计策进献石勒，事后都应验了他的进言，石勒因而感到他不同寻常，任命他担任军功曹，一举一动都向他请教。

汉主刘渊任命王弥担任侍中、都督青、徐、兖、豫、荆、扬六州所有军务、征东大将军、青州牧，和楚王刘聪一起攻打壶关，让石勒担任前锋都督。刘琨派护军黄肃和韩述去救援，刘聪在西涧击败了韩述，石勒在封田击败了黄肃，把他们都杀了。

太傅越遣淮南内史王旷、将军施融、曹超将兵拒聪等。旷济河，欲长驱而前，融曰："彼乘险间出，我虽有数万之众，犹是一军独受敌也。且当阻水为固以量形势，然后图之。"旷怒曰："君欲沮众邪！"融退，曰："彼善用兵，旷暗于事势，吾属今必死矣！"旷等逾太行与聪遇，战于长平之间，旷兵大败，融、超皆死。

聪遂破屯留、长子，凡斩获万九千级。上党太守庞淳以壶关降汉。刘琨以都尉张倚领上党太守，据襄垣。

初，匈奴刘猛死，右贤王去卑子之诰升爰代领其众。诰升爰卒，子虎立，居新兴，号铁弗氏，与白部鲜卑皆附于汉。刘琨自将击虎，刘聪遣兵袭晋阳，不克。

五月，汉主渊封子裕为齐王，隆为鲁王。

秋，八月，汉主渊命楚王聪等进攻洛阳；诏平北将军曹武等拒之，皆为聪所败。聪长驱至宜阳，自恃骤胜，怠不设备。九月，弘农太守垣延诈降，夜袭聪军，聪大败而还。

【译文】太傅司马越派淮南内史王旷、将军施融、曹超带领军队去对抗刘聪等人。王旷渡过黄河，想长驱直入时，施融说："他们乘着时机，据险出兵，尽管我们拥有几万军众，但依然是孤军单独受敌，应该暂时隔着河水，作为巩固自己的屏障，分析形势，然后再作打算。"王旷气愤地说："你是要破坏众人士气吗！"施融退出去说："他们善于用兵，王旷不清楚事情的情况，我们今天必死无疑！"王旷等人在太行遇到刘聪，在长平地区交战，王旷的军队打了大败仗，施融和曹超都战死了。

刘聪于是攻下了屯留、长子，共计砍下一万九千多人头。上党太守庞淳奉献壶关向汉国投降。刘琨让都尉张倚兼任上党太守，据守在襄垣。

起初，匈奴刘猛战死，右贤王去卑的儿子诰升爰代替他带领军众；诰升爰去世后，儿子虎即位，住在新兴，号称铁弗氏，和白部鲜卑一起归附汉国。刘琨自己领兵攻打虎，刘聪派兵偷袭晋阳，没能获胜。

五月，汉王刘渊册封儿子刘裕为齐王，刘隆为鲁王。

秋季，八月，汉主刘渊下令让楚王刘聪等人攻打洛阳；晋怀帝司马炽下诏命平北将军曹武等人去抵抗，都被刘聪击败。刘聪长驱直入，到达宜阳，自己依仗多次打了胜仗，松懈而不设防。九月，弘农太守垣延假装向他投降，晚上偷袭刘聪军营，刘聪大败而归。

　　王浚遣祁弘与鲜卑段务勿尘击石勒于飞龙山，大破之，勒退屯黎阳。

　　冬，十月，汉主渊复遣楚王聪、王弥、始安王曜、汝阴王景帅精骑五万寇洛阳，大司空雁门刚穆公呼延翼帅步卒继之。丙辰，聪等至宜阳。朝廷以汉兵新败，不意其复至，大惧。辛酉，聪屯西明门。北宫纯等夜帅勇士千馀人出攻汉壁，斩其征虏将军呼延颢。壬戌，聪南屯洛水。乙丑，呼延翼为其下所杀，其众自大阳溃归。渊敕聪等还师。聪表称晋兵微弱，不可以翼、颢死故还师，固请留攻洛阳，渊许之。太傅越婴城自守。戊寅，聪亲祈嵩山，留平晋将军安阳哀王厉、冠军将军呼延朗督摄留军；太傅参军孙询说越乘虚出击朗，斩之，厉赴水死。王弥谓聪曰："今军既失利，洛阳守备犹固，运车在陕，粮食不支数日。殿下不如与龙骧还平阳，裹粮发卒，更为后举；下官亦收兵谷，待命于兖、豫，不亦可乎？"聪自以请留，未敢还。宣于修之言于渊曰："岁在辛未，乃得洛阳。今晋气犹盛，大军不归，必败。"渊乃召聪等还。

　　【译文】王浚派祁弘和鲜卑段务勿尘在飞龙山出兵攻打石勒，石勒大败，退兵驻守黎阳。

　　冬季，十月，汉王刘渊又派楚王刘聪、王弥、始安王刘曜和汝阴王刘景，带领五万精锐骑兵，进攻洛阳，大司空雁门人刚穆公呼延翼带领步兵，作为后方支援。丙辰日（二十一日），刘聪等人到达宜阳。朝廷由于汉国军队刚刚打了败仗，没料到他们这么快又来了，非常恐惧。辛酉日（二十六日），刘聪在西明门驻兵。北宫纯等人统率一千多名勇士，晚上出兵攻打汉国军营，杀了他们的征虏将军呼延颢。壬戌日（二十七日），刘聪往南在洛水驻军。乙丑日（三十日），呼延翼被他的部下杀掉，他的军队从大阳逃散返回。刘渊命令刘聪等人撤军回来。刘聪等人上书，说晋国的军队羸弱，不能由于呼延翼、呼延颢已死的原因回军，坚决要求留下来攻打洛阳，刘渊同意。太傅司马越坚持守卫城池。戊寅日（十月无此日），刘聪亲自到嵩山去祈祷，留下平晋将军安阳哀王刘厉和冠军将军呼延朗代为督领留下的军队；太傅参军孙询劝说司马越趁敌人空虚，出城攻打呼延朗，杀了他；刘厉投水自杀。王弥对刘聪说："现在军队已经失败，洛阳的守备依然很坚固，运输车还在陕地，粮食支持不了几天，殿下不如先和龙骧将军返回平阳，带着粮食，发动士兵，然后再作日后的行动；下官也去收买粮食，召集士卒，在兖、豫待命，不也可以吗？"刘聪由于自己要求留下来，不敢返回。宣于修之对刘渊说："到了辛未年，才能拿下洛阳。现在晋国气势还很强大，大军不回来，必定会失败。"刘渊于是命令刘聪等人回师。

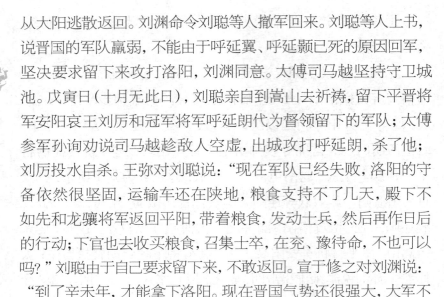

天水人訇琦等杀成太尉李离、尚书令阎式，以梓潼降罗尚。成主雄遣太傅骧、司徒云、司空璜攻之，不克，云、璜战死。

初，谯周有子居巴西，成巴西太守马脱杀之，其子登诣刘弘请兵以复仇。弘表登为梓潼内史，使自募巴、蜀流民，得二千人；西上，至巴郡，从罗尚求益兵，不得。登进攻宕渠，斩马脱，食其肝。会梓潼降，登进据涪城；雄自攻之，为登所败。

十一月，甲申，汉楚王聪、始安王曜归于平阳。王弥南出轘辕，流民之在颍川、襄城、汝南、南阳、河南者数万家，素为居民所苦，皆烧城邑，杀二千石、长吏以应弥。

石勒寇信都，杀冀州刺史王斌。王浚自领冀州。诏车骑将军王堪、北中郎将裴宪将兵讨勒，勒引兵还，拒之；魏郡太守刘矩以郡降勒。勒至黎阳，裴宪弃军奔淮南，王堪退保仓垣。

【译文】 天水人訇琦等杀了大成太尉李离和尚书令阎式，而且奉献梓潼向罗尚投降；大成君主李雄派太傅李骧、司徒李云、司空李璜去攻打他，没成功，李云和李璜都战死了。

起初，谯周有一个儿子住在巴西，大成巴西太守马脱杀了他。他的儿子谯登前去刘弘处，恳请派兵来为父亲报仇。刘弘上书，任命谯登为梓潼内史，命他自己招募巴、蜀地区的流民，召集到两千人；往西发兵，到了巴郡，在罗尚处恳请增加军队，没能成功。谯登发兵攻打宕渠，杀了马脱，并吃了他的肝。正遇上梓潼投降，谯登发兵占据涪城；李雄亲自带兵攻打，被谯登击败了。

十一月，甲申日（二十日），汉国楚王刘聪和始安王刘曜返回平阳。王弥往南，出兵轘辕。在颍川、襄城、汝南、南阳、河南的几万户流民，一向都受当地居民的欺侮，于是一起烧毁了城墙，杀了两千石的官员和长吏，来呼应王弥。

石勒进犯信都，杀了冀州刺史王斌。王浚自己兼管冀州。诏命车骑将军王堪、北中郎将裴宪，带领军队去讨伐石勒，石勒带领军队回来抵抗他们；魏郡太守刘矩奉献郡县向石勒投降。石勒到了黎阳，裴宪丢弃军队，逃往淮南，王堪退兵，据守在仓垣。

十二月，汉主渊以陈留王欢乐为太傅，楚王聪为大司徒，江都王延年为大司空。遣都护大将军曲阳王贤与征北大将军刘灵、安北将军赵固、平北将军王桑，东屯内黄。王弥表左长史曹嶷行安东将军，东徇青州，且迎其家；渊许之。

初，东夷校尉勃海李臻，与王浚约共辅晋室，浚内有异志，臻恨之。和演之死也，别驾昌黎王诞亡归李臻，说臻举兵讨浚。

臻遣其子成将兵击浚。辽东太守庞本，素与臻有隙，乘虚袭杀臻，遣人杀成于无虑。诞亡归慕容廆。诏以勃海封释代臻为东夷校尉，庞本复谋杀之；释子悛劝释伏兵请本，收斩之，悉诛其家。

【译文】 十二月，汉主刘渊任命陈留王刘欢乐为太傅，楚王刘聪为大司徒，江都王刘延年为大司空。派都护大将军曲阳王刘贤和征北大将军刘灵、安北将军赵固、平北将军王桑，往东驻兵内黄。王弥上书派左长史曹嶷代替安东将军，往东巡视青州，并且去迎接他的家属，刘渊应允了。

起初，东夷校尉渤海人李臻，与王浚约定一同辅佐晋室，王浚心中有叛乱的想法，李臻非常怨恨他。和演死后，别驾昌黎人王诞逃跑，归附李臻，劝李臻起兵讨伐王浚。李臻派他的儿子李成统率军队攻打王浚。辽东太守庞本，一向与李臻有仇怨，乘着空虚去攻打李臻，派人到无虑杀了李成。王诞逃跑，归附慕容廆。晋怀帝司马炽诏命派渤海人封释取代李臻担任了东夷校尉，庞本又打算杀他；封释的儿子封悛劝说封释设伏兵邀请庞本，抓捕并杀了他，而且诛杀了他全家。

永嘉四年(庚午，公元三一〇年) 春，正月，乙丑朔，大赦。

汉主渊立单徵女为皇后，梁王和为皇太子，大赦；封子乂为北海王；以长乐王洋为大司马。

汉镇东大将军石勒济河，拔白马，王弥以三万众会之，共寇徐、豫、兖州。二月，勒袭鄄城，杀兖州刺史袁孚，遂拔仓垣，杀王堪。复北济河，攻冀州诸郡，民从之者九万馀口。

成太尉李国镇巴西，帐下文石杀国，以巴西降罗尚。

太傅越征建威将军吴兴钱璯及扬州刺史王敦。璯谋杀敦以反，敦奔建业，告琅邪王睿。璯遂反，进寇阳羡，睿遣将军郭逸等讨之；周玘纠合乡里，与逸等共讨玹，斩之。玘三定江南，睿以玘为吴兴太守，于其乡里置义兴郡以旌之。

【译文】四年（庚午，公元310年）春季，正月，乙丑朔日（初一），汉王刘渊大赦天下。

汉王刘渊册立单徵的女儿为皇后，梁王刘和为皇太子，宣布大赦；册封儿子刘乂（《通鉴》前作"羲"，后作"乂"，皆非。此从《晋书》）为北海王；任命长乐王刘洋为大司马。

汉国镇东大将军石勒渡过黄河，攻下白马，王弥派三万军众与他会合，共同进犯徐、豫、兖州。二月，石勒偷袭鄄城，杀了兖州刺史袁孚，又攻下仓垣，杀了王堪。又往北渡过黄河，攻打冀州各郡，追随他的百姓有九万多人。

大成太尉李国镇守巴西，他的属下文石杀掉李国，奉献巴西去向罗尚投降。

太傅司马越征召建威将军吴兴人钱璯和扬州刺史王敦。钱璯图谋杀掉王敦，要想反叛。王敦逃到建业，告诉琅邪王司马睿。钱璯终于反叛，出兵攻打阳羡，司马睿派将军郭逸等人去讨伐他；周玘纠集乡里中人，和郭逸等人一起讨伐钱璯，杀了他。周玘三次平定江南，司马睿任命他为吴兴太守，在他的家乡设置义兴郡，以此来嘉奖他。

曹嶷自大梁引兵而东，所至皆下，遂克东平，进攻琅邪。

夏，四月，王浚将祁弘败汉冀州刺史刘灵于广宗，杀之。

成主雄谓其将张宝曰："汝能得梓潼，吾以李离之官赏汝。"宝乃先杀人而亡奔梓潼，訇琦等信之，委以心腹。会罗尚遣使至梓潼，琦等出送之；宝从后闭门，琦等奔巴西。雄以宝为太尉。

幽、并、司、冀、秦、雍六州大蝗，食草木、牛马毛皆尽。

秋，七月，汉楚王聪、始安王曜、石勒及安北大将军越国围河内太守裴整于怀，诏征虏将军宋抽救怀。勒与平北大将军王桑逆击抽，杀之；河内人执整以降，汉主渊以整为尚书左丞。河内督将郭默收整馀众，自为坞主，刘琨以默为河内太守。

罗尚卒于巴郡，诏以长沙太守下邳皮素代之。

【译文】 曹嶷从大梁带领军队向东发兵，所向披靡，攻下东平，进兵攻打琅邪。

夏季，四月，王浚的将领祁弘，在广宗击败汉国冀州刺史刘灵，并杀了他。

大成君主李雄告诉他的将领张宝说："你若能得到梓潼，我就将李离的官位奖赏给你。"张宝于是先假装杀了人，逃到梓潼，訇琦等人相信了他，并托付给他心腹大事。刚好遇上罗尚派使者到梓潼，訇琦等人出城送别使者；张宝跟随在后关闭了城门，訇琦等人逃到巴西。李雄于是让张宝担任太尉。

幽、并、司、冀、秦、雍六州遭到大蝗灾，草木、牛马的毛都被吃光了。

秋季，七月，汉国楚王刘聪、始安王刘曜、石勒，和安北大将军越国，在怀县围攻河内太守裴整，朝廷下诏命征虏将军宋抽去救援怀县。石勒和平北大将军王桑迎战宋抽，杀了他；河内人抓住裴整投降。汉主刘渊任命裴整担任尚书左丞。河内督将郭默招收残余部队，自己担任堡坞的坞主，刘琨任命郭默为河内太守。

罗尚在巴郡去世，朝廷诏命让长沙太守下邳人皮素替代死去的罗尚。

庚午，汉主渊寝疾；辛未，以陈留王欢乐为太宰，长乐王洋为太傅，江都王延年为太保，楚王聪为大司马、大单于，并录尚书事。置单于台于平阳西。以齐王裕为大司徒，鲁王隆为尚书令，北海王乂为抚军大将军、领司隶校尉，始安王曜为征讨大都督、领单于左辅，廷尉乔智明为冠军大将军、领单于右辅，光禄大夫刘殷为左仆射，王育为右仆射，任顗为吏部尚书，朱纪为中书监，护军马景领左卫将军，永安王安国领右卫将军，安昌王盛、安邑王钦、西阳王璿皆领武卫将军，分典禁兵。初，盛少时，不好读书，唯读《孝经》《论语》，曰："诵此能行，足矣，安用多诵而不行乎！"李熹见之，叹曰："望之如可易，及至，肃如严君，可谓君子矣！"渊以其忠笃，故临终委以要任。丁丑，渊召太宰欢乐等入禁中，受遗诏辅政。己卯，渊卒；太子和即位。

【译文】 庚午日（初九），汉主刘渊患病；辛未日（初十），任命陈留王刘欢乐为太宰，长乐王刘洋为太傅，任命江都王刘延年为太保，楚王刘聪为大司马、大单于，一起录尚书事。在平阳西边设置单于台。任命齐王刘裕为大司徒，鲁王刘隆为尚书令，北海王刘乂为抚军大将军，兼任司隶校尉，始安王刘曜为征讨大都督，兼任单于左辅，廷尉乔智明为冠军大将军，兼任单于右辅，光禄大夫刘殷为左仆射，王育为右仆射，任顗为吏部尚书，朱纪为中书监，并让护军马景兼任左卫将军，让永安王刘安国兼任右卫将军，让安昌王刘盛、安邑王刘钦、西阳王刘璿一起兼任武卫将军，分别主领禁卫军。起初，刘盛年轻时，不喜欢读书，只读《孝经》和《论语》，说："读了这些书，能够实际运用，就足够了，何必非要读得多，却无法实际运用呢！"李熹见到他，叹息着说："远望好像可以轻视的样子，到了他跟前，严肃得好像庄严的君主一样，可以说是君子了。"刘渊由于他忠厚诚实，所以临死前将重要政事都托付给他。丁丑日（十六日），刘渊下诏令太宰刘欢乐等人来到宫中，接受遗诏，辅佐政务。己卯日(十八日)，刘渊去世。太子刘和登基。

　　和性猜忌无恩。宗正呼延攸，翼之子也，渊以其无才行，终身不迁官；侍中刘乘，素恶楚王聪；卫尉西昌王锐，耻不预顾命；乃相与谋，说和曰："先帝不惟轻重之势，使三王总强兵于内，大司马拥十万众屯于近郊，陛下便为寄坐耳。宜早为之计。"和，攸之甥也，深信之。辛巳夜，召安昌王盛、安邑王钦等告之。盛曰："先帝梓宫在殡，四王未有逆节，一旦自相鱼肉，天下谓陛下何！且大业甫尔，陛下勿信谗夫之言以疑兄弟。兄弟尚不可信，他人谁足信哉！"攸、锐怒之曰："今日之议，理无有二，领军是何言乎！"命左右刃之。盛既死，钦惧曰："惟陛下命！"壬午，锐帅马景攻楚王聪于单于台，攸帅永安王安国攻齐王裕于司徒府，乘帅安邑王钦攻鲁王隆，使尚书田密、武卫将军刘璿攻北海王乂。密、璿挟乂斩关归于聪，聪命贯甲以待之。锐知聪有备，驰还，与攸、乘共攻隆、裕。攸、乘疑安国、钦有异志，杀之。是日，斩裕，癸未，斩隆。甲申，聪攻西明门，克之；锐等走入南宫，前锋随之。乙酉，杀和于光极西室，收锐、攸、乘，枭首通衢。

　　【译文】刘和天性猜疑妒忌，缺少恩情。宗正呼延攸为呼延翼的儿子；刘渊由于他没有才华、德行，终生不调升他的官职，侍中刘乘，向来厌恶楚王刘聪，卫尉西昌王刘锐为没有参与接受顾命而感到羞耻，于是一同策划，劝刘和道："先帝没有考虑轻重的情形，命令三王在朝内统领强大的军队，大司马有十万军队，驻扎在近郊，陛下就成了寄生的人了，应该早做打算。"刘和是呼延攸的外甥，所以对他深信不疑。辛巳(二十日)

晚，汉主刘和召见安昌王刘盛和安邑王刘钦等人，通告他们。刘盛说："先帝棺木还停殡在堂，四王没有叛逆的节操，一旦相互残杀，天下会如何评论陛下呢！而且大业才刚起步，陛下不要相信小人说的谗言，因此怀疑自己兄弟的感情；兄弟假如都不可以相信，别人又有谁能信任呢！"呼延攸和刘锐气愤地说："今天的议事，没有第二个道理，领军说的是什么话！"于是命令左右杀了他。刘盛死后，刘钦害怕地说："陛下下达命令好了。"壬午日（二十一日），刘锐带领马景，到单于台攻打楚王刘聪，呼延攸带领永安王刘安国，到司徒府攻打齐王刘裕，刘乘带领安邑王刘钦，攻打鲁王刘隆，让尚书田密和武卫将军刘璿攻击北海王刘乂。田密与刘璿保护刘乂，闯出关门，归附刘聪，刘聪命人给自己穿上盔甲，去等待他们。刘锐知晓刘聪有了防范，快速回来，与呼延攸、刘乘一起攻打刘隆、刘裕；呼延攸、刘乘怀疑刘安国和刘钦有叛乱的想法，杀掉了他们。当天，杀掉刘裕，癸未日（二十二日），杀掉刘隆。甲申日（二十三日），刘聪攻下西明门；刘锐等人逃入南宫，前锋跟着逃了进来。乙酉日（二十四日），刘聪在光极殿西室杀了刘和，抓捕刘锐、呼延攸和刘乘，而且在交通要道上，斩下他们的头颅，悬挂示众。

群臣请聪即帝位；聪以北海王乂，单后之子也，以位让之。乂涕泣固请，聪久而许之，曰："乂及群公正以祸难尚殷，贪孤年长故耳。此家国之事，孤何敢辞！俟乂年长，当以大业归之。"遂即位。大赦，改元光兴。尊单氏曰皇太后，其母张氏曰帝太后。以乂为皇太弟、领大单于、大司徒。立其妻呼延氏为皇后。呼延氏，渊后之从父妹也。封其子粲为河内王，易为河间王，翼为彭城王，悝为高平王；仍以粲为抚军大将军、都督中外诸军事。以石勒为并州刺史，封汲郡公。

略阳临渭氐酋蒲洪，骁勇多权略，群氐畏服之。汉主聪遣使拜洪平远将军，洪不受，自称护氐校尉、秦州刺史、略阳公。

【译文】 群臣恳请刘聪登上皇帝的位子；刘聪由于考虑北海王刘乂是单后的儿子，而让位给他。刘乂流着眼泪，坚决恳请刘聪即位，刘聪考虑很久才同意，说道："乂与各公侯正是因为祸难还很强大，看重我年长几岁罢了。这是国家的大事，我如何敢推辞呢！等刘乂年龄大了，我就将国家的大业归还给他。"于是登上了皇帝位。大赦天下，改年号为光兴。尊奉单氏为皇太后，尊奉自己的母亲张氏为帝太后。册封刘乂为皇太弟，而且兼任大单于、大司徒。册封他的妻子呼延氏为皇后。呼延氏，是刘渊皇后的堂妹。封他的儿子刘粲为河内王，刘易为河间王，刘翼为彭城王，刘悝为高平王；仍旧让刘粲担任抚军大将军、都督中外所有军务。任命石勒为并州刺史，封为汲郡公。

略阳临渭氐的酋长蒲洪，强壮威猛，而且富有权变计策，各氏族都畏惧他、服从他。汉王刘聪派使者任命蒲洪为平远将军，蒲洪不接受，自称护氐校尉、秦州刺史、略阳公。

九月，辛未，葬汉主渊于永光陵，谥曰光文皇帝，庙号高祖。

雍州流民多在南阳，诏书遣还乡里。流民以关中荒残，皆不愿归；征南将军山简、南中郎将杜蕤各遣兵送之，促期令发。京兆王如遂潜结壮士，夜袭二军，破之。于是，冯翊严嶷、京兆侯脱各聚众攻城镇，杀令长以应之，未几，众至四五万，自号大将军、领司、雍二州牧，称藩于汉。

冬，十月，汉河内王粲、始安王曜及王弥帅众四万寇洛阳，石勒帅骑二万会粲于大阳，败监军裴邈于渑池，遂长驱入洛川。

粲出轩辕,掠梁、陈、汝、颍间。勒出成皋关,壬寅,围陈留太守王赞于仓垣,为赞所败,退屯文石津。

【译文】 九月,辛未日(十一日),刘聪将汉主刘渊葬在永光陵,谥号为光文皇帝,庙号为高祖。

雍州的流民大多分布在南阳,晋怀帝司马炽颁下诏书,遣送流民返回乡里。流民由于关中地区荒芜,都不想返回;征南将军山简、南中郎将杜蕤各自派军队,去遣送他们,而且限定日期,勒令他们出发。京兆人王如暗中集结壮士,晚上偷袭两军军营,攻克二军。于是冯翊人严嶷、京兆人侯脱各自聚集民众,攻打城镇,杀掉县令长官来响应,没多久,聚众达四五万人,王如自称为大将军,兼任司、雍二州牧,向汉国称臣,列为藩属。

冬季,十月,汉国河内王刘粲、始安王刘曜和王弥带领四万军众,侵犯洛阳,石勒带领两万骑兵,与刘粲在大阳会合,在渑地大败监军裴邈,长驱直入来到洛川。刘粲从轩辕出兵,在梁、陈、汝、颍地区劫掠。石勒从成皋关出兵。壬寅日(十三日),在仓垣围攻陈留太守王赞,被王赞击败,退兵驻守文石津。

刘琨自将讨刘虎及白部,遣使卑辞厚礼说鲜卑拓跋猗卢以请兵。猗卢使其弟弗之子郁律帅骑二万助之,遂破刘虎、白部,屠其营。琨与猗卢结为兄弟,表猗卢为大单于,以代郡封之为代公。时代郡属幽州,王浚不许,遣兵击猗卢,猗卢拒破之。浚由是与琨有隙。

猗卢以封邑去国悬远,民不相接,乃帅部落万馀家自云中入雁门,从琨求陉北之地。琨不能制,且欲倚之为援,乃徙楼烦、马邑、阴馆、繁畤、崞五县民于陉南,以其地与猗卢;由是猗卢益盛。

琨遣使言于太傅越，请出兵共讨刘聪、石勒；越忌苟晞及豫州刺史冯嵩，恐为后患，不许。琨乃谢猗卢之兵，遣归国。

刘虎收馀众，西渡河，居朔方肆卢川，汉主聪以虎宗室，封楼烦公。

壬子，以刘琨为平北大将军，王浚为司空，进鲜卑段务勿尘为大单于。

【译文】 刘琨自己带领军队，讨伐刘虎和白部，派使者低声下气、带着厚礼，去游说鲜卑拓拔猗卢，恳请派兵支援。猗卢让他的弟弟拓拔弗之子郁律，带领两万骑兵去救援他，于是击败刘虎和白部，屠杀全营。刘琨和猗卢结为兄弟，上书派猗卢担任大单于，将代郡封与他，为代公。当时代郡隶属幽州，王浚不同意，出兵攻打猗卢，猗卢反击，击败了他们。王浚于是和刘琨结下仇怨。

猗卢因为得到的城邑距离国土太远，百姓无法相互往来，于是带领部落一万多家，从云中来到雁门，向刘琨要石陉关北方的土地，刘琨无法阻止，而且想要依靠他，作为自己的后援，于是将楼烦、马邑、阴馆、繁畤、崞等五县百姓迁到石陉关以南，将这些土地给了猗卢，猗卢因此更加强大。

刘琨派使者向太傅司马越进言，恳请出兵一同讨伐刘聪、石勒；司马越忌恨苟晞和豫州刺史冯嵩，恐怕成为后患，不同意。刘琨于是辞谢猗卢的军队，遣返回国。

刘虎招收残剩军众，往西渡过黄河，驻扎在朔方肆卢川。汉主刘聪看刘虎是王族中人，就封他为楼烦公。

壬子日（二十三日），晋国任命刘琨为平北大将军，王浚为司空，鲜卑段务勿尘进封为大单于。

京师饥困日甚，太傅越遣使以羽檄征天下兵，使入援京师。帝谓使者曰："为我语诸征、镇：今日尚可救，后则无及矣！"既而卒无至者。征南将军山简遣督护王万将兵入援，军于涅阳，为王如所败。如遂大掠沔、汉，进逼襄阳，简婴城自守。荆州刺史王澄自将，欲援京师，至涔口，闻简败，众散而还。朝议多欲迁都以避难，王衍以为不可，卖车牛以安众心。山简为严嶷所逼，自襄阳徙屯夏口。

石勒引兵济河，将趣南阳，王如、侯脱、严嶷等闻之，遣众一万屯襄城以拒勒。勒击之，尽俘其众，进屯宛北。是时，侯脱据宛，王如据穰。如素与脱不协，遣使重赂勒，结为兄弟，说勒使攻脱。勒攻宛，克之；严嶷引兵救宛，不及而降。勒斩脱；囚嶷，送于平阳，尽并其众。遂南寇襄阳，攻拔江西垒壁三十馀所。还，趣襄城，王如遣弟璃袭勒；勒迎击，灭之，复屯江西。

【译文】 京师的饥馑困顿一天天加剧，太傅司马越派使者用紧急文书征召天下军队，要他们到京师救援。晋怀帝司马炽对使者说："代我告诉各征、镇，今天尚能救助，晚了就来不及了！"最终还是没有来救援的。征南将军山简派督护王万，带领军队进京援助，在涅阳驻军，被王如击败。王如于是在沔、汉地区大肆劫掠，发兵逼近襄阳，山简绕城坚守。荆州刺史王澄亲自带领军队，想要援助京师，到了涔口，听到山简被击败，军众逃了回来。朝廷议论多半想要迁都，来躲避灾患，王衍认为不可，卖掉牛只和车辆，来安定人心。山简被严嶷逼迫，从襄阳迁到夏口驻兵。

石勒带领军队，渡过黄河打算开往南阳，王如、侯脱、严嶷等人得知后，派一万军众，在襄城驻兵，来抵抗石勒。石勒攻打他们，俘获了他们所有军众，发兵驻扎在宛城北面。这时，侯脱据守宛城，王如据守穰县。王如向来与侯脱不和，派使者重重地贿赂石勒，结为兄弟，游说石勒，要他进攻宛城。石勒攻打侯脱，大胜；严嶷带领军队救援宛城，来不及救援便投降了。石勒杀掉侯脱，囚禁严嶷，送到平阳，兼并了他们所有的军众。于是向南进攻襄阳，攻下长江西面三十多所军营。回师，前去襄城；王如派弟弟王璃偷袭石勒；石勒迎头攻击，消灭了他，又驻军长江西面。

太傅越既杀王延等，大失众望；又以胡寇益盛，内不自安，乃戎服入见，请讨石勒，且镇集兖、豫。帝曰："今胡虏侵逼郊畿，人无固志，朝廷社稷，倚赖于公，岂可远出以孤根本！"对曰："臣出，幸而破贼，则国威可振，犹愈于坐待困穷也。"十一月，甲戌，越帅甲士四万向许昌，留妃裴氏、世子毗及龙骧将军李恽、右卫将军何伦守卫京师，防察宫省；以潘滔为河南尹，总留事。越表以行台自随，用太尉衍为军司，朝贤素望，悉为佐吏，名将劲卒，咸入其府。于是，宫省无复守卫，荒馑日甚，殿内死人交横；盗贼公行，府寺营署，并掘堑自守。越东屯项，以冯嵩为左司马，自领豫州牧。

竟陵王楙白帝遣兵袭何伦，不克；帝委罪于楙，楙逃窜，得免。

【译文】太傅司马越杀掉王延等人后，大大失去了众人的信任；又由于胡敌更加强大，自己心中无法平静，于是穿上军服，上朝觐见，恳请讨伐石勒，而且据守兖、豫。晋怀帝司马炽说："现在胡敌逼近京城郊外，人人都没有坚定志向，朝廷社稷，依仗公侯，怎么能远出京师，孤立了根本呢！"答说："臣下出京，假如侥幸能击败敌人，那么国家的威望可以复兴，比起坐等困顿要好多了。"十一月，甲戌日（十五日），司马越带领四万武装士兵，前去许昌；留下妃子裴氏、世子司马毗和龙骧将军李恽、右卫将军何伦守护京师，保卫皇宫。让潘滔担任河南尹，统领留事。司马越上书，要行台跟着自己，派太尉王衍担任军司，朝中贤士，素有名望的，全部作为辅佐官吏；有名气的将领、强壮的部队，都归入到他府中。于是宫中、省台不再有守卫，饥荒日益严重，殿内死尸纵横交错；盗贼公然横行，官署营房，都挖了壕沟，自己坚守。司马越往东，驻军项城，让冯嵩担任左司马，自己兼任豫州牧。

竟陵王司马楙恳请晋怀帝司马炽，出兵袭击何伦，没能战胜；晋怀帝司马炽将罪行归于司马楙，司马楙逃跑，得以幸免。

扬州都督周馥以洛阳孤危，上书请迁都寿春。太傅越以馥不先白己而直上书，大怒，召馥及淮南太守裴硕。馥不肯行，令硕帅兵先进。硕诈称受越密旨，袭馥，为馥所败，退保东城。

诏加张轨镇西将军、都督陇右诸军事。光禄大夫傅祗、太常挚虞遣轨书，告以京师饥匮。轨遣参军杜勋献马五百匹，毯布三万匹。

成太傅骧攻谯登于涪城。罗尚子宇及参佐素恶登，不给其粮。益州刺史皮素怒，欲治其罪；十二月，素至巴郡，罗宇等使人夜杀素，建平都尉暴重杀宇，巴郡乱。骧知登食尽援绝，攻涪愈急。士民皆熏鼠食之，饿死甚众，无一人离叛者。骧子寿先在登所，登乃归之。三府官属表巴东监军南阳韩松为益州刺史，治巴东。

【译文】 扬州都督周馥认为洛阳孤立危险，上奏恳请将都城迁到寿春。太傅司马越由于周馥不事先告诉自己，而直接

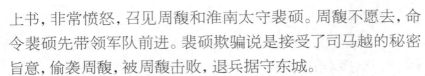

上书，非常愤怒，召见周馥和淮南太守裴硕。周馥不愿去，命令裴硕先带领军队前进。裴硕欺骗说是接受了司马越的秘密旨意，偷袭周馥，被周馥击败，退兵据守东城。

朝廷诏命张轨进封镇西将军、都督陇右所有军务。光禄大夫傅祇、太常挚虞给张轨去信，告诉他京城饥荒匮乏。张轨让参军杜勋进献五百匹马、三万匹毯布。

大成太傅李骧去涪城攻击谯登。罗尚的儿子罗宇和各僚属向来厌恶谯登，不给他提供粮食。益州刺史皮素发怒，想要惩治他的罪责；十二月，皮素到巴郡，罗宇令人晚上杀掉皮素，建平都尉暴重杀掉罗宇，巴郡大乱。李骧知晓谯登粮食用光，后援断绝，攻打涪城更是紧迫。官员百姓都抓熏山老鼠食用，饿死的人非常多，却没有一个人背叛。李骧的儿子李寿，起先在谯登处，谯登送他返回。三府中的官员都恳请让巴东监军南阳人韩松担任益州刺史，管理巴东。

初，帝以王弥、石勒侵逼京畿，诏苟晞督帅州郡讨之。会曹嶷破琅邪，北收齐地，兵势甚盛，苟纯闭城自守。晞还救青州，与嶷连战，破之。

是岁，宁州刺史王逊到官，表李钊为朱提太守。时宁州外逼于成，内有夷寇，城邑丘墟。逊恶衣菜食，招集离散，劳徕不倦，数年之间，州境复安。诛豪右不奉法者十馀家；以五苓夷昔为乱首，击灭之，内外震服。

汉主聪自以越次而立，忌其嫡兄恭；因恭寝，穴其壁间，刺而杀之。

【译文】起初，晋怀帝司马炽由于王弥、石勒逼近京畿，下诏让苟晞督率州郡军队讨伐他。正赶上曹嶷攻克琅邪，取得北面齐地，兵力非常强大；苟纯关闭城门坚守。苟晞返回支援青州，和曹嶷连连交战，击败了他。

这一年，宁州刺史王逊到任，上书让李钊担任朱提太守。当时宁州外有大成国的逼迫，里有夷人的进犯，城中成了废墟。王逊穿着粗布衣服，吃着糠菜，召集离散民众，慰劳招徕，从不厌倦，几年时间，州中又再次安定下来。他诛杀了十几家不遵守法令的豪门望族；由于五苓夷以前是作乱的祸首，被讨伐消灭，州中内外为之震慑佩服。

汉主刘聪自知超越等次即位，忌惮他的嫡兄刘恭；趁刘恭睡着，打穿墙壁，刺杀了他。

汉太后单氏卒，汉主聪尊母张氏为皇太后。单氏年少美色，聪烝焉。太弟乂屡以为言，单氏惭恚而死。乂宠由是渐衰，然以单氏故，尚未之废也。呼延后言于聪曰："父死子继，古今常道。陛下承高祖之业，太弟何为者哉！陛下百年后，粲兄弟必无种矣。"聪曰："然，吾当徐思之。"呼延氏曰："事留变生，太弟见粲兄弟浸长，必有不安之志，万一有小人交构其间，未必不祸发于今日也。"聪心然之。乂舅光禄大夫单冲泣谓乂曰："疏不间亲。主上有意于河内王矣，殿下何不避之！"乂曰："河瑞之末，主上自惟嫡庶之分，以大位让乂。乂以主上齿长，故相推奉。天下者，高祖之天下，兄终弟及，何为不可！粲兄弟既壮，犹今日也。且子弟之间，亲疏讵几，主上宁可有此意乎！

【译文】汉国太后单氏去世；汉主刘聪尊奉母亲张氏为皇太后。单氏年轻貌美，刘聪和她素有奸情。太弟刘乂经常对此进行劝说，单氏羞惭而死。刘乂所受的宠幸，因此逐渐衰减，然而由于单氏的原因，还没有被废黜。呼延后向刘聪进言说："父亲死后，儿子即位，是古往今来的道理；陛下继承了高祖的基业，太弟会如何呢！陛下死后，刘粲兄弟必定没有后代了。"刘聪说："是的，我要慢慢考虑。"呼延氏说："事情慢了，就会产生变化。太弟见到刘粲兄弟慢慢长大，必定有不安分的心思，万一有小人在中间挑拨离间，祸事发生，未必不是在今天了。"刘聪认为是对的。刘乂的舅舅光禄大夫单冲哭着对刘乂说："疏远的人不离间亲近的人。主上对河内王有怀疑了，殿下为何不回避呢！"刘乂说："河瑞末年，主上自己想到嫡庶的区别，将大位让给我，我又由于主上年龄大，所以拥戴他。天下，是高祖的天下，哥哥去世后，弟弟继承，有何不可呢！刘粲兄弟长大后，比照今天做法。而且子弟之间，亲疏差别了多少呢！主上怎么会有这种心思呢！"

永嘉五年（辛未，公元三一一年）春，正月，壬申，苟晞为曹嶷所败，弃城奔高平。

石勒谋保据江、汉，参军都尉张宾以为不可。会军中饥疫，死者太半，乃渡沔，寇江夏，癸酉，拔之。

乙亥，成太傅骧拔涪城，获谯登。太保始拔巴西，杀文石。于是成主雄大赦，改元玉衡。谯登至成都，雄欲宥之；登词气不屈，雄杀之。

巴蜀流民布在荆、湘间，数为土民所侵苦，蜀人李骧聚众据乐乡反，南平太守应詹与醴陵令杜弢共击破之。王澄使成都内史王机讨骧，骧请降，澄伪许而袭杀之。以其妻子为赏，沉八千馀人于江，流民益怨忿。

【译文】 五年（辛未，公元311年）春季，正月，壬申日（十四日），苟晞被曹嶷击败，丢弃城池，逃往高平。

石勒打算保守江、汉，参军都尉张宾认为不可。正赶上军中饥饿、疾病流行,死了大半人,于是渡过沔江,侵犯江夏,癸酉日(十五日),攻了下来。

乙亥日(十七日),大成太傅李骧攻打涪城,抓获谯登;太保李始攻打巴西,杀掉文石。于是大成君主李雄大赦天下,改年号为玉衡。谯登到了成都,李雄打算宽恕他,谯登言词语气不屈服,李雄便杀了他。

巴蜀流民分散在荆、湘地区,经常被当地百姓侵害,痛苦无比;蜀人李骧(此另一李骧,非大成太傅之李骧)纠集群众,占据乐乡造反。南平太守应詹和醴陵令杜弢一起击败了他们。王澄令成都内史王机讨伐李骧,李骧恳请投降,王澄假装同意,然后偷偷杀掉了他,将他的妻子作为奖赏,在江中淹死了八千多人,流民更加怨恨气愤。

【申涵煜评】登手刃父仇,抗节而死,周可谓有孙矣。然周劝后主降晋,登不屈于李雄,岂惟克肖,又乃过之。

【译文】谯登为父亲报仇,因保全名节而牺牲,不愧是谯周的好儿孙啊。然而谯周劝后主投降于晋朝,谯登不肯屈服于李雄,岂不是又违反了孝义,又有了过错。

蜀人杜畴等复反,湘州参军冯素与蜀人汝班有隙,言于刺史荀眺曰:"巴、蜀流民皆欲反。"眺信之,欲尽诛流民。流民大惧,四五万家一时俱反,以杜弢州里重望,共推为主。弢自称梁、益二州牧、领湘州刺史。

裴硕求救于琅邪王睿,睿使扬威将军甘卓等攻周馥于寿春。馥众溃,奔项,豫州都督新蔡王确执之,馥忧愤而卒。确,腾之子也。

扬州刺史刘陶卒。琅邪王睿复以安东军咨祭酒王敦为扬州刺史，寻加都督征讨诸军事。

庚辰，平原王干薨。

二月，石勒攻新蔡，杀新蔡庄王确于南顿；进拔许昌，杀平东将军王康。

氐苻成、隗文复叛，自宜都趣巴东；建平都尉暴重讨之。重因杀韩松，自领三府事。

【译文】 蜀人杜畴等人又造反，湘州参军冯素与蜀人汝班有仇恨，对刺史荀眺进言道："巴、蜀流民都打算造反。"荀眺信了，打算诛杀所有流民。流民大为恐慌，四五万家同时造反了。由于杜弢在州里间有重大声望，被一起推为主事的人；杜弢自称梁、益二州牧、兼任湘州刺史。

裴硕向琅邪王司马睿恳请救援，司马睿命扬威将军甘卓等人，往寿春攻打周馥；周馥军队溃败，逃往项城，豫州都督、新蔡王司马确抓获了他，周馥忧愤而死。司马确，为司马腾之子。

扬州刺史刘陶去世。琅邪王司马睿又任命安东军咨祭酒王敦为扬州刺史，不久，进封都督征讨所有军务。

庚辰日（二十二日），平原王司马干去世。

二月，石勒攻击新蔡，在南顿杀掉新蔡庄王司马确。出兵攻打许昌，杀掉平东将军王康。

氐族苻成、隗文又叛乱，从宜都前去巴东，建平都尉暴重攻打他们，暴重顺势杀掉韩松，自己兼任三府政事。

东海孝献王越既与苟晞有隙，河南尹潘滔、尚书刘望等复从而谮之。晞怒，表求滔等首，扬言："司马元超为宰相不平，使天下淆乱，苟道将岂可以不义使之！"乃移檄诸州，自称功伐，陈越罪状。帝亦恶越专权，多违诏命；所留将士何伦等，抄掠公卿，逼辱公主；密赐晞手诏，使讨之。晞数与帝文书往来，越疑之，使游骑于成皋间伺之，果获晞使及诏书。乃下檄罪状晞，以从事中郎杨瑁为兖州刺史，使与徐州刺史裴盾共讨晞。晞遣骑收潘滔，滔夜遁，得免；执尚书刘曾、侍中程延，斩之。越忧愤成疾，以后事付王衍；三月，丙子，薨于项，秘不发丧。众共推衍为元帅，衍不敢当；以让襄阳王范，范亦不受。范，玮之子也。于是衍等相与奉越丧还葬东海。何伦、李恽等闻越薨，奉裴妃及世子毗自洛阳东走，城中士民争随之。帝追贬越为县王，以苟晞为大将军、大都督，督青、徐、兖、豫、荆、扬六州诸军事。

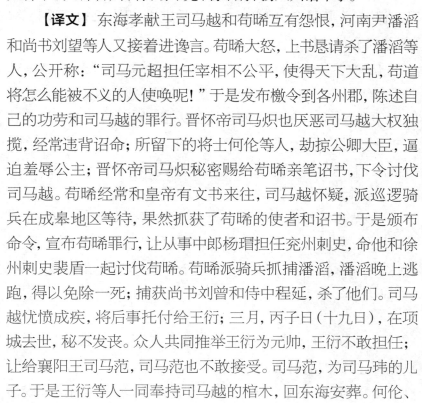

【译文】　东海孝献王司马越和苟晞互有怨恨，河南尹潘滔和尚书刘望等人又接着进谗言。苟晞大怒，上书恳请杀了潘滔等人，公开称："司马元超担任宰相不公平，使得天下大乱，苟道将怎么能被不义的人使唤呢！"于是发布檄令到各州郡，陈述自己的功劳和司马越的罪行。晋怀帝司马炽也厌恶司马越大权独揽，经常违背诏命；所留下的将士何伦等人，劫掠公卿大臣，逼迫羞辱公主；晋怀帝司马炽秘密赐给苟晞亲笔诏书，下令讨伐司马越。苟晞经常和皇帝有文书来往，司马越怀疑，派巡逻骑兵在成皋地区等待，果然抓获了苟晞的使者和诏书。于是颁布命令，宣布苟晞罪行，让从事中郎杨瑁担任兖州刺史，命他和徐州刺史裴盾一起讨伐苟晞。苟晞派骑兵抓捕潘滔，潘滔晚上逃跑，得以免除一死；捕获尚书刘曾和侍中程延，杀了他们。司马越忧愤成疾，将后事托付给王衍；三月，丙子日（十九日），在项城去世，秘不发丧。众人共同推举王衍为元帅，王衍不敢担任；让给襄阳王司马范，司马范也不敢接受。司马范，为司马玮的儿子。于是王衍等人一同奉持司马越的棺木，回东海安葬。何伦、李恽等人知晓司马越去世，奉迎裴妃和世子司马毗，从洛阳往东逃走，城中士子和百姓争相追随他们。晋怀帝司马炽追贬司马越为县王；让苟晞担任大将军、大都督，都督青、徐、兖、豫、荆、扬六州所有军务。

益州将吏共杀暴重，表巴郡太守张罗行三府事。罗与隗文等战，死，文等驱掠吏民，西降于成。三府文武共表平西司马蜀郡王异行三府事，领巴郡太守。

初，梁州刺史张光会诸郡守于魏兴，共谋进取。张燕唱言："汉中荒败，迫近大贼，克复之事，当俟英雄。"光以燕受邓定赂，致失汉中，今复沮众，呵出斩之。治兵进战，累年乃得至汉中，绥抚荒残，百姓悦服。

【译文】 益州将士和官员一同杀掉暴重，上表请巴郡太守张罗暂代三府事务。张罗和隗文等人交战，战死，隗文等人劫持官吏和百姓，驱赶他们向西去投降大成国。三府文武官员共同上书，请平西司马蜀郡人王异暂代三府事务，兼任巴郡太守。

起初，梁州刺史张光在魏兴集合各郡郡守，一同商议进取的事。张燕主张说："汉中荒废破败，又靠近强大贼人，克复之事，应该等待英雄的出现。"张光由于张燕接受邓定的贿赂，使汉中失陷，现在又使军众沮丧，大声呵斥，推出杀掉了他。整治军队，领兵交战，过了好多年，才到达汉中，安抚饥饿病残，百姓心悦诚服。

夏，四月，石勒帅轻骑追太傅越之丧，及于苦县宁平城，大败晋兵，纵骑围而射之，将士十余万人相践如山，无一人得免者。执太尉衍、襄阳王范、任城王济、武陵庄王澹、西河王喜、梁怀王禧、齐王超、吏部尚书刘望、廷尉诸葛铨、豫州刺史刘乔、太傅长史庾凯等，坐之幕下，问以晋故。衍具陈祸败之由，云计不在己；且自言少无宦情，不豫世事；因劝勒称尊号，冀以自免。勒曰："君少壮登朝，名盖四海，身居重任，何得言无宦情邪！破坏天下，非君而谁！"命左右扶出。众人畏死，多自陈述。独襄阳王范神色俨然，顾呵之曰："今日之事，何复纷纭！"勒谓孔苌曰："吾行天下多矣，未尝见此辈人，当可存乎？"苌曰："彼皆晋之王公，终不为吾用。"勒曰："虽然，要不可加以锋刃。"夜，使人排墙杀之。济，宣帝弟子景王陵之子；禧，澹之子也。剖越柩，焚其尸，曰："乱天下者此人也，吾为天下报之，故焚其骨以告天地。"

【译文】夏季，四月，石勒带领轻装骑兵，追击太傅司马越的治丧队伍，到苦县宁平城追上，击败晋国军队，命令骑兵包围晋军，射杀他们的将士十多万人，互相踩踏，尸体堆积如山，没有一个能幸免的。抓获太尉王衍、襄阳王司马范、任城王司马济、武陵庄王司马澹、西河王司马喜、梁怀王司马禧、齐王司马超、吏部尚书刘望、廷尉诸葛铨、豫州刺史刘乔、太傅长史庾凯等人，坐在帐幕前，询问他们晋国的往事。王衍详尽陈述败乱的缘由，说制定计策的不是自己；而且说自己在年少时没有为官的意思，不问世事；并劝石勒自称尊号，希望自己得以免除一死。石勒说："你少壮之时在朝为官，名望传遍天下，本身任有重大职位，怎么能说是没有为官的想法呢？破坏天下的不是你，是谁呢？"命令左右扶着他出去。众人害怕死亡，大多自己陈述。唯有襄阳王司马范神色庄重，回头呵斥说："今日的事情，何必要多说！"石勒对孔苌说："我行走天下很久了，从来没有见过这一种人，可以保全他们的性命吗？"孔苌说："他们都是晋国的王公，最后还是不会被我们任用。"石勒说："即便这样，切不可加以刀刃。"夜晚，命人推倒墙壁，害死了他们。司马济，是宣帝的侄儿景王司马陵之子。司马禧，为司马澹的儿子。石勒令人剖开司马越的棺木，焚烧了他的尸体，说："祸乱天下的人，是他，我替天下人报仇，所以焚毁他的尸骨，来慰藉天地四方。"

【申涵煜评】衍既为石勒阶下虏，犹仰面作假惺惺，不知一生奸诡情状，早为此羯奴看破。墙下之泥，差快浊流，盖当东门长啸时一见，而已褫其魄矣。

【译文】王衍既然做了石勒的阶下囚，还假惺惺地故作清高，不知道（自己）这一生奸诈难以描述，早已经被石勒看破了。墙角的泥土，很快就变成了浊流。大概当初依着东门长啸，就已经夺走他的魂魄了。

何伦等至洧仓，遇勒，战败，东海世子毗及宗室四十八王皆没于勒，何伦奔下邳，李恽奔广宗。裴妃为人所掠卖，久之，渡江。初，琅邪王睿之镇建业，裴妃意也，故睿德之，厚加存抚，以其子冲继越后。

汉赵固、王桑攻裴盾，杀之。

杜弢攻长沙。五月，荀眺弃城奔广州，弢追擒之。于是弢南破零、桂，东掠武昌，杀二千石长吏甚众。

以太子太傅傅祇为司徒，尚书令荀藩为司空，加王浚大司马、侍中、大都督，督幽、冀诸军事，南阳王模为太尉、大都督，张轨为车骑大将军，琅邪王睿为镇东大将军，兼督扬、江、湘、交、广五州诸军事。

【译文】何伦等人到了洧仓，遇见石勒，战败，东海世子毗和皇室四十八王，都死在石勒手里，何伦逃到下邳，李恽逃到广宗。裴妃被人劫持卖掉，很久之后，才渡过长江。起初琅邪王司马睿镇守建业，是裴妃的意思，所以司马睿感激她，重重地慰问照顾她，将自己的儿子司马冲过继为司马越的后嗣。

汉国赵固、王桑攻击裴盾，杀掉了他。

杜弢攻打长沙。五月，荀眺丢弃城池，逃往广州，杜弢追上捕获了他。于是杜弢往南攻下零、桂，往东抢劫武昌，杀了众多两千石的官员、长吏。

朝廷任命太子太傅傅祗为司徒，尚书令荀藩为司空，王浚加封为大司马、侍中、大都督，都督幽、冀所有军务，任命南阳王模为太尉、大都督，张轨为车骑大将军，琅邪王司马睿为镇东大将军，兼理都督扬、江、湘、交、广五州所有军务。

初，太傅越以南阳王模不能绥抚关中，表征为司空。将军淳于定说模使不就征，模从之；表遣世子保为平西中郎将，镇上邽，秦州刺史裴苞拒之。模使帐下都尉陈安攻苞，苞奔安定，太守贾疋纳之。

荀晞表请迁都仓垣，使从事中郎刘会将船数十艘、宿卫五百人、谷千斛迎帝。帝将从之，公卿犹豫，左右恋资财，遂不果行。既而洛阳饥困，人相食，百官流亡者什八九。帝召公卿议，将行而卫从不备。帝抚手叹曰："如何曾无车舆！"乃使傅祗出诣河阴，治舟楫，朝士数十人导从。帝步出西掖门，至铜驼街，为盗所掠，不得进而还。度支校尉东郡魏浚，帅流民数百家保河阴之硖石，时劫掠得谷麦，献之。帝以为扬威将军、平阳太守，度支如故。

【译文】起初，太傅司马越由于南阳王司马模无法抚慰关中地区，上书征召他担任司空。将军淳于定劝司马模不要同意征召，司马模听从了；上书派世子司马保担任平西中郎将，镇守上邽，秦州刺史裴苞回绝。司马模命令帐下都尉陈安攻打裴苞，裴苞逃到安定，太守贾疋收容了他。

苟晞上书，恳请将都城迁往仓垣，命从事中郎刘会，带领几十艘船、宿卫五百人、米谷一千斛，迎接晋怀帝司马炽。晋怀帝司马炽打算听从，公卿们犹豫不决，左右贪恋财货，最终无法成行。之后，洛阳饥馑困顿，百姓互相残食，百官逃亡出去的十有八九。晋怀帝司马炽召集公卿商议，快要走了，但随从侍卫却不齐备。晋怀帝司马炽搓着双手叹息道："为什么居然没有车驾！"于是命傅祗出城，前去河阴整理船只，几十个朝中官员跟着，晋怀帝司马炽步行，走过西掖门，到了铜驼街，被盗匪抢劫，无法前进，只好回宫。度支校尉东郡人魏浚，带领几百家流民，据守河阴的硖石，当时抢劫到谷麦粮食，进献上来，晋怀帝司马炽让他担任扬威将军、平阳太守，度支职位照旧。

汉主聪使前军大将军呼延晏将兵二万七千寇洛阳，比及河南，晋兵前后十二败，死者三万馀人。始安王曜、王弥、石勒皆引兵会之；未至，晏留辎重于张方故垒；癸未，先至洛阳；甲申，攻平昌门；丙戌，克之，遂焚东阳门及诸府寺。六月，丁亥朔，晏以外继不至，俘掠而去；帝具舟于洛水，将东走，晏尽焚之。庚寅，苟藩及弟光禄大夫组奔轘辕。辛卯，王弥至宣阳门；壬辰，始安王曜至西明门；丁酉，王弥、呼延晏克宣阳门，入南宫，升太极前殿，纵兵大掠，悉收宫人、珍宝。帝出华林园门，欲奔长安，汉兵追执之，幽于端门。曜自西明门入屯武库。戊戌，曜杀太子诠、吴孝王晏、竟陵王楙、右仆射曹馥、尚书闾丘冲、河南尹刘默等，士民死者三万馀人。遂发掘诸陵，焚宫庙、官府皆尽。曜纳惠帝羊皇后，迁帝及六玺于平阳。石勒引兵出轘辕，屯许昌。光禄大夫刘蕃、尚书卢志奔并州。

【译文】汉主刘聪命令前军大将军呼延晏，带领两万七千军队，进攻洛阳，到了河南，晋国军队前后十二次都失败，死了三万多人。始安王刘曜、王弥、石勒，都带领军队去会合，还没有到，呼延晏将辎重留在张方以前的军营；癸未日（二十七日），呼延晏先到洛阳；甲申日（二十八日），进攻平昌门；丙戌日（三十日），攻下平昌门，于是焚烧东阳门和各官署。六月，丁亥朔日（初一），呼延晏由于外部支援没有到，掳掠、抢劫后离开。晋怀帝司马炽在洛水准备了船只，打算往东逃走，呼延晏全部烧掉。庚寅日（初四），荀藩和弟弟光禄大夫荀组逃到轘辕。辛卯日（初五），王弥到了宣阳门；壬辰日（初六），始安王刘曜到了西明门；丁酉日（十一日），王弥、呼延晏攻下宣阳门，侵入南宫，登上太极前殿，纵容军队大肆抢劫，收取所有的宫人、珍宝。晋怀帝司马炽走出华林园门，想逃往长安，汉国军队追上来，抓获他，幽禁在端门。刘曜从西明门进宫，驻军在武库。戊戌日（十二日），刘曜杀掉太子司马诠、吴孝王司马晏、竟陵王司马楙、右仆射曹馥、尚书闾丘冲、河南尹刘默等人，官民共死了三万多人。而且挖掘各座陵墓，把宫庙、官府都烧光了。刘曜娶了惠帝的羊皇后，将皇帝和六方玺印送往平阳。石勒带领军队出兵轘辕，驻军许昌。光禄大夫刘蕃和尚书卢志逃到并州。

丁未，汉主聪大赦，改元嘉平。以帝为特进、左光禄大夫，封平阿公，以侍中庾珉、王俊为光禄大夫。珉，敳之兄也。

初，始安王曜以王弥不待己至，先入洛阳，怨之。弥说曜曰："洛阳天下之中，山河四塞，城池、宫室不假修营，宜白主上自

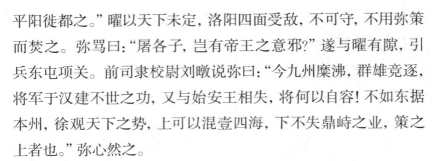

平阳徙都之。"曜以天下未定，洛阳四面受敌，不可守，不用弥策而焚之。弥骂曰："屠各子，岂有帝王之意邪？"遂与曜有隙，引兵东屯项关。前司隶校尉刘暾说弥曰："今九州糜沸，群雄竞逐，将军于汉建不世之功，又与始安王相失，将何以自容！不如东据本州，徐观天下之势，上可以混壹四海，下不失鼎峙之业，策之上者也。"弥心然之。

【译文】 丁未日（二十一日），汉主刘聪大赦天下，改年号为嘉平。让晋怀帝司马炽担任特进光禄大夫，封为平阿公，让侍中庾珉、王俊担任光禄大夫。庾珉，为庾敳的哥哥。

　　起初，始安王刘曜由于王弥不等自己到来，先进入洛阳，对他产生怨恨。王弥劝说刘曜："洛阳在天下的中部，山河四面闭塞，城池、宫室不必等着营建，应该奏请主上，从平阳迁都到这里来。"刘曜由于天下没有平定，洛阳四面受敌，无法防守，不采纳王弥的计策，放火焚烧了洛阳。王弥骂道："屠各子，哪里有坐上帝王的心思！"于是和刘曜有了仇恨；带领军队往东行，驻军项关。前司隶校尉刘暾劝导王弥道："现在九州动荡不稳，各路英雄都争着逐鹿中原，将军为汉国的建立立了巨大功劳，又和始安王有误会，该要怎么行事才能容身！不如往东行进，据守本乡州郡，慢慢观察天下形势，上能统一四海，下不失为鼎立的事业，是上等的计策。"王弥以为是正确的。

　　司徒傅祗建行台于河阴，司空荀藩在阳城，河南尹华荟在成皋，汝阴太守平阳李矩为之立屋，输谷以给之。荟，歆之曾孙也。

　　藩与弟组、族子中护军崧，荟与弟中领军恒，建行台于密，传檄四方，推琅邪王睿为盟主。藩承制以崧为襄城太守，矩为荥

资治通鉴

阳太守，前冠军将军河南褚翜为梁国内史。扬威将军魏浚屯洛北石梁坞，刘琨承制假浚河南尹，浚诣荀藩谘谋军事。藩邀李矩同会，矩夜赴之。矩官属皆曰："浚不可信，不宜夜往。"矩曰："忠臣同心，何所疑乎！"遂往，相与结欢而去。浚族子该，聚众据一泉坞，藩以为武威将军。

豫章王端，太子诠之弟也，东奔仓垣，苟晞率群官奉以为皇太子，置行台。端承制以晞领太子太傅、都督中外诸军、录尚书事，自仓垣徙屯蒙城。

【译文】司徒傅祗在河阴设置行台，司空荀藩在阳城设置，河南尹华荟在成皋设置，汝阴太守平阳人李矩帮他们建房屋，输送谷米。华荟，为华歆的曾孙。

荀藩和弟弟荀组、族弟中护军荀崧，华荟和弟弟中领军华恒，在密县设置行台，发布檄令给天下四方，推选琅邪王司马睿为盟主。荀藩奉承制命，任命荀崧为襄城太守，李矩为荥阳太守，前冠军将军河南人褚翜为梁国内史。扬威将军魏浚驻军在洛北的石梁坞，刘琨承奉制命，让魏浚兼摄河南尹。魏浚前去荀藩处商讨军事，荀藩邀请李矩一起参加会议，李矩夜晚赴会。李矩的部下都说："魏浚无法相信，不应该夜晚前去。"李矩说："忠臣同心协力，有哪里要怀疑的呢！"终于前去，相互欢乐地结交后离开。魏浚的族子魏该，集结群众，占守一泉坞，荀藩让他担任武威将军。

豫章王司马端，为太子司马诠的弟弟，往东逃到仓垣，苟晞带领官员们迎接他为皇太子，建立行台。司马端承奉制命，让苟晞兼任太子太傅、都督中外各军、录尚书事，从仓垣行进，驻军在蒙城。

抚军将军秦王业，吴孝王之子，荀藩之甥也，年十二，南奔密，藩等奉之，南趣许昌。前豫州刺史天水阎鼎，聚西州流民数千人于密，欲还乡里。荀藩以鼎有才而拥众，用鼎为豫州刺史，以中书令李絙、司徒左长史彭城刘畴、镇军长史周顗、司马李述等为之参佐。顗，浚之子也。

时海内大乱，独江东差安，中国士民避乱者多南渡江。镇东司马王导说琅邪王睿收其贤俊，与之共事。睿从之，辟掾属百馀人，时人谓之百六掾。以前颍川太守勃海刁协为军咨祭酒，前东海太守王承、广陵相卞壸为从事中郎，江宁令诸葛恢、历阳参军陈国陈頵为行参军，前太傅掾庾亮为西曹掾。承，浑之弟子；恢，靓之子；亮，兖之弟子也。

资治通鉴

【译文】抚军将军秦王司马邺，为吴孝王的儿子，荀藩的外甥，年龄十二岁，往南逃到密县，荀藩等人迎接他，向南前去许昌。前豫州刺史天水人阎鼎，在密县集结几千名西州流民，打算返回家乡。荀藩由于阎鼎有才干，而且拥有军队，便让阎鼎担任豫州刺史，让中书令李絙、司徒左长史彭城人刘畴、镇军长史周顗、司马李述等人，担任他的幕僚。周顗为周浚的儿子。

当时天下混乱，唯有江东稍微安定，中原躲避灾祸的官员和百姓，大多往南渡过长江。镇东司马王导劝说琅邪王司马睿，招收其中的贤人才俊，和他们共同治事。司马睿采纳了，征召掾属的官员一百多人，时人称为"百六掾"。任命前颍川太守渤海人刁协为军咨祭酒，前东海太守王承、广陵相卞壸为从事中郎，江宁令诸葛恢、历阳参军陈国人陈頵为行参军，前太傅掾庾亮为西曹掾。王承为王浑的侄儿；诸葛恢为诸葛靓的儿子；庾亮，为庾兖弟弟的儿子。

江州刺史华轶，歆之曾孙也，自以受朝廷之命而为琅邪王睿所督，多不受其教令。郡县多谏之，轶曰："吾欲见诏书耳。"及睿承荀藩檄，承制署置官司，改易长吏，轶与豫州刺史裴宪皆不从命。睿遣扬州刺史王敦、历阳内史甘卓与扬烈将军庐江周访合兵击轶。轶兵败，奔安成，访追斩之，及其五子。裴宪奔幽州。睿以甘卓为湘州刺史，周访为寻阳太守，又以扬武将军陶侃为武昌太守。

秋，七月，王浚设坛告类，立皇太子，布告天下，称受中诏承制封拜，备置百官，列署征、镇，以荀藩为太尉，琅邪王睿为大将军。浚自领尚书令，以裴宪及其婿枣嵩为尚书，以田徽为兖州刺史，李恽为青州刺史。

【译文】 江州刺史华轶，为华歆的曾孙；自己认为接受朝廷的任命，却要受到琅邪王司马睿的领导，多半不听他的命令。郡县许多人劝谏他，华轶说："我想见到诏书而已。"等到司马睿承受荀藩的檄令，承奉制命，设立官员，更换长官，华轶和豫州刺史裴宪都不服从命令。司马睿派扬州刺史王敦、历阳内史甘卓和扬烈将军庐江人周访，集合军队，攻打华轶。华轶军队战败，逃往安成，周访追上前去，杀掉了他和他的五个儿子。裴宪逃往幽州。司马睿任命甘卓为湘州刺史，周访为寻阳太守；任命扬武将军陶侃为武昌太守。

秋季，七月，王浚设祭坛祭告上天，册立皇太子，宣告天下，自称接受宫中诏书，承受制命，封官拜爵，设立百官，置列征、镇官职，任命荀藩为太尉，琅邪王司马睿为大将军；王浚自己兼任尚书令，任命裴宪和他的女婿枣嵩为尚书，任命田徽为兖州刺史，李恽为青州刺史。

南阳王模使牙门赵染戍蒲坂，染求冯翊太守不得而怒，帅众降汉，汉主聪以染为平西将军。八月，聪遣染与安西将军刘雅帅骑二万攻模于长安，河内王粲、始安王曜帅大众继之。染败模兵于潼关，长驱至下邽。凉州将北宫纯自长安帅其众降汉。汉兵围长安，模遣淳于定出战而败。模仓库虚竭，士卒离散，遂降于汉。赵染送模于河内王粲；九月，粲杀模。关西饥馑，白骨蔽野，士民存者百无一二。聪以始安王曜为车骑大将军、雍州牧，更封中山王，镇长安。以王弥为大将军，封齐公。

苟晞骄奢苛暴，前辽西太守阎亨，缵之子也，数谏晞，晞杀之。从事中郎明预有疾，自舆入谏。晞怒曰："我杀阎亨，何关人事，而舆病骂我！"预曰："明公以礼待预，故预以礼自尽。今明公怒预，其如远近怒明公何！桀为天子，犹以骄暴而亡，况人臣乎！愿明公且置是怒，思预之言。"晞不从。由是众心离怨，加以疾疫、饥馑。石勒攻王赞于阳夏，擒之。遂袭蒙城，执晞及豫章王端，锁晞颈，以为左司马。汉主聪拜勒幽州牧。

【译文】　南阳王司马模命令牙门赵染镇守蒲坂，赵染想要担任冯翊太守，没能得到，一气之下，带领军众投降汉国，汉主刘聪让赵染担任平西将军。八月，刘聪派赵染和安西将军刘雅，带领两万骑兵，去长安攻击司马模；河内王刘粲、始安王刘曜带领大军作为后援。赵染在潼关击败司马模的军队，长驱直入，到达下邽。凉州将领北宫纯从长安带领他的军队投降汉国。汉国军包围长安，司马模令淳于定出兵交战，战败。司马模仓库空虚，士兵逃散，所以投降汉国。赵染将司马模献给河内王刘粲；九月，刘粲杀掉司马模。关西饥荒，白骨遍地，活着的官吏和百姓，百中没有一、二。刘聪任命始安王刘曜为车骑大将军、雍州牧，改封为中山王，据守长安。任命王弥为大将军，封齐公。

苟晞骄横奢侈，苛责残暴，前辽西太守阎亨，为阎缵的儿子，经常劝谏苟晞，苟晞杀掉了他。从事中郎明预患病，自己坐轿子来进谏。苟晞气愤地说："我杀掉了阎亨，不关他人的事，你却带病坐轿子来骂我！"明预道："明公以礼节对待预，预也要尽到礼节；现在明公对预发怒，比起远近民众对明公的愤恨又怎么样呢！夏桀作为天子，尚还由于骄横残暴亡国，何况为人臣子的呢！希望明公暂时放下这股怒气，想一下预的言辞。"苟晞没有听从。于是民心离散，对他愈加怨恨，加上瘟疫、饥荒，情况愈发严重。石勒到阳夏攻打王赞，抓获他；于是攻击蒙城，抓获苟晞和豫章王司马端，锁住苟晞的脖子，让他担任左司马。汉主刘聪让石勒担任幽州牧。

王弥与勒，外相亲而内相忌，刘暾说弥使召曹嶷之兵以图勒，弥为书，使暾召嶷，且邀勒兵共向青州。暾至东阿，勒游骑获之，勒潜杀暾而弥不知。会弥将徐邈、高梁辄引所部兵去，弥兵渐衰。弥闻勒擒苟晞，心恶之，以书贺勒曰："公获苟晞而用之，何其神也！使晞为公左，弥为公右，天下不足定也。"勒谓张宾曰："王公位重而言卑，其图我必矣。"宾因劝勒乘弥小衰，诱而取之。时勒方与乞活陈午相攻于蓬关，弥亦与刘瑞相持甚急。弥请救于勒，勒未之许。张宾曰："公常恐不得王公之便，今天以王公授我矣。陈午小竖，不足忧；王公人杰，当早除之。"勒乃引兵击瑞，斩之。弥大喜，谓勒实亲己，不复疑也。冬，十月，勒请弥燕于己吾。弥将往，长史张嵩谏，不听。酒酣，勒手斩弥而并其众，表汉主聪，称弥叛逆。聪大怒，遣使让勒"专害公辅，有无君之心",然犹加勒镇东大将军、督并、幽二州诸军事、领并州刺史,以慰其心。苟晞、王赞潜谋叛勒,勒杀之,并晞弟纯。

勒引兵掠豫州诸郡,临江而还,屯于葛陂。

【译文】 王弥和石勒表面亲近,但内心相互猜忌,刘暾劝王弥,让他征召曹嶷的军队,来取代石勒。王弥写好书信,令刘暾征召曹嶷,并邀请石勒,一同前去青州。刘暾走到东阿,石勒的巡逻骑兵抓获他,石勒偷偷杀掉刘暾,然而王弥不知晓。正好王弥的将领徐邈、高梁突然带领所属部队离开,王弥的军队逐渐衰微。王弥听到石勒抓获苟晞,心中讨厌他,写了书信恭贺石勒说:"公侯抓苟晞,并任用他,怎样的神妙!假若晞担任公侯左手,弥担任公侯右手,平定天下就不在话下了。"石勒对张宾说:"王公位置重要却言辞卑微,是必定要算计我了。"张宾因此劝石勒趁着王弥实力略微衰落,诱捕他。当时石勒正和迁移求食的陈午在蓬关互相攻打;王弥也和刘瑞相互对抗,非常紧急。王弥请石勒救援,石勒没有同意。张宾说:"公侯经常担心无法得到王公的有利机会,现在上天将王公给了我们。陈午小子,不值得忧心;王公是人中豪杰,应该早日除去。"石勒于是统率军队攻打刘瑞,杀掉了他,王弥大为欢喜,认为石勒实在亲近自己,不再怀疑。冬季,十月,石勒邀请王弥到己吾参加宴会,王弥打算前去,长史张嵩劝谏,没有听从。酒喝得半醉,石勒亲手杀掉了王弥,而且占有他的部队。石勒上书汉主刘聪,说王弥叛乱;刘聪大怒,派使者责备石勒专门伤害公侯辅助,有蔑视君主的心理。但仍然进加石勒为镇东大将军、都督并、幽二州所有军务,兼任并州刺史,来安抚他。苟晞、王赞偷偷策划背叛石勒,石勒杀掉了他们和苟晞的弟弟苟纯。

石勒带领军队掠夺豫州各郡,到了江边回来,驻军葛陂。

初，勒之为人所掠卖也，与其母王氏相失。刘琨得之，遣使并其从子虎送于勒，因遗勒书曰："将军用兵如神，所向无敌。所以周流天下而无容足之地，百战百胜而无尺寸之功者，盖得主则为义兵，附逆则为贼众故也。成败之数，有似呼吸，吹之则寒，嘘之则温。今相授侍中、车骑大将军、领护匈奴中郎将、襄城郡公，将军其受之！"勒报书曰："事功殊途，非腐儒所知。君当逞节本朝，吾自夷难为效。"遗琨名马、珍宝，厚礼其使，谢而绝之。

【译文】 起初，石勒被人抢走卖掉之时，与母亲王氏失散。刘琨找到了，一同将他的侄子石虎送给石勒，在送给石勒的信中说："将军用兵，犹如神明，所到之处，没有对手。但之所以会走遍天下，却没有安身的地方；百战百胜，却没一点功业，完全是因为报效于正统的君主，就成了正义之军；归附叛逆，就成了贼寇的原因。成败的命运，就像呼吸，吹着就寒冷，呵着就温暖。现在任命为侍中、车骑大将军，兼任护匈奴中郎将、襄城郡公，将军必定接受！"石勒回信道："事功有不同的道路，不是迂腐书生能够明白的；你应该为本朝尽到忠心，我是夷人，难以报效。"赠给刘琨名马、珍宝，优厚对待他的使者，拒绝了刘琨的好意并和他断绝来往。

时虎年十七，残忍无度，为军中患。勒白母曰："此儿凶暴无赖，使军人杀之，声名可惜，不若自除之。"母曰："快牛为犊，多能破车，汝小忍之！"及长，便弓马，勇冠当时。勒以为征虏将军，每屠城邑，鲜有遗类。然御众严而不烦，莫敢犯者，指授攻讨，所向无前，勒遂宠任之。勒攻荥阳太守李矩，矩击却之。

【译文】 当时石虎年龄十七，性格残忍，没有节制，成了军中祸患；石勒对母亲说："这个孩子，凶狠残暴，狡诈无赖，假如军人杀掉他，可惜了声名，不如自己杀掉他。"母亲说："力量强大的牛，小时候，大都会破坏车辆，你略微忍耐一下！"等到年长，擅长弯弓骑马，勇敢为当时第一。石勒让石虎担任征虏将军，每次屠灭城池，很少有剩余的活人。然而统领军队，严格却不烦琐，没有敢冒犯的，指示他攻击讨伐，所到的地方都勇往直前，石勒因而宠爱、相信他。石勒攻打荥阳太守李矩，李矩击败了他。

初，南阳王模以从事中郎綝为冯翊太守。綝，靖之子也。模死，綝与安夷护军金城允、频阳令梁肃，俱奔安定。时安定太守贾疋与诸氐、羌皆送任子于汉，綝等遇之于阴密，拥还临泾，与疋谋兴复晋室，疋从之。乃共推疋为平西将军，帅众五万向长安。雍州刺史麹特、新平太守竺恢皆不降于汉，闻疋起兵，与扶风太守梁综帅众十万会之。综，肃之兄也。汉河内王粲在新丰，使其将刘雅、赵染攻新平，不克。索綝救新平，大小百战，雅等败退。中山王曜与疋等战于黄丘，曜众大败。疋遂袭汉梁州刺史彭荡仲，杀之。麹特等击破粲于新丰，粲还平阳。于是疋等兵势大振，关西胡、晋翕然响应。

【译文】起初，南阳王司马模让从事中郎索綝担任冯翊太守。索綝，为索靖的儿子。司马模死后，索綝与安夷护军金城人麹允、频阳令梁肃，都逃往安定。当时安定太守贾疋和各氐、羌族，都将儿子送去汉国，作为人质，索綝等人在阴密相遇，保护着返回临泾，和贾疋谋划复兴晋室，贾疋采纳。于是一同推贾疋担任平西将军，带领五万军众，前去长安。雍州刺史麹特和新平太守竺恢，都不投降汉国，得知贾疋起兵，和扶风太守梁综，带领十万军队与他会合。梁综，为梁肃的哥哥。汉国河内王刘粲在新丰,让他的将领刘雅、赵染攻击新平,没能攻下,索綝支援新平,大小一百战,刘雅等人战败退兵。中山王刘曜和贾疋等人在黄丘交战,刘曜军队大败。贾疋于是偷袭汉国梁州刺史彭荡仲,杀掉了他。麴特等人在新丰大败刘粲,刘粲返回平阳。于是贾疋等人军心大振,关西的胡人、晋人都一同响应。

　　阎鼎欲奉秦王业入关,据长安以号令四方;河阴令傅畅,祗之子也,亦以书劝之,鼎遂行。荀藩、刘畴、周顗、李述等,皆山东人,不欲西行,中途逃散;鼎遣兵追之,不及,杀李絙等。鼎与业自宛趣武关,遇盗于上洛,士卒败散,收其馀众,进至蓝田,使人告贾疋,疋遣兵迎之;十二月,入于雍城,使梁综将兵卫之。

　　周顗奔琅邪王睿,睿以顗为军咨祭酒。前骑都尉谯国桓彝亦避乱过江,见睿微弱,谓顗曰:"我以中州多故,来此求全,而单弱如此,将何以济!"既而见王导,共论世事,退,谓顗曰:"向见管夷吾,无复忧矣!"

　　【译文】 阎鼎打算奉迎秦王司马邺到关中,占据长安,号令天下;河阴令傅畅,为傅祗的儿子,也写信劝他,阎鼎于是出发。荀藩、刘畴、周顗、李述等人,都是山东人,不想往西行,在半道逃跑,阎鼎派兵追赶,没有追上,杀掉了李絙等人。阎鼎和司马邺从宛城前去武关,在上洛碰到盗贼,士兵战败溃散,招收剩余军众,到达蓝田,派人告诉贾疋,让贾疋派兵去迎接他们。十二月,来到雍城,下令让梁综带领军队保卫他们。

　　周顗投奔琅邪王司马睿,司马睿让周顗担任军咨祭酒。前骑都尉谯国人桓彝也躲避战事,渡过长江,见到司马睿的薄弱,对周顗说:"我们由于中州事情多,到这里来求保全性命,却这样的微弱,该如何渡过灾难呢!"之后,见到王导,一同谈论世事,出来后,对周顗说:"刚才见到管夷吾了,不必再忧虑了。"

诸名士相与登新亭游宴,周顗中坐叹曰:"风景不殊,举目有江河之异!"因相视流涕。王导愀然变色曰:"当共戮力王室,克复神州,何至作楚囚对泣邪!"众皆收泪谢之。

陈頵遗王导书曰:"中华所以倾弊者,正以取才失所,先白望而后实事,浮竞驱驰,互相贡荐,言重者先显,言轻者后叙,遂相波扇,乃至陵迟。加有庄、老之俗,倾惑朝廷,养望者为弘雅,政事者为俗人,王职不恤,法物坠丧。夫欲制远,先由近始。今宜改张,明赏信罚,拔卓茂于密县,显朱邑于桐乡,然后大业可举,中兴可冀耳。"导不能从。

【译文】各名士一起登临新亭游乐宴会,周顗坐在宴席中间叹息道:"风景没有大差别,只是举目望去,却有长江与黄河的区别!"大家相对流泪。王导脸色一变,说:"正应该一同为王室努力,光复神州,为何要像楚囚一样,相对流泪呢!"众人都止住眼泪,给他道歉。

陈頵给王导留信说:"中原会沦陷的原因,正是由于求取人才失当啊,先重空名,然后才看事实,争着追逐浮名,互相推荐,言论尊尚的先被显耀,言论低微的延后录用,所以相互波及影响,才会造成国家的衰弱。再加上庄、老的习气蛊惑朝廷,培植声望的人,看作德性宏达优雅,治理政事的人,看作庸俗之人;不关心国家事务,礼制沦丧破坏。要想制定远大计策,应先从近的开始。现在应改变做法,修明赏罚,如同汉光武提拔密县人甘茂、汉宣帝任用桐县人朱邑一样,然后才能振兴大业,国家的复兴才有希望。"王导没有听从。

【乾隆御批】陈頵数语颇中当时利病，然导既用浮竞，养成积弱之势，又何能从其言？是对泣者固皆楚囚，即高言戮力者亦强颜自壮而已。

【译文】陈頵的这几句话相当地切中当时的弊病，然而王导既然已经用了争名夺利的人，养成了积久而成的弱势，又怎能听从陈頵的话？那些相视流泪的人本来就是楚囚，就是高谈协力合作的人也是勉强给自己鼓劲而已。

刘琨长于招怀而短于抚御，一日之中，虽归者数千，而去者亦相继。琨遣子遵请兵于代公猗卢，又遣族人高阳内史希合众于中山，幽州所统代郡、上谷、广宁之民多归之，众至三万。王浚怒，遣燕相胡矩督诸军，与辽西公段疾陆眷共攻希，杀之，驱略三郡士女而去。疾陆眷，务勿尘之子也。猗卢遣其子六修将兵助琨戍新兴。

【译文】刘琨善于招徕，却不善于安抚驾驭，一天之中，尽管归附他的有好几千人，然而离开他的，也相继不断。刘琨派儿子刘遵向代公猗卢恳请支援，又派族人高阳内史刘希到中山集合军队；幽州所统治的代郡、上谷、广宁的百姓，大都归附他，群众达到三万人。王浚气极，让燕相胡矩督率各军，和辽西公段疾陆眷共同攻打刘希，杀了他，驱逐、劫掠三郡的士女，之后离开。段疾陆眷，为段务勿尘的儿子。猗卢派他的儿子六修，带领军队帮刘琨防守新兴。

琨牙门将邢延以碧石献琨，琨以与六修，六修复就延求之，不得，执延妻子。延怒，以所部兵袭六修，六修走，延遂以新兴附汉，请兵以攻并州。

李臻之死也，辽东附塞鲜卑素喜连、木丸津托为臻报仇，攻陷诸县，杀掠士民，屡败郡兵，连年为寇。东夷校尉封释不能讨，请与连和，连、津不从。民失业，归慕容廆者甚众，廆禀给遣还，愿留者即抚存之。

【译文】刘琨牙门将邢延将碧石贡献给刘琨，刘琨给了六修；六修又向邢延要碧石，没要到，就抓走邢延的妻子儿女，邢延一气之下带领所统领的军队攻打六修，六修逃跑，邢延于是奉献新兴归附汉国，请求派兵攻打并州。

李臻去世时，辽东附塞鲜卑人素喜连和木丸津，借着帮李臻报仇的名义，攻下各县城，杀戮、抢夺百姓，经常击败郡中军队，连年不断地为寇。东夷校尉封释没本事讨伐，想与素喜连讲和，素喜连和木丸津不同意。百姓失业，许多人归附慕容廆，慕容廆供给粮谷，遣送返回，想留下的，就安抚慰问他们。

廆少子鹰扬将军翰言于廆曰："自古有为之君，莫不尊天子以从民望，成大业。今连、津外以宠本为名，内实幸灾为乱。封使君已诛本请和，而寇暴不已。中原离乱，州师不振，辽东荒散，莫之救恤，单于不若数其罪而讨之。上则兴复辽东，下则并吞二部，忠义彰于本朝，私利归于我国，此霸王之基也。"廆笑曰："孺子乃能及此乎！"遂帅众东击连、津，以翰为前锋，破斩之，尽并二部之众。得所掠民三千馀家，及前归廆者悉以付郡，辽东赖以复存。

封释疾病，属其孙弈于廆。释卒，廆召弈与语，说之，曰："奇士也！"补小都督。释子冀州主簿悛、幽州参军抽来奔丧。廆见之，曰："此家抾抾千斤犍也。"以道不通，丧不得还，皆留仕虓，虓以抽为长史，悛为参军。

王浚以妻舅崔毖为东夷校尉。毖，琰之曾孙也。

【译文】 慕容廆最小的儿子鹰扬将军慕容翰，向慕容廆进言说："古往今来，有成就的君主，没有不遵从天子来顺从百姓的期望，成就宏达的事业。现在连、津向外以攻击宠本为名义，心中实在希望发生灾祸，促成战乱。封使君已经杀掉了宠本，恳请讲和，但依然不停地侵犯作乱。中原离散混乱，州郡军众无法振作，辽东地区荒芜破败，没人可以拯救他们，单于不如指责他们的过错，来讨伐他们。上能光复辽东，下能吞并二部所有的群众，在本朝中能彰显忠义品德，私利却归向我国，这是称霸事业的基础。"慕容廆笑道："小孩子居然能想到这些道理！"于是带领军众，往东攻打素喜连、木丸津，让慕容翰担任前锋，击败并杀了他们，吞并了二部所有的群众，得到抢劫来的百姓三千多家，连同以前归附慕容廆的，都交给郡县，辽东依靠这些，才能再度保全。

封释得了重病，将他的孙子封奕托付给慕容廆。封释去世后，慕容廆请来封奕，与他谈话，很喜欢他，说："奇士！"封他为小都督。封释的儿子冀州主簿封悛、幽州参军封抽，前去奔丧，慕容廆接待他们，说："这一家人，生就的千斤大牛。"由于道路不通，无法回葬故乡，都留在慕容廆处担任官职，慕容廆任命封抽为长史，封悛为参军。

王浚让妻舅崔毖担任东夷校尉。崔毖，为崔琰的曾孙。

资治通鉴卷第八十八　晋纪十

起玄黓涒滩，尽昭阳作噩，凡二年。

【译文】　起壬申（公元312年），止癸酉（公元313年），共两年。

【题解】　本卷记录了晋怀帝永嘉六年至晋愍帝建兴元年间的历史：被俘的晋怀帝被汉主刘聪所杀，晋愍帝司马邺在长安即位，长安一片凄凉；晋王朝中荀藩、刘琨、司马睿三方争权；晋愍帝命各路兵马讨伐刘聪，司马睿拒不出兵，刘琨等未战而退；司马睿政权从始建就腐朽堕落，不思改革；并州刺史刘琨骄奢淫逸，宠信小人，汉将刘粲等攻下晋阳，杀死刘琨父母；刘琨引鲜卑拓跋猗卢部落大破汉将刘曜，夺回晋阳；拓跋猗卢发展势力，建立南、北二都与新平城；汉将石勒败后退回襄国，阴谋自立；石勒大破鲜卑段氏，又假意臣服王浚；羌人首领姚戈仲受夷夏拥护，自称雍州刺史；东北边境的慕容廆发展壮大，为众望所归。

孝怀皇帝下

永嘉六年（壬申，公元三一二年）春，正月，汉呼延后卒，谥曰武元。

汉镇北将军靳冲、平北将军卜珝寇并州；辛未，围晋阳。

甲戌，汉主聪以司空王育、尚书令任顗女为左、右昭仪，中军大将军王彰、中书监范隆、左仆射马景女皆为夫人，右仆射朱纪女为贵妃，皆金印紫绶。聪将纳太保刘殷女，太弟乂固谏。聪以问太宰延年、太傅景，皆曰："太保自云刘康公之后，与隆下殊源，纳之何害！"聪悦，拜殷二女英、娥为左、右贵嫔，位在昭仪上；又纳殷女孙四人皆为贵人，位次贵妃。于是，六刘之宠倾后宫，聪希复出外，事皆中黄门奏决。

故新野王歆牙门将胡亢聚众于竟陵，自号楚公，寇掠荆土，以歆南蛮司马新野杜曾为竟陵太守。曾勇冠三军，能被甲游于水中。

【译文】永嘉六年（壬申，公元312年）春季，正月，汉国呼延后去世，谥号为武元。

汉国镇北将军靳冲、平北将军卜珝侵犯并州；辛未日（十九日），包围晋阳。

甲戌日（二十二日），汉主刘聪册封司空王育、尚书令任顗的女儿为左、右昭仪，中军大将军王彰、中书监范隆、左仆射马景的女儿为夫人，右仆射朱纪的女儿为贵妃，均赐予金印紫绶。刘聪想要娶太保刘殷的女儿，太弟刘乂坚决劝谏制止。刘聪问太宰刘延年、太傅刘景，他们二人都说："太保自己说为刘康公的后代，和陛下源流不同，娶她有什么妨碍！"刘聪大喜，册封刘殷两个女儿刘英、刘娥作为左右贵嫔，地位超过昭仪；又娶刘殷孙女四人，都封为贵人，地位次于贵妃。于是六刘的宠幸，轰动后宫，刘聪很少再出宫，政事都由中黄门上奏，然后决定。

前新野王司马歆和牙门将胡亢，在竟陵集结群众，自称楚公，进犯荆州，任命司马歆的南蛮司马新野人杜曾为竟陵太守，杜曾的勇敢，三军第一，能穿着盔甲在水中游泳。

【申涵煜评】殷献二女四孙于刘聪，直一缩项鳊耳，史谓其富贵不失令名。夫富贵诚有之矣，令名则未也，纪僭窃胁（窃肋）从之臣，何用溢美乃尔！

【译文】刘殷将两个女儿四个孙女献给了刘聪，真是一个缩脖子的鳊鱼，史官说他是富贵不失名声。富贵的确是有的，名声就没有了，（一个）越分窃取的大臣，何必用溢美之词（夸赞他）！

二月，壬子朔，日有食之。

石勒筑垒于葛陂，课农造舟，将攻建业。琅邪王睿大集江南之众于寿春，以镇东长史纪瞻为扬威将军，都督诸军以讨之。

会大雨，三月不止，勒军中饥疫，死者太半，闻晋军将至，集将佐议之。右长史刁膺请先送款于睿，求扫平河朔以自赎，俟其军退，徐更图之，勒愀然长啸。中坚将军夔安请就高避水，勒曰："将军何怯邪！"孔苌等三十馀将请各将兵分道夜攻寿春，斩吴将头，据其城，食其粟。要以今年破丹杨，定江南。勒笑曰："是勇将之计也！"各赐铠马一匹。顾谓张宾曰："于君意何如？"宾曰："将军攻陷京师，囚执天子，杀害王公，妻略妃主。擢将军之发，不足以数将军之罪，奈何复相臣奉乎！去年既杀王弥，不当来此；今天降霖雨于数百里中，示将军不应留此也。邺有三台之固，西接平阳，山河四塞，宜北徙据之，以经营河北，河北既定，天下无处将军之右者矣。晋之保寿春，畏将军往攻之耳。彼闻吾去，喜于自全，何暇追袭吾后，为吾不利邪！将军宜使辎重从北道先发，将军引大兵向寿春。辎重既远，大兵徐还，何忧进退无地乎？"勒攘袂鼓髯曰："张君计是也！"责刁膺曰："君既相辅佐，当共成大功，奈何遽劝孤降！此策应斩！然素知君怯，特相宥耳。"

于是，黜膺为将军，擢宾为右长史，号曰"右侯"。

【译文】二月，壬子朔日（初一），出现日食。

石勒在葛陂建军营，向农民征税打造船只，打算攻打建业，琅邪王司马睿在寿春大量召集江南群众，让镇东长史纪瞻担任扬威将军，都督各军来讨伐石勒。

赶上大雨，下了三个月还没停。石勒军中发生饥荒、瘟疫，死的人超过大半，听到晋军快到了，召集左右商议。右长史刁膺恳请先向司马睿表明心思，希望能扫平河朔，以自求赎罪，等他们军队退兵后，再慢慢打算，石勒忧伤地长叹。中坚将军夔安恳请迁到高地，躲避洪水，石勒说："将军多么胆小啊！"孔苌等三十多位将领，恳请各自带领军众，夜晚分路攻打寿春，砍下吴国将领的首级，占领他们的城池，吃他们的粮食，要在今年攻下丹阳，平定江南。石勒笑道："是勇将的计谋！"每人赏给戴甲战马一匹。回头对张宾说："你觉得如何？"张宾说："将军攻下京师，囚禁天子，杀了王公大臣，霸占妃子、公主作为妻子，揪下将军的头发，也不能数得清将军的罪行，为什么又要像臣下一样侍奉他们呢！去年杀了王弥之后，就不该来这里；现在上苍在几百里中降下了霖雨，明确告诉将军不应该留在这里。邺城有三座坚固的城池，西面与平阳相接，四面有高山、大河的屏障，应该迁往北方，占守这个地方，来经营河北，河北稳定之后，天下没有人可以在将军之上了。晋国据守寿春，只是害怕将军前去攻打罢了；他们得知我们离开，庆幸自己能够保全，哪里有闲暇在我们后面追赶，对我们造成不利呢！将军应该先派辎重从北道出发，将军带领大军前去寿春；辎重走远之后，大军慢慢回来，还忧虑什么没有地方进退呢！"石勒卷起衣袖，鼓动胡髯，道："张君的计谋是对的！"责怪刁膺说："你既然来辅佐我，应该一同完成大业，为何突然劝我投降呢！出这种计谋，应该斩首！然而一向知晓你胆小，特地赦免你而已。"于是罢免刁膺，作为将军；提升张宾为右长史，号称"右侯"。

勒引兵发葛陂，遣石虎帅骑二千向寿春，遇晋运船，虎将士争取之，为纪瞻所败。瞻追奔百里，前及勒军，勒结陈待之；瞻不敢击，退还寿春。

汉主聪封帝为会稽郡公，加仪同三司。聪从容谓帝曰："卿昔为豫章王，朕与王武子造卿，武子称朕于卿，卿言闻其名久矣，赠朕柘弓银研，卿颇记否？"帝曰："臣安敢忘之？但恨尔日不早识龙颜！"聪曰："卿家骨肉何相残如此？"帝曰："大汉将应天受命，故为陛下自相驱除，此殆天意，非人事也！且臣家若能奉武皇帝之业，九族敦睦，陛下何由得之！"聪喜，以小刘贵人妻帝，曰："此名公子孙也，卿善遇之。"

【译文】石勒带领军队从葛陂出发，派石虎带领两千骑兵，前去寿春；碰到晋国运输船，石虎带领士兵强取，被纪瞻击败。纪瞻追赶逃兵一百里，向前追到了石勒的军队，石勒结成军阵等待他；纪瞻不敢攻打，退回寿春。

汉主刘聪封晋怀帝司马炽为会稽郡公，赐加仪同三司。刘聪空闲时对晋怀帝司马炽说："你之前做豫章王之时，我同王武子拜访你，武子在你面前夸赞我，你说：得知他的名字很久了，赠给我桑柘弓、银砚台，你还记得吗？"晋怀帝司马炽说："臣下怎敢忘记呢！只不过在那时恨不得早点认识皇上龙颜！"刘聪说："你们家里亲生骨肉为何会这样互相残杀呢？"晋怀帝司马炽说："大汉将要顺应天道、接受天命，所以自己替陛下清除；这可能是天意，而不是人事了！而且臣下家里假如能够坚守武皇帝的基业，九族团结和睦，陛下怎么会得到天下呢！"刘聪欢喜了，将小刘贵人赐予晋怀帝司马炽作为妻子，说："这是有名公侯的孙女，你要好好待她！"

代公猗卢遣兵救晋阳，三月，乙未，汉兵败走。卜珝之卒先奔，靳冲擅收珝，斩之；聪大怒，遣使持节斩冲。

聪纳其舅子辅汉将军张实二女徽光、丽光为贵人，太后张氏之意也。

凉州主簿马鲂说张轨："宜命将出师，翼戴帝室。"轨从之，驰檄关中，共尊辅秦王，且言："今遣前锋督护宋配帅步骑二万，径趋长安；西中郎将实帅中军三万，武威太守张琠帅胡骑二万，络绎继发。"

【译文】 代公猗卢派军队支援晋阳，三月，乙未日（十四日），汉国军队战败逃跑。卜珝的士兵先逃开，靳冲擅自抓捕卜珝，杀了他；刘聪大怒，派使者拿着符节杀了靳冲。

刘聪娶了舅舅的儿子辅汉将军张实的两个女儿——徽光和丽光，都封为贵人，这是太后张氏的旨意。

凉州主簿马鲂劝说张轨："应该命将领出师，保护帝室。"张轨采纳，快速发布檄令到关中，一同尊奉辅佐秦王，并说："现在派前锋督护宋配，带领两万步兵、骑兵，一直前去长安；西中郎将张实，带领三万中军，武威太守张琠，带领两万胡人骑兵，络绎不绝地持续出发。"

夏，四月，丙寅，征南将军山简卒。

汉主聪封其子敷为渤海王，骥为济南王，鸾为燕王，鸿为楚王，劢为齐王，权为秦王，操为魏王，持为赵王。

聪以鱼蟹不供，斩左都水使者襄陵王摅；作温明、徽光二殿未成，斩将作大匠望都公靳陵。观渔于汾水，昏夜不归。中军大将军王彰谏曰："比观陛下所为，臣实痛心疾首。今愚民归汉之志未专，思晋之心犹甚；刘琨咫尺，刺客纵横。帝王轻出，一夫敌耳。愿陛下改往修来，则亿兆幸甚！"聪大怒，命斩之。王夫人叩头乞哀，乃囚之。太后张氏以聪刑罚过差，三日不食；太弟乂、单于粲舆榇切谏。聪怒曰："吾岂桀、纣，而汝辈生来哭人！"太宰延年、太保殷等公卿、列侯百馀人，皆免冠涕泣曰："陛下功高德厚，旷世少比，往也唐、虞，今则陛下。而顷来以小小不供，亟斩王公；直言忤旨，遽因大将。此臣等窃所未解，故相与忧之，忘寝与食。"聪慨然曰："朕昨大醉，非其本心，微公等言之，朕不闻过。"各赐帛百匹，使侍中持节赦彰曰："先帝赖君如左右手，君著勋再世，朕敢忘之！此段之过，希君荡然。君能尽怀忧国，朕所望也。今进君票骑将军、定襄郡公，后有不逮，幸数匡之！"

【译文】 夏季，四月，丙寅日（十六日），征南将军山简去世。

汉主刘聪封他的儿子刘敷为渤海王，刘骥为济南王，刘鸾为燕王，刘鸿为楚王，刘劢为齐王，刘权为秦王，刘操为魏王，刘持为赵王。

刘聪由于鱼、蟹无法供给，杀掉了左都水使者襄陵王刘摅；温明和徽光两座宫殿没能建造成功，杀掉了将作大匠望都公靳陵。他到汾水观看打鱼，天黑还不回来。中军大将军王彰劝谏说："近日观看陛下的行为，臣下实在非常痛苦。现在愚民归附汉国的心思，还不真诚，想念晋国的心理，依然强盛，刘琨近在咫尺，刺客四处横行；帝王草率出宫，只需一人就能把您刺杀。期望陛下改变往日作风，修治将来的德业，那么亿万百姓就非常幸运了！"刘聪大怒，下令杀掉他；王夫人叩首哀求，才改为囚禁。太后张氏由于刘聪刑罚出错，三天没有吃饭。太弟刘义和单于刘粲，抬着棺木恳切劝谏，刘聪气愤地说："我哪是桀、纣呢！可你们这些人却来大声哭丧！"太宰刘延年、太保刘殷等公卿、列侯一百多人，都摘下帽子，哭着说："陛下功业伟大、德行深厚，当代独有，没人可比，以前的唐、虞，就是现在的陛下。但最近由于小小的无法供应，马上杀了王公；正直的言辞违反了旨意，立马囚禁大将。这是臣等私下无法明白的，所以一同感到忧虑，因此忘记吃饭睡觉。"刘聪感慨道："我昨日大醉，不是我的本心，假如没有你们的话，我就听不到过失了。"每人赏赐布帛一百匹，令侍中秉持符节去赦免王彰并说："先帝依靠你，好比左右手，你在两代中功勋伟大，我如何会忘记呢！这段过错，希望你能全忘掉。你能尽心忧心国事，是我所期盼的。现在进封你骠骑将军、定襄郡公。之后有不对的地方，希望你能经常匡正我。"

王弥既死，汉安北将军赵固、平北将军王桑恐为石勒所并，欲引兵归平阳。军中乏粮，士卒相食，乃自硖硠津西渡，攻掠河北郡县。刘琨以其兄子演为魏郡太守，镇邺，固、桑恐演邀之，遣长史临深为质于琨。琨以固为雍州刺史，桑为豫州刺史。

贾疋等围长安数月，汉中山王曜连战皆败，驱掠士女八万馀口，奔于平阳。秦王业自雍入于长安。五月，汉主聪贬曜为龙骧大将军，行大司马。聪使河内王粲攻傅祇于三渚，右将军刘参攻郭默于怀；会祇病薨，城陷，粲迁祇子孙并其士民二万馀户于平阳。

六月，汉主聪欲立贵嫔刘英为皇后。张太后欲立贵人张徽光，聪不得已，许之。英寻卒。

【译文】王弥死后，汉国安北将军赵固与平北将军王桑害怕被石勒吞并，打算率军回平阳，军中缺少粮食，士兵互相残食，于是向西渡过硤硠津。刘琨让侄儿刘演担任魏都太守，据守邺城，赵固、王桑怕刘演攻击他，让长史临深到刘琨处作为人质。刘琨任命赵固为雍州刺史，王桑为豫州刺史。

贾疋等人包围长安数月，汉国中山王刘曜连战皆败，劫掠驱赶八万多士女，奔往平阳。秦王司马邺从雍州来到长安。五月，汉主刘聪将刘曜贬为龙骧大将军，兼摄大司马。刘聪命令河内王刘粲到三渚攻击傅祗，右将军刘参到怀县攻击郭默。恰巧傅祗患病去世，城池陷落，刘粲将傅祗的子孙和他的百姓两万多人，迁入平阳。

六月，汉主刘聪想册立贵嫔刘英为皇后；张太后想册立贵人张徽光，刘聪没办法，同意。刘英不久去世。

汉大昌文献公刘殷卒。殷为相，不犯颜忤旨，然因事进规，补益甚多。汉主聪每与群臣议政事，殷无所是非；群臣出，殷独留，为聪敷畅条理，商榷事宜，聪未尝不从之。殷常戒子孙曰："事君当务几谏。凡人尚不可面斥其过，况万乘乎！夫几谏之功，无异犯颜，但不彰君之过，所以为优耳。"官至侍中、太保、录尚书，赐剑履上殿、入朝不趋、乘舆入殿。然殷在公卿间，常恂恂有卑让之色，故能处骄暴之国，保其富贵，不失令名，以寿考自终。

汉主聪以河间王易为车骑将军，彭城王翼为卫将军，并典兵宿卫。高平王悝为征南将军，镇离石；济南王骥为征西将军，筑西平城以居之；魏王操为征东将军，镇蒲子。

【译文】 汉国大昌文献公刘殷去世。刘殷担任丞相，不敢冒犯君主、违背旨意，然而借事情进行规劝，补益非常多。汉主刘聪每次和群臣商议政事，刘殷不说是非，群臣出宫后，刘殷单独留下来，为刘聪流畅地陈述条理，商讨事情，刘聪未有不采纳的。刘殷经常劝诫子孙说："侍奉君主，应该委婉劝谏。常人尚不可以当面指责过错，更何况是至高无上的君主呢！委婉劝谏的好处同冒犯君主没有不同，然而不指责君主的过失，所以成了优点而已。"他官至侍中、太保、录尚书，特赐剑履上殿，入朝时不必趋步，可以乘坐车辆出入宫殿。但刘殷在公卿大臣之间，经常温和恭顺，带着谦卑的神色，所以能在骄横残暴的国家中，保持他的富贵，不丢美好的名声，以老寿去世。

汉主刘聪任命河间王刘易为车骑将军，彭城王刘翼为卫将军，共同统领禁卫军；高平王刘悝为征南将军，据守离石；济南王刘骥为征西将军，建造西平城居住；魏王刘操为征东将军，据守蒲子。

【乾隆御批】 刘殷以晋臣仕汉，大节扫地，史称其不失令名，奚称定论。至七子各兴一业，六女宠冠后宫。以此为善保富贵，岂范《经》明哲之义？长乐老伎俩实殷有以启之。

【译文】 刘殷以晋朝大臣的身份在汉国做官，节操败坏，史书称赞他没有失去好名声，怎么能说是确定的论断？至于他的七个儿子各自振兴一门学业，六个女儿孙女，在后宫中最为得宠。把这些当作会保全富贵地位的办法，这难道就是《诗经》上说的明哲保身的含义吗？长乐老的伎俩事实上是从刘殷那里受到了启发。

赵固、王桑自怀求迎于汉，汉主聪遣镇远将军梁伏疵将兵迎之。未至，长史临深、将军牟穆帅众一万叛归刘演。固随疵而西，桑引其众东奔青州，固遣兵追杀之于曲梁，桑将张凤帅其馀众归演。聪以固为荆州刺史、领河南太守，镇洛阳。

石勒自葛陂北行，所过皆坚壁清野，虏掠无所获，军中饥甚，士卒相食。至东燕，闻汲郡向冰聚众数千壁枋头，勒将济河，恐冰邀之。张宾曰："闻冰船尽在渎中未上，宜遣轻兵间道袭取，以济大军，大军既济，冰必可擒也。"秋，七月，勒使支雄、孔苌自文石津缚筏潜渡，取其船。勒引兵自棘津济河，击冰，大破之，尽得其资储，军势复振，遂长驱至邺。刘演保三台以自固，临深、牟穆等复帅其众降于勒。

【译文】赵固、王桑从怀县向汉国恳请奉迎他们；汉主刘聪派镇远将军梁伏疵带领军队前去迎接。迎接的军队还没到，长史临深和将军牟穆带领一万军众反叛，归降刘演。赵固追随梁伏疵向西去，王桑带领他的军众往东逃到青州，赵固赶到曲梁，杀了他；王桑的将领张凤，带领残余军众归降刘演。刘聪让赵固担任荆州刺史，兼任河南太守，据守洛阳。

石勒从葛陂往北行，所到之地，全是军营坚固，原野没有一物，抢劫掠夺，一无所获，军士饥饿，士兵互相残食。到东燕后，听说汲郡人向冰集结几千群众，在枋头建军营，石勒打算渡过黄河，害怕向冰攻打他。张宾说："听说向冰的船只都在水道中，没有拖上岸，可以派轻装士兵，从小路偷袭，获得船只，来渡大军，大军渡过之后，向冰必定可以擒获。"秋季，七月，石勒命支雄、孔苌从文石津捆扎竹筏，偷偷渡过，带走他们的船只。石勒带领军队，从棘津渡过黄河，攻打向冰，大胜，得到他们所有的财货储粮，军势再次振兴，因此长驱直入到达邺城。刘演据守三台，力求稳固；临深、牟穆等人，又带领他的军队，向石勒

资治通鉴

投降。

诸将欲攻三台，张宾曰：“演虽弱，众犹数千，三台险固，攻之未易猝拔。舍而去之，彼将自溃。方今王彭祖、刘越石，公之大敌也，宜先取之，演不足顾也。且天下饥乱，明公虽拥大兵，游行羁旅，人无定志，非所以保万全，制四方也。不若择便地而据之，广聚粮储，西禀平阳以图幽、并，此霸王之业也。邯郸、襄国，形胜之地，请择一而都之。”勒曰：“右侯之计是也。”遂进据襄国。

宾复言于勒曰：“今吾居此，彭祖、越石所深忌也，恐城堑未固，资储未广，二寇交至。宜亟收野谷，且遣使至平阳，具陈镇此之意。”勒从之，分命诸将攻冀州，郡县壁垒多降，运其谷以输襄国；且表于汉主聪，聪以勒为都督冀、幽、并、营四州诸军事、冀州牧，进封上党公。

刘琨移檄州郡，期以十月会平阳，击汉。琨素奢豪，喜声色。河南徐润以音律得幸于琨，琨以为晋阳令。润骄恣，干预政事。护军令狐盛数以为言，且劝琨杀之，琨不从。润谮盛于琨，琨收盛，杀之。琨母曰：“汝不能驾御豪杰以恢远略，而专除胜己，祸必及我。”

【译文】各将领想攻打三台，张宾说：“刘演尽管微小，依然有几千军众，三台险要坚固，假如攻打不容易立即攻下；若丢弃他们离开，他们便会自行崩溃。当今王彭祖、刘越石，为公侯的大敌，应该先攻下他们，刘演是不值得害怕的。且天下饥饿荒乱，明公尽管手握大军，游行不定，羁旅他乡，人们没有必定的心志，不是要保有万无一失、制服四方的办法。不如选方便之地,固守下来,多加储集粮食,往西供给平阳,来谋划幽州、并州,这是霸王的事业。邯郸、襄国,是地势优越的地方,请选一处建立都城。"石勒说:"右侯的计谋是对的!"于是发兵,占守襄国。

张宾又对石勒说:"现在我们驻扎的地方,是彭祖、越石所大为忌惮的,恐怕城池还没巩固,粮食储积还不够多,两处的敌人就会到来,应该尽快收割野外的稻谷,并派使者到平阳,详细说明镇守这里的意图。"石勒同意,分别令各将领攻打冀州,郡县、军营大都投降,运输谷米给襄国;并上书汉主刘聪,刘聪让石勒担任都督冀、幽、并、营四州所有军务、冀州牧,封为上党公。

刘琨发布檄令到各州郡,定于十月在平阳会合,攻打汉国。刘琨一向奢侈豪放,喜好音乐女色。河南人徐润因懂得音律,受到刘琨的宠幸,刘琨让他担任晋阳令。徐润傲慢放恣,干预政事;军护令狐盛多次进言劝刘琨杀掉他,刘琨不愿听从。徐润偷偷向刘琨诋毁令狐盛,刘琨抓捕令狐盛,杀掉他。刘琨的母亲说:"你不统领豪杰,来完成远大谋略,却专门除去强过自己的人,灾难必定会连累到我身上。"

盛子泥奔汉,具言虚实。汉主聪大喜,遣河内王粲、中山王曜将兵寇并州,以令狐泥为乡导。琨闻之,东出,收兵于常山及中山,使其将郝诜、张乔将兵拒粲,且遣使求救于代公猗卢。诜、乔俱败死。粲、曜乘虚袭晋阳,太原太守高乔、并州别驾郝聿以晋阳降汉。八月,庚戌,琨还救晋阳,不及,帅左右数十骑奔常山。辛亥,粲、曜入晋阳。壬子,令狐泥杀琨父母。

粲、曜送尚书卢志、侍中许遐、太子右卫率崔玮于平阳。聪复以曜为车骑大将军，以前将军刘丰为并州刺史，镇晋阳。九月，聪以卢志为太弟太师，崔玮为太傅，许遐为太保，高乔、令狐泥皆为武卫将军。

【译文】 令狐盛之子令狐泥投奔汉国，详细说出虚实情况，汉主刘聪很是高兴，让河内王刘粲、中山王刘曜，带领军队侵犯并州，让令狐泥担任向导。刘琨听到后，往东出兵，在常山和中山招募军队，让他的将领郝诜和张乔，带领军队抵抗刘粲，并派使者向代公猗卢恳请援助。郝诜与张乔一同兵败身死。刘粲和刘曜趁着空虚偷袭晋阳，太原太守高乔和并州别驾郝聿，献出晋阳，投降汉国。八月，庚戌日（初一），刘琨回来援助晋阳，没来得及，只好带领几十个骑兵，逃往常山。辛亥日（初二），刘粲和刘曜来到晋阳。壬子日（初三），令狐泥杀掉刘琨的父母。

刘粲、刘曜将尚书卢志、侍中许遐、太子右卫率崔玮送去平阳。刘聪又让刘曜担任车骑大将军，让前将军刘丰担任并州刺史，据守晋阳。九月，刘聪让卢志担任太弟太师，崔玮担任太傅，许遐担任太保，高乔、令狐泥都担任武卫将军。

己卯，汉卫尉梁芬奔长安。

辛巳，贾疋等奉秦王业为皇太子，建行台于长安，登坛告类，建宗庙、社稷，大赦。以阎鼎为太子詹事，总摄百揆；加贾疋征西大将军，以秦州刺史南阳王保为大司马。命司空荀藩督摄远近，光禄大夫荀组领司隶校尉、行豫州刺史，与藩共保开封。

秦州刺史裴苞据险以拒凉州兵，张实、宋配等击破之，苞奔柔凶坞。

冬，十月，汉主聪封其子恒为代王，逞为吴王，朗为颍川王，皋为零陵王，旭为丹杨王，京为蜀王，坦为九江王，晃为临川王；以王育为太保，王彰为太尉，任颤为司徒，马景为司空，朱纪为尚书令，范隆为左仆射，呼延晏为右仆射。

【译文】己卯日（初一），汉国卫尉梁芬投靠长安。

辛巳日（初三），贾疋等人尊奉秦王司马邺为皇太子，在长安设立行台，登上祭坛祭告上天，建立宗庙、社稷，实行大赦。任命阎鼎为太子参事，统摄百官；贾疋进封征西大将军，让秦州刺史、南阳王司马保担任大司马。令司空荀藩督率、摄理远近政务，光禄大夫荀组兼任司隶校尉、豫州刺史，与荀藩一起保卫开封。

秦州刺史裴苞占守险要抵抗凉州军队，被张实、宋配等人击败，逃往柔凶坞。

冬季，十月，汉主刘聪立他的儿子刘恒为代王，刘逞为吴王，刘朗为颍川王，刘皋为零陵王，刘旭为丹阳王，刘京为蜀王，刘坦为九江王，刘晃为临川王；任命王育为太保，王彰为太尉，任颤为司徒，马景为司空，朱纪为尚书令，范隆为左仆射，呼延晏为右仆射。

代公猗卢遣其子六修及兄子普根、将军卫雄、范班、箕澹帅众数万为前锋以攻晋阳，猗卢自帅众二十万继之，刘琨收散卒数千为之乡导。六修与汉中山王曜战于汾东，曜兵败，坠马，中七创。讨虏将军傅虎以马授曜，曜不受，曰："卿光乘以自免，吾创已重，自分死此。"虎泣曰："虎蒙大王识拔至此，常思效命，今其时矣。且汉室初基，天下可无虎，不可无大王也！"乃扶曜上马，驱令渡汾，自还战死。曜入晋阳，夜，与大将军粲、镇北大将军丰掠晋阳之民，逾蒙山而归。十一月，猗卢追之，战于蓝谷，汉兵大败，擒刘丰，斩邢延等三千馀级，伏尸数百里。猗卢因大猎寿阳山，陈阅皮肉，山为之赤。刘琨自营门步入拜谢，固请进军。猗卢曰："吾不早来，致卿父母见害，诚以相愧。今卿已复州境，吾远来，士马疲弊，且待后举，刘聪未可灭也。"遣琨马、牛、羊各千馀匹，车百乘而还，留其将箕澹、段繁等戍晋阳。

琨徙居阳曲，招集亡散。卢谌为刘粲参军，亡归琨，汉人杀其父志及弟谧、诜。赠傅虎幽州刺史。

【译文】 代公猗卢让儿子六修和侄儿普根、将军卫雄、范班、箕澹，带领几万军队担任前锋，攻打晋阳，猗卢亲自带领二十万军队随后赶到，刘琨招收几千散失士兵，为他担任向导。六修和汉国中山王刘曜在汾水东边交战，刘曜大败，摔下马来，身上七处受伤。讨虏将军傅虎将马让给刘曜，刘曜不要，说："你应该自己骑上逃跑，我伤得很重，必定会死在这里。"傅虎哭着说："虎蒙受大王欣赏，提拔到这个位置，经常想要报效您，现在是时候了。况且汉室才有了基础，天下可以没傅虎，但不可没大王！"于是扶着刘曜上马，驱赶过了汾水，自己返回交战，阵亡。刘曜来到晋阳，夜晚，与大将军刘粲、镇北大将军刘丰劫掠晋阳百姓，越过蒙山返回。十一月，猗卢追了上去，在蓝谷对战，汉国大败，抓获刘丰，砍下邢延等三千多颗首级，尸体布满方圆几百里。猗卢趁机在寿阳山狩猎，陈列皮肉，山都染成了红色。刘琨亲自从营门步行来拜谢猗卢，坚决要求发兵，猗卢说："我没能早些来，使你的父母被杀，实在羞愧。现在你已经收复州郡土地，我从远方来，士兵和马都劳累了，暂且等之后再说，刘聪是没法消灭的。"赠给刘琨马、牛、羊各一千多只，车一百辆返回。让他的将领箕澹、段繁等人据守晋阳。

刘琨迁到阳曲，招集逃亡离散人员。卢谌担任刘粲的参军，逃回归附刘琨。汉国人杀了他的父亲卢志和弟弟卢谧、卢诜；追赠傅虎为幽州刺史。

十二月，汉主聪立皇后张氏，以其父实为左光禄大夫。

彭仲荡之子天护帅群胡攻贾疋，天护阳不胜而走，疋追之，夜坠涧中，天护执而杀之。汉以天护为凉州刺史。众推始平太守麹允领雍州刺史。阎鼎与京兆太守梁综争权，鼎遂杀综。麹允与抚夷护军索綝、冯翊太守梁肃合兵攻鼎，鼎出奔雍，为氐窦首所杀。

广平游纶、张豺拥众数万，据苑乡，受王浚假署；石勒遣夔安、支雄等七将攻之，破其外垒。浚遣督护王昌帅诸军及辽西公段疾陆眷、疾陆眷弟匹磾、文鸯、从弟末柸部众五万攻勒于襄国。

【译文】十二月，汉主刘聪册立皇后张氏，让她的父亲张实担任左光禄大夫。

彭仲荡的儿子天护，带领各胡族攻打贾疋，天护假装不能战胜，逃跑，贾疋追上去，夜晚掉入山涧，天护抓住后杀掉了他。汉国让天护担任凉州刺史。众人举始平太守麹允兼任雍州刺史。阎鼎和京兆太守梁综抢夺政权，阎鼎杀掉了梁综。麹允和抚夷护军索綝、冯翊太守梁肃，共同出兵攻打阎鼎，阎鼎逃往雍县，被氐人窦首杀掉。

广平人游纶和张豺拥有几万军众，占守苑乡，接受王浚的官署；石勒让夔安、支雄等七个将领攻击他，打破了他的外部军营。王浚派督护王昌，带领各军和辽西公段疾陆眷、段疾陆眷的弟弟段匹磾、段文鸯、堂弟段末柸和五万军众，去襄国攻击石勒。

疾陆眷屯于渚阳，勒遣诸将出战，皆为疾陆眷所败。疾陆眷大造攻具，将攻城，勒众甚惧。勒召将佐谋之曰："今城堑未固，粮储不多，彼众我寡，外无救援，吾欲悉众与之决战，何如？"诸将皆曰："不如坚守以疲敌，待其退而击之。"张宾、孔苌曰："鲜卑之种，段氏最为勇悍，而末杯尤甚，其锐卒皆在末杯所。今闻疾陆眷刻日攻北城，其大众远来，战斗连日，谓我孤弱，不敢出战，意必懈惰；宜且勿出，示之以怯，凿北城为突门二十馀道，俟其来至，列守未定，出其不意，直冲末杯帐，彼必震骇，不暇为计，破之必矣。末杯败，则其馀不攻而溃矣。"勒从之，密为突门。既而疾陆眷攻北城，勒登城望之，见其将士或释仗而寝，乃命孔苌督锐卒自突门出击之，城上鼓噪以助其势。苌攻末杯账，不能克而退，末杯逐之，入其垒门，为勒众所获，疾陆眷等军皆退走。苌乘胜追击，枕尸三十馀里，获铠马五千匹。疾陆眷收其馀众，还屯渚阳。

【译文】段疾陆眷驻扎渚阳，石勒让各将领出兵交战，都被段疾陆眷击败。段疾陆眷大量制造攻城器具，想要攻打城池，石勒军众非常恐慌；石勒召集左右谋划说："现在城池不坚固，粮食储备不多，他们人多，我们人少，外部没有救援，我想用全部军队同他们决战，如何？"各将领都说："不如坚固守备，来疲惫敌人，等他们退兵，然后攻打他们。"张宾、孔苌说："鲜卑种族中，段氏最为勇猛强悍，而且末杯更为厉害，精锐的士兵都在末杯处。现在听说段疾陆眷约定日期攻击北城，他们的大军从远方来，连着战了几天，认为我们孤立弱小，不敢出城迎战，心里必定会松懈，暂时不应出兵，向他们表示胆怯；打开北边城墙，建二十多道突击的暗门。等他们到来，陈列的防备还没稳定时，出乎他们意料，直接冲到末杯帐下，他必定震惊恐慌，没时间作筹划，定能击败他。末杯败了，那么其他的，不必攻打也会溃败。"石勒听从，偷偷建造突击的暗门。之后，段疾陆眷攻击北门，石勒登上城楼查看，见到他们的士兵有的放下兵器睡着了，所以命令孔苌督率精锐士兵，从突击的暗门出兵攻打他们，城上的人大声呼喊来为他们助威，孔苌攻入末坯营帐，没能战胜，退兵；末杯追上去，进了他们的军营大门，被石勒的军队抓获，段疾陆眷等人的军队都败退了。孔苌趁着胜利，出兵追击，尸横三十多里，获得战马五千匹。段疾陆眷招收残余军队，返回渚阳驻扎。

勒质末杯，遣使求和于疾陆眷，疾陆眷许之。文鸯谏曰："今以末杯一人之故而纵垂亡之虏，得无为王彭祖所怨，招后患乎！"疾陆眷不从，复以铠马金银赂勒，且以末杯三弟为质而请末杯。诸将皆劝勒杀末杯，勒曰："辽西鲜卑健国也，与我素无仇雠，为王浚所使耳。今杀一人而结一国之怨，非计也。归之，必深德我，不复为浚用矣。"乃厚以金帛报之，遣石虎与疾陆眷盟于渚阳，结为兄弟。疾陆眷引归，王昌等不能独留，亦引兵还蓟。勒召末杯，与之燕饮，誓为父子，遣还辽西。末杯在涂，日南向而拜者三。由是段氏专心附勒，王浚之势遂衰。

游纶、张豺请降于勒。勒攻信都，杀冀州刺史王象。浚复以邵举行冀州刺史，保信都。

【译文】石勒以末杯为人质，派使者向段疾陆眷求和，段疾陆眷同意。段文鸯劝谏说："现在由于末杯一人的原因放走了快死的敌人，能不被王彭祖怨恨而招来后患吗？"段疾陆眷没有听从，又拿战马、金银贿赂石勒，而且将末杯的三弟作为人质，恳请送还末杯。各将领都劝石勒杀了末杯，石勒道："辽西的鲜卑国，是强盛的国家，与我们一直没有仇恨，只不过受到王浚的指使而已。现在杀一个人，却同一个国家结下仇恨，不是好计谋。送末柸返回，他们必定非常感激我的恩德，不再被王浚所用了。"于是以丰厚的金钱、布帛回报他，派石虎和段疾陆眷在渚阳结拜为兄弟。段疾陆眷带领军队返回，王昌无法单独留下，也带领军队返回蓟县。石勒召见末柸，同他宴饮，立誓结为父子，送还辽西，末柸在归途中，每天向南跪拜三次。从此段氏一心一意归附石勒，王浚的势力于是衰弱了。

游纶与张豺向石勒要求投降。石勒攻下信都，杀掉冀州刺史王象。王浚又让邵举兼摄冀州刺史，保护信都。

是岁大疫。

王澄少与兄衍名冠海内。刘琨谓澄曰："卿形虽散朗，而内实动侠，以此处世，难得其死。"及在荆州，悦成都内史王机，谓为己亚，使之内综心膂，外为爪牙。澄屡为杜弢所败，望实俱损，犹傲然自得，无忧惧之意，但与机日夜纵酒博弈，由是上下离心；南平太守应詹屡谏，不听。

澄自出军击杜弢，军于作塘。故山简参军王冲拥众迎应詹为刺史，詹以冲无赖，弃之，还南平，冲乃自称刺史。澄惧，使其将杜蕤守江陵，徙治屖陵，寻又奔沓中。别驾郭舒谏曰："使君临州虽无异政，然一州人心所系，今西收华容之兵，足以擒此小丑，奈何自弃，遽为奔亡乎！"澄不从，欲将舒东下。舒曰："舒为万里纪纲，不能匡正，令使君奔亡，诚不忍渡江。"乃留屯沌口。琅邪王睿闻之，召澄为军咨祭酒，以军咨祭酒周顗代之，澄乃赴召。

【译文】这一年发生大瘟疫。

王澄年轻时，与哥哥王衍名声都是天下第一，刘琨对王澄道:"你外表尽管闲散明朗,但内心实则易动而傲慢,用这种态度处世,不会有好下场的。"等在荆州时,王澄喜爱成都内史王机,以可作为仅次于自己的地位,命他在内综理心腹政务,在外作为耳目。王澄多次被杜弢击败,名望、实力都受到损害,依然高傲自得,没有一点忧虑的心思,只是与王机日夜尽情饮酒下棋,因而上下不同心;南平太守应詹经常劝谏,没有听从。

王澄亲自带兵攻打杜弢,驻军作塘。前山简参军王冲控制军队,迎接应詹担任刺史;应詹认为王冲是无赖,背叛他,返回南平。王冲便自称刺史。王澄害怕,让他的将领杜蕤守卫江陵,将治所迁到孱陵;没多久,又奔向沓中。别驾郭舒劝谏说:"使君治理州政,尽管没有特殊功绩,但仍是一州人心所寄托的,现在往西招收华容的军队,足以抓获这个小丑了;为何要自己丢弃城池,慌忙逃出去呢?"王澄没有听从,打算带领郭舒向东行。郭舒说:"舒做了万里纪纲,无法匡扶天下,使君逃亡,真的不忍心渡过长江。"所以留下来驻守沌口。琅邪王司马睿听到后,让王澄担任军咨祭酒,派军咨祭酒周顗替代他,王澄于是前去接受征召。

顗始至州,建平流民傅密等叛迎杜弢,弢别将王真袭沔阳,顗狼狈失据。征讨都督王敦遣武昌太守陶侃、寻阳太守周访、历阳内史甘卓共击弢,敦进屯豫章,为诸军继援。

王澄过诣敦,自以名声素出敦右,犹以旧意侮敦。敦怒,诬其与杜弢通信,遣壮士扼杀之。王机闻澄死,惧祸,以其父毅、兄矩皆尝为广州刺史,就敦求广州,敦不许。会广州将温邵等叛刺史郭讷,迎机为刺史,机遂将奴客门生千馀人入广州。讷遣兵拒之,将士皆机父兄时部曲,不战迎降,讷乃避位,以州授之。

【译文】 周顗刚到州中，建平的流民傅密等人叛乱，奉迎杜弢，杜弢的别将王真偷袭沔阳，周顗进退无法，非常狼狈。征讨都督王敦派武昌太守陶侃、寻阳太守周访、历阳内史甘卓，一同攻打杜弢，王敦发兵驻守豫章，作为各军的后援。

王澄前去拜访王敦，自认为名声向来比王敦高，仍旧以往年的语意轻慢王敦。王敦一怒之下，诬陷他和杜弢通信，让将士用手扼杀了他。王机得知王澄死了，害怕遭到连累，由于他的父亲王毅和哥哥王矩，都曾担任过广州刺史，前去王敦处恳请去广州，王敦不同意。正好广州的将领温邵等人反叛刺史郭讷，奉迎王机担任刺史，王机于是带领奴仆、客卿、门生一千多人，来到广州。郭讷派军队抵抗他，将士们都是王机父亲、哥哥的旧部下，没有开战，就投降奉迎他。郭讷才让位，将州政交给他。

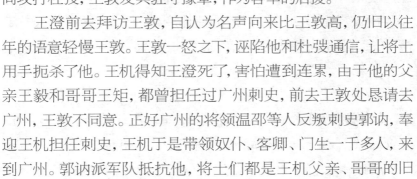

王如军中饥乏，官军讨之，其党多降；如计穷，遂降于王敦。

镇东军司顾荣、前太子洗马卫玠皆卒。玠，瓘之孙也，美风神，善清谈；常以为人有不及，可以情恕，非意相干，可以理遣，故终身不见喜愠之色。

江阳太守张启，杀行益州刺史王异而代之。启，翼之孙也，寻病卒。三府文武共表涪陵太守向沈行西夷校尉，南保涪陵。

南安赤亭羌姚弋仲东徙榆眉，戎、夏襁负随之者数万；自称护羌校尉、雍州刺史、扶风公。

【译文】 王如军中饥馑困乏，军队讨伐他，他的党羽大都投降了；王如没办法，才向王敦投降。

镇东军司顾荣和前太子洗马卫玠都去世了。卫玠，是卫瓘的孙子，气度仪态美好，擅长清谈，经常认为：别人有做不到的，可以在情理上宽容；遭人意外冒犯，可以用道理排遣。所以终身都没表露出喜怒的神色。

江阳太守张启杀害益州刺史王异，取代他的职位。张启，为张翼的孙子；没多久，就病死了。三府文武官员一同上书，请让涪陵太守向沈兼摄西夷校尉，守卫南方的涪陵。

南安赤亭羌姚弋仲向东迁往榆眉，戎族人、华夏族人扶老携幼，追随他的有几万人，羌姚弋仲自称为护羌校尉、雍州刺史、扶风公。

【申涵煜评】荣在中朝，虑及祸，酣饮不视府事。及归江东，委身陈敏。已而知其无成，反戈诛之，使敏有桓王大帝之略，荣为陈氏佐命久矣，人臣之节安在？后为元帝所收，亦偶然耳。

【译文】顾荣在内朝，（应该）考虑灾祸，只知道喝酒不视察政事。等到回到江东，委身跟随陈敏。不久知道陈敏是一个没用的人，就倒戈把他除去了，如果陈敏有桓王那样的计谋，顾荣一定会为他久久地效命，作为人臣的节操在哪儿啊？后来又被晋元帝收到朝中，也只是偶然罢了。

孝愍皇帝上

建兴元年（癸酉，公元三一三年）春，正月，丁丑朔，汉主聪宴群臣于光极殿，使怀帝著青衣行酒。庾珉、王俊等不胜悲愤，因号哭；聪恶之。有告珉等谋以平阳应刘琨者，二月，丁未，聪杀珉、俊等故晋臣十馀人，怀帝亦遇害。大赦，复以会稽刘夫人为贵人。

◆荀崧曰：怀帝天姿清劭，少著英猷，若遇承平，足为守文佳主。而继惠帝扰乱之后，东海专政，故无幽、厉之衅而有流亡

之祸矣!◆

乙亥，汉太后张氏卒，谥曰光献。张后不胜哀，丁丑，亦卒，谥曰武孝。

【译文】建兴元年（癸酉，公元313年）春季，正月，丁丑朔日（初一），汉主刘聪在光极殿大宴群臣，让晋怀帝司马炽穿上青衣劝酒；庾珉、王俊等人，止不住悲伤愤怒，因此放声大哭；刘聪讨厌他们。有人告发庾珉等人想要献出平阳响应刘琨的事，二月，丁未日（初一），刘聪杀掉庾珉、王俊等前晋国大臣十多人，晋怀帝司马炽被杀害。刘聪宣布大赦，重新让会稽刘夫人做贵人。

◆荀崧说：晋怀帝司马炽天性资质清高，年轻时就表现出高深智谋，假如在太平时代，完全能够成为遵守成法的贤明君主。但却承继在惠帝纷乱的时代之后，东海王独揽大权，所以没有幽王、厉王的过错，却遭到流亡的祸事。◆

乙亥日（二十九日），汉国太后张氏去世，谥号光献。张后忍不住悲痛，丁丑日（二月无此日），也去世，谥号为武孝。

己卯，汉定襄忠穆公王彰卒。

三月，汉主聪立贵嫔刘娥为皇后，为之起鸾仪殿。廷殿陈元达切谏，以为："天生民而树之君，使司牧之，非以兆民之命穷一人之欲也。晋氏失德，大汉受之，苍生引领，庶几息肩。是以光文皇帝身衣大布，居无重茵，后妃不衣锦绮，乘舆马不食粟，爱民故也。陛下践阼以来，已作殿观四十馀所，加之军旅数兴，馈运不息，饥馑、疾疫，死亡相继，而益思营缮，岂为民父母之意乎！今有晋遗类，西据关中，南擅江表；李雄奄有巴、蜀；王浚、刘琨窥窬肘腋；石勒、曹嶷贡奉渐疏。陛下释此不忧，乃更为中宫作殿，岂目前之所急乎！昔太宗居治安之世，粟帛流衍，犹爱百金之费，息露台之役。陛下承荒乱之馀，所有之地，不过太宗之二郡，战守之备，非特匈奴、南越而已。而宫室之侈乃至于此，臣所以不敢不冒死而言也。"聪大怒曰："朕为天子，营一殿，何问汝鼠子乎，乃敢妄言沮众！不杀此鼠子，朕殿不成！"命左右："曳出斩之！并其妻子同枭首东市，使群鼠共穴！"时聪在逍遥园李中堂，元达先锁腰而入，即以锁锁堂下树，呼曰："臣所言者，社稷之计，而陛下杀臣。朱云有言：'臣得与龙逢、比干游，足矣！'"左右曳之不能动。

【译文】己卯日（二月无此日），汉国定襄忠穆公王彰去世。

　　三月，汉主刘聪册立贵嫔刘娥为皇后，为她建造鹝仪殿。廷尉陈元达真切劝谏，认为："上天创造了百姓，因而设立了国君，让他抚养百姓，并不是要穷困亿万百姓的性命以满足一人的私欲。晋氏德行有了过失，大汉继承他们的国家，苍生引领期盼，希望能休养生息。所以光文皇帝穿着粗布衣服，床上不铺双层被褥，后妃不穿锦绣丝绸的衣服，拉车的马匹不吃粟米，是爱戴百姓的原因。陛下登上皇位以来，已经建了四十多所宫殿楼阁，加上经常兴起军事，不停运送粮食，饥饿、瘟疫、伤亡连接不断，却还想要营建造作，哪是为人父母的表现呢？现在晋国残余的百姓，西面占守关中，南面拥有江表；李雄尽取巴、蜀地区；王浚、刘琨在左近窥视；石勒、曹嶷的进贡与禀告渐渐减少；陛下放下这些不加考虑，却为皇后建造宫殿，哪是眼前紧急的事情呢！以前太宗（汉文帝）生活在政治清平的时代，粮食、布帛储备众多，仍爱惜一百金的花费，停下露台的建造。陛下承继战乱时代，所拥有的土地，不会超出太宗的两个州郡，守卫防

资治通鉴

备的对象，不仅仅匈奴、南越而已。然而宫殿的奢华，竟然到了这等地步，这是臣下之所以不得不冒死进言的原因了！"刘聪非常愤怒，说："我是天子，建造一座宫殿，为何要问你这个鼠辈呢！你竟敢胡言乱语、扰乱大家的情绪！不杀掉你这个鼠辈，我的宫殿就不会建成！"令左右："拖出去，同他的妻子一起在东市斩首示众，使得鼠辈们共葬一穴！"那时刘聪在逍遥园李中堂，陈元达先锁住了腰身，进去后就用链条把自己锁在堂下的树上，叫道："臣下所说的话，是国家大计，然而陛下却要杀了臣下！朱云说过：'臣下能与龙逢、比干同游，心满意足了！'"左右拖他，无法拖动。

大司徒任顗、光禄大夫朱纪、范隆、票骑大将军河间王易等叩头出血曰："元达为先帝所知，受命之初，即引置门下，尽忠竭虑，知无不言。臣等窃禄偷安，每见之未尝不发愧。今所言虽狂直，愿陛下容之。因谏诤而斩列卿，其如后世何！"聪默然。

刘后闻之，密敕左右停刑，手疏上言："今宫室已备，无烦更营，四海未壹，宜爱民力。廷尉之言，社稷之福也，陛下宜加封赏；而更诛之，四海谓陛下何如哉！夫忠臣进谏者固不顾其身也，而人主拒谏者亦不顾其身也。陛下为妾营殿而杀谏臣，使忠良结舌者由妾，远近怨怒者由妾，公私困弊者由妾，社稷阽危者由妾，天下之罪皆萃于妾，妾何以当之！妾观自古败国丧家，未始不由妇人，心常疾之。不意今日身自为之，使后世视妾由妾之视昔人也！妾诚无面目复奉巾栉，愿赐死此堂，以塞陛下之过！"聪览之变色。

【译文】大司徒任顗、光禄大夫朱纪、范隆、骠骑大将军河间王刘易等人，把头磕出了血，说："元达是先帝知遇的人才，受命初期，就延请安排在门下，尽忠竭虑，知无不言。臣下等人，窃得禄位，苟且偷生，每当见到他，没有不羞愧的。现在所说的言辞，尽管狂放正直，希望陛下包容。因极力进谏，却杀了卿士，对后世子孙该如何交代呢！"刘聪默然无语。

刘后听到后，秘密命令左右停下行刑，亲手写了奏疏，进言："现在宫室已经齐全，不用麻烦另外建造了。四海没有统一，应该珍惜民力。廷尉的话，是国家的福祉，陛下应该加以封爵奖赏，却要杀了他，四海百姓认为陛下是什么样的人呢！劝谏的忠臣固然是不顾他的身家，然而拒绝纳谏的君主，也是没有顾及他的性命。陛下为妾建造宫殿，却杀了进谏的臣子，使忠良闭口不言，是由于妾的关系；远近仇恨愤怒，是由于妾的关系；公私困顿破坏，是由于妾的关系；国家颠覆危亡，是由于妾的关系；天下的罪行都集中在妾的身上，妾如何当得起呢？妾见到古往今来，国家的灭亡，未始不是由于妇人的关系，心中经常痛恨，没料今天亲身做了出来，使得后人看妾，就如妾看古人；妾实在没有颜面再奉侍盥漱巾栉的事了，希望在这堂中赐妾自杀，来防止陛下的过错。"刘聪看后，脸色都变了。

任顗等叩头流涕不已。聪徐曰："朕比年已来，微得风疾，喜怒过差，不复自制。元达，忠臣也。朕未之察。诸公乃能破首明之，诚得辅弼之义也。朕愧戢于心，何敢忘之！"命顗等冠履就坐，引元达上，以刘氏表示之，曰："外辅如公，内辅如后，朕复何忧！"赐顗等谷帛各有差，更命逍遥园曰纳贤园，李中堂曰愧贤堂。聪谓元达曰："卿当畏朕，而反使朕畏卿邪！"

西夷校尉向沈卒，众推汶山太守兰维为西夷校尉。维帅吏民北出，欲向巴东。成将李恭、费黑邀击，获之。

【译文】任顗等人不停叩头流泪。刘聪慢慢地说："近年来，我略微得了些中风的毛病，喜怒超过限度，无法自已控制；元达，是忠臣。我没有查看清楚，各位公侯居然能叩破了头，表明这事，真的尽到了辅佐君主的大义。我心中感到羞愧，哪里敢忘记呢！"命令任顗等人，戴上帽子、穿上鞋子就坐，请陈元达上来，将刘氏的奏章给他看，说："外面的辅佐有公侯，里面的辅佐有皇后，我还有什么忧虑的呢！"赏赐任顗等人米谷、布帛各有等别，把逍遥园改称为纳贤园，李中堂改称为愧贤堂。刘聪对陈元达说："你应该害怕我，现在反倒是我害怕你了！"

西夷校尉向沈去世，众人推汶山太守兰维为西夷校尉。兰维带领官民向北出发，打算前去巴东；大成的将领李恭、费黑迎面攻打，抓获兰维。

【申涵煜评】元达死谏，刘后以死救之，小国君臣一时颇有可观。然聪曰："卿当畏朕，而使朕畏卿耶？"从古刚愎之君皆是此，使人畏一念，唯予言而莫予违，此一言所以丧邦也。

【译文】陈元达因为上谏获死罪，刘皇后以死相逼救了他，小国的君臣有时也值得看好。然而刘聪说："你应该害怕我，怎么让我害怕你呢？"自古至今刚愎自用的君主都是这样，有让人害怕的想法，唯一高兴的事就是自己说的话没有人敢违抗，就因为这一句话才使国家灭亡。

夏，四月，丙午，怀帝凶问至长安，皇太子举哀，因加元服。壬申，即皇帝位，大赦，改元。以卫将军梁芬为司徒，雍州刺史麹允为尚书左仆射、录尚书事，京兆太守索𬘓为尚书右仆射、领吏部、京兆尹。是时长安城中，户不盈百，蒿棘成林；公私有车四乘，百官无章服、印绶，唯桑版署号而已。寻以索𬘓为卫将军、领太尉，军国之事，悉以委之。

汉中山王曜、司隶校尉乔智明寇长安，平西将军赵染帅众赴之；诏麹允屯黄白城以拒之。

石勒使石虎攻邺，邺溃，刘演奔廪丘，三台流民皆降于勒。勒以桃豹为魏郡太守以抚之；久之，以石虎代豹镇邺。

【译文】夏季，四月，丙午日（初一），晋怀帝司马炽去世的消息传到长安，皇太子进行哀悼，进加冠冕；壬申日（二十七日），即皇帝位，大赦天下，改年号为建兴。任命卫将军梁芬为司徒，雍州刺史麹允为尚书左仆射、录尚书事，京兆太守索綝为尚书右仆射，兼任吏部、京兆尹。这时，长安城中，户数不满一百，蒿草、荆棘丛生，公私拥有车马四辆，百官没有礼服、印绶，唯有桑木手板与官署名号而已。没多久，任命索綝为卫将军，兼任太尉，军政大事全部托付给他。

汉国中山王刘曜、司隶校尉乔智明，侵犯长安，平西将军赵染带领军队赶往前方，朝廷命麹允驻扎黄白城来对抗他们。

石勒让石虎攻打邺城，邺城溃败，刘演逃往廪丘，三台流民都向石勒投降；石勒任命桃豹为魏郡太守，以抚慰他们。一段时间后，让石虎取代桃豹，镇守邺城。

初，刘琨用陈留太守焦求为兖州刺史，荀藩又用李述为兖州刺史；述欲攻求，琨召求还。及邺城失守，琨复以刘演为兖州刺史，镇廪丘。前中书侍郎郗鉴，少以清节著名，帅高平千馀家避乱保峄山，琅邪王睿就用鉴为兖州刺史，镇邹山。三人各屯一郡，兖州吏民莫知所从。

【译文】起初，刘琨让陈留太守焦求担任兖州刺史，荀藩又让李述担任兖州刺史。李述打算攻打焦求，刘琨召回焦求。

等邺城失守，刘琨又让刘演担任兖州刺史，据守廪丘。前中书侍郎郗鉴，年轻时以清高名节著称，带领高平人一千多家，躲避祸事，据守峄山。琅邪王司马睿让郗鉴担任兖州刺史，据守邹山。三人每人驻守一郡，兖州的官吏百姓不知听谁的好。

琅邪王睿以前庐江内史华谭为军咨祭酒。谭尝在寿春依周馥。睿谓谭曰："周祖宣何故反？"谭曰："周馥虽死，天下尚有直言之士。馥见寇贼滋蔓，欲移都以纾国难，执政不悦，兴兵讨之，馥死未逾时而洛都沦没。若谓之反，不亦诬乎！"睿曰："馥位为征镇，握强兵，召之不入，危而不持，亦天下之罪人也。"谭曰："然，危而不持，当与天下共受其责，非但馥也。"

【译文】琅邪王司马睿任命前庐江内史华谭为军咨祭酒。华谭以前在寿春归附周馥。司马睿对华谭说："周祖宣为何造反？"华谭说："周馥尽管死了，天下还有耿直言辞的人士。周馥见到盗贼越来越多，打算迁都来排解国难；执政的人不高兴，出兵讨伐他；周馥死了不到三个月，洛阳沦陷；假如说他造反，不是陷害他吗！"司马睿说："周馥身为将军，手握强大兵权，天子召见不上朝，国家危难不扶持，也是天下的罪人了。"华谭说："是的，国家危难不扶持，应该与天下人一起接受指责的，不仅仅周馥了。"

睿参佐多避事自逸，录事参军陈頵言于睿曰："洛中承平之时，朝士以小心恭恪为凡俗，以偃蹇倨肆为优雅，流风相染，以至败国。今僚属皆承西台馀弊，养望自高，是前车已覆而后车又将寻之也。请自今临使称疾者，皆免官。"睿不从。三王之诛赵王伦也，制《己亥格》以赏功，自是循而用之。頵上言："昔赵王篡逆，惠皇失位，三王起兵讨之，故厚赏以怀向义之心。今功无大小，皆以格断，乃至金紫佩士卒之身，符策委仆隶之门，非所以重名器，正纪纲也，请一切停之！"頠出于寒微，数为正论，府中多恶之，出頠为谯郡太守。

吴兴太守周玘，宗族强盛，琅邪王睿颇疑惮之。睿左右用事者，多中州亡官失守之士，驾御吴人，吴人颇怨。玘自以失职，又为刁协所轻，耻恚愈甚，乃阴与其党谋诛执政，以诸南士代之。事泄，玘忧愤而卒；将死，谓其子勰曰："杀我者，诸伧子也；能复之，乃吾子也。"

【译文】 司马睿的僚属大多躲避战事，自求安稳；录事参军陈頠向司马睿进谏说："洛中太平时，朝中官员将小心恭敬，看作俗气；将傲慢放肆，看作优雅。习气相互感染，以致国家灭亡。现在幕僚都继承了西台的缺点，培植声望，自认为高尚，这是前车已经颠覆，后车又快要跟着来了。请从今日开始，面临差使却托辞有病的人，都罢免官职。"司马睿没有听从。三王诛杀赵王司马伦时，制定《己亥格》来奖赏功臣，从此依例使用。陈頠上言："以前赵王篡位叛乱，惠皇丢了帝位，三王起兵讨伐，所以厚加奖赏来感念响应举义的人心；现在功劳无论大小，都照《己亥格》来判断，竟然到了金印紫绶佩戴在士兵身上，符节策命交到奴仆的门下；这不是重视国名节器、端正纲纪的手段，请把这一切都停下！"陈頠出身寒微，多次说出正直的言论，府衙中人大多讨厌他，让陈頠出去担任谯郡太守。

吴兴太守周玘，宗族旺盛，琅邪王司马睿对他猜疑、忌惮。司马睿身边当权的人，大都是中州逃亡的官员和失去官职的人士，他们指挥吴地人，吴地人很是不满。周玘自认为职务有了缺失，又被刁难轻视，更加羞愧，于是偷偷和他的党羽谋划杀掉主持政务的人，以南方人士取代他们。事情败露，周玘愤恨而死，临死时，对他的儿子周勰说："害死我的是那些伧子，你若能为我报仇，才是我的儿子。"

【**申涵煜评**】当王室板荡时，诸臣正宜同心协力，以济中兴，玘乃胸横南北人之见，至忧愤而死，遗命报复诸伧，真匹夫器量，死亦堪羞。

【**译文**】当朝政不稳定之时，诸位大臣最好是齐心协力，以求恢复到中兴（的局面），周玘心中怀有南方人和北方人的见识，最后忧郁愤懑而死，留下遗言报复诸伧，真是匹夫的器度，死了也令人感到羞愧。

石勒攻李恽于上白，斩之。王浚复以薄盛为青州刺史。

王浚使枣嵩督诸军屯易水，召段疾陆眷，欲与之共击石勒。疾陆眷不至，浚怒，以重币赂拓跋猗卢，并檄慕容廆等共讨疾陆眷。猗卢遣右贤王六修将兵会之，为疾陆眷所败。廆遣慕容翰攻段氏，取徒河、新城，至阳乐，闻六修败而还，翰因留镇徒河，壁青山。

初，中国士民避乱者，多北依王浚，浚不能存抚，又政法不立，士民往往复去之。段氏兄弟专尚武勇，不礼士大夫。唯慕容廆政事修明，爱重人物，故士民多归之。廆举其英俊，随才授任，以河东裴嶷、北平阳耽、庐江黄泓、代郡鲁昌为谋主，广平游邃、北海逄羡、北平西方虔、西河宋奭及封抽、裴开为股肱，平原宋该、安定皇甫岌、岌弟真、兰陵缪恺、昌黎刘斌及封弈、封裕典机要。裕，抽之子也。

【**译文**】石勒到上白攻击李恽，杀掉了他。王浚又让薄盛担任青州刺史。

王浚命枣嵩监督各军，驻军易水，召来段疾陆眷，打算和他一起攻打石勒，段疾陆眷不来。王浚大怒，用重金贿赂拓跋猗卢，并檄令慕容廆，一同讨伐段疾陆眷。猗卢遣右贤王六修带领军队会合，被段疾陆眷击败。慕容廆让慕容翰攻打段氏，攻下徒河、新城，到了阳乐，得知六修战败回来，慕容翰因此留下来据守徒河，在青山驻扎军营。

起初，中原躲避兵乱的百姓，大都向北方依附王浚，王浚无法安抚，又无法设立政令，人们往往又离开了他。段氏兄弟一心崇尚勇武，不能用礼仪对待士大夫。唯有慕容廆政事清明，敬爱人才，所以人们大都归附他。慕容廆选拔才俊人士，按照才能授予官职，让河东人裴嶷、北平人阳耽、庐江人黄泓、代郡人鲁昌，作为主持计策的人；广平人游邃、北海人逄羡、北平人西方虔、西河人宋奭和封抽、裴开，作为辅助大臣；平原人宋该、安定人皇甫岌、皇甫岌的弟弟皇甫真、兰陵人缪恺、昌黎人刘斌和封奕、封裕，主理机要政事。封裕，为封抽的儿子。

裴嶷清方有干略，为昌黎太守，兄武为玄菟太守。武卒，嶷与武子开以其丧归，过廆，廆敬礼之，及去，厚加资送。行及辽西，道不通，嶷欲还就廆。开曰："乡里在南，奈何北行！且等为流寓，段氏强，慕容氏弱，何必去此而就彼也！"嶷曰："中国丧乱，今往就之，是相帅而入虎口也。且道远，何由可达！若俟其清通，又非岁月可冀。今欲求托足之地，岂可不慎择其人。汝观诸段，岂有远略，且能待国士乎！慕容公修仁行义，有霸王之志，加以国丰民安，今往从之，高可以立功名，下可以庇宗族，汝何疑焉！"开乃从之。既至，廆大喜。阳耽清直沈敏，为辽西太守。

慕容翰破段氏于阳乐，获之，麾礼而用之。游邃、逄羡、宋奭，皆尝为昌黎太守，与黄泓俱避地于蓟，后归麾。王浚屡以手书召邃兄畅，畅欲赴之，邃曰："彭祖刑政不修，华、戎离叛。以邃度之，必不能久，兄且盘桓以俟之。"畅曰："彭祖忍而多疑，顷者流民北来，命所在追杀之。今手书殷勤，我稽留不往，将累及卿。且乱世宗族宜分，以冀遗种。"遂从之，卒与浚俱没。宋该与平原杜群、刘翔先依王浚，又依段氏，皆以为不足托，帅诸流寓同归于麾。东夷校尉崔毖请皇甫岌为长史，卑辞说谕，终莫能致；麾招之，岌与弟真即时俱至。辽东张统据乐浪、带方二郡，与高句丽王乙弗利相攻，连年不解。乐浪王遵说统帅其民千馀家归麾，麾为之置乐浪郡，以统为太守，遵参军事。

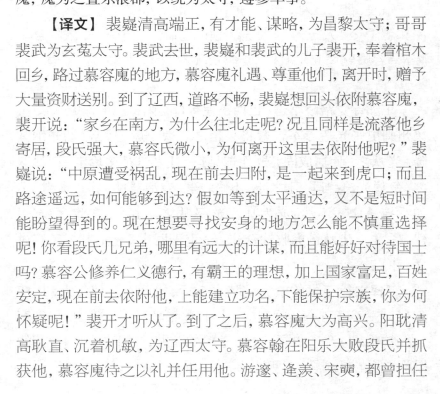

【译文】裴嶷清高端正，有才能、谋略，为昌黎太守；哥哥裴武为玄菟太守。裴武去世，裴嶷和裴武的儿子裴开，奉着棺木回乡，路过慕容麾的地方，慕容麾礼遇、尊重他们，离开时，赠予大量资财送别。到了辽西，道路不畅，裴嶷想回头依附慕容麾，裴开说："家乡在南方，为什么往北走呢？况且同样是流落他乡寄居，段氏强大，慕容氏微小，为何离开这里去依附他呢？"裴嶷说："中原遭受祸乱，现在前去归附，是一起来到虎口；而且路途遥远，如何能够到达？假如等到太平通达，又不是短时间能盼望得到的。现在想要寻找安身的地方怎么能不慎重选择呢！你看段氏几兄弟，哪里有远大的计谋，而且能好好对待国士吗？慕容公修养仁义德行，有霸王的理想，加上国家富足，百姓安定，现在前去依附他，上能建立功名，下能保护宗族，你为何怀疑呢！"裴开才听从了。到了之后，慕容麾大为高兴。阳耽清高耿直、沉着机敏，为辽西太守。慕容翰在阳乐大败段氏并抓获他，慕容麾待之以礼并任用他。游邃、逄羡、宋奭，都曾担任过昌黎太守，和黄泓一起到蓟县避难，后来依附慕容廆。王浚经常用亲笔信召请游邃的哥哥游畅，游畅打算前去，游邃说："彭祖不整饬政令刑法，华、戎背叛离散，依我推测，必定无法长久，哥哥暂且拖延等待一下！"游畅道："彭祖残暴，而且多疑，最近流民从北方来，令当地官员杀害他们。现在亲笔信心思殷切，我若不去，必会连累到你；而且在乱世中，宗族应该分开，希望能留下后代。"游邃于是同意，游畅最后和王浚一起身死。宋该和平原人杜群、刘翔，先归附王浚，又归附段氏，都认为不能够托身，带领各流居他乡的人依附慕容廆。东夷校尉崔毖请让皇甫岌担任长史，言辞卑微地劝说，最终没能使他们前来；慕容廆征召他，皇甫岌和弟弟皇甫真立马一同到达。辽东人张统，占守乐浪、带方二郡，与高句丽王乙弗利互相攻打，连续多年无法和解。乐浪人王遵劝张统带领他的百姓一千多户，依附慕容廆，慕容廆就设立乐浪郡，任命张统为太守，王遵为参军事。

王如馀党涪陵李运、巴西王建等自襄阳将三千馀家入汉中，梁州刺史张光遣参军晋邈将兵拒之。邈受运、建赂，劝光纳其降，光从之，使居成固。既而邈见运、建及其徒多珍宝，欲尽取之，复说光曰："运、建之徒，不修农事，专治器仗，其意难测，不如悉掩杀之。不然，必为乱。"光又从之。五月，邈将兵攻运、建，杀之。建婿杨虎收馀众击光，屯于厄水；光遣其子孟苌讨之，不克。

【译文】 王如的余党涪陵人李运、巴西人王建等人，从襄阳带领三千多户，来到汉中，梁州刺史张光派参军晋邈，带领军队抵抗他们。晋邈收了李运、王建的贿赂，劝张光接纳他们的投降；张光同意了，让他们居住在成固。之后，晋邈见到李运、

资治通鉴

王建和他的党徒珍宝非常多，想全部得到，又劝张光说："李运、王建的党徒，不治理农事，专门修治兵器，他们的心思很难预测，不如趁他们不注意时，全部杀光，否则，定会作乱。"张光又听从了。五月，晋邀带领军队攻打李运、王建，杀掉了他们。王建的女婿杨虎，招收残剩军众，攻打张光，驻扎在厄水；张光让他的儿子孟苌讨伐他们，没能攻下。

壬辰，以琅邪王睿为左丞相、大都督，督陕东诸军事；南阳王保为右丞相、大都督，督陕西诸军事。诏曰："今当扫除鲸鲵，奉迎梓宫。令幽、并两州勒卒三十万直造平阳，右丞相宜帅秦、凉、梁、雍之师三十万径诣长安，左丞相帅所领精兵二十万径造洛阳，同赴大期，克成元勋。"

汉中山王曜屯蒲坂。

【译文】壬辰日（十八日），朝廷让琅琊王司马睿担任左丞相、大都督，督治陕东所有军务；南阳王司马保担任右丞相、大都督，督治陕西所有军务。诏书说："现在应该清除敌人元凶，迎晋怀帝司马炽的棺木回来；命令幽、并二州带领三十万士兵，一路去平阳；右丞相应该带领三十万秦、凉、梁、雍的军队，一路去长安；左丞相带领所指挥的二十万军队，一路去洛阳，同时约定在期限内会合，完成大业。"

汉国中山王刘曜驻扎在蒲坂。

石勒使孔苌击定陵，杀田徽；薄盛帅所部降勒，山东郡县，相继为勒所取。汉主聪以勒为侍中、征东大将军。乌桓亦叛王浚，潜附于勒。

六月，刘琨与代公猗卢会于陉北，谋击汉。秋，七月，琨进据蓝谷，猗卢遣拓跋普根屯于北屈。琨遣监军韩据自西河而南，将攻西平。汉主聪遣大将军粲等拒琨，票骑将军易等拒普根，荡晋将军兰阳等助守西平。琨等闻之，引兵还。聪使诸军仍屯所在，为进取之计。

【译文】石勒命令孔苌攻打定陵，杀掉田徽。薄盛带领部队投降石勒，山东郡县，接连被石勒攻取。汉主刘聪让石勒担任侍中、征东大将军。乌桓也背弃王浚，偷偷依附石勒。

六月，刘琨与代公猗卢在陉北会合，打算攻打汉国。秋季，七月，刘琨出兵，据守蓝谷，猗卢让拓跋普根驻军北屈。刘琨派监军韩据，从西河往南行，打算攻打西平。汉主刘聪让大将军刘粲等人抵抗刘琨，骠骑将军刘易等人抵抗普根，荡晋将军兰阳等人辅助守卫西平。刘琨等人听到后，带领军队回来。刘聪命令各军依然驻扎在原地，作为攻取的打算。

帝遣殿中都尉刘蜀诏左丞相睿以时进军，与乘舆会除中原。八月，癸亥，蜀至建康，睿辞以方平定江东，未暇北伐。以镇东长史刁协为丞相左长史，从事中郎彭城刘隗为司直，邵陵内史广陵戴邈为军咨祭酒，参军丹杨张闿为从事中郎，尚书郎颍川钟雅为记室参军，谯国桓宣为舍人，豫章熊远为主簿，会稽孔愉为掾。刘隗雅习文史，善伺候睿意，故睿特亲爱之。

熊远上书，以为："军兴以来，处事不用律令，竞作新意，临事立制，朝作夕改，至于主者不敢任法，每辄关咨，非为政之体也。愚谓凡为驳议者，皆当引律令、经传，不得直以情言，无所依准，以亏旧典。若开塞随宜，权道制物，此是人君之所得行，非臣子所宜专用也。"睿以时方多事，不能从。

【译文】　晋愍帝司马邺派殿中都尉刘蜀，诏命左丞相司马睿，按照约定日期进军，与皇帝在中原会合。八月，癸亥日（二十日），刘蜀到达建康，司马睿以刚平定江东，没有空闲北伐为由推辞了。司马睿任命镇东长史刁协为丞相左长史，从事中郎彭城人刘隗为司直，邵陵内史广陵人戴邈为军咨祭酒，参军丹阳人张闿为从事中郎，尚书郎颍川人钟雅为记室参军，谯国人桓宣为舍人，豫章人熊远为主簿，会稽人孔愉为掾官。刘隗平时学习文史，擅长窥视司马睿的心思，所以司马睿非常喜欢他。

熊远上奏，认为："振兴军务以来，处理政事，不用法令，争相提出新的意见；遇事临时设立制度，朝令夕改，以至于主事的人不敢相信法令，每逢有事，就上告咨询，不合政治的体制。愚臣认为：凡是对决策提出异议的，都应该引用律令、经传，无法直接以事情情况议论，没有既定的标准作依据，从而损坏了旧日典制。若是政务取舍，根据事宜，权衡道理，制定事物，这是人君所能施行的，不是臣子所应当独自专用的。"司马睿由于当时正是多事之时，没有听从。

初，范阳祖逖，少有大志，与刘琨俱为司州主簿。同寝，中夜闻鸡鸣，蹴琨觉曰："此非恶声也！"因起舞。及渡江，左丞相睿以为军咨祭酒。逖居京口，纠合骁健，言于睿曰："晋室之乱，非上无道而下怨叛也，由宗室争权，自相鱼肉，遂使戎狄乘隙，毒流中土。今遗民既遭残贼，人思自奋，大王诚能命将出师，使如逖者统之以复中原，郡国豪杰，必有望风响应者矣！"睿素无北伐之志，以逖为奋威将军、豫州刺史，给千人廪，布三千匹，不给铠仗，使自召募。逖将其部曲百馀家渡江，中流，击楫而誓曰："祖逖不能清中原而复济者，有如大江！"遂屯淮阴，起冶铸兵，募得二（十）〔千〕馀人而后进。

【译文】起初，范阳人祖逖，年轻时有大志，与刘琨一起担任司州主簿，同住一个寝室，半夜听到鸡鸣，将刘琨踢醒说："这不是令人讨厌的声音！"于是起身舞剑。渡过长江后，左丞相司马睿让他担任军咨祭酒。祖逖住在京口，纠集骁勇健儿，向司马睿进言说："晋室的混乱，不是因为君主无道而使臣子怨恨背弃，是由于皇族夺取政权，自己相互残杀，最终使得戎、狄之人趁机祸害殃及中土。现在晋朝的遗民受到残伤，人人都想要奋起，大王真能令将领出兵，让像我一样的人统领他们，来振兴中原，各地的英杰，必定会有闻风响应的！"司马睿向来没有北伐的心思，听了祖逖的话，让祖逖担任奋威将军、豫州刺史，仅供给一千人的薪饷，布三千匹，不提供铠甲、兵器，让他自己招募。祖逖带领他的部下一百多家，渡过长江，到河中央，打着船桨立誓说："祖逖无法扫清中原而再渡江的话，就像大江一样有去无回！"于是在淮阴驻扎，设立冶炼厂，打造兵器，招到两千多人，然后发兵。

【乾隆御批】东晋诸臣皆脾蛊之疾，惟祖逖中流击楫，尚有生气。微特桓寻周顗不及，即刘琨未可同日而语。

【译文】东晋的大臣们都是脾蛊之疾，因而精神不振，只有祖逖手敲船桨，还有生气。这是桓寻周顗都比不上的，就是刘琨也不能相提并论。

胡亢性猜忌，杀其骁将数人。杜曾惧，潜引王冲之兵使攻亢。亢悉精兵出拒之，城中空虚，曾因杀亢而并其众。

周顗屯浔水城，为杜弢所困；陶侃使明威将军朱伺救之，弢退保泠口。侃曰："弢必步向武昌。"乃自径道还郡以待之，弢果来攻。侃使朱伺逆击，大破之，弢遁归长沙。周颚出浔水投王敦于豫章，敦留之。陶侃使参军王贡告捷于敦，敦曰："若无陶侯，便失荆州矣！"乃表侃为荆州刺史，屯沔江。左丞相睿召周颚，复以为军咨祭酒。

【译文】 胡亢天生猜疑妒忌，杀掉了多个手下勇猛的将领。杜曾感到恐惧，暗自勾结王冲的军队，让他攻打胡亢。胡亢派出所有精锐军队反抗，城中空虚，杜曾趁机杀了胡亢，并吞并了他的军队。

周颚驻军浔水城，被杜弢包围；陶侃令明威将军朱伺去解救他，杜弢退兵，守卫泠口。陶侃说："杜弢必定去向武昌。"就从捷径返回郡中等待杜弢，杜弢果真来攻打。陶侃令朱伺迎面进攻，大胜，杜弢逃返长沙。周颚从浔水出发，去豫章投靠王敦，王敦收留他。陶侃派参军王贡，向王敦呈上捷报，王敦说："若是没有陶侯，就要失去荆州了！"因此上书，让陶侃担任荆州刺史，驻扎沔江。左丞相司马睿征召周颚，又让他担任军咨祭酒。

初，氐王杨茂搜之子难敌，遣养子贩易于梁州，私卖良人子一人，张光鞭杀之。难敌怨曰："使君初来，大荒之后，兵民之命仰我氐活，氐有小罪，不能贳也？"及光与杨虎相攻，各求救于茂搜，茂搜遣难敌救光。难敌求货于光，光不与。杨虎厚赂难敌，且曰："流民珍货，悉在光所，今伐我，不如伐光。"难敌大喜。光与虎战，使张孟苌居前，难敌继后。难敌与虎夹击孟苌，大破之，孟苌及其弟援皆死。光婴城自守。九月，光愤激成疾，僚属劝光退据魏兴。光按剑曰："吾受国重任，不能讨贼，今得死如登仙，何谓退也!"声绝而卒。州人推其少子迈领州事, 又与氏战没, 众推始平太守胡子序领梁州。

荀藩薨于开封。

【译文】 起初, 氐王杨茂搜的儿子杨难敌, 让养子到梁州去做生意, 偷偷卖掉一个良家子弟, 被张光打死。杨难敌愤恨地说:"使君刚到来, 在大荒乱之后, 兵士、百姓的性命依仗我们氐人过活, 氐人有了微小的罪过, 难道不能宽恕吗?"等到张光和杨虎相互攻打, 各自向杨茂搜求援, 茂搜让难敌救助张光。难敌向张光索要财货, 张光不给。杨虎重重贿赂杨难敌, 并说:"流民的珍贵财物, 都在张光处, 现在攻击我, 不如攻击张光。"杨难敌非常高兴。张光和杨虎交战, 命张孟苌打前阵, 杨难敌作后援。杨难敌和杨虎两面夹击张孟苌, 大胜, 张孟苌和他的弟弟张援都战死了。张光亲自守卫城池。九月, 张光因气愤激动而得病, 幕僚劝张光退兵, 守卫魏兴。张光提着剑说:"我担负国家的重大责任, 无法讨伐敌人, 现在死了, 就像登升神仙境界, 为何退兵!"话刚说完就死了。州中人推他的小儿子张迈兼任州中政事, 又和氐人交战死去, 众人推始平太守胡子序接管梁州。

荀藩在开封去世。

汉中山王曜、赵染攻麹允于黄白城, 允累战皆败, 诏以索綝为征东大将军, 将兵助允。

王贡自王敦所还, 至竟陵, 矫陶侃之命, 以杜曾为前锋大都督, 击王冲, 斩之, 悉降其众。侃召曾, 曾不至。贡恐以矫命获罪, 遂与曾反击侃。冬, 十月, 侃兵大败, 仅以身免。敦表侃以白衣领职。侃复帅周访等进攻杜羯, 大破之, 敦乃奏复侃官。

汉赵染谓中山王曜曰:"麴允帅大众在外, 长安空虚, 可袭也。"曜使染帅精骑五千袭长安, 庚寅夜, 入外城。帝奔射雁楼。染焚龙尾及诸营, 杀掠千馀人; 辛卯旦, 退屯逍遥园。壬辰, 将军麴鉴自阿城帅众五千救长安。癸巳, 染引还, 鉴追之, 与曜遇于零武, 鉴兵大败。

【译文】 汉国中山王刘曜和赵染, 到黄白城攻击麴允, 麴允每次都被击败; 朝廷诏命让索綝担任征东大将军, 带领军队援助麴允。

王贡从王敦处回来, 到了竟陵, 假称陶侃的命令, 让杜曾担任前锋大都督, 攻打王冲, 杀掉了他, 吞并他们所有的军队。陶侃召见杜曾, 杜曾没到。王贡害怕由于假借命令, 会招来罪祸, 所以与杜曾反过来攻打陶侃。冬季, 十月, 陶侃军队大败, 唯有自己得以脱逃。王敦上书, 陶侃用没有功名的身份兼任职务。陶侃又带领周访等人发兵攻击杜弢, 大胜, 王敦于是上书, 恢复陶侃职位。

汉国赵染告诉中山王刘曜说:"麴允带领大军在外, 长安空虚, 可以偷袭。"刘曜命赵染带领精锐骑兵五千人, 攻击长安, 庚寅日 (十月无此日) 夜晚, 进到外城; 晋愍帝司马邺逃到射雁楼。赵染焚烧了龙尾和各军营, 杀掉一千多人; 辛卯日 (十月无此日) 早晨, 赵染退兵驻守在逍遥园。壬辰日 (十月无此日), 将军麴鉴从阿城带领五千军队解救长安。癸巳日 (十月无此日), 赵染带军返回, 麴鉴赶了上去, 与刘曜在零武交战, 麴鉴军队大败。

杨虎、杨难敌急攻梁州, 胡子序弃城走, 难敌自称刺史。

汉中山王曜恃胜而不设备。十一月, 麴允引兵袭之, 汉兵大败，杀其冠军将军乔智明；曜引归平阳。

王浚以其父字处道，自谓应"当涂高"之谶，谋称尊号。前勃海太守刘亮、北海太守王抟、司空掾高柔切谏，浚皆杀之。燕国霍原，志节清高，屡辞征辟。浚以尊号事问之，原不答。浚诬原与群盗通，杀而枭其首。于是士民骇怨，而浚矜豪日甚，不亲政事，所任皆苛刻小人，枣嵩、朱硕，贪横尤甚。北州谣曰："府中赫赫，朱丘伯；十囊、五囊，入枣郎。"调发殷烦，下不堪命，多叛入鲜卑。从事韩咸监护柳城，盛称慕容廆能接纳士民，欲以讽浚。浚怒，杀之。

【译文】杨虎、杨难敌紧急攻打梁州，胡子序弃城逃走，杨难敌自称刺史。

汉国中山王刘曜依仗胜利，不加防备。十一月，麹允带领军队偷袭，汉国军队大败，麹允杀了他们的冠军将军乔智明。刘曜带军返回平阳。

王浚根据他父亲的字处道，自认为应了"当涂高"的预言，打算自称尊号。前渤海太守刘亮、北海太守王抟、司空掾高柔诚恳劝谏，王浚将他们都杀了。燕国人霍原，志向清高，多次推辞征召。王浚向他咨询尊号的事情，霍原不答。王浚诬害霍原和各盗贼私通，杀了他，并悬首示众。因而百姓震惊怨恨。然而王浚的骄矜强横，日益厉害，所重用的，都是苛责小人，枣嵩、朱硕，贪财残暴更加厉害。北州有民谣说："府中赫赫，朱丘伯；十囊、五囊，入枣郎。"（"官府中声势显赫，是朱丘伯；十个袋囊、五个袋囊，都没入了枣郎袋囊。"）当地徭役征调非常频繁，人们无法忍受，大都背叛，来到鲜卑地区。从事韩咸监护柳城县，大力称赞慕容廆能够容纳百姓，想来讽劝王浚，王浚大怒，杀掉了他。

浚始者唯恃鲜卑、乌桓以为强，既而皆叛之。加以蝗旱连年，兵势益弱。石勒欲袭之，未知虚实，将遣使觇之，参佐请用羊祜、陆抗故事，致书于浚。勒以问张宾，宾曰："浚名为晋臣，实欲废晋自立，但患四海英雄莫之从耳；其欲得将军，犹项羽之欲得韩信也。将军威振天下，今卑辞厚礼，折节事之，犹惧不言，况为羊、陆之亢敌乎！夫谋人而使人觉其情，难以得志矣。"勒曰："善！"十二月，勒遣舍人王子春、董肇多赍珍宝，奉表于浚曰："勒本小胡，遭世饥乱，流离屯厄，窜命冀州，窃相保聚以救性命。今晋祚沦夷，中原无主；殿下州乡贵望，四海所宗，为帝王者，非公复谁！勒所以捐躯起兵，诛讨暴乱者，正为殿下驱除尔。伏愿殿下应天顺人，早登皇祚。勒奉戴殿下如天地父母，殿下察勒微心，亦当视之如子也。"又遗枣嵩书，厚赂之。

【译文】王浚在开始时，只不过依仗鲜卑、乌桓的武力，作为自己强大的力量，过后都背弃了他们。加上连年的蝗灾、旱灾，兵力更加衰弱。石勒打算偷袭他，不知晓虚实，打算派使者去窥探，幕僚们恳请沿用羊祜、陆抗的旧例，给王浚送信；石勒问张宾，张宾说："王浚名义上是晋国的臣子，实际想要废黜晋国，自己即位，只不过害怕四海英雄不服从他而已；他想得到将军，如同项羽想要得到韩信。将军的威望，威震天下，现在卑微言辞，厚重礼物，委屈自己来侍奉他，尚还害怕他不相信，更何况是做出羊祜、陆抗相对为敌的事呢！图谋别人，却使得别人察觉内情，很难实现愿望了。"石勒说："对的！"十二月，石勒派舍人王子春、董肇，带着许多珍宝，捧着奏疏，向王浚说："石勒原本是小小的胡族，在饥馑荒乱的年代，流离失所，困顿危难，逃命到冀州，私下聚结、互相救护，来保全性命；如今晋国国祚没落，中原没有君主；殿下是州郡乡里中有远大声望、四海所推崇的人，当皇帝的人，不是公侯，会是谁呢！石勒之所以要用生命出兵讨伐暴乱，正是想帮殿下清除这些强寇匪贼罢了。希望殿下顺应天意和百姓的盼望，早日登上皇位，石勒尊奉拥护殿下，就像尊奉天地父母，殿下明察石勒卑微的心思，也要看作和儿子一样。"又写信给枣嵩，重重地贿赂他。

浚以段疾陆眷新叛，士民多弃己去，闻勒欲附之，甚喜，谓子春曰："石公一时英杰，据有赵、魏，乃欲称籓于孤，其可信乎？"子春曰："石将军才力强盛，诚如圣旨。但以殿下中州贵望，威行夷、夏，自古胡人为辅佐名臣则有矣，未有为帝王者也。石将军非恶帝王不为而让于殿下，顾以帝王自有历数，非智力之所取，虽强取之，必不为天人之所与故也。项羽虽强，终为汉有。石将军之比殿下，犹阴精之与太阳，是以远鉴前事，归身殿下，此乃石将军之明识所以远过于人也，殿下又何怪乎！"浚大悦，封子春、肇皆为列侯，遣使报聘，以厚币酬之。

【译文】王浚由于段疾陆眷刚刚背叛了自己，百姓大都背弃自己离开了，听说石勒想要依附自己，非常高兴，对王子春说："石公是当代英杰，占有赵、魏的地方，却打算向我称臣，可以信任他吗？"王子春说："石将军能力强大，实在如您所说。然而由于殿下是中州有远大名望的人，威望风行夷、夏地区，古往今来，胡人担任辅助名臣，是有的，但没有坐上帝王的人。石将军不是厌恶帝王不去行事，而让给殿下，只不过由于帝王自有天命，不是计谋、武力可以得到的，尽管勉强得到，必定不会受到上天、百姓的亲附。项羽尽管强势，最终被汉朝所有。石将军与殿下相比，就像月亮和太阳，所以仔细考虑以前的史事才依附殿下，这就是石将军的远大见识，会大大超过别人的原因了，殿下又有什么奇怪呢？"王浚甚为欢喜，封王子春和董肇为列侯，派使者报告这个聘任，将大量的币帛赠送给他们。

游纶兄统，为浚司马，镇范阳，遣使私附于勒；勒斩其使以送浚。浚虽不罪统，益信勒为忠诚，无复疑矣。

是岁，左丞相睿遣世子绍镇广陵，以丞相掾蔡谟为参军。谟，克之子也。

汉中山王曜围河南尹魏浚于石梁，兖州刺史刘演、河内太守郭默遣兵救之，曜分兵逆战于河北，败之；浚夜走，获而杀之。

代公猗卢城盛乐以为北都，治故平城为南都；又作新平城于㶟水之阳，使右贤王六修镇之，统领南部。

【译文】游纶的哥哥游统为王浚的司马，据守范阳，让使者私下亲近石勒，石勒杀了使者，送给王浚。王浚尽管没有责备游统的罪过，却更加信任石勒是忠诚的，不再猜疑。

这一年，左丞相司马睿让世子司马绍据守广陵，让丞相掾蔡谟担任参军。蔡谟，为蔡克的儿子。

汉国中山王刘曜在石梁攻打河南尹魏浚，兖州刺史刘演与河内太守郭默派军队解救他们，刘曜分出军队，在河北交战，击败他们；魏浚晚上逃跑，被抓获杀掉。

代公猗卢将盛乐城作为北都，平城旧城的治所作为南都；又在㶟水北边建造新的平城，派右贤王六修据守，统率南部。

资治通鉴卷第八十九　晋纪十一

起阏逢阉茂，尽柔兆困敦，凡三年。

【译文】起甲戌（公元314年），止丙子（公元316年），共三年。

【题解】 本卷记录了晋愍帝建兴二年至建兴四年间的历史：石勒骗得王浚信任后，突袭幽州，杀掉王浚；刘坤被石勒部将打败，逃到蓟城依附段匹磾；杜弢被陶侃打败后投降司马睿，后被陶侃讨平；陶侃改任广州后，消灭叛乱，稳定了秩序；晋愍帝司马邺向刘曜投降；拓跋猗卢因宠爱少子，被长子六修所杀，六修及普根都死后，国人立猗卢之子郁律为君；汉主刘聪荒淫无道，杀戮大臣；李雄势力不断扩大，鲜卑慕容氏不断发展，为各地人士所归附。

孝愍皇帝下

建兴二年（甲戌，公元三一四年）春，正月，辛未，有如日陨于地；又有三日相承，出西方而东行。

丁丑，大赦。

有流星出牵牛，入紫微，光烛地，坠于平阳北，化为肉，长三十步，广二十七步。汉主聪恶之，以问公卿。陈元达以为：“女宠太盛，亡国之征。”聪曰：“此阴阳之理，何关人事！”聪后刘氏贤明，聪所为不道，刘氏每规正之。己丑，刘氏卒，谥曰武宣。自是嬖宠竞进，后宫无序矣。

【译文】建兴二年（甲戌，公元314年）春季，正月，辛未日（正月无此日），有同太阳一样的东西陨落到地上；又有三个太阳相互连接，打西方出来，然后往东行。

丁丑日（初六），大赦天下。

有流星从牵牛星流出，侵入紫微星座，光芒照亮了大地，坠落在平阳北面，化成肉块，长为三十步，宽为二十七步。汉主刘聪厌恶这些事，询问公卿。陈元达认为其宠幸的女子太多是亡国的预兆。刘聪说："这是阴阳之道，跟人事有何关系！"刘聪的皇后刘氏，贤能明事理，刘聪所做出的不符合正道的事情，刘氏经常劝谏他。己丑日（十八日），刘氏去世，谥号为武宣。此后，宠幸的妃子争着进升，后宫失去了秩序。

【乾隆御批】《晋书》好言灾变，比他史为甚，如三日相承与日夜出高三丈皆事所必无此，特沿十日并出之诞而附会之。至星陨为肉，长广以数丈计，虽《齐谐》《志怪》不至于此。

【译文】《晋书》爱说灾异变故之类的事，比其他的史书更加严重，例如三个太阳依次接连出现以及太阳黑夜出来升高三丈都是不可能出现的事情，这些只是沿用十个太阳同时出现的荒唐故事而牵强凑合出来的。至于星星坠落在地变成肉，长宽好几丈，即使是《齐谐》《志怪》那样的书都还没到这个程度。

聪置丞相等七公；又置辅汉等十六大将军，各配兵二千，以诸子为之；又置左右司隶，各领户二十馀万，万户置一内史；单于左右辅，各主六夷十万落，万落置一都尉；左、右选曹尚书，并典选举。自司隶以下六官，皆位亚仆射。以其子粲为丞相、领大将军、录尚书事，进封晋王。江都王延年录尚书六条事，汝阴王景为太师，王育为太傅，任顗为太保，马景为大司徒，朱纪为大司空，中山王曜为大司马。

【译文】 刘聪设立丞相等七个公爵，又设立辅汉等十六个大将军，各配备两千兵士，让各个儿子担任；又设立左、右司隶，各拥有二十多万户，每万户，设立一个内史；单于左、右辅，各分管六夷十万部落，一万部落设立一个都尉；左、右选曹尚书，共同主管选举。从司隶以下六个职位，地位都仅次于仆射。任命他的儿子刘粲为丞相，兼任大将军、录尚书事，封为晋王。江都王刘延年为录尚书六条事，汝阴王刘景为太师，王育为太傅，任顗为太保，马景为大司徒，朱纪为大司空，中山王刘曜为大司马。

壬辰，王子春等及王浚使者至襄国，石勒匿其劲卒、精甲，羸师虚府以示之，北面拜使者而受书。浚遗勒麈尾，勒阳不敢执，悬之于壁，朝夕拜之，曰："我不得见王公，见其所赐，如见公也。"复遣董肇奉表于浚，期以三月中旬亲诣幽州奉上尊号；亦修笺于枣嵩，求并州牧、广平公。

【译文】 壬辰日（二十一日），王子春等人和王浚的使者到达襄国，石勒把他健硕的士兵、精良的盔甲都藏匿起来，给他们看的是衰弱的军队、空空的府库。面向北边，参见使者，然后接受书信。王浚赠给石勒一将麈尾，石勒假装不敢拿着，挂在墙上，早晚参拜，说："我无法看见王公，看见他所赏赐的，就像看见王公一样。"又让董肇捧着奏章进奏王浚，约定在三月中旬亲自前去幽州，奉上尊号；也送信给枣嵩，想出任并州牧、广平公。

勒问浚之政事于王子春，子春曰："幽州去岁大水，人不粒食，浚积粟百万，不能赈赡，刑政苛酷，赋役殷烦，忠贤内离，夷狄外叛。人皆知其将亡，而浚意气自若，曾无惧心，方更置立台阁，布列百官，自谓汉高、魏武不足比也。"勒抚几笑曰："王彭祖真可擒也。"浚使者还蓟，具言"石勒形势寡弱，款诚无二。"浚大悦，益骄怠，不复设备。

杨虎掠汉中吏民以奔成，梁州人张咸等起兵逐杨难敌。难敌去，咸以其地归成，于是汉嘉、涪陵、汉中之地皆为成有。成主雄以李凤为梁州刺史，任回为宁州刺史，李恭为荆州刺史。

【译文】 石勒向王子春问王浚的政务，王子春说："去年幽州发生大水灾，人们没有米吃，王浚积攒了一百万的粮食，不愿救济灾荒，刑法政令，苛刻残酷，徭役繁重，在内忠臣贤人离心，在外夷狄叛乱。每人都知晓他快要灭亡了，王浚却态度自然得很，丝毫没有恐惧的心理，刚刚又正在营造台榭和高楼，设立百官，自己认为汉高、魏武无法同他相比。"石勒拍着桌子大笑道："王彭祖真的可以抓到了。"王浚的使者返回蓟城，都说石勒羸弱，忠诚没有二心。王浚非常高兴，更加骄横懈怠，不设防备。

杨虎劫持汉中的官民，投靠大成国。梁州人张咸等人出兵驱赶杨难敌；杨难敌离开，张咸献出土地，归向大成国。所以汉嘉、涪陵、汉中的地区，都被大成国所拥有。大成君主李雄，任命李凤为梁州刺史，任回为宁州刺史，李恭为荆州刺史。

雄虚己好贤，随才授任；命太傅骧养民于内，李凤等招怀于外；刑政宽简，狱无滞囚；兴学校，置史官。其赋民，男丁岁谷三斛，女丁半之，疾病又半之。户调绢不过数丈，绵数两。事少役希，民多富实，新附者皆给复除。是时天下大乱，而蜀独无事，年谷屡熟，乃至闾门不闭，路不拾遗。汉嘉夷王冲归、朱提审焰、建宁爨量皆归之。巴郡尝告急，云有晋兵。雄曰："吾常忧琅邪微弱，遂为石勒所灭，以为耿耿，不图乃能举兵，使人欣然。"然雄朝无仪器，爵位滥溢；吏无禄秩，取给于民；军无部伍，号令不肃；此其所短也。

二月，壬寅，以张轨为太尉、凉州牧，封西平郡公；王浚为大司马、都督幽、冀诸军事；荀组为司空、领尚书左仆射兼司隶校尉，行留台事；刘琨为大将军、都督并州诸军事。朝廷以张轨老病，拜其子实为副刺史。

【译文】 李雄态度谦卑，爱护贤能，按照才能给予官职，让太傅李骧在内休养百姓，李凤等人在外招抚群众，刑法和政令宽容简明，监狱中没有停滞的囚犯。复兴学校，设立史官；他们的赋税，成年男子每年稻谷三斛，成年女人减半，患病的又减半；户税唯有几丈绢、几两绵。事务少、劳役少，百姓大都富有殷实，最近依附的，都免除赋税。这时，天下大乱，唯有蜀地没事，每年稻谷均获丰收，以至于大门不关，路不拾遗。汉国嘉夷人王冲归、朱提人审焰、建宁人爨量都归向他们。巴郡曾告急，说是有晋国的军队，李雄说："我经常忧虑琅邪王势力微小，最终会被石勒消灭，以此深感忧虑，没想到依然能派出军队，使人感到高兴！"然而李雄朝中没有礼仪品级，官位、爵位泛滥，官吏没有俸禄，从百姓中获得给养。军中没有队列，号令无法严厉，这是他们的缺点。

二月，壬寅日（初二），晋朝任命张轨为太尉、凉州牧，封西平郡公；王浚为大司马、都督幽、冀二州所有军务；荀组为司空,兼任尚书左仆射、司隶校尉,摄留台政事。朝廷由于张轨年老多病,让他的儿子张实担任副刺史。

石勒纂严,将袭王浚,而犹豫未发。张宾曰:"夫袭人者,当出其不意。今军严经日而不行,岂非畏刘琨及鲜卑、乌桓为吾后患乎?"勒曰:"然。为之奈何?"宾曰:"彼三方智勇无及将军者,将军虽远出,彼必不敢动,且彼未谓将军便能悬军千里取幽州也。轻军往返,不出二旬,藉使彼虽有心,比其谋议出师,吾已还矣。且刘琨、王浚,虽同名晋臣,实为仇敌。若修笺于琨,送质请和,琨必喜我之服而快浚之亡,终不救浚而袭我也。用兵贵神速,勿后时也。"勒曰:"吾所未了,右候已了之,吾复何疑!"

遂以火宵行,至柏人,杀主簿游纶,以其兄统在范阳,恐泄军谋故也。遣使奉笺送质于刘琨,自陈罪恶,请讨浚以自效。琨大喜,移檄州郡,称"己与猗卢方议讨勒,勒走伏无地,求拔幽都以赎罪。今便当遣六修南袭平阳,除僭伪之逆类,降知死之逋羯。顺天副民,翼奉皇家,斯乃曩年积诚灵祐之所致也!"

【译文】石勒戒严,打算偷袭王浚,然而犹豫不定,没有出发。张宾道:"要偷袭别人,应当出其不意。现在军中整日严守却不出发,难道是害怕刘琨与鲜卑、乌桓变成我们的后患吗?"石勒说:"是的。该怎么行事呢?"张宾说:"他们三方面的智谋都没有能超过将军的人,将军尽管远离,他们必定不敢有所行动,况且他们未必认为将军孤军深入千里,就能够攻下幽州。轻装军队往返不过二十天,即使他们有这种心理,等到他们策划好要出兵,我们已经返回了。况且刘琨、王浚,名义上尽管同是晋国臣子,实则是仇敌。假如送信给刘琨,送上人质,恳请议和,刘琨必定喜欢我们的归附,而且对王浚的灭亡感到高兴,最终不会救援王浚，来攻打我们。用兵最贵神速，不要错失时机。"石勒说："我所不敢决定的事，右侯已经决定了，我又有哪里要犹豫的呢！"

于是点着火把，连夜行军，到达柏人，杀掉主簿游纶，这是因为他哥哥游统在范阳，害怕会泄露军情的原因。又派出使者拿着信笺、遣送人质到刘琨跟前，自己叙述罪恶，恳请讨伐王浚来自求报答。刘琨很高兴，发布檄令到各州郡，称："自己与猗卢正要商议讨伐石勒，石勒没有地方躲藏了，恳请攻下幽州来补偿罪过。现在便要让六修往南偷袭平阳，除去窃居高位、妄称尊号的叛贼，招降知晓快死、渴望活命的羯人，顺应天意，满足百姓的期望，敬奉皇室，这些就是往年累积诚意，神灵保佑所达成的结果！"

三月，勒军达易水，王浚督护孙纬驰遣白浚，将勒兵拒之，游统禁之。浚将佐皆曰："胡贪而无信，必有诡计，请击之。"浚怒曰："石公来，正欲奉戴我耳；敢言击者斩！"众不敢复言。浚设飨以待之。壬申，勒晨至蓟，叱门者开门；犹疑有伏兵，先驱牛羊数千头，声言上礼，实欲塞诸街巷。浚始惧，或坐或起。勒既入城，纵兵大掠，浚左右请御之，浚犹不许。勒升其听事，浚乃走出堂皇，勒众执之。勒召浚妻，与之并坐，执浚立于前。浚骂曰："胡奴调乃公，何凶逆如此！"勒曰："公位冠元台，手握强兵，坐观本朝倾覆，曾不救援，乃欲自尊为天子，非凶逆乎！又委任奸贪，残虐百姓，贼害忠良，毒遍燕土，此谁之罪也！"使其将王洛生以五百骑先送浚于襄国。浚自投于水，束而出之，斩于襄国市。

【译文】三月，石勒的军队到达易水，王浚的督护孙纬，慌忙派人告诉王浚，打算指挥军队抵抗，游统阻止下来。王浚的左右都说："胡人贪心，而且不守信用，必定有诡计，请攻打他们。"王浚气愤地说："石公来，正是想要拥护我而已！敢说要攻打的斩首！"人们不敢再说。王浚设宴等待他们。壬申日（初二），石勒早上到了蓟城，大声叫看门人开门，还怀疑有埋伏的士兵，先赶几千头牛羊，声称是呈上的礼仪，实则打算阻塞各条街巷。王浚这才恐惧了，坐立难安。石勒入城后，纵容军队，大肆抢劫，王浚身边亲信恳请抵抗，王浚依然不同意。石勒登上他的厅堂，王浚才逃出宽大的殿堂，石勒的士兵抓住他。石勒叫来王浚的妻子，与她一起坐着，抓住王浚，站到面前，王浚骂道："胡奴竟敢戏弄你的公公，为何这么的凶恶背逆呢？"石勒说："公侯的地位，超过宰相，手里掌握强盛的军队，坐视本朝的败亡，从来不施以救援，却想自己推崇自己，作为天子，不是凶狠背叛吗！又将职务委托给奸邪贪财的人，虐待百姓，残害忠臣良士，毒害整个燕州地区，这是谁的过错呢！"令他的将领王洛生，带领五百骑兵，将王浚送去襄国。王浚自己投水，兵士们将他从水中捆绑出来，在襄国刑场上杀掉了他。

【申涵煜评】按浚始末，竟似袁术后身，故石勒玩弄于股掌之上。比成禽，责其不援本朝，肆虐百姓，词严义正，浚虽死亦应胆折。

【译文】纵观王浚一生，竟然像袁术的转世，因此被石勒玩弄于股掌之上。将他比作禽兽，责备他不肯救援朝廷，肆意虐待百姓，义正词严，王峻虽然死了，但是还应胆折。

勒杀浚麾下精兵万人，浚将佐等争诣军门谢罪，馈赂交错；前尚书裴宪、从事中郎荀绰独不至，勒召而让之曰："王浚暴虐，孤讨而诛之，诸人皆来庆谢，二君独与之同恶，将何以逃其戮乎!"对曰：
"宪等世仕晋朝，荷其荣禄，浚虽凶粗，犹是晋之藩臣，故宪等从之，
不敢有贰。明公苟不修德义，专事威刑，则宪等死自其分，又何逃
乎! 请就死。"不拜而出。勒召而谢之，待以客礼。绰，勖之孙
也。勒数朱硕、枣嵩等以纳贿乱政，为幽州患，责游统以不忠所
事，皆斩之。籍浚将佐、亲戚家赀，皆至巨万，惟裴宪、荀绰止有
书百馀帙，盐米各十馀斛而已。勒曰："吾不喜得幽州，喜得二
子。"以宪为从事中郎，绰为参军。分遣流民，各还乡里。勒停蓟
二日，焚浚宫殿，以故尚书燕国刘翰行幽州刺史，戍蓟，置守宰
而还。孙纬遮击之，勒仅而得免。

【译文】石勒杀了王浚属下一万多精良士兵。王浚的左右
争先恐后前去军门恳请宽恕，赠送贿赂，来往不断。唯有前尚书
裴宪和从事中郎荀绰不去，石勒召见并责怪他们说："王浚凶狠
残暴，我讨伐而诛杀他，人们都来庆贺、谢罪，唯独两位与他同
流合污，该怎么逃避杀戮呢？"二人回答道："我们世代在晋朝
为官，接受晋朝的荣耀、俸禄，王浚尽管凶狠残暴，依然是晋国
的臣子，所以我们追随他，不敢怀有异心。明公假如不修养恩德
仁义，一心采用暴力刑罚，那么我们死了，也是自己的命，又为何
逃避呢？请受死刑! "不跪拜就出去了。石勒召他们回来表示道
歉，用客礼招待他们。荀绰，为荀勖的孙子。石勒责怪朱硕、枣
嵩等人，由于收受贿赂，混乱政令，变成幽州的忧患；责怪游统
对所侍奉的人不忠心，把他们都杀了。没收王浚将佐、亲戚家中
巨额家产，唯有裴宪和荀绰，只有一百多部书，食盐和食米各十
多斛而已。石勒说："我获得幽州，并不高兴，高兴的是得到两
位先生。"任命裴宪为从事中郎，荀绰为参军。分别派遣流民，
各自返回家乡。石勒在蓟城滞留了两天，烧毁王浚的宫殿，让前

尚书燕国人刘翰兼摄幽州刺史，据守蓟城，设立郡守宰臣，之后返回。孙纬半道攻击他，石勒只有自身得以逃脱。

勒至襄国，遣使奉王浚首献捷于汉，汉以勒为大都督、督陕东诸军事、票骑大将军、东单于，增封十二郡；勒固辞，受二郡而已。

刘琨请兵于拓跋猗卢以击汉，会猗卢所部杂胡万馀家谋应石勒，猗卢悉诛之，不果赴琨约。琨知石勒无降意，乃大惧，上表曰："东北八州，勒灭其七；先朝所授，存者惟臣。勒据襄国，与臣隔山，朝发夕至，城坞骇惧，虽怀忠愤，力不从愿耳！"

刘翰不欲从石勒，乃归段匹磾，匹磾遂据蓟城。王浚从事中郎阳裕，耽之兄子也，逃奔令支，依段疾陆眷。会稽朱左车、鲁国孔纂、泰山胡母翼自蓟逃奔昌黎，依慕容廆。是时中国流民归廆者数万家，廆以冀州人为冀阳郡，豫州人为成周郡，青州人为营丘郡，并州人为唐国郡。

【译文】石勒到达襄国，派使者奉着王浚的头颅，向汉国进献战果。汉国任命石勒为大都督、督理陕东所有军务、骠骑大将军、东单于，增设封邑十二个郡；石勒坚决辞谢，仅受两个郡而已。

刘琨向拓跋猗卢恳请出兵攻打汉国，正遇到猗卢所统领的各类胡族一万多户打算呼应石勒，猗卢把他们全部杀了，没能赶上与刘琨的约定。刘琨明白石勒没有投降的诚意，大为恐慌，呈上奏章说："东北八个州，石勒灭掉了七个，先朝所授予并尚存的唯有臣下。石勒占守襄国，与臣下只隔一座山，（石勒如要攻击臣下，）早晨出发，夜晚就到了，城中躁动恐惧，尽管有忠心义愤的心理，也力不从心啊！"

刘翰不想归附石勒，于是归附段匹磾，段匹磾便占据了蓟城。王浚的从事中郎阳裕是阳耽哥哥的儿子，逃往令支，投靠段疾陆眷。会稽人朱左车、鲁国人孔纂、泰山人胡母翼，从蓟城逃到昌黎，归附慕容廆。当时，中原流民依附慕容廆的，有好几万户，慕容廆将冀州人住的地方设为冀阳郡，豫州人的地方设为成周郡，青州人的地方设为营丘郡，并州人的地方设为唐国郡。

资治通鉴

　　初，王浚以邵续为乐陵太守，屯厌次。浚败，续附于石勒，勒以续子乂为督护。浚所署勃海太守东莱刘胤弃郡依续，谓续曰："凡立大功，必杖大义。君，晋之忠臣，奈何从贼以自污乎！"会段匹磾以书邀续同归左丞相睿，续从之。其人皆曰："今弃勒归匹磾，其如乂何？"续泣曰："我岂得顾子而为叛臣哉！"杀异议者数人。勒闻之，杀乂。续遣刘胤使江东，睿以胤为参军，以续为平原太守。石勒遣兵围续，匹磾使其弟文鸯救之，勒引去。

　　襄国大饥，谷二升直银一斤，肉一斤直银一两。

　　杜弢将王真袭陶侃于(休)〔林〕障，侃奔滠中。周访救侃，击弢兵，破之。

　　【译文】起初，王浚任命邵续为乐陵太守，驻守厌次。王浚失败，邵续依附石勒，石勒任命邵续的儿子邵乂担任督护。王浚所管辖的渤海太守东莱人刘胤，丢弃郡县，依附邵续，对邵续说："凡是想要建立大功，必定要依仗大义。先生是晋国忠诚的臣子，为什么要归附贼人，来辱没自己呢？"正好段匹磾写信邀请邵续，一起归附左丞相司马睿，邵续听从。他手下的人都说："现在背叛石勒，归附段匹磾，那邵乂怎么办？"邵续哭着道："我怎么能为顾全儿子而成了叛逆的臣子呢！"为此他还杀掉几个意见不同的人。石勒听到后，杀了邵乂。邵续让刘胤出使江东，司马睿任命刘胤为参军，任命邵续为平原太守。石勒出兵围攻邵续；段匹磾命令他的弟弟段文鸯前去救援，石勒带兵离开。

襄国大饥荒，两升米谷价值一斤银子，一斤肉价值一两银子。

杜弢的将领王真到林障偷袭陶侃，陶侃逃去滠中。周访支援陶侃，攻打杜弢的军队，击败他们。

夏，五月，西平武穆公张轨寝疾，遗令："文武将佐，务安百姓，上思报国，下以宁家。"己丑，轨薨；长史张玺等表世子实摄父位。

汉中山王曜、赵染寇长安。六月，曜屯渭汭，染屯新丰，索綝将兵出拒之。染有轻綝之色，长史鲁徽曰："晋之君臣，自知强弱不敌，将致死于我，不可轻也。"染曰："以司马模之强，吾取之如拉朽；索綝小竖，岂能污吾马蹄、刀刃邪！"晨，帅轻骑数百逆之，曰："要当获綝而后食。"綝与战于城西，染兵败而归，悔曰："吾不用鲁徽之言以至此，何面目见之！"先命斩徽。徽曰："将军愚愎以取败，乃复忌前害胜，诛忠良以逞忿，犹有天地，将军其得死于枕席乎！"诏加索綝票骑大将军、尚书左仆射、录尚书，承制行事。

【译文】夏季，五月，西平武穆公张轨病危，遗命："文武将佐，一定要使百姓安定，上要报效国家，下要安抚家庭。"己丑日（二十日），张轨去世。长史张玺等人上书，让世子张实代替父亲的职位。

汉国中山王刘曜、赵染进犯长安。六月，刘曜驻扎在渭汭，赵染驻扎在新丰，索綝带领军队出城抵抗。赵染有轻视索綝的意思，长史鲁徽道："晋国的君臣，知晓自己强弱，无法对敌，便会冒死对待我们，不能轻敌。"赵染道："以司马模的兵强马壮，我攻下他们就像拉倒朽木一般。索綝这小人物，哪里能脏了我的马蹄、刀刃呢！"早晨，带领几百骑兵迎战，说："要在抓获索綝之后吃饭。"索綝与他在城西交战，赵染军队战败回来，后悔说道："我不相信鲁徽的话，所以到了这样的地步，有什么脸面见到他呢！"先下令杀掉鲁徽。鲁徽道："将军愚蠢刚愎，所以遭到失败，居然又忌恨以前的事，伤害强过自己的人，杀害忠诚贤良，以满足个人的愤怒。还有天地在，将军难道能有善终吗？"朝廷下诏进封索綝为骠骑大将军、尚书左仆射、录尚书事，依照旧例行事。

曜、染复与将军殷凯帅众数万向长安，麹允逆战于冯翊，允败，收兵；夜，袭凯营，凯败死。曜乃还攻河内太守郭默于怀，列三屯围之。默食尽，送妻子为质，请籴于曜；籴毕，复婴城固守。曜怒，沉默妻子于河而攻之。默欲投李矩于新郑，矩使其甥郭诵迎之。兵少，不敢进。会刘琨遣参军张肇帅鲜卑五百馀骑诣长安，道阻不通，还，过矩营，矩说肇，使击汉兵。汉兵望见鲜卑，不战而走，默遂帅众归矩。汉主聪召曜还屯蒲坂。

秋，赵染攻北地，麹允拒之，染中弩而死。

【译文】刘曜、赵染又与将军殷凯带领几万军队前去长安，麹允在冯翊迎战，麹允大败，收兵；夜晚，偷袭殷凯的军营，殷凯战败身亡。刘曜于是返回怀县攻打河内太守郭默，排列三层军阵攻打。郭默粮食吃光了，送出妻儿作为人质，想向刘曜购买粮食，粮食买好后，又坚守城池。刘曜一怒之下将郭默的妻儿淹死在黄河中，而且攻击他。郭默打算到新郑投靠李矩，李矩让他的外甥郭诵迎接他，由于军队少，不敢前行。正好刘琨派参军张肇带领五百多名鲜卑骑兵，前去长安，道路隔绝不畅，返回，路过李矩军营，李矩劝说张肇，要他攻打汉国军队；汉国军队远远看见鲜卑人，没有交战就逃跑了。郭默于是带领军众归向李矩。汉主刘聪召令刘曜回来，驻扎在蒲坂。

秋季，赵染攻打北地，麹允反抗他，赵染中弩箭而死。

【乾隆御批】赵染之杀鲁徽与袁绍之杀田丰，愚忌如出一辙，欲不败亡得乎。

【译文】赵染杀害鲁徽和袁绍杀害田丰，两者的愚昧忌恨非常相似，想不失败灭亡能行吗？

石勒始命州郡阅实户口，户出帛二匹，谷二斛。

冬，十月，以张实为都督凉州诸军事、凉州刺史、西平公。

十一月，汉主聪以晋王粲为相国、大单于，总百揆。粲少有俊才，自为宰相，骄奢专恣，远贤亲佞，严刻愎谏，国人始恶之。

周勰以其父遗言，因吴人之怨，谋作乱；使吴兴功曹徐馥矫称叔父丞相从事中郎札之命，收合徒众，以讨王导、刁协，豪杰翕然附之，孙皓族人弼亦起兵于广德以应之。

【译文】石勒开始下令要州郡查明户口，每户交布帛二匹，谷米二斛。

冬季，十月，朝廷任命张实都督凉州所有军务、凉州刺史、西平公。

十一月，汉主刘聪任命晋王刘粲为相国、大单于，总领百官。刘粲年轻时就有高超才能，担任宰相后，骄横奢侈，专权放荡，疏远贤人，接近奸佞，残酷苛刻，刚愎拒谏，全国人开始厌恶他。

周勰由于父亲的遗命，利用吴国百姓的仇恨，打算作乱。他派吴兴功曹徐馥，假借叔父从事中郎周札的命令，聚合群众，讨伐王导和刁协，江南英杰一同归附他，孙皓的族人孙弼也在广德起兵呼应他。

建兴三年（乙亥，公元三一五年）春，正月，徐馥杀吴兴太守袁琇，有众数千，欲奉周札为主。札闻之，大惊，以告义兴太守孔侃。勰知札意不同，不敢发。馥党惧，攻馥，杀之；孙弼亦死。札子续亦聚众应馥，左丞相睿议发兵讨之。王导曰："今少发兵则不足以平寇，多发兵则根本空虚。续族弟黄门侍郎莚，忠果有谋，请独使莚往，足以诛续。"睿从之。莚昼夜兼行，至郡，将入，遇续于门，谓续曰："当与君共诣孔府君，有所论。"续不肯入，莚牵逼与俱。坐定，莚谓孔侃曰："府君何以置贼在坐？"续衣中常置刀，即操刀逼莚，莚叱郡传教吴曾格杀之。莚因欲诛勰，札不听，委罪于从兄邵而诛之。莚不归家省母，遂长驱而去，母狼狈追之。睿以札为吴兴太守，莚为太子右卫率。以周氏吴之豪望，故不穷治，抚勰如旧。

诏平东将军宋哲屯华阴。

【译文】 三年（己亥，公元315年）春季，正月，徐馥杀掉吴兴太守袁琇，得到几千军众，打算尊奉周札为君主。周札听到后，很是恐慌，将情况告诉义兴太守孔侃。周勰得知周札的心思不同，不敢贸然举事。徐馥的党羽害怕杀掉了他；孙弼也被杀掉了。周札的儿子周续也聚合众人，呼应周馥。左丞相司马睿商讨派军队讨伐他们，王导说："现在若派的军队少，无法平定寇贼, 派的军队多, 就会使根本空虚。周续的族弟黄门侍郎周莚, 忠诚勇敢, 有计谋, 请派周莚单独前去, 足能杀掉周续了。"司马睿同意了。周莚星夜赶路, 到达郡外, 打算进去, 在门口碰到周续, 对周续说: "要和你一起前去拜访孔府君, 有事情商讨。"周续不愿进去, 周莚强拖着他一块前去。坐好后, 周莚对孔侃说: "府君为何安排贼人坐在位子上?"周续衣服中经常放了刀子, 立马用刀逼近周莚, 周莚大声叫郡传教吴曾, 在搏斗中杀了他。周莚于是想要杀掉周勰, 周札不同意, 将罪过都推给堂兄周邵, 杀了他。周莚不回家向母亲请安, 直接离开, 母亲急急忙忙追上去。司马睿任命周札为吴兴太守, 周莚为太子右卫率。由于周氏是吴郡的豪门望族, 所以并不深究, 和以前一样地安抚周勰。

朝廷诏命平东将军宋哲驻军在华阴。

成主雄立后任氏。

二月, 丙子, 以琅邪王睿为丞相、大都督、督中外诸军事, 南阳王保为相国, 荀组为太尉、领豫州牧, 刘琨为司空、都督并、冀、幽三州诸军事。琨辞司空不受。

南阳王模之败也, 都尉陈安往归世子保于秦州, 保命安将千馀人讨叛羌, 宠待甚厚。保将张春疾之, 谮安, 云有异志, 请除之, 保不许; 春辄伏刺客以刺安。安被创, 驰还陇城, 遣使诣保, 贡献不绝。

诏进拓跋猗卢爵为代王, 置官属, 食代、常山二郡。猗卢请并州从事雁门莫含于刘琨, 琨遣之。含不欲行, 琨曰: "以并州单弱, 吾之不材, 而能自存于胡、羯之间者, 代王之力也。吾倾身竭赀, 以长子为质而奉之者, 庶几为朝廷雪大耻也。卿欲为忠臣, 奈何惜共事之小诚, 而忘徇国之大节乎! 往事 (大) 〔代〕王, 为之腹心，乃一州之所赖也。"含遂行。猗卢甚重之，常与参大计。

【译文】大成君主李雄册立皇后任氏。

二月，丙子日（十二日），任命琅邪王司马睿为丞相、大都督、督理中外所有军务，任命南阳王保为相国、荀组为太尉，兼任豫州牧，刘琨为司空、都督并、冀、幽三州所有军务。刘琨谢绝了司空的职务，没有接受。

南阳王司马模失败之后，都尉陈安前去秦州依附世子司马保，司马保下令让陈安带领一千多人讨伐叛乱的羌人，非常宠信陈安，待他很厚重。司马保的将领张春嫉恨他，诋毁陈安，诬陷他有叛乱的想法，恳请杀掉他，司马保不同意。张春就埋伏下刺客刺杀陈安，陈安受伤，骑马跑回陇城，命使者前去司马保处，不停进献地方特产。

朝廷下诏晋升拓跋猗卢为代王，设置官属，以代郡、常山郡作为食邑。猗卢向刘琨恳请要并州从事雁门人莫含，刘琨令他过去。莫含不愿去，刘琨道："以并州的孤单微弱，我没有能力却得以在胡、羯中间的地区保护自己周全的原因，这全是代王的力量。我费尽心力、财物，以长子作为人质来侍奉他的原因，是期望他能帮助朝廷洗雪大耻。你打算当个忠臣，为什么顾惜一同共事的微小诚心，却忘记为国牺牲的远大志节呢！前去侍奉代王，成了他的心腹，才是全州所能依靠的。"莫含于是前往。猗卢非常看重他，经常同他商议大计。

猗卢用法严，国人犯法者，或举部就诛，老幼相携而行，人问："何之？"曰："往就死。"无一人敢逃匿者。

王敦遣陶侃、甘卓等讨杜弢，前后数十战，弢将士多死，乃请降于丞相睿，睿不许。弢遗南平太守应詹书，自陈昔与詹"共讨乐乡，本同休戚。后在湘中，惧死求生，遂相结聚。倘以旧交之情，为明枉直，使得输诚盟府，厕列义徒，或北清中原，或西取李雄，以赎前愆，虽死之日，犹生之年也!"詹为启呈其书，且言"弢，益州秀才，素有清望，为乡人所逼。今悔恶归善，宜命使扶纳，以息江、湘之民!"睿乃使前南海太守王运受弢降，赦其反逆之罪，以弢为巴东监军。弢既受命，诸将犹攻之不已。弢不胜愤怒，遂杀运复反，遣其将杜弘、张彦杀临川内史谢擒，遂陷豫章。三月，周访击彦，斩之，弘奔临贺。

【译文】猗卢用法严酷，假如是犯法的国人，有的全部落遭受杀戮，老幼互相搀扶着前去，有人问："到哪里去？"回答说："前去受死。"没有一个人敢逃跑的。

王敦下达命令让陶侃、甘卓等人去讨伐杜弢，前后几十次交战，杜弢的将士大多战死，就向丞相司马睿请求投降，司马睿不同意。杜弢送信给南平太守应詹，自己陈述：之前曾经和应詹一同讨伐乐乡，本来是同喜同忧的，后来在湘州，害怕死亡，谋求生路，所以互相团结起来。假如能以往日的交情，代为表明是非曲直，使得可以向盟府表达诚意，跻身在正义人士之中，或者往北扫平中原，或者往西攻打李雄，来抵赎以前的过失，即便是死了，也如同活着一样。应詹写好奏章，呈上他的书信，说："杜弢为益州的秀才，一直都有清高的声望，由于被同乡人逼迫不得已走上歪路。现在非常后悔所做恶行，趋向善良的品德，应下令让使者去安抚接纳他，以此来养息江、湘的人们。"司马睿便下令让前南海太守王运前去接受杜弢的投降，并赦免他叛逆的罪过。任命杜弢担任巴东监军。杜弢接受任命之后，各将领依然不停地攻击，杜弢止不住愤怒，于是杀了王运，又造反了。杜弢下令让他的将领杜弘和张彦杀了临川内史谢擒，攻下豫章。三月，周访攻打张彦，把他杀掉，杜弘逃到临贺。

汉大赦，改元建元。

雨血于汉东宫延明殿，太弟乂恶之，以问太傅崔玮、太保许遐。玮、遐说乂曰："主上往日以殿下为太弟者，欲以安众心耳；其志在晋王久矣，王公已下莫不希旨附之。今复以晋王为相国，羽仪威重，逾于东宫，万机之事，无不由之，诸王皆置营兵以为羽翼，事势已去；殿下非徒不得立也，朝夕且有不测之危，不如早为之计。今四卫精兵不减五千，相国轻佻，正烦一刺客耳。大将军无日不出，其营可袭而取；馀王并幼，固易夺也。苟殿下有意，二万精兵指顾可得，鼓行入云龙门，宿卫之士，孰不倒戈以迎殿下者！大司马不虑其为异也。"乂弗从。东宫舍人荀裕告玮、遐劝乂谋反，汉主聪收玮、遐于诏狱，假以他事杀之。使冠威将军卜抽将兵监守东宫，禁乂不听朝会。乂忧惧不知所为，上表乞为庶人，并除诸子之封，褒美晋王，请以为嗣；抽抑而弗通。

【译文】汉国大赦天下，改年号为建元。

汉国东宫延明殿下了血雨，太弟刘乂非常讨厌这事，就去询问太傅崔玮、太保许遐。崔玮与许遐劝刘乂道："主上在之前将殿下立为太弟的原因，是打算以此安抚众人。他扶植晋王的想法已经很久了，王公之下，没有不奉迎意旨、亲附他的；现在又任命晋王为相国，仪仗旌旗，声势威严，显然超过东宫，朝廷的大事，没有不经过他的，各王侯都设立士兵，作为他的辅助，殿下的大势已经失去了。殿下不仅仅是无法立位，而且早晚会有难以预料的危险，不如早一点作谋划。现在四卫率的精锐士兵，不低于五千人，相国轻浮而且不庄重，只需动用一个刺客而已。大将军没有哪一天不出营门的，他的军营可以通过偷袭得到。其他各王年龄幼小，容易取得。假如殿下有这个心思，两万精锐军队就可以马上得到，击鼓行军到了云龙门，值班的士兵，哪个敢不反过来迎接殿下呢！大司马就更不必忧虑他有不同想法了。"刘乂不愿意。东宫舍人荀裕偷偷告发崔玮、许遐劝刘乂造反，汉主刘聪抓捕崔玮、许遐，关在诏狱，假借别的事情，杀了他们。下达命令让冠威将军卜抽，带领军队看守东宫，禁止刘乂参与朝会。刘乂忧虑恐惧，不知该怎么做才好，呈上奏章，乞求贬为平民，而且要求废除各个儿子的封号，激励赞美晋王，恳请将他作为继承人；卜抽压了下来，没有通报。

汉青州刺史曹嶷尽得齐、鲁间郡县，自镇临菑，有众十馀万，临河置戍。石勒表称："嶷有专据东方之志，请讨之。"汉主聪恐勒灭嶷，不可复制，弗许。

聪纳中护军靳准二女月光、月华，立月光为上皇后，刘贵妃为左皇后，月华为右皇后。左司隶陈元达极谏，以为："并立三后，非礼也。"聪不悦，以元达为右光禄大夫，外示优崇，实夺其权。于是，太尉范隆等皆请以位让元达，聪乃复以元达为御史大夫、仪同三司。月光有秽行，元达奏之，聪不得已废之，月光惭恚自杀，聪恨元达。

【译文】 汉国青州刺史曹嶷，取得齐、鲁地区所有的郡县，自己据守临菑，拥有十多万军众，到达黄河，设立守卫。石勒上书说："曹嶷有独自占守东方的意思，恳请去讨伐他。"汉主刘聪害怕石勒消灭曹嶷，不能再加以控制，没有同意。

刘聪娶中护军靳准的两个女儿月光和月华，册立月光为上皇后，刘贵妃为左皇后，月华为右皇后。左司隶陈元达大力劝谏，认为："同时册立三个皇后，不符合礼制。"刘聪非常不高兴，任命陈元达为右光禄大夫，表面表示优礼尊崇他，实际上是要夺去他的实权。所以太尉范隆等人都要求将职位让给陈元达，刘聪才又任命陈元达为御史大夫、仪同三司。月光有淫秽的丑行，陈元达上奏弹劾，刘聪没有办法，废黜了月光，月光羞愧自杀，刘聪于是非常怨恨陈元达。

夏，四月，大赦。

六月，盗发汉霸、杜二陵及薄太后陵，得金帛甚多，朝廷以用度不足，诏收其馀以实内府。

辛巳，大赦。

汉大司马曜攻上党，八月，癸亥，败刘琨之众于襄垣。曜欲进攻阳曲，汉主聪遣使谓之曰："长安未平，宜以为先。"曜乃还屯蒲坂。

【译文】夏季，四月，大赦天下。

六月，盗匪偷偷挖掘汉朝霸、杜两座陵墓和薄太后的陵墓，得到很多金银财帛；朝廷以用度不足为由诏命没收余下的财物，来充实内府。

辛巳日（十九日），大赦天下。

汉国大司马刘曜攻击上党，八月，癸亥日（初二），在襄垣大败刘琨的军队。刘曜打算出兵攻打阳曲，汉主刘聪派使者对他说："长安尚未平定，应该先平定长安。"刘曜才返回驻军在蒲坂。

陶侃与杜弢相攻，弢使王贡出挑战，侃遥谓之曰："杜弢为益州小吏，盗用库钱，父死不奔丧。卿本佳人，何为随之！天下宁有白头贼邪？"贡初横脚马上，闻侃言，敛容下脚。侃知可动，复遣使谕之，截发为信，贡遂降于侃。戢众溃，遁走，道死。侃与南平太守应詹进克长沙，湘州悉平。丞相睿承制赦其所部，进王敦镇东大将军，加都督江、扬、荆、湘、交、广六州诸军事、江州刺史。敦始自选置刺史以下，浸益骄横。

【译文】 陶侃和杜弢相互攻击，杜弢下令让王贡出兵迎战，陶侃远远地对他说："杜弢是益州一个小小的官吏，偷偷挪用府库的钱财，父亲死了也不治丧。你本来是个良家子弟，为什么要追随他呢？天下哪里会有能活到白头的盗贼呢？"王贡起初时，脚横在马上，听到陶侃的话，端正容貌，将脚放了下来。陶侃看出能说得动他，又派出使者告谕他，剪下头发，作为信物，于是王贡向陶侃投降。杜弢的军队溃败，只得逃跑，在路上死掉了。陶侃与南平太守应詹，进军攻打长沙，湘州全部平定。丞相司马睿承奉制命，赦免了他的部下，王敦进封为镇东大将军，加官为都督江、扬、荆、湘、交、广六州所有军务、江州刺史。王敦开始自己选择刺史以下官员，日益骄横。

初，王如之降也，敦从弟棱爱如骁勇，请敦配己麾下。敦曰："此辈险悍难畜，汝性猖急，不能容养，更成祸端。"棱固请，乃与之。棱置左右，甚加宠遇。如数与敦诸将角射争斗，棱杖之，如深以为耻。及敦潜畜异志，棱每谏之。敦怒其异己，密使人激如令杀棱。如因闲宴，请剑舞为欢，棱许之。如舞剑渐前，棱恶而呵之，如直前杀棱。敦闻之，阳惊，亦捕如诛之。

初，朝廷闻张光死，以侍中第五猗为安南将军，监荆、梁、益、宁四州诸军事、荆州刺史，自武关出。杜曾迎猗于襄阳，为兄子娶猗女，遂聚兵万人，与猗分据汉、沔。

【译文】 起初，王如投降，王敦的堂弟王棱喜欢王如的果敢善战，恳请王敦将他配置在自己的属下。王敦道："这种人奸险凶悍，难以对待，你性子暴躁，不会容纳得下，他会成了祸害的。"王稜坚决要求，才给了他。王稜将他安置在左右，非常优待他。王如经常与王敦各个将领角力、射箭，产生争斗，王稜杖责他，王如时常深感羞耻。待到王敦暗中存有叛乱的心思，王稜经常劝谏。王敦气愤他与自己有不同的看法，偷偷派人刺激王如，要他杀了王稜。王如趁着参加宴会，恳请舞剑，以作为欢乐的事，王稜同意了。王如舞剑，逐渐向前，王稜讨厌地大声阻止他，王如一直前去，杀掉了王稜。王敦得知后，假装惊讶，也抓捕了王如，杀掉了他。

起初，朝廷得知张光死了，任命侍中第五猗为安南将军，监督荆、梁、益、宁四州所有事务、荆州刺史，从武关出发。杜曾到襄阳迎接第五猗，并为哥哥的儿子娶了第五猗的女儿，于是集合一万军队，与第五猗分别占守汉、沔。

陶侃既破杜㼮，乘胜进击曾，有轻曾之志。司马鲁恬谏曰："凡战，当先料其将。今使君诸将，无及曾者，未易可逼也。"侃不从，进围曾于石城。曾军多骑兵，密开门突侃陈，出其后，反击之，侃兵死者数百人。曾将趋顺阳，下马拜侃，告辞而去。

时荀崧都督荆州江北诸军事，屯宛，曾引兵围之。崧兵少食尽，欲求救于故吏襄城太守石览。崧小女灌，年十三，帅勇士数十人，逾城突围夜出，且战且前，遂达览所；又为崧书，求救于南中郎将周访。访遣子抚帅兵三千，与览共救崧，曾乃遁去。

曾复致笺于崧，求讨丹水贼以自效，崧许之。陶侃遗崧书曰："杜曾凶狡，所谓'鸱枭食母之物'。此人不死，州土未宁，足下当识吾言！"崧以宛中兵少，藉曾为外援，不从。曾复帅流亡二千馀人围襄阳，数日，不克而还。

【译文】陶侃已经击败杜弢，趁着刚刚胜利，进军攻打杜曾，有轻慢杜曾的心思。司马鲁恬劝谏说："但凡交战，先要打量他们的将领，现在使君的将领，没有能够比得过杜曾的，无法轻易逼近他。"陶侃没有听从，出兵石城，攻打杜曾。杜曾的军队大都是骑兵，偷偷打开门，偷袭陶侃的阵地，从阵地后面出现，回头攻打陶侃，陶侃的军队死了好几百人。杜曾打算前去顺阳，下马拜了拜陶侃，告别离开。

当时荀崧都督荆州、江北所有军务，驻军在宛城，杜曾带领军队围攻他。荀崧军队较少，粮食吃完了，准备向旧部襄城太守石览恳请支援。荀崧的小女儿荀灌，十三岁，带领几十个勇士，夜晚翻过城墙，突围出去，一边交战，一边前进，最终到达石览的地方；又伪造荀崧的信，向南中郎将周访恳请支援。周访让他的儿子周抚，带领三千军队，与石览共同解救荀崧，杜曾这才逃离而去。

杜曾又写信给荀崧，恳请讨伐丹水的贼人，以自求报效，荀崧同意了。陶侃送给荀崧的信中说："杜曾凶狠狡猾，所谓：'鸱枭是会吃掉母亲的动物。'这个人假如不死，州中是无法安定的，足下必定要记住我的话。"荀崧由于宛城中军队少，依仗杜曾作为外来的支援，没有听从。杜曾又带领两千多流亡的人，围攻襄阳，几天后，没能攻下，返回。

【申涵煜评】崧小女灌突围救父，年才十三耳，与缇萦并是奇女子。古称木兰从军，而不及灌，名之得传与否，原有幸不幸，非独女子然也。

【译文】荀崧小女儿荀灌冲破突围救下父亲，年仅十三岁，和缇萦一样都是奇女子。古代有木兰从军，却比不上荀灌，名声是否能传下来，本来就有人幸运、有人不幸运，并非女子才这样。

王敦嬖人吴兴钱凤，疾陶侃之功，屡毁之。侃将还江陵，欲诣敦自陈。朱伺及安定皇甫方回谏曰："公入必不出。"侃不从。既至，敦留侃不遣，左转广州刺史，以其从弟丞相军咨祭酒廙为荆州刺史。荆州将吏郑攀、马俊等诣敦，上书留侃，敦怒，不许。攀等以侃始灭大贼，而更被黜，众情愤惋；又以廙忌戾难事，遂帅其徒三千人屯涢口，西迎杜曾。廙为攀等所袭，奔于江安。杜曾与攀等北迎第五猗以拒廙。廙督诸军讨曾，复为曾所败。敦意攀承侃风旨，被甲持矛将杀侃，出而复还者数四。侃正色曰："使君雄断，当裁天下，何此不决乎！"因起如厕。谘议参军梅陶、长史陈颁言于敦曰："周访与侃亲姻，如左右手，安有断人左手而右手不应者乎！"敦意解，乃设盛馔以钱之，侃便夜发，敦引其子瞻为参军。

【译文】 王敦宠信的臣子吴兴人钱凤，忌恨陶侃的功劳，经常诋毁他。陶侃打算返回江陵，前去王敦处亲自陈述。朱伺和安定人皇甫方回劝谏说："公侯去了，必定回不来。"陶侃没听从。到了之后，王敦扣留陶侃，不送他返回，贬官为广州刺史，任命他的堂弟丞相军咨祭酒王廙为荆州刺史。荆州将吏郑攀、马俊等人前去晋见王敦，呈上书信表示挽留陶侃，王敦愤怒，不同意。郑攀等人由于陶侃刚刚消灭大敌，却被罢免职位，众人非常愤怒，又由于王廙嫉妒乖戾，非常难侍奉，于是带领他们的三千部属，驻军在涢口，往西迎接杜曾。王廙受到郑攀等人的偷袭，逃到江安。杜曾和郑攀等人奉迎北面的第五猗，以此抵抗王廙。王廙带领各军讨伐杜曾，又被杜曾击败。王敦认为郑攀承受了陶侃的旨意，穿好盔甲、拿着枪矛，打算杀了陶侃，出去又再回来，来回好几次；陶侃端正脸色，说："使君英明果敢，能够裁制天下，为何这样无法决断呢！"于是起身上厕所。咨议参军梅陶和长史陈颁向王敦进言说："周访和陶侃是姻亲，就像左右手，切断了别人的左手，右手怎么可能会不来接应呢！"王敦心思明了，于是设下丰富的菜肴为他饯行。陶侃连夜出发，王敦让他的儿子王瞻担任参军。

初，交州刺史顾秘卒，州人以秘子寿领州事。帐下督梁硕起兵攻寿，杀之，硕遂专制交州。王机自以盗据广州，恐王敦讨之，更求交州。会杜弘诣机降，敦欲因机以讨硕。乃以降杜弘为机功，转交州刺史。机至郁林，硕迎前刺史脩则子湛行州事以拒之。机不得进，乃更与杜弘及广州将温邵、交州秀才刘沈谋复还据广州。陶侃至始兴，州人皆言宜观察形势，不可轻进。侃不听，直至广州，诸郡县皆已迎机矣。杜弘遣使伪降，侃知其谋，进击弘，破之，遂执刘沈于小桂。遣督护许高讨王机，走之。机病死于道，高掘其尸，斩之。诸将皆请乘胜击温邵，侃笑曰："吾威名已著，何事遣兵！但一函纸自定耳。"乃下书谕之。邵惧而走，追获于始兴。杜弘诣王敦降，广州遂平。

侃在广州无事，辄朝运百甓于斋外，暮运于斋内。人问其故，答曰："吾方致力中原，过尔优逸，恐不堪事，故自劳耳。"

【译文】起初，交州刺史顾秘去世，州中人推选顾秘的儿子顾寿兼任州中政事。帐下督梁硕出兵攻打顾寿，杀掉了他。梁硕于是独揽交州大权。王机自认为强占了广州，恐怕王敦讨伐他，另外要求交州。正巧杜弘向王机投降，王敦打算借王机来讨伐梁硕，所以将招降杜弘作为王机的功劳，转为交州刺史。王机到了郁林之后，梁硕迎接前刺史脩则的儿子脩湛代理州中政事，来反抗他。王机无法前行，于是又与杜弘和广州将领温邵、交州秀才刘沈商议，再返回广州守卫。陶侃到达始兴，州中人都说应该观察形势，不可轻易前进；陶侃没有听从，一直到了广州，各个郡县都已经迎接王机了。杜弘派使者假装投降，陶侃知晓是他的诡计，发兵攻打杜弘，击败他，并在小桂抓获刘沈。让督护许高讨伐王机，将他打跑。王机在路上患病死了，许高挖出他的尸体，砍下头颅。各将领都恳请趁着胜利攻击温邵。陶侃笑着道："我的威名已经非常显耀了，为什么要派遣军队？只需一封书信，自然就会平定。"于是送信告诫他。温邵恐惧逃走，在始兴被抓获。杜弘向王敦投降，广州于是平定。

陶侃在广州无事可做，经常早晨搬运一百块砖到书房外，傍晚时搬运到书房内。有人问他原因，回答道："我正在为中原尽力，这样的过分闲适，恐怕无法担当大任，所以自己劳动而已。"

王敦以杜弘为将，宠任之。

九月，汉主聪使大鸿胪赐石勒弓矢，策命勒为陕东伯，得专征伐，拜刺史、将军、守宰，封列候，岁尽集上。

汉大司马曜寇北地，诏以麹允为大都督、票骑将军以御之。冬，十月，以索綝为尚书仆射、都督宫城诸军事。曜进拔冯翊，太守梁肃奔万年。曜转寇上郡，麹允去黄白城，军于灵武，以兵弱，不敢进。

【译文】王敦让杜弘担任将领，非常宠信他。

九月，汉主刘聪任命大鸿胪赏赐弓、箭给石勒，敕命石勒担任陕东伯，可以专权征伐，而且能够任命刺史、将军、郡守、县宰，还可以封列侯，每年年底，集合名单上奏。

汉国大司马刘曜侵犯北地，晋愍帝司马邺下诏让麴允担任大都督、骠骑将军来抵抗他们。冬季，十月，派索綝担任尚书仆射、都督宫城所有军务。刘曜出兵攻打冯翊，太守梁肃逃到万年。刘曜改变方向，攻打上郡。麴允前去黄白城，驻扎灵武，由于军力薄弱，不敢前行。

帝屡征兵于丞相保，保左右皆曰："蝮蛇螫手，壮士断腕。今胡寇方盛，且宜断陇道以观其变。"从事中郎裴诜曰："今蛇已螫头，头可断乎！"保乃以镇军将军胡崧行前锋都督，须诸军集乃发。麴允欲奉帝往就保，索綝曰："保得天子，必逞其私志。"乃止。于是，自长安以西，不复贡奉朝廷，百官饥乏，采稆以自存。

凉州军士张冰得玺，文曰"皇帝行玺"，献于张实，僚属皆贺。实曰："是非人臣所得留。"遣使归于长安。

【译文】 晋愍帝司马邺多次向丞相司马保征调军队，司马保的将佐都说："毒蛇咬中手，壮士就要砍断手腕。现在胡人寇匪士气正盛，应当暂时隔断陇地道路来查看他们的变化。"从事中郎裴诜说："现在蛇已经咬中了头，头能够割断吗？"司马保才让镇军将军胡崧代理前锋都督，等着各军会合了就出发。麴允打算奉迎晋愍帝司马邺，前去投靠司马保，索綝说："司马保得到天子，必定会以此来满足他个人的心愿。"才停下。这样从长安往西，不再有给朝廷贡献的，百官饥饿困顿，唯有采集野生稻子来保全自身。

凉州军士张冰，得到一块玉玺，上写着"皇帝行玺"，进献给张实，幕僚都来恭贺，张实说："这个不是为人臣子可以留下的。"派人将玉玺送到长安。

建兴四年(丙子, 公元三一六年)春, 正月, 司徒梁芬议追尊吴王晏, 右仆射索綝等引魏明帝诏以为不可; 乃赠太保, 谥曰孝。

汉中常侍王沈、宣怀、中宫仆射郭猗等, 皆宠幸用事。汉主聪游宴后宫, 或三日不醒, 或百日不出; 自去冬不视朝, 政事一委相国粲, 唯杀生、除拜乃使沈等入白之。沈等多不白, 而自以其私意决之, 故勋旧或不叙, 而奸佞小人有数日至二千石者。军旅岁起, 将士无钱帛之赏, 而后宫之家, 赐及僮仆, 动至数千万。沈等车服、第舍逾于诸王, 子弟中表为守令者三十馀人, 皆贪残为民害。靳准阖宗谄事之。

【译文】 四年(丙子, 公元316年)春季, 正月, 司徒梁芬建言追封吴王司马晏, 右仆射索綝等人援引魏明帝的诏书, 认为不可以; 因此只赠给太保, 谥号为孝。

汉国中常侍王沈、宣怀、中宫仆射郭猗等人, 都受宠信而当权用事。汉主刘聪在后宫游玩宴饮, 有时三天都不醒, 有时一百天都不出门; 从去年冬季不临朝听政, 所有政事都托付相国刘粲, 唯有杀人和任命官员, 才让王沈等人入宫禀告。王沈等人大部分都不禀告, 却按照自己的意见来决定, 所以往日的功臣, 有的就不授予官职, 然而奸佞小人, 有的几天时间就担任到两千石的职位。连年兴起战事, 将士没有金银财帛的奖赏; 但后宫的家族, 连奴仆都有赏赐, 一赏就达几千万。王沈等人的车马、衣物、房子, 胜过各王侯, 子弟中表亲当郡守、县令的就有三十多人, 都贪财残暴, 是百姓的祸害。靳准全家都谄媚地侍奉他。

郭猗与准皆有怨于太弟乂, 猗谓相国粲曰: "殿下光文帝之世孙, 主上之嫡子, 四海莫不属心, 奈何欲以天下与太弟乎! 且臣闻太弟与大将军谋因三月上巳大宴作乱，事成，许以主上为太上皇，大将军为皇太子，又许卫军为大单于。三王处不疑之地，并握重兵，以此举事，无不成者。然二王贪一时之利，不顾父兄，事成之后，主上岂有全理！殿下兄弟，固不待言；东宫、相国、单于，当在武陵兄弟，何肯与人也！今祸期甚迫，宜早图之。臣屡言于主上，主上笃于友爱，以臣刀锯之馀，终不之信。愿殿下勿泄，密表其状。殿下倘不信臣，可召大将军从事中郎王皮、卫军司马刘惇，假之恩意，许其归首以问之，必可知也。"粲许之。猗密谓皮、惇曰："二王逆状，主上及相国具知之矣，卿同之乎？"二人惊曰："无之。"猗曰："兹事已决，吾怜卿亲旧并见族耳！"因歔欷流涕。二人大惧，叩头求哀。猗曰："吾为卿计，卿能用之乎？相国问卿，卿但云'有之'；若责卿不先启，卿即云'臣诚负死罪。然仰惟主上宽仁，殿下敦睦，苟言不见信，则陷于诬谮不测之诛，故不敢言也'。"皮、惇许诺。粲召问之，二人至不同时，而其辞若一，粲以为信然。

【译文】郭猗和靳准都与太弟刘乂有私人仇恨，郭猗对相国刘粲说："殿下是光文帝的嫡孙，君上的嫡子，四海没有不欢喜依附的，为何要将天下让给太弟呢！而且臣下听说，太弟与大将军打算趁着三月上巳日宴会之时作乱，事情若成功，同意让君主作为太上皇，大将军为皇太子，又允诺卫将军为大单于，三位大侯都处在不被怀疑的位置，同时握有大军，以这种条件发动事变，不会不成功的。只不过两位公侯贪图一时利益，不顾及父亲、哥哥，事情成功之后，君主怎会有保全的道理！殿下兄弟，自然不必多说。东宫、相国、单于，应该是刘乂的儿子刘武陵兄弟的，怎么愿意给予别人呢！现在灾祸的日子非常紧迫，应该早点作出计策。臣下多次向君主进言，君主友爱厚重，认为臣下是个宦官，最终无法相信，期望殿下不要泄露，偷偷上表，表明情况。殿下要是不信任臣下，可以召见大将军从事中郎王皮与卫将军刘惇，以恩意赦免他们，同意他们归顺，然后问他们，必定能知晓了。"刘粲同意。郭猗悄悄对王皮与刘惇说："两位王侯叛逆的事情，君主与相国都详细地知晓了，你们是一块的吗？"二人惊恐地说："没有。"郭猗说："这个事情已经定了处理方法，我只是怜惜你们的亲戚与朋友一起被灭族而已！"因此叹息哭泣。两人大为惊恐，叩头哀求。郭猗说："我帮你们谋划，你们能采纳吗？相国问你们，你们只需说：'有的。'假如责怪你们不早点告诉，你们就说：'臣下实在负有死罪，然而想到君主宽大慈爱，殿下敦实和睦，假如说了不被相信，就会被认为是诬告、诋毁，遭到无法预料的诛杀，所以不敢说。'"王皮、刘惇同意了。刘粲召来他们询问，两人不是一个时间来，但话语就像一人说的，刘粲信以为真。

靳准复说粲曰："殿下宜自居东宫，以领相国，使天下早有所系。今道路之言，皆云大将军、卫将军欲奉太弟为变，期以季春；若使太弟得天下，殿下无容足之地矣。"粲曰："为之奈何？"准曰："人告太弟为变，主上必不信。宜缓东宫之禁，使宾客得往来；太弟雅好待士，必不以此为嫌，轻薄小人不能无迎合太弟之意为之谋者。然后下官为殿下露表其罪，殿下收其宾客与太弟交通者考问之，狱辞既具，则主上无不信之理也。"粲乃命卜抽引兵去东宫。

【译文】靳准又劝刘粲说："殿下应该自己居有东宫的地位，来兼任相国，以使天下早点有所依靠。现在道上的传言，都说大将军与卫将军打算尊奉太弟，促成变乱，约定日期在春末三月；假如太弟得到了天下，殿下没有安身的地方了。"刘粲说："该怎么办？"靳准说："有人告发太弟要叛乱，君主必定不相信。应该宽松东宫的禁令，使宾客得以来往，太弟平常喜爱接待士子，必定不会怀疑这样行事。轻薄小人，不会没有奉迎太弟的心思，帮他谋划的。之后下官向殿下透露他的罪过，殿下抓捕与太弟交往的宾客，责问他们，供状有了之后，君主没有不相信的理由。"刘粲所以下达命令让卜抽带领军队离开东宫。

少府陈休、左卫将军卜崇，为人清直，素恶沈等，虽在公座，未尝与语，沈等深疾之。侍中卜干谓休、崇曰："王沈等势力足以回天地，卿辈自料亲贤孰与窦武、陈蕃？"休、崇曰："吾辈年逾五十，职位已崇，唯欠一死耳！死于忠义，乃为得所；安能俛首伍眉以事阉竖乎！去矣卜公，勿复有言！"

【译文】 少府陈休、左卫将军卜崇，为人清高正直，向来讨厌王沈等人，即便在公众场合，也从来不同他们交谈，王沈等人非常痛恨他们。侍中卜干对陈休、卜崇说："王沈等人的力量，足能挽回天地，你们这些人，自己思考，与窦武、陈蕃比起来，哪一个比较亲近、贤明？"陈休、卜崇说："我们这些人，年龄超过五十，职位也非常高了，只差一死而已！因为忠义而死，就是死得其所；怎么可以低头来侍奉小小宦官呢？算了吧！卜公别再说了！"

二月，汉主聪出临上秋阁，命收陈休、卜崇及特进綦毋达、太中大夫公歋、尚书王琰、田歆、大司农朱诮并诛之，皆宦官所恶也。卜干泣谏曰："陛下方侧席求贤，而一旦戮卿大夫七人，皆国之忠良，无乃不可乎！藉使休等有罪，陛下不下之有司，暴明其状，天下何从知之！诏尚在臣所，未敢宣露，愿陛下熟思之！”因叩头流血。王沈叱干曰：“卜侍中欲拒诏乎！”聪拂衣而入，免干为庶人。

【译文】 二月，汉主刘聪出宫，驾临上秋阁，下令抓捕陈休、卜崇与特进綦毋达、太中大夫公㦛、尚书王琰、田歆、大司农朱诞，一起杀掉，这些都是为宦官所怀恨的人。卜干哭着劝谏说：“陛下正要侧席来求取贤人，在一天之中却杀掉了卿大夫七人，都是国家的忠臣，恐怕这不可以吧！假如陈休等人有罪，陛下不将他们送给有关官吏，说明他们的罪状，天下怎么会知晓呢？诏命还在臣下这儿，没敢宣布出来，希望陛下细细考虑！”因此叩头到流血。王沈责怪卜干说：“卜侍中想要抵抗诏命吗！”刘聪甩袖生气地进去了，罢免卜干的官职，贬为平民。

太宰河间王易、大将军勃海王敷、御史大夫陈元达、金紫光禄大夫西河王延等皆诣阙表谏曰：“王沈等矫弄诏旨，欺诬日月，内谄陛下，外佞相国，威权之重，侔于人主，多树奸党，毒流海内。知休等忠臣，为国尽节，恐发其奸状，故巧为诬陷。陛下不察，遽加极刑，痛彻天地，贤愚伤惧。今遗晋未殄，巴、蜀不宾，石勒谋据赵、魏，曹嶷欲王全齐，陛下心腹四支，何处无患！乃复以沈等助乱，诛巫咸，戮扁鹊，臣恐遂成膏盲之疾，后虽救之，不可及已。请免沈等官，付有司治罪。”聪以表示沈等，笑曰：“群儿为元达所引，遂成痴也。”沈等顿首泣曰：“臣等小人，过蒙陛下识拔，得洒扫闺阁；而王公、朝士疾臣等如仇，又深恨陛下。愿以臣等膏鼎镬，则朝廷自然雍穆矣。”聪曰：“此等狂言常然，卿何足恨乎！"聪问沈等于相国粲，粲盛称沈等忠清；聪悦，封沈等为列侯。

【译文】 太宰河间王刘易、大将军渤海王刘敷、御史大夫陈元达、金紫光禄大夫西河人王延等都前去宫中，上书劝谏说："王沈等人随意玩弄诏旨，欺瞒天地，在内献媚陛下，在外阿谀相国，权势的重大，能够和君主相比，树立大量奸邪党羽，毒害遍布天下。知晓陈休等人为忠臣，为国家尽心竭力，畏惧揭发他们奸恶的罪行，所以巧妙地设下陷阱；陛下无法明察，立马执行死刑，悲痛传达全天下，贤愚都忧愤恐惧。现在残剩下的晋国没有消灭，巴、蜀地区没有投降，石勒打算占据赵、魏，曹嶷打算在整个齐国称王，陛下的心腹与四肢，哪个地方没有忧患呢！居然又让王沈等人辅助祸乱，诛害巫咸，杀了扁鹊，臣下恐怕最终会造成膏肓的疾病，之后即便想救治，也来不及了。恳请罢免王沈等人官职，交给主事的人去治他们的罪。"刘聪将奏章给王沈等人看，笑着道："这些人被陈元达诱惑，居然都成了痴呆的人！"王沈等人叩头哭泣说："臣下等人是小人，过分地承受陛下的赏识和提拔，得以在内宫洒扫；然而王公大臣与朝中官员忌恨臣下等人如同仇敌一样，又非常怨恨陛下；只愿将臣下等人杀掉吧，那么朝廷自然就和睦了。"刘聪说："这些人狂妄的言辞经常是这样的，你何须记恨呢！"刘聪向相国刘粲询问王沈等人，刘粲大力称赞王沈等人忠心清高，刘聪高兴了，封王沈等人为列侯。

太宰易又诣阙上疏极谏，聪大怒，手坏其疏。三月，易忿恚而卒。易素忠直，陈元达倚之为援，得尽谏诤。及卒，元达哭之恸，曰："'人之云亡，邦国殄瘁。'吾既不复能言，安用默默苟生

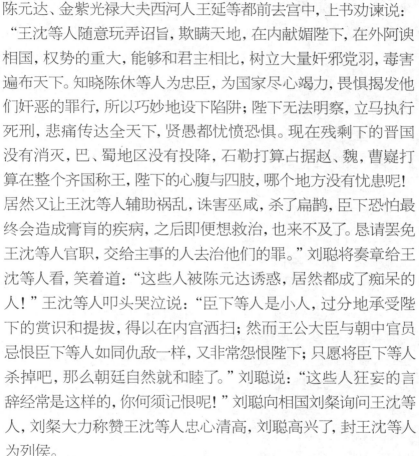

乎!"归而自杀。

初,代王猗卢爱其少子比延,欲以为嗣,使长子六修出居新平城,而黜其母。六修有骏马,日行五百里,猗卢夺之,以与比延。六修来朝,猗卢使拜比延,六修不从。猗卢乃坐比延于其步辇,使人导从出游。六修望见,以为猗卢,伏谒路左;至,乃比延,六修惭怒而去。猗卢召之不至,大怒,帅众讨之,为六修所败。猗卢微服逃民间,有贱妇人识之,遂为六修所弑。拓跋普根先守外境,闻难来赴,攻六修,灭之。

【译文】 太宰刘易又到宫中,呈上奏疏,大力劝谏,刘聪大怒,亲手撕毁了他的奏疏。三月,刘易忧愤怨恨地去世。刘易向来忠诚正直,陈元达借助他作为援助,得以极力进谏;等到他死了,陈元达哭得非常伤心,道:"'人之云亡,邦国殄瘁。(贤人都已经死去了,国家就要穷困了。)'我既然无法再进谏,为何要苟且偷生呢!"回家就自杀了。

起初,代王猗卢喜爱他年龄最小的儿子比延,想让他成为继承人,让长子六修出外居住在新平城,而且废黜他母亲。六修有匹骏马,每天能够走五百里,猗卢强夺回来,将马赏给比延。六修来朝见,猗卢让他拜见比延,六修不同意。猗卢于是让比延坐在自己的步辇上,命人引导和扈从,出去游玩;六修远远看见了,当成了猗卢,在路边叩见,到了跟前,才知晓是比延,六修羞恨、愤怒地离开了。猗卢召见他,不去,大怒,带领军众讨伐他,被六修击败。猗卢换了平常人的衣服逃到民间,有个贫贱女人认得他,最终被六修杀掉。拓跋普根先前是守卫边境的,得知有难,前来救援,攻打六修,杀了他。

普根代立,国中大乱,新旧猜嫌,迭相诛灭。左将军卫雄、信义将军箕澹，久佐猗卢，为众所附，谋归刘琨，乃言于众曰：
"闻旧人忌新人悍战，欲尽杀之，将奈何？"晋人及乌桓皆惊惧，
曰："死生随二将军！"乃与琨质子遵帅晋人及乌桓三万家、马牛
羊十万头归于琨。琨大喜，亲诣平城抚纳之，琨兵由是复振。

夏，四月，普根卒。其子始生，普根母惟氏立之。

张实下令：所部吏民有能举其过者，赏以布帛羊米。贼曹佐
高昌隗瑾曰："今明公为政，事无巨细，皆自决之，或兴师发令，府
朝不知；万一违失，谤无所分。群下畏威，受成而已。如此，虽
赏之千金，终不敢言也。谓宜少损聪明，凡百政事，皆延访群下，
使各尽所怀，然后采而行之，则嘉言自至，何必赏也！"实悦，从
之，增瑾位三等。

【译文】拓跋普根即位，国中混乱，新人、旧人相互猜疑，
不断互相杀戮。左将军卫雄、信义将军箕澹，一直辅助猗卢，是
众人所依附的，打算归向刘琨，于是对众人说："听说旧人妒
忌新人的交战强悍，打算将他们全部杀了，该怎么办？"晋人和
乌桓人都惊恐害怕，说："生死都追随二位将军。"所以与刘琨
作为人质的儿子刘遵，带领晋国人和乌桓人三万家，马、牛、羊
十万头，归附刘琨。刘琨非常高兴，亲自到平城抚慰、接待他
们，刘琨的军队由此再次振兴起来。

夏季，四月，拓跋普根去世。他的儿子刚出生不久，普根的
母亲惟氏册立他为王。

张实下令："我所治理的官民，有人能列出我的过失的，赏
赐布帛、羊、米！"贼曹佐高昌人隗瑾说："现在明公治理政事，
事情不论大小，都自己来决定，有时发起战事、发布命令，幕僚
官府却不知晓；万一有了差错，就没有人来分担责任。僚属们害
怕威望，只能接受成命罢了。这样行事的话，即使奖赏千金，最

终不敢进言。私下认为应该略微减损个人的聪明，凡是各种政务，都托付属下治理，使得人人都能尽到心思，然后具体实行，那么美好的进谏自然就来临了，为何要奖赏呢？"张实很高兴，采纳他的主张。进封隗瑾三等官职。

资治通鉴

实遣将军王该帅步骑五千入援长安，且送诸郡贡计。诏拜实都督陕西诸军事，以实弟茂为秦州刺史。

石勒使石虎攻刘演于廪丘，幽州刺史段匹磾使其弟文鸯救之；虎拔廪丘，演奔文鸯军，虎获演弟启以归。

宁州刺史王逊，严猛喜诛杀。五月，平夷太守雷炤、平乐太守董霸，帅三千馀家叛，降于成。

【译文】 张实让将军王该带领五千步兵、骑兵，来到长安救援，而且送去各郡土产和账簿。下诏让张实都督陕西所有军务，任命张实的弟弟张茂为秦州刺史。

石勒让石虎到廪丘攻击刘演，幽州刺史段匹磾让他的弟弟段文鸯援助他；石虎攻下廪丘，刘演逃往段文鸯军中，石虎抓获刘演的弟弟刘启返回。

宁州刺史王逊，严苛凶狠，喜爱杀人。五月，平夷太守雷炤、平乐太守董霸，带领三千多户叛乱，投降大成国。

六月，丁巳朔，日有食之。

秋，七月，汉大司马曜围北地太守麴昌，大都督麴允将步骑三万救之。曜绕城纵火，烟起蔽天，使反间绐允曰："郡城已陷，往无及也！"众惧而溃。曜追败允于磻石谷，允奔还灵武，曜遂取北地。

允性仁厚，无威断，喜以爵位悦人。新平太守竺恢、始平太守杨像、扶风太守竺爽、安定太守焦嵩，皆领征、镇，杖节，加侍中、常侍；村坞主帅，小者犹假银青将军之号；然恩不及下，故诸将骄恣而士卒离怨。关中危乱，允告急于焦嵩；嵩素侮允，曰："须允困，当救之。"

【译文】六月，丁巳朔日（初一），出现日食。

秋季，七月，汉国大司马刘曜围攻北地太守麴昌，大都督麴允带领三万步兵、骑兵去救援。刘曜围绕城池纵火，浓烟四起，遮盖天空，派出间谍，骗麴允说："郡城已经失陷，去也来不及了。"军众恐惧，逃跑，刘曜追赶到磻石谷，击败麴允，麴允逃到灵武，刘曜于是攻下了北地。

麴允天生仁慈厚重，没有威力和决断力，喜爱用爵位取悦别人。新平太守竺恢、始平太守杨像、扶风太守竺爽、安定太守焦嵩，都兼任征、镇将军，杖节，加官为侍中、常侍；村庄、城堡的主帅，小的也给予银印、青绶、将军的名号；然而恩惠无法遍及部下，所以各将领傲慢放纵，士兵却愤恨背离。关中危难混乱，麴允向焦嵩告急，焦嵩向来轻慢麴允，说："等到麴允危难了，再去救他。"

曜进至泾阳，渭北诸城悉溃。曜获建威将军鲁充、散骑常侍梁纬、少府皇甫阳。曜素闻充贤，募生致之，既见，赐之酒曰："吾得子，天下不足定也！"充曰："身为晋将，国家丧败，不敢求生。若蒙公恩，速死为幸。"曜曰："义士也。"赐之剑，令自杀。梁纬妻辛氏，美色，曜召见，将妻之，辛氏大哭曰："妾夫已死，义不独生，且一妇人而事二夫，明公又安用之！"曜曰："贞女也。"亦听自杀，皆以礼葬之。

汉主聪立故张后侍婢樊氏为上皇后，三后之外，佩皇后玺绶者复有七人。嬖宠用事，刑赏紊乱。大将军敷数涕泣切谏，聪怒曰："汝欲乃公速死邪，何以朝夕生来哭人！"敷忧愤，发病卒。

河东平阳大蝗，民流殍者什五六。石勒遣其将石越帅骑二万屯并州，招纳流民，民归之者二十万户。聪遣使让勒，勒不受命，潜与曹嶷相结。

【译文】 刘曜出兵，到达泾水北面，渭河北方各个城池都沦陷了。刘曜抓获建威将军鲁充、散骑常侍梁纬、少府皇甫阳。刘曜一直听说鲁充贤能，下令活捉，见到之后，赐给他酒，说："我得到你，天下就容易安定了！"鲁充说："自身作为晋国将领，国家灭亡，不敢恳请活命；假如承蒙公侯的恩惠，赶紧赐死，才是幸福的事。"刘曜说："真是义士！"赐给他剑，让他自杀。梁纬的妻子辛氏，长得美丽，刘曜召见，打算娶她，辛氏大哭，道："妾的丈夫已经死了，按照义理，无法单独活着，而且一个女人却侍奉两个丈夫，明公又如何会信任她呢！"刘曜说："是贞烈的女子。"也听从她自杀了，都按照礼节埋葬他们。

汉主刘聪立已故张后的侍婢樊氏为上皇后。三位皇后之外，佩戴皇后玉玺绶带的，还有七个人。宠爱的臣子专权，刑罚混乱。大将军刘敷多次哭着恳切劝谏，刘聪气愤地说："你想要你的父亲早点死吗？为什么早晚来哭活人呢？"刘敷忧郁愤怒，患病去世。

河东平阳发生大蝗灾，百姓流亡饿死的人，十分之五六。石勒让他的将领石越，带领两万人，驻军在并州，招收流民，归附他们的百姓有二十万家。刘聪派出使者责怪石勒，石勒不服从命令，偷偷与曹嶷结交。

八月，汉大司马曜逼长安。

九月，汉主宴群臣于光极殿，引见太弟乂。乂容貌憔悴，鬓发苍然，涕泣陈谢，聪亦为之恸哭；乃纵酒极欢，待之如初。

焦嵩、竺恢、宋哲皆引兵救长安，散骑常侍华辑监京兆、冯翊、弘农、上洛四郡兵，屯霸上，皆畏汉兵强，不敢进。相国保遣胡崧将兵入援，击汉大司马曜于灵台，破之。崧恐国威复振则麹、索势盛，乃帅城西诸郡兵屯渭北不进，遂还槐里。

【译文】八月，汉国大司马刘曜逼近长安城。

九月，汉主刘聪在光极殿大宴群臣，召见太弟刘乂；刘乂面容憔悴，头发苍白，哭泣着表示谢意，刘聪也哭得很伤心，所以尽情喝酒，非常欢乐，待他如同以前一样。

焦嵩、竺恢、宋哲都带领军队救援长安，散骑常侍华辑监理京兆、冯翊、弘农、上洛四郡的军队，驻军在霸上，都害怕汉国军队的强盛，不敢出兵。相国司马保让胡崧带领军队进京救援，到灵台攻打汉国大司马刘曜，击败他们。胡崧唯恐国家威望再次振兴，那么麹允、索綝的势力就会强大，于是带领城西各郡军队，驻扎在渭水北面，不再前行，不久返回槐里。

曜攻陷长安外城，麹允、索綝退守小城以自固。内外断绝，城中饥甚，米斗直金二两，人相食，死者太半，亡逃不可制，唯凉州义众千人，守死不移。太仓有麹数十饼，麹允屑之为粥以供帝，既而亦尽。冬，十一月，帝泣谓允曰："今穷厄如此，外无救援，当忍耻出降，以活士民。"因叹曰："误我事者，麹、索二公也！"使侍中宗敞送降笺于曜。索綝潜留敞，使其子说曜曰："今城中食犹足支一年，未易克也，若许綝以车骑、仪同、万户郡公者，请以城降。"曜斩而送之，曰："帝王之师，以义行也。孤将兵十五年，未尝以诡计败人，必穷兵极势，然后取之。今索綝所言如此，天下之恶一也，辄相为戮之。若兵食审未尽者，便可勉强固守；如其粮竭兵微，亦宜早寤天命。"

【译文】 刘曜攻下了长安的外城，麹允、索綝退兵据守小城，以自求坚守。内支外援断绝，城中饥荒得厉害，一斗米就值二两黄金，百姓相互残食，死了一大半的人，逃跑的无法阻止，唯有凉州义兵一千人，至死也坚守不动。太仓有几十个麦饼，麹允弄成粉屑，熬成稀粥，让晋愍帝司马邺食用，不久也吃完了。冬季，十一月，晋愍帝司马邺哭着对麹允说："现在这样的困顿，外面没有支援，应该忍着耻辱，出城投降，以救活百姓。"因此叹息道："耽误我大事的人，是麹允、索綝两位公侯！"派出侍中宗敞，向刘曜送达降书。索綝偷偷留下宗敞，让他的儿子劝刘曜说："现在城中粮食，足以支持一年，不会轻易攻得下的，假如答应索綝担任仪同、万户郡公的话，愿意献出城池投降。"刘曜杀掉了使者，送回尸首，说："帝王之师，要按照义理行事；我带领军队十五年，从来没有用阴谋诡计击败过别人，必定要到兵力穷尽、情势困顿，然后才攻打下来。现在索綝这样讲，是天下一种恶劣行径，通常要遭到杀戮的命运。假如军队、粮食没有真正到穷尽的地步，便可以勉强坚持防守；假如到了粮食用完、兵力衰弱的时候，也应该早日明白天命。"

甲午，宗敞至曜营；乙未，帝乘羊车，肉袒、衔璧、舆榇出东门降。群臣号泣，攀车执帝手，帝亦悲不自胜。御史中丞冯翊吉朗叹曰："吾智不能谋，勇不能死，何忍君臣相随，北面事贼虏乎！"乃自杀。曜焚榇受璧，使宗敞奉帝还宫。丁酉，迁帝及公卿以下于其营；辛丑，送至平阳。壬寅，汉主聪临光极殿，帝稽首于前。麴允伏地恸哭，扶不能起。聪怒，囚之，允自杀。聪以帝为光禄大夫，封怀安侯。以大司马曜为假黄钺、大都督、督陕西诸军事、太宰，封秦王。大赦，改元麟嘉。以麴允忠烈，赠车骑将军，谥节愍侯。以索綝不忠，斩于都市。尚书梁允、侍中梁浚等及诸郡守皆为曜所杀，华辑奔南山。

◆干宝论曰："昔高祖宣皇帝，以雄才硕量，应时而起，性深阻有若城府，而能宽绰以容纳；行数术以御物，而知人善采拔。于是百姓与能，大象始构。世宗承基，太祖继业，咸黜异图，用融前烈。至于世祖，遂享皇极，仁以厚下，俭以足用，和而不弛，宽而能断，掩唐、虞之旧域，班正朔于八荒，于时有"天下无穷人"之谚，虽太平未洽，亦足以明民乐其生矣。◆

【译文】甲午日（初十），宗敞到了刘曜的军营；乙未日（十一日），晋愍帝司马邺坐着羊车、祖露身体、口衔璧玉、抬着棺木，从东门出城投降。臣子们大叫哭泣，拉着车子，抓住晋愍帝司马邺的手，晋愍帝也止不住地悲伤。御史中丞冯翊人吉朗叹息道："我的才智无法谋划政事，勇力也无法为国而死，怎么忍心君臣追随着面向北面去侍奉敌人呢！"于是自杀。刘曜焚烧棺木，接受璧玉，下达命令让宗敞奉送晋愍帝司马邺返回皇宫。丁酉日（十三日），将晋愍帝司马邺与公卿以下官员移到他的军营；辛丑日（十七日），送去平阳。壬寅日（十八日），汉主刘聪来到光极殿，晋愍帝司马邺在前面叩头。麴允趴在地上，悲愤地哭泣，扶他，不愿起身，刘聪一怒之下，将他囚禁起来，麴允自杀。刘聪任命晋愍帝司马邺为光禄大夫，册封为怀安侯。任命大司马刘曜为假黄钺、大都督、督理陕西所有军务、太宰，封为秦王。大赦天下，改年号为麟嘉。由于麴允忠烈，追封车骑将军，谥号节愍侯。由于索綝不忠心，在东市把他杀了。尚书梁允、侍中梁浚等人和各个郡守，都被刘曜所杀，华辑逃奔到南山。

◆干宝评论说：之前高祖宣皇帝司马懿，由于有雄奇才干、宽宏大度，顺应时事起兵。天生沉稳不露，非常有城府，而且可以宽大地包容别人；运用权术统治万物，而且能识别并善于提拔人才。于是百姓推崇他的才能，伟大的制度才开始创立起来。世宗接受基业，太祖承继帝业，都废除了意图叛乱的人，融合了前代的功业。等到世祖，终于取得天子地位，仁慈地厚待底下的臣民，节省而使国家仓储富足，和顺却不懈怠，宽容却能决断，拥有唐、虞以前的地区，发布正朔到天下。这个时候，有"天下无穷人"的谚语，尽管和平政治没有普及天下，也足以使百姓有了节度，生活安稳欢乐了。◆

◆武皇既崩，山陵未干而变难继起。宗子无维城之助，师尹无具瞻之贵，朝为伊、周，夕成桀、跖；国政迭移于乱人，禁兵外散于四方，方岳无钧石之镇，关门无结草之固。戎、羯称制，二帝失尊，何哉？树立失权，托付非才，四维不张，而苟且之政多也。

夫基广则难倾，根深则难拔，理节则不乱，胶结则不迁。昔之有天下者所以能长久，用此道也。周自后稷爱民，十六王而武始君之，其积基树本，如此其固。今晋之兴也，其创基立本，固异于先代矣。加以朝寡纯德之人，乡乏不二之老，风俗淫僻，耻尚失所。学者以庄、老为宗而黜《六经》，谈者以虚荡为辩而贱名检，行身者以放浊为通而狭节信，进仕者以苟得为贵而鄙居正，当官者以望空为高而笑勤恪。是以刘颂屡言治道，傅咸每纠邪正，皆谓之俗吏；其倚杖虚旷，依阿无心者，皆名重海内。若夫文王日昃不暇食，仲山甫夙夜匪懈者，盖共嗤黜以为灰尘矣！由是毁誉乱于善恶之实，情慝奔于货欲之涂，选者为人择官，官者为身择利，世族贵戚之子弟，陵迈超越，不拘资次。悠悠风尘，皆奔竞之士；列官千百，无让贤之举。子真著《崇让》而莫之省，子雅制九班而不得用。其妇女不知女工，任情而动，有逆于舅姑，有杀戮妾媵，父兄弗之罪也，天下莫之非也。礼法刑政，于此大坏。"国之将亡，本必先颠"，其此之谓乎！ ◆

【译文】 ◆武帝司马炎去世后，陵墓的泥土还没有干，战乱就相继兴起了。宗族子弟没有可以帮助维护城池的人，国家宰臣没有使百姓敬仰的尊贵品质，早晨是伊尹、周公，夜晚就成了夏桀、盗跖；国家大政经常被作乱的人转移，禁卫军队往外逃散到四方，州郡方面大员没有如磐石一般的镇卫，关塞城门没有结草的坚固。戎人、羯人登上皇帝位，两位皇上丢失了尊贵的地位，是何原因呢？设立大臣，大权丢失，托付的事情并非有才能的人，而是没能力的庸人，礼义廉耻四个方面无法伸张，不符合义理的政令太多的原因。

基础广阔，就不容易倾覆；根本深厚了，就不容易被拔掉；有了条理节制，周边不会混乱；可以团结坚固，就不会变异。之前拥有天下的人，之所以可以长久的原因，都是运用这个方法。周朝从后稷起爱戴百姓，经历十六位君主，周武王才成了天下君王，他们聚集的基业、树立的根本，是这么的坚固！如今晋国的兴起，创立的基础、设立的根本，自然与前代有所不同；加上朝廷中没有品德正直的人，乡里缺少了不二过的老年人，风俗秽乱乖张，推崇或羞耻的事情，都有失公德。学者们推崇庄、老的言论而废除《六经》的学术；辩论的人将虚无缥缈的理论，看作才辩，而轻视法令名节；修身的人将放荡、混乱的品德，看作畅达，而使节义信实的意义变得狭隘；进身官场的人将苟且得到的官位，看作尊贵，而鄙视保持正道的人；担任官职的人将不知是非的行为，看成清高，而嘲笑勤敏恭敬的人。所以刘颂多次谈论治国大道，傅咸经常纠正邪恶，都被他们看作俗吏；其中仰仗虚无、相信自然的人，都名扬四海。要是像文王每天忙碌没空闲吃饭，仲山甫日夜不放松的人，都一起来嘲笑贬化他，看作尘土一样了！所以非议和赞扬被善恶的实效所混淆，情欲和邪念都奔波在财货欲望的道路上，主持选拔的官员为自己选择官员，担任官职的为自己谋取财利，世族勋贵的子弟，可以越级升官，不会受到年龄等级的限制。风尘仆仆，都是奔波夺取名利的人士，千百各级官员，没有谦让贤士的举止。子真创作了《崇让论》，只不过无人能醒悟，子雅创制了九班的制度，却不被采纳。他们的妇女不懂得女红的事，一举一动，由着情感去行事，有的忤逆公婆，有的杀害妾妃，她的父亲、兄长不责怪她，天下人士不非议她；礼法和刑政，在这个时候，大大被破坏，"国家快要灭亡了，根本必定先颠覆"。大概就是这个意思了。◆

◆故观阮籍之行而觉礼教崩弛之所由，察庾纯、贾充之争而见师尹之多僻，考平吴之功而知将帅之不让，思郭钦之谋而寤戎狄之有衅，览傅玄、刘毅之言而得百官之邪，核傅咸之奏、《钱神》之论而睹宠赂之彰。民风国势，既已如此，虽以中庸之才、守文之主治之，犹惧致乱，况我惠帝以放荡之德临之哉！怀帝承乱得位，羁以强臣；愍帝奔播之后，徒守虚名。天下之势既去，非命世之雄才，不能复取之矣！◆

石勒围乐平太守韩据于坫城，据请救于刘琨。琨新得拓跋猗卢之众，欲因其锐气以讨勒。箕澹、卫雄谏曰："此虽晋民，久沦异域，未习明公之恩信，恐其难用。不若且内收鲜卑之馀谷，外抄胡贼之牛羊，闭关守险，务农息兵，待其服化感义，然后用之，则功无不济矣!"琨不从，悉发其众，命澹帅步骑二万为前驱，琨屯广牧，为之声援。

【译文】◆所以，观看阮籍的行为，可以得知礼教崩溃的原因；察看庾纯、贾充的抢夺，就察觉宰辅邪僻的事很多；考查平定吴国的功德，就明白将帅的不谦虚；想想郭钦的计策，就明白戎、狄的仇恨；观看傅玄、刘毅的话语，就知晓百官的邪恶；翻阅傅咸的奏疏、《钱神》的论调，就知晓宠幸、贿赂的公开明显。百姓风俗、国家情形，居然已经到了这种地步，即使让一个中等才干、遵守成法的君主来打理朝廷政事，恐怕仍招来祸乱，更何况我们的惠帝是以放纵的品德来治理呢!怀帝在祸乱之后，登上皇位，被有势力的臣子拘束；愍帝在奔亡迁移之后登临皇位，空空保有皇帝的虚名。天下大势已经丧失，不是非常有才能的英雄人物，不会再得到天下了!◆

石勒到坫城攻打乐平太守韩据，韩据向刘琨恳请支援；刘琨刚得到拓跋猗卢的军众，打算趁着他们雄锐的士气来攻打石勒。箕澹、卫雄劝谏道："这些人尽管为晋人，长时间沦陷在异国，不曾熟悉明公的恩惠信义，怕是非常难任用他们。不如暂且向内收取鲜卑留下的谷子，向外取得胡贼的牛羊，关上城门，据险保守，从事农业，休养军队，等到他们心悦诚服，感化恩惠，随后重用他们，那么功业不可能不成功。"刘琨不采纳，派出所有的军队，令箕澹带领两万步兵、骑兵，作为前锋，刘琨驻扎广牧，作为支援。

石勒闻澹至，将逆击之。或曰："澹士马精强，其锋不可当，不若且引兵避之，深沟高垒，以挫其锐，必获万全。"勒曰："澹兵虽众，远来疲弊，号令不从，何精强之有!今寇敌垂至，何可舍去! 大军一动, 岂易中还! 若澹乘我之退而逼之, 顾逃溃不暇, 焉得深沟高垒乎! 此自亡之道也。" 立斩言者。以孔苌为前锋都督, 令三军:"后出者斩!" 勒据险要, 设疑兵于山上, 前设二伏, 出轻骑与澹战, 阳为不胜而走。澹纵兵追之, 入伏中。勒前后夹击澹军, 大破之, 获铠马万计。澹、雄帅骑千馀奔代郡, 韩据弃城走, 并土震骇。

【译文】 石勒得知箕澹到了, 打算迎面攻击。有人说:"箕澹士兵坚锐、战马强悍, 他的锋芒无法抵挡, 不如暂时带领军队回避一下, 深挖战壕、加高壁垒, 来挫败他们的锐气, 必定可以获得胜利。" 石勒说:"箕澹的军队尽管很多, 但从远道来, 疲劳不堪, 号令无法统一, 哪里有精锐、彪悍的样子! 现在敌人快要到了, 怎么能丢弃阵地离开! 大军一旦开动, 怎么可以轻易地中途回来! 假如箕澹在我们退兵之时逼迫我们, 我们自己逃跑都来不及, 哪里还能挖深战壕、增高壁垒呢? 这是自取灭亡的做法!" 石勒马上杀掉劝谏的人, 让孔苌担任前锋都督, 命令三军:"后出兵的人, 斩!" 石勒占守险要地势, 在山上布置疑兵, 前面设置两面埋伏, 派轻快的骑兵和箕澹交战, 假装没有战胜, 逃跑。箕澹纵容军队追赶, 来到埋伏之地, 石勒前后两面夹击箕澹的军队, 击败他们, 得到铠甲、战马数以万计。箕澹与卫雄带领一千多骑兵, 逃往代郡, 韩据丢弃城池逃走, 并州地区为之震惊恐惧。

十二月, 乙卯朔, 日有食之。

司空长史李弘以并州降石勒。刘琨进退失据, 不知所为, 段匹磾遣信邀之, 己未, 琨帅众从飞狐奔蓟。匹磾见琨, 甚相亲重, 与之结婚, 约为兄弟。勒徙阳曲、乐平民于襄国, 置守宰而还。

孔苌攻箕澹于代郡，杀之。

苌等攻贼帅马严、冯赌，久而不克，司、冀、并、兖流民数万户在辽西，迭相招引，民不安业。勒问计于濮阳侯张宾，宾曰："严、赌本非公之深仇，流民皆有恋本之志，今班师振旅，选良牧守使招怀之，则幽、冀之寇可不日而清，辽西流民将相帅而至矣。"勒乃召苌等归，以武遂令李回为易北督护，兼高阳太守。马严士卒素服回威德，多叛严归之，严惧而出走，赴水死。冯赌帅其众降。回徙居易京，流民归之者相继于道。勒喜，封回为弋阳子，增张宾邑千户，进位前将军；宾固辞不受。

【译文】十二月，乙卯朔日（初一），发生日食。

司空长史李弘，献出并州，向石勒投降。刘琨进退无法，不知该怎么办才好。段匹磾送来书信，邀请他，己未日（初五），刘琨带领军队，从飞狐逃到蓟城，段匹磾见到刘琨，非常爱戴、敬重，与他结为儿女亲家，拜为兄弟。石勒将阳曲、乐平的部分百姓迁到襄国，设立官吏，然后返回。

孔苌到代郡攻打箕澹，杀了他。

孔苌攻击盗匪首领马严与冯赌，很久无法战胜。司、冀、并、兖几万家流民，居住在辽西，经常互相招引，百姓无法安居乐业。石勒向濮阳侯张宾寻求计谋，张宾说："马严、冯赌本来不是公侯的大敌人，流民都有思恋乡土的心思，现在召回军队，整肃回师，选用贤良官吏来安抚他们，那么幽、冀的盗贼，不久就能清平了，辽西的流民便会互相带领而来了。"石勒便召回孔苌等人，让武遂令李回担任易北督护，兼高阳太守。马严的士兵一直敬佩李回的威名恩惠，大多背叛马严，归附他，马严恐惧，逃了出去，投水死了。冯赌带领他的部队投降。李回迁易京居住，跟随他的流民不绝于路。石勒心里非常高兴，让李回为弋阳子，给张宾增加一千户食邑，进封为前将军；张宾坚决拒绝，不接受。

丞相睿闻长安不守，出师露次，躬擐甲胄，移檄四方，刻日北征。以漕运稽期，丙寅，斩督运令史淳于伯。刑者以刀拭柱，血逆流上，至柱末二丈馀而下，观者咸以为冤。丞相司直刘隗上言："伯罪不至死，请免从事中郎周莚等官。"于是，右将军王导等上疏引咎，请解职。睿曰："政刑失中，皆吾暗塞所致。"一无所问。

【译文】 丞相司马睿得知长安失守，带兵露宿野外，亲自穿上盔甲，发布檄令到四方，约定日期北征。由于粮食运输耽误了时日，丙寅日，杀掉督运令史淳于伯。执刑的人将刀插上柱子，鲜血往上倒流，流到柱子末尾两丈多高，之后流下来，见到的人都认为是冤枉的。丞相司直刘隗上言："淳于伯的罪过不至于被判死刑，恳请罢免从事中郎周莚等人的官职。"于是右将军王导等人，呈上奏疏，引过自责，恳请废除职位。司马睿说："政令与刑法失当，都是我不通事理促成的！"一律不加责问。

隗性刚讦，当时名士多被弹劾，睿率皆容贷，由是众怨皆归之。南中郎将王含，敦之兄也，以族强位显，骄傲自恣，一请参佐及守长至二十许人，多非其才；隗劾奏含，文致甚苦，事虽被寝，而王氏深忌疾之。

丞相睿以邵续为冀州刺史。续女婿广平刘遐聚众河、济之间，睿以遐为平原内史。

拓跋普根之子又卒，国人立其从父郁律。

【译文】 刘隗天生刚强耿直，当时有名的人士大都受到弹劾，司马睿一律加以宽免，于是大家都将仇恨集中在他身上。南中郎将王含，为王敦的哥哥，由于宗族强大、地位显赫，骄横自满，一次要求派任幕僚和守卫长官，达到二十多人，大都不称职；刘隗上书，弹劾王含，文字周密艰涩，事情尽管被压了下来，然而王氏非常仇恨他。

丞相司马睿任命邵续为冀州刺史。邵续的女婿广平人刘遐，在河、济地区集结群众，司马睿任命刘遐为平原内史。

拓跋普根的儿子又去世了，国人拥立他的叔父郁律为首领。

【乾隆御批】丞相方出师露次而令史漕运稽期，斩之未为失刑。刘隗上言王导引咎，皆不免过当。至刀血逆流柱末，尤属不经。《晋书》记载失实往往如此。然元帝实非有心复仇者，虽有所为，不能欺后世。

【译文】丞相刚刚带出军队到野外露宿而令史的水上运输就延误了时间，斩了他也不算是违反刑律。刘隗的上言和王导等人承认有过错，请求解除职务，都不免有些过分。至于刀上的血倒流到柱顶，更是违反常规。《晋书》上的记载不合实际情况往往都是这样的。然而元帝实际上不是个有心要复仇的人，虽然已经做了，但不能欺骗后世的人。